高等院校精品课程系列教材

商业银行经营管理

Management of Commercial Bank

张桥云 编著

机械工业出版社
China Machine Press

图书在版编目（CIP）数据

商业银行经营管理 / 张桥云编著 . -- 北京：机械工业出版社，2021.9（2024.8 重印）
高等院校精品课程系列教材
ISBN 978-7-111-69067-2

Ⅰ. ①商… Ⅱ. ①张… Ⅲ. ①商业银行 - 经营管理 - 高等学校 - 教材 Ⅳ. ① F830.33

中国版本图书馆 CIP 数据核字（2021）第 176961 号

  本书主要介绍了商业银行导论、商业银行资产与负债管理、商业银行其他业务、商业银行产品设计与定价、商业银行风险管理、商业银行绩效、商业银行监管七个主要部分，同时基于中国案例和世界主要银行的案例进行详细讲解，内容生动翔实。

  本书适合作为金融类、管理类专业学生的课程教材，也可作为从业人员了解商业银行基础知识的参考资料。

出版发行：机械工业出版社（北京市西城区百万庄大街 22 号　邮政编码：100037）
责任编辑：王洪波　　　　　　　　　　　　　责任校对：殷　虹
印　　刷：北京建宏印刷有限公司　　　　　　版　　次：2024 年 8 月第 1 版第 6 次印刷
开　　本：185mm×260mm　1/16　　　　　　印　　张：28.75
书　　号：ISBN 978-7-111-69067-2　　　　　定　　价：59.00 元

客服电话：(010) 88361066　68326294

版权所有·侵权必究
封底无防伪标均为盗版

张桥云，1963年生，四川省宜宾市南溪人，西南财经大学金融学院教授，博士生导师，经济学博士，国务院政府特殊津贴专家，教育部"新世纪优秀人才"（2008年），全国金融专业学位研究生教育指导委员会委员，四川省委省政府决策咨询委员会委员，成都市人民政府参事。曾任国务院学位委员会第七届学科评议组成员，西南财经大学研究生部主任、金融学院执行院长。

1994年西南财经大学毕业留校任教后，近30年主要讲授"商业银行经营管理"课程，先后获得四川省优秀教学成果一等奖3项、二等奖2项，国家级教学成果二等奖2项。2015年获首届鸿儒金融教育基金会"金融学杰出教师奖"，2019年获评四川省首届教书育人名师。

2019年"商业银行经营管理"课程获四川省高等学校省级"课程思政"示范课程认定，2020年获评教育部首批国家级一流本科课程（线下），2021年获评教育部国家级"课程思政示范课程、教学名师和团队"。

主要研究领域有存款产品设计、住房金融制度、存款保险制度、金融服务外包、区域金融中心建设等。主持国家自然科学基金项目1项、国家社科基金项目2项。在《金融研究》《中国管理科学》等期刊发表文章50多篇。出版《论银行产品的家庭消费》《中国银行业存款产品设计创新研究》《完善我国住房金融制度研究》《存款保险制度》等专著4本。先后获得中国金融学会优秀论文三等奖，四川省金融学会优秀论文一等奖，四川省社科优秀论文奖，中国国际金融学会学术峰会优秀论文奖。

西南财经大学是我国享有盛誉的财经院校,为我国金融系统特别是银行系统培养了大批专业人才。1994年,我从西南财经大学金融系硕士毕业留校任教以来,一直主要讲授"商业银行经营管理"课程,时至今日已近30年。1997年,曾因教学急需,我独立编著了《现代商业银行经营管理》教材,并于2000年获学校优秀教学成果奖,2001年又获四川省优秀教学成果二等奖。

在此之后的相当长一段时间,是我不断积累、积极思考和探索教育教学改革的漫长过程。其间,我拜访过很多在银行工作的校友、朋友和学生,也多次作为主讲教师为各种类型的银行提供商业银行方面的培训,并先后担任多家银行的独立董事。此外,1998年和2006年曾两次到美国的大学做访问学者,也曾到访和接待过美国、英国、法国、德国、爱尔兰、新加坡、日本等国家多所大学的师生,同时也积极与国内主要高校进行频繁的教学和科研交流合作,获益颇多。

正是在长期的商业银行经营管理教学和研究活动中,让我深知现有国内外商业银行教学的重点、难点,并逐渐对国内外银行业的发展过程和存在的问题有了更加深入的了解和比较深刻的认识。因此,重新编写一本《商业银行经营管理》教材的愿望随着时间的推移也愈加强烈。

2017年,在正式辞任金融学院院长一职后,我得以全身心投入教学工作中,也非常享受单纯做教师的成就感(也许这种感觉最早发端于1983～1991年我当中学教师的时候),并开始对教材进行具体架构和定位:一是系统思考商业银行的核心知识框架体系;二是深入研究现有商业银行主要教材及存在的功能缺陷;三是积极探索如何在课堂教学环节培养学生的研究能力和开展思政育人。几年下来，仅独立制作的商业银行经营管理 PPT 课件就约 2500 张，这些为本教材的最终成稿奠定了坚实的基础。

2019 年，"商业银行经营管理"课程获得四川省首批课程思政示范课称号，并且我本人也有幸被评为四川省首届教书育人名师；2020 年，"商业银行经营管理"课程再次获得教育部首批国家级一流本科课程（线下）认定，同时这也是全国首批获奖高校中唯一获此殊荣的商业银行类课程；2021 年，我们的课程和团队再次被教育部评为国家级"课程思政示范课程、教学名师和团队"。

凡是过往，皆为序章。《商业银行经营管理》教材历经多年的构思、实践和检验，终于成稿！本教材可作为重点高校金融专业、普通高校金融一流专业的本科学生，以及各高校金融学或金融专业硕士研究生的学习用书或参考书。

从内容选择来看，本教材涵盖导论、资产与负债业务、其他业务、银行产品设计与定价、银行风险管理、银行绩效、银行监管等方面，具体包括商业银行与金融服务概览，银行组织、公司治理与银行市场结构，商业银行负债业务，商业银行资产业务，表外业务，资管业务，资产证券化业务，存款产品设计与定价，美国住房贷款产品设计与定价，商业银行全面风险管理，信用风险与管理，利率风险与管理，流动性风险与管理，商业银行利润与绩效评价，监管与法律，银行资本与管理，存款保险制度与中国存款保险条例等，共计 17 章。限于篇幅限制，我们没有把现金流量表、中间业务、国际业务、操作风险、银行并购、战略管理等更细致的内容纳入。

从写作体例来看，本教材试图努力做些创新。一是在每一章开篇即梳理并列示了本章的重要知识点及核心概念，以及学习目标。二是在大部分章末配有"拓展阅读"，供读者进一步了解与本章相关的银行重要改革和重大事件，如民生银行的事业部制改革、世界银行排名（1970～2018 年）、美洲银行 30 年期固定利率抵押贷款闭合成本、建设银行开创国内住房抵押贷款证券化先河、中国与全面风险管理相关的法律一览、锦州银行流动性问题处置、包商银行破产案等。三是书中列出脚注 250 余个，以期对相关问题做进一步说明。四是全书配有 70 余个"典型案例"采用二维码方式呈现，比如建设银行公司章程"第九章党的组织"、美联储的宏观经济数据和多种利率数据，雷曼兄弟公司破产案等，有的是文字，有的是视频。五是在每章末列示"思考题"，共计 100 余个，可供学生进一步思考并以此尝试开展问题研究。与现行国内外教材不同，本书"思考题"不再是常见的"概念性"题或者是太"大"以至于无法思考和开展研究的所谓大问题。六是在每章末还列示出与前述思考题相关的"核心文献"作为参考文献，全书共计 200 多篇，可以引导学生查找和纵深阅读，期望学生通过对高质量的论文阅读来达到"增负"的目的。

从学生学习的角度来看，我认为一本好的商业银行教材，应该实现四个目标。其中，基本目标是学习银行基本原理和了解行业发展动态，高阶目标是增强学术研究能力和提高思想政治素质。因此本教材强调如下四个目标。

第一，学习商业银行基本原理。包括银行制度、发展历程、资产管理、负债管理、资本管理、风险管理、产品设计、公司治理，等等。只有掌握商业银行相关的概念和知识，才能具备较为系统的商业银行知识框架。

第二，了解行业发展动态。通过案例、网站、年报、相关法律法规、新闻报道等让学生了解当今银行业务的基本状况、重要改革和未来发展方向。

第三，增强学术研究能力。本教材注重将知识学习与研究能力相结合，帮助学生学习如何选题、查阅相关重要文献、了解学术论文的基本规范，夯实研究基础，并运用所学的经济学、计量、统计等研究方法开展与课程相关的问题研究。

第四，提高思想政治素质。教材是课程建设的基础，是高等学校培养社会主义建设事业可靠接班人的重要载体，要尽可能多地将中国银行业改革发展取得的成就融入教材之中，并以此切入开展课程思政。

另外，与传统教材相比，本教材还有以下四个特点。

第一，力争实现"思政为魂、知识为基、研究为核"的三位一体，努力做到理论与实践、中国与外国、知识传授与科研训练、思想政治教育与专业素养提升的"四个结合"。

在知识学习方面，特别注重银行网站、年报、法律、重大事件等与银行实务相关的内容在培养应用型人才中的作用。例如通过中美主要银行网站讲（存款、贷款）产品设计；通过银行年报引导学生从银行经营实践中、从数据及其变化中发现问题并开展研究；通过中美主要银行法律学习并知晓银行经营规则和底线；通过银行重大事件和案例分析了解银行的相关改革和发展。

在研究能力培养方面，《中华人民共和国高等教育法》指出本科教育培养的人才应"具有从事本专业实际工作和研究工作的初步能力"。2018年颁布的《金融学类教学质量国家标准》要求金融学类专业本科人才"能够运用专业理论知识和现代经济学研究方法分析解决实际问题，具备一定的科学研究能力"。2018年5月，习近平总书记在北京大学建校120周年与师生座谈会上的重要讲话也表明培养学生的科学研究能力是大学的重要任务。另外《教育部关于一流本科课程建设的实施意见》中无论是高阶性、创新性还是挑战性的定性表述中，都能发现对"能力"或"学术""研究"的要求。本教材力图解决以往传统教材"思考题"难以启发学生思考，"参考文献"与"思考题"无关且对学生深入学习缺乏参考价值的问题，期望引导学生通过高质量、有难度的学术文献阅读和鼓励学生尝试开展问题研究来"增负"，从而帮助学生了解学术研究的基本规范，提高研究兴趣和研究能力。

在思政育人方面，注重体现"中国元素"，力图全面反映我国银行业发展取得的成就和存在的问题，如中国的银行公司治理的一般性与特殊性，中国在解决小微企业融资难、融资贵、融资慢等方面的创新，等等。通过多说"中国话"，多讲"中国故事"，教育学生要增强"四个意识"、坚定"四个自信"、做到"两个维护"。当然，这也帮助了学生了解和分析实践中存在的问题。

第二，注重法律法规对商业银行经营管理的影响和在专业知识学习中的地位。在任何国家（或地区），银行业都是高度管制的行业。某种意义上讲，有什么样的法律，就有什么样的银行和银行市场结构。本教材系统梳理了美国1927～2018年近百年改变美国银行体系和金融体系的主要立法，同时将我国近30年商业银行及监管立法方面的最重要的法律法规成果反映在教材之中，如相关的商业银行法、"三法一指引"、"三三四十"专项行动、存款保险条例、银行保险机构公司治理准则等。

第三，注重银行产品设计。当前无论是国外的还是国内的主流教材，在介绍存款产品和贷款产品时，均存在严重脱离现实银行的情形。比如介绍存款创新时，差不多都是40年前的故事，如可转让支付命令、MMDA等，或者是30年前的创新，如"清扫账户"。这些存款产品和贷款产品，不管是放在负债业务，还是资产业务，或者是在"银行市场营销"之中，基本上还是在讲产品概念！因此本教材注重现实世界中银行的产品，特别是基于花旗银行、美洲银行、建设银行等来介绍当前中国和美国银行业的存款和住房按揭贷款产品供给情况，并提炼总结产品设计原理和机制，分析不同银行间和不同客户间产品的差异性。同时，也分析我国银行业在存款、贷款产品设计方面的不足。

第四，注重中美银行的比较并寻求一般规律。无论是涉及银行财务报表，还是银行组织演变、金融监管改革、银行产品、银行公司治理以及银行经营管理的其他方面，本教材的基本编写手法是比较分析。通过比较看发展，通过比较找差距，通过比较寻特色，通过比较融思政。

正是通过比较发现，我国银行业从改革开放初期的全面引进、模仿、学习西方经验，到后来在某些方面形成中国特色的银行制度，甚至超越欧美先进国家银行。比如，尽管"伞形监管"是现代金融（银行）监管的基本模式，但中美金融监管架构的形成路径存在差异。这说明，不同国家有结合自己的国情选择适合自己发展模式的权利，金融发展不仅仅只存在美国模式和美国路径。又比如，在资产业务方面，美国银行业不断提高公司业务占比，而中国银行业则不断提高个人业务占比。在负债业务方面，美国银行业越来越重视存款业务，存款占比越来越高，而中国银行业则不断提高发债融资的比例，非存款占比越来越高。不同国家的银行和银行监管在共同发展过程中彼此借鉴、学习，相互促进。特别值得一提的是，银行公司治理的中国特色，为我国银行化解风险，实施风险管理以及处置区域风险创立了中国模式。此外，我国在解决中小企业、"三农"、民营企业融资难和融资贵等问题，以及金融扶贫和发展普惠金融方面的做法为发展中国家提供了可借鉴的中国范例。

最后，在本书的编写过程中，特别感谢中南财经政法大学金融学院宋清华教授为本书的编写做出的贡献。关于本书的框架我向他求教和讨论多次，尽管工作繁忙，他还是专门写了近3000字的书面修改建议，让我感动和钦佩。另外，还要感谢最近几年在西南财经大学金融学院参加我的"商业银行经营管理"课程的同学们，他们在课内外对教学内容的反馈为本书确定框架及内容、调整难度等方面发挥了独特而不可替代的作用。同时，也感谢中央财经大学、南开大学、东北财经大学和上海交通大学等高校专家和教师对本书的指导及中肯的意见。本书在出版过程中还得到机械工业出版社的大力支持。在此对各位同仁表示衷心的感谢!

尽管我为此书投入了大量的精力,也算是呕心沥血之作,怎奈才疏学浅,难免挂一漏万,甚至存在错误。恳请批评指正!

今年,我与西南财经大学结缘整整30周年!怀着感恩的心情谨以此书献给亲爱的母校——西南财经大学!

张桥云
2021 年 5 月

作者简介
前言

第一篇 导论

第一章 商业银行与金融服务概览 ……… 2
重要知识点及核心概念 ……………………… 2
学习目标 …………………………………… 2
第一节 商业银行的主要功能与业务 ……… 3
第二节 美国的银行体系 …………………… 8
第三节 中国的金融机构体系 ……………… 15
思考题 ……………………………………… 25
核心文献 …………………………………… 25

第二章 银行组织、公司治理与银行市场
结构 ……………………………………… 27
重要知识点及核心概念 ……………………… 27
学习目标 …………………………………… 27
第一节 银行组织形式 ……………………… 27
第二节 银行公司治理与内部控制 ………… 34
第三节 银行市场与竞争 …………………… 39
拓展阅读：民生银行的事业部制改革 ……… 42

思考题 ……………………………………… 42
核心文献 …………………………………… 42

第二篇 商业银行资产与负债管理

第三章 商业银行负债业务 ……………… 44
重要知识点及核心概念 ……………………… 44
学习目标 …………………………………… 44
第一节 负债业务的内涵与作用 …………… 44
第二节 存款负债 …………………………… 45
第三节 非存款负债 ………………………… 48
第四节 商业银行负债结构分析 …………… 57
思考题 ……………………………………… 65
核心文献 …………………………………… 65

第四章 商业银行资产业务 ……………… 66
重要知识点及核心概念 ……………………… 66
学习目标 …………………………………… 66
第一节 商业银行资产结构分析 …………… 67
第二节 商业银行贷款业务 ………………… 85
第三节 商业银行证券投资 ………………… 125
拓展阅读：世界银行排名
（1970～2018 年）……………… 134

思考题 ………………………………………… 134
核心文献 ……………………………………… 135

第三篇　商业银行其他业务

第五章　商业银行表外业务 …………… 138

重要知识点及核心概念 ………………………… 138
学习目标 ………………………………………… 138
第一节　表外业务及主要类型 ………………… 139
第二节　我国对表外业务的监管 ……………… 142
第三节　建设银行的表外业务 ………………… 144
第四节　花旗银行的表外业务 ………………… 145
第五节　商业银行衍生品交易 ………………… 149
思考题 …………………………………………… 152
核心文献 ………………………………………… 152

第六章　商业银行资管业务 …………… 153

重要知识点及核心概念 ………………………… 153
学习目标 ………………………………………… 153
第一节　资管业务的形成与发展 ……………… 153
第二节　商业银行理财产品 …………………… 163
拓展阅读　我国商业银行资管业务发展
　　　　　趋势 ……………………………… 166
　　　　　中国的理财业务主要法律
　　　　　法规一览 ………………………… 166
思考题 …………………………………………… 166
核心文献 ………………………………………… 167

第七章　商业银行资产证券化业务 …… 168

重要知识点及核心概念 ………………………… 168
学习目标 ………………………………………… 168
第一节　资产证券化市场的基本情况与
　　　　特点 …………………………………… 169
第二节　资产证券化的基本原理 ……………… 172

第三节　资产证券化创新对商业银行及
　　　　银行监管的影响 …………………… 177
拓展阅读：建设银行开创国内住房抵押
　　　　　贷款证券化先河 ………………… 180
思考题 …………………………………………… 180
核心文献 ………………………………………… 180

第四篇　商业银行产品设计与定价

第八章　存款产品设计与定价 ………… 182

重要知识点及核心概念 ………………………… 182
学习目标 ………………………………………… 182
第一节　花旗银行存款产品 …………………… 183
第二节　花旗银行存款服务 …………………… 197
第三节　花旗银行存款产品设计的经验 ……… 202
第四节　存款产品设计理论分析 ……………… 209
第五节　存款产品与存款服务定价 …………… 214
第六节　中国存款产品与服务创新 …………… 217
第七节　中国银行业存款产品与服务
　　　　存在的问题 ………………………… 223
拓展阅读　代表性银行服务价目表 …………… 226
　　　　　存款利率与存款服务关系
　　　　　定价案例——美洲银行的
　　　　　"优选奖励" ……………………… 226
思考题 …………………………………………… 226
核心文献 ………………………………………… 227

第九章　美国住房贷款产品设计与定价 … 228

重要知识点及核心概念 ………………………… 228
学习目标 ………………………………………… 228
第一节　住房金融体系概况 …………………… 229
第二节　住房贷款产品与微观结构 …………… 236
第三节　住房贷款成本与定价 ………………… 247
拓展阅读：美洲银行30年期固定利率
　　　　　抵押贷款闭合成本 ……………… 252

思考题 ………………………………… 252
核心文献 ……………………………… 253

第五篇　商业银行风险管理

第十章　商业银行全面风险管理 …… 256

重要知识点及核心概念 ……………… 256
学习目标 ……………………………… 256
第一节　银行全面风险管理体系的形成
　　　　与发展 ……………………… 257
第二节　商业银行风险主要类型 …… 258
第三节　我国商业银行全面风险管理
　　　　探索 ………………………… 264
拓展阅读：中国与全面风险管理相关的
　　　　　法律一览（按时间顺序排列）…… 267
思考题 ………………………………… 267
核心文献 ……………………………… 268

第十一章　信用风险与管理 ………… 269

重要知识点及核心概念 ……………… 269
学习目标 ……………………………… 269
第一节　信用风险产生与计量 ……… 270
第二节　商业银行信用风险管理策略 …… 276
拓展阅读：商业银行信用风险管理相关
　　　　　主要法律法规一览 ……… 277
思考题 ………………………………… 278
核心文献 ……………………………… 278

第十二章　利率风险与管理 ………… 279

重要知识点及核心概念 ……………… 279
学习目标 ……………………………… 279
第一节　利率管制与利率市场化改革 …… 280
第二节　商业银行利率风险的来源 …… 287
第三节　利率风险管理一般方法 …… 290
思考题 ………………………………… 304

核心文献 ……………………………… 305

第十三章　流动性风险与管理 ……… 306

重要知识点及核心概念 ……………… 306
学习目标 ……………………………… 306
第一节　流动性、流动性风险及其度量 …… 306
第二节　中国商业银行流动性风险管理
　　　　与治理体系 ………………… 310
第三节　我国银行流动性监管指标体系 …… 314
拓展阅读：锦州银行流动性问题处置 …… 319
思考题 ………………………………… 319
核心文献 ……………………………… 319

第六篇　商业银行绩效

第十四章　商业银行利润与绩效评价 …… 322

重要知识点及核心概念 ……………… 322
学习目标 ……………………………… 322
第一节　银行利润 …………………… 323
第二节　商业银行主要财务与业务指标 …… 335
第三节　商业银行绩效评价 ………… 347
拓展阅读：银行规模对绩效的影响 …… 349
思考题 ………………………………… 349
核心文献 ……………………………… 350

第七篇　商业银行监管

第十五章　商业银行监管与法律 …… 352

重要知识点及核心概念 ……………… 352
学习目标 ……………………………… 352
第一节　美国银行业监管体系 ……… 352
第二节　美国主要的银行监管法规 …… 359
第三节　中国银行业监管体系 ……… 372
拓展阅读：金融控股公司监督管理试行
　　　　　办法 ………………………… 376

思考题 …………………………………… 376
核心文献 ………………………………… 377

第十六章　商业银行资本与管理 ………… 378

重要知识点及核心概念 …………………… 378
学习目标 ………………………………… 378
第一节　银行资本的概念与资本的职能 … 379
第二节　银行资本及其构成 …………… 381
第三节　资本充足率计算 ……………… 386
第四节　银行提高资本充足率的策略 … 393
第五节　《巴塞尔协议》及其演变 ……… 396
第六节　中国资本监管实践 …………… 408
第七节　银行经济资本与计量 ………… 414
思考题 …………………………………… 415

核心文献 ………………………………… 415

第十七章　存款保险制度与中国存款保险条例 ……………………………… 417

重要知识点及核心概念 …………………… 417
学习目标 ………………………………… 417
第一节　美国的存款保险制度 ………… 418
第二节　中国存款保险制度 …………… 437
拓展阅读　包商银行破产案 …………… 445
　　　　　美国联邦存款保险公司概况 … 445
思考题 …………………………………… 445
核心文献 ………………………………… 445

二维码一览表 ……………………………… 447

导 论

第一章 商业银行与金融服务概览
第二章 银行组织、公司治理与银行市场结构

20世纪70年代中后期到80年代早期,美国的通货膨胀及利率管制给商业银行带来致命冲击,那些不受利率管制或受管制少的非银行金融机构和工具则蓬勃发展,与此同时银行的存、贷、汇等传统主营业务市场份额不断萎缩。金融"脱媒"正是这一时期金融业的显著特征,而"银行将成为21世纪的恐龙"则是人们对当时这种背景下商业银行未来前途最真实的忧虑。

相比之下,中国的金融"脱媒"也许更加明显。商业银行面临的冲击不仅来自非银行金融机构,而且还来自技术进步,比如支付市场的变革。正如《移动浪潮》作者迈克尔·塞勒(2013)所说:"移动技术和社交网络的合力将在未来10年提升全球50%的国内生产总值。它们的影响力将不断增强,并将最终改变商业、工业以及整个经济……移动浪潮来袭,如果没有做好冲浪的准备,那么你将会被一场从根本上改变世界的巨变卷走。抵抗得越坚决,结局就越悲惨,因为你会落后得更多。"甚至有人早在2008年就曾说:"如果银行不改变,我们就改变银行。"

商业银行在其发展过程中,尽管面临重重困难和大量挑战,但仍屹立不倒,因为银行自己也在改变!

商业银行与金融服务概览

　　金融体系由不同的机构、市场和工具等构成，其核心功能是资金融通。根据金融机构在融资过程中发挥的作用不同，分为直接融资和间接融资。在不同的国家或一国在不同的发展阶段，商业银行的作用及其对经济的影响力是不一样的。比如中国、日本、韩国等以间接融资为主的国家，商业银行体系比较发达，而另外一些以美国为典型代表的国家，金融市场则比较发达，企业融资渠道选择也相应较多。

　　商业银行是指依照《中华人民共和国商业银行法》（简称《商业银行法》）和《中华人民共和国公司法》设立的吸收公众存款、发放贷款、办理结算等业务的企业法人。相对于保险公司、证券公司、租赁公司、基金公司、信托公司等金融机构来讲，商业银行及其类似的储蓄银行、信用社等最大的特点是其资金来源主要是存款。所以，人们通常把这类机构统称为存款式金融机构。而保险、证券、信托、基金、小贷公司等，尽管也有融资功能，但这些机构的主要资金来源并不是存款，因此，它们被称为非存款式金融机构。

■ 重要知识点及核心概念

　　商业银行、互助储蓄银行、储蓄贷款协会、信用社、国民银行、州立银行、会员银行、投保银行、抵押银行、投资银行、影子银行、金融租赁公司、信托公司、金融资产管理公司、融资性担保公司、消费金融公司、小额贷款公司、非金融机构支付

■ 学习目标

- 了解商业银行的主要功能与业务
- 了解美国的银行体系和似银行而非银行的机构
- 了解美国存款式金融机构之间的差异
- 了解中国商业银行的发展历程
- 了解中国与商业银行竞争的其他金融机构及其业务

第一节 商业银行的主要功能与业务

默顿（1993年）指出，一个运转良好的金融体系有利于家庭消费在生命周期内有效分配，同时也能将有形资本有效地分配给最有生产力用途的商业部门。在一个很长的时间里，金融体系的经济职能基本上由银行单独履行，商业银行在社会资源配置中发挥着关键作用。但在最近的50年中，金融市场有了巨大的变化和发展，金融创新速度惊人，现在的金融市场也能提供过去只由银行专门提供的一些服务，如参与国际贸易的公司，已经可以通过期货市场来对冲其汇率风险，而不是必须使用之前的银行合同。

Allen和Gale（1995年）在研究德国和美国金融体系之间的差异后发现，在美国和英国等以金融市场主导的国家，家庭资产中大约一半是股票，而在德国或日本等以银行主导的经济体中，家庭持有的资产主要是银行提供的安全资产。

尽管金融体系和结构还在不断发生变化，但是商业银行的主要功能依然不可替代，核心业务未曾改变。

一、主要功能

商业银行的主要功能包括以下几种。

（一）充当信用中介

信用中介是商业银行最基本、最能反映其经营活动特征的功能。这一功能的实质是通过银行的负债业务把社会上的各种闲散资金集中起来，再通过资产业务把它投向各经济主体，实现资金余缺的调剂，扮演着社会资源配置者的角色。在这一过程中，表面上是货币资金在不同主体之间的调剂，实质上则是社会资源的重新分配。从贷款业务来看，谁获得银行的贷款，谁就获得购买资源的能力！商业银行作为信用中介汇集资金，具有积少成多、继短为长的特点，促进了储蓄向投资转化。银行发放贷款的利息收入减去吸收存款的利息支出，就构成商业银行最主要的收入来源。

理论和实证表明，由于商业银行的稳健型风险偏好、高负债运营和以利差为主的盈利模式等特点，决定了以银行为主的金融体系不太擅长为有较高失败率的新技术融资，而以金融市场为主导的金融体系和工具则更适合新技术的融资需求。

（二）提供流动性

企业和个人等经济主体总是需要流动性的。在没有商业银行之前或者说商业银行没有这一功能之前，消费者如果有多余的实物资产只能直接持有，不仅持有成本高，而且他人无法利用，造成资源闲置和浪费。商业银行通过其存款业务使消费者（资金暂时闲置者）可以储存和转换流动性，或者说帮助消费者把无流动性或流动性低的资产（实物）转换为流动性较高的资产（存款），并使得不同消费时间偏好的消费者实现产出共享（Diamond 和 Dybvig，1983）。因此，商业银行作为流动性提供者相当于商业银行为消费者提供了消费的跨期选择，是实现消费者最佳消费组合的一种保险。从宏观意义上讲，平滑消费就是平滑生产，从而有助于消除经济波动。

当然，银行能否或多大程度提供流动性转换服务取决资金闲置者对银行的信心。一旦出现恐慌，每个存款人都争先恐后排队取款。当银行耗尽库存现金后被迫低价出售资产或提前收回贷款，银行便失去流动性创造功能，同时也将造成企业生产活动的中断。

（三）提供支付与清算服务

社会经济活动形式多种多样，交易日渐频繁，各经济主体之间常常需要清偿债务和履行支付义务，由此产生结算和支付需求。支付业务是指商业银行受托为客户支付商品或劳务的对价，是基于银行的存款业务而衍生的服务，实际上是客户在银行账户上资金的转移。主要的支付工具有现金、支票、汇票、本票、信用证等；支付的渠道有通过银行支付、客户自助支付或通过第三方支付；支付的方式包括有形支付、电话支付、电子支付等。

从商业银行历史演进来看，商业银行在法定货币管理中扮演了两个不同的角色：货币兑换（不同机构发行的不同货币之间的兑换）和提供支付服务。其中，支付服务既包括客户账户的管理，也包括银行保证付款人的债务通过转账结算支付给收款人。

1. 货币兑换

银行早期的功能之一是货币兑换。希腊语"银行"（Trapeza）一词指早期货币兑换商用来称量硬币的天平，以确定硬币所含贵金属的确切数量。意大利语银行（Banco）的含义与货币兑换者放置其贵重硬币的长凳有关。历史上银行的第二个活动，即存款保管也是货币兑换活动的结果。早期的"银行"大多数时候是将这些"存款"存放在金库里，而不是投资于生产活动，回报为零甚至负（因为储存和安保等费用）。此外，银行还提供硬币贵金属质量的鉴别服务，因为政府要求从银行拿出来的钱必须确保质量。正如 Kindleberger（1993）所说："银行存款的便利性——资金的安全性和质量令人满意的钱，意味着银行货币对现金有溢价。然而，一旦货币本身品质相同，存款便失去了转换成'好钱'这个吸引力。"

2. 支付服务

由于货币运输所涉及的成本和风险，早期的货币并不适合支付大笔款项，特别是远距离支付。在商业繁荣时，商户之间的现金严重失衡，银行在清算商户头寸方面发挥了重要作用。事实上清算活动在美国和欧洲尤为重要，进而产生现代支付系统，即客户在银行账户之间资金转移网络的诞生。作为全社会资金汇集的中心，商业银行支付业务加速了资金周转，缩短了结算过程，极大提高了结算的效率，也大大减少了现金的使用量和使用成本。

支付业务原本由商业银行垄断，但现在却不断受到非银行机构的冲击和侵蚀。如 20 世纪 70 年代初的储蓄银行，它基于客户的储蓄存款签发的可转让支付命令（NOW）就是一种创新，现在的以 PayPal、支付宝、微信支付等为代表的第三方支付，以及零售商业和公用事业单位发行的储值卡（如购物卡、公交卡等）为代表的小额零星支付更是支付服务的创新。可以说中国正在大力推进的"数字现金电子支付（DCEP）"有望引发一场新的支付革命。

（四）创造信用

商业银行在充当信用中介和提供支付功能的基础上，产生了信用创造功能。商业银行在部分准备金和非现金转账结算的条件下，初始存款通过贷款又派生出新的存款，最后在整个银行体系形成数倍于初始存款的派生存款，提高了全社会的货币供给能力。同时，也增加了资金来源，提升了商业银行的放贷能力和盈利能力。

商业银行以自己的信贷活动创造存款的能力，从根本上来讲取决于贷款需求。如果没有足够的贷款需求，钱停留在银行体系内，也就谈不上货币创造。相反，如果银行放款能力被削弱或存在大量的不良贷款无法收回，相应地派生存款也会成倍收缩，甚至可能造成货币紧缩。

（五）资产转换

资产转换功能包括数量转换、质量转换和期限转换。数量转换指银行发挥中间人的作用，收集小额存款，然后发放大笔贷款。质量转换指银行存款相对于投资而言通常没有起点金额的限制，而且有时候可能比直接投资获得更好的风险回报。期限转换是指银行可以将短期资金转变为借款人希望的长期资金，使其投资不局限于"短平快"项目。

银行的资产转换功能也对银行的风险管理产生影响。期限转换必然意味着流动性风险，因为储户支取存款时，如果银行的资产没有到期而无法收回，但它又必须提供流动性支持。当然，银行也可利用银行间借贷来减少这种风险的发生或降低损失程度。事实上，当银行用高流动性的存款发放低流动性贷款时，银行也会承担风险，因为资金成本可能高于利息收入。即使存款不付利息，银行也可能面临由于意外的取款而迫使其寻求更昂贵资金来源的风险。因此，银行必须管理利率风险（由于期限错配）和流动性风险（由于银行债务的流动性和所持有债券变现能力的差异）。

（六）管理风险

商业银行的存款业务会面临客户提前支取或大规模提现的风险；贷款业务可能因为客户还贷能力变差或丧失还贷能力而造成贷款无法收回的风险；投资业务也能因为债务人违约而成为坏账，或因为利率和汇率的不利变动导致资产贬值或收益减少。当然，因为管理不善、员工内外勾结等情况也会使银行资产或声誉受损。因此，银行经营过程中总是面临各种各样的风险。

从业务角度看，银行面对的这些风险，实际上正是银行的交易对手因为规避风险的需要或交易对手因为不可抗力引发的不良后果而带来的。因此，银行本质上就是经营风险的机构，银行的存在为其交易对手转移风险提供可能，这也是银行的社会责任和彰显其存在价值的重要表现，如银行在住房贷款中的"利率锁定"做法。

值得注意的是，20世纪80年代以后由于金融市场的竞争使得银行逐渐转向提供更高附加值的产品来满足客户的需求。为此，银行开始提供复杂的合同，如贷款承诺、信贷额度和担保等。从会计角度看，这些业务没有一个是银行传统的负债（或资产），而只是有条件的承诺。银行还采用掉期、套期保值合约和提供证券承销业务等，这就是它们被归类为表外业务的原因。表外业务的增长，有些因素是与银行希望增加手续费收入和降低杠杆率有关，有些则旨在逃避监管和税收。

由于银行具有管理风险的能力，并根据这些资产的风险回报特征从事买卖风险的交易，有时可能希望对冲其风险（类似于购买保险的人），或者相反，银行可能愿意保留这种风险（类似于销售保险的人）。

鉴于银行破产具有强烈的负外部性，监管机构必须关注银行的风险偏好及其变化，监控银行的经营行为和风险行为，包括监管表外业务。此外，普通公众并没有能力评估金融机构的安全性和健全性，即评估银行是否很好地维护了客户的个人利益。基于保护商业银行储户以及支付系统的安全和效率是政府干预银行活动的重要理由之一。

(七) 监督债务人与信息处理

商业银行的监督优势源于其居于借贷中间，并与各经济主体有广泛交往进而带来的信息搜集和信息处理的优势。银行作为全社会闲置资金的代表去监督借款人，可以更加节约监督成本，有效减轻债权人"搭便车"和借贷双方信息不对称的现象，从而大幅度提升社会监督的效果。

通常借款人相关信息的不完整会制约融资或投资决策，而银行却在这方面可以发挥特定的作用：① 银行具有信息搜集优势。银行的监督活动得益于银行与借款人之间形成的长期关系，这有助于减轻道德风险。这也是银行贷款和发行金融市场证券，或准确讲是银行存款人和债券持有人之间的主要区别之一。但另一方面，也因为这种长期关系使得银行贷款的价值对市场和监管者来说则是未知数。从这个意义上说，相对于债券价格可以反映市场信息，银行贷款则是"不透明的"。② 银行具有技术优势。银行运用先进技术，如信用评分技术，使它们有能力识别和筛选贷款申请人，并监测他们的项目，而普通债权人则没有这种"技术投资"的愿望和能力。

二、核心业务

《微观银行学》（Freixas and Rochet，2008）将银行定义为主要从事发放贷款及接受公众存款的机构。这里"公众"一词强调银行为一般公众提供独特的服务（如流动性和支付方式）。事实上现代商业银行已经成为"金融百货公司"，涉及客户的资产业务、负债业务、投资业务。金融控股公司制的普及和推广更进一步提高了商业银行对客户的综合服务能力，无论是服务品种、服务方式、服务半径，还是服务效率和水平。提供综合服务或基于客户整体需求解决方案的"一站式"服务成为现代商业银行服务的显著特点。

《中华人民共和国商业银行法》第三条规定，商业银行可以经营下列部分或者全部业务：（一）吸收公众存款；（二）发放短期、中期和长期贷款；（三）办理国内外结算；（四）办理票据承兑与贴现；（五）发行金融债券；（六）代理发行、代理兑付、承销政府债券；（七）买卖政府债券、金融债券；（八）从事同业拆借；（九）买卖、代理买卖外汇；（十）从事银行卡业务；（十一）提供信用证服务及担保；（十二）代理收付款项及代理保险业务；（十三）提供保管箱服务；（十四）经国务院银行业监督管理机构批准的其他业务。

虽然商业银行经营的环境在变、客户需求在变、银行的服务能力在变，但是商业银行的基本业务或核心业务却并没有发生根本改变。

（一）存款业务

从银行资金来源来看，存款约占我国商业银行资金来源的80%[⊖]，是商业银行最主要的资金来源。按存款主体划分，商业银行为客户提供的存款主要包括公司存款和个人存款，其中公司存款占比约50%，个人存款占比约45%。按存款类别划分，美国的银行个人存款包括活期、储蓄和定期三类，其中活期存款类型少的有1~2种，多的达5~6种。相比之下，我国商业银行个人存款只有活期和定期两类，且活期存款类型只有1种。按存款利率划分，商业银行存款包括浮动利率和固定利率两种存款。

[⊖] 中国建设银行年报，2018年。

从家庭资产选择来看，虽然随着金融市场上金融产品的不断丰富，客户的可选择性显著增强，但存款依然是最受欢迎的金融产品之一。1974年，典型的美国家庭金融资产中，现金和活期存款占比8%，定期存款占35%，合计约占43%，养老金占比47%。到2016年，现金和活期存款占比2.5%、定期存款占比22%，而养老产品占比53%。在这40多年中，现金和活期存款的比重降低了5.5个百分点，定期存款的比重整体下降了13个百分点。㊀ 2011年中国家庭金融资产配置中存款约占57.75%，现金资产占17.93%，到2015年家庭金融资产配置中存款占比下降到45.57%。㊁

（二）贷款业务

贷款是商业银行最主要的资金运用方式。我国大型商业银行各类贷款约占资金运用的57%（建设银行，2019年），小型商业银行贷款占总资产比重普遍低于50%，个别甚至不到30%（锦州银行，2016年）。

按贷款主体划分，商业银行为客户提供的贷款主要包括公司贷款和个人贷款。其中，建设银行公司贷款占比约47%，个人贷款占比约42%，而个人住房贷款占个人贷款的80%以上。㊂ 按担保方式划分，贷款分为信用贷款、保证贷款、抵押贷款、质押贷款。其中，大型银行抵押贷款约占45%，信用贷款约占30%。另外，贷款还可以按贷款期限、贷款用途、贷款质量、偿还方式、计息方式等多种方式来划分。

（三）汇兑与结算业务

汇兑是汇款人委托银行将其款项支付给收款人的结算方式，是商业银行受托为客户支付商品和劳务对价或清偿债权债务，实现客户间资金转移的受托支付行为。根据划转款项的方法以及传递方式的不同，汇兑分为信汇和电汇两种。信汇是汇款人向银行提出申请，同时交存一定金额及手续费，汇出行将信汇委托书以邮寄方式寄给汇入行，授权汇入行向收款人解付一定金额的一种汇兑结算方式。电汇是汇款人将一定款项交存汇款银行，汇款银行通过电报或电传给目的地的分行或代理行（汇入行），指示汇入行向收款人支付一定金额的一种汇款方式。在这两种汇兑结算方式中，信汇费用较低，但速度较慢。

结算有现金结算和转账结算两种。根据结算所用工具不同，分为银行汇票、商业汇票、银行本票、支票、委托收款、异地托收承付结算等。支付涉及交易、结算和清算三个环节。

支票曾经是最为广泛使用的结算工具，支票支付是商业银行最具特色的业务之一。但是随着支付工具的创新，原本由商业银行垄断的支付业务逐渐被第三方支付所侵蚀，新的支付工具和支付方式层出不穷，尤其是在小额支付市场。

（四）投资业务

从银行角度看，投资业务指银行资产负债表上的债券投资，或者是代客投资、代客理财或财富管理业务，也可以指商业银行的"投行业务"，如地方政府债券承销。

商业银行证券投资或金融投资经历了一个"管制－放松"的过程。以美国为例，在深刻反思1929～1933年经济危机后，1933年的《格拉斯－斯蒂格尔法案》（也称作《1933年

㊀ 新湖财富，美国家庭的资产配置，https://www.sohu.com/a/223249375_679112。
㊁ 西南财经大学中国家庭金融调查与研究中心（CHFS），《中国家庭金融调查报告》2012年、2016年。
㊂ 中国建设银行年报，2018年。

银行法》）获得通过，开启了美国金融业分业经营和分业监管的时代，其严格限制商业银行从事投资银行业务，也包括银行自己的证券投资业务。此后一大批综合性银行按照法案进行了分拆，如摩根银行分拆为从事投资银行业务的摩根士丹利和从事商业银行业务的摩根大通。一直到1980年颁布的《放松对存款式金融机构管制与货币控制法》和1982年的《加恩－圣·杰曼法》，美国才逐渐放松商业银行进行投资证券的限制，而1999年出台的《金融服务现代化法》结束了《格拉斯－斯蒂格尔法案》对商业银行和投资银行分业经营的限制。

我国金融业也同样经历了"管制－放松"的过程，近几年的资管业务使银行服务客户的方式，以及银行自己的投资范围、投资对象和投资方式发生了重大转变，国债、金融机构债、理财产品等投资类资产是我国商业银行越来越重要的资金运用项目。以中国建设银行为例，2018年金融投资占总资产的比例为24.61%，[一]而同期的宁波银行这一比例高达49.18%。[二]商业银行年报数据显示，规模越小的银行投资性金融资产占比越高。2017年锦州银行投资证券及其他金融资产净额占比则更是达到58.8%，而发放贷款和垫款净额仅仅占28.9%。[三]

《中华人民共和国商业银行法》第三条规定，商业银行可以"代理发行、代理兑付、承销政府债券；买卖政府债券、金融债券"。从银行年报来看，商业银行的投资范围包括债券投资、权益工具和基金、其他债务工具。具体包括以公允价值计量且其变动计入当期损益的金融资产、买入返售金融资产、可供出售金融资产、持有至到期投资、应收款项类投资。其中，债券投资中包括政府债券、企业债券、其他金融机构债券，而应收款项类投资中绝大部分是资产管理计划及信托计划。

第二节　美国的银行体系

相对于其他国家，美国的银行体系要复杂得多，这与美国金融体系的形成和发展过程，以及金融竞争有直接关系。

一、美国的银行分类

美国有很多不同的"银行"，如商业银行、投资银行、抵押银行、储蓄银行、社区银行、国民银行、会员银行……这些机构有的是真正的传统银行，有的则完全不是。因此，要搞清楚美国的"银行"体系，首先从"银行"分类开始。

（一）按业务侧重点和特点划分

在美国，商业银行并不是唯一的存款式金融机构，与其类似的还有储蓄银行或者叫互助储蓄银行、储蓄贷款协会和信用社。这四种机构主营业务类型都是"存""贷""汇"，且存款是其主要资金来源，其区别在于市场定位不同、业务结构或业务特点不同。

[一] 中国建设银行年报，2018年。
[二] 宁波银行的"投资"包括以公允价值计量且其变动计入当期损益的金融资产、买入返售金融资产、可供出售金融资产、持有至到期投资、应收款项类投资。其中，可供出售金融资产主要是理财产品投资，而应收款项类投资主要是资管计划。
[三] 锦州银行年报，2017年。

（二）按注册类型划分

在美国，注册银行除了向联邦政府申请外，还可以向州政府申请。因此，美国采取的是双轨注册制度，向联邦政府申请的银行叫国民银行，向州政府申请的银行叫州立银行。

（三）按是否向联邦存款保险公司投保划分

1933年，根据《格拉斯－斯蒂格尔法案》美国设立联邦存款保险公司（FDIC）。目前，七千家左右的银行基本上都向FDIC投保，这些银行叫投保银行（Insured Bank）。而另外一些银行，要么是自己不愿意，要么是被FDIC拒绝，这些银行叫未投保银行。

（四）按与美联储的关系划分

并不是所有的商业银行都会加入联邦储备银行体系，如果加入的就叫会员银行（Member Bank），没加入就称非会员银行。

（五）按服务对象和单笔业务规模划分

根据贷款的平均额度和贷款对象可以划分为"批发银行"和"零售银行"。例如美洲银行和花旗银行的零售业务资产占总资产的比重约70%，因此它们都是零售型银行。

（六）按经营地域范围划分

早期的美国法律对银行经营区域有严格限制，禁止银行设立分支机构，并据此把银行分为社区银行和非社区银行。社区银行的经营范围就在社区，以社区居民为服务对象，这与美国长期推行单元制银行制度有关。直到现在，美国众多的银行中相当大比例的银行仍然定位于社区银行模式。⊖非社区银行泛指除社区银行以外的其他银行。

（七）按机构在金融体系中的地位划分

货币中心银行是对美国某些银行在整个金融体系中重要地位的一种称谓，如美国的花旗银行、美洲银行、富国银行、大通银行等，这些都是规模很大、影响力大的银行。按照《巴塞尔协议》，这些超大型银行还有另一个称谓：系统重要性银行。

（八）按组织形态划分

按商业银行的组织形态，可分为单元制银行、分支行制银行、银行持股公司制银行、金融控股公司制银行。商业银行采取什么样的组织形式与一个国家的法律有重要关系。

二、传统的银行体系

美国的存款式金融机构可以分成商业银行、储蓄机构和信用社三种类别。其中，储蓄机构又分为互助储蓄银行和储蓄贷款协会。这些机构的基本业务相同，但又各具特色。

（一）商业银行（Commercial Bank）

商业银行是接受存款、发放贷款、提供支票等服务的金融机构。法律要求商业银行在所有存款资金中必须保留一个最低比例的资金作为准备金，这一比例被称为法定准备金率。假

⊖ 美国的社区银行跟我们所理解的"社区银行"实际上不是一个意思。中国的"社区银行"主要是对银行服务的社区化转型，因为这些银行本身并不是基于单元制设立并仅仅服务社区的银行。

如法定准备金率是 10%，这意味着银行每收到 100 美元存款，至少有 10 美元必须保留在银行，而其他 90 美元才可以贷款或投资。因此，当太多储户要求赎回存款持有现金时，银行就可能面临流动性危机。商业银行的主要业务如下。

1. 负债业务

商业银行最大的资金来源是存款，包括支票存款（活期存款）、储蓄存款和定期存款，它们通常被称为银行的"核心存款"。在美国，许多银行对支票账户余额不支付利息，或者只支付很少的利息。客户有权随时提取全部活期和储蓄存款，而提前支取定期存款通常要被收取罚金。当投保银行破产时，存款人最高可获得 25 万美元的赔偿。

如果银行不能吸引足够多的存款特别是核心存款时，银行可以转向寻求批发资金作为来源，如同业拆借、发行同业存单等。但是，当银行比较依赖批发资金融资时，对投资者和监管部门来说，这可能是一个危险信号。因为批发融资成本上升导致银行要么流动性紧张危及安全，要么利差收窄影响盈利。此外，要从贷款和投资中寻求更高的收益来保证利差或提高收益，则通常意味着银行要承担更大的风险。

2. 资产业务

商业银行的资产多种多样，但对大多数银行来说，贷款是其资金的主要用途，也是它们从中赚取利息收入的主要方式。银行提供的贷款包括抵押贷款、汽车贷款、个人消费贷款和商业贷款。贷款可以有固定利率，也可以是浮动利率或可调利率。贷款发放后，偶尔会发生借款人提前偿还贷款（尤其是住房按揭贷款）或无法偿还贷款的情况，因此，贷款时银行必须对潜在借款人的偿还能力和偿还意愿进行严格评估，包括借款人的（营业）收入、资产和债务，以及信用记录。贷款后还要继续密切关注借款人的变化。

在美国银行的零售贷款中，相比于其他类型的贷款，住房抵押贷款占比最大，且期限长、利率较高、风险相对较低。在 2008 年房地产泡沫破裂之前，房屋净值贷款（Home Equity）也是许多银行消费者贷款中增长最快速的一部分。该贷款以其房屋的权益作为抵押品，期限灵活、用途不限。信用卡是另一种重要的贷款业务，⊖其他还包括汽车贷款。

3. 证券投资

与现金、贷款等资产不同，商业银行的证券资产兼有盈利和流动性管理的双重作用。传统上，商业银行主要持有国库券、国债和政府机构债券。20 世纪 80 年代以后美国的利率自由化改革、资产证券化创新，特别是《巴塞尔资本协议》的实施，商业银行持有的资产证券化债券不断提高，在 2007 年次贷危机时达到高峰。此后，商业银行逐渐回归对国债等的投资。

4. 利息收入与非利息收入

商业银行通过其收取的贷款利息与支付的存款利息差来赚钱。对于多数银行而言，净利息收入是最重要的收入来源，其大小取决于存贷利差和存贷款规模。但是，在 20 世纪 80 年代后，手续费与佣金收入等非利息收入变得越来越重要。美国大型银行的非利息收入占营业收入比重甚至超过 30%。

⊖ 值得注意的是，与信用卡相关的 Visa 和万事达卡，它们实际上并不是为持卡人提供资金支持的信用卡，只是帮助刷卡者的银行与商户的银行之间进行资金转移的中介。

（二）互助储蓄银行（Savings Bank or Mutual Savings Bank，MSB）

互助储蓄银行是一种原本为低收入群体服务的节俭机构（另一个是储蓄贷款协会）。1816 年，费城储蓄协会和波士顿储蓄节俭机构是最早成立的互助储蓄银行。到 1910 年，美国这类机构共有 637 个。MSB 由本地政府或本区域政府批准，不采取股份制，而是由其会员拥有，利润也由其会员分享。即如果在互助储蓄银行开设账户，自己不仅是银行的客户，也是银行的"所有者"。典型的互助储蓄银行不像传统商业银行那样有外部股东。

传统上，互助储蓄银行的客户通常持有较低的存款余额，其资金运用则主要是住房抵押贷款，这是它们与商业银行在业务方面的主要区别。20 世纪 70 年代之前互助储蓄银行经营得非常成功，但是随着 80 年代利率的上升，导致了储蓄银行出现巨额损失，进而引发美国金融危机。许多储蓄银行在 20 世纪 80 年代的储贷危机期间要么破产倒闭，要么被其他机构合并成为商业银行，要么转换为股份公司制的银行。

（三）储蓄贷款协会（Savings and Loan Association，S&L）

美国最早的储蓄贷款协会（简称储贷协会）创立于 1831 年，是为使用其服务的人所拥有和经营，具有互助合作性质的金融机构，也被称为节俭机构，其资金来自会员的储蓄，且会员按股份分红。储贷协会的主要资金运用是向其会员提供贷款，多数贷款是用于购买房地产或住房。存款人和借款人也是储贷协会具有投票权的成员，他们有权参与指导储贷协会的财务和管理。

储贷协会可以是互助性的机构，也可以是股权性的机构。公司的股东是储蓄贷款协会的成员，参与利润分配，也有权参与协会的管理。公司章程明确界定组织结构、成员权利以及股东与协会的关系。储贷协会的日常事务由经理和董事们控制，他们的工作职责按照州和联邦法律组织和运营。作为储贷协会会员，以其股权价值承担股东的责任。

储贷协会可以是州或联邦注册成立，也可以从州注册转变为联邦注册的公司。1980 ～ 2010 年，美国的储蓄监督署（OTS）负责联邦特许储蓄贷款协会的监管，2010 年（OTS）被合并到货币监理署（OCC）。

20 世纪 80 年代，储贷协会在美国利率市场化改革进程中遇到前所未有的大麻烦。随着竞争加剧以及通货膨胀推高存款成本使利差收窄，储贷协会与储蓄银行一样也出现行业性的全面亏损，大量储贷协会破产，并连累为其存款提供保险的联邦储蓄贷款协会存款保险公司（FSLIC）被清算。剩下的没有倒闭的储贷协会也不得不模仿商业银行开始多元化转型，提供商业和汽车贷款业务，并开拓许多其他服务和产品。这使得传统的储贷协会与商业银行越来越难以区分了。

（四）信用社（Credit Union）

1. 信用社的属性与特点

信用社是一种合作性质的非营利性金融机构。早期的信用社社员仅限于拥有"共同纽带"的人，即在同一行业或同一公司工作，或生活在同一个社区。社员资格通常基于不同的成员隶属关系，如教师工会、消防员工会、联邦雇员工会等。后期才逐渐放松对社员的限制，允许公众加入。

信用社可以由大公司、组织和其他实体的员工和社员组建而成，规模从仅由志愿者经营的小型信用社到遍布全国、员工达数千名的大型实体，由参与者创建、拥有和运营。与很多金融机构不同，信用社是享受免缴纳企业所得税的非营利性企业。

信用社可在州政府注册成立，叫州信用社（SCU），也可在联邦政府注册成立，叫联邦信用社（FCU），㊀二者在业务上没有本质区别。联邦信用社制度是基于1934年《联邦信用社法》建立的，目的是促进储蓄和住房所有权融资和其他面向社区的金融服务。

最初各州政府负责对信用社的管理，直到1970年后美国才设立全国信用社管理局专门负责联邦信用社的监管，㊁并建立全美信用社股金保险基金（NCUSIF）。NCUSIF为信用社系统的会员股金提供保险，其原理与FDIC为商业银行系统的存款提供保险是一致的。根据2017年全国信用社管理局（NCUA）统计，在全美信用社股金保险基金投保的信用社社员达1.08亿人。

2. 信用社的运营模式与治理结构

信用社由社员汇集资金，从技术上讲这相当于购买合作社的股份。信用社利用这些资金可以为社员提供贷款，信用社还提供存款账户、其他金融产品和服务。一旦在信用社开立账户，便成为信用社社员和所有者。以联合国联邦信用社（UNFCU）为例，一旦加入该信用社便自动开立储蓄账户并要求存入至少50美元，这是社员保证其资格的最低存款数量。同时意味着社员有权参与信用社的管理事务，投票决定理事会成员和信用社的其他决策。㊂

3. 信用社的优势

作为非营利组织，信用社相对于银行有两个明显的优势：一是信用社可以免交企业所得税，只需要有足够的能满足日常运营的收入即可，其运营的边际成本比银行更低，意味着信用社能够支付更高的存款利率，同时对其他服务收取较低的费用，如支票账户和ATM取款，从而节省社员在贷款、账户管理和储蓄产品上的开支。二是信用社提供与传统银行相同的标准产品，还会根据会员的利益提供更定制化的产品。标准产品包括支票账户、储蓄账户、货币市场账户和贷款。信用社通常还为其成员提供教育课程，以及有关购房和个人理财的信息。

正如俄亥俄大学信用合作社对其社员的承诺那样："成为信用社社员意味着我们是为你，而不是为外面的股东工作。我们的全部利润通过降低贷款利率、提高存款利率或者降低服务收费返还给你。你的需求是我们决策的出发点，这就是我们为你提供广泛的产品来专门助你发展和实现金融梦想的原因。"㊃

根据2018年12月28日全国信用社管理局（NCUA）发布的数据，信用社提供的五年期定期存款全国平均利率为2.35%（存款起点为1万美元），而银行的支付平均利

典型案例

美国信用社和银行的存贷款利率比较

㊀ 1934年10月1日，得克萨斯州Texarkana的Morris Sheppard联邦信用社是第一个联邦注册的信用社。

㊁ 1970年，经国会批准，全国信用社管理局（National Credit Union Administration，NCUA）成为一个独立的联邦机构，为联邦投保的信用社股金提供保险，保护信用社社员利益，并且负责联邦信用社注册和监管。

㊂ 进一步了解美国信用社治理结构可参阅United Nations Federal Credit Union网站：https://www.unfcu.org/annualreport/2018/index.htm。

㊃ 见https://www.oucu.org/about/news/news。

率为 1.89%。信用社的货币市场账户平均利率为 0.32%（存款起点为 2 500 美元），而银行的同类账户平均利率为 0.23%。这使得信用社在争夺小额存款方面比银行更具优势。

（五）节俭机构与商业银行的比较

节俭机构（Thrift）是美国对某些金融机构特有的称呼，包括储蓄银行和储蓄贷款协会。基于社区来经营小额存款和贷款是这些机构的显著特征。① 从服务对象来看，节俭机构主要面向社区家庭和个人开展业务，而商业银行的服务更加多样化，会面向企业、事业单位、家庭和个人。② 从存款业务来看，商业银行吸收的存款有大额和小额，活期、储蓄和定期。而节俭机构的存款基本上以小额为主，活期存款较少，而储蓄和定期占比较多。③ 从贷款业务来看，商业银行和储贷协会与储蓄银行都有贷款。但是，节俭机构主要业务是发放住房贷款，且额度通常很小（相比公司贷款而言）。商业银行却除了提供住房贷款、汽车贷款，还有流动资金、固定资产贷款，等等。所以商业银行贷款的多样化要远远超过节俭机构。④ 从支付业务来看，商业银行和节俭机构的客户都有支付需求，但服务对象、客户结构和市场定位决定了节俭机构的存款结构完全不同于商业银行。节俭机构存款人多以获利为主要目的，支付需求是次要的。而商业银行的存款人中，既有获利为主的存款人，也有支付需求强烈的存款人。表 1-1 和表 1-2 分别列出了美国不同的存款式金融机构的区别。

表 1-1 美国存款式金融机构比较

类型	所有制	经营目的	资金来源	资金运用	资金成本	客户传统支付工具	支付创新
商业银行	股份制	盈利	存款 其他	工商贷款 住房按揭	支付利息	支票	
互助储蓄银行	股份制（会员股东）	盈利	小额储蓄	住房按揭 消费贷款	支付利息	现金 支票	可转让支付命令（NOW）
储贷协会	会员制	互助		住房按揭 消费贷款	分红		
信用社	合作制		股金	住房按揭 消费贷款			股金提款账户（SDA）

资料来源：作者根据有关资料整理。

表 1-2 美国存款式金融机构资金来源结构特点与支付竞争比较

类别	资金来源	资金来源特点	存款功能差异	存款竞争优势
商业银行	活期存款	多，不付息	可支付	支票
	储蓄存款	少，低利率	不可支付	
	定期存款	多，高利率	不可支付	
互助储蓄银行	活期存款	少，不付息	可支付	储蓄存款
	储蓄存款	多，低利率	不可支付	
	定期存款	多，高利率	不可支付	
储贷协会	活期存款	少，不付息	可支付	储蓄存款
	储蓄存款	多，低利率	不可支付	
	定期存款	多，高利率	不可支付	

资料来源：作者根据有关资料整理。

这说明，尽管商业银行与节俭机构具有几乎相同的业务形态，但是具有完全不同的服务定位和业务特色。

三、其他"银行"机构

在美国金融体系中,有很多名称看起来像是银行的机构,但实际上并不是银行!①因为这些"银行"的业务和功能不同于真正的商业银行。具体有如下几类。

(一)抵押银行(Mortgage Bank)

抵押银行是指专做住房按揭贷款的金融机构,又称抵押公司。在2008年次贷危机前,抵押银行是美国家庭获取住房按揭贷款最主要的渠道和资金提供者之一。有些抵押银行的业务规模甚至超过大银行,如危机期间被美洲银行收购的Countrywide抵押公司。

美国的抵押银行与中国的小贷公司经营原理基本一样,即只发放贷款、不能吸收存款。但是,抵押银行通常只做按揭贷款,而小贷公司贷款业务则更多样化。既然抵押银行不能吸收存款,它放贷的资金来自哪里呢?主要有三种资金来源:一是抵押银行资本金;二是其他商业银行对抵押银行的授信;三是向商业银行或美国的房地美、房利美出售按揭贷款资产。

(二)投资银行(Investment Bank)

投资银行是证券和股份公司制度发展到一定阶段的产物,是资本市场上的主要金融中介,也是发达和成熟金融体系的重要主体。狭义的投资银行业只限于某些资本市场活动,如一级市场上的承销业务、并购和融资业务的财务顾问。广义的投资银行业涵盖资本市场的众多活动,包括公司融资、并购顾问、股票和债券等证券发行、承销、交易、投资分析、资产管理和风险投资等业务。美国和欧洲大陆叫投资银行,在英国则叫"商人银行(Merchant Bank)"②,在中国和日本则称证券公司。全球著名的投资银行,如高盛、摩根士丹利、中信证券、中金公司、瑞银集团等。

(三)银行家银行(Banker's Bank)

银行家银行指为银行提供服务的专业性机构,类似的比如说中国的银联,以及为银行提供托管服务的机构,如美国的道富银行(Street State)就是这方面的代表。不少通过外包方式服务于银行的第三方机构也号称自己是银行的银行。这些为银行服务的机构归类称为银行的银行,但它本身并不提供典型的商业银行业务。

(四)影子银行(Shadow Bank)

2007年,美国太平洋投资管理公司(PIMCO)的执行董事Paul McCulley首次正式提出并定义影子银行。影子银行指"非银行投资渠道、工具和结构性产品杠杆化的组合",包括投资银行、对冲基金、货币市场基金、债券保险公司、结构性投资工具(SIV)等非银行金融机构。这些机构从事金融中介活动,创造信用,并且有与传统银行类似的信用、期限和流动性转换功能,但并未受到常规银行同样的监管。

影子银行可能是有形的金融机构、项目公司(如SPV),或是某种工具(如理财产品),如商业银行表外理财、证券公司集合理财、基金公司专户理财、证券投资基金、投连险中的

---

① 在不引起歧义的情况下,本书中"银行"通常是指**商业银行**。
② 商人银行起源于十八世纪的欧洲,传统上主要从事国际融资和承销,包括房地产、贸易融资、财务咨询、经纪服务、外国投资、其他国际交易,以及参与签发信用证和转移资金,其业务与证券公司类似。与商业银行不同,商人银行不向普通大众提供服务,也不提供支票账户、取款等银行服务。

投资账户、产业投资基金、创业投资基金、私募股权基金、企业年金、住房公积金,甚至是具有储值和预付机制的第三方支付公司等。

影子银行及业务主要包括三类:① 商业银行表外理财、证券公司集合理财、基金公司专户理财、证券投资基金、投连险中的投资账户、产业投资基金、创业投资基金、私募股权基金、企业年金、住房公积金、小额贷款公司、非银行系融资租赁公司、专业保理公司、金融控股公司、典当行、担保公司、票据公司、具有储值和预付机制的第三方支付公司、资金互助社、民间借贷等融资性机构。② 对冲基金、投资银行、债券保险公司、货币市场基金、结构性投资工具、资产支持商业票据管道、政府支持企业、金融控股公司等。③ 美国按揭贷款证券化中的"两房"、P2P等,甚至包括委托贷款等。

第三节　中国的金融机构体系

票号、钱庄和典当行等曾经是中国金融的重要载体,对推动经济社会进步发挥了重要作用。中国的现代金融机构体系发端于清末,在新中国成立、特别是改革开放后得到迅速发展。目前,我国金融机构体系的核心部分依然是商业银行。

一、商业银行

(一) 中国近代银行的兴起

关于中国的银钱业可追溯到南北朝时的寺庙典当。到唐代,出现类似汇票的"飞钱",这是中国最早的汇兑业务。北宋时,成都富商发行的"交子"成为中国早期的纸币。明朝时期当铺盛行,经营银钱兑换的当铺成为银庄,这些机构除兑换银钱外,开始涉足放贷。到了清代,又逐渐开办存款、汇兑业务。汇兑业务中有一种极具特色的叫"侨批"。⊖

典型案例

世界上最早使用的纸币"交子",为什么会最早出现在四川

中国的近代银行是在19世纪中叶外国资本主义入侵之后才兴起的。最早到中国的外资银行是英商东方银行,其后各资本主义国家纷纷来华设立银行。为了摆脱外国银行支配,清政府于1897年在上海成立了官督商办的中国通商银行,标志着中国近代银行的产生。1905年9月清政府设立"户部银行",1906年又更名为大清银行。此后,1907年浙江兴业银行、1908年交通银行相继产生,1912年在大清银行基础上组建中国银行。到1935年,中国基本形成了以中央银行(1924年)、中国银行(1912年)、交通银行(1908年)、农民银行(1935年)等"四大行"为核心的官僚资本控制的银行体系。

(二) 新中国银行业的发展

按照时间顺序,我们把新中国银行业的发展分为以下几个阶段。

⊖ 清晚期,特别是鸦片战争之后,为了谋求生计和财富,中国东南沿海出现了浩浩荡荡的"下南洋""淘金热"等海外移民浪潮。在这一大潮中有一种非常特殊的汇兑业务叫作"侨批",即海外华侨通过民间机构汇寄至国内的汇款及家书,是一种"信""汇"合一的特殊邮传载体,广泛分布在广东省潮汕地区、福建、海南等地。侨批这一名称来自闽南方言,把信称为"批"。顾名思义,侨批便是在海外谋生的华侨寄给家乡眷属的信。既是书信,又包括从海外寄来的银钱(有些像今天的汇款单,但有外信封和内信纸,外信封上写明附带多少款项),故又俗称"银信"。侨批递送者在送信到家的同时,也会将托寄的钱款同时送到侨眷的手上。

1. 1949～1978 年

1948 年最先设立中国人民银行。1949 年中华人民共和国成立后，废除了官僚资本主义银行，取缔了在华的外商银行。1949 年至 1952 年中国银行成为我国外汇专业银行，后来并入中国人民银行。1952 年新中国开始对专业银行、公私合营银行和私营银行实行社会主义改造，最终建立了与计划经济相适应的大一统金融体制。当时中国的金融体系只有中国人民银行一家，既是经营性机构，也是监管机构，虽然中国银行、中国建设银行、中国农业银行在此期间也经历了设立、撤销或被合并。

2. 1979～1982 年

中国开始实行改革开放，但银行总体来说仍是按企业生产计划供应资金的机构。1979 年后又逐步恢复设立中国农业银行、中国银行、中国建设银行。

3. 1983～1992 年

这一时期我国实行的是有计划的商品经济体制，银行业和金融监管也在不断探索中开始改革开放，并取得飞速发展。

（1）1983 年 9 月，国务院颁布了《关于中国人民银行专门行使中央银行职能的决定》，中国人民银行停止办理工商信贷和城镇储蓄业务，并正式成为国家统一管理金融的机构。随后 1984 年设立中国工商银行。

（2）国有银行业开始探索企业化经营，但银行经营管理仍有很强的"计划性"。除此以外，这一时期的银行（含分支机构）也有很强的"市场性"，国有银行、甚至一些分行也在办公司、做生意，向自办公司放贷的现象比较突出。企业转制中借机逃废银行债务的现象比较普遍。另外，清理"三角债"也是这一时期的热点和难点。

（3）允许企业创办银行，打破了银行只能由政府创办的局面。如创办深圳发展银行（1987）、广东发展银行（1988）、福建兴业银行（1988）、上海浦东发展银行（1993）。招商局集团、中信集团、首钢集团、光大集团四家国有企业开办了招商银行（1987）、中信实业银行（1987）、华夏银行（1992）、中国光大银行（1992），随后又设立城市信用社、农村信用社。

（4）特别需要指出的是，1985 年我国从"差额包干"的信贷管理体制转向实行"统一计划、划分资金、实贷实存、相互调剂、有偿使用"信贷管理体制（通常简称为"实贷实存"）。宏观调控机制在探索中前进，区域性同业拆借市场纷纷涌现，这为后来的全国性统一同业拆借市场的建立奠定了基础。

4. 1993～1995 年

1993 年 11 月召开中国共产党十四届三中全会，通过了《中共中央关于建立社会主义市场经济体制若干问题的决定》，这标志着我国正式提出要建立社会主义市场经济体制的战略目标，也要求转换国有企业经营机制，建立现代企业制度。

- 提出银行业与证券业实行分业管理。
- 允许组建农村合作银行和城市合作银行。㊀

㊀ 1994 年 7 月，由西南财经大学发起设立的成都汇通城市合作银行是我国第一家城市合作银行。后来因为经营不善，2000 年 1 月 31 日，该城市合作银行被撤销，其资产和合法负债由成都市商业银行（即现在的成都银行）接收。

- 商业银行开始实施资产负债比例管理和风险管理。⊖

此后，1993年12月25日，国务院发布《国务院关于金融体制改革的决定》及其他文件，提出深化金融改革，将工、农、中、建由专业银行转变成国有商业银行。为此，设立政策性银行，并从四大行中剥离了政策性业务。1994年国家开发银行和中国农业发展银行成立、1994年4月设立中国进出口银行。

1995年颁布《商业银行法》，标志着我国银行业进入一个全新的发展时期。对银行长期实行的计划管理，特别是规模管理成为历史。

5. 1996～2010年

这一时期，中国银行业监管体制和国有银行股份制改造取得重大成就，为银行体系实现稳健、可持续发展奠定了坚实的基础。

（1）1996年，为了实现农业银行的商业化转型以及强化农信社的合作属性，农信社正式与农业银行脱钩，转而作为独立法人经营的金融机构，由人民银行直接承担对其监督管理的职能。

（2）大力发展民营银行。在此期间相继建立了中国民生银行（1996）、恒丰银行（2003）、浙商银行（2004）、渤海银行（2005）四家民营股份制商业银行。

（3）着手解决国有银行的不良资产，为国有商业银行改革铺路。为解决国有独资银行长期积累的不良资产问题，国务院于1999年先后成立了四家直属国务院的资产管理公司，即中国华融资产管理股份有限公司、中国长城资产管理股份有限公司、中国东方资产管理股份有限公司、中国信达资产管理股份有限公司，专门对应负责解决中国工商银行、中国农业银行、中国银行、中国建设银行不良资产的问题。

（4）2003年开启城市信用社向城商银行的改革。

（5）银行监管职能从中国人民银行分离，金融监管进入全新时代。2003年，经国务院批准设立中国银行业监督管理委员会。

（6）开启国有银行股份制改革，进一步理顺银行公司治理。中国银行（2004）、中国建设银行（2004）、交通银行（2004）、中国工商银行（2005）、中国农业银行（2008）等相继完成股份制改造。从2005年至2007年，交行、建行、中行、工行通过H股、A股或A+H股上市，2010年农行A+H股上市。

6. 2011年至今

我国经济持续向好，银行资产规模快速增长，银行业抓住美国次贷危机的机遇实现弯道超车。同时，理财业务、第三方支付和互联网银行兴起，金融科技深刻改变着银行的外在环境和银行自身的管理。

（1）我国银行业资产规模迅速扩张。工、农、中、建四大国有控股银行在全球银行100强上的排名不断攀升，到2018年四家银行的资产规模和资本实力首次位列全球银行前四强，2019年继续保持前四的位置。

（2）互联网银行兴起，成为新生力量。2014年批准设立的微众银行、2016年设立的浙江网商银行和四川新网银行等三家互联网银行，标志着中国的互联网银行正式登上历史舞台。

（3）科技与金融的融合。大数据、云计算、人工智能等技术被广泛运用于金融活动，传统的银行业务面临新的挑战。

⊖ 见《中共中央关于建立社会主义市场经济体制若干问题的决定》，第16～17页。

二、银行的主要竞争者及其业务

在整个金融体系中,除商业银行外,还有许多与商业银行竞争与合作的机构,要么是与其竞争资金来源,要么竞争资金运用,要么竞争支付等服务。

(一) 保险公司

保险公司是指依《中华人民共和国保险法》和《中华人民共和国公司法》设立的公司法人,是销售保险合约、提供风险保障的公司。保险公司收取保费,将保费所得资本投资于债券、股票、贷款等资产,运用这些资产所得收入支付保单所确定的保险赔偿。保险公司通过上述业务,能够在投资中获得高额回报并以较低的保费向客户提供适当的保险服务,从而盈利。

保险公司的业务分为两类:第一类是人身保险业务,包括人寿保险、健康保险、意外伤害保险等保险业务,如向个人及团体提供人寿、年金、健康和意外伤害保险产品,涵盖生存、养老、疾病、医疗、身故、残疾等多种保障范围。第二类是财产保险业务,包括财产损失保险、责任保险、信用保险、保证保险等保险业务,如机动车辆保险、企业财产保险、货物运输保险、责任保险、意外伤害保险、短期健康保险、农业保险、信用保证保险、家庭财产保险、船舶保险等人民币及外币保险业务。保险公司一般不得兼营人身保险业务和财产保险业务。

1998年11月18日成立的中国保险监督管理委员会是全国商业保险的主管部门,2018年它与银监会合并成立中国银行保险监督管理委员会(简称银保监会)。

(二) 证券公司⊖

证券公司是指依照《中华人民共和国证券法》和《中华人民共和国公司法》规定设立的并经国务院证券监督管理机构审查批准而成立的专门经营证券业务,具有独立法人地位的有限责任公司或者股份有限公司。狭义的证券公司是指证券经营公司,具有证券交易所的会员资格,可以承销发行、自营买卖或自营兼代理买卖证券。普通投资人的证券投资都要通过证券公司来进行。

(三) 证券投资基金管理公司

证券投资基金管理公司(简称基金公司),是指经中国证券监督管理委员会(简称证监会)批准,在中国境内设立从事证券投资基金管理业务的企业法人。基金公司发起人是从事证券经营、证券投资咨询、信托资产管理或者其他金融资产管理的机构。人们平常所说的基金主要就是指证券投资基金。

基金公司分公募基金公司和私募基金公司。从组织形式上说,基金公司分为公司制基金公司和有限合伙制基金公司。

(四) 租赁公司

租赁是指在约定的期间内,出租人将资产使用权让与承租人,以获取租金的协议。在租赁的经济行为中,出租人将自己所拥有的某种物品交与承租人使用,承租人由此获得在一段

⊖ 在不同的国家,证券公司有着不同的称谓。在美国,证券公司被称作投资银行或者证券经纪商;在英国,证券公司被称作商人银行;在欧洲大陆(以德国为代表),由于一直沿用混业经营制度,投资银行仅是全能银行的一个部门;在亚洲(以日本为代表),则称为证券公司。主要业务包括证券经纪、证券投资咨询、与证券交易、证券投资活动有关的财务顾问,证券承销与保荐,证券自营,证券资产管理,其他证券业务,企业并购等。

时期内使用该物品的权利，但物品的所有权仍保留在出租人手中。承租人为其所获得的使用权需向出租人支付一定的费用（即租金）。我国的租赁公司有金融租赁公司和融资租赁公司两种，其中金融租赁公司归银保监会监管，而融资租赁公司归商务部管理。

（1）金融租赁公司是指经中国银保监会批准，以经营融资租赁业务为主的非银行金融机构。未经银保监会批准，任何单位和个人不得经营融资租赁业务或在其名称中使用"金融租赁"字样。金融租赁公司可以经营下列部分或全部本外币业务：融资租赁业务；转让和受让融资租赁资产；固定收益类证券投资业务；接受承租人的租赁保证金；吸收非银行股东3个月（含）以上定期存款；同业拆借；向金融机构借款；境外借款；租赁物变卖及处理业务；经济咨询。更多内容参见2007年发布的《金融租赁公司管理办法》。

（2）融资租赁公司是以出租设备或工具收取租金为业的金融企业。作为非银行金融机构，它以融物的形式起着融资的作用。

（五）企业集团财务公司

企业集团财务公司（简称财务公司）是指以加强企业集团资金集中管理和提高企业集团资金使用效率为目的，为企业集团成员单位（简称成员单位）提供财务管理服务的非银行金融机构。

财务公司可以经营下列部分或者全部业务：① 对成员单位办理财务和融资顾问、信用鉴证及相关的咨询、代理业务；② 协助成员单位实现交易款项的收付；③ 经批准的保险代理业务；④ 对成员单位提供担保；⑤ 办理成员单位之间的委托贷款及委托投资；⑥ 对成员单位办理票据承兑与贴现；⑦ 办理成员单位之间的内部转账结算及相应的结算、清算方案设计；⑧ 吸收成员单位的存款；⑨ 对成员单位办理贷款及融资租赁；⑩ 从事同业拆借；⑪ 中国银保监会批准的其他业务。

《企业集团财务公司管理办法》第二十九条提出，符合条件的财务公司，可以向中国银保监会申请从事下列业务：（1）经批准发行财务公司债券；（2）承销成员单位的企业债券；（3）对金融机构的股权投资；（4）有价证券投资；（5）成员单位产品的消费信贷、买方信贷及融资租赁。

财务公司经营特点包括：第一，业务范围以企业集团内部为限。财务公司是企业集团内部的金融机构，主要是为企业集团内的成员企业提供金融服务。第二，业务具有金融属性。财务公司的资金来源主要有集团公司和集团公司成员投入的资本金，以及集团公司成员企业在财务公司的存款。财务公司的资金运用主要有贷款、结算、担保和代理等一般银行业务，还可以经批准开展证券、信托投资等业务。第三，产融结合。由于财务公司的资金来源和运用都限于集团公司内部，因而财务公司对集团公司的依附性强，其发展状况与集团产业紧密结合。更多内容参见2006年修订的《企业集团财务公司管理办法》。

（六）信托公司

根据《中华人民共和国信托法》，所谓信托是指委托人基于对受托人的信任，将其财产权委托给受托人，由受托人按委托人的意愿以自己的名义，为受益人的利益或者特定目的，进行管理或者处分的行为。信托业务具有以信任委托为基础、以货币资金和实物财产的经营管理为形式，融资和融物相结合的多边信用行为。信托的种类很多，主要包括个人信托、法人信托、任意信托、特约信托、公益信托、私益信托、自益信托、他益信托、资金信托、动产信托、不动产信托、营业信托、非营业信托、民事信托和商事信托等。

信托业务，是指信托公司以营业和收取报酬为目的，以受托人身份承诺信托和处理信托事务的经营行为。信托业务的关系人有委托人、受托人和受益人三个方面。转移财产权的人，即原财产的所有者是委托人；接受委托代为管理和经营财产的人是受托人；享受财产所带来的利益的人是受益人。信托业务最早出现在18世纪的英国。

信托公司是指依照《公司法》和根据《信托公司管理办法》规定设立的主要经营信托业务的金融机构。根据《信托公司管理办法》规定信托公司可以申请经营下列部分或者全部本外币业务：（1）资金信托；（2）动产信托；（3）不动产信托；（4）有价证券信托；（5）其他财产或财产权信托；（6）作为投资基金或者基金管理公司的发起人从事投资基金业务；（7）经营企业资产的重组、购并及项目融资、公司理财、财务顾问等业务；（8）受托经营国务院有关部门批准的证券承销业务；（9）办理居间、咨询、资信调查等业务；（10）代保管及保管箱业务；（11）法律法规规定或中国银保监会批准的其他业务。

更多内容可参见《中华人民共和国信托法》和《信托公司管理办法》。

（七）其他非银行金融机构

1. 金融资产管理公司

为依法处理国有银行不良贷款，促进国有银行和国有企业的改革和发展，2000年以后我国设立金融资产管理公司，包括中国信达资产管理股份有限公司[一]、中国华融资产管理股份有限公司[二]、中国东方资产管理股份有限公司[三]、中国长城资产管理股份有限公司[四]。现在，"四大"资产管理公司已经发展成为著名的金融控股公司。

根据《金融资产管理公司条例》，金融资产管理公司是指经国务院决定设立的收购国有银行不良贷款，管理和处置因收购国有银行不良贷款形成的资产的国有独资非银行金融机构。金融资产管理公司在其收购的国有银行不良贷款范围内，可以从事下列业务活动：① 追偿债务；② 对所收购的不良贷款形成的资产进行租赁或者以其他形式转让、重组；③ 债权转股权，并对企业阶段性持股；④ 资产管理范围内公司的上市推荐及债券、股票承销；⑤ 发行金融债券，向金融机构借款；⑥ 财务及法律咨询，资产及项目评估；⑦ 中国人民银行、中国证券监督管理委员会批准的其他业务活动。

2012年国务院颁布《金融企业不良资产批量转让管理办法》（财金〔2012〕6号）。在金融资产处置领域，除"四大资产管理公司"之外，允许省级政府设立地方资产管理公司（AMC）。

地方资产管理或经营公司只能参与本省（自治区、直辖市）范围内不良资产的批量转让工作，其购入的不良资产应采取债务重组的方式进行处置，不得对外转让。批量转让是指金融企业对一定规模的不良资产（10户/项以上）进行组包，定向转让给资产管理公司的行为。金融企业批量转让不良资产的范围包括金融企业在经营中形成的以下不良信贷资产和非信贷资产：① 按规定程序和标准认定为次级、可疑、损失类的贷款；② 已核销的账销案存

[一] 成立于2010年6月，其前身为1999年4月成立的中国信达资产管理公司，是国务院批准设立的国内第一家金融资产管理公司。

[二] 前身为中国华融资产管理公司，成立于1999年11月1日。2012年9月28日经国务院批准公司整体改制为股份有限公司。2015年10月30日，在香港联交所主板上市。

[三] 前身为国务院批准设立的中国东方资产管理公司，成立于1999年10月，2016年8月30日改制为股份有限公司。

[四] 前身是国务院1999年批准设立的中国长城资产管理公司。2016年12月11日改制为股份有限公司。

资产；③ 抵债资产；④ 其他不良资产。

2016年，经国务院同意，放宽关于各省级人民政府原则上可设立一家地方资产管理公司的限制，允许确有意愿的省级人民政府增设一家地方资产管理公司。

2. 融资性担保公司

根据《融资性担保公司管理暂行办法》，融资性担保是指担保人与银行业金融机构等债权人约定，当被担保人不履行对债权人负有的融资性债务时，由担保人依法承担合同约定的担保责任的行为。融资性担保公司是指依法设立，经营融资性担保业务的有限责任公司和股份有限公司。

融资性担保公司经监管部门批准，可以经营下列部分或全部融资性担保业务：① 贷款担保；② 票据承兑担保；③ 贸易融资担保；④ 项目融资担保；⑤ 信用证担保；⑥ 其他融资性担保业务。此外，融资性担保公司经监管部门批准，可以兼营下列部分或全部业务：① 诉讼保全担保；② 投标担保、预付款担保、工程履约担保、尾付款如约偿付担保等履约担保业务；③ 与担保业务有关的融资咨询、财务顾问等中介服务；④ 以自有资金进行投资；⑤ 监管部门规定的其他业务。

融资性担保公司实行省、自治区、直辖市人民政府属地管理。

3. 消费金融公司

根据《消费金融公司试点管理办法》，消费金融公司是指经银保监会批准，在中华人民共和国境内设立的，不吸收公众存款，以小额、分散为原则，为中国境内居民个人提供以消费为目的的贷款的非银行金融机构。消费贷款是指消费金融公司向借款人发放的以消费（不包括购买房屋和汽车）为目的的贷款。消费金融公司名称中应当标明"消费金融"字样。未经银保监会批准，任何机构不得在名称中使用"消费金融"字样。

消费金融公司可以经营下列部分或者全部人民币业务：① 发放个人消费贷款；② 接受股东境内子公司及境内股东的存款；③ 向境内金融机构借款；④ 经批准发行金融债券；⑤ 境内同业拆借；⑥ 与消费金融相关的咨询、代理业务；⑦ 代理销售与消费贷款相关的保险产品；⑧ 固定收益类证券投资业务；⑨ 经银保监会批准的其他业务。消费金融公司向个人发放消费贷款不应超过客户风险承受能力且借款人贷款余额最高不得超过人民币20万元。

2010年最初试点城市为北京、天津、上海和成都四地。2013年11月，银保监会修订了《消费金融公司试点管理办法》，并新增沈阳、南京、杭州、合肥、泉州、武汉、广州、重庆、西安、青岛等10个城市参与消费金融公司试点工作。更多内容参见2014年颁布的《消费金融公司试点管理办法》。

4. 小额贷款公司

根据《关于小额贷款公司试点的指导意见》，小额贷款公司是由自然人、企业法人与其他社会组织投资设立，不吸收公众存款，经营小额贷款业务的有限责任公司或股份有限公司，常被简称为小贷公司。

申请设立小额贷款公司，应向省级政府主管部门提出正式申请，经批准后，到当地市场监督管理局申请办理注册登记手续并领取营业执照。此外，还应在五个工作日内向当地公安机关、中国银保监会派出机构和中国人民银行分支机构报送相关资料。小额贷款公司经营许可证是指地方金融监管局依法颁发的特许小额贷款公司经营小额贷款等业务的法律文件。小额贷款公司经营许可证的颁发、换发、吊销、注销等由省级地方金融监管局依法办理，市、县地方金融监管部门配合做好有关工作。

（1）小额贷款公司的主要资金来源

股东缴纳的资本金、捐赠资金，以及来自不超过两个银行业金融机构的融入资金都是小额贷款公司的主要资金来源。在法律、法规规定的范围内，小额贷款公司从银行业金融机构获得融入资金的余额，不得超过资本净额的50%。融入资金的利率、期限由小额贷款公司与相应银行业金融机构自主协商确定，利率以同期"上海银行间同业拆放利率"为基准加点确定。向小额贷款公司提供融资的银行业金融机构，应将融资信息及时报送所在地中国人民银行分支机构和中国银保监会派出机构，并应跟踪监督小额贷款公司融资的使用情况。

（2）小额贷款公司的资金运用

小额贷款公司发放贷款，应坚持"小额、分散"的原则，鼓励小额贷款公司面向农户和微型企业提供信贷服务，着力扩大客户数量和服务覆盖面。同一借款人的贷款余额不得超过小额贷款公司资本净额的5%。

另外，2020年11月，为适应小贷公司互联网化的趋势，规范小额贷款公司网络小额贷款业务，防范网络小额贷款业务风险，保障小额贷款公司及客户的合法权益，促进网络小额贷款业务健康发展，根据《中华人民共和国公司法》《中华人民共和国公司登记管理条例》等法律法规，银保监会会同中国人民银行发布《网络小额贷款业务管理暂行办法（征求意见稿）》，对客户适当性管理、小贷公司杠杆率、贷款方式和范围等做了重大修改。

5. 非金融机构支付服务

根据2010年中国人民银行制定的《非金融机构支付服务管理办法》，所谓非金融机构支付服务（又称第三方支付），是指非金融机构在收付款人之间作为中介机构提供下列部分或全部货币资金转移服务：①网络支付；②预付卡的发行与受理；③银行卡收单；④中国人民银行确定的其他支付服务。其中，网络支付是指依托公共网络或专用网络在收付款人之间转移货币资金的行为，包括货币汇兑、互联网支付、移动电话支付、固定电话支付、数字电视支付等。预付卡是指以盈利为目的的发行的、在发行机构之外购买商品或服务的预付价值，包括采取磁条、芯片等技术以卡片、密码等形式发行的预付卡。银行卡收单是指通过销售点（POS）终端等为银行卡特约商户代收货币资金的行为。

《非金融机构支付服务管理办法》规定支付机构之间的货币资金转移应当委托银

典型案例

支付宝服务

行业金融机构办理，不得通过支付机构相互存放货币资金或委托其他支付机构等形式办理。更多内容可参见《非金融机构支付服务管理办法》。

6. 汽车金融公司

根据《汽车金融公司管理办法》，汽车金融公司是指经中国银保监会批准设立的，为中国境内的汽车购买者及销售者提供金融服务的非银行金融机构。汽车金融公司名称中应标明"汽车金融"字样。未经中国银保监会批准，汽车金融公司不得设立分支机构，任何单位和个人不得从事汽车金融业务，不得在机构名称中使用"汽车金融""汽车信贷"等字样。

汽车金融公司可从事下列部分或全部人民币业务：① 接受境外股东及其所在集团在华全资子公司和境内股东 3 个月（含）以上定期存款；② 接受汽车经销商采购车辆贷款保证金和承租人汽车租赁保证金；③ 经批准，发行金融债券；④ 从事同业拆借；⑤ 向金融机构借款；⑥ 提供购车贷款业务；⑦ 提供汽车经销商采购车辆贷款和营运设备贷款，包括展示厅建设贷款和零配件贷款以及维修设备贷款等；⑧ 提供汽车融资租赁业务（售后回租业务除外）；⑨ 向金融机构出售或回购汽车贷款应收款和汽车融资租赁应收款业务；⑩ 办理租赁汽车残值变卖及处理业务；⑪ 从事与购车融资活动相关的咨询、代理业务；⑫ 经批准，从事与汽车金融业务相关的金融机构股权投资业务；⑬ 经中国银保监会批准的其他业务。

更多内容参见 2008 年 1 月颁布的《汽车金融公司管理办法》。

7. 互联网金融

互联网金融是基于互联网技术和信息通信技术实现资金融通、支付、投资和信息中介服务的新型金融业务模式。依托大数据、云计算等在开放的互联网平台上形成的功能化金融业态及其服务体系，包括基于网络平台的金融市场体系、金融服务体系、金融组织体系、金融产品体系以及互联网金融监管体系等。2015 年，中国人民银行等十部委联合发布《关于促进互联网金融健康发展的指导意见》，支持并规范互联网金融的健康发展。

互联网金融本质仍属于金融，没有改变金融风险隐蔽性、传染性、广泛性和突发性的特点。互联网金融监管应遵循"依法监管、适度监管、分类监管、协同监管、创新监管"的原则。

（1）互联网支付

互联网支付是指通过计算机、手机等设备，依托互联网发起支付指令、转移货币资金的服务。互联网支付坚持服务电子商务发展和为社会提供小额、快捷、便民小微支付服务的宗旨。互联网支付业务由中国人民银行负责监管。

（2）网络借贷⊖

网络借贷包括个体网络借贷（即 P2P 网络借贷）和网络小额贷款。个体网络借贷是指个体和个体之间通过互联网平台实现的直接借贷。在个体网络借贷平台上发生的直接借贷行为属于民间借贷范畴，受《合同法》《民法通则》等法律法规以及最高人民法院相关司法解释规范。个体网络借贷要坚持平台功能，为投资方和融资方提供信息交互、撮合、资信评估等中介服务。个体网络借贷机构本质上是信息中介性质，主要为借贷双方的直接借贷提供信息服务，不得提供增信服务，不得非法集资。

（3）股权众筹融资

股权众筹融资主要是指通过互联网形式进行公开小额股权融资的活动，它必须通过股权众筹融资中介机构平台（互联网网站或其他类似的电子媒介）进行。股权众筹融资中介机构可以在符合法律法规规定前提下，对业务模式进行创新探索，发挥股权众筹融资作为多层次资本市场有机组成部分的作用，更好地服务创新创业企业。股权众筹融资方应为小微企业，

⊖ 近几年 P2P "跑路"不断发生，给广大投资者造成巨大损失，危及我国的金融安全。这与 P2P 行业部分平台搞资金池，从事非法吸收存款和非法集资活动有关。2019 年，全国各地开始清理 P2P，到 2020 年 11 月全国 P2P 基本上清零。

应通过股权众筹融资中介机构向投资人如实披露企业的商业模式、经营管理、财务、资金使用等关键信息，不得误导或欺诈投资者。投资者应当充分了解股权众筹融资活动风险，具备相应风险承受能力，进行小额投资。股权众筹融资业务由证监会负责监管。

（4）互联网基金销售

这是基金销售机构与其他机构通过互联网合作销售基金等理财产品的新业务模式。互联网基金销售同样要履行风险披露义务，不得通过违规承诺收益方式吸引客户；基金管理人应当采取有效措施防范资产配置中的期限错配和流动性风险。第三方支付机构在开展基金互联网销售支付服务过程中，应当遵守人民银行、证监会关于客户备付金及基金销售结算资金的相关监管要求。第三方支付机构的客户备付金只能用于办理客户委托的支付业务，不得用于垫付基金和其他理财产品的资金赎回。互联网基金销售业务由证监会负责监管。

（5）互联网保险

保险公司依托互联网开展保险业务。互联网保险应遵循安全性、保密性和稳定性原则，加强风险管理，完善内控系统，确保交易安全、信息安全和资金安全。保险公司应建立对所属电子商务公司等非保险类子公司的管理制度，建立必要的防火墙。保险公司通过互联网销售保险产品，不得进行不实陈述、片面或夸大宣传过往业绩、违规承诺收益或者承担损失等误导性描述。互联网保险业务由银保监会负责监管。

（6）互联网信托和互联网消费金融

这是指信托公司、消费金融公司通过互联网开展业务。信托公司通过互联网进行产品销售及开展其他信托业务的，要遵守合格投资者等监管规定，审慎甄别客户身份和评估客户风险承受能力，不能将产品销售给与风险承受能力不相匹配的客户。信托公司与消费金融公司要制定完善产品文件签署制度，保证交易过程合法合规，安全规范。互联网信托业务、互联网消费金融业务由银保监会负责监管。

（7）数字货币

数字货币可以认为是一种基于节点网络和数字加密算法的虚拟货币。最为知名的是比特币。比特币作为早期的数字货币是一种不受管制的数字化货币，通常由开发者发行和管理，被特定虚拟社区的成员所接受和使用。尽管数字货币可能并不由央行或政府当局发行，也不与法定货币挂钩，但由于被公众所接受，所以被部分成员作为支付手段，也可以电子形式转移、存储或交易。

数字货币所依托的区块链技术实现了去中心化，具有交易成本低，交易速度快，高度匿名性的特点。与传统的银行转账、汇款等方式相比，数字货币交易不需要向第三方支付费用，其交易成本更低，特别是和向支付服务供应商提供高额手续费的跨境支付相比。自比特币问世以来，不少企业和个人从事数字货币的开发，如天秤币（Libra）就是Facebook新推出的虚拟加密货币。

2019年，中国人民银行推出DCEP（Digital Currency Electronic Payment）数字货币，采用了"双离线支付"技术，功能和属性跟纸钞完全一样，只不过它的形态是数字化的。它不需要账户就能够实现价值转移，也不需要绑定任何银行账户（而我们现在用的银行支付、微信支付、支付宝支付等，都要绑定银行账户）。

与比特币不同，我国央行的数字货币属于法定货币，跟现金一样，也具有无限法偿性，任何人不能拒绝接受DCEP。2020年8月，我国开始在京津冀、长三角、粤港澳大湾区及中西部具备条件的地区开展数字人民币试点，加速数字货币进程。

8. 金融控股公司

根据《国务院关于实施金融控股公司准入管理的决定》（国发〔2020〕12号），所谓金融控股公司，是指依照《中华人民共和国公司法》和本决定设立的，控股或者实际控制两个或者两个以上不同类型金融机构，自身仅开展股权投资管理、不直接从事商业性经营活动的有限责任公司或者股份有限公司。在中华人民共和国境内的非金融企业、自然人以及经认可的法人控股或者实际控制两个或者两个以上不同类型金融机构，应当向中国人民银行提出申请，经批准方可设立金融控股公司。

不同类型金融机构包括商业银行和金融租赁公司；信托公司；金融资产管理公司；证券公司、公募基金管理公司、期货公司；人身保险公司、财产保险公司、再保险公司、保险资产管理公司；国务院金融管理部门认定的其他机构。

经批准设立的金融控股公司，由中国人民银行颁发金融控股公司许可证，凭该许可证向市场监督管理部门办理登记，领取营业执照。未经中国人民银行批准，不得登记为金融控股公司，不得在公司名称中使用"金融控股""金融集团"等字样。

更多内容参见《国务院关于实施金融控股公司准入管理的决定》（国发〔2020〕12号）和《金融控股公司监督管理试行办法》（中国人民银行令〔2020〕第4号）。

■ 思考题

1. 美国银行体系中存款式金融机构经营特点及差异性。
2. 如何看待我国金融机构和金融活动的多元化？
3. 银行流动性创造与经济增长的关系。
4. 2007年美国为应对次贷危机，为何要推出"量化宽松"政策？该政策对全球经济有何影响？
5. 美国在20世纪80年代为何会发生储贷危机？

■ 核心文献

［1］储蓄贷款协会 What is a Savings and Loan Association? http://www.investorguide.com/article/11829/what-is-a-savings-and-loan-association-igu/.
［2］商业银行 Commercial Bank, By Julia Kagan, Updated Jun 8, 2019, https://www.investopedia.com/terms/c/commercialbank.asp.
［3］互助储蓄银行 Mutual Savings Bank, Julia Kagan, Updated Aug 4, 2019, https://www.investopedia.com/terms/m/mutual-savings-bank.asp.
［4］信用社 Credit Union, By Mitchell Grant, Updated May 16, 2019, https://www.investopedia.com/terms/c/creditunion.asp.
［5］俄亥俄大学信用社 https://www.oucu.org/about/news/news.
［6］美国信用社管理局 https://www.ncua.gov/files/publications/analysis/credit-union-bank-interest-rates-dec-2019.pdf.

[7] D. W. Diamond, P. Dybvig. Bank Runs, Deposit Insurance and Liquidity [J]. Journal of Political Economy, 1983. P401-419.

[8] Freixas and Rochet, Microeconomics of Banking [J]. 2008.

[9] Allen N. Berger, John Sedunov. Bank Liquidity Creation and Real Economic Output [J]. Journal of Banking & Finance. Volume 81, 2017. PP 1-19.

[10] Allen N. Berger, Christa H.S. Bouwman. Bank Liquidity Creation, Monetary Policy, and Financial crises [J]. Journal of Financial Stability. Volume 30, 2017. PP 139-155.

[11] Elena Mattana, Ettore Panetti. Bank Liquidity, Stock Market Participation, and Economic Growth [J]. Journal of Banking & Finance. Volume 48, 2014. PP 292-306.

[12] Kapoor Supriya, Peia Oana. The Impact of Quantitative Easing on Liquidity Creation [J]. Journal of Banking & Finance. Volume 122, 2021.

[13] 李明辉,孙莎,刘莉亚. 货币政策对商业银行流动性创造的影响——来自中国银行业的经验证据[J]. 财贸经济, 2014 (10).

[14] 项卫星. 美国储蓄贷款业危机的演进、解决与改革[J]. 吉林大学社会科学学报, 1992 (06).

[15] 中国共产党十四届三中全会,《中共中央关于建立社会主义市场经济体制若干问题的决定》, 1993年11月11~14日.

银行组织、公司治理与银行市场结构

分支行制是现代商业银行最重要的组织形式,但在商业银行发展过程中还存在其他组织形式。"金融控股公司制+分支行制"则是当代大型银行的普遍选择。

我国利率市场化改革,特别是 2012 年 6 月 8 日开启的存款利率市场化改革,允许商业银行自主浮动定价,并没有出现令人担心的银行间竞相提价打价格战的现象。除了严格的监管外,①另一个重要原因是银行内部治理的不断完善。提价可能导致银行成本上升,利润下降,股东不愿意,董事会不同意。"三会"对经营层的有效硬约束是现代公司治理机制的核心和重要特征。

■ **重要知识点及核心概念**

单元制、银行持股公司制、分支行制、金融控股公司制、银行公司治理、CR_n、赫芬达尔-赫希曼指数。

■ **学习目标**

- 了解银行组织形式及其演变
- 了解银行公司治理与内部控制
- 了解党的领导与中国的银行公司治理
- 尝试运用市场集中度、公司治理等开展银行有关问题的实证分析

第一节 银行组织形式

在银行业漫长的演变过程中,银行采取了多种组织形式,包括单元制、银行持股公司

---

① 如人民银行宏观审慎评估体系(MPA)考核中,对商业银行存款利率定价行为有一票否决机制。

制、分支行制和金融控股公司制四种形式。但是，银行采取何种组织形式，在不同国家和不同时期存在显著差别。

一、单元制

（一）单元制及其产生

单元制，又称单一银行制或独家银行制，即银行只有一个机构，政府不允许设立分支机构开展业务。这种形式主要存在于美国和少数北美国家中，现在已基本退出历史舞台。在现实生活中，从小贷公司、互联网银行身上还能看到单元制的影子。[一]

为什么长期以来美国对银行设立分支机构有严格限制？这可能与美国反垄断，以及州政府有独立的立法司法权等有关。因为银行没有设立分支机构，所以单家银行的服务半径较小。由于单家银行规模小，要实现银行服务的广覆盖，唯一办法就是批准设立更多的新银行。高峰时期美国有3万多家银行。

（二）单元制的优缺点

单元制的优点很多：一是银行业的竞争相对更加充分。没有哪个银行能做得特别大进而控制市场，这使得整个银行业的竞争更加激烈。二是单元制银行的管理层级少、效率高。三是有利于银行深耕本地市场，服务当地家庭和企业。因为法律不允许设分支机构，银行就只能在本地经营，深入社区、做精做细社区客户就成为必然的选择。

单元制也有很多不利的方面：一是由于银行没有分支机构，信贷风险管理做不到地区分散，抗风险能力弱。比如地处农业地区的银行，如果不发生自然灾害，银行经营就好。但是，一旦出现洪灾或干旱，农民就可能还不起钱，银行不良资产就会上升。二是业务扩张能力差，扩张速度慢，银行规模普遍比较小。

二、银行持股公司制[二]

（一）银行持股公司制的产生

在单元制体制下，银行是不能通过跨地区经营来分散贷款风险的。比如，A银行在农业地区，B银行在工业地区，这决定了两个均为单元制的银行面对洪水或旱灾时的风险是不一样的。那么，农业地区的银行有没有办法到工业地区设分支机构呢？或反过来。答案是否定的！因为美国早期的法律禁止银行设分支机构。

在实践中，美国的银行家想出了一个解决上述问题的办法——设立银行持股公司（母公司M），然后持股A、B两家银行。对于母公司M来讲，这两家银行是其控股的子公司，而每一个子公司（银行）都是一个标准的单元制，完全符合法律规定。这样，以股权为纽带，母公司M便拥有了两家位于不同地方的银行，从而起到分散银行风险和熨平利润波动的作用。因此，银行持股公司制变相具有了分支行制的优点。

[一] 如阿里网商银行、腾讯微众银行、四川新网银行、北京百信银行。
[二] 在美国，还曾有连锁银行制，美国的银行持股公司与连锁银行的区别就在于有没有一个持股公司存在，前者是一个持股公司同时持有或控制若干家银行，后者并不存在持股公司。

（二）银行持股公司制及其架构

1956年《银行持股公司法》从法律层面确认了上述解决方式的合法性，并成为美国银行业最重要的组织形式，如花旗银行、美洲银行等早期都是银行持股公司制。在《银行持股公司法》下，母公司M叫银行持股公司（Bank Holding Company，BHC），或者更准确地讲应该叫"银行控股公司"。从这个名称可以看出，母公司M可以控股银行，至少是一家，也可以是多家。但是，母公司M不能控股证券公司或保险公司，或别的金融机构。不过，母公司M除了控股银行以外，还可以控股其他企业，比如说房地产、商业或工业企业等。

图2-1中，每家银行都是单元制属性的银行，但相对于持股公司而言，每家银行相当于都是持股公司的分支机构。所以，银行持股公司制的这种组织架构，既不改变单元制的法律属性，同时又兼具分支行制的优点。

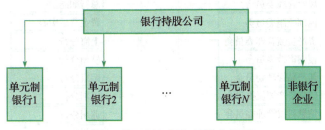

图2-1 单元制与银行持股公司制

根据《银行持股公司法》，如果一家持股公司对至少一家银行所持股份占该行权益股的25%或以上，或者有权选择一家银行董事会至少两名董事，即认为存在控股。该持股公司必须得到美联储的许可并定期报告和接受检查。

正因为银行持股公司制具有诸多优点，因此在美国发展迅速。第二次世界大战后至1994年《跨州银行法》实施以前，银行持股公司制是美国银行业最主要的组织形式。2010年，在美国营业的5 500家银行持股公司控制着美国银行业资产的99%以上，而其中大约900家"多银行控股公司"控制着全美国银行业资产的70%。㊀

三、分支行制

尽管银行持股公司制在美国非常流行，但更多国家的银行则采取分支行制。分支行制又称总分行制，是中国最为典型的银行组织形式，包括总行、省（自治区、直辖市）分行、市级分行、区（县）支行、分理处或储蓄所等，共五级。分支行制呈典型的金字塔形组织形式。

（一）分支行制的优缺点

分支行制的优点很多：一是分支行数量众多，经营网络深入基层，有利于银行迅速扩张业务。二是抗风险能力更强，这与分支行制银行规模更大、地域更分散等有关。三是有规模经济效应，特别是在银行科技投入与产出方面更为经济。但是，分支行制这种架构最大的问题是管理层级多，信息和政策从金字塔塔尖的总行传导到塔底的支行或储蓄所费时很长，上下级之间沟通和反馈的效率相对较低（见图2-2）。

㊀ 彼得·S罗斯，等. 商业银行管理（原书第9版·中国版）[M]. 北京：机械工业出版社，2016：66-67.

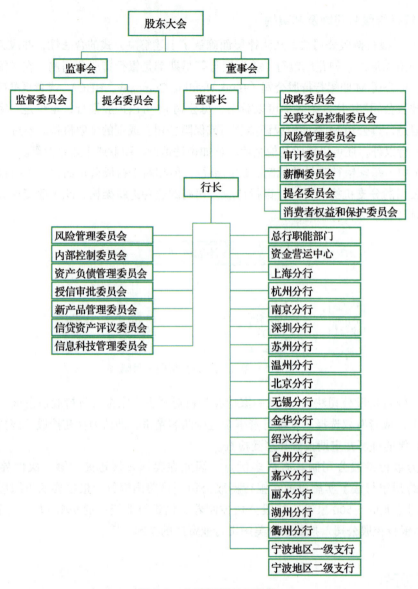

图 2-2 宁波银行组织结构

资料来源：宁波银行年报，2019 年。

（二）分支行制及银行扁平化改革

怎样才能既发挥分支行制的优点，又能够尽量降低管理效率损失和沟通成本？办法之一就是推行银行的扁平化和事业部制改革。组织扁平化就是通过把管理层级缩短，使得"金字塔"不要显得太尖，从而提高管理效率、降低管理成本。此外，最近十多年我国大型商业银行还积极探索事业部制。银行按照业务条线来开展经营和管理，如信用卡部、财富管理部。其中，民生银行是银行事业部改革的早期探索者和典型代表（详见本章拓展阅读）。

从中国和美国的银行组织特点来看，实际上现在大型银行最主流的模式是"金融控股公司制＋分支行制"，是金融控股公司制和分支行制的结合体。这是当前银行业组织形式的一个重大变化和显著特点，如美国的花旗银行、中国建设银行等。

四、金融控股公司制及其组织结构

(一) 金融控股公司制的形成

美国的金融业从 1933 年开始"分业"走向"混业"历经 60 多年。金融"混业",准确讲是相对于金融控股公司这个载体来说的混业,而非银行、证券、保险等金融机构自己的交叉跨界经营。以银行为例,在从事银行业务的同时银行仍然不能从事典型的投行业务或保险业务。[○]

随着客户对资产组合管理和风险管理提出更高的要求,金融需求多样化和"整合性""一站式"服务成为时代潮流。1999 年,美国颁布《金融服务现代化法》,金融控股公司替代银行持股公司成为合法的金融服务载体。尽管从名称上看,这似乎只是把"银行"换成了"金融",但实际上是母公司控制范围和控制机构类型的重大变化,标志着集团所属金融业态的扩大,而"银行"只是金融控股公司的业态之一(见图 2-3)。这意味着金融业进入混业经营的时代!

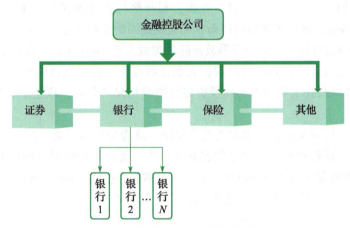

图 2-3　金融控股公司及其金融业态

基于母公司为客户提供银行、证券、保险、基金、信托等综合化"一站式"的服务成为当今金融业最重要的发展趋势。

(二) 全球著名金融控股公司及其组织结构

全球有许多著名的银行,如美洲银行(美国银行)、花旗银行、巴克莱银行、德意志银行、瑞士信贷银行、汇丰银行、摩根大通银行、荷兰合作银行、加拿大皇家银行、三菱东京UFJ 银行、瑞穗银行、三井住友银行,以及中国"四大行"、招商银行、平安银行、中信银行等都归属于金融控股公司旗下。

1. 花旗集团

经过多次合并后花旗集团成为集商业银行、投资银行、保险、共同基金、证券交易等诸多金融服务业务于一身的金融集团。

○ 通过银行卖保险产品、理财产品、销售基金、开立证券保证金账户等并不是银行的混业经营,因为本质上这些业务只是银行的代理业务。

（1）花旗银行。花旗银行是1955年由纽约花旗银行与纽约第一国民银行合并而成，并改名为纽约第一花旗银行，1962年改为第一花旗银行，1976年3月1日改为现名。纽约花旗银行的前身是纽约城市银行，1812年由斯提耳曼家族创立，经营与拉丁美洲贸易有关的金融业务。1865年该行取得国民银行执照，改为纽约花旗银行。

（2）花旗公司。由于美国之前对银行与证券业务实行严格的分业管理，规定商业银行不许购买股票，不许经营非银行业务，对分支行的开设也有严格的限制，因而为了规避法律的限制，1968年花旗银行走出了公司战略决策的重要一步——成立银行持股公司，以其作为花旗银行的母公司。花旗银行把自己的股票换成其持股公司即花旗公司的股票，而花旗公司资产的99%是花旗银行的资产。数十年来，花旗银行一直是花旗公司的"旗舰银行"，20世纪70年代花旗银行的资产占花旗公司资产的95%以上，80年代以后有所下降，但也在85%左右。花旗公司共辖13个子公司，提供银行、证券、投资信托、保险、融资租赁等多种金融服务（按照当时的法律要求，非银行金融业务所占比例很小）。通过这一发展战略，花旗公司走上了多元化金融服务的道路。

（3）花旗集团。1998年4月6日，花旗公司与旅行者集团宣布合并，组成的新公司称为花旗集团，其商标为旅行者集团的红雨伞和花旗集团的蓝色字标。

旅行者集团的前身旅行者人身及事故保险公司成立于1864年，一直以经营保险业为主，在收购了美邦经纪公司后，其经营范围扩大到证券经纪、投资金融服务领域。1997年底又以90亿美元的价格兼并了美国著名的投资银行所罗门兄弟公司，成立了所罗门·美邦投资公司。

花旗公司与旅行者集团合并组成的花旗集团，成为美国第一家集商业银行、投资银行、保险、共同基金、证券交易等诸多金融服务业务于一身的金融集团。1998年合并后的花旗集团总资产达7 000亿美元，在100个国家有1亿客户，拥有6 000万张信用卡的消费客户，净收入为500亿美元，是当时全球规模最大的全能金融集团。

现在，花旗集团包括花旗公司和花旗控股，其中花旗公司主要由全球消费者银行（GCB）、机构客户集团（ICG）和公司或其他三个部分组成。希望进一步了解花旗银行组织架构，可参见花旗银行2019年年报。

2. 建设银行集团

建设银行集团不仅有著名的中国建设银行，在非银行金融领域还拥有建信基金、建信租赁、建信信托、建信人寿、建信期

典型案例
当前花旗公司的三大业务板块

货、建银国际、建信养老（建信养老金管理有限责任公司）、建信财险、建信投资、建信理财等子公司，并拥有中德住房储蓄银行和27家村镇银行。2019年，除建设银行外，建设银行集团所属综合化经营子公司资产总额6 036.87亿元，实现净利润38.09亿元。此外，集团境外机构覆盖中国香港、新加坡、德国、南非、日本、韩国、美国、英国、越南、澳大利亚、俄罗斯、迪拜、中国台湾、卢森堡、中国澳门、新西兰、加拿大、法国、荷兰、西班牙、意大利、瑞士、巴西、开曼、爱尔兰、智利、印尼、马来西亚、波兰29个国家和地区；建设银行全资拥有建行亚洲、建行伦敦、建行俄罗斯、建行欧洲、建行新西兰、建行巴西、建行马来西亚等经营性子公司。

2018年的建设银行集团的组织架构如图2-4所示。2019年，建设银行集团对治理结构中的部分"委员会"做了一定调整。一是在"董事会"下设立的专业委员会中，将"社会责任与关联交易委员会"扩展为"关联交易、社会责任与消费者权益保护委员会"；二是在"行长"下设立的专业委员会中，新增设了"资管业务委员会""数据治理委员会""消费者权益保护委员会"。另外，在"主要综合化经营子公司"中，新增设"建信理财有限责任公司"。

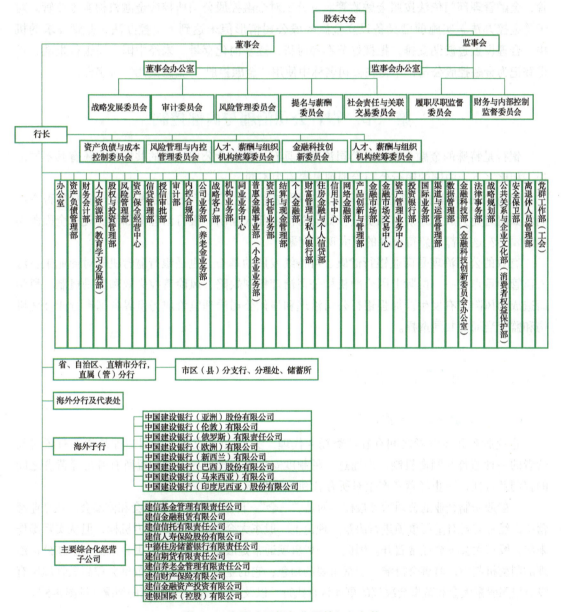

图2-4　中国建设银行集团的组织架构

资料来源：建设银行年报，2018年。

需要指出的是，前几年我国民营资本进入金融行业的积极性很高，许多民营企业都参股或控股多种金融机构，但不少机构处于无序发展之中，对我国金融稳定造成重大威胁。具有金融控股公司特征的企业集团如安邦系、明天系、海航系、阿里系等。当然，其中隐藏的严重问题也引起了监管部门的注意,并做了妥善处置。

2020 年 9 月,依据《国务院关于实施金融控股公司准入管理的决定》(国发〔2020〕12 号),中国人民银行颁布《金融控股公司监督管理试行办法》(中国人民银行令〔2020〕第 4 号,简称《金控办法》),自 2020 年 11 月 1 日起施行。《金控办法》细化了金融控股公司准入的条件和程序,进一步明确了监管范围和监管主体,中国人民银行对金融控股公司实施监管,金融管理部门依法按照金融监管职责分工对金融控股公司所控股金融机构实施监管。对于《金控办法》实施前已具备设立金融控股公司情形但未达到《金控办法》监管要求的机构,合理设置过渡期安排,把握好节奏和时机,逐步消化存量。未经中国人民银行批准,不得登记为金融控股公司,不得在公司名称中使用"金融控股""金融集团"等字样。

第二节 银行公司治理与内部控制

银行是特殊的金融企业,其公司治理除具有一般企业公司治理的共性外,还有其不同之处。相比之下,中国的银行公司治理则显得更为不同。

银行公司治理与一般企业公司治理有哪些差异性?银行公司治理对银行绩效是否有影响?如何避免大股东违规占用资金?如何防范内部人控制?银行治理中如何实现和全面落实党的领导?这些都是急待回答的重大现实问题。

有效的公司治理是商业银行健康、可持续发展的基石,也是银行监管机构对商业银行法人监管的重点之一。国际上因金融机构公司治理机制缺陷、风险管控失效和激励机制不科学而造成的风险时有发生。加强银行公司治理和强化公司治理监管成为世界各国银行业金融机构和监管当局的共同选择。

一、银行公司治理的一般分析

(一) 一般企业的公司治理

企业股东和经营者之间存在"委托-代理"关系,(狭义的) 公司治理是指所有者对经营者的一种监督与制衡机制,即通过一种制度安排来合理地界定和配置所有者与经营者之间的权利及责任,防止经营者产生对所有者利益的背离。

一般股份制企业的公司治理最核心的是"三会",即股东大会、董事会和监事会。在企业经营中,经常需要对重要事项进行决策。理论上,股东大会是公司最高权力机构,但从实际操作来看,股东大会不会经常召开。因此,一般事项通常是股东大会授权董事会来决定。在公司治理的制衡机制中,监事会扮演了非常重要的角色,它的主要作用是监督董事会和高级管理层有没有按照股东大会和董事会决议的事项认真执行,以及遵守国家方针政策的情况(见图 2-5)。

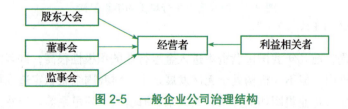

图 2-5 一般企业公司治理结构

（二）银行公司治理及其特殊性

对于银行来讲，除了具有以"三会"为核心的内部治理结构外，还有来自外部的治理——金融监管部门和债权人。这与银行经营的特殊性——高杠杆，以及经营产品的特殊性——存款、贷款、支付等有直接关系。

银行 80% 以上的钱都是借来的，其中绝大部分来自社会公众的存款，银行作为债务人连接了千家万户，银行存款涉及千万家庭的资产安全。因此，对于银行来讲，一方面要强调内部治理，另一方面更要发挥监管当局对银行经营管理的约束和债权人对银行的影响，需要强有力的监管和完善的法律法规来规范银行的经营行为（见图 2-6）。基于保护商业银行储户以及支付系统的安全是政府加强银行监管的重要理由。

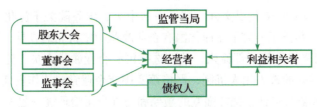

图 2-6　一般商业银行公司治理结构

通常，商业银行董事会和监事会下面还会设立若干专业委员会，如审计、关联交易、提名与薪酬、风险管理和战略发展委员会等。这些委员会本身并不承担决策责任，而是提出一些专门的建议。以建设银行为例，建设银行的组织结构和公司治理分为两个层级：一是股东大会、董事会、监事会，以及董事会下面的战略发展、审计、风险、提名与薪酬、关联交易等专业委员会。同时，监事会下面有财务与内部控制监督委员会。二是以行长为首的经营管理层，下设资产负债与成本控制委员会等各专门委员会，以及各职能部门和各地分行。

（三）公司治理与内部控制

内部控制是 20 世纪中叶随着现代经济的发展而建立起来的一个重要管理框架。1985 年，由美国注册会计师协会（AICPA）、美国会计协会（AAA）、财务经理人协会（FEI）、内部审计师协会（IIA）、管理会计师协会（IMA）联合创建了反虚假财务报告委员会（通常称 Treadway 委员会），旨在探讨财务报告中的舞弊产生的原因，并寻找解决之道。1987 年 COSO（Committee of Sponsoring Organization）委员会成立。1992 年 9 月，COSO 委员会发布的《内部控制整合框架》（简称《COSO 报告》）成为现代内部控制最具有权威性的框架，在美国及全球得到广泛推广和应用。

《COSO 报告》将内部控制定义为：由企业的董事会、管理层和其他人员实现的过程，旨在为下列目标提供合理保证，包括财务报告的可靠性，经营的效果和效率，符合适用的法律和法规。它还把内部控制划分为控制环境、风险评估、控制活动、信息与沟通、监控等几个相互关联的要素。

1998 年巴塞尔委员会颁布《内部控制系统评估框架》进一步强调董事会和高级管理层对内控的影响，提出了一个健全的内部控制系统及其基本构成要素，以及供监管当局评价银行内部控制系统的若干原则。

2002 年 4 月，中国人民银行首次颁布银行内部控制制度——《商业银行内部控制指引》，建立起我国商业银行内部控制的基本框架。

二、中国的银行公司治理改革与探索

（一）商业银行组织与公司治理结构

我国 1994 年颁布商业银行法，标志着我国银行业监管和银行公司治理进入一个新的时期，尤其是大力推进了商业银行股份制改造和上市，也进一步提高了银行公司治理水平。因此，我国商业银行公司治理具有前述的"三会一层"的公司治理基本框架，体现出有关主体相互制衡的公司治理精神。但是，中国银行业的主要使命、公司文化、组织架构和公司治理也有其特殊之处，如公司治理中必须发挥党对银行的领导作用。

（二）党的领导与银行公司治理

2015 年，中央印发两个重要文件，即《中共中央、国务院关于深化国有企业改革的指导意见》和中共中央办公厅《关于在深化国有企业改革中坚持党的领导，加强党的建设的若干意见》，特别强调坚持党管干部原则，从严选拔国有企业领导人员，建立适应现代企业制度要求和市场竞争需要的选人用人机制；严格落实国有企业党建工作责任制，切实履行党风廉政建设主体责任和监督责任；把加强党的领导和完善公司治理统一起来。

要建立中国特色现代国有企业制度，必须做到充分发挥党组织政治核心作用、健全公司法人治理结构和全心全意依靠工人阶级的有机统一，保证和落实企业党组织对企业改革发展的引导权、重大决策的参与权、重要经营管理干部选用的主导权、党员干部从业行为的监督权、职工群众合法权益的维护权、思想政治工作和企业文化的领导权。在机制建设上，企业重大决策必须先由党委（党组）研究提出意见建议，涉及国家宏观调控、国家战略、国家安全等重大经营管理事项，必须经党委（党组）研究讨论后，再由董事会、经理班子作出决定。坚持和完善双向进入、交叉任职的领导体制，不断创新有效实现形式，保证和落实国有企业党组织坚持把党管干部原则与董事会依法产生、董事会依法选择经营管理者以及经营管理者依法行使用人权相结合在企业选人用人中的主导作用。

在建立和完善银行公司治理过程中，必须毫不动摇地坚持党对国有企业的领导。绝不能让党的领导游离于公司法人治理结构之外、绝不能把党的领导虚置化、绝不能把党在国有企业的政治基础和组织基础抽空。

中国特色现代国有企业制度，"特色"就是把党的领导融入公司治理各环节，把企业党组织内嵌到公司治理结构之中，明确和落实党组织在公司法人治理结构中的法定地位，做到组织落实、干部到位、职责明确、监督严格。

（三）银行公司章程

要真正把加强党的领导和完善公司治理统一起来，就必须要体现在银行公司章程中！以建设银行为例，2017 修订的《中国建设银行股份有限公司章程》对此作了明确规定。

建设银行根据《中华人民共和国公司法》《中华人民共和国商业银行法》《中华人民共和国证券法》《国务院关于股份有限公司境外募集股份及上市的特别规定》《到境外上市公司章程必备条款》《商业银行公司治理指引》、证监海函〔1995〕1 号《关于到香港上市公司对公司章程作补充修改的意见的函》《关于进一步促进境外上市公司规范运作和深化改

法案条款

《中国建设银行股份有限公司章程》：
第九章 党的组织

革的意见》以及《香港联合交易所有限公司证券上市规则》等对公司章程进行修改，主要变化是增加了"第九章 党的组织"。○

（四）银行公司治理的持续改革

2019年11月25日，银保监会关于印发《银行保险机构公司治理监管评估办法（试行）的通知》（银保监发〔2019〕43号），明确要求各银行保险机构要将党的领导与公司治理有机融合，并在2020年的银行保险机构公司治理评估中，将党的领导作为银行保险机构公司治理有效性评价中的一个关键要素。其中，第五条明确规定"银行保险机构公司治理监管评估内容主要包括：党的领导、股东治理、董事会治理、监事会和高管层治理、风险内控、关联交易治理、市场约束、其他利益相关者治理等方面"。

2020年8月17日，银保监会印发《健全银行业保险业公司治理三年行动方案（2020—2022年）》（银保监发〔2020〕40号，简称"三年行动方案"），提出要将党的领导融入公司治理进一步制度化、规范化、程序化，推动国有及国有控股机构党组织切实发挥领导作用，把方向、管大局、保落实。

"三年行动方案"在"推动党的领导与公司治理有机融合"中明确要求，进一步明确并严格落实党的领导融入公司治理的具体要求。在对国有及国有控股银行保险机构的公司治理全面评估中，重点关注党的领导与公司治理融合情况。推动国有及国有控股机构，特别是相关中小机构，结合中央最新文件精神，进一步完善公司章程，写明党组织的职责权限、机构设置、运行机制、基础保障等重要事项；完善"双向进入、交叉任职"领导体制，进入董事会、监事会和高管层的党委班子成员要严格落实党组织决定；结合机构实际制定和完善党委前置研究讨论的重大经营管理事项清单，重大经营管理事项必须经党委研究讨论后，再由董事会或高管层作出决定。

2021年6月2日，中国银保监会发布《银行保险机构公司治理准则》，取代2013年制定的《商业银行公司治理指引》，并指出2022年继续探索完善党的领导与公司治理有机融合的方式和路径。研究完善国有及国有控股机构党组织与董事会、监事会的沟通机制。探索将党的领导与公司治理有机融合情况，作为对属于相关机构党委班子成员的董事、监事和高管人员履职评价的重要内容。进一步完善党的领导与公司治理融合的相关评估指标并适度提高权重。推动相关机构党组织严格实行民主集中制，坚决惩治和预防腐败，积极支持职代会和工会依法开展工作。

三、中国的银行公司治理与内控制度建设

（一）《银行保险机构公司治理准则》

我国商业银行和监管部门高度重视公司治理建设，早在2002年中国人民银行就制定《股份制商业银行公司治理指引》，2005年银监会制定《外资银行法人机构公司治理指引》，2006年4月银监会颁布《国有商业银行公司治理及相关监管指引》，2009年银监会办公厅出台《关于进一步完善中小商业银行公司治理的指导意见》，2013年银监会颁布了《商业银行公司治理指引》（简称《治理指引》），2021年6月2日，中国银保监会颁布《银行保险机构公司治理准则》。

○ 详见《中国建设银行股份有限公司章程》（2017年修订），www.ccb.com/cn/investor/notice/20180319_1521458819/20180319192700263094.pdf。

《银行保险机构公司治理准则》(简称《公司治理准则》)包括总则、党的领导、股东与股东大会、董事与董事会、监事与监事会、高级管理层、利益相关者与社会责任、激励约束机制、信息披露、风险管理与内部控制、附则等共计11章。

与2013年的《治理指引》[一]相比,新颁布的《公司治理准则》总条目数只有117条,减少了19条。更重的是,《公司治理准则》的主体内容更充实,规定更为具体,逻辑性和操作性更强。比如在《公司治理指引》中,"董事会"只是第二章"公司治理组织架构"的一节,共计13条,现在上升为第四章"董事与董事会"。其中包括董事8条,涵盖董事定义、章程要求、提名规则、董事任期、董事辞职或无法履职、董事改选、董事职责义务、参会要求;独立董事11条,涵盖独董定义、独董人数比例、独董提名、任职期限、任职机构数、独董辞职、独董职责、履职保障、履职要求、参会要求、独董会议;董事会11条,涵盖董事会职权、高标准职业道德准则、董事会构成、董事会人数、董事长、出席表决要求、会议记录、监管意见通报、董事会秘书、发展战略;董事会专门委员会3条,涵盖设置要求、专委会构成、议事规则。

特别是,《公司治理准则》专门增加一章"党的领导",涵盖国有机构党的领导、党建入章程、领导体制、党委前置讨论、民主管理制度、民营机构党建,对金融机构落实管党治党主体责任,加强党对金融事业的领导等做了明确而详细的规定。

(二)《商业银行内部控制指引》

2002年4月,中国人民银行首次颁布银行内控制度——《商业银行内部控制指引》,建立起我国商业银行内部控制的基本框架。随着商业银行业务发展和其他监管法规制度的进一步完善,2007年银监会修订颁布新的《商业银行内部控制指引》。2014年,银监会再次发布新的《商业银行内部控制指引》(简称《内控指引》)。《内控指引》要求商业银行应当建立健全内部控制体系,明确内部控制职责,完善内部控制措施,强化内部控制保障,持续开展内部控制评价和监督。

《内控指引》认为内部控制是商业银行董事会、监事会、高级管理层和全体员工参与的,通过制定和实施系统化的制度、流程和方法,实现控制目标的动态过程和机制。

商业银行内部控制的目标:一是保证国家有关法律法规及规章的贯彻执行。二是保证商业银行发展战略和经营目标的实现。三是保证商业银行风险管理的有效性。四是保证商业银行业务记录、会计信息、财务信息和其他管理信息的真实、准确、完整和及时。

商业银行内部控制应当遵循以下基本原则:一是全覆盖原则。商业银行内部控制应当贯穿决策、执行和监督全过程,覆盖各项业务流程和管理活动,覆盖所有的部门、岗位和人员。二是制衡性原则。商业银行内部控制应当在治理结构、机构设置及权责分配、业务流程等方面形成相互制约、相互监督的机制。三是审慎性原则。商业银行内部控制应当坚持风险为本、审慎经营的理念,设立机构或开办业务均应坚持内控优先。四是相匹配原则。商业银

[一] 《治理指引》分为9章,共计136条。第一章至第三章的重点内容为规范公司治理架构和各治理主体职责边界等制衡机制,第四章至第八章主要涉及商业银行发展战略和价值准则及社会责任、风险管理与内部控制、激励约束机制、信息披露等公司治理运行机制的主要内容,并增加了监督管理部分。根据我国的实践情况,《治理指引》明确提出了良好银行公司治理应包括的主要内容,即健全的组织架构、清晰的职责边界、科学的发展战略、良好的价值准则与社会责任、有效的风险管理与内部控制、合理的激励约束机制、完善的信息披露制度。

行内部控制应当与管理模式、业务规模、产品复杂程度、风险状况等相适应,并根据情况变化及时进行调整。[○]

《内控指引》从内外部两方面提出内控监督的相关要求,强调发挥内外部监督合力。要求商业银行内部审计部门、内控管理职能部门和业务部门均承担内部控制监督检查的职责,根据分工协调配合,构建覆盖各级机构、各个产品、各个业务流程的监督检查体系的同时,也要求银行监管机构通过非现场监管和现场检查等方式实施对商业银行内部控制的持续监管。

第三节 银行市场与竞争

银行市场是由众多银行机构、产品及其客户形成的市场。在中国,"四大"或"五大"国有控股银行是银行市场的绝对主力。但从总体趋势来看,中小银行数量不断增加,规模不断壮大,这使得我国银行市场竞争日趋激烈。

一、银行市场

尽管不同银行有基本相同的业务形态,但其经营管理可以有差异化,包括客户定位、经营区域、核心产品等。银行市场的供给方和需求方共同决定银行市场的竞争状况及其发展。

(一)供给方

从供给方来讲,包括各式各样的存款式金融机构,如美国的商业银行、储蓄银行、储蓄贷款协会和信用社。在中国,包括商业银行、村镇银行、小贷公司、消费金融公司、第三方支付公司等。

在银行市场,不同的银行机构有不同的服务对象和市场定位,如中国银行提出"中国银行、全球服务",宁波银行提出以"支持实体、服务中小"为经营宗旨。

(二)需求方

从需求方来讲,银行产品和服务的消费者,包括政府、企业、个人和家庭。这些产品和服务主要有资产端产品、负债端产品、投资端产品,以及支付等各种银行服务。

二、衡量市场竞争(集中度)的主要指标

(一)CR_n

CR_n 是某个产业市场中最大的 n 个企业所占市场份额的累计占整个产业市场全部 N 个企业市场总份额的比例,其中 $1 \leq n < N$。从银行业来看,银行机构众多的产品和服务都会形成相应的"市场",如存款"市场"、贷款"市场"、收入"市场"、非利息收入"市场"、买入返售金融资产"市场"、资本"市场"、ATM"市场",等等。实际上,具备"市场"特征的银行指标还有很多,基本上银行资产负债表、利润表和现金流量表的所有指标都可以通过计算该指标的 CR_n 来反映该指标所在"市场"的市场结构或竞争状况,从而反映该"市场"

○ 新的《内控指引》提出商业银行内部控制应遵循四大基本原则:全覆盖原则、制衡性原则、审慎性原则、相匹配原则,去掉了旧版《指引》中有效性、独立性原则,新增了制衡性原则和相匹配原则。

的特征。如资产存量的 CR_n，或资产增量的 CR_n。同理，可计算存款规模或新增存款规模、或利润规模和新增利润规模、或不良资产和新增不良资产等的 CR_n。

因此，也可用 CR_n 来衡量这些市场的结构和竞争状况。CR_n 计算公式如下：

$$CR_n = \left(\sum_{i=1}^{n} X_i\right) \Big/ X$$

CR_n 常用的有 CR_4、CR_8 等，其反映的市场结构特征如表 2-1 所示。

表 2-1　CR_n 与市场分类

集中度	市场结构					
	寡占型 I	寡占型 II	寡占型 III	寡占型 IV	寡占型 V	竞争型
CR_4	75 < C4	65 < C4 < 70	50 < C4 < 65	35 < C4 < 50	30 < C4 < 35	C4 < 30
CR_n	—	85 < C8	75 < C8 < 85	45 < C8 < 75	40 < C8 < 45	C8 < 40

如果市场由 N 家银行组成，总资产余额是 X，其中，工行资产余额是 X_1，建行是 X_2，中行是 X_3，农行是 X_4。那么 CR_4 就是四大银行资产占整个银行业资产的比例。如果把交通银行加上去，那就是 CR_5。

2004～2013 年，我国银行业市场集中度总体趋势是竞争性越来越强。在 2004 年的时候，工农中建四大银行的贷款、存款和资产分别占全行业的 89.5%、90.2% 和 89.4%，但是到了 2013 年，分别下降到 62.8%、57.2% 和 57.8%（见表 2-2）。

表 2-2　基于 2004～2013 年间我国银行业市场集中度 CR_4　　　　（单位：%）

年份	2004	2005	2006	2007	2008	2009	2010	2011	2012	2013
CR-贷款	89.5	86.7	83.9	79.8	72.2	68.2	65.7	63.7	62.9	62.8
CR-存款	90.2	87.2	85.9	82.3	72.1	68.1	64.2	60.7	58.3	57.2
CR-资产	89.4	87.5	85.9	79.2	72.3	68.2	64.2	61.0	58.7	57.8

从表 2-2 中可以看出，从 2004 年至 2013 年，我国商业银行中，工农中建四大银行的贷款、存款和资产份额从最初的 90% 左右下降至 60% 左右，表明这四家大银行在市场中的贷款、存款和资产比重趋于减少，即我国银行业竞争程度不断提高。

截至 2016 年 1 月，美国最大五家银行拥有的资产依然占全部商业银行资产的近一半，比十年前有所上升。2007 年 1 月至 2016 年 1 月美国五大银行资产占全部商业银行资产之比如图 2-7 所示。

（二）赫芬达尔 – 赫希曼指数（HHI）

赫芬达尔 – 赫希曼指数（HHI）是一个行业或"市场"中各个主体占该行业或"市场"份额百分比的平方和，该指标反映了市场中相关观测变量的离散程度。HHI 的计算公式如下：

$$HHI_t = \sum_{t=1}^{T}(X_t / X)^2$$

式中，X_t 代表个体的观测值，如资产、资产增量、收入、收入增量等。X 是全部个体观测值之和，如总资产、资产增量之和、总收入、收入增量之和等。㊀

㊀ HHI 不仅可以用于某个行业的竞争分析，也可用来分析该行业的某个产品线或子市场的竞争状况，比如银行市场中的存款条线、贷款条线、信用卡市场等。

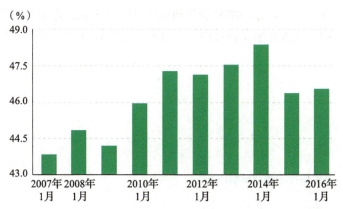

图 2-7 2007 年 1 月至 2016 年 1 月美国五大银行资产占全部商业银行资产之比

资料来源：崔璞玉，金融危机十周年：10 张图告诉你美国的变与不变，新浪财经，2018 年 09 月 30 日。

HHI 的值介于 0～1 之间（也可以是乘以 10 000 后的数值），该指数值越大，表示市场集中度越高，垄断程度越高，市场竞争程度越低。

该指数被广泛用来研究市场势力的分化程度以及市场垄断程度，如钢铁、煤炭、银行等行业。在美国，赫芬达尔－赫希曼指数是实施反托拉斯法的重要参考指标。美国司法部根据 HHI 对市场结构进行分类，作为评估某一产业集中度的指标。比如，两个银行申请合并，若合并后银行市场的 HHI 不超过 0.18 或 1 800，且该指数合并前后的增加额小于 0.02，则该项合并申请可以获得批准，否则可能不予批准。HHI 与市场竞争状况分类如表 2-3 所示。

表 2-3 HHI 与市场竞争状况分类

市场结构	寡占型				竞争型	
	高寡占Ⅰ型	高寡占Ⅱ型	低寡占Ⅰ型	低寡占Ⅱ型	竞争Ⅰ型	竞争Ⅱ型
HHI 值	HHI≥3 000	3 000>HHI≥1 800	1 800>HHI≥1 400	1 400>HHI≥1 000	1 000>HHI≥500	500>HHI

表 2-4 是我国银行业 2004～2013 年 HHI 值的情况，其中存款市场的 HHI 从 0.228 降到了 0.083。此外，贷款和资产的 HHI 也都有明显下降，反映出我国银行间在这些业务条线的竞争状况总的趋势。这与前面从 CR_4 的变化得出的结论是相似的。

表 2-4 基于 2004～2013 年的中国银行业 HHI 及其变化　　　　（单位：%）

年份	2004	2005	2006	2007	2008	2009	2010	2011	2012	2013
HHI-存款	0.228	0.211	0.200	0.156	0.122	0.110	0.098	0.089	0.083	0.083
HHI-贷款	0.223	0.203	0.188	0.145	0.121	0.108	0.100	0.095	0.093	0.092
HHI-资产	0.220	0.211	0.202	0.147	0.122	0.109	0.098	0.089	0.084	0.082

（三）HHI 的应用场景

HHI 刻画某个 "市场" 集中度的情况，该指标的应用场景包括反垄断调查、并购审批和有关竞争的实证研究。实证研究主题包括竞争（集中度）与风险、竞争与效率、竞争与定价、竞争与绩效等。比如，银行的组织结构、公司治理、市场集中度等对利率或者银行服务价格有何影响？竞争是加剧了银行的风险还是降低了风险？是不是竞争越激烈，银行业的风险越高？从定价的角度来讲，市场越集中，存款利率越高还是越低？贷款利率会不会变得更高？

或者更进一步地，竞争对于存款利率和贷款利率的升降有多大的影响？同样，竞争是不是有助于收益率的提高呢？或者竞争是否加剧了银行收益率的波动呢？那么，怎么去证实你的直觉或者观点？

■ 拓展阅读

民生银行的事业部制改革

■ 思考题

1. 如何理解银行持股公司在美国银行业发展过程中的重要作用？
2. 为何中国人民银行要颁布《金融控股公司监督管理试行办法》？
3. 如何推动党的领导与公司治理有机融合？
4. 我国银行业市场结构的变化趋势是什么？与银行相关的常见的"市场"有哪些？
5. 在实证分析中哪些变量可以代表或衡量银行的公司治理？
6. 银行公司治理、市场集中度等对贷款利率定价（存款利率、银行服务定价、ROA/ROE、不良率等）有何影响？

■ 核心文献

［1］ Richard J Rosen．Banking market conditions and deposit interest rates［J］．Journal of Banking & Finance 2007, 31(12): 3862-3884．
［2］ Violeta Díaz, Ying Huang．The role of governance on bank liquidity creation［J］．Journal of Banking and Finance, 2017(77): 137-156.
［3］ 潘敏，李义鹏．商业银行董事会治理：特征与绩效——基于美国银行业的实证研究［J］．金融研究，2008（7）：133-144．
［4］ 崔璞玉．金融危机十周年：10张图告诉你美国的变与不变［J］．新浪财经，2018-09-30．
［5］《商业银行公司治理指引》(2013年)．
［6］《银行保险机构公司治理准则》(2021年)．
［7］《商业银行内部控制指引》(2014年)．
［8］《银行业金融机构董事（理事）和高级管理人员任职资格管理办法》(2013年第3号)．
［9］《商业银行内部审计指引》[2016] 12号．
［10］《中国建设银行股份有限公司章程》（2017年），www.ccb.com/cn/investor/notice/20180319_1521458819/20180319192700263094.pdf．
［11］ 中国银保监会，《银行保险机构公司治理监管评估办法（试行）》银保监发［2019］43号，2019年11月25日．
［12］ 中国银保监会，《关于印发健全银行业保险业公司治理三年行动方案（2020—2022年）的通知》(银保监发[2020]40号)，www.gov.cn．

第二篇
PART 2

商业银行资产与负债管理

第三章　商业银行负债业务
第四章　商业银行资产业务

　　资产与负债管理一直是商业银行的核心工作之一，它涉及或影响到银行的流动性、安全性和盈利性。从资产负债表可知，银行的资金来源包括负债融资和权益融资两大渠道。中国银行业的负债依存度、存款依存度要高于美国的同类银行。其中，负债融资占银行资金来源的90%左右，而存款负债又占总负债的70%左右。

　　银行资金运用方式有多种，主要包括现金类资产、贷款、投资、固定资产等。在众多资产中，商业银行的最主要资产是各项贷款，而证券投资业务在银行管理中扮演着特殊且至关重要的角色。

第三章 商业银行负债业务

本章主要从"业务"角度介绍商业银行负债经营的新趋势和新特点,基于年报披露的负债"数据"来分析银行负债结构、存款结构的变化以及中美代表性银行的差异。本章除介绍商业银行的负债业务外,还将采取对比分析的方法,寻找中美银行业负债业务的相同点和差异性,通过数据比较来展现不同银行的经营特色。

■ **重要知识点及核心概念**

负债业务的作用、中美银行的存款产品、同业存单及其套利模式、存款负债、非存款负债、交易账户负债、证券借出交易、卖出回购金融资产、同业拆借、以公允价值计量且其变动计入当期损益的金融负债、金融债券、减记债。

■ **学习目标**

- 了解国内外银行存款的类型与存款产品
- 了解国内外银行如何利用非常规货币政策工具融资
- 了解国内银行同业业务及其套利机制
- 了解商业银行如何利用二级资本债券补充资本
- 了解国内外银行负债方式与负债结构及其变化
- 了解国内外银行存款结构、存款在负债中的地位变化趋势及中美银行间的差异性

第一节 负债业务的内涵与作用

一、负债业务的内涵

商业银行的负债业务是指债权人暂时放弃资金使用权并获得银行支付的利息和本金返还

承诺的一种资金交易,是交易双方建立的债权债务关系。债权人获得利息是以暂时放弃资金使用权为代价的,债务人获得资金占用权但必须履行到期返还本金和支付应计利息的责任。

根据负债资金来源的不同,银行负债分为存款负债和非存款负债;根据负债工作中银行主动性程度的不同,银行负债分为被动负债和主动负债。其中,存款负债也称为被动负债,而非存款负债称为主动负债。当然,也可以根据其他标准对负债进行分类,如按照是否计息以及计息方式不同对负债进行分类。

二、负债业务的作用

(1)负债是银行的核心业务和特色业务。银行是社会资金融通的主要中介,在银行众多的业务当中,存款业务是其核心业务并区别于保险、证券、基金、信托等其他金融机构的主要特征。

(2)负债是银行的基础业务。银行业务包括吸收存款、发放贷款、支付结算以及开立资产证明、投资理财等。但是,负债尤其是存款业务始终居于银行经营管理的中心位置,是银行开展其他业务的基础。

银行是"贷者的集中",但首先是"借者的集中"。所谓"贷者的集中"是指资金需求者主要通过银行获得资金,而"借者的集中"是指银行通过负债广泛筹集资金。

银行通过管理存款账户服务于企业、事业单位和家庭,为全社会提供支付结算服务,成为全社会资金循环的中心,支付的基础是活期存款。此外,客户通过开设存款账户不仅可以使资产保值增值,而且能提高资产的安全性和流动性。银行通过账户管理还发挥"监督者"的作用,有利于防止和减少犯罪,特别是"洗钱"、恐怖犯罪等。

基于存款的增值服务是银行作为"服务业"的主要标志和服务客户的主要形式,如取现、异地取款、账户查询、支票支付、POS 支付、手机支付、保函、信用证、跨行转账、跨行 ATM、存款证明等,来自这些服务的收费也是银行非利息收入的主要来源。

(3)负债是银行为社会提供流动性和自身保持流动性的主要方式。一方面,银行通过负债业务为社会提供流动性资产,这是银行最重要的社会功能之一。对于家庭来讲,存款是最具有流动性的资产。另一方面,新增负债也是银行获得流动性,进而为社会提供流动性支持的重要来源。负债减少、流动性枯竭将使银行陷入困境。

第二节　存款负债

从银行资产与负债的关系来看,银行的各项资产主要是依靠各项负债形成的,而存款又是银行负债的主要方式。以美洲银行为例,2019 年存款负债占总负债的比重为 66.14%,而 2007 年仅为 51.32%。中国建设银行 2019 年存款负债占总负债的比重为 79.16%,而 2007 年为 87.16%,2006 年更是高达 92.24%。由此可见,在次贷危机后,美国的银行业不断提高存款负债比例,夯实存款的"基石"地位和作用。中国的银行业则积极发展非存款负债,特别是金融债券,这使得存款负债占总负债的比重逐年下降。

中国银行业人民币存款分为城乡居民储蓄存款和企事业单位存款。此外,银行还可以吸收同业存款和发行同业存单。美国的存款产品包括活期存款、定期存款和储蓄存款三类，与中国相比存在差异。

一、我国银行的存款业务

按照不同的标准可以将存款划分为不同的类型。如根据期限不同可分为活期存款和定期存款，根据是否付息分为有息存款和无息存款，根据利率不同分为固定利率存款和浮动利率存款，根据存款主体不同分为企业存款和个人存款，根据币种不同分为人民币存款和外币存款，根据存款产品的复杂程度（主要是风险）不同分为普通存款和结构性存款，等等。

（一）城乡居民储蓄存款

在我国，城乡居民储蓄存款是对家庭或个人在银行各项存款的统称，包括城乡居民存款和通知存款。城乡居民存款可分为活期和定期两种存款，其中定期又进一步分为三类：① 整存整取（存期分三个月、半年、一年、二年、三年、五年）；② 零存整取、整存零取、存本取息（存期分一年、三年、五年）；③ 定活两便（按一年以内定期整存整取同档次利率打六折执行）。通知存款包括一天和七天两个品种。此外，还有为促进教育发展而开办的教育储蓄。城乡居民储蓄存款挂牌利率表如表 3-1 所示。

典型案例
城乡居民储蓄存款分类介绍

表 3-1 城乡居民储蓄存款挂牌利率表[①]

项目	年利率（%）
一、城乡居民存款	
（一）活期	0.30
（二）定期	
1. 整存整取	
三个月	1.35
半年	1.55
一年	1.75
二年	2.25
三年	2.75
五年	2.75
2. 零存整取、整存零取、存本取息	
一年	1.35
三年	1.55
五年	1.55
3. 定活两便	按一年以内定期整存整取同档次利率打六折执行
二、通知存款	
一天	0.55
七天	1.10

① 数据截至 2020 年 12 月，中国建设银行最近一次调整利率是在 2015 年 10 月 24 日。
资料来源：中国建设银行网站。

（二）企事业单位存款

企事业单位存款分为单位存款、协定存款和通知存款三类，存款品种少于城乡居民储蓄存款。企事业单位存款挂牌利率表如表3-2所示。

（三）同业存款

同业存款，全称是同业及其金融机构存入款项，是指因支付清算和业务合作等需要，由其他金融机构存放于商业银行的款项。

表3-2 企事业单位存款挂牌利率表[①]

项目	年利率（%）
一、单位存款	
（一）活期	0.30
（二）定期	
整存整取	
三个月	1.35
半年	1.55
一年	1.75
二年	2.25
三年	2.75
五年	2.75
二、协定存款	1.00
三、通知存款	
一天	0.55
七天	1.10

[①] 数据截至2020年12月，中国建设银行最近一次调整利率是2015年10月24日。

资料来源：中国建设银行网站，2020年9月27日。

（四）同业存单

1. 同业存单的定义与特点

我国同业存单业务是2013年以后创新出现的。根据中国人民银行发布的《同业存单管理暂行办法》，同业存单是指由银行业存款类金融机构法人（简称存款类金融机构）在全国银行间市场上发行的记账式定期存款凭证，是一种货币市场工具。对银行来讲，这实际是一种融资方式。最近几年，同业存单市场发展非常迅速。㊀同业存单发行方大部分为资金相对短缺的中小银行。

同业存单的投资和交易主体为全国银行间同业拆借市场成员、基金管理公司及基金类产品。同业存单发行采取电子化的方式，在全国银行间市场上公开发行或定向发行。全国银行间同业拆借中心提供同业存单的发行、交易和信息服务。

固定利率存单期限原则上不超过一年，为一个月、三个月、六个月、九个月和一年。同业存单的发行利率以市场化方式确定，参考同期限上海银行间同业拆借利率定价。浮动利率存单以上海银行间同业拆借利率为浮动利率基准计息，期限原则上在一年以上，包括一年、两年和三年。

同业存单在银行间市场清算所股份有限公司登记、托管、结算。公开发行的同业存单可进行交易流通，也可作为回购交易的标的物。发行人不得认购或变相认购自己发行的同业存单。

2. 同业存单在我国迅速发展的原因

从发行方角度，一是同业存单实行年度额度备案制，在当年发行备案额度内，发行方可自行确定每期同业存单的发行金额、期限，是一种主动的负债方式，发行较为灵活，周期短；二是不会被提前支取，具有较好的稳定性。

从投资方角度，一是流动性很强，相比于同业存款、同业拆放等，同业存单具有标准化、电子化、可交易、可质押的优势，流动性好，适合作为流动性管理工

典型案例
同业存单套利模式分析

㊀ 包商银行曾经大量发行同业存单来筹集资金，破产后不少银行同业损失惨重。

具；二是风险较小，同业存单由于是银行发行的，相比于短期融资券等企业发行的债券，违约风险更低，风险更小；三是资本占用少，与信贷资产和信用债券100%的风险权重相比，银行投资同业存单只计提20%（三个月以内）或25%（三个月以上）的风险权重，节约资本占用。

二、美国银行的存款业务

在美国，商业银行等存款式金融机构吸收的存款分为活期存款、定期存款和储蓄存款。其中，活期存款和定期存款与我国银行的活期存款和定期存款的功能差不多，[⊖]但存款产品数量特别是活期存款产品数量与我国有巨大差异。

活期存款可支付，但无息或低息；定期存款有较高收益，但不能支付。相对活期存款而言，储蓄存款不仅具有支付能力（但是有支付次数限制），而且有更高的收益。相对定期存款而言，储蓄存款不仅可以支付，而且具有较高的收益（但低于定期）。

（一）活期存款

以花旗银行为例，活期存款包含 Basic Banking Package、The Citibank Account Package、Citi Priority Package、Citigold® Package、Citigold® Private Client Package、Access Account Package 6 个产品。

（二）定期存款

花旗银行的定期存款包含固定利率定期（Fixed Rate CD）、利率定期递增型定期（Step-Up CD）和提前支取不罚息定期（No Penalty CD）。

关于花旗银行的存款产品，以及产品设计与定价等，在后面有专门的介绍和分析。

（三）储蓄存款

储蓄存款的功能介于活期存款与定期存款之间，是客户支付的"第二准备金"。目前，花旗银行只有 Citi® Savings 产品一款储蓄存款。最多的时候，花旗银行曾经有 4 款储蓄存款产品。

第三节 非存款负债

非存款负债，即存款负债之外的其他负债，主要包括向中央银行借款、商业银行同业负债业务、以公允价值计量且其变动计入当期损益的金融负债和发行金融债券。

一、向中央银行借款

中央银行通过货币政策工具控制商业银行的可贷资金规模，进而调控全社会货币供应量，使用的货币政策工具主要有法定准备金政策、再贷款、再贴现、公开市场等传统和常规政策手段。近年来，中央银行创新了许多新的货币政策工具（流动性管理工具），如差别性法

⊖ 产品设计和定价、存款市场细分等很多方面实际上存在很大差异，详见"存款产品设计与定价"一章。

定准备率、常备借贷便利（SLF）、中期借贷便利（MLF）和抵押补充贷款（PSL）等，这些工具不仅可以调节信贷总量，还可以实现差别性的定向调节目的。

实际上，SLF、MLF和PSL等这些非常规货币政策工具已成为商业银行向中央银行获取资金的渠道，成为商业银行非存款负债的重要来源。同时，中央银行借此可以引导市场利率向中央银行或者中央政府的预期方向变化。

（一）传统的借款方式

1. 再贷款

中央银行对金融机构的贷款，根据贷款方式的不同，划分为再贷款和再贴现两种。其中，再贷款是指中央银行向商业银行发放的信用贷款。

2. 再贴现

再贴现是中央银行通过买进在其开立账户的银行业金融机构持有的已贴现但尚未到期的商业票据，向银行业金融机构提供融资支持的行为。

再贴现是中央银行向商业银行提供资金的一种方式，它不仅影响商业银行筹资成本，制约商业银行的信用扩张，控制社会货币供应总量，而且可以按国家产业政策的要求，有选择地对不同种类的票据进行再贴现，促进产业结构调整。

3.（央行）逆回购

（央行）逆回购是指中央银行向一级交易商购买有价证券，并约定在未来特定日期，将有价证券按预先确定的价格卖给一级交易商的交易行为。逆回购是中央银行向市场上投放流动性的操作，正回购则是中央银行从市场上收回流动性的操作。逆回购交易中央银行是资金借出方，而借入方必须提供合格的质押品。

（二）创新的借款方式

1. 常备借贷便利

常备借贷便利（SLF）是全球大多数中央银行新创设的货币政策工具，期限为1～3个月，如欧央行的边际贷款便利、英格兰银行的操作性常备便利、日本银行的补充贷款便利、加拿大央行的常备流动性便利等。其主要作用是提高货币调控效果，有效防范银行体系流动性风险，增强对货币市场利率调控的效力。

2013年，中国人民银行创设常备借贷便利，主要功能是满足金融机构期限较长的大额流动性需求，对象主要为政策性银行和全国性商业银行。利率水平根据货币政策调控、引导市场利率的需要等综合情况确定。常备借贷便利以抵押方式发放，合格抵押品包括高信用评级的债券类资产及优质信贷资产（如国债、中央银行票据、国家开发银行及政策性金融债、高等级公司债）等。2015年2月，常备借贷便利的对象包括城商行、农商行、农村合作银行和农村信用社四类地方法人金融机构，采取质押方式发放。

2. 中期借贷便利与定向中期借贷便利

中期借贷便利（MLF）与常备借贷便利（SLF）很相似，是指商业银行将金融资产作为抵押获得贷款。它们最大的区别是MLF借款的期限要稍微长一些，一般为3个月至1年。

在 MLF 的基础上，中国人民银行又创新了定向中期借贷便利（TMLF），目的更加明确，意在鼓励商业银行将获得的资金向三农、小微企业发放贷款，鼓励金融机构增加小微、民营企业贷款。相较而言，MLF 的操作对象更广泛，主要目的是补充基础货币（流动性），期限上 TMLF 更长一些，一般为 1 年。

3. 抵押补充贷款

抵押补充贷款（PSL）与再贷款非常相似，再贷款是一种无抵押的信用贷款，但往往被赋予某种金融稳定的含义。一家机构通常只有出了流动性问题才会申请或被投放再贷款，而 PSL 要求商业银行提供合格的抵押资产才能从央行获得融资，目的是引导中期利率。

4. 短期流动性调节工具

短期流动性调节工具（SLO）是超短期的逆回购，SLO 以 7 天期以内短期回购为主。逆回购为央行向市场上投放流动性的操作，正回购为央行从市场上收回流动性的操作。

二、商业银行同业负债业务

中国人民银行、银监会、证监会、保监会、外汇局 2014 年 4 月 24 日联合发布《关于规范金融机构同业业务的通知》(银发〔2014〕127 号)，对同业业务进行了界定。所谓"同业业务"是指中华人民共和国境内依法设立的金融机构之间开展的以投融资为核心的各项业务，主要业务类型包括：同业拆借、同业存款、同业借款、同业代付、买入返售（卖出回购）等同业融资业务和同业投资业务。上述定义和所列举的业务种类未包含同业存单，说明同业存单不属于同业业务。

从银行负债角度来看，可以形成资金来源的方式有同业拆借、同业借款、同业存放、卖出回购金融资产等。

（一）同业拆借

同业拆借是除中央银行之外的金融机构之间进行短期资金融通的市场，即由资金盈余的金融机构对临时资金不足的金融机构短期放款，以实现金融机构之间调剂资金头寸的目的。同业拆借的资金主要用于银行清算的差额及其他临时性的资金短缺需要。

同业拆借属于应急性资金来源，主要目的是用于清算或其他紧急需要，因而占比一般较低。以中国建设银行为例，2019 年通过同业拆借市场拆入资金 5 215.53 亿元，占总负债的比例为 2.25%，其中交易对手主要是其他商业银行，占比 91.4%，而从非银行金融机构拆入资金很少。同业拆借市场利率发挥着基准利率，进而影响商业银行贷款利率的作用。

1. 中国同业拆借市场

我国从 1986 年放开同业拆借市场，建立了区域性同业拆借市场。1996 年 1 月 3 日，建立了全国统一的同业拆借市场。同业拆借市场其实可以反映出银行业流动性的情况。上海银行间同业拆借市场有 1 年期、9 个月、6 个月、3 个月、1 个月、2 周、1 周和 O/N 等交易品种，不同期限对应不同的利率水平。O/N 就是隔夜，是最短的时间单位。上海银行间同业拆放利率（Shibor）报价情况如表 3-3 所示。

表 3-3 Shibor 报价情况

Shibor 最新报价		Shibor 均值				
工商银行	2021-01-07 10:26:19	Shibor	2021-01-07	5 日均值	10 日均值	20 日均值
期限	报价（%）					
O/N	0.920 0	O/N	0.921 0	0.851 6	0.760 1	1.014 8
1W	1.870 0	1W	1.855 0	2.003 4	2.064 7	2.059 6
2W	1.750 0	2W	1.742 0	2.086 4	2.469 3	2.372 1
1M	2.600 0	1M	2.491 0	2.588 2	2.645 2	2.680 9
3M	3.000 0	3M	2.677 0	2.724 0	2.743 5	2.828 6
6M	2.870 0	6M	2.769 0	2.808 8	2.824 5	2.910 7
9M	3.000 0	9M	2.863 0	2.906 0	2.928 7	3.010 3
1Y	3.060 0	1Y	2.936 0	2.975 2	2.993 0	3.064 1

注：5 日（10 日、20 日）均值表示最近 5 个（10 个、20 个）交易日 Shibor 简单算术平均值（含当日）。

从一个更大的范围来看，上海银行间同业拆借市场及其 8 个交易品种是否会受到来自美国、英国、欧洲、中国香港、新加坡等代表性市场的影响，表现出上海银行间同业拆借市场与这些市场的同步或联动关系呢？或是反过来上海银行间同业拆借市场会对上述代表性市场产生影响吗？实际上，股票市场、外汇市场是存在这种关系的。因此，可以借鉴股票市场、外汇市场的研究成果来研究同业拆借市场之间的联动机制。

2. 英国伦敦银行间同业拆借市场

英国伦敦银行间同业拆借利率（LIBOR）代表伦敦洲际交易所银行同业拆借利率，是计算全球各种贷款利率的一个基准利率。LIBOR 由伦敦洲际交易所（ICE）基准管理局（IBA）管理，包括美元（USD）、欧元（EUR）、英镑（GBP）、日元（JPY）和瑞士法郎（CHF）五种货币。伦敦银行间同业拆借利率有七种不同的期限，即隔夜、1 周、1 个月、2 个月、3 个月、6 个月和 12 个月。最常见的报价是 3 个月美元汇率（通常称为"当前伦敦银行间同业拆借利率"）。

LIBOR 被用作衡量金融市场对央行利率、货币市场流动性溢价以及银行系统健康状况指标的市场预期。

3. 美国同业拆借市场与联邦基金利率[①]

美联储即美国联邦储备体系（FED），包含 12 家区域储备银行，其重要职责是维护美国金融体系的稳定，通过货币政策"管理"国家货币供应，目的是防止或限制通胀和通缩、最大化就业、稳定长期利率，加强美国在全球经济中的地位，防止或解决银行恐慌。

联邦基金利率（FFR）是美国金融机构（如商业银行、储蓄贷款协会、信用社、互助储蓄银行等）在联邦储备体系内隔夜相互借贷的短期利率（最低贷款金额为 1 000 000 美元）。在大多数情况下，当经济学家、学者、投资者和央行行长提到联邦基金利率时，实际上指的是联邦基金目标利率（FFTR）。

联邦基金目标利率是美国最重要、最具影响力的基准利率，也是美国"主要"或"关键"的利率。联邦公开市场委员会（FOMC）使用联邦基金目标利率作为监管美国经济最有力的工具，在经济需要提振时降低利率，并在通胀率或通胀预期过高时提高利率。美国联邦

---

① 相关操作见美联储纽约分行（The Federal Reserve Bank of New York），https://www.newyorkfed.org/markets。

储备委员会设定联邦基金利率的目标,并通过执行公开市场操作(即通过回购协议和逆回购协议买卖美国国债、抵押贷款支持证券和政府机构证券),以实现利率目标。回购交易是通过纽约联邦储备银行进行的。

当美联储想从银行系统抽走现金时,便出售债券。当美联储想向银行系统注入资金时,便买入债券。从历史上看,联邦基金利率在1981年经济衰退期间达到顶峰,在2008年次贷危机之后,特别美联储在实施量化宽松政策时几乎达到零(见图3-1)。

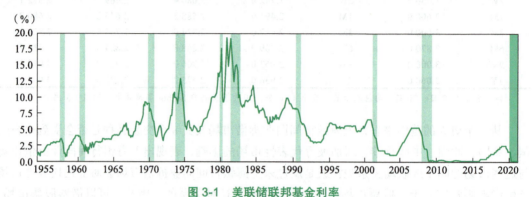

图3-1 美联储联邦基金利率

资料来源:美联储圣路易斯分行,https://fred.stlouisfed.org/series/fedfunds。

可以思考一下,2000年以后,是什么原因导致联邦基金利率曲线在2000年、2004年和2007年时发生方向性变化?

(二)同业借款

同业借款是指现行法律法规赋予此项业务范围的金融机构开展的同业资金借出和借入业务。同业借款相关款项在拆出和拆入资金会计科目核算。

(三)同业存放

同业存放,也称同业存款,是指因支付清算和业务合作等需要,由其他金融机构存放于商业银行的款项。同业存放属于对公存款,按照期限、业务关系和用途分为结算性同业存款和非结算性同业存款。同业存款相关款项在同业存放和存放同业会计科目核算。

同业存放可分为国内同业存放和国外同业存放两方面。国内同业存放是指国内各银行及其他金融机构为了方便结算而开立的存款账户。国外同业存放是指各国经营外汇业务的银行,为了便于国际业务的收付,在某种货币的结算地点开立的该货币的存款账户。中国建设银行同业及其他金融机构存放款项如表3-4所示。

表3-4 中国建设银行同业及其他金融机构存放款项——按交易对手类别分析

(单位:人民币百万元)

	本集团		本行	
	2019年12月31日	2018年12月31日	2019年12月31日	2018年12月31日
中国内地	1 508 483	1 277 120	1 525 502	1 280 798
境外	157 801	141 576	126 695	121 269
应计利息	6 414	8 780	6 304	8 780
合计	1 672 698	1 427 476	1 658 501	1 410 847

资料来源:建设银行年报,2019年,财务报表附注,第145页。

(四)卖出回购金融资产

卖出回购金融资产是指商业银行(正回购方,即资金融入方)按照回购协议向金融机构(逆回购方,即资金融出方)先卖出金融资产,再按约定价格于到期日将该项金融资产购回而融入资金的行为。卖方在卖出资产融入资金的同时承诺一定时间之后将之前卖出的资产买回来。卖出回购金融资产按业务发生时实际收到的款项入账并在资产负债表中反映。因此,对卖方而言,卖出回购金融资产是基于回购协议下的负债——承担偿还资金的责任,本质上是一种质押融资行为。

从会计处理来看,已卖出并需要回购的标的资产仍在资产负债表中反映。同样,买入返售的已购入标的资产不予以确认。2019年,建设银行通过卖出回购金融资产形成的负债合计1 146.58亿元,占总负债的0.5%。建设银行卖出回购金融资产如表3-5所示。

表3-5 建设银行卖出回购金融资产——按标的资产的类别

(单位:人民币百万元)

	本集团		本行	
	2019年12月31日	2018年12月31日	2019年12月31日	2018年12月31日
债券				
- 政府债券	103 380	20 473	86 660	3 526
- 政策性银行、银行及非银行金融机构债券	7 754	3 569	5 991	4 083
- 企业债券	40	29	—	—
小计	111 174	24 071	92 651	7 609
票据	418	765	418	765
其他	2 920	5 774	—	—
应计利息	146	155	125	33
合计	114 658	30 765	93 194	8 407

资料来源:建设银行年报,2019年,财务报表附注,第147页。

三、以公允价值计量且其变动计入当期损益的金融负债

以公允价值计量且其变动计入当期损益的金融负债方式主要有三种:发行保本理财产品、与贵金属相关的金融负债和结构性金融工具负债,其中主要方式是发行保本理财产品。值得一提的是,该项负债在2018年后受到更加严格的监管约束,存续数量大幅度减少。建设银行2019年以公允价值计量且其变动计入当期损益的金融负债如表3-6所示。

表3-6 建设银行2019年以公允价值计量且其变动计入当期损益的金融负债

	本集团		本行	
	2019年12月31日	2018年12月31日	2019年12月31日	2018年12月31日
保本理财产品	178 770	351 369	178 770	351 369
与贵金属相关的金融负债	31 065	37 832	31 065	37 832
结构性金融工具负债	71 762	42 133	69 865	40 394
合计	281 597	431 334	279 700	429 595

资料来源:建设银行年报,2019年,财务报表附注,第146页。

四、发行金融债券

银行发行金融债券涉及许多概念和品种，如商业银行普通债、商业银行二级资本债、可转债、永续债、专项债，等等。

根据《全国银行间债券市场金融债券发行管理办法》第二条的规定，金融债券是指依法在中华人民共和国境内设立的金融机构法人在全国银行间债券市场发行的、按约定还本付息的有价证券。它属于金融机构的主动负债。

银行发行的金融债券在到期之前一般不能提前兑换，只能在市场上转让，从而保证了所筹集资金的稳定性。按照《巴塞尔协议》规定，银行发行的金融债券在符合条件的情况下可按规则计入资本。

（一）商业银行普通债

商业银行普通债是指符合《全国银行间债券市场金融债券发行管理办法》规定的一般条件，募集资金作为商业银行负债计入报表，资金用途没有特别限定，通常用于替换存量负债或者投资新的资产项目。发行金融债券的主体，除商业银行之外，还包括政策性银行、企业集团财务公司及其他金融机构。根据现有规定，有权发行金融债券的"其他金融机构"包括金融资产管理公司、金融租赁公司、汽车金融公司、消费金融公司、期货公司、证金公司。

（二）商业银行二级资本债（次级债）

《商业银行次级债券发行管理办法》（2004年）第二条规定，商业银行次级债券（简称"次级债"）是指商业银行发行的、本金和利息的清偿顺序列于商业银行其他负债之后、先于商业银行股权资本的债券。经银监会批准，次级债可以计入附属资本。《商业银行资本管理办法（试行）》（2013年）施行后，原来的"核心资本和附属资本"变更为"核心一级资本、其他一级资本和二级资本"。因此，"次级债"这一概念也基本被"二级资本债"所替代。只有"二级资本债"（即附加条件的次级债）才能按规则计入银行资本，这意味着银行发行的二级资本债募集的资金在报表上不体现为银行负债，而普通次级债无法计入资本，只能计入银行负债。也正因为如此，二级资本债的清偿顺序列银行其他负债之后。

为拓宽商业银行资本补充渠道，中国证监会与中国银监会2013年颁布《关于商业银行发行公司债券补充资本的指导意见》为商业银行拓宽资本补充渠道提供了制度规范。商业银行发行公司债券补充资本是指商业银行发行符合资本工具合格标准、经中国银监会认定可计入商业银行资本的公司债券。

次级债与二级资本债的区别在于，二级资本债均须附加"减记条款"。所谓减记债是指在《商业银行资本管理办法（试行）》规定的触发事件发生时，能立即减记，投资者相应承担本金及利息损失的风险的公司债券。通俗地讲，"减记"就是指银行破产时，银行有权单方面宣布将对二级资本债的投资人承担的本金利息偿付义务一笔勾销。投资者的投资损失与普通股无异。减记债符合商业银行资本工具合格标准，经中国银保监会认定可计入商业银行二级资本。

包商银行"2015年包商银行股份有限公司二级资本债"的募集说明书在相关风险的条款中已明确："发行人如发生破产清算，投资者可能无法获得全部或部分的本金和利息""投资者投资本期债券的投资风险将由投资者自行承担"等。[①]

根据《商业银行资本管理办法（试行）》第四十二条规定，商业银行发行的二级资本工具有确定到期日的，该二级资本工具在距到期日前最后5年，可计入二级资本的金额，应当按100%、80%、60%、40%、20%的比例逐年减计。

平安银行于2014年3月发行90亿元二级资本债，2014年3月6日开始在银行间市场招标，期限10年，票面利率为6.8%，是国内大中型商业银行发行的第一只二级资本债。

当前，中小银行面临较大的资本压力，而核心资本补充主要受限于IPO、增发及可转债等渠道，二级资本债主要补充银行的二级资本，可以在一定程度上提升资本充足率。中小银行发行二级资本债和永续债补充资本或许将成为常态。建设银行已发行债务证券如表3-7所示。

表3-7 建设银行已发行债务证券

（单位：人民币百万元）

	本集团		本行	
	2019年12月31日	2018年12月31日	2019年12月31日	2018年12月31日
已发行存款证	709 383	371 583	709 044	368 258
已发行债券	127 863	111 447	55 546	49 158
已发行次级债券	81 694	145 169	79 974	137 959
已发行合格二级资本债券	153 703	142 681	153 703	142 681
利息	3 932	4 905	3 037	3 982
合计	1 076 575	775 785	1 001 304	702 038

注：已发行存款证主要由总行、境外分行、建行新西兰及中德住房储蓄银行发行。
资料来源：建设银行年报，2019年，财务报表附注，第158页。

（三）商业银行永续债

1. 概念

永续债又称无期债券，是发行人注册发行的"无固定期限、内含发行人赎回权"的债券。根据《商业银行资本管理办法（试行）》规定，银行永续债至少5年后方可由发行银行赎回，而且行使赎回权需得到银保监会的事先批准。永续债分转股型和减记型两种。

相比于优先股，非上市商业银行也可以通过发行永续债补充其他一级资本。同时，发行审批更为简便，优先股主要在交易所发行，而永续债以银行间市场为主。

2. 永续债主要条款

（1）票面利率和利息发放。无固定期限资本债券采用分阶段调整的票面利率，自发行缴款截止日起每5年为一个票面利率调整期，在一个票面利率调整期内以约定的相同票面利率支付利息。票面利率包括基准利率和固定利差两个部分。

银行有权取消全部或部分无固定期限资本债券派息，且不构成违约事件。无固定期限资本债券采取非累积利息支付方式，即未向债券持有人足额派息的差额部分，不能累积到下一计息年度。无固定期限资本债券采用每年付息一次的方式付息。

（2）赎回条款。银行自发行之日起5年后，有权于每年付息日（含发行之日后第5年付息日）全部或部分赎回无固定期限资本债券。在无固定期限资本债券发行后，如发生不可预

[①] 2019年5月24日，包商银行因出现严重信用风险，被中国人民银行、银保监会联合接管，这是中国金融发展史上的一个重大事件。2020年11月13日，包商银行在中国货币网发布一则关于对"2015年包商银行股份有限公司二级资本债"本金予以全额减记及累计应付利息不再支付的公告。

测的监管规则变化导致无固定期限资本债券不再计入其他一级资本,银行有权全部而非部分地赎回无固定期限资本债券。

银行须在得到银保监会批准并满足下述条件之一的前提下行使赎回权:使用同等或更高质量的资本工具替换被赎回的工具,并且只有在收入能力具备可持续性的条件下才能实施资本工具的替换;行使赎回权后的资本水平仍明显高于银保监会规定的监管资本要求。

(3)减记条款。当其他一级资本工具触发事件发生时,即银行核心一级资本充足率降至 5.125%(或以下),[一]银行有权在报银保监会并获同意但无须获得债券持有人同意的情况下,将届时已发行且存续的无固定期限资本债券,按照票面总金额全部或部分减记,促使核心一级资本充足率恢复到 5.125% 以上。在部分减记情形下,所有届时已发行且存续的无固定期限资本债券与本行其他同等条件的减记型其他一级资本工具按票面金额同比例减记。

当二级资本工具触发事件发生时,银行有权在无须获得债券持有人同意的情况下将届时已发行且存续的无固定期限资本债券按照票面总金额全部减记。其中,二级资本工具触发事件是指以下两种情形的较早发生者:银保监会认定若不进行减记,银行将无法生存;相关部门认定若不进行公共部门注资或提供同等效力的支持,银行将无法生存。当债券本金被减记后,债券即被永久性注销,并在任何条件下不再被恢复。

(4)受偿顺序。无固定期限资本债券的受偿顺序在存款人、一般债权人和处于高于无固定期限资本债券顺位的次级债务之后,银行股东持有的所有类别股份之前;无固定期限资本债券与银行其他偿还顺序相同的其他一级资本工具同顺位受偿。

银行发行的上述债券分类为权益工具,列示于资产负债表股东权益中。上述债券发行所募集的资金在扣除发行费用后,全部用于补充银行其他一级资本,以提高资本充足率。

3. 前景

在非标资产回归表内情况下,银行资本充足性面临挑战,因此永续债发行增加了银行其他一级资本补充途径。从资本结构来看,我国 29 家上市银行中其他一级资本充足率的平均数为 0.68%,这表明我国银行其他一级资本补充工具较少且有较大空间。

2019 年是银行永续债发行"元年"。经银保监会批准,2019 年 1 月 17 日中国银行发行不超过 400 亿元无固定期限资本债券,这是我国商业银行获批发行的首单此类资本工具。[二]从发行成本来看,2020 年永续债票面利率在 3% ~ 5%,城、农商行的发行费率明显高于国有银行和股份制银行。

为扩大永续债发行,2020 年 6 月银保监会发布《关于保险资金投资银行资本补充债券有关事项的通知》,放宽保险资金投资的资本补充债券发行人条件。随着政策支持力度不断增强,永续债或将进一步成为中小银行补充资本的重要手段。

(四)商业银行可转债

商业银行可转债是债券的一种,它允许投资者在规定的时间范围内将其购买的债券按转股价格转换成特定公司的普通股。发行可转债能够满足商业银行多元化的资本补充需求,也

[一] 适用于系统重要性银行。
[二] 据不完全统计,2019 年,共有 15 家商业银行发行了 5 696 亿元永续债,包括 5 家国有银行、7 家股份制银行以及 3 家城商行,发行主力为国有银行及股份制银行等大型银行。

符合监管部门治理股权融资、鼓励资本工具创新的导向。

可转债是一类相对复杂的含权融资工具，属于混合资本工具。商业银行发行可转债的初衷在于通过促使投资者转股以补充核心一级资本。

（五）商业银行专项债

商业银行专项债品种主要是"小微企业专项金融债"（参见银监会《关于支持商业银行进一步改进小型微型企业金融服务的补充通知》）"三农专项金融债"（参见银监会《关于商业银行发行"三农"专项金融债有关事项的通知》）"绿色金融债"（参见中国人民银行《关于发行绿色金融债券有关事宜的公告》），等等。

此外，2020年7月1日召开的国务院常务会议指出，为做好"六稳""六保"工作，允许地方政府在当年新增地方政府专项债限额中安排一定额度，允许地方政府用专项债券购买中小银行可转债、二级资本债、可转股协议存款这三种工具补充中小银行资本金，以解决商业银行资本金不足问题。

第四节　商业银行负债结构分析

本节侧重从"数据"角度讨论商业银行筹资方式、主要负债形态与结构、中美代表性银行负债结构变化趋势。

我国银行负债方式主要有吸收存款、同业及其他金融机构存放款项和拆入资金、已发行债务证券、向中央银行借款、卖出回购金融资产、其他。中国银行业的存款占总负债的比重要比美国高，这显示出中国银行业更依赖于存款和银行负债方式的相对单一的问题。从总体来看，2007年之后商业银行持续扩大负债业务。同时，负债结构也发生重大变化，存款依赖度下降，债务证券融资占比明显上升。

在客户存款、同业负债等筹资方式中，通常将存款负债称为"被动负债"，因为银行基本上只能被动等待客户上门存款。相比于客户存款，同业存单、同业负债、发行金融债券等筹资方则显得比较"主动"，可以自主决定发多少、何时发、通过什么市场发，等等。但实际上，看起来"主动"的负债，由于其流动性强，往往使得筹资人陷入流动性困境。反倒被认为是"被动"的负债，则具有更好的稳定性。所以，客户存款称为稳定性负债，而同业负债等称为易变负债。

一、建设银行集团负债结构

2017年，建设银行集团负债总额20.33万亿元。其中，吸收存款16.36万亿元，占比80.50%；同业及其他金融机构存放款项和拆入资金17 206.34亿元，占比8.46%；已发行债务证券5 965.26亿元，占比2.93%；向中央银行借款5 472.87亿元，占比2.69%；卖出回购金融资产742.79亿元，占比0.37%。

相比之下，2019年吸收存款占比略有下降，而已发行债务证券的比例上升。2019年存款等各项负债占总负债的比重分别是79.16%、9.46%、4.64%、2.37%、0.49%、3.88%（见表3-8）。

表 3-8　建设银行集团负债结构　　　　　　　　　　（单位：人民币百万元）

项目	2019年12月31日		2018年12月31日		2017年12月31日	
	金额	占比（%）	金额	占比（%）	金额	占比（%）
吸收存款	18 366 293	79.16	17 108 678	80.58	16 363 754	80.50
同业及其他金融机构存放款项和拆入资金	2 194 251	9.46	1 847 697	8.70	1 720 634	8.46
已发行债务证券	1 076 575	4.64	775 785	3.66	596 526	2.93
向中央银行借款	549 433	2.37	554 392	2.61	547 287	2.69
卖出回购金融资产	114 658	0.49	30 765	0.15	74 279	0.37
其他①	899 924	3.88	913 782	4.30	1 026 076	5.05
总负债	23 201 134	100.00	21 231 099	100.00	20 328 556	100.00

① 表中"其他"包括以公允价值计量且其变动计入当期损益的金融负债、衍生金融负债、应付职工薪酬、应交税费、应付利息、预计负债、递延所得税负债及其他负债。

资料来源：建设银行年报，2019 年。

（一）吸收存款

随着我国金融竞争格局的变化和金融市场的发展，建设银行负债对存款的依赖度持续下降，从最高的接近 90% 下降到现在的接近 80%；而在吸收存款中，个人存款占总存款的比重保持在 45% 左右（见图 3-2）。

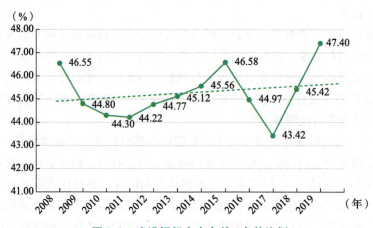

图 3-2　建设银行个人存款 / 存款比例

资料来源：根据建设银行年报整理。

（二）向中央银行借款

向中央银行借款是商业银行获取资金来源的重要方式。传统上，过多地依赖央行借款可能会传递出商业银行流动性存款存在较大问题的信号。但是，近几年中央银行创设了许多定向调控工具，如中期借贷便利等，这些工具不仅成为中央银行宏观调控特别是结构性调控的重要手段，而且成为商业银行获取低成本资金的重要渠道。建设银行 2019 年向中央银行借款的余额基本维持在 5 494.33 亿元左右。

（三）同业及其他金融机构存放款项

同业及其他金融机构存放款项主要是因为同业支付需要而存在的。2019 年，建设银行同业存放主要来自非银行金融机构在建设银行的存款，达到 16 726.98 亿元。其他银行存放的占比很低，仅仅为 1 673.83 亿元。

（四）拆入资金

拆借是解决银行短期流动性需要非常重要的方式。它一般期限较短，也意味着银行不能依赖同业拆借来放贷或投资。2019 年，建设银行主要从其他银行拆入资金，来自非银行金融机构占比仅为 7.8%。

（五）卖出回购金融资产

卖出回购金融资产交易中因为资产卖出方承担未来一段时间后回购资产的责任，因而是资产卖出方的债务！卖出回购金融资产的交易标的主要是政府债券，而政策性银行、银行及非银行金融机构债券占比非常低。2019 年，建设银行集团卖出回购金融资产 1 146.58 亿元，其中建设银行为 931.94 亿元。

（六）以公允价值计量且其变动计入当期损益的金融负债

以公允价值计量且其变动计入当期损益的金融负债工具主要是保本理财产品、与贵金属相关的金融负债、结构性金融工具。其中，2017 年建设银行发行的保本理财产品占比 85.6%。2019 年该类负债总量下降到 2 797.00 亿元，其中保本理财余额为 1 787.70 亿元，与 2017 年相比均有大幅度减少（见表 3-9）。

表 3-9 以公允价值计量且其变动计入当期损益的金融负债

（单位：人民币百万元）

	本集团		本行	
	2019 年 12 月 31 日	2018 年 12 月 31 日	2019 年 12 月 31 日	2018 年 12 月 31 日
保本理财产品	178 770	351 369	178 770	351 369
与贵金融相关的金融负债	31 065	37 832	31 065	37 832
结构性金融工具	71 762	42 133	69 865	40 394
合计	281 597	431 334	279 700	429 595

资料来源：建设银行年报，2019 年，财务报表附注，第 146 页。

（七）已发行债务证券

近几年，银行通过发行债务证券融资的趋势非常明显。从总量看，2019 年建设银行集团"已发行债务证券"是 2016 年的 2.4 倍（见表 3-10）。

表 3-10 建设银行集团"已发行债务证券"情况

（单位：人民币百万元）

	2016 年	2017 年	2018 年	2019 年
已发行存款证[①]	199 008	321 366	371 583	709 383
已发行债券	47 163	71 331	111 447	127 863
已发行次级债券	145 599	144 898	145 169	81 694
已发行合格二级资本债券	59 784	58 931	142 681	153 703
应计利息	—	—	4 905	3 932
合计	451 554	596 526	775 785	1 076 575

① 已发行存款证主要由总行、境外分行、建行新西兰及中德住房储蓄银行发行。

资料来源：建设银行年报，2017 年，财务报表附注，第 118 页；2019 年，财务报表附注，第 158 页。

已发行债务证券占比持续提高,与近几年我国大力发展债券市场,中央银行推行非常规货币政策工具以及银行利用债券市场提高资本充足率等因素有关。当然,从总体上看,建设银行已发行债务证券融资总量并不高。2019 年,建设银行通过发债的方式来融资的比重达到 4.64%,这说明我国银行利用债券市场来筹资的空间还很大(见图 3-3)。

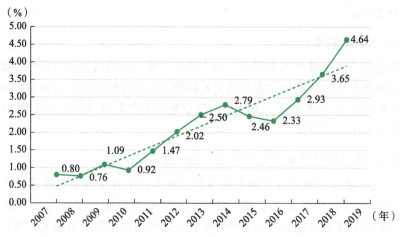

图 3-3　建设银行已发行债务证券占负债比例

资料来源:根据建设银行年报整理。

二、花旗银行负债结构

美国商业银行的负债方式包括存款、同业拆借、交易账户负债、短期借款、长期借款等。尽管存款仍然是美国商业银行最主要的负债,但与许多国家的银行不同,美国商业银行充分利用美国资本市场和金融资产交易发达的优势,债券融资比重相对较高。

2019 年,花旗银行各项存款占总负债的比重为 60.92%,比 2018 年的 58.50% 略微提高。长期债券负债(长期供款)是花旗银行的第二大资金来源,2019 年余额 2 487.60 亿美元,占比 14.15%(见表 3-11)。

表 3-11　花旗银行合并财务报表——负债项目

(单位:百万美元)

负债(Liabilities)	2017 年	2019 年
美国境内不付息存款(Non-interest-bearing deposits in U.S. offices)	126 880	98 811
美国境内付息存款(Interest-bearing deposits in U.S. offices)	318 613	401 418
美国境外不付息存款(Non-interest-bearing deposits in offices outside the U.S.)	87 440	85 692
美国境外付息存款(Interest-bearing deposits in offices outside the U.S.)	426 889	484 669
总存款(Total deposits)	959 822 (58.50%)	1 070 590 (60.92%)
同业拆借和回购协议卖出或证券借出(Federal funds purchased and securities loaned or sold under agreements to repurchase)	156 277 (9.52%)	166 339 (9.46%)
经纪应收(Brokerage payables)	61 342	48 601
交易账户负债(Trading account liabilities)	124 047 (7.56%)	119 894 (6.82%)

（续）

负债（Liabilities）	2017年	2019年
短期借款（Short-term borrowings）	44 452	45 049
长期借款（Long-term debt）	236 709	248 760
	（14.43%）	（14.15%）
其他负债（Other liabilities）	58 144	57 979
总负债（Total liabilities）	1 640 793	1 757 212
权益总额（Total equity）	201 672	193 946
负债与所有者权益总额（Total liabilities and equity）	1 842 465	1 951 158

注：表中括号（ ）内数字为该项目占总负债比重。

资料来源：根据花旗银行年报整理。

（一）存款

在花旗银行2017年的16 407.93亿美元总负债中，总存款为9 598.22亿美元，占比58.50%。2019年，花旗银行的存款依赖度上升到60.92%。

美国商业银行存款负债中有一种与众不同的现象是，某些类型的存款（如部分活期存款）是不付息的，花旗银行2019年境内不付息存款988.11亿美元，境外不付息存款856.92亿美元。不付息存款合计占总存款的比例为17.23%。

（二）同业拆借等

同业拆借等具体包括同业拆借、证券借出或回购协议卖出。2017年，花旗银行这三种交易总规模1 562.77亿美元，其中主要融资方式是回购协议，其他两种方式合计占比8.7%。回购协议卖出实际上是一种有质押的融资行为，抵押品通常包括政府和政府机构证券、公司和市政债券、股票和抵押贷款支持证券以及其他资产支持证券。

证券借出交易是指本行将证券借给他行，本质上是一种抵押融资交易，不构成会计目的证券出售，是银行的负债业务。在该交易中，本行作为借出方要么收到现金担保品，要么收到证券担保品。现金数量要等于或超过借出证券的市场价值。从交易时间顺序来看，本行首先将证券借出，收到交易对价（现金担保品或交易保证金）——存款，故对本行而言是一种资金融入行为，因而构成本行的负债。当然，证券借入方可以将证券出售或再次抵押，但需要承担偿还债券的责任。其原理与回购协议卖出是一样的，卖出方在卖出证券时获得交易对价——存款，因而是一种资金融入行为，是回购协议卖出方的负债。在表3-12和表3-13中，支付的现金或收到的现金分别记录为证券借入或证券借出。

表3-12 花旗银行回购协议卖出和证券借出交易情况——按合同剩余期划分

（单位：百万美元）

项目	活期和隔夜 Open and overnight	30天以下 Up to 30 days	31～90天 31–90 days	90天以上 Greater than 90 days	合计 Total
回购协议卖出（Securities sold under agreements to repurchase）	108 534	82 749	35 108	40 173	266 564
证券借出收到的存款（Deposits received for securities loaned）	15 758	208	1 789	2 019	19 774
合计（Total）	124 292	82 957	36 897	42 192	286 338

资料来源：花旗银行年报，2019年，第175页。

表 3-13 花旗银行按抵押品类型划分的回购协议卖出和证券借出交易负债数量分布

（单位：百万美元）

项目	回购协议（Repurchase agreements）	证券借出（Securities lending agreements）	合计（Total）
政府和联邦机构债券（U.S. Treasury and federal agency securities）	100 781	27	100 808
州和市政府债券（State and municipal securities）	1 938	5	1 943
外国政府债券（Foreign government securities）	95 880	272	96 152
公司债券（Corporate bonds）	18 761	249	19 010
权益类证券（Equity securities）	12 010	19 069	31 079
抵押担保债券（Mortgage-backed securities）	28 458	—	28 458
资产担保债券（Asset-backed securities）	4 873	—	4 873
其他（Other）	3 863	152	4 015
合计（Total）	266 564	19 774	286 338

资料来源：花旗银行年报，2019 年，第 175 页。

从会计处理来看，本行借入的证券本身并不在本行财务报表中确认，同样本行借给交易对手的证券也会保留在本行资产负债表上。接收或支付的费用分别以利息收入和利息支出报告。

（三）交易账户负债

交易账户负债是因为某种"交易"而产生的负债，如通过卖出回购交易而形成的负债——卖出方承担回购的义务。交易账户负债主要包括股票和固定收益证券的空头头寸（比如通过卖出证券获得资金，但还没有将该证券回购回来），包括美国国库券和政府机构债、公司证券和非美国主权债务证券。花旗银行交易账户负债的变化主要是源于全球市场客户需求推动政府和公司债券空头头寸增减。

（四）短期借款

短期借款为银行提供了额外的资金来源，主要包括联邦住房贷款银行（FHLB）的短期借款、应付票据和各种其他借款，这些借款的期限一般为一年或更短。基于银行间信贷额度下的借款可以根据伦敦银行间同业拆借利率、CD 利率、优惠利率计算。花旗银行的短期借款如表 3-14 所示。

表 3-14 花旗银行的短期借款

（单位：百万美元）

项目	2016		2017	
	余额（Balance）	平均成本（Weighted average coupon）	余额（Balance）	平均成本（Weighted average coupon）
商业票据（Commercial paper）	9 989	0.79%	9 940	1.28%
其他借款（Other borrowings）	20 712	1.39%	34 512	1.62%
合计（Total）	30 701		44 452	

资料来源：花旗银行年报，2017 年，第 214 页。

短期借款中的"其他借款"主要是向联邦住房贷款银行和其他市场参与者借款。2016 年、2017 年、2018 年和 2019 年的 12 月 31 日，联邦住房贷款银行的短期抵押余额分别为

120 亿美元、238 亿美元、95 亿美元和 176 亿美元[⊖]。

（五）长期借款

花旗银行发行一系列的固定利率债券和可变利率债券，并通过使用利率掉期等衍生合约有效地将其部分固定利率债务转换为可变利率债务。衍生工具的到期结构通常与被套期保值债务的到期结构相对应。此外，花旗还使用其他衍生合约来管理债券发行的外汇影响。2017 年、2019 年长期债务整体加权平均利率为 3.57% 和 3.28%（见表 3-15）。

表 3-15　花旗银行集团的长期借款

（单位：百万美元）

项目	平均成本（%）	期限	2019	2017
花旗公司（Citigroup Inc.）				
高级（Senior debt）	3.11	2020～2098	123 292	117 511
次级（Subordinated debt）	5.59	2022～2046	25 463	24 545
信托优先证券（Trust preferred securities）	8.15	2036～2067	1 722	1 711
花旗银行（Bank）				
高级（Senior debt）	2.51	2020～2038	53 340	61 237
花旗经纪（Broker-dealer）				
高级（Senior debt）	2.43	2020～2098	44 817	26 947
次级（Subordinated debt）	2.37	2022～2046	126	48
合计（Total）	3.28		248 760	231 999
高级（Senior debt）			221 449	205 695
次级（Subordinated debt）			25 589	24 593
信托优先证券（Trust preferred securities）			1 722	1 711
合计（Total）			248 760	231 999

资料来源：花旗银行年报，2017 年第 214 页，2019 年第 206 页。

2019 年，花旗银行集团的长期借款高达 2 487.60 亿美元，发债主体包括花旗公司、花旗银行和花旗经纪。从长期借款的期限分布来看，花旗银行集团长期债务期限分布如表 3-16 所示，这反映了花旗银行集团的流动性压力。

表 3-16　花旗银行集团各主体发行长期债务期限分布

（单位：百万美元）

主体	2020	2021	2022	2023	2024	2024 年之后	合计
花旗公司（Citigroup Inc.）	7 033	15 208	13 061	14 202	8 247	92 726	150 477
花旗银行（Bank）	20 654	14 023	8 471	2 634	4 417	3 141	53 340
花旗经纪（Broker-dealer）	9 570	8 852	5 558	3 292	3 359	14 312	44 943
合计（Total）	37 257	38 083	27 090	20 128	16 023	110 179	248 760

资料来源：花旗银行年报，2019 年第 207 页。

近几年，花旗银行有息负债总量变化不大，但平均付息率逐渐提高。2014～2019 年，全部付息负债的平均成本分别为 1.02%、0.95%、1.03%、1.28%、1.77%、2.01%，这必将对花旗银行的净利息收入产生不利影响。

典型案例
美洲银行负债结构

⊖　花旗银行年报，2017 年，2019 年。

三、中美代表性银行负债结构变化趋势

在最近十年，银行的负债呈现出新的特点和趋势，尤其是存款业务。从中美两国代表性银行的变化来看，建设银行存款依存度在下降，而花旗银行存款依存度在上升。这种新特点和新趋势既与中美两国存款市场有关，也与债券市场发展程度有关。

（一）建设银行的存款依存度

从建设银行来看，存款依存度从最高接近90%，下降到现在的80%左右，负债结构进一步优化。这与中国的银行竞争加剧和金融市场发展有直接关系（见图3-4）。

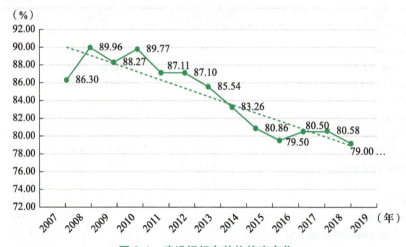

图3-4　建设银行存款依赖度变化

资料来源：根据建设银行年报整理。

（二）花旗银行的存款依存度

在2007年以后，花旗银行总负债规模几乎没有增长，甚至相对于2007年的18 849.22亿美元的负债规模来讲，总负债还有所下降，到2019年为17 572.12亿美元。在全部资金来源中，存款占比增长相对较快，上升趋势明显（见图3-5）。这表明在经历次贷危机后，花旗银行回归"存一贷"为核心的经营模式，更加注重夯实存款在银行经营管理中的基础地位。

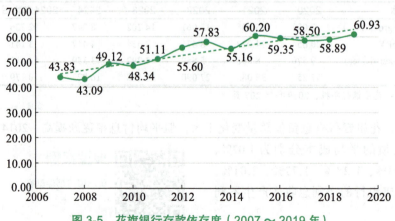

图3-5　花旗银行存款依存度（2007～2019年）

资料来源：根据花旗银行年报整理。

■ 思考题

1. 同业拆借市场之间是否存在相互影响？
2. 基准利率、市场结构对存贷款利率定价的影响是什么？
3. 中央银行创设的非常规货币政策工具为商业银行提供了哪些新的融资渠道？
4. 同业存单套利对金融监管的冲击何在？
5. 如何看待中美银行存款依存度变化的不同趋势？
6. 从投资者角度来看，普通金融债券与附减记功能的债券有何区别？
7. 与普通金融债券相比，对于有减记可能的债券，如何估计其风险溢价升水？
8. 不同资产负债结构的银行，其风险承担意愿有差异吗？
9. 从简化的资产负债表模型，推导银行资产负债结构与利差收入的关系。

■ 核心文献

[1] Ben R Craig, Valeriya Dinger. Deposit market competition, wholesale funding, and bank risk [J]. Journal of Banking & Finance, 2013, 37(9): 3605-3622.

[2] Peter Bednarek, et al. To whom do banks channel central bank funds? [J]. Journal of Banking & Finance, 2021(128): 106082.

[3] 国盛固收团队．银行为何要发行二级资本债？2020年05月18日，https://finance.sina.com.cn/money/bond/2020-05-18/doc-iircuyvi3768080.shtml．

[4] 刘晓锋，朱大鹏，黄文凡．资本约束对我国商业银行资产负债表影响的实证研究［J］．国际金融研究，2016（05）．

[5] 聂召．商业银行资产负债表管理与转型探索［J］．上海金融，2014（5）：40-45．

[6] 袁翔．期限错配与商业银行利差［J］．金融研究，2015（5）．

[7] 盛朝晖，梁珊珊．同业拆借利率形成机制的国际比较及对SHIBOR的借鉴［J］．金融与经济，2008（07）．

[8] 隋聪，邓爽玲，王宗尧．银行资产负债结构对金融风险传染的影响［J］．系统工程理论与实践，2017（8）．

[9] 同业存单套利模式及最新监管政策解读，2017年11月10日，https://www.sohu.com/a/203656404_667345．

[10] 周先平，李标，邹万鹏．境内外银行间人民币同业拆借利率的联动关系研究［J］．国际金融研究，2014（08）．

商业银行资产业务

银行的资金运用方式有多种，主要包括现金类资产、贷款、投资、固定资产等。在众多资产中，美国大型银行贷款占资金运用的50%左右，而公司贷款占贷款总额的50%。相比之下，我国银行业的公司贷款占比高于美国的同类银行，而我国小规模银行的贷款占总资产的比例则普遍低于国有控股的大型银行。从变化趋势来看，我国银行业越来越重视个人贷款业务，而美国银行业则是越来越重视公司贷款业务。

本章包括商业银行贷款业务、商业银行证券投资和商业银行资产结构分析三节。

■ 重要知识点及核心概念

自偿性贷款、银团贷款、循环信贷、贷款承诺、补偿性余额、绿色信贷、"5C""5P""5W"分析法、优惠利率、基准利率定价法、关系定价法、应急转贷基金、无还本续贷、小微企业贷款"三个不低于"及"两增两控"要求、贷款五级分类、贷款重组、可供出售证券、持有到期证券、应收款项类投资、证券借入交易、买入返售金融资产、以公允价值计量且其变动计入当期损益的金融资产。

■ 学习目标

- 分析银行如何判断企业借款人风险
- 了解贷款担保的主要方式
- 了解我国银信合作等融资创新
- 了解我国中小企业融资难与创新
- 了解银行贷款定价的主要方法
- 了解贷款分类及常见的分类标准
- 熟悉银行贷款的流程及主要环节的工作
- 了解贷款"三查"制度和"审贷分离与分级审批"制度

- 了解银行贷款五级分类的主要内容
- 了解银行证券投资的目的
- 了解银行证券资产的优势
- 了解国债利息收入的税务处理
- 了解银行证券投资的风险
- 了解中美主要银行证券投资结构的差异性
- 了解中美商业银行资产结构的差异性
- 了解中美商业银行公司贷款占比变化趋势
- 了解中国银行业全面超越美国银行业跃居全球银行前四位的主要原因
- 了解贷款减值准备的相关政策

第一节 商业银行资产结构分析

商业银行资产主要是指库存现金及存放央行存款、政府债券等的投资、各项贷款、固定资产等。尽管国内外银行的资产大类基本相同,但同一时期不同银行或同一银行在不同时期的资产结构却存在差异,有的甚至差异很大,进而折射出银行经营的不同特点和变化。

现金资产主要是为满足客户提现需要和银行间清算需要而准备的高流动性资产,是银行流动性的第一准备。证券投资则是一些变现能力很强的证券资产,是银行流动性需求的第二准备,兼有流动性和盈利性的优势。贷款是银行最重要的资产,贷款利息收入是银行收入的主要来源。相比之下,同业存放与同业拆出、买入返售金融资产、其他资产等占比较低。

本节主要是基于中美主要银行年报披露的资产相关信息,通过分析代表性银行的资产结构,来揭示中美银行的差异及各自具有的特色。

一、建设银行的主要资产

以 2017 年年报为例,[○]建设银行客户贷款和垫款净额、投资、现金及存放中央银行款项占总资产的比例分别是 56.84%、23.42% 和 13.51%(见表 4-1)。

表 4-1 建设银行资产结构

(单位:人民币百万元)

	2017 年 12 月 31 日		2016 年 12 月 31 日		2015 年 12 月 31 日	
	金额	占总额百分比(%)	金额	占总额百分比(%)	金额	占总额百分比(%)
客户贷款和垫款总额	12 903 441		11 757 032		10 485 140	
贷款损失准备	(328 968)		(268 677)		(250 617)	
客户贷款和垫款净额	12 574 473	56.84	11 488 355	54.80	10 234 523	55.78

[○] 本书、特别是本章中,主要选择 2017 年和 2019 年年报相关数据来分析,并以 2017 年作为分析的基点和重点。一是因为 2017 年之后中国银保监会推行新的会计准则,部分会计科目和信息披露有所变化。二是因为 2017 年银监会实施"三三四十"专项行动,促使银行回归本源、防范金融同业空转等。商业银行,特别是中小型商业银行纷纷调整资产结构,降低投资资产占比,更加重视贷款业务。以 2017 年为分析基点,可以看到政策实施前后商业银行经营管理的变化。

（续）

	2017年12月31日		2016年12月31日		2015年12月31日	
	金额	占总额百分比(%)	金额	占总额百分比(%)	金额	占总额百分比(%)
投资①	5 181 648	23.42	5 068 584	24.18	4 271 406	23.28
现金及存放中央银行款项	2 988 256	13.51	2 849 261	13.59	2 401 544	13.09
存放同业款项及拆出资金	500 238	2.26	755 288	3.60	663 745	3.62
买入返售金融资产	208 360	0.94	103 174	0.49	310 727	1.69
应收利息	116 993	0.53	101 645	0.49	96 612	0.52
其他②	554 415	2.50	597 398	2.85	370 932	2.02
资产总额	22 124 383	100.00	20 963 705	100.00	18 349 489	100.00

① 包括以公允价值计量且其变动计入当期损益的金融资产、可供出售金融资产、持有至到期投资及应收款项类投资。
② 包括贵金属、衍生金融资产、对联营和合营企业的投资、固定资产、土地使用权、无形资产、商誉、递延所得税资产及其他资产。
资料来源：建设银行年报，2017年，第26页。

2018年我国金融业实施新的会计准则，在资产负债表中披露的资产形式发生变化。它不仅仅披露"发放贷款和垫款"和"贷款损失准备"的总量，还在"贷款"项下增加了"以摊余成本计量的发放贷款和垫款、以公允价值计量且其变动计入其他综合收益的发放贷款和垫款账面价值、以公允价值计量且其变动计入当期损益的发放贷款和垫款账面价值、应计利息"。贷款信息披露更全面。而"金融投资"项下按"以摊余成本计量的金融资产、以公允价值计量且其变动计入其他综合收益的金融资产"披露，取消了"持有至到期投资、可供出售金融资产、应收款项类投资"的信息披露。2019年建设银行集团的资产与结构见表4-2。

表4-2 2019年建设银行资产与结构

（单位：人民币百万元）

	2019年12月31日		2018年12月31日		2017年12月31日	
	金额	占比(%)	金额	占比(%)	金额	占比(%)
发放贷款和垫款	14 540 667	57.17	13 365 430	57.55	12 574 473	56.84
以摊余成本计量的发放贷款和垫款	14 479 931	56.93	13 405 030	57.72	12 903 441	58.33
贷款损失准备	（482 158）	（1.90）	（417 623）	（1.80）	（328 968）	（1.49）
以公允价值计量且其变动计入其他综合收益的发放贷款和垫款账面价值	492 693	1.94	308 368	1.33	不适用	不适用
以公允价值计量且其变动计入当期损益的发放贷款和垫款账面价值	15 282	0.06	32 857	0.14	不适用	不适用
应计利息	34 919	0.14	36 798	0.16	不适用	不适用
金融投资	6 213 241	24.43	5 714 909	24.61	5 181 648	23.42
以摊余成本计量的金融资产	3 740 296	14.70	3 272 514	14.09	不适用	不适用
以公允价值计量且其变动计入其他综合收益的金融资产	1 797 584	7.07	1 711 178	7.37	不适用	不适用
以公允价值计量且其变动计入当期损益的金融资产	675 361	2.66	731 217	3.15	578 436	2.61
持有至到期投资	不适用	不适用	不适用	不适用	2 586 722	11.69
可供出售金融资产	不适用	不适用	不适用	不适用	1 55 680	7.01

（续）

	2019年12月31日		2018年12月31日		2017年12月31日	
	金额	占比（%）	金额	占比（%）	金额	占比（%）
应收款项类投资	不适用	不适用	不适用	不适用	465 810	2.11
现金及存放中央银行款项	2 621 010	10.30	2 632 863	11.34	2 988 256	13.51
存放同业款项及拆出资金	950 807	3.74	836 676	3.60	500 238	2.26
买入返售金融资产	557 809	2.19	201 845	0.87	208 360	0.94
应收利息	不适用	不适用	不适用	不适用	116 993	0.53
其他	552 727	2.17	470 970	2.03	554 415	2.50
资产总额	25 436 261	100.00	23 222 693	100.00	22 124 383	100.00

注：表中"其他"包括贵金属、衍生金融资产、长期股权投资、固定资产、土地使用权、无形资产、商誉、递延所得税资产及其他资产。

资料来源：建设银行年报，2019年，第30页。

贷款是银行最主要的资金运用。建设银行2019年年报显示，以摊余成本计量的发放贷款和垫款占资产总额的比例为56.93%，金融投资占比24.43%，现金及存放中央银行款项占比10.30%。

典型案例
贷款损失准备

（一）贷款资产

从贷款对象来看，2017年建设银行公司类贷款和垫款占贷款总额的49.94%，个人贷款和垫款占比约40.25%，其中个人住房贷款占个人贷款比重为81.11%。相比之下，2019年公司类贷款占贷款总额的46.33%，个人贷款占比约43.12%，其中个人住房贷款占个人贷款比重为81.88%。总体来看，公司类贷款占贷款总额呈下降趋势（见表4-3）。

表4-3 建设银行公司贷款与个人住房贷款

（单位：人民币百万元）

	2019年12月31日		2018年12月31日		2017年12月31日	
	金额	占比（%）	金额	占比（%）	金额	占比（%）
公司类贷款和垫款	6 959 844	46.33	6 497 678	47.14	6 443 524	49.94
短期贷款	2 205 697	14.68	2 000 945	14.52	2 050 273	15.89
中长期贷款	4 754 147	31.65	4 496 733	32.62	4 393 251	34.05
个人贷款和垫款	6 477 352	43.12	5 839 803	42.37	5 193 853	40.25
个人住房贷款	5 305 095	35.31	4 753 595	34.49	4 213 067	32.65
信用卡贷款	741 197	4.94	651 389	4.73	563 613	4.37
个人消费贷款	189 588	1.26	210 125	1.52	192 652	1.49
个人助业贷款	44 918	0.30	37 287	0.27	36 376	0.28
其他贷款①	196 554	1.31	187 407	1.36	188 145	1.46
票据贴现	492 693	3.28	308 368	2.24	122 495	0.95
境外和子公司	1 058 017	7.04	1 100 406	7.98	1 143 569	8.86
应计利息	34 919	0.23	36 798	0.27	不适用	不适用
发放贷款和垫款总额	15 022 825	100.00	13 783 053	100.00	12 903 441	100.00

① "其他贷款"包括个人商业用房贷款、个人住房抵押额度贷款、个人助学贷款等。

资料来源：建设银行年报，2019年，第31页。

(二) 证券投资资产

证券投资资产因为其特有属性,在银行资产负债管理中占有很重要的位置。以建设银行为例,2008~2019年证券投资资产占总资产的比例接近1/4(见图4-1)。

图 4-1　建设银行投资占比(%)

资料来源:根据建设银行年报整理。

与建设银行等大型商业银行相比,我国中小型商业银行,如城商行和农商行的投资资产占比情况有何不同?可以思考一下。

(三) 现金及存放中央银行款项

2019年,建设银行现金及存放中央银行款项26 210.1亿元,占总资产比为10.30%。而2017年为29 882.56亿元,占比13.51%。这与中央银行持续降低法定准备金率有关。

(四) 存放同业款项及拆出资金

2019年,建设银行存放同业款项及拆出资金9 508.07亿元(其中存放同业4 196.61亿,拆出资金5 311.46亿元),占总资产比为3.74%。而2017年为5 002.38亿元,占比2.26%。其中,存放同业款项主要是在其他银行存款,拆出资金既有银行,也有非银行金融机构(见表4-4和表4-5)。

表 4-4　建设银行按交易对手类别划分存放同业款项情况

(单位:人民币百万元)

	本集团		本行	
	2019 年 12 月 31 日	2018 年 12 月 31 日	2019 年 12 月 31 日	2018 年 12 月 31 日
银行	406 202	468 564	355 445	444 928
非银行金融机构	12 605	15 703	12 493	15 652
应计利息	1 072	2 912	768	2 704
总额	419 879	487 179	368 706	463 284
减值准备(年报附注 21)	(218)	(230)	(211)	(225)
净额	419 661	486 949	368 495	463 059

资料来源:建设银行年报,2019年,财务报表附注第71页。

表 4-5　建设银行按交易对手类别划分拆出资金情况

(单位：人民币百万元)

	本集团		本行	
	2019 年 12 月 31 日	2018 年 12 月 31 日	2019 年 12 月 31 日	2018 年 12 月 31 日
银行	387 211	240 418	365 322	228 033
非银行金融机构	141 822	107 285	218 276	124 926
应计利息	2 338	2 138	2 866	2 031
总额	531 371	349 841	586 464	354 990
减值准备（年报附注 21）	（225）	（114）	（219）	（114）
净额	531 146	349 727	586 245	354 876

资料来源：建设银行年报，2019 年，财务报表附注第 72 页。

（五）买入返售金融资产

买入返售金融资产（回购协议买入），是指银行按返售协议先买入再按固定价格返售的金融资产所融出的资金。买入返售和卖出回购金融资产按业务发生时实际支付或收到的款项入账并在资产负债表中反映。⊖按现行会计制度要求，买入返售的已购入标的资产不予以确认，同样的卖出回购的标的资产仍在本行资产负债表中反映。买入返售和卖出回购业务的买卖差价在相关交易期间以实际利率法摊销，分别确认为利息收入和利息支出。

2019 年建设银行买入返售金融资产 5 578.09 亿元，占总资产比为 2.19%（见表 4-6）；2017 年为 2 083.6 亿元，占比 0.94%（见表 4-2）。

表 4-6　建设银行买入返售金融资产

(单位：人民币百万元)

	本集团		本行	
	2019 年 12 月 31 日	2018 年 12 月 31 日	2019 年 12 月 31 日	2018 年 12 月 31 日
债券				
政府债券	189 501	62 775	183 704	53 840
政策性银行、银行及非银行金融机构债券	299 738	77 639	299 738	67 934
企业债券	25	28	—	—
小计	489 264	140 442	483 442	121 774
票据	68 345	61 302	68 345	61 302
应计利息	263	145	261	129
总额	557 872	201 889	552 048	183 205
减值准备（年报附注 21）	（63）	（44）	（63）	（44）
净额	557 809	201 845	551 985	183 161

资料来源：建设银行年报，2019 年，财务报表附注第 79 页。

（六）证券借入交易

证券借入交易是金融资产转让的一种方式，指借出方保留了相关证券绝大部分风险和报

⊖ 卖出回购金融资产是指银行按协议先卖出再按固定价格回购之前卖出金融资产所融入的资金，是银行的负债。

酬，未对相关证券进行终止确认（即该资产仍保留在资产负债表中）的交易。⊖在证券借入交易中借入的证券，在交易对手无任何违约的情况下，本行可以将上述证券出售或再次用于担保，但同时需承担在协议规定的到期日将上述证券归还于借出方的义务。⊜

二、花旗银行的重要资产

花旗银行的资产主要包括现金、同业存款、同业拆出和证券借入和回购协议买进、⊜交易账户资产；可供出售证券、持有到期证券、非市场化股权；消费者贷款、公司贷款；商誉；㉔无形资产；抵押服务权；㉕其他。下面重点介绍非现金和非贷款资产（见表4-7）。

表4-7 2017～2019年花旗银行及附属机构合并的资产负债表——资产㉖

（单位：百万美元）

资产（Assets）	2019年	2018年	2017年
现金及同业（Cash and due from banks）	23 967	23 645	23 775
同业存款（Deposits with banks）	169 952	164 460	156 741
同业拆出、证券借入和回购协议买进（Federal funds sold and securities borrowed or purchased under agreements to resell）	251 322	270 684	232 478

⊖ 金融资产在满足下列条件之一时，将被终止确认：① 收取该金融资产现金流量的合同权利终止；② 收取该金融资产现金流量的合同权利已转移，并且银行已转移与该金融资产所有权上几乎所有的风险和报酬；或银行既没有转移也没有保留该金融资产所有权上几乎所有的风险和报酬，但放弃了对该金融资产的控制；③ 银行保留收取该金融资产现金流量的合同权利并承担将收取的现金流量支付给最终收款方的义务，同时满足现金流量转移的条件，并且银行已转移与该金融资产所有权上几乎所有的风险和报酬；或银行既没有转移也没有保留该金融资产所有权上几乎所有的风险和报酬，但放弃了对该金融资产的控制。金融资产终止确认时，终止确认的账面价值与其对价以及原直接计入股东权益的公允价值变动累计额之间的差额，计入当期损益。

金融负债在满足下列条件之一时，将被终止确认：① 其现时义务已经解除、取消或到期；或② 银行与债权人之间签订协议，以承担新金融负债的方式替换现存金融负债，且新金融负债与现存金融负债的合同条款实质上不同，或对当前负债的条款做出了重大的修订，则该替代或修订事项将作为原金融负债的终止确认以及一项新金融负债的初始确认处理。终止确认的账面价值与其对价之间的差额，计入当期损益。

⊜ 对证券借入方而言，实际上相当于卖空交易。

⊜ Securities Borrowed 指其他金融机构将其证券借给花旗银行。

㉔ 商誉（Goodwill）是指能在未来期间为企业经营带来超额利润的潜在经济价值，或一家企业预期的获利能力超过可辨认资产正常获利能力（如社会平均投资回报率）的资本化价值。商誉是企业整体价值的组成部分。在企业合并时，它是购买企业投资成本超过被合并企业净资产公允价值的差额。商誉不予以摊销。

㉕ 抵押服务权（MSR）是住房按揭业务在贷款出售或证券化中的一种特殊业务和权利。花旗银行无论是将自己签约发放的贷款，还是通过买入形成的贷款再次进行出售或证券化时，都获得被出售贷款的抵押服务权。这种"服务"之一是该贷款的原有借款人依然将本息交给花旗银行（借款人并不知道自己已经被花旗银行"出卖"了，还是对花旗银行按时"还本付息"。但实际上，对于已经被出售或证券化的贷款，花旗银行不再承担借款人不能按时足额偿还该贷款本息的风险，因为花旗银行不再是债权人，只是服务商——协助收回贷款本息。抵押服务权按公允价值入账，价值变动记录在公司合并损益表的其他收入中。有关抵押服务权的其他信息，可参阅2019年年报合并财务报表附注16和21。

㉖ 合并财务报表包括花旗集团及其子公司的账目，这些账目是根据美国通用会计准则（GAAP）编制的。公司合并其直接或间接持有超过50%投票权或行使控制权的子公司。公司持有20%～50%的表决权和/或有能力施加重大影响力的实体，除指定风险投资子公司的投资或公允价值期权下按公允价值计算的投资外，根据权益法入账，其收入（损失）的按比例份额也包含在其他收入中。当花旗集团被确定为主要受益人时，花旗集团还合并了被视为可变利益实体（VIE）的实体。花旗银行是花旗集团的全资子公司，主要产品包括消费金融、按揭贷款和零售银行业务（包括商业银行）产品和服务，投资银行、现金管理和贸易融资，以及私人银行产品和服务。

（续）

资产（Assets）	2019 年	2018 年	2017 年
经纪类应收款（Brokerage receivables）	39 857	35 450	38 384
交易账户资产（Trading account assets）	276 140	256 117	251 556
投资（Investments）：			
可供出售（Available for sale）	280 265	288 038	290 914
持有到期（Held to maturity）	80 775	63 357	53 320
非市场化权益证券（Non-marketable equity securities）	7 523	7 212	8 056
总投资（Total investments）	368 563	358 607	352 290
贷款（Loans）：			
消费者贷款（Consumer）	309 548	302 360	333 656
公司贷款（Corporate）	389 935	381 836	333 378
扣除未实现收入贷款（Loans, net of unearned income）	699 483	684 196	667 034
贷款损失准备（Allowance for loan losses）	(12 783)	(12 315)	(12 355)
贷款净额（Total loans, net）	686 700	671 881	654 679
商誉（Goodwill）	22 126	22 046	22 256
无形资产（Intangible assets (other than MSRs)）	4 822	5 220	4 588
抵押服务权资产（Mortgage servicing rights, MSRs）			558
其他资产（Other assets）	107 709	109 273	105 160
总资产（Total assets）	1 951 158	1 917 383	1 842 465

资料来源：根据花旗银行 2017 年年报第 134 页，2019 年年报第 126 页整理。

（一）同业拆出、证券借入和回购协议买进

2019 年，花旗银行同业拆出、证券借入和回购协议买进资产合计 2 513.22 亿美元，占总资产比例为 12.88%，是银行流动性较好的资产。

（1）美国联邦基金市场。美国联邦基金售出相当于中国的同业拆借市场上银行向同业拆出资金。

（2）证券借入和回购协议买进。证券借贷交易被视为抵押融资交易。抵押品通常包括政府和政府机构证券、公司和市政债券、股票和抵押贷款和其他资产支持证券。此类交易按已支付或收到的收益加上应计利息的金额进行记录。所有证券借贷交易支付或收取的费用按合同规定的费率记入利息支出或利息收入中。银行每天监控借入的证券的公允价值，以便决定是否需要额外的抵押品以维持合同保证金。㊀ 大部分的证券借贷交易按预付或收到的现金数额记录，其余部分按公允价值记录。

证券借入实际上是它行将其证券借给了本行。㊁ 在该交易中，本行作为借入方要么支付现金担保品，要么支付证券担保品。现金数量要等于或低于借出证券的市场价值。从交易时间顺序来看，本行首先将证券借入，支付交易对价——现金担保品，对本行而言是一种资金融出行为，因而构成本行的资产。而证券借出方，收到证券借入方支付的证券交易保证金——一种预收款，从而成为负债。当然，作为证券借入方，本行可以将证券出售或再次抵押，但需要承担偿还债券的责任。

从融资角度来看，证券借入的融资原理与回购协议买进是一样的。回购协议买进方在买进证券时需要支付对价——现金或存款，因而是一种资金融出行为，是本行的资产（见表 4-8）。

㊀ 欧洲中央银行认为证券借贷是股票或债券的所有者将其暂时转移给借入方。作为回报，借入方将其他股票、债券或现金作为抵押品转移给证券贷出方，并支付费用。

㊁ 但不是买进证券，也不同于回购协议下买进证券后再卖出的交易。

表 4-8　花旗银行证券借入和回购协议买进净值　　　（单位：百万美元）

	2019 年	2018 年
回购协议买进（Securities purchased under agreements to resell）	169 874	159 364
证券借入所付存款（Deposits paid for securities borrowed）	81 448	111 320
合计	251 322	270 684

资料来源：花旗银行年报，2019 年，第 173 页。

（二）经纪类应收账款

花旗银行因为向经纪人、交易商和客户出售和购买金融工具而产生应收账款和应付款项。由于经纪商、交易商或客户无力支付购买费用或交付所售金融工具，花旗面临损失风险。在这种情况下，花旗将不得不以当前市场价格出售或购买金融工具。如果交易所或清算组织充当交易对手并取代有关经纪商、交易商或客户，则信用风险会降低（见表 4-9）。

表 4-9　花旗银行经纪类应收款情况　　　（单位：百万美元）

	2019 年	2018 年
客户应收（Receivables from customers）	15 912	14 415
经纪人、交易商、清算所应收（Receivables from brokers, dealers and clearing organizations）	23 945	21 035
经纪类应收合计（Total brokerage receivables）	39 857	35 450

资料来源：花旗银行年报，2019 年，第 176 页。

花旗要求客户按照监管和内部准则维护保证金抵押品，以保护自己免受与客户活动相关的风险。每日监控保证金水平，客户根据要求存入额外的抵押品。如果客户不能满足抵押品要求，花旗可能会清算足够的基础金融工具（抵押物），使客户符合所需的保证金水平。信用风险敞口受市场波动影响，这可能会损害客户履行对花旗义务的能力。为此，花旗银行为客户以及从事远期、期货和其他被认为对信用敏感的交易的经纪人和交易商制定信贷限额并密切监测。

（三）交易账户资产

交易账户资产是因为某种目的"交易"而产生的，可以快速买卖以赚取利润。按会计制度要求，交易账户资产与其他长期持有目的的资产分开记录。交易账户资产包括证券（美国国债或抵押贷款支持）、外汇合约、利率合约等。

在资产负债表上的交易账户资产被视为流动资产，因为它们在买卖时按公允价值记录，即按市场价值估值，并在每个报告期更新。如果交易账户资产的市场价值下降或增加，不仅资产的价值在资产负债表上调整，而且损失或收益需要记录在损益表中。例如，一家公司以 200 万美元购买 ABC 公司的股份，但随后 ABC 的股价就下降了 30%，则该公司将交易账户资产的价值调整为资产负债表上的 140 万美元，并在损益表中记录 60 万美元的净损失。

三、美洲银行的主要资产

美洲银行的资产主要包括贷款、债务债券和交易账户资产。

（一）贷款

1. 按贷款客户对象

2015～2019 年，美洲银行消费者贷款总体保持在每年 4 500 亿美元的水平上，与总贷款增长基本一致（见表4-10）。

表4-10　美洲银行贷款与租赁（2015～2019年）　（单位：百万美元）

	\multicolumn{5}{c}{12月31日}				
	2019	2018	2017	2016	2015
消费者贷款（Consumer）					
住房抵押（Residential mortgage）	236 169	208 557	203 811	191 797	187 911
住房净值（Home equity）	40 208	48 286	57 744	66 443	75 948
信用卡（Credit card）	97 608	98 338	96 285	92 278	89 602
非美国信用卡（Non-U.S.credit card）	—	—	—	9 214	9 975
直接/间接消费贷款（Direct/Indirect consumer）	90 998	91 166	96 342	95 962	90 149
其他消费者贷款（Other consumer）	192	202	166	626	713
不含按公允价值计价贷款的消费者总贷款（Total consumer loans excluding loans accounted for under the fair value option）	465 175	446 549	454 348	456 320	454 298
按公允价值计价贷款的消费者贷款（Consumer loans accounted for under the fair value option）	594	682	928	1 051	1 871
消费者总贷款（Total consumer）	**465 769**	**447 231**	**455 276**	**457 371**	**456 169**
工商业贷款（Commercial）					
美国境内工商业贷款（U.S.commercial）	307 048	299 277	284 836	270 372	252 771
非美国工商业贷款（Non-U.S.commercial）	104 966	98 776	97 792	89 397	91 549
商业房地产贷款（Commercial real estate）	62 689	60 845	58 298	57 355	57 199
商业租赁融资（Commercial lease financing）	19 880	22 534	22 116	22 375	21 352
四项贷款与租赁小计	494 583	481 432	463 042	439 499	422 871
美国小企业商业贷款（U.S.small business commercial）	15 333	14 565	13 649	12 993	12 876
不含按公允价值计价贷款的工商业总贷款（Total commercial loans excluding loans accounted for under the fair value option）	509 916	495 997	476 691	452 492	435 747
按公允价值计价贷款的工商业总贷款（Commercial loans accounted for under the fair value option）	7 741	3 667	4 782	6 034	5 067
工商业总贷款（Total commercial）	**517 657**	**499 664**	**481 473**	**458 526**	**440 814**
减去：可供出售贷款（Less: Loans of business held for sale）	—	—	—	(9 214)	—
总贷款和租赁（Total loans and leases）	**983 426**	**946 895**	**936 749**	**906 683**	**896 983**

资料来源：美洲银行年报，2019年，第102页。

2. 按工商企业贷款与租赁金融工具

2019年，美洲银行工商企业贷款与租赁资金运用合计6 353.06亿美元。其中，贷款与租赁占全部工商业贷款的81.48%（见表4-11）。具体产品主要有贷款与租赁、衍生性金融资产、备用信用证与担保、债务证券及投资、可供出售贷款、经营性租赁、商业信用证以及其他。

表4-11　美洲银行工商企业贷款与租赁资金运用情况　（单位：百万美元）

（Dollars in millions）	2019年	2018年
贷款与租赁（Loans and leases）	517 657	499 664
衍生性金融资产（Derivative assets）	40 485	43 725
备用信用证与担保（Standby letters of credit and financial guarantees）	36 062	34 941
债务证券及投资（Debt securities and other investments）	25 546	25 425
可供出售贷款（Loans held-for-sale）	7 047	9 090
经营性租赁（Operating leases）	6 660	6 060
商业信用证（Commercial letters of credit）	1 049	1 210
其他（Other）	800	898
合计（Total）	635 306	621 013

资料来源：美洲银行年报，2019年，第82页。

3. 按工商企业贷款投向

美洲银行的工商企业贷款投向涉及十几个行业，如房地产、材料、能源、软件与服务、汽车与零配件、媒体、技术硬件与设备、交通等。表 4-12 是美洲银行 2007 年和 2019 年年报披露的贷款投向信息，包括已被使用的贷款余额和银行承诺但未被客户使用的贷款额度。与 2007 年的资金运用相比，2019 年贷款投向的部分项目重点发生变化，这种变化在很大程度上源于科学技术和经济环境的改变。

表 4-12　美洲银行工商企业贷款投向及余额　　（单位：百万美元）

	已使用额 (Commercial Utilized)				已承诺额 (Total Commercial Committed)			
	2019	2018	2008	2007	2019	2018	2008	2007
房地产（Real estate）	70 341	65 328	79 766	81 260	96 349	86 514	103 889	111 742
资本品（Capital goods）	41 060	39 192	27 588	25 908	80 871	75 080	52 522	52 356
医疗健康设备与服务（Healthcare equipment and services）	34 353	35 763	31 280	24 337	55 918	56 489	46 785	40 962
政府与公共教育（Government and public education）	41 889	43 675	39 386	31 743	53 566	54 749	58 608	57 437
材料（Materials）	26 663	27 347	22 825	22 176	52 128	51 865	38 105	38 717
消费者服务（Consumer services）	28 434	25 702	28 715	23 382	49 071	43 298	43 948	38 650
零售（Retailing）	25 868	25 333	30 736	32 401	48 317	47 507	50 102	54 037
食品、调味品和烟草（Food, beverage and tobacco）	24 163	23 586	17 257	13 919	45 956	42 745	28 521	25 701
商业服务和供应（Commercial services and supplies）	23 102	22 623	24 095	21 175	38 943	39 349	34 867	31 858
能源（Energy）	16 407	13 727	11 885	12 772	36 327	32 279	22 732	23 510
公用设施（Utilities）	12 383	12 035	8 230	6 438	36 060	27 623	19 272	19 281
交通（Transportation）	23 448	22 814	13 050	12 803	33 027	31 523	18 561	18 824
全球商业银行（Global commercial banks）	26 492	26 583			28 670	28 627		
个人与信托（Individuals and trusts）	18 926	18 643	22 752	22 323	27 815	25 019	33 045	32 425
技术硬件与设备（Technology hardware and equipment）	10 645	13 014	3 971	4 615	24 071	26 228	10 371	10 239
媒体（Media）	12 429	12 132	8 939	7 901	23 629	24 502	19 301	19 343
交通工具与交易商（Vehicle dealers）	18 013	17 603			21 435	20 446		
消费者耐用品与服装（Consumer durables and apparel）	10 193	9 904	6 219	5 802	21 245	20 199	10 862	10 907
软件与服务（Software and services）	10 432	8 809	4 093	4 739	20 556	19 172	9 590	10 128
医药与生物技术（Pharmaceuticals and biotechnology）	5 962	7 430	3 721	4 349	20 203	23 634	10 111	8 563
通信服务（Telecommunication services）	9 144	8 686	3 681	3 475	16 103	14 166	8 036	8 235
保险（Insurance）	6 669	8 674	11 223	7 162	15 214	15 807	17 855	16 014
汽车与零配件（Automobiles and components）	7 345	7 131	3 093	2 648	14 910	13 893	6 081	6 960
食品与零售（Food and staples retailing）	6 290	4 787	4 282	3 611	10 392	9 093	7 012	6 465
宗教与社会组织（Religious and social organizations）	3 844	3 757	9 539	8 208	5 756	5 620	12 576	10 982
金融公司（Finance companies）	40 171	36 662			63 940	56 659		

（续）

	已使用额 （Commercial Utilized）				已承诺额 （Total Commercial Committed）			
	2019	2018	2008	2007	2019	2018	2008	2007
金融市场基础设施（Financial markets infrastructure）	9 351	8 317			11 851	10 042		
资产管理与基金（Asset managers and funds）	71 289	71 756			109 972	107 888		
家庭与个人用品（Household and personal products）			1 137	889			2 817	2 776
半导体与半导体设备（Semiconductors and semiconductor equipment）			1 105	1 140			1 822	1 734
多元化金融（Diversified financials）			50 327	37 872			103 306	86 118
银行（Banks）			22 134	21 261			26 493	35 323
其他（Other）			7 720	7 617			8 142	7 715
信用暴露（Total commercial credit exposure by industry）	635 306	621 013	498 749	451 926	1 062 295	1 010 016	805 332	787 002

注：工商贷款包括美国小企业贷款。

资料来源：根据美洲银行2008年年报第77页，2019年年报第86页整理。

（二）证券资产

美洲银行证券资产包括"债务债券"和"交易账户资产"，2008～2019年总体呈上升趋势，2019年美洲银行债务债券达到4 721.97亿美元，这足以证明证券资产对美洲银行的重要性（见图4-2）。

图4-2　美洲银行证券资产占比变化（2008～2019年）

资料来源：美洲银行年报。

交易账户资产是为了获得短期价差收益而持有的证券，未包括在证券资产项下，这些资产单独在交易账户资产项下列示。2019年，美洲银行交易帐户资产余额2 298.26亿美元。

1. 交易账户中持有的资产是什么

交易资产包括为从短期价格变动中获利而在短期内转售的头寸，可以像任何其他经纪账户一样持有的证券、现金和其他投资工具，是银行为转售牟利而持有的证券组合。为区别于投资组合,这些资产被单独记录,交易账户中持有的资产与其他资产分离,而后者是长期买入和持有策略的一部分。交易账户资产包括美国国债、抵押贷款支持证券、外汇和利率衍生品。

2. 交易资产是如何记录的

交易资产在买卖时按公允价值记录。当银行为其他银行持有交易资产时,这些资产按市值记录,并根据当前市场价值进行调整。由于市场价格每天变化,银行必须调整交易证券账户,以维护这些资产的公平市场价值。未实现的损益在每个期间结束时调整为临时账户,一旦股票或债券被出售而实现损益,临时账户可以结清并关闭,也就是交易账户金融资产在持有期间将取得的收益和期末以公允价值计量的公允价值变动计入当期投资损益。处置时,其公允价值与初始入账金额之间的差额确认为投资收益,同时调整公允价值变动损益。

3. 归属"交易性"的标准

一项金融资产或金融负债满足下列条件之一的,表明银行持有该金融资产或承担该金融负债的目的是交易性的。

(1)取得相关金融资产或承担相关金融负债的目的,主要是为了近期出售或回购。

(2)相关金融资产或金融负债在初始确认时属于集中管理的可辨认金融工具组合的一部分,且有客观证据表明近期实际存在短期获利模式。

(3)相关金融资产或金融负债属于衍生工具,但符合财务担保合同定义的衍生工具以及被指定为有效套期工具的衍生工具除外。

美洲银行 2019 年年报数据显示,其交易账户资产 2 298.26 亿美元,占总资产的比例为 9.44%。而证券投资资产 4 721.97 亿美元,占总资产的比例为 19.40%。

四、中美银行资产结构比较

尽管所有银行最重要的资产都是现金与同业、贷款和投资资产。但是,中美银行的资产结构或资产的相对重要性却存在较大差异。以建设银行为例,2019 年,现金及央行存款、贷款、投资及同业资产占比分别是 10.30%、57.17% 和 28.17%,而同期的美洲银行占比分别是 6.6%、40.4% 和 28.84%。

(一)主要资产与规模比较

1. 建设银行主要资产与结构

从表 4-13 中的数据可以看到,2008 年之后建设银行的资产总规模快速增长,到 2019 年其资产规模已是 2008 年的 3.37 倍。其中,贷款增长最为明显,2019 年的贷款净额是 2008 年的 3.95 倍。其次是投资增长,2019 年的投资总额是 2008 年的 2.90 倍。利用表 4-13 数据绘制出图 4-3,可以更直观反映出建设银行资产规模和主要资产结构的变化情况。

表 4-13 建设银行集团主要资产结构 (单位:百万元人民币)

	资产规模	现金及央行存款	贷款净额	投资	同业	买入返售
2008 年	7 555 452	1 247 450	3 683 575	2 144 439	49 932	208 548
2009 年	9 623 355	1 458 648	4 692 947	2 578 799	123 380	589 606
2010 年	10 810 317	1 848 029	5 526 026	2 904 997	142 280	181 075

（续）

	资产规模	现金及央行存款	贷款净额	投资	同业	买入返售
2011年	12 281 834	2 379 809	6 325 194	2 741 750	385 792	200 045
2012年	13 972 828	2 458 069	7 309 879	2 866 648	715 551	316 685
2013年	15 363 210	2 475 001	8 361 361	3 414 617	473 351	281 447
2014年	16 744 130	2 610 781	9 222 910	3 727 869	514 986	273 751
2015年	18 349 489	2 401 544	10 234 523	4 271 406	633 745	310 727
2016年	20 963 705	2 849 261	11 488 355	5 068 584	755 288	103 174
2017年	22 124 383	2 988 256	12 574 473	5 181 648	500 238	208 360
2018年	23 222 693	2 632 863	13 365 430	5 714 909	836 676	201 845
2019年	25 436 261	2 621 010	14 540 667	6 213 241	950 807	557 809

资料来源：根据建设银行年报整理。

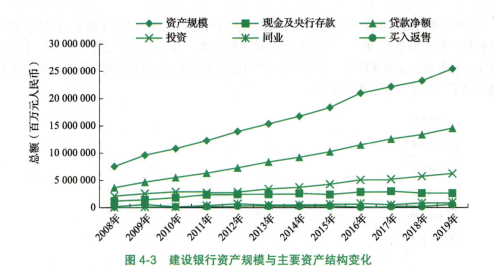

图 4-3　建设银行资产规模与主要资产结构变化

2. 美洲银行主要资产与结构

美洲银行主要资产有贷款、债务证券、拆出、交易账户资产和现金及央行存款。其中，2019 年贷款资产占比 40.4%，与 2007 年时的 50.4% 相比，有所下降。

从表 4-14 可以看出，美洲银行资产规模增长缓慢，2019 年的资产规模是 2008 年的 1.34 倍。2019 年贷款资产净额 9 834.26 亿美元，2007 年为 8 647.56 亿美元，在十几年间仅仅增加 1 186.7 亿美元。相比之下美洲银行债务证券投资增长较为明显，这充分反映了次贷危机对美国银行业和经济发展的冲击。与美洲银行形成鲜明对比的是，以建设银行为代表的中国银行业在此期间发展迅猛。

表 4-14　美洲银行主要资产与结构　　　　　（单位：百万美元）

	总资产余额	现金及央行存款	贷款净额	债务证券	拆出等	交易账户资产
2007年	1 715 746	NA	864 756	214 056	129 552	162 064
2008年	1 817 943	NA	908 375	277 589	82 478	159 522
2009年	2 230 232	NA	900 128	311 441	189 933	182 206
2010年	2 264 909	NA	940 440	338 054	209 616	194 671

（续）

	总资产余额	现金及央行存款	贷款净额	债务证券	拆出等	交易账户资产
2011年	2 129 046	NA	926 200	311 416	211 183	169 319
2012年	2 209 974	NA	907 819	336 387	219 924	237 226
2013年	2 102 273	131 322	928 233	323 945	190 328	200 993
2014年	2 104 534	138 589	881 391	380 461	191 823	191 785
2015年	2 144 287	159 353	896 983	406 888	192 482	176 527
2016年	2 188 067	147 738	906 683	430 731	198 224	180 209
2017年	2 281 234	157 434	936 749	440 130	212 747	209 358
2018年	2 354 507	177 404	946 895	441 753	261 131	214 348
2019年	2 434 079	161 560	983 426	472 197	274 597	229 826

资料来源：根据美洲银行相关年报整理。

在2012年之前，建设银行的资产规模比美洲银行资产规模小（按1美元=6.83人民币的汇率折算等值人民币）。此后，建设银行继续不断扩大，而美洲银行的资产规模几乎没有太大变化。这种对比清晰说明了，以建设银行为代表的中国银行业是如何利用美国次贷危机的机遇实现了"弯道超车"（见图4-4）。

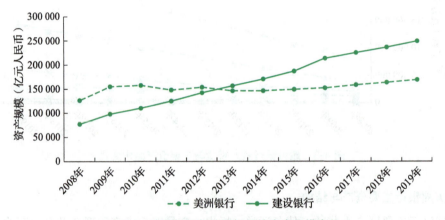

图4-4 建设银行与美洲银行的资产规模变化

注：美洲银行资产规模按1美元=6.83人民币的汇率折算。

（二）资产结构比较

1. 建设银行与美洲银行贷款占比

从贷款增长来看，建设银行从2008年的37 939亿元人民币，增长到2019年的145 407亿元人民币。美洲银行的贷款规模基本没有多大变化，2008年贷款余额9 314亿美元，2019年9 834亿美元。

从贷款占总资产的比例来看，建设银行贷款占比从2008年的50.21%上升到2019年的57.16%。美洲银行在2008年后总体上呈下降趋势，2008年贷款占总资产的比例为51.23%，2019年该比例下降到40.40%（见图4-5）。

建设银行的贷款占比则持续提高，这反映出建设银行业务结构在向"回归本源"方向转变，特别是2017年之后。

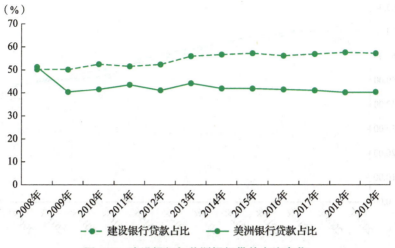

图 4-5　建设银行与美洲银行贷款占比变化

2. 建设银行与美洲银行公司贷款占比

最近 10 年，中美银行之间不仅资产规模对比发生了显著变化，在贷款结构上也出现了新的趋势。中国银行业不断降低公司贷款占比，建设银行从 2008 年的 70.9% 下降到 2019 年的 48.29%（见表 4-15 和图 4-6）。而美国的银行业则是不断提高公司贷款占比，以美洲银行为例，从 2008 年的 37.1% 上升到 52.64%（见表 4-18 和图 4-7）。相应地，建设银行的个人贷款占比显著上升，而美洲银行消费者贷款占比持续下降。这反映了美国次贷危机后美国银行业贷款对象的重大变化，银行从"重视消费"向"重视生产"转变，这也顺应了美国经济增长动力转换的客观要求。建设银行的个人业务占比提高，反映了我国经济增长转向消费拉动的战略和趋势。

表 4-15　建设银行贷款与结构（平均余额）　（单位：百万元人民币）

时间	公司贷款	个人贷款	贷款总额	公司贷款占比
2008 年	2 689 784	821 531	3 793 943	70.90
2009 年	3 141 020	951 062	4 466 885	70.32
2010 年	3 685 105	1 241 639	5 268 333	69.95
2011 年	4 201 411	1 538 049	6 108 983	68.77
2012 年	4 690 345	1 833 083	7 027 047	66.75
2013 年	5 155 270	2 245 054	8 104 173	63.61
2014 年	5 647 433	2 670 092	9 111 534	61.98
2015 年	5 876 751	3 150 296	10 068 644	58.37
2016 年	5 835 605	3 893 844	11 198 284	52.11
2017 年	6 291 705	4 537 703	12 332 949	51.02
2018 年	6 559 434	5 167 810	13 071 979	50.18
2019 年	6 782 492	5 744 939	14 046 564	48.29

资料来源：根据建设银行年报整理。

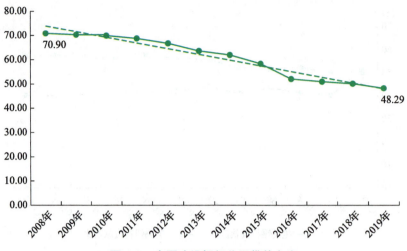

图 4-6 中国建设银行公司贷款占比

资料来源：根据建设银行年报整理。

中美银行客户战略的转换，主要决定于本国经济增长动力源的重大变化和调整。

表 4-16 次贷危机后美洲银行贷款结构变化 （单位：百万美元）

时间	贷款余额	公司贷款	消费者贷款	消费者贷款占比（%）	住房按揭	住房净值	本土信用卡	总资产余额
2007 年	876 344	325 143	551 201	62.90	274 949	114 820	65 774	1 715 746
2008 年	931 446	342 767	588 679	63.20	248 063	152 483	64 128	1 817 943
2009 年	900 128	322 564	577 564	64.16	242 129	149 126	49 453	2 230 232
2010 年	940 440	296 990	643 450	68.42	257 973	138 161	113 785	2 264 909
2011 年	926 200	316 816	609 384	65.79	262 290	124 856	102 291	2 129 046
2012 年	907 819	354 380	553 439	60.96	252 929	108 140	94 835	2 209 974
2013 年	928 233	396 283	531 950	57.31	248 066	93 672	92 338	2 102 273
2014 年	876 104	387 534	488 570	55.77	216 197	85 725	91 879	2 104 534
2015 年	896 983	440 814	456 169	50.86	187 911	75 948	89 602	2 144 287
2016 年	906 683	458 526	457 371	50.44	191 797	66 443	92 278	2 188 067
2017 年	936 749	481 473	455 276	48.60	203 811	57 744	96 285	2 281 234
2018 年	946 895	499 664	447 231	47.23	208 557	48 286	98 338	2 354 507
2019 年	983 426	517 657	465 769	47.36	236 169	40 208	97 608	2 434 079

资料来源：根据美洲银行年报整理。

从公司贷款和个人贷款的结构来看，2008 年次贷危机以后，美国银行业不断增加企业贷款比重，降低个人贷款比重。2017 年，美洲银行的消费者贷款净额为 4 573.71 亿美元，商业性贷款 4 585.26 亿美元，基本上也是各占 50%。

很有意思的是，花旗银行的贷款结构也如此，花旗银行集团 2017 年和 2019 年贷款净额为 6 670.34 亿美元、6 867.00 亿美元，占总资产的比重分别为 36.2% 和 35.2%。另外，2017 年花旗银行集团 6 670.34 亿美元的贷款净额中公司贷款净额为 3 333.78 亿美元，消费者贷款净额为 3 336.56 亿美元，基本上各占 50%。最高时花旗银行个人贷款占比接近 70%，公司贷款占比不到30%。[一] 这是一个重大的变化趋势！

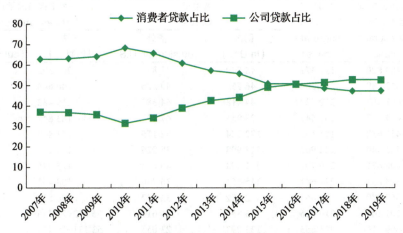

图 4-7 次贷危机后美洲银行贷款结构变化

资料来源：根据美洲银行年报整理。

3. 花旗银行与美洲银行个人业务差异化竞争战略

长期以来，花旗银行和美洲银行都是以个人为主要服务对象的银行，是典型的零售型银行。但最近十年，美国的银行业贷款结构中公司贷款占比越来越高，而个人贷款比重越来越低。在零售业务方面，花旗银行和美洲银行又各有自己的发展战略：花旗银行重点发展信用卡业务，而美洲银行则更加重视住房贷款相关业务，二者实现了在零售市场的差异化竞争。

典型案例
花旗银行贷款按客户对象及产品分类

消费者贷款主要由全球消费者银行部门（GCB）和公司其他管理的贷款和租赁组成。到2017年，花旗银行"在美国国内的按揭贷款"只有654.67亿美元，相比于2013年下降了39.6%。同样地，分期付款贷款数量也是明显减少。[二] 相比之下，花旗银行信用卡贷款则有较大的增长。

花旗银行 2006～2019 年贷款结构发生重大变化。在消费者贷款中，按揭贷款占比明显下降，而信用卡贷款占比明显上升（见表 4-17）。

从表 4-17 可以看出，① 在美国次贷危机前花旗银行贷款业务主要以个人消费者贷款为主，2007 年消费者贷款净额占总贷款净额的比重为 73.9%，公司贷款占比较低。② 消费者贷款业务中，2007 年住房抵押与房地产贷款合计 2 868.2 亿美元，占比 51.8%。信用卡合计占消费者贷款的 17.3%。③ 2019 年消费者贷款净额占总贷款净额的比重为 44.3%，公司贷款占比提高。④ 消费者贷款业务中，2019 年住房抵押与房地产贷款合计 2 868.2 亿美元，占比 30.3%。信用卡合计占消费者贷款的 56.6%。

[一] 相比之下，同期中国银行业公司贷款占比超过 70%，个人贷款不到 30%。
[二] 分期付款（Installment）贷款通常指是有特定用途的耐用消费品贷款，如用于购买电视、微波炉、手机等的贷款，其特点是"小额、短期、纯信用"。

表 4-17　花旗银行 2006～2019 年贷款结构变化　　（单位：百万美元）

年	消费者贷款合计（Total Consumer loans）	公司贷款合计（Total corporate loans）	信用卡（Cards）		住房抵押与房地产贷款①（Mortgage and real estate）	
			国内（In U.S.）	国外（outside the U.S）	国内（In U.S.）	国外②（outside the U.S）
2006 年	483 820	195 372	48 849	41 859	208 592	30 745
2007 年	553 489	224 504	46 559	49 326	240 644	46 176
2008 年	481 387	212 829	44 418	44 382	219 482	42 586
2009 年	424 057	167 447	28 951	47 297	183 842	41 493
2010 年	457 632	191 162	122 384	52 175	151 469	40 948
2011 年	423 340	223 902	117 908	38 926	139 177	52 052
2012 年	408 671	246 793	111 403	40 653	125 946	54 709
2013 年	393 831	271 641	115 651	36 740	108 453	55 511
2014 年	369 970	274 665	112 982	32 032	96 533	54 462
2015 年	301 101	316 516	113 352	26 617	56 872+22 745③	40 139
2016 年	300 716	323 653	133 297	23 055	53 131+19 454	35 336
2017 年	305 814	361 220	139 718	25 727	49 375+14 827	37 419
2018 年	302 360	381 836	144 542	24 951	47 412+11 543	35 972
2019 年	309 548	389 935	149 163	25 909	47 008+9 223	37 686

① 住房抵押与房地产贷款不包含工商业贷款中的住房抵押与房地产贷款。
② 2015 年后，国外的数据（实际上是"In North America offices"）按"Residential first mortgages"统计，而不是"Mortgage and real estate"。
③ 2015 年后，美国国内住房抵押与房地产贷款"+"后面的数字为住房净值贷款（Home equity loans）。
资料来源：根据花旗银行年报整理。其中，2010 年年报第 84 页，2015 年年报第 81 页，2019 年年报第 72 页。

美洲银行是否与花旗银行存在同样的资产结构变化特征呢？有兴趣的读者可以进一步分析。

4. 投资比较

证券投资资产在建设银行年报有明确列示，而美洲银行的证券资产包括债务证券和交易账户资产。从 2008～2019 年两家银行证券资产占总资产比例来看，基本稳定在 25% 左右。相比之下，建设银行总体呈下降趋势，而美洲银行的证券资产占比略有提高（见图 4-8）。

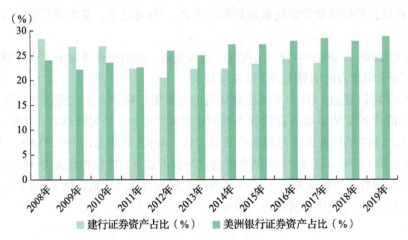

图 4-8　建设银行与美洲银行证券资产占比变化（2008～2019 年）
资料来源：建设银行年报、美洲银行年报。

从具体产品来看，美洲银行与花旗银行也存在差异。美洲银行的 AFS 与 HTM 结构更为平衡，且偏好 MBS 债券投资；而花旗银行的证券投资则更加"国际化"和偏好政府及政府机构债券（见表 4-18）。

表 4-18 美洲银行与花旗银行证券投资及产品比较

（单位：百万美元）

	花旗银行		美洲银行	
	可供出售 AFS	持有到期 HTM	可供出售 AFS	持有到期 HTM
住房按揭担保债券（MBS）	36 097 (12.88)	49 290 (59.95)	143 267 (58.32)	147 617 (67.15)
美国政府机构担保债券（U.S. government agency guaranteed）	35 230	47 663	122 528	125 531
非美国住宅债券（Non-U.S. residential）	792	1 044		
商业物业债券（Commercial）	75	583		
国库券和联邦机构债券（U.S. Treasury and federal agency securities）	111 418 (39.75)		68 528 (27.90)	68 531 (31.18)
州政府债券（State and municipal）	4 978 (1.78)	9 531 (11.59)		
外国政府债券（Foreign government）	111 303 (39.71)	1 970 (2.40)	11 991 (4.88)	18 463 (8.40)
公司债券（Corporate）	11 217 (4.00)			
一般资产担保债券（ABS）	522 (0.20)	21 432 (26.06)	3 941	3 944
合计（debt securities）	280 265	82 223	245 639	219 821

注：表中括号内数字为占比（%）。

资料来源：根据相关数据整理。其中，花旗银行年报，2019 年，第 178、181 页。美洲银行年报，2019 年，第 130、132 页。

第二节 商业银行贷款业务

一、贷款分类

为了更清楚地认识银行贷款业务和特征，需要对贷款进行分类。分析目的不同，分类标准就不同，如按客户划分、按贷款用途划分、按贷款投向划分、按贷款保障程度划分、按贷款数量划分、按贷款质量划分，等等。从年报披露的信息来看，我国银行通常按用途、按担保方式、按（企业）信用等级、按利率定价方式、按期限、按偿还方式、按质量、按投向或行业、按区域等对贷款进行分类，从而揭示不同的贷款业务特点。美洲银行年报中关于贷款分类的标准，包括客户、贷款投向、贷款质量、国别、（剩余）期限等。

（一）按客户来划分

1. 中国建设银行

我国贷款包括公司贷款和个人贷款，公司贷款又进一步分为短期、中期和长期贷款。㊀

㊀ 短中长这种分法是中国特有的，美国的银行基本没有按贷款期限来分类的做法。

个人贷款包括个人住房贷款、信用卡、个人消费贷款、个人助业贷款等。其中，个人消费贷款与花旗银行和美洲银行的分期付款贷款类似（见表4-3）。

2. 美洲银行

美国将贷款分为消费者贷款、商业和工业贷款、小企业商业贷款。其中，消费者贷款包括按揭贷款、信用卡、循环信贷、直接/间接消费贷款等。所谓直接/间接消费贷款，如汽车、休闲车辆和个人消费贷款。商业和工业贷款包括美国工商业贷款和非美国工商业贷款。2019年12月31日，美国工商业贷款组合（不包括小型企业）的70%来自全球银行业务，16%来自全球市场，13%来自全球财富与投资管理公司（GWIM）。商业房地产主要包括房地产担保的商业贷款。小企业商业贷款由小型商业卡贷款和小企业贷款组成。截至2019年12月31日，信用卡相关产品占美国小企业商业贷款组合的52%（见表4-10）。

（二）按担保来划分

我国贷款包括担保和信用贷款，担保进一步又可分为抵押、质押和保证。提供保证的一方是以其信用（声誉）来保证的，而不是用其财产等来提供保障。保证人可以是企业，也可以是自然人。然而，美国没有要求银行按这一标准披露贷款信息。

表4-19显示，2017年建设银行信用贷款、保证贷款、抵押贷款、质押贷款占比分别为30.11%、16.46%、42.93%、10.50%。相比之下，上述贷款在2019年的占比分别是33.02%、12.78%、45.77%、8.2%。从信用贷款占比的上升（接近3个百分点）说明，建设银行等大型银行积极响应国家及监管部门号召，扩大信用贷款、降低贷款对抵质押物的依赖，支持中小和民营企业融资。

表4-19 建设银行按担保方式划分的发放贷款和垫款分布情况

（单位：人民币百万元）

	2019年12月31日		2017年12月31日	
	金额	占比（%）	金额	占比（%）
信用贷款	4 959 932	33.02	3 885 329	30.11
保证贷款	1 920 411	12.78	2 123 492	16.46
抵押贷款	6 875 286	45.77	5 539 863	42.93
质押贷款	1 232 277	8.20	1 354 757	10.50
应计利息	34 919	0.23		
发放贷款和垫款总额	15 022 825	100.00	12 903 441	100.00

资料来源：建设银行年报2017年，第28页，2019年，第32页。

（三）按贷款行业来划分

1. 中国建设银行

按照证券交易所的规定，我国贷款行业分为交通运输、仓储和邮政业以及制造业等12个行业。贷款按行业来划分的目的是揭示贷款客户所在的行业分布，避免银行贷款的行业过于集中，由此可以分析银行贷款的行业集中度或客户风险。

比如2016年，全国新增贷款主要集中在两个行业：一是房地产，二是政府平台公司，两者占新增贷款的70%左右。而2016年全年全国房地产人民币贷款增量占同期各项贷款增量的 44.8%（新华社，2017 年 1 月 27 日）。2017 年交通运输、仓储和邮政业，以及制造业是建设银行企业贷款的主要行业，合计占比 19.56%。相比之下，2019 年两类贷款合计占比 18.63%，占比降低近 1 个百分点（见表 4-20）。

表 4-20 建设银行贷款行业分布

（单位：人民币百万元）

	2019 年 12 月 31 日			2017 年 12 月 31 日		
	贷款总额	比例	抵质押贷款	贷款总额	比例	抵质押贷款
公司类贷款和垫款						
— 交通运输、仓储和邮政业	1 532 989	10.20%	520 042	1 435 520	10.42%	497 172
— 制造业	1 266 240	8.43%	319 672	1 260 179	9.14%	338 453
— 租赁和商务服务业	1 137 429	7.57%	419 247	1 048 235	7.61%	367 530
— 电力、热力、燃气及水生产和供应业	837 974	5.58%	198 857	840 381	6.10%	201 091
— 房地产业	658 957	4.39%	345 101	630 192	4.57%	312 305
— 批发和零售业	521 670	3.47%	245 607	426 948	3.10%	188 993
— 水利、环境和公共设施管理业	438 817	2.92%	215 848	409 137	2.97%	203 576
— 建筑业	337 375	2.25%	86 217	311 157	2.26%	75 368
— 采矿业	232 837	1.55%	18 925	254 241	1.84%	21 878
— 农、林、牧、渔业	72 200	0.48%	16 092	67 256	0.49%	21 355
— 教育	66 651	0.44%	14 397	66 476	0.48%	15 071
— 公共管理、社会保障和社会组织	59 969	0.40%	4 770	70 578	0.51%	9 406
— 其他	779 625	5.19%	186 851	658 166	4.77%	163 219
公司类贷款和垫款总额	7 942 733	52.87%	2 591 626	7 478 466	54.26%	2 415 417
个人贷款和垫款	6 552 480	43.62%	5 515 937	5 957 545	43.22%	5 004 794
票据贴现	492 693	3.28%	—	310 244	2.25%	—
应计利息	34 919	0.23%	—	36 798	0.27%	—
发放贷款和垫款总额	15 022 825	100.00%	8 107 563	13 783 053	100.00%	7 420 211

资料来源：建设银行年报，2017 年，财务报表附注第 179 页，2019 年，财务报表附注，第 230 页。

2. 美洲银行

美国的贷款行业划分与我国不尽相同，银行贷款投向包括房地产、健康设备与服务、材料、零售、能源、交通、技术硬件和设备、汽车与零部件、通讯服务、保险等（见表 4-12）。

（四）按区域划分

1. 中国建设银行

表 4-21 列出了 2019 年建设银行集团按地区分部划分的贷款分布情况。显然除东北地区外，其他地区的贷款分布比较均匀。

2. 美洲银行

在美国，商业银行总贷款没有进行区域分布统计。但是，工商业贷款以及商业房地产贷款，消费者贷款都需要披露区域分布情况。由表 4-22 可以看出，美洲银行在美国加州和东北部地区的房地产贷款投放较多。消费者贷款及其具体产品的区域分布在本节后面会有介绍。

表 4-21 建设银行按地区分部划分的贷款分布情况

（单位：人民币百万元）

	贷款和垫款金额	占比（%）
长江三角洲	2 584 684	17.24
珠江三角洲	2 320 984	15.49
环渤海地区	2 527 254	16.86
中部地区	2 684 077	17.91
西部地区	2 480 840	16.55
东北地区	738 388	4.93
总行	747 741	4.99
海外	903 938	6.03
不含息贷款和垫款总额	14 987 906	100.00

资料来源：建设银行年报，2019 年，第 52 页。

表 4-22 美洲银行商业房地产贷款区域分布

（单位：百万美元）

加州（California）	14 910
东北（Northeast）	12 408
西南（Southwest）	8 408
东南（Southeast）	5 937
佛罗里达（Florida）	3 984
伊利诺伊（Illinois）	3 349
中西部（Midwest）	3 203
中南部（Midsouth）	2 468
西北（Northwest）	1 638
美国境外（Non-U.S.）	3 724
其他（Other）	2 660
商业房地产贷款合计（Total outstanding commercial real estate loans）	$62 689

资料来源：美洲银行年报，2019 年，第 84 页。

（五）按贷款质量划分

银保监会要求所有银行必须做贷款五级分类并披露相关信息，现在监管部门越来越重视商业银行对贷款质量信息的披露监管。在中国，与贷款质量相关的重要概念有逾期贷款、不良贷款、贷款迁徙等。美国银行业披露的贷款质量信息内容与我国差异较大。

1. 中国建设银行

（1）贷款五级分类

2017 年，建设银行贷款余额 12.9 万亿元。其中，正常贷款占比 95.67%，关注类贷款占比 2.83%，不良贷款（含次级、可疑和损失）占比 1.49%。2019 年末，正常类贷款占比 95.65%、关注类贷款占比 2.93%。不良贷款余额 2 124.73 亿元，不良贷款率 1.42%（见表 4-23）。

表 4-23 2017 年、2019 年建设银行贷款五级分类分布情况

（单位：人民币百万元）

	2017 年 12 月 31 日		2019 年 12 月 31 日	
	金额	占总额百分比（%）	金额	占总额百分比（%）
正常	12 345 554	95.67	14 336 247	95.65
关注	365 596	2.83	439 186	2.93
次级	72 919	0.57	105 633	0.71
可疑	97 522	0.76	82 569	0.55
损失	21 850	0.17	24 271	0.16
客户贷款和垫款总额	12 903 441	100.00	14 987 906	100.00
不良贷款额	192 291		212 473	
不良贷款率		1.49		1.42

资料来源：建设银行年报，2017 年第 35 页，2019 年第 61 页。

（2）逾期率

逾期，一般是指超过约定时间未履行相应义务或者责任。逾期贷款亦称"超期贷款"或"过期贷款"，是指贷款后在约定还款周期内未还款或者未还清的贷款部分。

$$逾期率 = \frac{逾期贷款}{贷款} \times 100\%$$

《贷款风险分类指引》(银监发〔2007〕54号)中规定下列贷款应至少归为次级类:逾期(含展期后)超过一定期限、其应收利息不再计入当期损益;借款人利用合并、分立等形式恶意逃废银行债务,本金或者利息已经逾期。其中的"一定期限"并没有具体的规定,在实际操作中,按照行业惯例"超过一定期限"通常指的就是超过3个月(90天)(见表4-24和表4-25)。按照监管要求,银行必须按账龄披露已逾期贷款和垫款情况。

表 4-24 建设银行已逾期贷款和垫款按账龄分布情况

(单位:人民币百万元)

	2019年12月31日	
	金额	占比(%)
逾期3个月以内	48 567	0.32
逾期3个月至6个月以内	23 125	0.15
逾期6个月至1年以内	46 297	0.31
逾期1年至3年以内	42 843	0.29
逾期3年以上	12 051	0.08
已逾期贷款和垫款总额	172 883	1.15

资料来源:建设银行年报,2019年,第63页。

表 4-25 建设银行已逾期贷款按逾期期限和贷款方式分布情况

(单位:人民币百万元)

	2019年12月31日				
	逾期3个月以内	逾期3个月至1年	逾期1年以上3年以内	逾期3年以上	合计
信用贷款	17 134	14 363	4 829	757	37 083
保证贷款	8 490	24 773	17 813	5 593	56 669
抵押贷款	20 387	25 982	17 080	5 507	68 956
质押贷款	2 556	4 304	3 121	194	10 175
合计	48 567	69 422	42 843	12 051	172 883
占发放贷款和垫款总额百分比	0.32%	0.46%	0.29%	0.08%	1.15%

资料来源:建设银行年报,2019年,财务报表附注第90页。

(3)不良贷款率

在贷款五级分类下,不良贷款划分为次级、可疑、损失类等贷款。不良贷款率是指银行不良贷款与贷款余额的比率。

不良贷款的有关信息除了在财务摘要中披露的不良贷款率、拨备覆盖率、损失准备对贷款总额比率外,在年报的其他地方也有信息披露。比如,"经营情况讨论与分析"里面也有资产负债表中的贷款损失准备情况、损益表中的减值损失情况、管理层讨论和业务分析中的信用风险管理及贷款分类等。其中,不良贷款率还可以根据不同标准再分类和分析。

1)按贷款行业划分的贷款质量分布。表4-26表明2019年制造业、批发零售业、采矿业是建设银行贷款不良率最高的行业。

表 4-26　建设银行集团按贷款行业划分的贷款质量分布

（单位：人民币百万元）

	2019 年 12 月 31 日			
	贷款金额	占比（%）	不良贷款金额	不良贷款率（%）
公司类贷款	6 959 844	46.43	171 846	2.47
交通运输、仓储和邮政业	1 398 515	9.33	23 305	1.67
制造业	1 080 296	7.21	71 289	6.60
租赁和商务服务业	1 058 276	7.06	8 927	0.84
其中：商务服务业	1 038 417	6.93	8 518	0.82
电力、热力、燃气及水生产和供应业	794 734	5.30	8 176	1.03
房地产业	560 580	3.74	5 274	0.94
批发零售业	494 876	3.30	25 954	5.24
水利、环境和公共设施管理业	423 191	2.82	3 912	0.92
建筑业	310 783	2.07	5 359	1.72
采矿业	205 966	1.38	8 685	4.22
其中：石油和天然气开采业	1 438	0.01	89	6.19
信息传输、软件和信息技术服务业	72 430	0.48	874	1.21
其中：电信、广播电视和卫星传输业	27 716	0.18	34	0.12
教育	64 791	0.43	255	0.39
其他	495 406	3.31	9 836	1.99
个人贷款	6 477 352	43.22	26 736	0.41
票据贴现	492 693	3.29	724	0.15
境外和子公司	1 058 017	7.06	13 167	1.24
不含息贷款和垫款总额	14 987 906	100.00	212 473	1.42

资料来源：建设银行年报，2019 年，第 62 页。

2）按产品类型的贷款质量分布。从按产品类型划分的不良贷款分布情况来看，公司类贷款中，制造业、批发零售业、采矿业不良贷款率居前三位。个人贷款的不良贷款率总体不高，风险主要来自个人助业贷款、个人消费贷款和信用卡业务（见表 4-27）。

表 4-27　建设银行集团按产品类型划分的贷款及不良贷款分布

（单位：人民币百万元）

	2019 年 12 月 31 日			2018 年 12 月 31 日		
	贷款金额	不良贷款金额	不良贷款率（%）	贷款金额	不良贷款金额	不良贷款率（%）
公司类贷款和垫款	6 959 844	171 846	2.47	6 497 678	169 248	2.60
短期贷款	2 205 697	79 342	3.60	2 000 945	73 974	3.70
中长期贷款	4 754 147	92 504	1.95	4 496 733	95 274	2.12
个人贷款和垫款	6 477 352	26 736	0.41	5 839 803	24 076	0.41
个人住房贷款	5 305 095	12 484	0.24	4 753 595	11 414	0.24
信用卡贷款	741 197	7 651	1.03	651 389	6 387	0.98
个人消费贷款	189 588	2 643	1.39	210 125	2 302	1.10
个人助业贷款	44 918	1 184	2.64	37 287	1 391	3.73
其他贷款	196 554	2 774	1.41	187 407	2 582	1.38
票据贴现	492 693	724	0.15	308 368	—	—
境外和子公司	1 058 017	13 167	1.24	1 100 406	7 557	0.69
不含息贷款和垫款总额	14 987 906	212 473	1.42	13 746 255	200 881	1.46

2019年，建设银行公司类贷款和垫款的平均不良贷款率为2.47%，而个人贷款平均不良贷款率仅为0.41%。这也部分地说明，为何商业银行越来越重视个人业务。

3）按地区划分的贷款质量分布。表4-28显示，东北地区贷款平均不良率达到2.76%，是长三角、珠三角地区不良率的近3倍，这与东北地区总体经济形式有直接关系。

表4-28　建设银行按地区披露的贷款质量分布（单位：人民币百万元）

	2019年12月31日			
	贷款和垫款金额	占比（%）	不良贷款金额	不良贷款率（%）
长江三角洲	2 584 684	17.24	25 796	1.00
珠江三角洲	2 320 984	15.49	24 914	1.07
环渤海地区	2 527 254	16.86	43 954	1.74
中部地区	2 684 077	17.91	46 289	1.72
西部地区	2 480 840	16.55	40 008	1.61
东北地区	738 388	4.93	20 384	2.76
总行	747 741	4.99	8 185	1.09
境外	903 938	6.03	2 943	0.33
不含息贷款和垫款总额	14 987 906	100.00	212 473	1.42

资料来源：建设银行年报，2019年，第52页。

4）按已重组贷款和垫款的质量分布。贷款重组是指银行对因财务状况恶化以致无法按照原贷款条款如期还款的借款人，酌情重新确定贷款条款而产生的贷款项目。重组时，银行将该重组贷款以个别方式评估为已减值贷款。如该贷款在重组观察期（通常为六个月）结束后达到了特定标准，经审核，重组贷款将不再被认定为已减值贷款。

贷款重组是化解不良资产的重要方式。建设银行2019年重组的贷款只有60.3亿元，与往年基本持平，总体保持较低水平，这表明银行对通过重组化解不良资产持谨慎态度（见表4-29）。

表4-29　建设银行已重组贷款和垫款　　（单位：人民币百万元）

	2019年12月31日		2018年12月31日	
	金额	占比（%）	金额	占比（%）
已重组贷款和垫款	6 030	0.04	5 818	0.04

资料来源：建设银行年报，2019年，第63页。

（4）贷款迁徙率

按照银监会2005年12月颁布的《商业银行风险监管核心指标（试行）》，[⊖]风险迁徙类指标是衡量商业银行风险变化的程度，表示资产质量从前期到本期变化的比率，属于动态指标。风险迁徙类指标包括正常贷款迁徙率和不良贷款迁徙率。

1）正常贷款迁徙率。它是指正常贷款中变为不良贷款的金额与正常贷款之比，其中正常贷款包括正常类贷款和关注类贷款。该项指标为一级指标，包括正常类贷款迁徙率和关注

⊖ 商业银行风险监管核心指标分为三个层次，即风险水平、风险迁徙和风险抵补。风险水平类指标包括流动性风险指标、信用风险指标、市场风险指标和操作风险指标；风险迁徙类指标包括正常贷款迁徙率和不良贷款迁徙率；风险抵补类指标衡量商业银行抵补风险损失的能力，包括盈利能力、准备金充足程度和资本充足程度。商业银行风险监管核心指标自2006年1月1日起试行，《商业银行资产负债比例管理监控、监测指标和考核办法》（银发〔1996〕450号）同时废止。

类贷款迁徙率两个二级指标。正常类贷款迁徙率为正常类贷款中转为不良贷款的金额与正常类贷款之比，关注类贷款迁徙率为关注类贷款中转为不良贷款的金额与关注类贷款之比。

$$正常贷款迁徙率 = (期初正常类贷款中转为不良贷款的金额 +$$
$$期初关注类贷款中转为不良贷款的金额)/$$
$$(期初正常类贷款余额 - 期初正常类贷款期间减少金额 +$$
$$期初关注类贷款余额 - 期初关注类贷款期间减少金额) \times 100\%$$

其中，期初正常类贷款中转为不良贷款的金额，是指期初正常类贷款中，在报告期末分类为次级类/可疑类/损失类的贷款余额之和。期初正常类贷款期间减少金额，是指期初正常类贷款在报告期内，由于贷款正常收回、不良贷款处置或贷款核销等原因而减少的贷款。期初关注类贷款期间减少金额，是指期初关注类贷款在报告期内，由于贷款正常收回、不良贷款处置或贷款核销等原因而减少的贷款。

2）不良贷款迁徙率。主要包括次级类贷款迁徙率和可疑类贷款迁徙率。次级类贷款迁徙率为次级类贷款中变为可疑类贷款和损失类贷款的金额与次级类贷款之比。可疑类贷款迁徙率为可疑类贷款中变为损失类贷款的金额与可疑类贷款之比。从表 4-30 可以发现，建设银行关注类贷款迁徙率、次级类贷款迁徙率在 2017 年后都是逐年大幅度下降，这主要源于建设银行不断加强贷款质量管理。

表 4-30　建设银行贷款迁徙率分布　　　　　　　　　　　　（%）

	2019 年 12 月 31 日	2018 年 12 月 31 日	2017 年 12 月 31 日
正常类贷款迁徙率	2.52	2.26	2.31
关注类贷款迁徙率	15.97	20.19	24.26
次级类贷款迁徙率	50.11	66.44	71.14
可疑类贷款迁徙率	20.60	16.39	14.12

资料来源：建设银行年报，2019 年，第 63 页。

2. 美洲银行

从贷款质量指标来看，主要包括不良贷款（NPL）、逾期（90 天）两个指标。美洲银行贷款质量信息主要按客户对象、区域分布和信用水平三个维度来披露。

（1）消费者贷款质量

美洲银行消费者贷款包括五种形式，其中主要是住房抵押贷款，不良率为 0.44%，逾期 90 天及以上比例为 0.46%（见表 4-31）。

表 4-31　美洲银行消费者贷款质量分布　　　　　　（单位：百万美元）

	余额	不良贷款	逾期 90 天及以上
住房抵押贷款（Residential mortgage）	236 169	1 470	1 088
住房净值贷款（Home equity）	40 208	536	—
信用卡（Credit card）	97 608	n/a	1 042
直接/间接消费者贷款（Direct/Indirect consumer）	90 998	47	33
其他（Other consumer）	192	—	—
消费者贷款合计（Total consumer loans and leases）	465 769	2 053	2 163

资料来源：美洲银行年报，2019 年，第 75 页。

关于消费者贷款质量分布，除了表 4-31 提供的信息外，美洲银行还分别披露了消费者贷款各个产品的区域分布，以便进一步揭示各个产品市场的集中度（见表4-32）。

表4-32 美洲银行消费者贷款不同产品集中度

（单位：百万美元）

a）住房抵押贷款集中度			b）住房净值贷款集中度		
	余额	不良贷款		余额	不良贷款
加州	88 998	274	加州	11 232	101
纽约	22 385	196	纽约	2 899	85
佛罗里达	12 833	143	佛罗里达	4 327	71
得克萨斯	8 943	65	马萨诸塞	2 023	29
新泽西	8 734	77	新泽西	3 216	56
其他	75 586		其他	16 511	194
住房抵押贷款合计	236 169		住房净值贷款合计	40 208	536
资料来源：美洲银行年报，2019年，第78页。			资料来源：美洲银行年报，2019年，第79页。		

c）信用卡集中度			d）直接/间接消费者贷款集中度⊖		
	余额	逾期90天及以上		余额	不良贷款
加州	16 135	178	加州	11 912	4
纽约	5 975	80	纽约	6 394	1
佛罗里达	9 075	135	佛罗里达	10 154	4
得克萨斯	7 815	93	得克萨斯	9 516	5
华盛顿	4 639	26	新泽西	3 468	1
其他	53 969	530	其他	49 554	18
信用卡合计	97 608	1 042	直接/间接消费者贷款合计	90 998	38
资料来源：美洲银行年报，2019年，第79页。			资料来源：美洲银行年报，2019年，第80页。		

（2）工商业贷款质量

工商业贷款、商业房地产和租赁融资合计贷款余额4 945.83亿美元，相比之下，美洲银行的小企业贷款仅有153.33亿美元，占比不足3%。全部工商业贷款不良率为0.29%（见表4-33）。

表4-33 美洲银行工商业贷款质量

（单位：百万美元）

	余额	不良贷款	逾期90天及以上
工商业贷款（Commercial and industrial）			
国内（U.S. commercial）	307 048	1 094	106
国外（Non-U.S. commercia）	104 966	43	8
工商业贷款合计（Total commercial and industrial）	412 014	1 137	114
商业房地产（Commercial real estate）	62 689	280	19
租赁融资（Commercial lease financing）	19 880	32	20
	494 583	1 449	153
小企业贷款（U.S. small business commercial）	15 333	50	97
贷款与租赁合计（Total commercial loans and leases）	517 657	1 499	250

资料来源：美洲银行年报，2019年，第82页。

⊖ 2019年，在美洲银行909.98亿美元直接/间接消费者贷款中，56%来自于全球消费者银行（GCB），业务包括汽车、休闲车、航海船只、航空器和消费者个人贷款；44%来自于全球财富与投资管理（GWIM），主要产品是证券相关贷款。

在商业贷款组合领域，通常还用内部信用评级或"持保留意见"作为主要信用质量指标。"持保留意见"是指银行内部分类或列为特别提及、不达标或可疑的商业贷款，是监管机构界定资产质量的一种类别。这些资产的风险水平较高，违约或总损失的可能性很高。

此外，美国消费者房地产贷款信贷质量指标还根据 LTV 和 FICO 分数来划分。LTV 衡量贷款的账面价值占担保该贷款的财产价值的百分比，FICO 评分基于借款人的财务、义务和借款人的信用记录衡量借款人的信用度（见表4-34）。可见，花旗银行对低信用等级借款人发放的贷款占比很低。

表 4-34　花旗银行消费者贷款基于信用分数（FICO）的分布

2017年12月31日
（单位：百万美元）

	620 分及以下	620 分～660 分	660 分及以上
住房按揭贷款（Residential first mortgages）	2 100	1 932	42 265
住房净值贷款（Home equity loans）	1 379	1 081	11 976
信用卡（Credit cards）	9 079	11 651	115 577
分期付款贷款和其他（Installment and other）	276	250	2 485
合计	12 834	14 914	172 303

资料来源：花旗银行年报，2017年，第198页。

二、与贷款相关的几个重要概念

了解与贷款相关的重要概念，有助于更加全面地了解银行的贷款产品、业务和创新。

（一）自偿性贷款

所谓自偿性贷款，是指贷款用途本身蕴含还款来源的贷款，如批发衣服的个体户通过衣服的销售收入来偿还贷款，或企业购买原材料生产手机，用其销售手机的收入来还贷款。这些贷款都属于自偿性贷款。自偿性贷款一般期限较短。我们先来看看两种假想的贷款场景。

场景1： 一款新手机上市了，小杨向银行申请 8 000 元贷款买手机，这种个人消费贷款的业务特点是什么？小杨偿还银行贷款的资金来源是什么？当小杨无法还款时，银行如何处理？收回手机抵贷吗？

场景2： 银行贷款给手机销售商杨总 800 000 元买手机，这种（流动资金）贷款的业务特点是什么？杨总偿还贷款的资金从何而来？

上例中小杨的贷款不是通过出售手机所得来还款，也不是或也不主要是通过收回手机处理后（拍卖、折价出售）来还款，而是小杨的工资收入。因此，借钱买房或个人贷款买手机等，其还款来源并非通过出售房子或手机的收入来偿还贷款，这些就是非自偿性贷款。

（二）辛迪加贷款（银团贷款）

银团贷款又称为辛迪加贷款，是由获准经营贷款业务的一家或数家银行牵头，多家银行与非银行金融机构参加而组成的银行集团采用同一贷款协议，按商定的期限和条件向同一借款人提供融资的贷款方式。国际银团是由不同国家的多家银行组成的银行集团。银团贷款是解决大额资金需求的一种贷款方式，适用于大型项目贷款，如修铁路、地铁或电站等。因为贷款金额大、风险集中，所以这种贷款通常都不是单家银行来提供资金，而是多家银行共同出资，包括牵头行、参与行。

银团贷款中借款人除了支付贷款利息以外，还要承担一些费用，如承诺费、管理费、代理费、安排费及杂费等。

（三）循环信贷和循环信贷额度

循环信贷业务是银行具有法律义务，承诺提供不超过某一限额的贷款协议。在此限额内，客户可循环使用贷款资金。循环信贷主要用在个人贷款或中小企业贷款中，而不用于大型企业贷款。这种循环信贷更多是指额度小、期限短，可随借随还，随还随借的贷款。因此，循环信贷是指在一定期限内、一定限额下可周转使用的贷款。

与循环信贷相关但又不同的是循环信贷额度，比如银行向高校教师授予10万元的贷款额度，意味着他在一年期10万元以下可随借随还。但是，对10万元的循环信贷额度，可能有些人马上就全部用完了，有的可能一分都不用，有的可能只用了一部分。

循环信贷和循环信贷额度是银行对客户一种正式的授信承诺，当被授信人是个人时，通常是免费的。

（四）贷款承诺

贷款承诺是商业银行传统的表外业务，是银行保证在借款人需要时向其提供资金贷款的承诺。贷款承诺是信贷承诺的最重要组成部分。

贷款承诺实际上是银行赋予交易对手从银行获得资金的期权。在被承诺方使用资金的条件下，贷款承诺则转为表内业务，银行根据贷款的多少收取贷款利息。而在被承诺方不使用资金的情况下，贷款承诺则只代表被承诺方可用资金的额度。所以，贷款承诺是或有资产业务。在被承诺方不行权时，银行将损失这笔资金对应的利息，这便是提供贷款承诺的机会成本。为此，银行对已承诺贷给客户而又没有被使用的那部分资金收取的费用——承诺费。

（五）授信额度

授信额度或贷款额度是指商业银行为客户核定的短期授信业务的存量管理指标，一般可分为单笔贷款授信额度、借款企业授信额度和集团借款企业授信额度。授信额度或贷款额度代表客户可从银行获得贷款的最大金额，但授信额度并非银行同意向客户贷的正式承诺。授信额度与贷款承诺是完全不同的两种业务。

授信额度通常出现在招商大会上，银行和企业签订战略合作协议的重要内容之一便是某银行对某某企业授信50亿元、100亿元等。授信额度是一种非正式承诺，它仅仅代表一种贷款意向。因此，签订战略合作协议时的授信是不能收取承诺费的。

（六）补偿性余额

补偿性余额是贷款发放银行要求借款企业以低息或者无息的形式，按贷款总额或实际借用额一定百分比（一般为10%～20%）的贷款额存入贷款发放银行当中。补偿性余额有助于银行降低贷款风险，补偿其可能遭受的风险。对借款企业来说，补偿性余额则提高了借款的实际成本，加重了企业的财务负担。

如果采取补偿性余额的做法，那么假设借款人申请100万元贷款只能用80万元或其他数额，差额部分（20万元或其他数额）存入放款的银行，这个差额就叫补偿余额。换句话讲，如果借款人需要用100万元，则实际贷款额应该是100万元/0.8，即125万元。对银行来讲，这个补偿性余额是一个"新"的存款资金来源。对于借款企业来讲，贷 100 万元要付 100 万元的贷款利息，但只能用 80 万元，因此实际上摊到 80 万元的贷款利率比合同名义利率要高。这是银行变相提高贷款利率的一种做法。

从借款人角度的实际利率为：含补偿余额贷款的实际收益率 = 合同利率 /（1- 补偿性余额比率）。

但从银行角度来看，贷款的实际收益还要更高些。例如，刘总贷款 10 亿元，年利率 5.2%。由于利率管制或因为借款人风险较高（但不能提价），银行希望提高贷款的实际收益，有何办法？一是收取顾问与咨询费 2.5%。但现在名不副实的"顾问与咨询"收费已被监管部门明令禁止。二是要求刘总贷款后留存 5 000 万元，银行支付 2% 的存款利率。银行再将 5 000 万元的存款按 6.2% 的利率贷款给另一个借款人贾总。这样，从银行角度该笔贷款的实际收益率为：

$$\frac{5.2\% \times 10 + 6.2\% \times 0.5 - 2\% \times 0.5}{9.5} = 5.8\%$$

因此，"补偿余额"这种做法变相提高了贷款的实际收益率。

（七）保理业务

例如刘总的企业生产布料，是生产成衣杨总的上游企业。那么刘总有哪些融资方式呢？一般地，除了刘总向棉花经销商张总赊销；⊖或向银行申请贷款；或发行股票、债券等；或民间借款外，他可行的办法还有：一是将刘总的应收账款向银行质押贷款；二是将刘总的应收账款转让给银行（或保理公司）。那么后者就是保理业务。

保理，全称保付代理，指卖方将其现在或将来的基于其与买方订立的货物销售 / 服务合同所产生的应收账款转让给保理商（提供保理服务的金融机构），由保理商向其提供资金融通、销售账户管理、坏账担保、账款催收等一系列服务的综合金融服务。

《商业银行保理业务管理暂行办法》称保理业务是以债权人转让其应收账款为前提，集应收账款催收和管理、坏账担保及融资于一体的综合性金融服务。债权人将其应收账款转让给商业银行，由商业银行向其提供下列服务中至少一项的，即为保理业务。

1）应收账款催收：商业银行根据应收账款账期，主动或应债权人要求，采取电话、函件、上门等方式或运用法律手段等对债务人进行催收。

2）应收账款管理：商业银行根据债权人的要求，定期或不定期向其提供关于应收账款的回收情况、逾期账款情况、对账单等财务和统计报表，协助其进行应收账款管理。

3）坏账担保：商业银行与债权人签订保理协议后，为债务人核定信用额度，并在核准额度内对债权人无商业纠纷的应收账款提供约定的付款担保。

4）保理融资：以应收账款合法、有效转让为前提的银行融资服务。

以应收账款为质押的贷款，不属于保理业务范围。

（八）并购贷款

并购是指并购方企业通过受让现有股权、认购新增股权、收购资产、承接债务等方式以实现合并或实际控制已设立并持续经营的目标企业的交易行为。为满足客户用于支付并购交

⊖ 但这可能会导致张总继续向上游种植棉花的农业企业也赊销……这便是典型的"三角债"！

易价款的需求，银行通常要向符合条件的并购方或其子公司提供用于支付该款项的人民币或外币贷款。

并购交易中，并购方常常不是全部用自有资金，而是需要借助融资才能完成。相对于全额自有资金收购，这种方式便是使用了"杠杆"。杠杆收购又称融资并购、举债经营收购，是指收购方利用融资实现来并购。在杠杆收购中，收购方通常只出小部分的资金，大部分资金来自银行抵押借款、机构借款和发行债券或基金。这种并购一般需要以收购相关公司的资产和或新公司未来现金流量及收益作为还本付息的保障。在操作过程中，可能要先安排过桥贷款作为短期融资支付并购款，然后通过举债（借债或借钱）完成收购。

（九）绿色信贷

绿色信贷是指金融机构发放给企（事）业法人或国家规定可以作为借款人的其他组织用于支持环境改善、应对气候变化和资源节约高效利用，投向环保、节能、清洁能源、绿色交通、绿色建筑等领域项目的贷款。

在西方，绿色金融的诞生与发展经历了一个比较漫长的过程，可以追溯至第二次世界大战之后发达国家所经历的黄金经济增长时期，这时候的发达国家开始出现环境污染、资源短缺等问题。到20世纪六七十年代，欧美开始出现公众环保运动，抗议无节制地使用资源和破坏环境的经营生产行为。这些运动使得绿色环保成为一种价值取向，并逐步影响到公众消费选择，有的消费者更偏好绿色的产品，甚至愿意为环保支付溢价。如此一来，环境因素就从公众运动渗透到消费领域，催生出绿色消费、绿色出行。企业出于自身利益的考虑就会提供绿色产品，包括在生产过程中更加注重环保问题。循环经济、绿色制造等概念在20世纪80年代开始兴起并逐渐扩大。"公众运动—绿色消费—绿色生产—绿色金融"，这便是西方国家绿色金融发展的一般规律。

与责任投资、绿色金融等同时出现的还有"环境（E）- 社会（S）- 治理（G）"ESG评价体系。ESG是非传统财务绩效的投资理念和企业评价标准，强调经济与环境、社会、治理之间平衡发展，以此实现可持续发展。

为推动绿色发展，2002年10月，国际金融公司等提出了一项企业贷款准则，要求金融机构在投资一个项目时，需要对该项目可能对环境和社会的影响进行综合评估，并且利用金融杠杆促进该项目在环境保护以及周围社会和谐发展方面发挥积极作用，这便是赤道原则。赤道原则已经成为项目融资的一个新标准，许多大型跨国银行已明确执行赤道原则，在贷款和项目资助中强调企业的环境和社会责任。在我国，兴业银行是首家对外宣告采用这一原则指导银行信贷行为的银行。

2007年7月30日，环保总局、中国人民银行、银监会三部门联合提出《关于落实环境保护政策法规防范信贷风险的意见》，目的是遏制高耗能、高污染产业的盲目扩张。2013年，银监会印发《中国银行业监督管理委员会办公厅关于报送绿色信贷统计表的通知》（银监办发〔2013〕185号）以及《关于报送绿色信贷统计表的通知》（银监统通〔2014〕60号），并建立了绿色信贷统计制度。统计和监测的指标主要包括信贷余额、资产质量以及贷款支持部分所形成的环境效益等。此外，绿色信贷统计制度还专项统计银行业金融机构涉及落后产能、环境、安全等重大风险企业信贷情况，以此督促银行业金融机构加强融资业务的环境和社会风险管理。

2019年7月26日，中国人民银行公布2019年二季度金融机构贷款投向统计报告显示，本外币绿色贷款余额9.47万亿元，余额比年初增长7.0%，折合年增长率约为13.9%，余额占同期企业及其他单位贷款的9.9%。截至2018年年末，建设银行绿色贷款余额10 422.60亿元，较年初增加729.34亿元，绿色贷款余额占对公贷款比重15.35%。

三、贷款流程

发放一笔贷款要经过很多不同的环节，如寻找客户——通过贷款调查进一步了解客户——银行内部审批——签订贷款合同——贷后检查——贷款回收，等等。贷款流程中最核心的贷前调查、贷时审查、贷后检查三个环节，通常称为贷款"三查"制度。为控制贷款中的风险，我国贷款审批实行"审贷分离、分级审批、授权授信"制度。

银行是怎样发现贷款客户的？如何写尽职调查报告？什么是贷款的"三查"制度？银行贷款管理为何要审贷分离、分级审批？首先我们看一个贷款管理的模拟场景：

假设贷款工作的相关人员有信贷调查人员（A、B、C），审查人员（D、E）、贷审会成员若干，以及银行负责人杨行长。

信贷调查人员（A第一调查人、B第二调查人、C调查复核人，C是本笔贷款的经营主责任人）经过仔细工作，最终从100户候选企业中确定10户企业，初步同意提请上级审批发放贷款。

信贷审查人员（D审查人，E审查复核人，E作为本笔贷款的审查主责任人）对10户候选企业（X1、X2、X3、…、X10）进一步审查分析，发现企业X3不符合贷款条件（如涉及高污染），其他9户企业满足银行的各项条件。

那么D、E能否最终决定给9户企业贷款？仍然不行，只能提交贷款审查委员会（简称贷审会）集中审议并由其决定。D、E能否要求信贷员从另外90户企业中再推荐一些或一个企业Y来审查吗？也不行，贷款审查只能作为贷款发放的被动接受者。

贷审会对9户企业贷款申请进行集体审议，同意向9户企业贷款再报杨行长签批，签字，同意贷款。

那么，杨行长能不能不同意9户企业中的X10的贷款？可以不同意。杨行长对贷审会意见具有一票否决权，但没有直接同意权。能不能要求对之前被否决的X3再次补充调查？被否决的业务根本无法到杨行长签批这个环节，因此不可能出现前面被否决的业务进行补充调查。

如果9户企业中的X2是一个非常好的企业，但贷款额度为10亿元，超过杨行长的签字权限，怎么办？超越权限只能报总行审批，即使签字，因系统流程刚性控制也无法处理。

贷款审批后，由申请支行落实贷审会提出的抵质押、保证担保、项目资本金等前提条件，报省行核准后，最终配置贷款资金后才可以发放贷款。

目前，一些大型银行设立专职的贷款审议委员。过去的贷审会都是相关业务部门，比如公司、投行、审批、信管、风险等部门的老总、副总等参会。贷款审批参会人员存在懂业务但不熟悉财务，或者懂财务不熟悉业务等情况，以及存在贷审会的主持人（分管行长）说了算的现象。现在开贷审会，6个专职审议委员每人一票，主持人最后发言，有效防范了道德风险。而且贷审会全程视频，至少要录音。后续贷款出了风险，都是要重新听当时会议的经过，系统都记录了每一个委员表决的意见。这种情况下，主持人是不敢第一个出来定调子，甚至直接引导的。

专职的贷款审议委员岗位同时也强调了专职审议委员的担当，既要把好风险，又要兼顾业务发展。要考核专职审议委员的意见偏离度，特别是跟平均数据对比，专职审议委员不能为了防止自身被追责的风险而对审批的贷款项目都投反对票，不担当也是要被问责。

（一）寻找客户

贷款对象分为企业客户和个人客户。在实际工作中，银行找不到客户，客户找不到银行是常见的现象。银行怎么去发现潜在的贷款客户呢？有些贷款可能是借款人主动上门，有些则需要银行主动营销或是与第三方合作。

1. 公司客户

公司客户是指规模较大的企业客户，通常这些公司都是当地知名的企业，是银行争夺的重要资源。但是，相比于中小企业，这些公司客户的金融需求不仅仅是贷款，而是多样化、综合性的金融需求，满足需求的能力是建立和保持银企关系的关键。因此，中小银行很难获得这些公司客户的青睐。

定期拜访和保持良好的沟通是了解公司金融需求和获得公司客户的最重要方式。

2. 个人客户

在典型的按揭贷款业务中，银行客户经理知道谁去看了房子并跟房地产开发商或二手房卖方签了购房合同吗？当然不知道！因此，按揭贷款通常不是银行自己找客户，而是通过开发商去找。比如一个楼盘可能是工商银行贷款建的，按揭贷款客户就会被推荐到工行。如果楼盘开发贷款跟建设银行也有关系，那么建设银行也会成为提供按揭贷款的银行。按揭贷款一般是通过开发商或者是销售部建立联系来寻找客户的。对于买二手房的客户来讲，由于二手房交易的分散性，银行需要依托房地产中介经纪公司来寻找客户。

又比如要促进消费，需要银行或其他金融机构提供消费贷款。但银行怎么知道你要买手机呢？或者知道你要出国去旅游呢？一般来说，银行需要通过卖场，或者经营出国旅游业务的旅游公司才能发现潜在的贷款客户。在银行的消费贷款中，类似国美电器、苏宁电器、大型家具卖场、中旅、中青旅等成为银行的合作伙伴，纯粹的陌生拜访或电话营销成功率是很低的。

再比如中小企业融资，银行怎么知道哪些中小企业有贷款需求呢？解决的办法之一就是依托经信委、开发区管委会、园区管委会等这些部门推荐融资企业，或依托这些部门组织融资见面会发布融资产品。

因此，住房贷款、耐用消费品贷款、旅游贷款、中小企业贷款等零售业务的客户发现跟发现大企业客户是不一样的，通常需要与第三方机构合作，而不是银行自己"点对点"地找客户，因为这样做的搜寻成本太高。

在中小企业融资过程中，一方面存在中小企业融资难；另一方面，银行也觉得放款难，找不到合适的放款对象。近几年，一些具有客户信息优势的互联网企业纷纷转型金融（主要从事放贷和支付业务，如网商银行、微众银行、新网银行、花呗、借呗、支付宝、微信支付等），或者为传统银行的消费贷款提供助贷服务（主要是客户推荐和风险识别，如360、蚂蚁金服、京东金融等）。

（二）贷前调查

在发现客户以后，接下来的任务就是了解客户。贷前调查是基层行非常重要的、具有较高技术含量的一项工作。调查什么呢？贷前调查主要是为判断借款人还款能力和还款意愿提供支撑材料和决策依据。

1. 信贷岗位的基本职责

包括积极拓展信贷业务，搞好市场调查，优选客户，受理借款人申请；对借款人申请信贷业务的合法性、安全性、盈利性进行调查；对客户进行信用等级评价，撰写调查报告，提出贷款的期限、金额、利率（费率）和支付方式等明确意见；办理核保、抵（质）押登记及其他发放贷款的具体手续；贷款业务办理后，对借款人执行借款合同的情况和经营状况进行检查和管理；督促借款人按合同约定使用贷款，按时足额归还贷款本息，并负责配合催收风险贷款；负责信贷档案管理，确保信贷档案完整、有效；信贷业务岗位人员提交贷前调查报告，并承担调查失误、风险分析失误和贷后管理不力的责任。

2. 信贷审查的重点

尽管公司客户和个人客户的贷款流程是一样的，贷款调查审查的重点都是围绕偿还能力和偿还意愿展开，但实际上又存在很多不同，比如发现客户的渠道不同、审贷标准不同等。

审查重点包括真实性、完整性、合规性、合理性、可行性等五个方面。真实性审查指对财务报表、商务合同等资料进行表面真实性审查，对明显虚假的资料提出审查意见；完整性审查指审查授信资料是否完整有效，包括授信客户贷款卡等信息资料、项目批准文件以及需要提供的其他证明资料等；合规性审查指审查借款人、借款用途的合规性，审查授信业务是否符合国家和本行信贷政策投向政策，审查授信客户经营范围是否符合授信要求；合理性审查指审查借款行为的合理性，审查贷前调查中使用的信贷材料和信贷结论在逻辑上是否具有合理性；可行性审查指审查授信业务主要风险点及风险防范措施、偿债能力、授信安排、授信价格、授信期限、担保能力等，审查授信客户和授信业务风险。

3. 撰写尽职调查报告

作为信贷员具有发现客户、推荐客户，并做尽职调查的职责。当然，借款人是否能获得银行贷款要看贷款审批部门的意见。

尽职调查报告主要由三部分组成。第一部分是主要申报事项、基本信息和联系人信息，调查员要申明是真实的，而且要承担法律责任。第二部分是项目情况介绍，包括客户的基本情况分析、主要财务分析、抵押物信息、申请人对外投资、关联企业信息以及关联交易情况，企业销售情况，股权投资，应付账款，预收账款，其他应付款，长期借款；除了本次借款以外的，之前其他一些债务情况也得要反映调查里面，包括应付应收等。主要财务指标的比较，就是看它纵向的变化、偿债能力、盈利能力、运营能力、现金流等，对这个企业基本的经营情况，财务状况的变化做出评价和判断。客户的非财务因素分析反应整个行业和区域经济这一类的信息，跟同类的企业比较，宏观经济因素，自然社会因素等。以房地产开发贷款为例，贷款是以在建工程抵押，要对在建工程做一个评价和分析，政策风险、市场风险、财务风险、贷后监管的风险、声誉风险、担保的风险。第三部分在前面分析的基础上综合分析，得出调查结论：银行可以贷款还是不能贷款，并对贷款总额、利率或利率上浮幅度、贷款期限等，并提出建议。

（三）贷时审查

我国银行普遍采取审贷分离、分级审批的信贷管理体制。

1. 审贷分离

审贷分离的初衷就是通过分离调查与审查人员，杜绝信贷审查审批工作受人为因素的干扰，维护审查审批的独立性和客观性。审查人员原则上不与借款人单独直接接触。

我国商业银行为了弥补个人经验的不足，同时防止个人操纵贷款现象的发生，一般采取贷款集体审议决策机制，多数银行采取设立贷款审查委员会（以下简称贷审会）的方式行使集体审议职能。

贷审会作为授信业务决策的集体议事机构，评价和审议信贷决策事项，为最终审批人提供决策支持。贷审会投票未通过的信贷事项，有权审批人不得审批同意。对贷审会通过的授信，有权审批人可以否定。未通过贷审会审查的授信可以申请复议，但必须符合一定条件，且间隔时间不能太短。这里的有权审批人主要指行长或其授权的副行长等。审贷会的这种机制设计，特别是其中的约束机制，是保证贷款质量非常重要的一种制度安排。

2. 分级审批

在授权授信框架下，每一级分支机构都有一个贷款的权限，实行分级审批。当客户的贷款额度在本级行的授权范围内，那就可以决定是否放款。如果贷款数量较大，超过本级行设定的贷款权限，就要往上一级机构报送和审批。这是在银行贷款管理当中比较重要的授权授信制度的核心内容之一，包括银行董事会对董事长授权，董事长进一步对行长授权，行长对下面的分支行授权。

（四）签订贷款合同

当银行内部通过"贷前调查、贷时审查"做出放款决定后，将通知借款人签订贷款合同。贷款合同包含借贷交易双方的基本信息、借贷用途、借款时间、利率计算方式、还本付息方式、违约事项的约定等。贷款合同就是一个贷款产品。

通常来说，银行发放的纯信用贷款的占比是不高的，一般都会要有担保。因此，在签订借款合同的同时，还要签担保合同。具体担保方式及相关内容在《担保法》有明确规定。

（五）贷后检查

贷款发放以后，银行需要加强贷后管理，及时掌握借款人状况和资金使用情况及其变化。贷后检查的重点主要有如下四个方面。

一是关注借款人有没有改变资金用途，是不是按照贷款合同的约定使用资金。比如原来贷款本来是用来买原材料的，后来把钱用到修房子去了，或者炒股票去了。贷款用途的重大改变很容易导致贷款风险。

二是借款人状况是否出现了不利变化。当初贷款调查时觉得这个行业很好，借款企业也不错，比如说早些年的煤炭、钢铁、矿山开采等，周期性特别强，如果在借款的时候，刚好属于这个行业发展的高峰期,结果借款用于扩大产能,后来出现煤炭卖不动了,钢铁卖不动了。这样,行业的变化引起企业状况的恶化,这种变化会不会导致借款人还不起款?银行不能等借款企业还不起了才发现这个问题,那就晚了。

三是检查抵押物、质押物本身的状态,以及了解保证人状况的变化,这些也是贷后管理的重要内容。比如,贷款是拿房子来做抵押的,后来借款人悄悄把它卖掉了;或者贷款原本是用生产线作为抵押,但后来这个生产线卖给别的企业去了。这种情况意味着贷款的第二还款来源出现重大变化,银行贷款的风险就相应增加了。

四是根据贷款五级分类管理办法按规定对所有贷款进行五级分类,及时了解贷款质量的动态变化,并有针对性的采取补救措施。

典型案例
贷后管理职责——以流动资金贷款为例

(六)贷款回收

贷款到期后,借款人应按照贷款合同的约定偿还贷款本金和利息。对于不能按时偿还的贷款要加强贷款清收,查明原因,或根据有关规定对贷款进行重组,或依法处理抵质押物,或采取其他方式。

四、企业贷款

长期以来,企业是我国银行贷款的主要对象。从资金使用用途来看,企业贷款可分为流动资金贷款、固定资产贷款和项目融资三种形式。从资金投向来看,企业贷款可分为制造业、房地产业、批发和零售业等12个行业贷款。从贷款期限来看,可分为短中长贷款。从资金使用方式来看,可分为贷款和贴现。从贷款金额来看,可分为批发贷款和零售贷款。企业贷款如何调查?如何发放?如何定价?

(一)企业客户信贷调查与分析

信贷管理岗位或者信贷员需要通过现场和非现场等方式尽可能全面地了解客户的信息,重点围绕借款人偿还贷款的来源进行调查和分析,如第一还款来源(企业现金流)和第二还款来源(处置被抵押的资产、保证人连带责任、其他可供出售的资产)。调查和分析还包括贷款用途调查与审查(国家产业政策、"三高"限制、房地产等),财务调查与审查(资产负债表、现金流量表、损益表等及其相关指标),抵质押品的调查与审查(机器设备价值及专用性、抵押率)以及保证人资格和能力调查。

信贷调查的核心是围绕借款人的偿还能力和偿还意愿展开,尽可多地了解借款企业的财务、借款企业主要负责人、融资用途、抵质押物、企业所处行业及周期、产品市场状况等信息,以及借款人的信用历史,国家产业政策和信贷政策等。为了准确了解借款企业的还款能力和还款意愿,银行在实践中总结出"5C""5P""5W"、小微企业新"3表"、企业财务分析等可判断借款人偿还能力的信贷调查工作方法。这不仅是贷前调查的重要内容和方法,也是贷后动态检查的关键所在和重要方法。

"5C"是指借款人的五个方面的信息,

典型案例
我国主要的信贷调查工作方法

包括品格（Character）、能力（Capacity）、现金（Cash）、担保（Collateral）、环境（Condition）。"5P"分析法涵盖借款人及合同相关的五个方面，包括借款人（People）、资金用途（Purpose）、还款来源（Payment）、债权保证（Protection）、授信展望（Perspective）。"5W"分析法是指借款人（Who）、借款用途（Why）、还款期限（When）、担保物（What）、如何还款（How）。企业财务分析法主要是对企业资产负债表、损益表和现金流量表，以及企业财务制度和经营情况等财务、生产和管理方面进行综合分析。小微企业新"3表"是指企业的水表、电表、气表等反映企业生产经营活动最直接的、可观察的变量，而不是资产负债表、损益表、现金流量表。

（二）贷款担保

在银行贷款管理中，银行经常要求借款人提供担保。银行年报显示，我国商业银行信用贷款平均仅占各类贷款的20%左右，而80%的贷款都是需要担保的。担保的方式有哪些？什么东西可以做抵押物、质押物？什么东西不可以？《担保法》有具体而明确的规定。

最近几年，我国各级政府、银行监管部门和商业银行在解决中小企业、"三农"、科技型企业融资难的问题时，做了大量的政策、管理和产品创新。这些创新主要表现为担保方式创新，实际上贷款产品本身并没有大的变化。而担保创新的核心则是不断拓宽抵质押物的范围，如企业的应收账款质押、存货质押、专利质押、土地承包经营权质押、政府采购订单质押等。此外，还有担保机构和再担保机构、特别是政策性担保机构的广泛设立；（母子公司）互保或（园区）同业联保模式；"银－政－担（再担）－企"风险损失分担机制等。

担保公司属于一个典型的顺周期行业，经济状况好的时候，担保公司普遍经营得很好，但当经济下行的时候，金融行业中最先垮掉的一定是担保公司！2010~2015年，民营担保公司发展非常快，但是2016年以后，担保公司的代偿率不断上升，很多民营担保公司都破产退出市场了。

担保本来是商业银行转移风险的办法，但是当遇到行业性周期性问题时，通过担保转移风险是行不通的，因为风险转移不出去！要么担保人无担保能力，要么抵质押物贬值。从某种程度上来讲，担保公司决定保与不保，其实和银行决定贷与不贷是一回事，关注点都应该是被担保人的偿还能力和偿还意愿。

在实践中，银行因为风险而不敢贷或不愿贷时，担保公司是敢冒风险提供担保的。如此看来，部分担保公司倒闭并不奇怪。识别风险比转移风险更重要，担保的本质功能是转移风险，但转移风险的方法并非只有担保，如信用违约互换（CDS）。在缺乏识别风险机制的情况下，原本想通过担保来转移的风险，最终是转移不出去的！

我国《担保法》规定的担保方式主要包括保证、抵押、质押、留置、定金等五种形式。下面重点介绍与贷款风险缓释相关的前三个。

1. 保证

保证即保证人以其信用作为贷款的担保，是指保证人和债权人约定，当债务人不能履行债务时，保证人按照约定履行债务和承担责任。学校、幼儿园、医院等以公益事业为目的的事业单位、社会团体，不得作为保证人。

（1）保证方式

保证分两种保证，一种叫作一般保证，第二种叫作连带责任保证，这里涉及债权人、债务人和保证人之间的经济关系。对于一般保证，当借款人还不了贷款，需要先找借款人，实在没有办法时再去找保证人。而连带责任保证方式中，借款人不能还款，银行可以找保证人，没有先后顺序之分。《担保法》规定，连带责任保证的债务人在主合同规定的债务履行期届满而没有履行债务的，债权人可以要求债务人履行债务，也可以要求保证人在其保证范围内承担保证责任。

（2）保证人与保证责任

保证期间，债权人许可债务人转让债务的，应当取得保证人书面同意；保证人对未经其同意转让的债务，不再承担保证责任。债权人与债务人协议变更主合同的，应当取得保证人书面同意，未经保证人书面同意的，保证人不再承担保证责任。

保证人承担保证责任后，有权向债务人追偿。比如在按揭贷款中，买房人向银行申请贷款，通常银行要求借款人去找担保公司提供担保，如各地的住房职业担保公司。当担保公司向买房人贷款提供了保证，便承担了借款人不还而由担保公司偿还的责任。为此，住房便作为反担保物。

2. 抵押

抵押是指债务人或者第三人不转移对本法第三十四条所列财产的占有，将该财产作为债权的担保。债务人不履行债务时，债权人有权依照本法规定，以该财产折价或者以拍卖、变卖该财产的价款优先受偿。其中，债务人或者第三人为抵押人，债权人为抵押权人，提供担保的财产为抵押物。

（1）抵押物

抵押人可以将下列财产一并抵押：一是抵押人所有的房屋和其他地上定着物；二是抵押人所有的机器、交通运输工具和其他财产；三是抵押人依法有权处分的国有土地使用权、房屋和其他地上定着物；四是抵押人依法有权处分的国有的机器、交通运输工具和其他财产；五是抵押人依法承包并经发包方同意抵押的荒山、荒沟、荒丘、荒滩等荒地的土地使用权；六是依法可以抵押的其他财产。

下列财产不得抵押：一是土地所有权；二是耕地、宅基地、自留地、自留山等集体所有的土地使用权，但《担保法》第三十四条第（五）项、第三十六条第三款规定的除外；三是学校、幼儿园、医院等以公益为目的的事业单位、社会团体的教育设施、医疗卫生设施和其他社会公益设施；四是所有权、使用权不明或者有争议的财产；五是依法被查封、扣押、监管的财产；六是依法不得抵押的其他财产。

（2）抵押合同

抵押人和抵押权人应当以书面形式订立抵押合同，抵押合同应当包括以下内容：一是被担保的主债权种类、数额；二是债务人履行债务的期限；三是抵押物的名称、数量、质量、状况、所在地、所有权权属或者使用权权属；四是抵押担保的范围；五是当事人认为需要约定的其他事项。

（3）抵押物登记

抵押合同生效的一个前提，或者抵押权人获得处分抵押物权力的一个必要的环节是抵押物登记。当事人以《担保法》第四十二条规定的财产抵押的，应当办理抵押物登记，抵押合同自登记之日起生效。办理抵押物登记的部门如下：一是以无地上定着物的土地使用权抵押的，为核发土地使用权证书的土地管理部门；二是以城市房地产或者乡（镇）、村企业的厂房等建筑物抵押的，为县级以上地方人民政府规定的部门；三是以林木抵押的，为县级以上林木主管部门；四是以航空器、船舶、车辆抵押的，为运输工具的登记部门；五是以企业的设备和其他动产抵押的，为财产所在地的工商行政管理部门。

此外，当事人以其他财产抵押的，可以自愿办理抵押物登记，抵押合同自签订之日起生效。当事人未办理抵押物登记的，不得对抗第三人。当事人办理抵押物登记的，登记部门为抵押人所在地的公证部门。

（4）抵押权的实现

《担保法》第五十三条规定，债务履行期届满抵押权人未受清偿的，可以与抵押人协议，以抵押物折价或者以拍卖、变卖该抵押物所得的价款受偿；协议不成的，抵押权人可以向人民法院提起诉讼。抵押物折价或者拍卖、变卖后，其价款超过债权数额的部分归抵押人所有，不足部分由债务人清偿。

同一财产向两个以上债权人抵押的，拍卖、变卖抵押物所得的价款按照以下规定清偿：抵押合同以登记生效的，按照抵押物登记的先后顺序清偿；顺序相同的，按照债权比例清偿。抵押合同自签订之日起生效的，该抵押物已登记的，按前款规定清偿；未登记的，按照合同生效时间的先后顺序清偿；顺序相同的，按照债权比例清偿。抵押物已登记的先于未登记的受偿。

城市房地产抵押合同签订后，土地上新增的房屋不属于抵押物。需要拍卖该抵押的房地产时，可以依法将该土地上新增房屋与抵押物一同拍卖，但对拍卖新增房屋所得，抵押权人无权优先受偿。依照《担保法》规定，以承包的荒地土地使用权抵押，或者以乡（镇）、村企业厂房等建筑物占用范围内的土地使用权抵押的，在实现抵押权后，未经法定程序不得改变土地集体所有和土地用途。为债务人抵押担保的第三人，在抵押权人实现抵押权后，有权向债务人追偿。抵押权因抵押物灭失而消灭，因灭失所得的赔偿金，应当作为抵押财产。

3. 质押

（1）质押合同与质物

质押合同应当包括以下内容：一是被担保的主债权种类、数额；二是债务人履行债务的期限；三是质物的名称、数量、质量、状况；四是质押担保的范围；五是质物移交的时间；六是当事人认为需要约定的其他事项。

质权人负有妥善保管质物的义务。因保管不善致使质物灭失或者毁损的，质权人应当承担民事责任。质权人不能妥善保管质物可能致使其灭失或者毁损的，出质人可以要求质权人将质物提存，或者要求提前清偿债权而返还质物。

质物有损坏或者价值明显减少的可能，足以危害质权人权利的，质权人可以要求出质人提供相应的担保。出质人不提供的，质权人可以拍卖或者变卖质物，并与出质人协议将拍卖或者变卖所得的价款用于提前清偿所担保的债权或者向与出质人约定的第三人提存。

债务履行期届满债务人履行债务的，或者出质人提前清偿所担保的债权的，质权人应当返还质物。债务履行期届满质权人未受清偿的，可以与出质人协议以质物折价，也可以依法拍卖、变卖质物。质物折价或者拍卖、变卖后，其价款超过债权数额的部分归出质人所有，不足部分由债务人清偿。为债务人质押担保的第三人，在质权人实现质权后，有权向债务人追偿。质权因质物灭失而消灭。因灭失所得的赔偿金，应当作为出质财产。质权与其担保的债权同时存在，债权消灭的，质权也消灭。

（2）动产质押

动产质押，是指债务人或者第三人将其动产移交债权人占有，将该动产作为债权的担保。债务人不履行债务时，债权人有权依照《担保法》规定，以该动产折价或者以拍卖、变卖该动产的价款优先受偿。权利质押，即债务人或者第三人将其拥有的权利凭证移交债权人占有，并以凭证上的财产权利作为债权的担保。债务人不履行债务时，债权人有权将该财产权利折价或者以拍卖、变卖所得的价款优先受偿。其中，债务人或者第三人为出质人，债权人为质权人，移交的动产为质物。出质人和质权人应当以书面形式订立质押合同。质押合同自质物移交于质权人占有时生效。

（3）权利质押

下列权利可以质押：① 是汇票、支票、本票、债券、存款单、仓单、提单；② 是依法可以转让的股份、股票；③ 是依法可以转让的商标专用权，专利权、著作权中的财产权；④ 是依法可以质押的其他权利。

以汇票、支票、本票、债券、存款单、仓单、提单出质的，应当在合同约定的期限内将权利凭证交付质权人。质押合同自权利凭证交付之日起生效。以载明兑现或者提货日期的汇票、支票、本票、债券、存款单、仓单、提单出质的，兑现或者提货日期先于债务履行期的，质权人可以在债务履行期届满前兑现或者提货，并与出质人协议将兑现的价款或者提取的货物用于提前清偿所担保的债权，或者向与出质人约定的第三人提存。

以依法可以转让的股票出质的，出质人与质权人应当订立书面合同，并向证券登记机构办理出质登记。质押合同自登记之日起生效。股票出质后，不得转让，但是经出质人与质权人协商同意的可以转让。出质人转让股票所得的价款应当向质权人提前清偿所担保的债权或者向与质权人约定的第三人提存。以有限责任公司的股份出质的，适用《公司法》股份转让的有关规定。质押合同自股份出质记载于股东名册之日起生效。

（4）出质登记

以依法可以转让的商标专用权，专利权、著作权中的财产权出质的，出质人与质权人应当订立书面合同，并向其管理部门办理出质登记。质押合同自登记之日起生效。商标专用权，专利权、著作权中的财产权等权利出质后，出质人不得转让或者许可他人使用；但是经出质人与质权人协商同意的，可以转让或者许可他人使用。出质人所得的转让费、许可费应当向质权人提前清偿所担保的债权或者向与质权人约定的第三人提存。

为进一步提高动产和权利担保融资效率，优化营商环境，促进金融更好地服务于实体经济，国务院决定从2021年1月1日起，由中国人民银行负责动产和权利担保统一登记。这对于建立和完善中国中小企业征信制度具有至关重要的意义和作用。

根据规定，纳入动产和权利担保统一登记范围的担保类型包括：① 生产设备、原材料、半成品、产品抵押；② 应收账款质押；③ 存款单、仓单、提单质押；④ 融资租赁；⑤ 保理；⑥ 所有权保留；⑦ 其他可以登记的动产和权利担保，但机动车抵押、船舶抵押、航空器抵押、债券质押、基金份额质押、股权质押、知识产权中的财产权质押除外。

纳入统一登记范围的动产和权利担保，由当事人通过中国人民银行征信中心（以下简称征信中心）动产融资统一登记公示系统自主办理登记，并对登记内容的真实性、完整性和合法性负责。登记机构不对登记内容进行实质审查。国家市场监督管理总局不再承担管理动产抵押物登记的职责。

(三) 贷款利率定价

作为由银行等放贷机构和借款人共同组成的贷款市场，银行等放贷机构总是希望收取更高的贷款利率，以保证贷款盈利并覆盖放贷所承担的信用风险；而借款人则更希望获得利率更低的贷款，从而降低融资成本、提高利润。但是，一方面，太高的贷款利率可能迫使借款人转向其他方式融资，如发行债券、采用赊销等方式，从而失去客户和挣钱的机会。另一方面，太高的贷款利率可能诱发逆向选择，只有那些原本就不想还款的借款人才愿意承担如此高的利息成本。

充分的竞争和逆向选择等，使得贷款利率总是会在市场供求均衡的利率水平上下波动。但是，如果贷款市场是垄断性的或利率定价受高度管制，贷款利率就可能偏离供求均衡的利率水平。信贷配给将变得更为明显，资源配置效率就必然降低。

1. 贷款利率定价的基本原理与主要影响因素

价格机制是在市场竞争过程中，价格变动与供求变动之间是相互制约的联系和作用。价格机制是市场机制中最敏感、最有效的调节机制。商品价格的变动会引起商品供求关系的变化，而供求关系的变化又反过来引起价格的变动。在贷款市场，利率是借贷资金的价格，因此决定贷款利率的基本因素同样也是供求关系。

（1）贷款利率定价的基本原理

在市场化背景下，贷款利率主要由供需决定。需求不变时，若供给增加，贷款利率将下降；反之，则上升（如图4-9所示）。如果供给不变，当需求增加时，贷款率将上升；反之，则降低（如图4-10所示）。

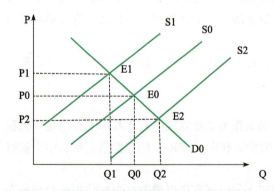

图4-9 需求不变、供给变化时的贷款利率变动

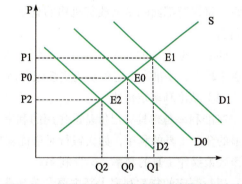

图4-10 供给不变、需求变化时的贷款利率变动

图中S0和D0称为均衡交易量，E0为均衡利率，即贷款市场需求量与市场供给量相等时的价格。均衡利率是在市场供求力量的自发调节下形成的。当实际利率偏离均衡利率时，在市场机制的作用下，偏离的市场利率会恢复到（新的）均衡利率水平。

（2）影响贷款利率的主要因素

利率作为资金的价格，决定利率水平的基本力量是供求关系，而影响利率的因素很多、很复杂。因此，利率水平是由多种力量和因素的综合影响所决定的。从宏观来看，主要因素包括经济周期阶段、社会平均利润率、国家宏观政策和国际经济环境。从微观来看，主要因素包括借款人的风险、贷款类型、贷款期限、还款方式等。

2. 贷款利率定价的主要方法

（1）成本加成定价法

成本加成定价是以贷款成本为基准的定价。当企业申请贷款时，价格怎么确定呢？首先，贷款的收入要能覆盖经营贷款的成本（包括资金成本和运营成本），如员工工资、办公场所的租金、设备折旧等。其次，银行要想持续经营和扩大经营，必须要从贷款业务中获得盈利。因此，贷款价格至少不应该低于前面这两个部分之和。此外，还要考虑银行股东对预期利润的需要，以及考虑借款人违约风险的溢价。这样有：

$$贷款利率 = 资金成本 + 运营成本 + 预期利润 + 信用风险溢价$$

其中，资金成本是银行可贷资金的边际成本。预期利润指的是该笔贷款的预期利润率，而不是银行的预期利润率或资产收益率（ROA）。或者有：

$$贷款利率 = 筹集可贷资金的边际成本 + 非资金性营业成 +$$
$$违约风险补偿 + 预期利润$$

例如，某银行向信用评级为 A 的公司发放 1 000 万元贷款，资金成本为 5%（如新增存款的利率或发行存单的利率）。发放贷款相关成本（如办公用品、文件准备、员工工资等经营性支出）为 2%，与其信用评级相一致的违约风险溢价为 1.5%，预期利润率为 1%，则该笔贷款的利率为 9.5%。

从实际操作来看，成本加成定价法很难真实地运用在具体的贷款业务中。一方面，成本加成定价法是建立在银行清楚地知道每一笔贷款上分配的资金成本、资本成本和管理成本，而要做到成本的精确分摊是非常困难的。另一方面，用成本加成定价法为贷款定价，主要考虑资金成本和管理成本，而没有考虑竞争对银行贷款利率定价的影响。实际上，每一笔贷款和每一家银行都面临多家放贷机构的竞争，竞争越激烈，贷款利率就会越低，进而影响银行的利润。

随着金融市场的发展，具有市场信号功能、能更准确地反映贷款市场供求状况的金融工具越来越多，基准利率定价法为更多银行所选择。

（2）基准利率定价法

基准利率是指具有定价基准作用的利率，而能作为定价基准的利率基本上是市场化特征明显的金融工具的利率，如大银行对最优客户的贷款利率（LPR）、同业拆借利率、中央银行货币政策操作工具的利率、国债利率。

银行制定的贷款利率水平主要参考基准利率，同时还考虑以借款客户的信用风险溢价和贷款期限长短不同而需要的流动性溢价作为补偿。这样

$$贷款利率 = 基准利率 + 预期利润率 + 风险溢价 + 流动性溢价$$

或者是：

$$贷款利率 = 基准利率 + 预期利润率 + 违约风险溢价 + 期限溢价（长期贷款）$$

1）优惠利率

优惠利率（Loan Prime Rate，LPR）是商业银行对信誉最好的大公司客户发放贷款所收取的最低水平的利率，主要是中短期贷款。优惠利率已经成为银行的中小企业贷款、个人住房贷款及消费贷款等资金业务的定价基准。

① 美国的 LPR

每家银行都设定自己的利率,优惠利率通常是最大银行的优惠利率的平均值。在美国,最重要和最常用的优惠利率是《华尔街日报》每天公布的利率。《华尔街日报》调查 30 家最大的银行,当其中四分之三(23 家)的银行利率发生变化时,《华尔街日报》将公布新的利率。虽然最优惠利率可能是公布的最低利率,但并非强制性的最低利率,它只是定价的"基准"。而这 30 家大银行公布的最优惠利率又取决于美国联邦基金市场利率的变化(见图 4-11)。

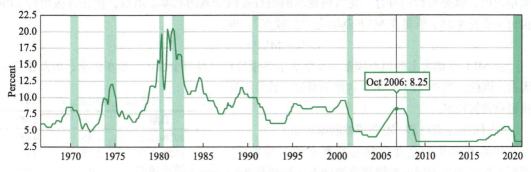

图 4-11 美国最优惠银行贷款利率(1970～2020 年)

资料来源:美联储圣路易斯分行网站。⊖

1994 年后,美国最优惠利率盯住的是美联储联邦基金目标利率,并采取" +3 "的定价策略确定最优利率水平。许多银行利用最优利率为住房按揭贷款、住房净值信贷额额度、汽车贷款和信用卡等消费者贷款产品,一旦最优利率变化,上述产品的利率便会相应调整。

② 中国的 LPR

2013 年起,我国全面放开金融机构贷款利率管制,取消了贷款利率下限。中国人民银行建立贷款基础利率 LPR 集中报价和发布机制。早期是由中央银行筛选出 10 家综合实力较强全国性银行成为 LPR 报价行。在每个工作日,各报价行根据自身对行内最优客户执行的贷款利率,向全国银行间同业拆借中心报送本行贷款基础利率。全国银行间同业拆借中心剔除其中最高和最低的报价后,将剩余报价作为有效报价。全国银行间同业拆借中心以各有效报价行上季度末人民币各项贷款余额,占所有有效报价行上季度末人民币各项贷款总余额的比重为权重,进行加权平均,并对外公布。

2019 年,LPR 报价行在原有的全国性银行基础上增加城市商业银行、农村商业银行、外资银行和民营银行,共计 18 家。新增加的报价行具有在同类型银行中对贷款市场影响力大、贷款定价能力强、服务中小微企业效果好等特点,提高了 LPR 的代表性。此外,LPR 在 1 年期一个期限品种的基础上,增加了 5 年期以上的期限品种,LPR 期限结构更加完善。LPR 最终报价是去掉一个最高和一个最低的报价,采用算术平均计算 LPR。

$$\text{贷款市场报价利率LPR} = \frac{\sum_{i=1}^{16} P_{i\text{报价行有效报价}}}{16}$$

有了 LPR 之后,银行发放的贷款利率在 LPR 基础上加减点产生。加减点要考虑客户的违约风险和期限风险等因素。

⊖ https://fred.stlouisfed.org/series/MPRIME

$$其他贷款利率 = LPR +/- x\%$$

但是，由于大部分银行采用的 LPR 仍然参照央行的贷款基准利率，而贷款基准利率又相对稳定，很长时间维持不变。这就对"央行 – 基准利率 – 市场利率 – 实体经济"的利率传导机制造成阻碍。

2019 年 8 月，LPR 定价机制改为采用公开市场操作利率加点的方式，进一步增加"市场"的作用。这里的公开市场操作利率主要指中期借贷便利（MLF）利率。中期借贷便利，简单地说，就是央行向符合一定资质要求的银行提供贷款的利率。所以，现在各报价行 LPR 报价（见表 4-35）就是在 MLF 基础上"加减点"，即：

$$LPR = MLF +/- x\%$$

在 MLF 基础之上的加点幅度主要取决于各报价行自身资金成本、市场供求、风险溢价等因素。因此，当央行调节 MLF 利率的时候，就可以直接影响贷款利率。

2）同业拆借利率（短期贷款利率定价）

优惠利率作为企业贷款基准利率的主导地位，受到更加市场化的同业拆借利率的冲击，特别是在短期贷款市场。主要的同业拆借利率如美国的联邦基金利率（Fed Rate）、伦敦同业拆借利率（LIBOR）和上海银行间同业拆借利率（SHIBOR）。同业拆借时间有隔夜、7 天、1 个月—1 年不等。因此，同业拆借利率成为银行短期贷款利率定价的最重要基准。

表 4-35 我国的 LPR（%）

日期	1 年	5 年
2020-12-21	3.85	4.65
2020-11-20	3.85	4.65
2020-10-20	3.85	4.65
2020-09-21	3.85	4.65
2020-08-20	3.85	4.65
2020-07-20	3.85	4.65
2020-06-22	3.85	4.65
2020-05-20	3.85	4.65
2020-04-20	3.85	4.65
2020-03-20	4.05	4.75

资料来源：上海银行间同业拆借市场。

3）国债利率（中期和长期贷款利率定价）

同业拆借利率只是短期贷款利率定价的基准，不能用于银行中长期贷款定价，如 5 年期的贷款，或更长期限的 30 年期的房贷。我国从 1981 年恢复发行国债，此后国债市场规模不断扩大，期限品种不断丰富。中央国债登记结算有限责任公司编制发布国债等收益率曲线，期限包括 3 个月、6 个月，1、3、5、7、10 和 30 年。成为商业银行贷款定价的重要参考。

美国政府债券根据债券的偿还期限不同，分为短期国库券（T-Bills）、中期国库票据（T-Notes）和长期国库债券（T-Bonds）三类。按期限可分为短期、中期和长期国债。短期国债是指期限小于或等于 1 年的国债，通常按债券面值的一定比例折价发行；中期国债是指期限大于 1 年并且小于或等于 10 年的国债，每半年支付固定金额的利息；长期国债是指期限大于 10 年的国债，每半年支付固定金额的利息。具体包括 1 个月、3 个月、6 个月、2 年、3 年、5 年、10 年、30 年等不同期限的国债。因为是政府债务，所以国库券和国债利率代表无风险收益率，再加上信用风险溢价和流动性风险溢价，就可以给贷款定价了。

（3）关系定价法

关系定价就是基于客户盈利能力分析或客户的综合贡献度，来对贷款利率、或存款利率或服务收费进行定价的一种方法。也就是说，银行对客户单项业务或服务定价时，要考虑客服在银行的其他业务对银行的贡献。随着银行"一站式"服务、整合营销、客户管理信息系统等新理念、新模式和新技术的出现，关系定价现在已经成为商业银行最重要的定价方法，尤其是在零售业务领域。美国的花旗银行、美洲银行等大型银行的服务收费、存款利率、贷款定价基本上都是采用关系定价。这种关系定价不仅表现在价格方面，有时还反应在对某些客户的业务的优先处理方面。

基于关系来定价时，对某项贷款利率的定价，就不仅要看资金供求、资金成本、管理成本、贷款期限、客户风险，还要看客户在银行是否还有其他业务，如存款、投资，以及其他业务的规模。显然，对于一个仅有100万元贷款的客户的贷款利率，可能就要比另外一个既有100万元贷款，同时在银行还有50万元定期存款或300万元理财的客户的利率要高。因为，后者对银行的综合贡献更大。在实践中，确保"关系"长久、广泛的做法之一便是要求借款人提供补偿余额（见表4-36）！

例如，[一] 银行拟向X公司发放期限为6个月的150万美元的贷款。假设X公司全额使用该贷款并在银行保留贷款额的20%作为补偿余额存入银行。相关业务的收益、成本等见表4-44。

从客户整体关系中得到的扣除成本的税前收益率
=（预期收入 – 预期成本）/ 贷款资金净额
=（216 000–125 000）/ 1 230 000
= 7.4%

净收益率为正，说明银行在扣除成本和必要补偿后还有钱可赚。银行可以同意该贷款申请。如果计算出的贷款净收益率为负值，那要么拒绝该贷款，要么说明贷款利率定价偏低，在调整贷款利率后再决定是否发放贷款。

如果考虑到客户在银行还有存款，以及银行运用存款去投资而获得收益，或者客户在银行还有投资理财（进而银行获得理财销售收入或管理费），那么相对于其他贷款客户，上述贷款的12%的利率则还可以进一步降低。

表 4-36　补偿余额与贷款定价

服务收入或费用项目	金额（美元）
该客户预期带来的收入	
贷款利息（12%，6个月）	90 000
贷款承诺费（1%）	15 000
管理客户存款收费	45 000
资金调拨收费	5 000
信托服务与记账收费	61 000
预期年收入总额	216 000
服务该客户的成本	
存款利息费用（10%）	15 000
筹集可贷资金的成本	80 000
作业成本	25 000
资金调拨成本	1 000
贷款处理成本	3 000
记账成本	1 000
年费用总额	125 000
预计客户当年实际使用的贷款资金净额	
向客户承诺的贷款平均额	1 500 000
减：客户平均存款余额（扣去存款准备金）	–270 000
向客户承诺的贷款资金净额	1 230 000

五、消费者贷款

消费者贷款，是商业银行或消费金融公司等机构对消费者个人贷放的、用于购买耐用消费品或支付各种费用的贷款或信贷额度，具有消费用途广泛、贷款额度较高、贷款期限灵活等特点。发放消费者贷款或为消费者提供相关信贷承诺是商业银行重要的业务，竞争日趋激烈。在我国，更习惯称"消费者贷款"为"个人贷款"。

从总体上讲，消费者贷款的价值不仅仅在于扩大资产、增加利息收入和具有相对更低的风险，也包括其与零售负债业务的整合和获得非利息收入，从而改善银行的收入结构。

按贷款的用途，消费者贷款可分为住宅贷款、汽车贷款、住宅改良或修缮贷款、教育贷款、小额生活贷款、度假和旅游贷款、助业贷款等。按贷款期限长短，消费者贷款可以分为

[一]　该例来自于罗斯等主编的《商业银行管理》（第9版），第444页。

短期和中长期贷款。按担保情况，消费者贷款可以分为有担保的，如住房按揭贷款、住房净值贷款等；也可以分为无担保的，如信用卡、循环信贷额度等。

（一）典型银行消费者贷款主要产品与经营特点

消费者贷款是银行重要的资产业务和资产形态，但不同银行具有不同的特点和竞争策略，比如花旗银行以信用卡业务为重点，而中国建设银行、美洲银行则重点发展消费者贷款中的住房按揭贷款。

1. 建设银行的消费者贷款

（1）主要产品

从建设银行年报披露的相关信息来看，建设银行的消费者贷款/个人贷款可分为个人住房贷款、信用卡贷款、个人消费贷款、个人助业贷款、其他贷款（具体产品见表4-37）。[一]贷款可用于住房装修、购买耐用消费品、旅游、教育等。其中，个人消费贷款是中国建设银行对个人客户发放的用于指定消费用途的人民币贷款。

表 4-37　建设银行的消费者贷款产品

个人住房贷款业务	个人消费类贷款业务	个人经营类贷款业务
个人住房贷款	个人消费贷款	个人助业贷款
个人再交易住房贷款	个人汽车贷款	财富贷（助业贷款）
公积金个人住房贷款	个人权利质押贷款	和兴贷
个人住房组合贷款	国家助学贷款	善融商务个人助业贷款
个人商业用房贷款	下岗失业人员小额担保贷款	
个人住房抵押额度贷款	学易贷	
	个人黄金质押贷款	
"房易安"房屋交易资金托管	善融商务个人小额贷款	
	善融商务个人权利质押贷款	
	家装贷	

资料来源：建设银行网站。www.ccb.com/cn/personal/credit/xfyw.html

（2）业务特点

建设银行个人贷款占总贷款的43.12%，与公司贷款占比46.33%基本持平。其中，个人住房贷款、信用卡贷款、个人消费贷款、个人助业贷款、其他贷款占个人贷款的比重分别为81.90%、11.44%、2.93%、0.69%、3.03%（建设银行年报，2019年，第31页）。因此，建设银行个人贷款的重点和特色是"个人住房贷款"。

2. 花旗银行的消费者贷款

无论买房、买车还是缴纳学费，或是买家具，重新装修房屋……消费者都可以通过多种方式、多种渠道向银行申请贷款。因为这种贷款是以消费者自己为消费用途的，在美国这类贷款统称消费者贷款。但消费者贷款不同于消费贷款，后者更多被称为个人贷款。

（1）主要产品

从花旗银行网站和年报披露的贷款信息来看，花旗银行的消费者贷款包括住房首次抵押

[一] 其他贷款包括个人商业用房贷款、个人住房抵押额度贷款、个人助学贷款等。

贷款、住房净值贷款、信用卡、个人贷款和信贷额度，小企业贷款及其他。其中，信用卡多达 16 种之多（见表 4-38）。

表 4-38　花旗银行的消费者贷款产品　　　　　　　　（单位：百万美元）

	2019	2018	2017	2016	2015
消费者贷款（Consumer loans）					
北美（In North America Offices）					
住房首次抵押贷款（Residential first Mortgages）	47 008	47 412	49 375	53 131	56 872
住房净值贷款（Home Equity Loans）	9 223	11 543	14 827	19 454	22 745
信用卡（Credit Cards）	149 163	144 542	139 718	133 297	113 352
个人、小企业和其他（Personal, Small Business and Other）	3 699	4 046	4 140	5 290	5 396
合计（Total）	209 093	207 543	208 060	211 172	198 365

资料来源：花旗银行年报，2019 年，第 72 页。

（2）业务特点

从表 4-38 的数据可以发现，花旗银行消费者贷款主要是信用卡余额。2019 年，信用卡占全部消费者贷款比例为 71.3%，且在 2015 年后信用卡业务的重要性还在不断提高。因此，可以看出花旗银行将"信用卡"作为消费者贷款的核心业务，这与美洲银行形成了鲜明的差异。

3. 美洲银行的消费者贷款

（1）主要产品

美洲银行的消费者贷款包括多种形式，如按揭贷款、住房净值贷款、信用卡、循环信贷、直接/间接消费贷款等，具体状况可见表 4-10，介绍了 2015～2019 年消费者贷款情况。

典型案例
美洲银行消费者贷款形式

（2）业务特点

2015～2019 年，美洲银行住房相关贷款（住房抵押贷款和住房净值贷款）占总消费者贷款的比例分别为 57.84%、56.46%、57.45%、57.43%、59.34%，因此，住房相关贷款"重要且稳定"是美洲银行消费者的重要特征。与花旗银行相比，美洲银行重点发展住房贷款业务，实现了与花旗银行在消费者贷款市场的差异化竞争。

（二）个人客户信贷调查与分析

无论企业贷款还是个人贷款，贷款调查最终都会落脚到判断两个方面的问题。一是还款能力，借款人能不能还款。二是偿还意愿，会不会有钱也不还？但是，个人贷款和企业贷款上述两个问题的观测点和信息来源还是有差别的。

1. 还款能力

当个人客户买房、买车、买手机、买耐用消费品等向银行申请贷款时，银行要怎么去观察和判断借款人的还款能力呢？其核心是观测借款人的收入情况。

首先，仅仅看收入还不够，还需要了解借款人的职业稳定性、其他债务或义务等情况。有的人大学毕业工作后就没有换过单位，有的人今天是在这个单位明天可能又到另外一个单位去了；今年可能在成都，明天可能在上海，也许过一阵又到深圳工作了。这实际上与借款人的职业稳定性有关，也就是给还款能力有关。还比如说贷款买房，要不要到家里面看看？买房之前住棚户区，现在突然要贷款买别墅。这些都跟贷款风险有关系。

其次，要核查收入的真实性。比如说申请住房贷款时银行需要申请人提供收入证明，但这个证明能否真实反映借款人的偿还能力？这取决于证明的真实性和借款人的其他债务情况。收入多并不一定证明你的偿还能力就强。这几年，我们国家在个人收入所得税方面的制度越来越健全，收入透明度越来越高。银行通过纳税记录反过来倒推借款人的收入情况，显然要远远比单位开"收入证明"更科学、更准确。当然，提供借款人近期的银行流水也是一种比较好的判断收入能力和还款能力的方法。

2. 偿还意愿

偿还意愿主要是看借款人过去有没有违约记录。曾经跟银行有借钱经历且没有违约的客户，本次借钱仍然守约的可能性很大，反之违约的可能性会高。但是，有的人可能从来没向金融机构借过钱，也没有使用信用卡，因此也就没有违约记录。如何判断这类新客户未来是否会违约？从哪里去找客户的信用记录并判断客户的还款意愿？这对银行是个挑战。

随着中国人民银行个人征信制度的不断完善，以及第三方数据公司的发展，借款人违约信息获取渠道更加多元，全面和准确。当然，央行征信系统总体讲还只是一个数据仓库，保存的是违约事件的原始

典型案例
个人客户信贷审查重点——以住房抵押贷款为例

记录，而这些违约事件和借款人应该付出的违约风险溢价是什么关系还没有建立起联系。因此，目前的个人征信报告还只能作为贷款审批的参考，还远不能满足贷款定价的需要。

（三）个人信用评级

个人信用评级是第三方信用评级机构按照一定的方法和程序，在对个人信用进行全面了解、征集和分析的基础上，对其信用度进行评价，并以专用符号揭示其风险的活动。

在美国，与个人贷款相关的个人征信信息主要来自三大征信管理公司，并最终量化成 FICO 分数。银行发放消费者贷款，特别是纯信用的，必须依靠 FICO 分数。

在中国，反映个人违约的信息相对比较分散。不仅仅来自银行，除了人民银行的征信记录外，与借款人相关的公用事业缴费记录、纳税记录、交通违法记录、犯罪记录等都可以用于信贷审批和定价之中。即便是借款人之前没有跟银行发生业务关系，但如果不交或不按时交水电气费、物业管理费，电话费也频繁透支等，或有酒驾行为，其实也是一种违约或违法。这在某种程度上反映出借款人不太谨慎或不注重管理自己的日常事务。由于这些信息分散在不同的机构，所以建立一个广泛覆盖个人信息的征信制度，对整个金融业或者银行业来讲是非常重要的，需要政府大力推动。

1. 美国的个人信用评级制度

（1）主要征信机构

Equifax 公司、全联公司（TranSUnion）和益百利公司（Experian）是美国三大消费者信用评级机构（也称征信公司），是专门提供消费者个人信用情况的公司，俗称"信用管理局"。

FICO 公司（Fair Isaac Corporation）是美国个人消费信用评估公司，它根据这三个机构提供的个人信用信息，计算出消费者个人的 FICO 分数。FICO 分数是银行消费信贷决策及定价的重要依据。FICO 公司成立于 1956 年，总部设在美国加州的圣何塞，20 世纪 80 年代初在纽交所上市。

（2）个人信用评分（FICO® 分数）

FICO® 分数是使用最广泛的个人信用评分，超过 90% 的贷款决策都基于该评分体系。客户的 FICO® 分数都是基于从三大信用局（Experian®、TransUnion® 和 Equifax®）的信用报告生成的数据，一般每月更新一次。每个 FICO® 分数代表不同的信用风险，能预测借款人偿还贷款的可能性。使用 FICO® 分数的机构包括银行、抵押公司和信用卡发卡机构。当借款人申请住房抵押贷款时，银行等放款机构通常使用 FICO® 评分模型，而汽车贷款人和信用卡发行商通常选择使用 FICO® 汽车评分和 FICO® 银行卡评分，因为能更准确地衡量借款人的信用价值。但是分数并不能完全说明一个客户信用的好坏。每个贷款人都会有自己的贷款策略和标准，加之根据不同贷款项目产品的不同风险水平，从而决定了可以接受的信用分数水平。部分贷款机构也使用 FICO® 以外的评分体系。

典型案例
美国三大消费者信用评级机构简述

FICO 评分系统设定的信用分数范围在 300～850 分之间，共有五个等级，不同的分数，意味着不同的风险或违约率，分数越高说明客户的信用风险越小，违约风险越低。FICO 分低于 600 分，贷款违约比例为 1∶8；信用分数在 700～800，违约比例为 1∶123；信用分大于 800 分的借款人，违约比例仅为 1∶1 292（见表 4-39）。

一般来说，如果借款人的信用评分达到 680 分以上，贷款人就可以认为借款人的信用优秀，可以较为容易地同意发放贷款。如果借款人的信用评分低于 620 分，贷款人则一般会要求借款人增加担保（如 FHA 担保），或者直接拒绝贷款。如果借款人的信用评分介于 620～680 分之间，贷款人就要做进一步的调查核实，采用其他的信用分析工具。

表 4-39 FICO 信用评分及含义

信用状况	分数
优秀（Excellent）	800～850 分
很好（Very Good）	740～799 分
良好（Good）	670～739 分
一般（Fair）	580～669 分
不良（Poor）	300～579 分

表 4-40 是花旗银行基于 FICO 分数分布的消费贷款组合，商业贷款不包括在内。在经历次贷危机后，花旗银行 620 分及以下的低信用等级贷款占比非常低，总体约占 6.4%。这与 2007 年左右的消费者贷款"不断降低门槛"对比鲜明。

表 4-40 花旗银行 2017 年 12 月 31 日基于 FICO 分数分布的消费贷款组合

（单位：百万美元）

	620 分及以下	620～660 分	660 分及以上
住房首次按揭贷款（Residential first mortgages）	2 100	1 932	42 265
住房净值贷款（Home equity loans）	1 379	1 081	11 976
信用卡（Credit cards）	9 079	11 651	115 577
分期付款贷款和其他（Installment and other）	276	250	2 485
合计（Total）	12 834	14 914	172 303

资料来源：花旗银行年报，2017 年，第 198 页。

(3) 影响 FICO 评分的因素

一是违约历史，权重 35%。包括信用卡、分期偿还贷款、抵押贷款等的还款记录，以及破产记录、丧失抵押品赎回权记录、法律诉讼事件、留置权记录及判决。其中，涉及金额大的事件比金额小的事件对 FICO 得分的影响较大。在同样的额度下，晚发生的事件要比早发生的事件对得分的影响大。例如，一个发生在上个月逾期 60 天的记录对 FICO 得分的影响会大于一个发生在 5 年前逾期 90 天的记录。逾期的天数、未偿还的金额、逾期还款的次数和逾期发生时距现在的时间长度等。据统计，大约有不足 50% 的人有逾期 30 天还款的记录，大约只有 30% 的人有逾期 60 天以上还款的记录；而 77% 的人从来没有过逾期；90 天以上不还款的，仅有低于 20% 的人有过违约行为而被银行强行关闭信用账户。

二是债务负担，权重 30%。债务越多，评分越低。过度利用信用意味着具有更高的逾期还款可能性。那些信用卡长期都只能还最低还款额的与每次还全额的持卡人差别肯定是会很大。FICO 有几个不同的指标，包括债务限额比率、有余额的账户数量、不同类型账户的欠款金额以及分期付款贷款的首付金额。

三是信用历史，权重 15%。信用记录的时间越长越好。又叫"存档时间"，例如账户的平均使用年限和最旧账户的使用年限。历史越长，可能对信用评分产生积极影响。

四是信用种类，权重 10%，如信用卡、房贷、消费贷等。

五是近期新申请信用账户，权重 10%，包括用户近期持有和申请的信用账户类型和每种类型的信用账户数。每一次贷款都需要对用户的信用进行一次查询，即所谓 hard pull。每新增申请一次，就会对信用分数造成一次负面影响，扣除一定的分数。如果短时间内有很多机构搜索同一个人的信用评分，可能导致对评分的负面影响。在很短时间内开立多个信用账户的客户具有更高的信用风险，尤其是那些信用历史不长的人。

2. 我国的个人征信制度

我国个人征信虽然发展较晚，但随着信用卡业务、住房按揭贷款和个人消费贷款业务的快速发展，以及消费金融公司和互联网金融的出现，个人信用等级评定随之蓬勃发展。当前，我国提供征信产品的机构主要包括中国人民银行个人征信报告和蚂蚁金服的芝麻信用评分。

（1）中国人民银行的个人征信（报告）⊖

2006 年 3 月，中国人民银行设立中国人民银行征信中心，作为直属事业单位专门负责企业和个人征信系统（即金融信用信息基础数据库，又称企业和个人信用信息基础数据库）的建设、运行和维护。征信中心于 2007 年 10 月 1 日建成应收账款质押登记系统并对外提供服务。2008 年 5 月，征信中心正式在上海举行了挂牌仪式，注册地为上海市浦东新区。2013 年 3 月

⊖ 人民银行的个人征信报告只是一份信用事件清单，不会审核个人征信报告，不提供任何结论；金融机构需要根据自己内部的风控系统和标准自行审核和做出结论。此外，我国一些机构开始从事征信业务，如蚂蚁金服的"芝麻信用"。特别是 2018 年 5 月，百行征信有限公司经中国人民银行批准成立。截至 2020 年 5 月，百行征信已拓展金融机构达 1 710 家，签约信贷数据共享机构近 1 000 家，百行个人征信系统收录个人信息主体超 8 500 万人，信贷记录 22 亿条。同时，对接了公安身份信息、运营商手机信息、银行卡信息、航空出行信息、铁路出行信息、失信被执行人信息和互金逃废债信息等 9 类金融替代信息，并与地图地址信息、地方政务信息、生活服务信息等 5 类信息源达成合作意向。百行征信已对外陆续推出了个人信用报告、特别关注名单、信息核验产品、反欺诈系列产品（欺诈规则报告、反欺诈评分、反欺诈风险画像）和百行征信 APP，形成了初具规模的百行征信产品序列及服务平台。

15日施行的《征信业管理条例》(简称《条例》),明确了征信系统是由国家设立的金融信用信息基础数据库定位。目前,征信中心在全国31个省和5个计划单列市设有征信分中心。

征信系统已经在金融机构信用风险管理中广泛应用,有效解决了信息不对称问题,提高了社会公众融资的便利性,创造了更多的融资机会,促进了信贷市场发展。征信系统的广泛应用,显著提高了社会信用意识,在全社会形成"守信激励、失信惩戒"的激励约束机制。对推动金融业发展发挥了至关重要的作用。

个人信用报告的使用目前仅限于商业银行、依法办理信贷的金融机构(主要是住房公积金管理中心、财务公司、汽车金融公司、小额信贷公司等)和人民银行,消费者也可以在人民银行获取到自己的信用报告。

个人征信系统已实现了在全国所有商业银行分支机构都能接入并查询任何个人在全国范围内的信用信息。根据《个人信用信息基础数据库暂行管理办法》的规定,商业银行仅在办理如下业务时,可以向个人征信系统查询个人信用报告:审核个人贷款、贷记卡、准贷记卡申请的;审核个人作为担保人的;对已发放的个人信贷进行贷后风险管理的;受理法人或其他组织的贷款申请或其作为担保人,需要查询其法定代表人及出资人信用状况的。

消费者可以向征信中心、征信分中心以及当地的人民银行分支行征信管理部门等查询机构提出查询本人信用报告的书面申请。

(2)蚂蚁金服的芝麻信用评级

1)芝麻分的信息来源与影响因素

芝麻信用评级是蚂蚁金服基于阿里生态系统开发的个人征信系统,其数据来源主要有电商数据、互联网金融数据、众多合作公共机构及合作伙伴数据、用户自主提交信息和来自公共部门的信息(见图4-12),⊖并据此形成"芝麻分"。

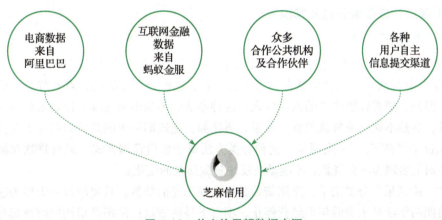

图4-12 芝麻信用额数据来源

影响芝麻分的核心因素有五个方面:一是身份特征(15%),如身份信息、信息稳定性等;二是信用历史(35%),如信用卡还款历史、微贷还款记录、水电煤缴费、罚单等;三是履约能力(20%),如支付账户余额、余额宝余额、车产信息、房产信息等;四是人脉关系(5%),如关系圈、朋友圈信用水平、社交影响力等;五是行为偏好(25%),如账户活跃度、消费层次、缴费层次、消费偏好等。

⊖ 知乎,https://www.zhihu.com/question/27844479,"芝麻信用分数是怎么算出来的?"

2）芝麻分及其与 FICO 分数的比较

因为获取数据的能力和范围不同，芝麻分与 FICO 分数评级体系、影响因素等存在一定的差异（见表 4-41）。

表 4-41　FICO 分数与芝麻分比较

	FICO	芝麻分
分值范围	300～850	350～950
考量维度	违约历史 信用历史 信用种类 近期新申请信用账户 信用种类	信用历史 行为偏好 履约能力 身份特征 人脉关系
信用等级	低于 620　较差 620～680　一般 高于 680　优秀	350～550　较差 550～600　中等 600～650　良好 650～700　优秀 700～950　极好

资料来源：知乎，https://www.zhihu.com/question/27844479，"芝麻信用分数是怎么算出来的？"

与 FICO 分数介于 300～850 分之间略有不同，芝麻信用分介于 350～950 分之间，且分为五个等级，分数越高，表示借款人信用风险越小。

六、贷款五级分类

（一）我国贷款质量分类及其演变

1. "一逾两呆"分类

1998 年以前，我国商业银行把贷款划分为正常、逾期、呆滞、呆账四种类型，简称"一逾两呆"分类法，后三种贷款合称为不良贷款。这种分类方法的特点是静态、事后和简单易行。但是，随着经济改革的逐步深入，这种办法的弊端逐渐显露，比如未到期的贷款都视为正常，显然不能反映贷款的真实质量。再比如，把逾期一天的贷款即归为不良贷款的做法似乎又过于严格了。"一逾两呆"这种分类方法属于事后管理方式，只有贷款到期才会在银行的账面上表现为不良贷款，不能动态反映贷款质量的变化。

在"一逾两呆"分类法下，逾期贷款是指逾期未还的贷款，只要超过一天即为逾期；呆滞是指逾期两年或虽未满两年但经营停止、项目下马的贷款；呆账是指按照财政部有关规定确定已无法收回，需要冲销呆账的贷款。

2. 五级分类

1998 年 5 月，中国人民银行制定《贷款风险分类指导原则》（试行），要求商业银行依据借款人的实际还款能力，将贷款划分为五类：即正常、关注、次级、可疑、损失，后三种为不良贷款。2007 年，银监会制订《贷款风险分类指引》（银监发〔2007〕54 号），对原来人民银行制订的《贷款风险分类指导原则》（试行）进行修订，并继续实行贷款五级分类。

2017 年，巴塞尔委员会发布了《审慎处理资产指引——关于不良暴露和监管容忍的定义》(以下简称《指引》),明确了不良资产和重组资产的认定标准和分类要求,以增强全球银行业资产风险分类标准的一致性和结果的可比性。近年来,我国商业银行金融资产的风险特征发生了较大变化,风险分类实践面临诸多新情况和新问题,暴露出风险分类监管制度的不足。结合国际最新要求及国内监管实践,2019年4月30日,银保监会就《商业银行金融资产风险分类暂行办法》(以下简称《暂行办法》)公开征求意见,将贷款分类进一步扩大到金融资产分类。

与《指引》相比,《暂行办法》拓展了金融资产风险分类的范围,提出了新的风险分类核心定义,强调以债务人为中心的分类理念,明确把逾期天数作为风险分类的客观指标,主要包括四方面内容:一是提出金融资产风险分类要求;二是提出重组资产的风险分类要求;三是加强银行风险分类管理;四是明确监督管理要求。

(二)我国贷款五级分类实践

按照要求,我国各类商业银行、农村合作银行、村镇银行、贷款公司和农村信用社必须对贷款进行分类并披露贷款分类方法、程序、结果及贷款损失计提、贷款损失核销等信息。商业银行应在贷款分类的基础上,根据有关规定及时足额计提贷款损失准备,核销贷款损失。《指引》规定的贷款分类方式是贷款风险分类的最低要求,各商业银行可根据自身实际制定贷款分类制度,细化分类方法,但不得低于本指引提出的标准和要求,并与本指引的贷款风险分类方法具有明确的对应和转换关系。商业银行高级管理层要对贷款分类制度的执行、贷款分类的结果承担责任。

1. 贷款分类的概念、目的与原则

贷款分类是指商业银行按照风险程度将贷款划分为不同档次的过程,其实质是判断债务人及时足额偿还贷款本息的可能性。商业银行对贷款进行分类的目的有:一是揭示贷款的实际价值和风险程度,真实、全面、动态地反映贷款质量。二是及时发现信贷管理过程中存在的问题,加强贷款管理。三是为判断贷款损失准备金是否充足提供依据。

《暂行办法》提出的新贷款分类原则[⊖]:一是真实性原则:风险分类应真实、准确地反映金融资产风险水平。二是及时性原则:按照债务人履约能力以及金融资产风险变化情况,及时、动态地调整分类结果。三是审慎性原则:金融资产风险分类不确定的,应从低确定分类等级。四是独立性原则:金融资产风险分类结果取决于商业银行在依法依规前提下的独立判断,不受其他因素影响。

2. 五级分类的结果

商业银行应按照贷款分类办法至少将贷款划分为正常、关注、次级、可疑和损失五类,后三类合称为不良贷款。正常类贷款是指借款人能够履行合同,没有足够理由怀疑贷款本息不能按时足额偿还。关注类贷款是指尽管借款人目前有能力偿还贷款本息,但存在一些可能对偿还产生不利影响的因素。次级类贷款是指借款人的还款能力出现明显问题,完全依靠其正常营业收入无法足额偿还贷款本息,即使执行担保,也可能会造成一定损失。可疑类贷款

[⊖] 《贷款风险分类指引》原来提出的四条原则是:一是真实性原则,分类应真实客观地反映贷款的风险状况。二是及时性原则,应及时、动态地根据借款人经营管理等状况的变化调整分类结果。三是重要性原则,要根据本指引第五条的核心定义确定关键因素,对影响贷款分类的诸多因素进行评估和分类。四是审慎性原则,对难以准确判断借款人还款能力的贷款,应适度下调其分类等级。

是指借款人无法足额偿还贷款本息，即使执行担保，也肯定要造成较大损失。损失类贷款是指在采取所有可能的措施或一切必要的法律程序之后，本息仍然无法收回，或只能收回极少部分。

3. 五级分类的主要因素与分类标准

银行如何对一笔贷款进行分类？主要考虑哪些因素？按规定，同一笔贷款不得进行拆分分类。贷款分类工作要做到独立、连续、可靠。商业银行应至少每季度对全部贷款进行一次分类。如果影响借款人财务状况或贷款偿还因素发生重大变化，应及时调整对贷款的分类。对不良贷款应严密监控，加大分析和分类的频率，根据贷款的风险状况采取相应的管理措施。

商业银行对贷款进行分类时要以资产价值的安全程度为核心，主要考虑的因素有：借款人的还款能力、还款记录、还款意愿、贷款项目的盈利能力、贷款的担保、贷款偿还的法律责任、银行的信贷管理状况。其中，借款人的还款能力分析是贷款分类的核心，把借款人的正常营业收入作为贷款的主要还款来源，贷款的担保作为次要还款来源。借款人的还款能力包括借款人现金流量、财务状况、影响还款能力的非财务因素等。银行不能用客户的信用评级代替对贷款的分类，信用评级只能作为贷款分类的参考因素。

七、我国中小企业融资难与融资创新

中小企业融资难并不是我国特有的现象，在解决中小企业、三农、民营企业融资方面我国做了诸多创新，包括产品、机构、政策等。

（一）破解中小企业融资难的改革逻辑

1. 信息约束

中小企业融资难是一个世界性难题，难在哪里？一是中小企业信息披露不规范，相关信息的完整性、准确性、时效性不够，特别是财务信息不透明、不真实，使得银行很难准确了解借款人的情况。二是借款人提供的抵质押物不合格，难以满足银行的标准和要求。

从理论上讲，可以通过以下几个办法来解决或缓解中小企业融资难的问题：一是完善借款人信息来源；二是扩大抵质押物范围；三是要求第三方保证（担保公司）；四是通过奖励、贴息、风险分担等鼓励银行放贷；五是设立新机构等扩大信贷供给，如设立小贷公司、互联网银行，或者上市融资或发行债券等。

近几年，我国各级政府和银行监管部门制定了许多文件，采取许多措施来解决或缓解"融资难"问题，主要创新业务或政策包括：①创新政采贷、税融通、应急转贷、无还本续贷、小微企业应收账款融资；②"供应商+核心企业+经销商"供应链融资模式（如五粮液、新希望）；③建立"政－银－担－再担"风险共担机制；④扩大抵质押物，创新存货、仓单、（五粮液、新希望）订单、经营权、收费权、专利权、著作权等质押贷款，农村土地确权（承包经营权、宅基地继承）等。

从解决"融资难"的路径选择来看，前面五个办法中最容易做、可立竿见影的办法是大力发展担保公司、扩大抵质押物范围，以及对银行信贷业务实行奖励和补贴。这便是这些年我国中小企业融资改革的逻辑（见图4-13）。

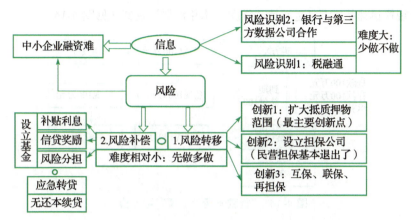

图 4-13 我国破解中小企业"融资难"的改革逻辑

（二）中小企业融资创新

1. 融资模式创新

银行发放贷款会受到有关监管部门的严格监管，如必须遵守资本充足率、规模控制、风险管理、贷款集中度等要求。这些规定对商业银行扩张规模和市场份额、增加盈利等产生制约。为此，商业银行创新了许多新的融资模式。当然，不少创新隐藏着风险。"监管 – 创新 – 再监管"推动着金融业不断发展。

银行传统的贷贷模式是先存后贷，存款是贷款的资金来源和基础。"存进来 – 贷出去"是标准的信贷模式，也是最为基本的一种信贷模式。比如企业 X 因购买原材料需向卖方 Y 支付 100 万元，因此向银行 A 申请贷款 100 万元，到期后还本付息。这一模式的最大问题是银行贷款规模受存款规模的制约，实践中银行是如何突破存款数量限制，做大贷款规模的？

（1）"贷款 + 承兑汇票"模式

承兑汇票是银行签发的支付结算工具，持票人也可以向其他银行申请贴现，从而获得资金。因此，承兑汇票也是一种融资工具。通常开立承兑汇票需要向银行缴纳保证金，比例一般是 30% 左右，对于一些中小型企业来说，银行要求的保证金比例会更高（因为风险原因），比如要求存入 50%～100% 的保证金，也许更低。"贷款 + 承兑汇票"模式是新设银行或新设分支行迅速做大业务规模的办法之一，在前些年颇为流行。

与传统模式不同，假设客户 X 为支付购买原材料的货款向银行 A 申请贷款 100 万元，但银行告诉借款人，100 万元的贷款资金不能拿走，必须存入本银行。X 急需要用钱支付货款，怎么办？银行 A 说，以客户 X 存入的 100 万元存款（这 100 万元存款实际上是贷款产生的）为保证金，给客户 X 开一张承兑汇票，⊖客户 X 拿该承兑汇票去支付货款，或持该承兑汇票去找另一家银行 B 申请贴现，然后将贴现获得资金支付货款（当然也可以是卖方 Y 持该承兑汇票去找银行 B 申请贴现）。

对于发放贷款的银行 A 来讲，首先增加了 100 万元贷款，同时增加了 100 万元的存款，还增加了 100 万元的承兑汇票。这样，本来只有 100 万元的贷款业务，就变成了 300 万元的

⊖ 假如保证金比例为 25%，贷款存入的 100 万元实际上可以开 400 万元承兑汇票。

业务！银行规模迅速扩大！[○]这就是"贷款+承兑汇票"模式（见图4-14）。

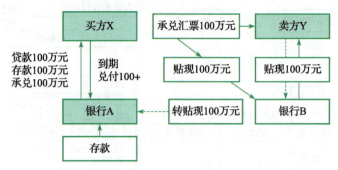

图 4-14 "贷款+承兑汇票"融资模式

（2）银信同业合作模式

在实际工作中，如果客户条件很好，不过因为种种原因银行不能直接满足客户的贷款需求，但又不愿意把客户推给别的银行，因为这样做的后果可能会永远失去客户。要把客户留住，怎么办？于是银行通过同业合作，运用信托、理财、委托贷款等方式，创造出银信同业合作的融资模式，解决了企业融资问题，扩大了银行的业务规模和盈利。当然，这些创新的交易设计往往比较复杂，隐藏较大风险，而且多半通过加杠杆博取高收益并放大了金融机构的风险，在很大程度上提高了企业的融资成本。

A银行（甲方）以自有资金、理财资金或同业资金委托信托公司D设立单一资金信托计划，通过信托公司D放款给C银行的融资客户；B银行（乙方）作为实际的出资方，以同业资金受让A银行持有的单一信托的信托受益权；C银行（丙方）为风险的真正承担方，承诺在信托计划到期前无条件购买B银行从A银行受让的信托受益权（见图4-15）。

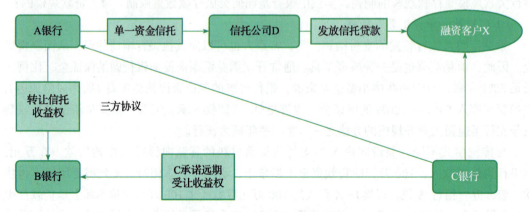

图 4-15 银信同业合作的融资模式

此种操作模式下，信托受益权的流转路径是从A银行到B银行，然后再到C银行，其

○ 2009年，时任中国银行董事长的肖钢认为，在2009年一二月份中国银行业整体新增的信贷中，相当大的一部分是票据。票据又分两种：一种是银行直接给企业的贴现，称之为"直贴"；第二类票据叫转贴现，例如中国银行给某企业贴现，企业拿了票据以后又转到工商银行，然后又转到建设银行，就是银行之间的转贴现。其中，1月份的1.62万亿元新增的信贷中有6 000亿元是票据，2月份的1.1万亿元新增的信贷中也有4 000亿元是票据，即一二月份2.72万亿元的新增贷款中约有37%是票据。

实质是 C 银行通过 B 银行的资金，间接实现了给自己的授信客户放贷的目的。然而，由于通过理财资金或同业资金对接特定目的载体（SPV，如信托计划），将风险权重较高的贷款转化为风险权重较低的同业业务，或者将表内的贷款业务腾挪至表外理财业务，减少风险资产、少提减值准备，实现了监管套利。

在这个合作中，C 银行有客户优势、A 银行有同业合作优势（熟悉通道和资金供给方）、B 银行有资金优势、信托 D 发挥通道作用，从而形成一个新的融资生态链！

（3）应收账款等收益权转让模式

商品卖方或保理企业持有大量应收账款或银行承兑汇票等债权，可通过转让债权来融资，其过程如下：银行发行理财产品——募集资金购买应收账款——产品到期——应收账款转让方或第三方回购应收账款——银行退出（见图 4-16）。

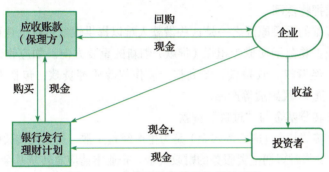

图 4-16　应收账款等收益权转让融资

通俗地说，收益权转让就是把有收益权的资产收益进行转让。收益权转让被广泛应用到市政基础设施收益权转让、企业应收账收益权转让、土地或矿产权等收益权转让、上市公司某项资产收益权转让、股权收益权转让、债权收益权转让、票据收益权转让等方面，如"小额贷款收益权凭证"模式。

2. 担保创新

（1）设立融资性担保公司

融资性担保公司是指依法设立，经营融资性担保业务的有限责任公司和股份有限公司。融资性担保是指担保人与银行等债权人约定，当被担保人不履行对债权人负有的融资性债务时，由担保人依法承担合同约定的担保责任的行为。

融资性担保公司通过"银-担""政-担""担-担"等合作，对解决银行"不敢贷"，破解中小企业融资难题发挥了重要作用。当然，担保收费在一定程度上也使得融资更贵！

我国融资担保行业的主要法律法规有《融资性担保公司管理暂行办法》（银监会等七部委〔2010〕3 号令），《中国银行业监督管理委员会关于促进银行业金融机构与融资性担保机构业务合作的通知》（银监发〔2011〕17 号），国务院《关于促进融资担保行业加快发展的意见》（国发〔2015〕43 号），2017 年 6 月国务院令《融资担保公司监督管理条例》。

（2）担保模式创新

"银-担"合作是担保的最主要的业务合作模式，也是担保机构发挥作用的主要渠道。此后，"政-担""担-担"等业务模式不断拓展了担保公司的合作，特别是"银-政-担-再担"分险模式。此外，银行等还创立了"供应商+核心企业+经销商"等供应链融资模式。

从具体的担保业务来看，互保、联保是我国不完善担保体系下的制度创新，但这一创新存在缺陷：联保体范围不断扩大，削弱其信息优势，高度同质性增加担保链的脆弱性，导致风险高传染性。横向监督失效加剧企业冒险行为，银行顺周期管理放大风险。本来是小企业抱团取暖的担保圈贷款，演变成抱团还债。○

以小企业联保为例，该担保模式由有资金需求的 3~10 个个体工商户自发组成联保小组，存入一定比例的保证金，银行根据小组成员的销售收入、经营规模及资金需求等给予一定比例的授信额度，额度内可随时提款、还款，无须再另行提供如房产、汽车等其他担保，可满足商户旺季采购资金需求，也可满足临时经营周转资金需求。针对不同专业市场、产业集群等集群式客户，银行还积极创新运用第三方增信、第三方保证、组合担保等多种措施，创新设计了诸如"温州商会贷"等多个特色融资产品。

（3）扩大抵质押物范围

中小企业融资难的重要原因之一是这些借款人难以提供银行传统上认可的抵质押物，因此，扩大扩大抵质押物范围便成为担保（贷款）创新的重要方向。如应收账款质押融资，存货、仓单、订单、经营权、收费权、专利权、著作权等质押贷款，包括近几年各地推出的"政（府）采（购）贷"、税融通等产品。

（4）设立应急转贷基金与"过桥"贷款

中小企业应急转贷基金（应急周转金）是为生产经营正常、资金周转暂时出现困难的企业按时还贷、续贷提供临时短期垫资服务的财政资金。企业申请应急转贷基金无需抵押和担保。绝大多数中小企业的银行贷款是一年期流动资金贷款，贷款到期后必须按时还贷才能续贷。由于多数中小企业贷款期限与企业经营周期不匹配，导致流动资金较为紧张。为此，许多中小企业不得不通过小贷公司、民间借贷等高息筹措资金，不但成本高，还可能存在断贷、抽贷风险，导致企业关门歇业。如何有效帮助解决民营中小企业还贷的"痛点"和难点？为此，近几年，各级财政等有关部门建立应急转贷基金，有效缓解了中小企业转贷时期的风险，同时防止银行金融机构断贷、抽贷，对支持中小企业融资发挥了不可替代的作用。

应急转贷基金的原理与所谓"过桥贷款"或搭桥贷款相似。过桥贷款是通过一笔短期资金来"搭一座桥"，实现续贷的目的。尽管企业"过桥贷款"一般期限很短，但也存在较大风险。如果银行突然断贷，高昂的过桥利息就将成为压垮企业的最后一根稻草。○

（5）无还本续贷

所谓"无还本续贷"是指在贷款到期前，银行依据对企业客户的历史数据以及行为评估，支持符合条件的小微企业自动续贷或延长贷款额度使用期限，突破融资过程中"先还后贷"的传统模式。"无还本续贷"不同于贷款展期！

早在 2014 年 7 月，银监会发布《关于完善和创新小微企业贷款服务提高小微企业金融服务水平的通知》（银监发〔2014〕36 号），就明确提出，对流动资金周转贷款到期后仍有融

○ 进一步的内容可参见《山东担保圈危局深度大揭秘——你所不知道的真相》，2017 年 4 月 30 日，https://www.sohu.com/a/137343346_276934

○ 在电视剧《人民的名义》中，大风厂是一家民营服装厂，是国企改制而来的。出于经营需要，该公司每年都会向当地城商行贷款，长此以往，形成了旧贷还新贷的局面。但根据流程，新贷的批复需要时间，因此"过桥贷款"就来了——大风厂向山水集团借了 5 000 万过桥贷款，用于偿还原先银行的贷款，并以大风集团的股权作为质押。这一过桥贷款日息 4‰，使用 6 天。在不算利滚利的情况下，年化利率就是 146%。结果大风厂的银行贷款被拒绝，于是山水集团的过桥贷款无法偿还，员工股权被迫转让。

资需求，又临时存在资金困难的小微企业，经其主动申请，银行业金融机构可以提前按新发放贷款的要求开展贷款调查和评审。

3. 与第三方互联网公司合作——中小银行转型的重要方向

中小企业融资和普惠金融发展仍面临着中小微企业自身抗风险能力弱、过度依赖第二还款来源、风险管理成本高等问题。一些银行积极与金融科技知名企业开展合作，通过快速整合多方优势资源，提升金融服务便利性和可得性。银行与第三方互联网公司助贷业务合作，较好地解决了客户推荐和客户风险识别及贷款定价等问题。

近几年，工农中建、以及各地城商行加快与百度、阿里、腾讯、京东（BATJ）的合作，以及依托第三方互联网公司改造信贷产品和流程，创新产品更好服务中小微企业融资。银行将金融科技与小微信贷结合，持续加强小微金融业务和产品创新，为小微企业提供更匹配、更快捷的服务。如建行采用"互联网+信贷"模式，持续丰富服务于小微企业的"小微快贷"产品体系，对小微企业及企业主的全面信息进行采集和分析，实现电子渠道在线申请、实时审批、签、支用和还款；农业银行上线全线上纯信用的小微企业法人信贷产品——"微捷贷"，实现"秒申""秒审""秒贷"。如广州农商行与腾讯、京东对接，开展普惠、小微业务助贷、联合贷款及客户引流等合作；苏州银行推出"淘宝贷"，支持优质的网商客户融资需求。

那些无法与BATJ合作的中小银行只能寻找不太出名的第三方数据公司建立审贷模型，但因为这些数据公司或"科技公司"的数据往往是通过非法交易或非法渠道获取的。因此，这类合作在2019年9月被全部叫停。

4. 政策创新

为确保中小企业融资落到实处，监管部门在政策方面进行创新。2015年，银监会提出小微企业贷款"三个不低于"要求：从小微企业贷款增速、户数、申贷获得率三个维度更加全面地考查小微企业贷款增长情况。2018年，银保监会提出小微企业贷款"两增两控"要求："两增"即单户授信1 000万元以下的小微企业贷款同比增速不低于各项贷款同比增速，贷款户数不低于同期水平；"两控"即合理控制小微企业贷款综合成本和贷款质量。2018年11月1日，习近平总书记组织召开民营企业家座谈会，银保监会提出民营企业贷款的"一二五"目标：即在新增公司类贷款中，大型银行对民营企业贷款不低于1/3；中小型银行不低于2/3，争取3年后，银行业对民营企业的贷款占新增贷款的比例不低于50%。

另一方面，加大财政贴息与奖补力度。2016年9月24日，财政部以财金〔2016〕85号印发《普惠金融发展专项资金管理办法》，规定了专项资金的使用方向包括县域金融机构涉农贷款增量奖励、农村金融机构定向费用补贴、创业担保贷款贴息及奖补、政府和社会资本合作（PPP）项目以奖代补等。2017年和2018年，中央财政分别下达普惠金融发展专项资金，加大对小微企业、"三农"等主体的支持力度。此外，各级政府基本都有类似的贴息与奖补专项资金。

第三节　商业银行证券投资

商业银行是否可以进行证券投资？历史上曾有过激烈的争论，甚至禁止银行投资、特别是股票投资。在金融领域长期实行的"分业经营"原则下，银行是否就不能持有证券资产呢？

一、商业银行证券投资概述

商业银行投资资产主要是债券投资、权益工具和基金、其他债务工具等。在2010年后，我国商业银行、特别是中小商业银行的投资占总资产的比例不断提高，商业银行资产"投资化"现象非常明显，这在一定程度上进一步加剧了中小企业融资难的情况。2017年，在"强监管"背景下，银行资产"投资化"或"去信贷化"现象开始得到根本扭转。

（一）银行证券投资的目的

商业银行证券投资的目的，与一般投资者并不完全相同，盈利并非唯一的目的，还包括资产配置和管理流动性。

1. 配置资产

商业银行不仅可以贷款，购买证券也是其资金重要的运用方式。从商业银行最核心的三类资产功能来看，贷款资产侧重于盈利，现金类资产主要基于流动性考虑，而证券资产则兼有盈利和流动性双重优势。因此，从银行经营管理角度来看，持有证券资产是银行资产配置的必然要求和选择。

银行之所以需要多元化配置资产，其目的在于通过分散资产来分散风险。商业银行证券投资在分散风险方面有独特的作用。首先，为银行资产分散提供了一种新的选择。银行如果把资产集中在放款上，放款收不回，银行承受的风险就会很大。有了证券投资，即使某些放款不能收回，证券投资也可以分散银行的风险，同时还可以降低银行盈利的波动。其次，与放款业务相比，证券投资选择面广。放款一般都受银行资产规模、地理区域和客户条件等的限制，而证券一般不受地区限制，可以购买本国乃至其他国家的各种证券。

2. 提高盈利

投资证券，目的是获得预期回报，但这种回报是以投资者承担相应的风险为代价的。投资者在持有证券期间会获得与其所承担的风险相对称的回报，预期回报率与风险之间是一种正向的关系。预期回报率越高，投资者所要承担的风险也就越大；反之承担的风险也就越小。每一种证券都有自己的风险 - 回报特性，而这种特性又随着条件的变化而变化。

任何一项证券资产都可以为投资者带来利息收入和价差收入，商业银行证券投资也不例外。这是银行投资于证券的重要目的之一，也是银行证券资产与贷款资产收益模式的重大差异。但是，并非银行的证券投资总能带来盈利！

3. 管理流动性

贷款投放出去后，通常是到期后才能收回。因此，贷款资产是缺乏流动性的！如果商业银行把全部资金都安排在贷款上，这对银行的期限匹配能力提出了很高的要求，否则容易带来流动性管理的压力，这往往不是银行能自主决定的。因为资产和负债的期限是否错配既决定于银行对资产的选择，也取决于存款人对期限的偏好。

证券资产，特别是国库券资产，不仅自身期限品种多，关键还在于有可随时变现的二级市场存在。一旦银行需要流动性，就可以很容易通过出售证券获得流动性。

（二）银行证券投资的盈利来源

商业银行证券投资的收益一般和证券投资一样，盈利主要来自两方面：利息收入和资本增值收入。

1. 利息收入

债务证券的利息收入是指银行购买证券后,依证券发行时确定的利率从发行者那里取得的收入,它是票面收入和合同收入。利息收入是确定的,与发行时的市场利率水平直接相关。通常,风险越低,收益也越低。

2. 资本增值收入

资本增值收入是指银行购买证券在出售时或到期偿还时收到的本金高于购买价格的差额,又称价差收益。例如,银行以 100 元价格购买的证券,当证券价格上涨时,银行以 120 元的价格卖出,每 100 元证券可赚得 20 元,这 20 元的差额就是资本增值为银行提供的收入。如果银行不得不以 80 元的价格卖出,就会亏损 20 元。

(三)银行证券资产的优势

相对于银行的其他资产,特别是贷款资产,银行持有证券资产的好处包括减少资本占用、获取税收优惠和提高资产流动性。

1. 减少资本占用

银行投资的首要目的是安全,其次是流动性要高,最后考虑的才是盈利性问题。符合这一投资原则的证券资产当然首选是国债或国库券,然后是政府机构债券,高信用等级的金融机构债、企业债,以及资产证券化债券。按照《巴塞尔协议》信用风险权重的规定,这些证券资产的风险权重普遍低于贷款资产。即便是一般贷款资产证券化,其证券化债券的风险权重要低于基础资产的风险权重。这样,同量的证券资产消耗或占用的资本要比直接持有基础资产占用的资本更少。这也是为何商业银行热衷于资产证券化和持有资产证券化债券,特别是住房抵押贷款支持债券(MBS)。

2. 获取税收优惠

在我国(以及美国)商业银行持有的债券资产中,相当比例是国债、国库券和地方政府债券。根据税法,国债、国库券和地方政府债券利息收入享受税收优惠,这是一般债券和贷款资产所不具备的。

(1)关于国债利息收入税务处理问题

主要有增值税和所得税两种处理:① 根据《财政部国家税务总局关于全面推开营业税改征增值税试点的通知》规定,国债、地方政府债利息收入免征增值税。② 根据《中华人民共和国企业所得税法》第二十六条的规定,企业取得的国债利息收入,免征企业所得税[一]。

(2)关于国债转让收益(损失)税务处理问题

企业转让或到期兑付国债取得的价款,减除其购买国债成本,并扣除其持有期间按照本公

[一] 具体按以下规定执行:

第一,企业从发行者直接投资购买的国债持有至到期,其从发行者取得的国债利息收入,全额免征企业所得税。

第二,企业到期前转让国债或者从非发行者投资购买的国债,其按《关于企业国债投资业务企业所得税处理问题的公告》(国家税务总局公告 2011 年第 36 号)第一条第(二)项计算的国债利息收入,免征企业所得税。

告第一条计算的国债利息收入以及交易过程中相关税费后的余额,为企业转让国债收益(损失)。

根据《中华人民共和国企业所得税法》实施条例第十六条规定,企业转让国债,应作为转让财产,其取得的收益(损失)应作为企业应纳税所得额计算纳税。

3. 提高资产流动性

在发达经济体,金融市场相对更加成熟。无论国债还是企业债,通常都有二级市场。投资者可以很方便地买进或卖出,证券资产的高流动性是其区别于贷款资产的重要特征。随着证券资产比例提高,银行资产的整体流动性增强。

(四)银行证券投资的风险

实际上,银行证券投资同样会面对很多风险,如违约风险、市场风险、流动性风险和通货膨胀风险等。历史和事实证明,投机追求高收益而持有高风险的债券迟早是要付出代价的,20世纪80年代拉美债务危机中美国商业银行持有大量的垃圾债券资产就是证明。

1. 违约风险

违约风险或信用风险,是指发行债券的借款人不能按时支付债券利息或偿还本金,而给债券投资者带来损失的风险。实际上,商业银行购买证券后,并非总能获得利息收入和价差收入。当债务人违约或公司破产,银行的证券投资会遭受利息甚至本金损失。当然,国债等发生违约风险的概率很低,但是企业债到期后无法兑付本息的事情时有发生。

例如2020年11月17日,拥有AAA评级的河南永城煤电控股集团有限公司发布特别风险提示称,"20永煤SCP004""20永煤SCP007"这两笔债券应于11月23日兑付本息,但由于其流动资金不足,兑付存在不确定性。这两笔债券应付本息金额合计约20.57亿元。

2020年11月13日,包商银行发布公告称,中国人民银行、银保监会认定包商银行已经发生"无法生存触发事件"。而根据《2015年包商银行股份有限公司二级资本债券募集说明书》(简称"2015包行二级债")中有减记条款,该条款约定:在触发事件发生时,包商银行有权在无须获得债券持有人同意的情况下自触发事件发生日次日起,不可撤销对本期债券以及已发行其他一级资本工具的本金进行全额减记。公告称拟于11月13日(减记执行日)对已发行的65亿元"2015包行二级债"本金实施全减记,并对任何尚未支付的累积应付利息(总计5.85亿元)不再支付。

2. 市场风险

债券的市场风险,是指由于利率变动而使投资者遭受损失的风险。影响债券价格的主要因素之一是市场利率。在其他因素不变情况下,当市场利率上升时,债券价格下跌,原来预计的价差收入也会化为泡影,造成损失。由于债券价格会随利率变动,因此即便是没有违约风险的国债也会存在利率风险。

二、商业银行证券投资与结构

因为中美两国金融体系结构不同,证券市场发展程度不同,商业银行证券投资的种类和投资结构也存在差异。比如,美国的银行普遍持有较多的资产证券化债券,而前几年我国银行则偏好"非标"投资。

（一）按投资对象划分

2017年建设银行金融投资资产占比23.42%，按投资对象划分为债券投资、权益工具和基金、其他债务工具，分别占比90.97%，2.19%和6.84%。2019年金融投资资产占比24.43%，基本持平。其中，债券投资、权益工具和基金、其他债务工具分别占比94.09%，2.97%和2.94%（见表4-42）。

表4-42　建设银行投资对象（2019年）　　（单位：人民币百万元）

	2019年12月31日		2018年12月31日	
	金额	占比（%）	金额	占比（%）
债券投资	5 846 133	94.09	5 260 061	92.04
权益工具和基金	184 739	2.97	104 270	1.82
其他债务工具	182 369	2.94	350 578	6.14
金融投资总额	6 213 241	100.00	5 714 909	100.00

注："其他债务工具"指建设银行发行表内保本理财产品投资的存放同业款项、债券及信贷类资产等。
资料来源：建设银行年报，2019年，第33页。

（二）按发行主体划分

1. 建设银行

2019年建设银行按发行主体划分的债券投资构成见表4-43，政府债务是建设银行最主要的投资，占比72.85%。相比之下，2017年政府债券投资占比为69.03%。

表4-43　建设银行按发行主体划分的投资结构

（单位：人民币百万元）

	2019年12月31日		2018年12月31日	
	金额	占比（%）	金额	占比（%）
政府债券	4 258 718	72.85	3 753 874	71.36
中央银行	40 792	0.70	38 852	0.74
政策性银行	780 481	13.35	791 660	15.05
银行及非银行金融机构	339 230	5.80	227 713	4.33
其他	426 912	7.30	447 962	8.52
债券投资总额	5 846 133	100.00	5 260 061	100.00

资料来源：建设银行年报，2019年，第33页。

2. 花旗银行

表4-44是花旗银行按公允价值计量的可供出售债券和持有到期债券按债务主体划分的投资情况，数据显示花旗银行与建设银行债券投资的差异和特点。

第一，从可供出售债券和持有到期债券来看，可供出售债券占全部债券投资的绝大部分，占比高达77.32%。

第二，在可供出售债券中，主要投资对象是美国国库券和联邦机构债券，以及外国政府债券，二者合计占比79.46%。这表明，其他债券的流动性相对较低。

第三，在持有到期债券中，主要是住房按揭担保债券（MBS）和一般资产担保债券（ABS），二者合计占比86%，主要是这两种债券的盈利性更好。因此，银行持有供出售债券的主要目的是流动性需要，而资产负债表中持有到期债券的主要目的是提高资产盈利能力。

第四,总体来看,商业银行持有公司债券的数量很少。

表 4-44　2019 年花旗银行按发行主体及持有目的划分的投资结构

(单位:百万美元,百分比除外)

	AFS		HTM	
	金额	占比(%)	金额	占比(%)
住房按揭担保债券(MBS)	36 097	12.88	49 290	59.95
国库券和联邦机构债券(U.S. Treasury and federal agency securities)	111 418	39.75		
州政府债券(State and municipal)	4 978	1.78	9 531	11.59
外国政府债券(Foreign government)	111 303	39.71	1 970	2.40
公司债券(Corporate)	11 217	4.00		
一般资产担保债券(ABS)	522	0.2	21 432	26.06
债券合计(debt securities)	280 265	100	82 223	100

资料来源:花旗银行年报,2019 年,第 178 页、181 页。

(三)按持有目的划分[①]

1. 建设银行

建设银行按持有目的划分的投资有持有至到期投资、可供出售金融资产、以公允价值计量且其变动计入当期损益的金融资产、应收款项类投资(见表 4-45)。

表 4-45　建设银行持有目的划分投资

(单位:人民币百万元,百分比除外)

	2017 年 12 月 31 日		2016 年 12 月 31 日	
	金额	占总额百分比(%)	金额	占总额百分比(%)
以公允价值计量且其变动计入当期损益的金融资产	578 436	11.16	488 370	9.64
可供出售金融资产	1 550 680	29.93	1 633 834	32.23
持有至到期投资	2 586 722	49.92	2 438 417	48.11
应收款项类投资	465 810	8.99	507 963	10.02
投资总额	5 181 648	100.00	5 068 584	100.00

资料来源:建设银行年报,2017 年,第 29 页。

(1)以公允价值计量且其变动计入当期损益的金融资产,包括持有作交易用途的金融资产,[②]以及指定为以公允价值计量且其变动计入当期损益的金融资产。[③]

从表 4-46 可以看出,2017 年建设银行"以公允价值计量且其变动计入当期损益的金融资产"占比 11.16%,其中主要是"其他债务工具",2017 年占比 91.4%。"其他债务工具"

[①] 从 2018 年开始,由于实施新的会计准则,银行年报不再按持有目的的划分和披露银行证券投资信息。

[②] 金融资产满足下列条件之一的,划分为持有作交易用途的金融资产:①取得该金融资产目的,主要是为了近期内出售;②属于进行集中管理的可辨认金融工具组合的一部分,且有客观证据表明银行近期采用短期获利方式对该组合进行管理;③属于衍生金融工具。但是,被指定且为有效套期工具的衍生金融工具或属于财务担保合同的衍生金融工具除外。

[③] 金融资产满足下列条件之一的,于初始确认时被指定为以公允价值计量且其变动计入当期损益的金融资产:①该金融资产以公允价值为基础作内部管理、评估及汇报;②该指定可以消除或明显减少由于该金融资产的计量基础不同所导致的相关利得在确认或计量方面不一致的情况;或③一个包括一项或多项嵌入衍生金融工具的合同,即混合(组合)工具,但下列情况除外:嵌入衍生金融工具对混合(组合)工具的现金流量没有重大改变;或类似混合(组合)工具所嵌入的衍生金融工具,明显不应当从相关混合(组合)工具中分拆。

主要为保本理财产品投资，进一步可再分为"银行及非银行金融机构"（此类理财产品投资2 183.22亿元）和"企业"（此类理财产品投资1 360.68亿元）两类。

表 4-46　建设银行以公允价值计量且其变动计入当期损益的金融资产

（单位：人民币百万元）

	本集团		本行	
	2017 年	2016 年	2017 年	2016 年
持有作交易用途				
－ 债券	189 447	141 330	41 146	40 656
－ 权益工具和基金	1 312	1 825	—	—
小计	190 759	143 155	41 146	40 656
指定为以公允价值计量且其变动计入当期损益				
－ 债券	10 211	8 690	—	—
－ 权益工具和基金	23 076	16 553	—	—
－ 其他债务工具	354 390	319 972	354 390	319 972
小计	387 677	345 215	354 390	319 972
合计	578 436	488 370	395 536	360 628

资料来源：建设银行年报，2017 年，财务报表附注第 61 页。

（2）可供出售金融资产，是指初始确认时即被指定为可供出售的非衍生金融资产，或除下列各类资产以外的金融资产：① 以公允价值计量且其变动计入当期损益的金融资产；② 持有至到期投资；③ 贷款及应收款项。建设银行 2017 年可供出售金融资产见表 4-47。

表 4-47　建设银行可供出售金融资产　　（单位：人民币百万元）

工具性质	本集团		本行	
	2017 年	2016 年	2017 年	2016 年
债券	1 461 824	1 348 814	1 347 163	1 237 668
权益工具	31 723	22 640	11 453	4 122
基金	57 133	262 380	43 401	231 378
合计	1 550 680	1 633 834	1 402 017	1 473 168

资料来源：建设银行年报，2017 年，财务报表附注第 77 页。

（3）持有至到期投资，是指到期日固定、回收金额固定或可确定，且银行有明确意图和能力持有至到期的非衍生金融资产，但不包括：① 于初始确认时被指定为以公允价值计量且其变动计入当期损益或可供出售的非衍生金融资产；② 符合贷款及应收款项定义的非衍生金融资产。建设银行 2017 年持有至到期投资情况见表 4-48。

表 4-48　建设银行持有至到期投资　　（单位：人民币百万元）

按发行机构类别	本集团	
	2017 年	2016 年
政府	1 908 032	1 603 894
中央银行	434	422
政策性银行	552 057	258 080
银行及非银行金融机构	27 045	456 139
企业	102 564	122 931
总额	2 590 132	2 441 466
减值准备	(3 410)	(3 049)
净额	2 586 722	2 438 417

资料来源：建设银行年报，2017 年，财务报表附注第 79 页。

（4）应收款项类投资，为银行持有的、在境内或境外没有公开市价的各类债权投资。但总体来看，该部分资产相关信息披露比较模糊，如"政府"科目下，除"特别国债"之外的"－其他"不仅金额特别大，而且具体的底层资产状况未予披露。"其他"科目包括银行资管计划投资和资金信托计划，但具体数数量不清楚。特别值得关注的是，与该"其他"科目资产相比，2016年比2017年减少近1 000亿元（见表4-49）。

表4-49　建设银行应收款项类投资　　　　　　　（单位：人民币百万元）

	本集团		本行	
	2017年	2016年	2017年	2016年
政府				
－特别国债①	49 200	49 200	49 200	49 200
－其他	304 554	228 762	304 554	228 762
政策性银行	20 000	—	20 000	—
银行及非银行金融机构	13 462	50 271	26 636	50 512
企业	29 096	33 662	20 370	30 611
其他②	51 612	147 419	156 827	150 424
合计	467 924	509 314	577 587	509 509
减值准备	(2 114)	(1 351)	(1 593)	(1 146)
净额	465 810	507 963	575 994	508 363

① 特别国债是指财政部于1998年为补充原建行资本金而发行的面值为人民币492亿元的不可转让债券。该债券于2028年到期，固定年利率为2.25%。人行已批准本行将特别国债视为存放于人民银行的超额存款准备金的合资格资产，可用于清算用途。
② 其他包括回收金额固定或可确定的资产管理计划和资金信托计划等，到期日为2027年10月，年利率为2%～8.5%。本报告期间，本集团未出现已到期而未收回金额。
资料来源：建设银行年报，2017年，财务报表附注第80页，财务报表附注"16 应收款项类投资"。

2. 花旗银行

根据持有资产的目的，将证券投资资产分为可供出售证券和持有至到期证券。当它们违约或未来可能不能按期支付利息时，应计的利息收入将暂停。

花旗银行集团2017年和2019年投资净额为3 522.90亿美元和3 685.63亿美元，[⊖]占总资产的比重分别是19.1%和18.9%（见表4-50）。在花旗银行全部投资中，其实主要是可供出售证券，占比约76%。如果我们把表4-50的各项投资资产再拆分开来，可以进一步分析花旗银行投资的情况以及投资特点。

表4-50　花旗银行的证券投资情况（按持有目的）　　　（单位：百万美元）

	2017年	2019年
可供出售证券（Securities available-for-sale, AFS）	290 914	280 265
持有至到期证券（Debt securities held-to-maturity, HTM）①	53 320	80 775
非市场化证券公允价值（Non-marketable equity securities carried at fair value）②	1 206	704
非市场化证券净值（Non-marketable equity securities carried at cost）③	6 850	5 661
总投资（Total investments）	352 290	368 563

① 以调整后摊销成本为基础，扣除任何与信贷相关的减值。
② 以公允价值计算的非市场股票证券的未实现损益在收益中确认。
③ 主要由美国联邦储备银行、联邦住房贷款银行以及花旗集团作为成员的各种清算所发行的股份组成。

⊖ 花旗银行2017年年报第184页，2019年年报第177页。

（1）可供出售证券

在可供出售证券（AFS）这类投资的结构当中，第一类叫作 MBS，就是基于住房按揭贷款并把它证券化的债券，具体包括政府发起企业担保的 MBS、最优级 MBS、次优级（Alt-A）MBS 和非美国住宅 MBS。第二类是国库券和美国联邦机构债券。第三类包含州和市政府、外国政府、公司债券、资产担保债券（ABS）等。

花旗银行 2017 年的证券投资资产总额为 3 522.9 亿美元，其中可供出售证券（AFS）2 909.14 亿美元，占比 82.6%。可供出售证券主要包括住房担保债券（MBS）449.57 亿美元，国债 1 074.5 亿美元，外国政府债券 1 005.33 亿美元，三项合计 2 529.4 亿美元，占全部可供出售证券的 86.9%。其他类型的债券占比较低，比如企业债券和普通 ABS。进一步分析可以发现，花旗银行 MBS 投资中又主要持有"两房"担保的住房担保债券，达 417.41 亿美元，占比 92.8%。

与 2008 年次贷危机期间花旗银行的可供出售证券资产结构相比可以看出，2008 年时花旗银行投资的 MBS 的数量要比国债和政府机构债的数量还要多（见表 4-51）。2008 年是银行投资结构变化的分界点，之前的很长时间内，MBS 投资的数量排第一位。此后，商业银行的投资结构发生变化，逐渐回归政府债券投资。

表 4-51　2008 年花旗银行的可供出售证券投资情况——按债务主体（2008 年）

（单位：百万美元）

	摊余成本	账面收入	账面损失	公允价值
可供出售债务工具（Debt securities available-for-sale）:				
抵押支持证券（Mortgage-backed securities）	32 798	266	3 196	29 868
国库券与联邦机构债（U.S. Treasury and federal agencies）	23 702	340	77	23 965
州和地方政府（State and municipal）	18 156	38	4 370	13 824
外国政府（Foreign government）	79 505	945	408	80 042
美国公司（U.S. corporate）	10 258	59	590	9 727
其他（Other debt securities）	12 172	42	314	11 900
可供出售债务证券总额（Total debt securities available-for-sale）	176 591	1 690	8 955	169 326
可供出售市场化权益证券（Marketable equity securities available-for-sale）	5 768	554	459	5 863
可供出售总额（Total securities available-for-sale）	182 359	2 244	9 414	175 189

资料来源：花旗银行年报，2008 年，第 158 页。

（2）持有至到期证券

在花旗银行 2017 年的全部投资中，持有至到期证券占比仅为 15.1%。在银行长期持有的债券中，MBS 和 ABS 合计占比 81.5%，地方政府债券的数量比其在可供出售证券中要多，而美国国债及联邦机构债为零，可以看出地方政府债券与国债及联邦机构债投资的功能性差异（见表 4-52）。

表 4-52　2017 年花旗银行的持有至到期证券投资情况（2017 年 12 月 31 日）

（单位：百万美元）

	经调整摊余成本	公允价值
持有至到期债券（Debt securities held-to-maturity）		
抵押担保债券（Mortgage-backed securities）[①]		

（续）

	经调整摊余成本	公允价值
政府机构担保（U.S. government agency guaranteed）	23 854	23 763
优级（Prime）	—	—
次优级（Alt-A）	206	198
非美国住宅（Non-U.S.residential）	1 887	1 906
商业住宅（Commercial）	237	237
MBS 合计（Total mortgage-backed securities）	26 184	26 104
州和市立（State and municipal）	8 925	9 202
外国政府（Foreign government）	740	722
资产担保证券（Asset-backed securities）	17 588	17 724
持有到期证券合计（Total debt securities held-to-maturity）	53 437	53 752

注：对于从交易账户资产转移到持有到期的证券（HTM），调整后的摊销成本基数为转让之日证券的公允价值加上其他收入减去转让中确认的减值。对于从可供出售证券（AFS）转移到 HTM 的证券，调整后的摊销成本基数为原始购买成本，购买折扣或溢价或摊销的调整，累积公允价值套期保值调整，扣除累积或摊销净额，减去收益中确认的任何非临时减值。

资料来源：花旗银行年报，2017 年第 188 页。

■ 拓展阅读

世界银行排名（1970～2018 年）

■ 思考题

1. 银行如何判断借款人的风险？
2. 银行特征、社会责任与绿色信贷的主要内容是什么？
3. 分析一下竞争与银行风险承担的相互关系。
4. 如何刻画银行的贷款行为？银行贷款行为主要受哪些因素影响？
5. 个人信用评级体系对商业银行开展消费者贷款意义何在？
6. LPR 是企业贷款定价的基准，而 LPR 主要受什么影响？
7. 中国在解决中小企业融资难方面做了哪些探索？银行证券投资的目的是什么？
8. 中美主要银行证券投资结构有何差异性？
9. 银行证券投资如何影响银行盈利能力？
10. 如何从中美大型银行公司贷款与个人贷款占比变化看商业银行的趋同发展趋势？
11. 银行信用贷款占比透露出银行什么样的信贷政策信号？
12. 宏观环境、市场结构、银行特征（如公司治理、规模等）与不良贷款率的主要内容有什么？
13. 在实证分析中，哪些指标可以刻画银行特征？
14. 美国次贷危机后，银行资产结构发生了哪些显著变化？
15. 从 2013 年建设银行资产规模超越美洲银行，如何看银行全球竞争格局变化？
16. 如何看待国内中小商业银行"去信贷化"的现象？

17. 担保对银行信贷风险有何作用？
18. 宏观经济、市场结构、银行特征与贷款利率定价的关系。
19. 中国中小企业融资主要创新有哪些？
20. 银企关系如何影响中小企业贷款定价？

■ 核心文献

［1］ Arnoud W. A.Boot, Anjan V.Thakor. Can Relationship Banking Survive Competition? ［J］. The Journal of Finance. 2002(2).

［2］ Gabriel Jiménez, Jose A. Lopez, Jesús Saurina. How does competition affect bank risk-taking? ［J］. Journal of Financial Stability. 2013(2).

［3］ Kevin J. Stiroh, Diversification in Banking: Is Noninterest Income the Answer? ［J］. *Journal of Money, Credit and Banking*, Vol. 36, No. 5 (Oct., 2004), pp. 853-882.

［4］ Viral V. Acharya, Iftekhar Hasan, Anthony Saunders, Should Banks Be Diversified? Evidence from Individual Bank Loan Portfolios ［J］. *The Journal of Business*, Vol. 79, No. 3 (May 2006), pp. 1355-1412.

［5］ 陈琳，金融市场视角下金融杠杆量化管理研究——以四川省地方法人金融机构为例［J］. 西南金融，2018（5）.

［6］ 方智勇，商业银行绿色信贷创新实践与相关政策建议［J］. 金融监管研究，2016（6）.

［7］ 黄宪，熊启跃. 银行资本缓冲、信贷行为与宏观经济波动——来自中国银行业的经验证据［J］. 国际金融研究，2013（1）.

［8］ 胡荣才、张文琼，开展绿色信贷会影响商业银行盈利水平吗？［J］. 金融监管研究，2016（7）.

［9］ 工商银行创新担保形式破解小企业融资难题［N］. 信息时报，2011 年 11 月 22 日.

［10］ 靳玉英，贾松波. 杠杆率监管的引入对商业银行资产结构的影响研究［J］. 国际金融研究，2016（6）.

［11］ 刘明康，黄嘉，陆军，银行利率决定与内部资金转移定价：来自中国利率市场化改革的经验［J］. 经济研究，2018（6）.

［12］ 马萍，姜海峰. 绿色信贷与社会责任：基于商业银行层面的分析［J］. 当代经济管理，2009（6）.

［13］ 彭兴韵. 完善基于 LPR 的贷款利率定价机制［J］. 银行家，2020（4）.

［14］ 钱龙. 信息不对称与中小企业信贷风险缓释机制研究［J］. 金融研究，2015（10）.

［15］ 钱先航，曹廷求，李维安. 晋升压力、官员任期与城市商业银行的贷款行为［J］. 经济研究，2011（12），P72-85.

［16］ 山东担保圈危局深度大揭秘：你所不知道的真相［OL］. 2017 年 4 月 30 日，https://www.sohu.com/a/137343346_276934.

［17］ 孙国峰、栾稀，利率双轨制与银行贷款利率定价：基于垄断竞争的贷款市场的分析［J］. 财贸经济，2019（11）.

［18］ 孙国峰. 货币创造的逻辑形成和历史演进：对传统货币理论的批判［J］. 经济研究，2019（4）.

［19］ 孙光林，王颖，李庆海. 绿色信贷对商业银行信贷风险的影响［J］. 金融论坛，2017（10）.

[20] 苏冬蔚，连莉莉．绿色信贷是否影响重污染企业的投融资行为［J］．金融研究，2018（12）．

[21] 孙付．迎接贷款利率市场化新基准：LPR：基于利率定价和传导机制的研究，金融市场研究，2019（08）．

[22] 王永钦，刘紫寒，李嫦，等．识别中国非金融企业的影子银行活动：来自合并资产负债表的证据［J］．《管理世界》，2015（12），P24-40．

[23] 文涛宏观债券研究．"同业存单－同业理财－委外"从缘起到消解与去杠杆监管下的债市［OL］．2017-4-15．https://www.sohu.com/a/136277724_618353．

[24] 尹志超，钱龙，吴雨．银企关系、银行业竞争与中小企业借贷成本［J］．金融研究．2015（1）．

[25] 郑晓亚，赵自然，陈华．利率走廊、政策利率传导与商业银行贷款市场化定价：结合中美实践的比较研究［J］．财政研究，2016（7）．

[26] 朱晟．中美商业银行证券投资业务的国际比较研究［J］．中国市场，2015（35）．

[27] 邹晓梅，张明，高蓓．资产证券化与商业银行盈利水平：相关性、影响路径与危机冲击［J］．世界经济，2015年38（11）．

[28] 邹克，蔡晓春．不良贷款率影响因素的实证分析－基于2005年—2014年省级面板数据，金融理论与实践，2017年第2期，P10-18．

第三篇

商业银行其他业务

第五章　商业银行表外业务
第六章　商业银行资管业务
第七章　商业银行资产证券化业务

现代商业银行业务日益多元化，不仅有存款业务、贷款业务、支付结算业务，还有代理业务、信用卡业务、投资业务、投行业务、国际业务、资产证券化业务，也涉及战略、人事、营销等管理工作。

受篇幅所限，本书仅讨论商业银行表外业务、资管业务、资产证券化业务，并归类为"商业银行其他业务"。

商业银行表外业务

表外业务是指不能直接进入银行资产负债表，但是在某种状态下可以转变成银行资产或负债的业务，通常称为"或有资产"和"或有负债"业务。①典型的"或有资产"业务如客户未使用的信用卡额度，而典型的"或有负债"则是银行的对外担保业务。商业银行表外业务有广义和狭义之分。但是，通常所说的表外业务一般是指狭义的表外业务。

广义的表外业务则除了包括狭义的表外业务，还包括结算、代理、咨询等经营服务业务。按照巴塞尔委员会提出的要求，广义的表外业务可分为两大类：一是或有负债（债务），二是金融服务类业务，如咨询服务，支付与结算，代理服务，与贷款有关的服务（贷款组织、银团贷款代理等），进出口服务（代理行服务、贸易报单、出口保险业务等），等等。

狭义的表外业务指那些未列入资产负债表，但同表内资产和负债项目密切相关，并在一定条件下可能转入表内资产和负债项目的业务，包括担保、信贷承诺、金融衍生工具和投资银行业务等。

■ **重要知识点及核心概念**

或有资产、或有负债、备用信用证、银行保函、贷款承诺、承诺费。

■ **学习目标**

- 了解主要的银行表外业务类型
- 了解银行保函及其主要产品
- 了解商业银行从事衍生品交易的目的、主要交易的产品和交易情况
- 中美大型银行从事衍生品交易的特点和差异

---

① 从这个意义上讲，银行的"表外业务"完全不同于"中间业务"，如支付业务。

第一节 表外业务及主要类型

根据中国《商业银行表外业务风险管理指引》（银监发〔2011〕31号），表外业务是指商业银行从事的，按照现行的会计准则不计入资产负债表内，不形成现实资产负债，但有可能引起损益变动的业务，包括担保类、承诺类两种类型的业务。

一、担保类业务

担保类业务是指商业银行接受客户的委托对第三方承担责任的业务，包括银行承兑汇票、备用信用证、银行保函等。

（一）银行承兑汇票

银行承兑汇票是指承兑申请人签发，委托承兑行在指定日期无条件支付确定金额给收款人或持票人的票据，包括纸质和电子两种形式。银行承兑汇票是一种延期支付票据，票据期限内也可以进行背书转让。

银行承兑后有见票即付的义务。为防范风险，银行要求委托开据银行承兑汇票的申请人资信状况良好，有支付汇票金额的可靠资金来源，一般情况下会要求企业

典型案例
银行承兑汇票的形式

存入与票据金额等值的保证金。银行承兑汇票的签发与兑付，大体包括如下步骤：申请承兑——承兑审批——签订承兑协议——银行承兑——承兑到期，具体操作如下。

（1）承兑申请人提交《银行承兑汇票申请书》，向开户行申请承兑。

银行承兑汇票一式三联，第一联为卡片，由承兑银行支付票款时做付出传票；第二联由收款人开户行向承兑银行收取票款时做联行往来账付出传票；第三联为存根联，由签发单位编制有关凭证。

付款单位出纳员在填制银行承兑汇票时，应当逐项填写银行承兑汇票中签发日期，收款人和承兑申请人（即付款单位）的单位全称、账号、开户银行，汇票金额大、小写，汇票到期日等内容，并在银行承兑汇票的第一联、第二联、第三联的"汇票签发人盖章"处加盖预留银行印签及负责人和经办人印章。

（2）承兑申请人开户行审批通过后，与承兑申请人签订承兑协议、保证金协议等，承兑申请人缴纳保证金或办理质押冻结手续，缴纳承兑手续费。

（3）承兑行办理承兑手续，将银行承兑汇票第二联及一联承兑协议、客户缴款回单等交付申请人。

（4）银行承兑汇票持票人可将汇票背书转让给被背书人或到银行办理贴现等业务。

（5）承兑到期，提示付款。在提示付款期内，持票人可委托开户行向承兑行发出委托收款或持银行承兑汇票直接到承兑行提示付款，承兑行划付票款至持票人账户。

按照"银行承兑协议"的规定，付款单位办理承兑手续应向承兑银行支付手续费，由开户银行从付款单位存款户中扣收。按照现行规定，银行承兑手续费按银行承兑汇票的票面金额的万分之五计收，每笔手续费不足10元的，按10元计收。

纸质银行承兑汇票的承兑期限最长不超过 6 个月，电子银行承兑汇票的承兑期限最长不超过 1 年。承兑申请人在银行承兑汇票到期未付款的，按规定计收逾期罚息。

（二）备用信用证

信用证是开证行对受益人有条件的付款承诺，即只要受益人按照信用证的规定行事，包括在信用证规定的交货期限内交货，提交信用证规定的单据，当开证行收到受益人提交的、与信用证规定的单据要求表面相符的单据后，如果是即期付款信用证，则开证行向受益人付款；如果是延期付款信用证，则在信用证规定的付款期限到期时付款；如果是远期承兑信用证，则开证行承兑汇票，并于远期汇票到期时付款。

备用信用证（Standby Letters of Credit，SBLC）最早流行于美国，因美国法律不允许银行开立保函，故银行采用"备用信用证"来代替保函，后来其逐渐发展成为国际性合同提供履约担保的信用工具，其用途十分广泛，如国际承包工程的投标、国际租赁、预付货款、赊销业务以及国际融资等业务。国际商会在 1993 年的《跟单信用证统一惯例》中，明确规定该惯例的条文适用于备用信用证，即将备用信用证列入了信用证的范围。备用信用证实际上就是银行保函。

典型案例
备用信用证种类、特点及办理流程

备用信用证是银行向受益人担保开证申请人一定会履行与受益人签订的合同中的相关义务（一般是指付款义务），如果开证申请人没有履行付款义务，则开证行保证向受益人付款。

（三）银行保函

在国际经济交易中，合同当事人为了维护自己的经济利益，往往需要对可能发生的风险采取相应的保障措施，银行保函和备用信用证就是以银行信用的形式所提供的保障措施。

银行出具的保证通常称为保函，其他保证人出具的书面保证一般称为保证书。**银行保函**是指银行应申请人或委托人的要求向受益方开出的，担保申请人一定履行某种义务，并在申请人未能按规定履行其责任和义务时，由担保行代其支付一定金额或做出一定经济赔偿的书面文件。银行保函主要分为以下两种。

一是融资性保函，又称"融资保函"或"融资类保函"，是指银行应借款人的申请而向贷款人出具的，保证借款人履行借贷资金偿还义务的书面文件。

在工程投标中，通常中标方要垫付部分工程款。发包方担心中标方没有足够的资金完成工程，一般要求投标公司提供银行出具的工程建设贷款承诺。这种承诺是正式的，即一旦中标，银行必须提供所承诺数量的贷款，而不能拒绝或把资金贷给其他公司。当然，如果没有中标，银行也为此错过贷款给其他公司的机会，这种可能的"损失"便是银行"承诺"的机会成本。因此，银行通常要收取承诺费！

二是非融资保函，是指在规定范围内以客户提供符合条件的反担保条件为基础，银行为客户的贸易或工程投标等非融资性经营活动开具担保文书提供信用担保，如投标保函、履约保函、预付款保函、民工工资保函、质量保函等。

典型案例
某公司的工程建设贷款承诺

此外，在工程招投标中，也可能存在中标方在银行愿意贷款的情况下：① 因为工程盈利少甚至亏损而不履行合约。为此，银行可以提供履约保函。② 施工方因为种种原因不能支付或不愿及时支付农民工工资，为此，银行利用了解施工方工程进度、资金进出情况等优势，可以提供农民工工资支付保函。这些也增加了银行的非利息收入。

在本案例中，银行提供了哪些业务或服务？

银行保函是由银行开立的承担付款责任的一种担保凭证，银行根据保函的规定承担绝对付款责任。银行保函大多属于"见索即付"（无条件保函），是不可撤销的文件。银行保函的当事人有委托人（要求银行开立保证书的一方）、受益人（收到保证书并凭此向银行索偿的一方）、担保人（保函的开立人）。

典型案例
银行保函的分类

银行保函业务流程包括：保函申请──→审核申请人资信情况与履约能力等──→落实反担保措施──→签订《出具保函协议书》──→对外开出保函──→修改或展期──→终止与注销。

二、承诺类业务

承诺业务是指商业银行在未来某一日期按照事先约定的条件向客户提供约定的信用业务，主要是贷款承诺。此外，还有信用卡承诺、银行承兑汇票、融资保函、非融资保函、开出即期信用证、开出远期信用证等。

根据做出承诺的条款和条件等要素，贷款承诺可以分为：可撤销贷款承诺和不可撤销贷款承诺；固定利率承诺和变动利率承诺；有担保的承诺和无担保的承诺；定期贷款承诺、备用承诺和循环承诺。根据银行信息披露要求，主要介绍下面三种。

1.定期贷款承诺（Term Loan Commitment）

这是指在承诺期内，借款人只能一次性全部或部分使用银行所承诺的贷款金额。

2.备用承诺（Standby Commitment）

这是指借款人可多次使用银行所承诺之贷款金额，并且剩余承诺在承诺期内仍然有效。备用承诺是银行对借款人一定时期内一定金额下借款的正式承诺，但是备用承诺的金额仅仅在某种条件下才有效。

3.循环承诺（Revolving Commitment）

这是指借款人可在承诺有效期内多次使用银行所承诺之贷款金额，并且可以反复使用偿还的贷款，只要借款人在某一时点所使用的贷款不超过全部承诺即可。

但是，这种承诺对于银行来讲是有风险的，如果客户之前确定的商机并没有出现，不需要去外地进货，那么原本计划的贷款就不会发生，从而使得银行留存的相应贷款资金无法获利，这就是银行承诺的机会成本。

在贷款承诺业务中，当客户发生贷款的时候，银行就按贷款收取利息，资产进入资产负债表。而当贷款需求没有发生的时候，银行只能收取承诺费。因此，承诺是一种或有资产业务。

三、金融衍生交易类业务

金融衍生交易类业务是指商业银行为满足客户保值或自身头寸管理等需要而进行的货币和利率的远期、掉期、期权等衍生交易业务。有关内容可参见本章第五节。

第二节　我国对表外业务的监管

一、主要监管文件及主要内容

2011年，银监会制订的《商业银行表外业务风险管理指引》(银监发〔2011〕31号)[一]共四章20条，主要内容包括总则、风险控制、风险监管和附则，我们主要介绍一下风险控制和风险监管。

（一）风险控制

商业银行董事会或高级管理层应当评估、审查表外业务的重大风险管理政策和程序，掌握表外业务经营状况，对表外业务的风险承担最终责任。商业银行应当将表外业务纳入授信额度，实行统一授信管理。

商业银行应当建立计量、监控、报告各类表外业务风险的信息管理系统，全面准确地反映单个和总体业务风险及其变动情况。

商业银行经营担保类和承诺类业务可以采用收取保证金等方式降低风险。

（二）风险监管

商业银行根据信用转换系数和对应的表内项目权重，计算表外业务风险权重资产，实行资本比率控制。商业银行应当接受银监会对其表外业务的监督检查。

二、表外业务及监管改革[二]

为规范表外业务发展和切实防范风险，借鉴国际经验，结合我国银行业发展实际，2016年11月23日银监会公布《商业银行表外业务风险管理指引（修订征求意见稿）》（以下简称"征求意见稿"），对2011年的《商业银行表外业务风险管理指引》进行修订，并向社会公开征求意见。这与当时迅猛发展的理财业务有直接关系。[三]

（一）更全面的表外业务类型

"征求意见稿"的表外业务更为全面，反映了迅速发展的银行表外业务的现实，涵盖了

[一] 2000年11月，中国人民银行曾印发《商业银行表外业务风险管理指引》(银发〔2000〕344号)。
[二] 这一部分的内容来自于2016年11月23日银监会公布的《商业银行表外业务风险管理指引（修订征求意见稿）》，"征求意见稿"在理念、内容、监管等很多方面有明显变化。因为种种原因至今未正式公布，但从"征求意见稿"可以观察到表外业务监管改革的一些趋势。
[三] 表外理财底层资产的投向主要包括类信贷、债券等资产，与表内广义信贷无太大差异，同样发挥着信用扩张作用，如果增长过快会积累宏观风险。此外，当时的表外理财虽名为"表外"，但资金来源一定程度上存在刚性兑付，出现风险时银行往往不得不表内化解决，未真正实现风险隔离。

传统类表外业务、理财、代理代销等各类业务（见表 5-1）。①

表 5-1　银行主要的表外业务

业务分类	定义	具体范围
担保类业务	商业银行对第三方承担偿还责任的业务	包括但不限于银行承兑汇票、保函、信用证、信用风险仍在银行的销售与购买协议等
承诺类业务	商业银行在未来某一日期按照事先约定的条件向客户提供约定的信用业务	包括但不限于贷款承诺等
代理投融资服务类业务	商业银行根据客户委托，为客户提供投融资服务但不承担代偿责任、不承诺投资回报的表外业务	包括但不限于委托贷款、委托投资、代客非保本理财、代客交易、代理发行和承销债券等
中介服务类业务	商业银行根据客户委托，提供中介服务、收取手续费的业务	包括但不限于代理收付、财务顾问、资产托管、各类保管业务等
其他类表外业务	上述业务种类之外的其他表外业务（兜底规定）	——

（二）商业银行开展表外业务的原则

（1）全覆盖原则。商业银行应当对表外业务实施全面统一管理，覆盖表外业务所包含的各类风险。

（2）分类管理原则。商业银行应当区分自营业务与代客业务；区分不同表外业务的性质和承担的风险种类，实行分类管理。

（3）实质重于形式原则。商业银行应当按照业务实质和风险实质归类和管理表外业务。

（4）内控优先原则。商业银行开办表外业务，应当坚持风险为本、审慎经营的理念，坚持合规管理、风险管理优先。

（5）信息透明原则。商业银行应当按照监管要求披露表外业务信息。

（三）建立和完善表外业务风险管理体系

"征求意见稿"指出，商业银行应建立全面风险管理体系，应当将表外业务纳入全面风险管理体系，对所承担的信用风险、市场风险、操作风险、流动性风险、声誉风险以及其他风险及时识别、计量、评估、监测、报告、控制或缓释，并建立业务、风险、资本相关联的管理机制。

（四）加强表外业务的减值准备和资本计提

减值准备和资本监管方面，银行业监督管理机构应当按照实质重于形式的原则和信息透明原则，持续监测商业银行表外业务的减值准备和资本计提情况。对担保承诺类以及实质承担信用风险的投融资服务类及中介服务类表外业务计提减值准备，并根据《商业银行资本管理办法（试行）》的规定审慎计算风险加权资产，计提资本。

（五）加强表外业务信息披露

与 2011 年的《商业银行表外业务风险管理指引》相比，"征求意见稿"对信息披露的内

---

① 按照中国人民银行 2000 年制定的《商业银行表外业务风险管理指引》，表外业务具体包括担保类、承诺类和金融衍生交易类三种类型的业务。

容、频率、形式等提出了明确的要求。

（1）信息披露内容，包括但不限于表外业务总体和各类表外业务的规模、结构及风险状况。

（2）信息披露频率，包括定期信息披露（根据监管规定或表外业务产品说明书、协议约定的间隔期定期披露相关信息）和临时信息披露（根据表外业务服务协议约定，对包括但不限于重大事件、风险事件、产品管理、投资运作情况等内容及时进行披露）。

（3）信息披露形式，采用本行官方网站发布、营业网点发布等途径。

（4）合作金融机构信息披露，对于应当由表外业务合作金融机构披露的信息，应当加强与合作机构沟通，及时掌握其拟披露的信息内容。

第三节　建设银行的表外业务

根据中国建设银行年报披露的信息来看，其表外业务主要有信贷承诺、资本支出承诺、证券承销承诺、国债兑付承诺、未决诉讼和纠纷及其他。[一]其中，信贷承诺包括贷款承诺、信用卡承诺、银行承兑汇票、融资保函、非融资保函、开出即期信用证、开出远期信用证等。

2019 年，建设银行信贷承诺类业务总计 30 858.07 万亿元，主要是信用卡承诺（即银行给予持卡人的但未被使用的信用额度）和非融资保函（见表 5-2）。

表 5-2　中国建设银行的表外业务　　　　（单位：百万元人民币）

	本集团		本行	
	2019 年 12 月 31 日	2018 年 12 月 31 日	2019 年 12 月 31 日	2018 年 12 月 31 日
贷款承诺				
－ 原到期日为 1 年以内	94 491	150 257	76 230	144 874
－ 原到期日为 1 年或以上	373 227	306 838	334 751	284 362
信用卡承诺	1 063 718	923 508	1 018 474	873 436
合计	1 531 436	1 380 603	1 429 455	1 302 672
银行承兑汇票	207 578	230 756	207 578	230 756
融资保函	61 876	51 422	86 446	85 274
非融资保函	1 125 462	1 006 748	1 119 971	999 176
开出即期信用证	36 629	34 159	35 682	33 535
开出远期信用证	119 211	130 195	118 782	129 600
其他	3 615	14 841	3 575	14 270
合计	3 085 807	2 848 724	3 001 489	2 795 283

资料来源：建设银行年报，2019 年，财务报表附注第 209 页。

一、信贷承诺

建设银行集团信贷承诺包括已审批并签订合同的未支用贷款余额及未支用信用卡透支额度、财务担保及开出信用证等。银行将定期评估信贷承诺，并确认预计负债。信用卡承诺和非融资保函是建设银行最主要的承诺业务，合计占比 70.9%。

1. 贷款及信用卡承诺

贷款及信用卡承诺合同金额是指贷款及信用卡透支额度全部支用时的金额。有关信贷

[一]　相关内容来自于建设银行 2019 年年报。

承诺在到期前可能未被使用，因此，合同金额并不代表未来的预期现金流出。表 5-2 中的"1 063 718"代表建设银行所有持卡人可用而未用的额度，是建设银行对持卡人的信用承诺。这部分未被使用的额度能否计入建设银行的资产？

需要说明的是，贷款及信用卡承诺的合同金额是指贷款及信用卡额度全部支用时的金额。保函及信用证的合同金额是指假如交易另一方未能完全履行合约时可能出现的最大损失额。承兑汇票是指本集团对客户签发的汇票做出的兑付承诺。有关信贷承诺在到期前可能未被使用。因此，合同金额并不代表未来的预期现金流出。

2. 承兑汇票

承兑汇票是指本集团对客户签发的汇票做出的兑付承诺，如表 5-2 显示的余额为 2 075.78 亿元。

3. 保函

保函又称保证书，是指银行、保险公司、担保公司或个人应申请人的请求，向第三方开立的一种书面信用担保凭证，包括融资保函和非融资保函两种。建设银行的保函主要是非融资性保函，2019 年余额为 11 254.62 亿元。

4. 开出远期信用证

2019 年，建设银行远期信用证余额为 1 192.11 亿元。

二、其他承诺

1. 资本支出承诺

2019 年，建设银行集团及建设银行的资本支出承诺约 200.77 亿元和 117.92 亿元。

2. 证券承销承诺

2019 年，未到期的证券承销承诺为人民币 0.6 亿元。

3. 国债兑付承诺

作为中国国债承销商，若债券持有人于债券到期日前兑付债券，建设银行集团有责任就所销售的国债为债券持有人兑付该债券。该债券于到期日前的兑付金额是包括债券面值及截至兑付日止的未付利息。应付债券持有人的应计利息按照财政部和人行有关规则计算。2019 年，建设银行集团按债券面值对已承销、出售，但未到期的国债兑付承诺为人民币 867.94 亿元。

4. 未决诉讼和纠纷

2019 年，建设银行集团尚有作为被起诉方，涉案金额约为人民币 95.93 亿元的未决诉讼案件及纠纷。将这些案件及纠纷的很可能损失确认为预计负债。

第四节　花旗银行的表外业务

花旗银行的表外业务主要有担保和信贷承诺两类，2019 年，花旗银行担保余额为 5.21 亿美元，信贷承诺余额为 10 663.64 亿美元。

一、担保

花旗银行为客户提供各种担保和赔偿,以提高他们的信用地位,使他们能够完成各种各样的商业交易。对于满足担保定义的某些合同,担保人在签订担保合同时就必须承担可能的赔偿责任。如果被担保方违约,担保人必须披露担保人根据担保要求的未来付款的最大潜在金额。而确定未来最大可能付款的依据是担保的名义数额,而不考虑根据追索权条款或从持有或质押的抵押品中收回的可能款项(见表5-3)。

表 5-3　花旗银行未来最大支付额　　　　　　　　　(单位:百万美元)

	1年内到期	1年后到期	余额	账面净值
备用信用证(Financial standby letters of credit)	31.9	62.4	94.3	140
履约保证(Performance guarantees)	6.9	5.5	12.4	21
被视为担保的衍生工具(Derivative instruments considered to be guarantees)	37.5	60.1	97.6	289
附追索权的贷款出售(Loans sold with recourse)	—	1.2	1.2	7
证券借出补偿(Securities lending indemnifications)	87.8	—	87.8	—
信用卡特约商户处理(Credit card merchant processing)	91.6	—	91.6	—
与合作伙伴的信用卡协议(Credit card arrangements with partners)	0.2	0.4	0.6	23
保管补偿与其他(Custody indemnifications and other)	—	33.73	3.7	41
合计(Total)	255.9	163.3	419.2	521

资料来源:花旗银行年报,2019年,第270页。

(一)备用信用证

花旗签发备用信用证,以自己的信用证代替借款人的信用证,保护第三方免受合同违约的影响。如果信用证生效,借款人有义务偿还花旗。备用信用证包括:担保支付债券承销的保险费和再保险风险;结算清算所的付款义务,包括期货和场外衍生品清算;支持期权和购买证券以代替存款保证金账户;支持贷款、信贷便利、本票和贸易承兑。

(二)履约保证

签发履约保证书和信用证,以保证客户对建筑或系统安装项目的投标,或保证按照合同条款完成此类项目,或支持客户向第三方提供指定产品、商品或维护或保修服务的义务。

(三)被视为担保的衍生工具

衍生工具是现金流量基于名义金额和基础工具、参考信贷或指数的金融工具,其初始投资很少,一般采取净额结算。

被视为担保的衍生工具仅包括要求花旗根据与担保方持有的资产、负债或股权证券相关的基础工具变更向交易对手付款的工具。更具体地说,被视为担保的衍生工具包括交易对手不是银行、对冲基金或经纪交易商的某些柜台交易(OTC)签发的卖出期权(put options)(此类交易对手被视为这些市场的交易商,因此可能不持有标的工具)。

(四)附追索权的贷款出售

附追索权的贷款出售使得花旗银行承担在某些情况下必须偿还买方贷款损失的义务。追索是贷款销售协议中的条款,根据该条款,卖方将全额偿还买方/投资者因购买的贷款造成的任何损失,其方式是卖方回购出现拖欠的贷款。

(五)证券借出补偿

证券所有人经常将证券借出给其他机构以获取费用收入,借入方可以将这些证券短期售出或偿还债务。银行可以为客户管理此类证券借出计划。证券借出补偿承诺由银行签发,在保证证券借出方在证券借入方未按协议要求返还证券,并且抵押品价值低于证券的市场价值的情况下,银行将负责支付全部款项。

(六)信用卡特约商户处理

信用卡特约商户处理代表银行在如下两种情形下的间接责任:一是向各商户提供不同银行卡的交易处理服务;二是承担银行卡交易处理服务中的潜在责任。在这两种情况下,责任都源于商家和持卡人之间的账单纠纷,通常的解决方案都会偏向对持卡人有利。商家有责任将金额退还给持卡人。一般来说,如果信用卡处理公司无法向商家收取这笔款项,则需要承担支付给持卡人的信用卡金额或退款的损失。在上述情形一当中,花旗对商户承担或有责任。由于花旗与商家之间的现金流以净额结算,损失风险得到降低,花旗有权用商家的现金流抵销任何付款。为了进一步降低这种风险,花旗可能会延迟结算,要求商家提供保证金存款,以便花旗银行在商户财务恶化时获得更多的财务和运营控制权,或要求商户提供信用增强(包括信用证和银行担保)。如果商户无法向持卡人提供产品、服务或退款,花旗将承担对持卡人的信贷或退款责任。

在第二种情形下,如果花旗银行提供交易处理服务,且花旗作为二级担保人而该第三方处理者未能履行责任,花旗银行对银行卡交易承担潜在责任。在2019年和2018年,这一最大潜在风险敞口估计分别是916亿美元和947亿美元。

(七)保管赔偿

在存款机构或第三方子保管人未能保护客户资产安全时,承担保管赔偿的银行将全额赔偿保管客户。

(八)期货和场外衍生品清算

花旗银行为需要与中央结算方(CCPs)结算衍生品合约(包括交易所交易和柜台交易)的客户提供中央结算方清算服务。其中,花旗银行作为这些客户交易的清算成员提供会计代理服务。作为清算会员,花旗在客户与相关 CCP 之间收集和汇出现金和证券抵押品(保证金)。

二、信贷承诺与信用额度

未使用的信贷承诺有多少,取决于客户是否保持特定的信贷标准。商业承诺通常具有浮动利率和确定的到期日期,并需要支付费用。此类费用(扣除某些直接费用)在履行承诺后，在贷款期内摊销。如果执行期很远，则在承诺期内摊销。表 5-4 和表 5-5 分别是花旗银行 2018～2019 年及 2007～2008 年的信贷承诺与信用额度情况。数据显示，在次贷危机期间和 10 余年后的 2019 年，业务重点还是发生了一些明显变化。

表 5-4　花旗银行 2018～2019 年信贷承诺与信用额度　　（单位：百万美元）

	美国国内	美国境外	2019 年	2018 年
商业及类似信用证	746	3 787	4 533	5 461
1～4 户家庭住宅抵押贷款	2 088	1 633	3 721	2 671
1～4 户家庭住宅物业担保的循环贷款	9 511	1 288	10 799	11 374
商业房地产、建造和土地开发	10 623	2 358	12 981	11 293
信用卡信贷额度（Credit card lines）	609 866	98 157	609 866	98 157
商业和其他消费者贷款	212 569	111 790	324 359	300 115
其他承诺和或有债务	1 852	96	1 948	3 321
合计	847 255	219 109	1 066 364	1 030 242

资料来源：花旗银行年报，2019 年，第 275 页。

表 5-5　花旗银行 2007～2008 年信贷承诺与信用额度　　（单位：百万美元）

	美国国内	美国境外	12 月 31 日 2008 年	12 月 31 日 2007 年
商业及类似信用证	2 187	6 028	8 215	9 175
1～4 户家庭住宅抵押贷款	628	309	937	4 587
1～4 户家庭住宅抵押担保的循环贷款	22 591	2 621	25 212	35 187
商业房地产、建造和土地开发	2 084	618	2 702	4 834
信用卡信贷额度	867 261	135 176	1 002 437	1 103 535
商业和其他消费者贷款	217 818	92 179	309 997	473 631
合计	1 112 569	236 931	1 349 500	1 630 949

资料来源：花旗银行年报，2008 年，第 213 页。

（一）商业及类似信用证（Commercial and similar letters of credit）

商业信用证是花旗集团将其自身信用替换客户信用的工具，使客户能够在购买货物时获得融资或承担其他承诺。花旗集团代表客户向供应商签发信用证，并同意在供应商根据信用证条款履行的书面证据后向供应商付款。当信用证到期时，客户需要偿还花旗集团代付的资金。

（二）"1～4 户家庭"住宅抵押贷款（One to four family residential mortgages）

在住房买卖中，买方需要支付首付，其余房款由银行贷款。因此，当买卖双方签订买卖房屋协议时，中介机构会联系放款银行，银行会出具同意贷款的确认函。一旦买卖双方签订买卖协议，银行与买方便签订贷款合同。由此可知，房屋买卖不同阶段中，实际上涉及银行贷款承诺和贷款两种业务。"1～4 户家庭"（one to four family）住宅抵押贷款承诺是花旗集团向房产的卖方提供的书面确认函，银行将同意支付确定的金额使买方能够完成购买。[⊖]

（三）由"1～4 户家庭"住宅物业担保的循环贷款（Revolving open-end loans secured by one-to four-family residential properties）

由"1～4 户家庭"住宅物业担保的循环开放式贷款实际上是房屋净值信贷额度。住房

⊖ "1～4 户家庭"（one to four family）住宅是美国最主要的住房形态，是指一栋建筑中有 1～4 户家庭居住其中，"1"是指独栋别墅，"2"是指双拼别墅，"3""4"指联排别墅。

净值是指住房的公允市场价值超过其抵押贷款未偿债务的差额。银行基于该净值授予客户的信贷额度就是住房净值信贷额度，额度一般是开放式和可循环使用的。房屋净值信贷额度是由主要住所（primary residence）或第二住房（second home）担保的贷款，房屋净值信贷额度按住房的公允市场价值超过首笔抵押贷款未偿债务的一定比例核定。

（四）商业房地产、建造和土地开发（Commercial real estate, construction and land development）

商业房地产、建造和土地开发包括为商业和多户住宅物业以及土地开发项目提供融资而提供信贷的未使用部分。房地产担保和未担保的信贷承诺都包含在信贷额度内，银行有义务按建筑进度付款。银行一旦提供资金，"额度"就转为贷款进入资产负债表。

（五）信用卡信贷额度（Credit card lines）

花旗集团通过发行信用卡为客户提供信贷。信用卡额度可以通过银行通知持卡人或没有通知但当地法律允许的情况下取消。

（六）商业和其他消费贷款（Commercial and other consumer loan commitments）

商业和其他消费贷款承诺包括透支和流动性便利，以及发放或购买贷款的商业承诺，购买第三方应收账款，提供票据发行或循环承销便利，以及股权投资。此外，信贷额度项目包括高杠杆融资承诺，这些承诺是向债务水平较高的借款人（以债务资本与借款人股本资本的比率衡量）提供融资的协议。这类融资通常用于公司收购、管理层收购和类似交易。

（七）其他承诺和或有债务

其他承诺和或有债务包括未履行或未清算的回购协议，以及与上述项目未报告的承付款项和意外情况有关的所有其他交易涉及的信贷额度。

此外，花旗集团还有已经签订但未清算的逆回购协议和证券借入协议，未清算的回购协议及证券借出协议，这些协议在未来结算。在2019年，花旗集团分别有约340亿美元和361亿美元的未结算逆回购和证券借入协议。

第五节 商业银行衍生品交易

商业银行除了开展资产负债业务、投资业务、投行业务外，也参与衍生品交易，或为自己，或为客户。衍生品交易是商业银行重要的表外业务之一，但中美银行衍生品交易的类型和数量存在较大差异。

一、商业银行参与衍生品交易的目的

商业银行签订与利率、外币、商品和其他市场/信贷风险有关的衍生合约，主要基于两个目的。

1. 交易

商业银行为客户或出于自身交易目的（如作为做市商而交易衍生品）提供与风险管理行动相关的衍生工具，以转移、修改或降低其利率、外汇和其他市场/信贷风险。

2. 套期保值

商业银行使用与自身风险管理活动相关的衍生工具来对冲某些风险或重新确定以后的风险状况。

例如,商业银行发行固定利率长期债务,然后以相同的期限和名义金额进行固定的、支付可变利率互换,从而将固定利息支付转换为可变利率为基础的净额支付。此策略是利率对冲的最常见形式,因为它可最大限度地降低某些收益率曲线环境中的净利息成本。衍生工具还用于管理特定资产负债表的资产和负债,包括可供出售证券(AFS)、商品和借款以及其他利息敏感的资产和负债所固有的市场风险。

二、衍生品交易类型

商业银行参与衍生品交易的产品主要类型有三种。

1. 期货和远期合约

这是承诺在未来日期以合同价格买入或卖出金融工具、商品或货币,这些合约或货币可以以现金结算,也可以通过以容易兑换成现金的物品交割。

2. 互换合同

这是承诺在未来日期(可能从几天到若干年)以现金结算,结算采用基于特定指数或金融工具之间的价差方式进行。

3. 期权合同

这是在买方付费条件下给予买方有权在规定的时间内以合同价格购买或出售金融工具、商品或货币的权力的交易方式,结算采用基于特定指数或金融工具之间的价差方式进行。

三、衍生品交易与特点

(一)建设银行

建设银行的衍生品交易包括利率风险相关合约、汇率风险相关合约和其他合约。2019年交易名义金额为 42 137.88 亿元人民币,其中汇率相关合约交易金额占比 87%。相比之下,2018 年的汇率相关合约交易金额占比高达 93.5%。这说明无论是建设银行还是其客户,面临的主要市场风险是汇率风险而不是利率风险。而在 2014 年,建设银行衍生品交易名义总额仅为 14 865.52 亿元,仅为 2019 年名义合同金额的 1/3 左右(建设银行年报,2014 年、2019 年)。这也显示出该市场在我国的发展前景(见表 5-6)。

表 5-6 建设银行的衍生品交易情况 (单位:百万元人民币)

	2019 年 12 月 31 日			2018 年 12 月 31 日		
	名义金额	资产	负债	名义金额	资产	负债
利率合约	496 972	985	1 834	250 461	1 393	1 680
汇率合约	3 665 765	29 571	29 016	4 790 863	45 311	43 503
其他合约	51 051	1 535	1 860	80 747	766	1 841
合计	4 213 788	32 091	32 710	5 122 071	47 470	47 024

资料来源:建设银行年报,2019 年。

花旗银行、美洲银行的衍生品交易中主要的交易工具和交易特点与建设银行等国内银行有何不同？

（二）花旗银行

花旗集团的衍生品交易类型包括利率类、外汇类、股权类、商品和其他类以及信用衍生等五类。2019 年交易目的的衍生品交易名义金额 395 221.92 亿美元，套期保值类交易名义金额 4 208.23 亿美元。其中，基于交易目的衍生品交易中利率合约和汇率合约有关交易的名义金额占总交易金额的比重分别为 62.4% 和 30.1%。由此可见，花旗银行及其客户面临的风险主要是利率风险。套期保值交易中，利率合约和汇率合约有关交易的名义金额合计占总交易金额的比重为 99.7%，其中利率合约占 75.7 个百分点（见表 5-7）。

表 5-7 花旗银行衍生品交易情况（名义合同金额）

（单位：百万美元）

	基于 ASC815 的套保工具		交易性衍生工具	
	2019 年 12 月 31 日	2018 年 12 月 31 日	2019 年 12 月 31 日	2018 年 12 月 31 日
利率合约类（Interest rate contracts）				
互换（Swaps）	318 089	273 636	17 063 272	18 138 686
期货与远期（Futures and forwards）	—	—	3 636 658	4 632 257
卖出期权（Written options）	—	—	2 114 511	3 018 469
买进期权（Purchased options）	—	—	1 857 770	2 532 479
合计（Total interest rate contracts）	318 089	273 636	24 672 211	28 321 891
外汇合约类（Foreign exchange contracts）				
互换（Swaps）	63 104	57 153	6 063 853	6 738 158
期货、远期与即期（Futures, forwards and spot）	38 275	41 410	3 979 188	5 115 504
卖出期权（Written options）	80	1 726	908 061	1 566 717
买进期权（Purchased options）	80	2 104	959 149	1 543 516
合计（Total foreign exchange contracts）	101 539	102 393	11 910 251	14 963 895
权益合约类（Equity contracts）				
互换（Swaps）	—	—	197 893	217 580
期货与远期（Futures and forwards）	—	—	66 705	52 053
卖出期权（Written options）	—	—	560 571	454 675
买进期权（Purchased options）	—	—	422 393	341 018
合计（Total equity contracts）	—	—	1 247 562	1 065 326
商品与其他合约类（Commodity and other contracts）				
互换（Swaps）	—	—	69 445	79 133
期货与远期（Futures and forwards）	1 195	802	137 192	146 647
卖出期权（Written options）	—	—	91 587	62 629
买进期权（Purchased options）	—	—	86 631	61 298
合计（Total commodity and other contracts）	1 195	802	384 855	349 707

（续）

	基于 ASC815 的套保工具		交易性衍生工具	
	2019 年 12 月 31 日	2018 年 12 月 31 日	2019 年 12 月 31 日	2018 年 12 月 31 日
信用衍生类（Credit derivatives）				
保护卖出（Protection sold）	—	—	603 387	724 939
保护买进（Protection purchased）	—	—	703 926	795 649
合计（Total credit derivatives）	—	—	1 307 313	1 520 588
总计（Total derivative notionals）	420 823	376 831	39 522 192	46 221 407

资料来源：花旗银行年报，2019 年，第 228 页。

■ **思考题**

1. 银行表外业务主要类型有哪些？
2. 银行在贷款承诺业务中面临的主要风险是什么？
3. 中美主要银行衍生品交易的特点及差异性？

■ **核心文献**

[1] Qingjun Zhang, Si Chen, Yi Jin, The impact of off-balance-sheet regulations on bank risk-taking: Evidence from China [J]. Research in International Business and Finance 2020 (54) 101297.

[2] Edward R. Morrison, Off-balance sheet risks: What arc they and why is their disclosure important? [J]. Journal of Accounting Education, Vol. I I, pp. 313-320, 1993.

[3] 陈雄兵，邓伟. 商业银行表外业务与货币政策信贷传导 [J]. 国际金融研究，2016（8）.

[4] 黄志凌. 我国商业银行表外业务的属性、风险与监管研究 [J]. 金融监管研究，2016（12）.

[5] 权飞过，王晓芳. 表外业务提高了银行服务实体经济能力吗？——基于银行制造业信贷占比的实证检验 [J]. 国际金融研究，2020（12）.

第六章

商业银行资管业务

资管业务，全称为资产管理业务，是指银行、信托、证券、保险、基金、期货等资产管理机构接受投资者委托，对受托的投资者财产进行投资和管理的金融服务。受托的金融机构与投资人之间形成委托代理关系。资管业务在我国发展迅速、竞争激烈，但也暗藏风险。

本章主要讨论资管业务的形成与发展、商业银行理财产品及其微观结构、商业银行资管业务发展中存在的问题、资管业务与监管的发展趋势。

■ **重要知识点及核心概念**

资管业务、资管产品、理财产品、"资管新规"、理财子公司管理办法。

■ **学习目标**

- 了解国内外资产管理业务的形成与发展
- 了解《关于规范金融机构资产管理业务的指导意见》的主要内容及其对资产管理行业的影响
- 了解商业银行理财产品及其微观结构
- 了解我国商业银行资产管理业务发展中存在的问题
- 了解我国资产管理业务与监管的发展趋势

第一节 资管业务的形成与发展

根据艾瑞咨询所发布的《2019 中国互联网财富管理行业研究报告》，中国个人可投资金融资产规模从 2013 年 76 万亿元增长到 2018 年 147 万亿元，且预期未来 5 年将以 10.6% 的速度持续增长。

得益于我国改革开放所带来的经济飞速发展、城乡居民收入的大幅度增长,以及近十年来全球宏观流动性宽松,我国资产管理行业呈现快速增长态势。居民、企业等理财意识不断增强。理财产品、私人银行、财富管理、非标资产、"大资管"、"资管新规"等概念广为流传,"你不理财　财不理你"深入人心。

一、资管业务与资管产品

(一) 金融机构资管业务

资管业务是指银行等资产管理机构接受投资者委托,对受托的投资者财产进行投资和管理的金融服务。根据中国人民银行等颁布的《关于规范金融机构资管业务的指导意见》(银发〔2018〕106号)规定,金融机构为委托人利益履行诚实信用、勤勉尽责义务并收取相应的管理费用,委托人自担投资风险并获得收益。金融机构可以与委托人在合同中事先约定收取合理的业绩报酬,业绩报酬计入管理费,需与产品一一对应并逐个结算,不同产品之间不得相互串用。

(二) 资管业务的属性

根据中国人民银行等颁布的《关于规范金融机构资管业务的指导意见》(银发〔2018〕106号)规定,资管业务是金融机构的表外业务,金融机构开展资管业务时不得承诺保本保收益。出现兑付困难时,金融机构不得以任何形式垫资兑付。金融机构不得在表内开展资管业务。

信托产品的上位法为《信托法》,基金产品的上位法为《证券投资基金法》,证监会亦明确规定了证券期货私募资管产品监管细则的上位法是《证券投资基金法》。而商业银行和银行理财子公司发行的理财产品依据信托法律关系设立。

《商业银行理财业务管理办法》和《商业银行理财子公司管理办法》明确规定理财产品财产是独立于管理人、托管人的资产,不属于其清算财产,不能进行债权债务抵销。同时,要求商业银行和银行理财子公司诚实守信、勤勉尽责地履行受人之托、代人理财的职责,在"卖者有责"的基础上实现"买者自负",保护投资者合法权益。因此,理财产品本质上并不是"委托代理"关系,而是信托关系。"委托代理"关系是委托人(授权人)将其财产和货币交给受托人之后,受托人按照委托人的指令和以委托人的名义进行各种活动。而信托关系是委托人将其货币资金或者财产交给受托人之后,受托人以自己的名义来管理和操作这些货币资金和财产。

(三) 金融机构资管产品

获批经营资管业务的机构可以提供的资管产品包括但不限于人民币或外币形式的银行非保本理财产品,资金信托,以及证券公司、证券公司子公司、基金管理公司、基金管理子公司、期货公司、期货公司子公司、保险资产管理机构、金融资产投资公司发行的资管产品等。⊖

资管产品按照募集方式的不同,分为公募产品和私募产品。公募产品面向不特定社会公众公开发行,私募产品面向合格投资者通过非公开方式发行。资管产品按照投资性质的不

⊖ 依据金融管理部门颁布的规则开展的资产证券化业务,依据人力资源社会保障部门颁布的规则发行的养老金产品,不属于资管产品。

同，分为固定收益类产品、权益类产品、商品及金融衍生品类产品和混合类产品。固定收益类产品投资于存款、债券等债权类资产的比例不低于80%，权益类产品投资于股票、未上市企业股权等权益类资产的比例不低于80%，商品及金融衍生品类产品投资于商品及金融衍生品的比例不低于80%，混合类产品投资于债权类资产、权益类资产、商品及金融衍生品类资产且任一资产的投资比例未达到前三类产品标准。

金融机构在发行资管产品时，应当按照上述分类标准向投资者明示资管产品的类型，并按照确定的产品性质进行投资。在产品成立后至到期日前，不得擅自改变产品类型。混合类产品投资债权类资产、权益类资产和商品及金融衍生品类资产的比例范围，应当在发行产品时予以确定并向投资者明示，在产品成立后至到期日前不得擅自改变。产品的实际投向不得违反合同约定，除高风险类型的产品超出比例范围投资较低风险资产外，应当先行取得投资者书面同意，并履行登记备案等法律法规以及金融监督管理部门规定的程序（见图6-1）。

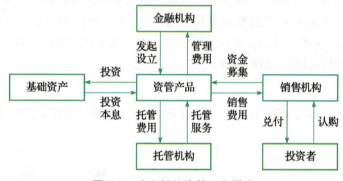

图 6-1 商业银行资管业务模式

二、美国的资管业务形成与发展

（一）20 世纪七十年代

金融机构对客户的资管业务历史悠久，但具有现代意义的资管业务大约出现20世纪70年代，这主要是受金融机构间的竞争加剧和利率市场化的推动，当时美国最有名的产品就是货币市场互助基金（MMMF）、货币市场存款（MMDA）等创新产品。

第二次世界大战后至20世纪60年代，随着美国成为世界第一大经济体，富裕阶层和中产阶级逐渐形成。为了争夺这一庞大的市场，金融机构开始面向更广大的中产富裕阶层提供综合理财服务，投资顾问业务由此兴起和壮大。

20世纪70年代中后期，美国为应对公共养老金不足的难题，政府以税收优惠鼓励个人为退休储蓄更多，推出个人退休金账户（即IRAs）和雇主养老金计划。其中，401K计划影响最为广泛。401K计划是企业补充养老保险，由公司雇主和雇员将固定比例的工资投401K账户，而雇员投入部分当期免税。另一方面，企业将401K账户交由专业管理人员专门管理，可投资于包括共同基金、债券、股票在内的市场上大多数金融产品，员工在退休后可享受这一资产的投资收益。这种养老金制度不仅扩充了金融市场的资本存量，也为财富管理行业的蓬勃发展打下了基础。

(二) 20 世纪八九十年代

一方面,20 世纪八九十年代则是美国财富管理蓬勃发展期。随着 1946～1964 年出生的"婴儿潮"一代步入中青年,带来理财人口基数和理财需求的大幅上升。

另一方面,随着 1980 年开始的利率市场化改革的不断深入,银行等金融机构的利差收窄,利息收入面临较大压力。银行转型非利息业务成为必然,而财富管理业务以收取佣金为主要盈利模式,为银行带来非利息收入增长点。

在这一过程中,银行的服务模式和盈利模式也在悄然发生变化。"资产管理—投资顾问—产品销售"服务模式和交叉销售成为主流。投资顾问为投资者提供理财规划和服务,向投资者收费的"Fee-based"收入模式开始在美国占据主流。

(三) 1999 年之后的混业经营时代

1999 年美国通过了《金融服务现代化法案》,重新允许商业银行与投资银行业务混业经营。由于财富管理行业资本占用少、收益高,因此参与机构的数量和范围不断扩大。截至 2019 年 12 月,美国 SEC 注册投顾家数已超过 1.3 万。2017 年年底,美国资管规模达到 30.73 万亿美元,占全球主要地区资管总额的近 60%。在全球资管规模排名前 20 的机构中,有 13 家是美国的资管机构(见图 6-2)。

图 6-2　全球主要地区资产管理规模

资料来源:国金证券研究所。

美国资管机构的投资标的主要可分为权益类投资、固定收益类投资、混合类投资(即权益与固定收益的混合投资)、现金管理类投资等。大型资管机构对上述类别的产品都会有所涉及。道富银行资产托管规模全球第一,号称"银行的银行",专注于被动型权益投资、固定收益投资。道富银行的专业化、信息化、差异化是其核心竞争力。摩根大通的资管产品以主动型为主,包括共同基金、对冲基金、指数投资等,能够为客户提供优质的服务。纽约梅隆银行的收入主要依靠收取管理费和服务费,其产品线中主要以负债驱动投资、指数投资和现金资产为主。

从参与主体来看,主要包括五大类:传统私人银行、资产管理公司、券商、独立顾问和家族财富管理工作室。资产管理机构,通过代销或者直销渠道,向客户群体提供标准的基金产品或者具有一定理财功能的生命周期产品;私人银行和大型券商,向高净值人群提供包括理财、避税、不动产规划、家族信托在内的一系列高端定制服务；中小型券商和独立财富顾问，一般向高净值人群及中产富裕人群提供财富管理服务；家族财富管理工作室，主要针对超高净值用户和富裕家族，提供家族财产管理相关的服务（见图6-3）。

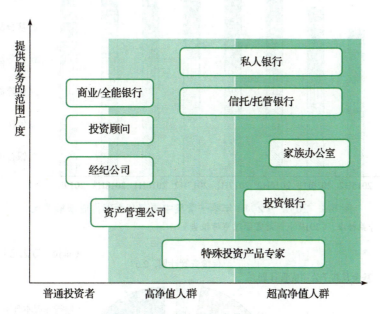

图6-3 美国主要的资管机构

资料来源：BCG& 陆金所《2018全球数字财富管理报告》。

美国资管行业中绝大部分是独立的资管公司，如黑石投资、道富银行、安联保险等。银行系资管也是美国资管行业重要组成部分，如摩根大通资产管理、纽约梅龙银行、高盛等。同时这些资管公司很多是综合性银行设立的独立子公司，比如摩根大通银行、花旗集团等。

三、中国的资管业务形成与发展

自光大银行2004年发行第一只银行理财产品后，我国银行理财业务发展迅速，成为资管市场的主力军。2012年以来，银行、信托、证券、保险、基金等各类金融机构纷纷瞄准资管业务，形成了"大资管"格局。

2013年后，来自基金、券商、信托、保险等的竞争对商业银行资管业务形成明显冲击。特别是货币市场基金规模的迅速壮大使银行理财产品中的无固定期限类产品受到重大影响。2013年阿里巴巴与天弘基金推出的余额宝的收益水平远超一年期定期存款水平，加上支付、转账等功能的嵌入，这些产品受到市场的强烈追捧。2014年年初，天弘基金管理的货币市场基金规模超过2 500亿元，已经相当于中型股份制商业银行理财业务的总规模。

我国资产管理规模2012年年末大约27万亿元人民币，到2017年年末已经超过120万亿元。在资产管理大发展的同时，也出现许多乱象，因此2017年11月"资管新规"出台。此后，资管行业规模开始出现下降趋势。2019年2季度末，资管行业规模达115.83万亿元（见图6-4和图6-5）。

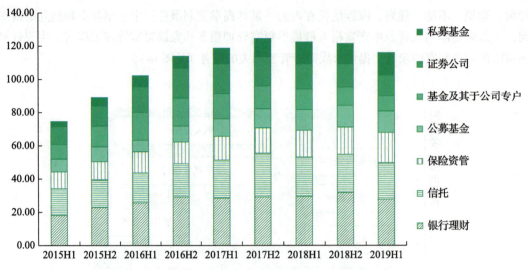

图 6-4　2015～2019 年第一季度中国资产管理行业规模情况

数据来源：普益标准，《2019 中国财富管理市场报告》。

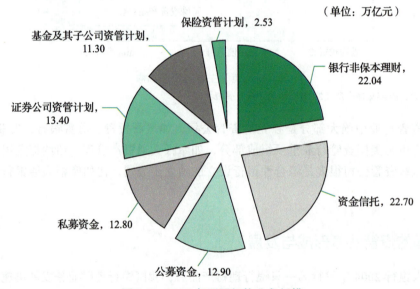

图 6-5　2018 年不同机构业务规模

（一）银行资管

截至 2018 年年末，银行保本和非保本理财产品余额合计 32 万亿元。其中，非保本理财产品余额 22 万亿元。受"资管新规"影响，此后的规模有所下降。截止到 2019 年 6 月，银行理财产品总规模约为 26.92 亿（含保本理财产品），保本理财产品规模持续压缩。银行非保本理财产品 4.7 万只，存续余额 22.18 万亿元。银行理财业务转型呈加速态势，净值型产品发行数量与规模持续增长，2019 年 9 月，新发行的净值型产品共 4 808 只，较去年同期增长超一倍（见图 6-6）。

以建设银行资管业务为例，2019 年年末，建设银行集团理财产品规模 21 457.23 亿元，其中建设银行理财产品规模 20 618.97 亿元，建信理财产品规模 838.26 亿元。2019 年年末，建行净值型产品余额 4 785.33 亿元，全年发行净值型产品 285 只，较上年增加 1 789.09 亿元。对私理财产品余额 16 247.21 亿元，占比 78.80%。2019 年年末，建行理财业务直接和间接投资资产余额总计 21 457.57 亿元，其中，现金、存款及同业存单 5 338.76 亿元，占比 24.88%；债券 6 794.60 亿元，占比 31.67%；非标准化债权类资产 7 214.20 亿元，占比 33.62%；其他类资产 2 110.01 亿元，占比 9.83%。2019 年年末，建行理财产品余额 20 618.97 亿元中，存续保本理财产品 179 只，存续金额 1 768.47 亿元，较上年减少 1 649.32 亿元；存续非保本理财产品 4 003 只，存续金额 18 850.50 亿元，较上年增加 385.26 亿元。

图 6-6 银行理财规模

数据来源：普益标准，《2019 中国财富管理市场报告》。

从建设银行的资管业务及其变化可以看出监管导向转变后，商业银行加快资产管理模式转型，不断优化产品结构和资产结构的效果。

（二）信托资管

2018 年 8 月 17 日银保监会下发《关于加强规范资管业务过渡期内信托监管工作的通知》，要求按照"实质重于形式"的原则，加强信托业务及创新产品监管。作为落实"资管新规"配套系列文件，《通知》明确了通道及过渡期整改的要求，对信托资管业务的重点工作作出了安排并明确了重要时间节点，过渡期内信托公司不得再发行或存续违反"资管新规"的信托产品。

2018 年信托行业资产余额大幅收缩，由年初的 26.25 万亿降至年末的 22.70 万亿元。截至 2019 年 6 月末，全国 68 家信托公司受托资产规模为 22.53 万亿元。其中，融资类信托规模为 4.92 万亿元，投资类信托规模为 5.20 万亿元，事务管理类信托规模为 12.42 万亿元（见图 6-7）。

（三）公募基金资管

2018 年，"资管新规"明确规定，金融机构开展资管管理业务时不得承诺保本保收益，公募基金行业陆续进行产品转型，2019 年 10 月 15 日，最后一只保本基金"汇添富保鑫保本混合型证券投资基金"完成转型，至此保本基金正式退出市场，基金产品运行更加规范化。

截至 2019 年 8 月末，我国境内共有公募基金管理人 141 家，其中基金管理公司 126 家，取得公募基金管理资格的证券公司或证券公司资管子公司共 13 家，保险资管公司 2 家，公募基金资产合计 13.84 万亿元。

图 6-7 2015 年 3 月～2019 年 6 月的信托资产及其同比增速

数据来源：信托业协会

股票型与混合型基金：2018 年年末合计规模为 2.18 万亿元，受经济下行、中美贸易战等因素影响，较 2018 年年初下滑了 19.02%。截至 2019 年 8 月末，股票型与混合型基金合计规模为 2.80 万亿元。

债券基金：2018 年年末规模达 2.26 万亿，较 2017 年年末增长 54.49%。截至 2019 年 8 月末，规模已达 2.50 万亿元，成为仅次于货币基金的主要公募基金产品类型。

货币基金：2019 年 8 月末，规模总计为 7.34 万亿元，较 2018 年年末下滑 3.64%。虽然货币基金依旧为公募基金的主要产品类型，但产品规模占比已从 2018 年 8 月份的 63.56% 下滑至 2019 年 8 月份的 53.05%。

（四）券商资管

2018 年 11 月，证监会发布《证券公司大集合资管业务适用〈关于规范金融机构资管业务的指导意见〉操作指引》，明确了大集合产品对标公募基金。截至 2019 年 6 月末，券商资管总规模 12.03 万亿元。自"资管新规"落地以来，依赖通道业务生长的时代已经结束，券商资管行业进入了变革重构期。券商资管行业将逐步回归投资本质。

（五）保险资管

2003 年，中国第一家保险资产管理公司中国人保资产管理有限公司成立。2004 年，《保险资产管理公司管理暂行规定》颁布之后，保险资管公司迅速发展。据保险资产管理业协会统计，截至 2019 年 6 月，国内共 202 家保险公司，24 家综合型保险资产管理公司，6 家专业型保险资产管理机构，3 家养老险保险资产管理机构。累计发起设立各类债权、股权投资计划 1 201 只，合计备案（注册）规模 27 881.54 亿元。

与其他金融机构资管业务不同，保险资管公司以承接母公司委托资金为主，受托管理其他机构的资金较少。截至 2019 年 6 月，第三方资金仅占保险资金运用总额的 22.86%（普益标准，2019）。

（六）互联网资管

近年来，中国居民财富持续积累，财富管理需求因此不断增加，居民的理财意识不断提高，对互联网了解不断加深。这为余额宝、京东小金库等新型互联网财富管理带来了机遇。

互联网理财除具有一般理财的功能外，还通过数字化、智能化手段为客户理财提供决策支持和增值服务。截至 2018 年，中国的互联网理财人数已经达到 5.3 亿。

2018 年 4 月，互联网金融风险专项整治工作领导小组发布的《关于加大通过互联网开展资管业务整治力度及开展验收工作的通知》，明确将互联网资管业务纳入金融监管范围；依托于互联网公开发行、销售资管产品，须取得中央金融管理部门的资管业务牌照或资管产品代销牌照；互联网平台不得为各类交易所代销资管产品。

中国互联网财富管理兴起于 2013 年，在众多互联网理财产品中，最有名的莫过于余额宝。2013 年互联网理财规模大约 7 726 亿元，2014 年 17 603 亿元，2015 年为 24 334 亿元，2016 年为 29 456 亿元，2017 年为 48 381 亿元，2018 年为 56 675 亿元（艾瑞咨询，2019）。当前，互联网理财以货币基金为主，未来将逐渐转向权益净值型产品（见图 6-8）。

图 6-8　中国互联网理财增长

资料来源：艾瑞研究院

目前，国内参与互联网资管业务的机构主要有互联网财富服务平台（如蚂蚁财富、百度金融、京东财富）、传统金融机构线上平台（如平安证券、招商银行）、独立财富管理平台（财富派、宜信普泽）、互联网金融平台（天天基金、蛋卷基金）等（见表 6-1）。

表 6-1　传统财富管理与互联网财富管理的比较

	传统财富管理	互联网财富管理
获客渠道	银行/财富管理公司线下网点	互联网平台
投资门槛	较高	极低或无门槛
服务方式	面对面为主，成本较高	数字化服务，信息透明
覆盖人群	无法覆盖大众用户	普通大众
操作流程	比较烦琐，受时间和地域限制	操作简单，方便快捷
服务质量	人力有限，无法提供细致服务，但高端服务比较专业。	提供标准化服务，但对高端业务需求仍需线下辅助。

资料来源：根据艾瑞研究院资料整理。

1. 蚂蚁财富

蚂蚁财富是蚂蚁金服旗下的一站式理财平台，致力于"理财更简单"，可实现余额宝、招财宝、存金宝、基金等各类理财产品的交易。2017 年 6 月 14 日，蚂蚁金服旗下的一站式理财平台"蚂蚁聚宝"宣布升级为"蚂蚁财富"，并正式上线"财富号"接入金融机构。

蚂蚁财富基于蚂蚁金服的 BASIC 战略（区块链 Blockchain、人工智能 AI、安全 Security、物联网 Internet of Things、计算力 Computing），逐步对合作伙伴进行技术开放。在蚂蚁"财富号"中，AI 的深度应用能够从"理解用户""优化投资策略"和"用户与金融产品匹配"三个层面助力金融机构，利用 AI 和大数据给机构提供运营反馈，未来蚂蚁财富将在基金领域展开区块链探索、开放智能安全风控能力（见图 6-9）。

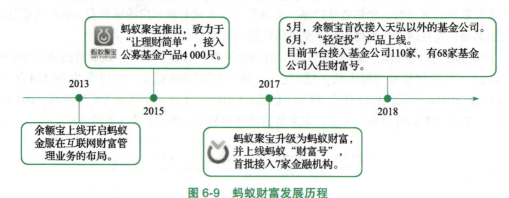

图 6-9　蚂蚁财富发展历程

资料来源：艾瑞研究院

2. 京东财富

京东财富以用户生活场景为切入点，致力于打造一站式财富服务平台，同时利用自身技术优势，坚持平台化的思路和走向，从市场上拿到最好的产品服务广大的用户。京东财富在产品端划分活期、稳健、专业三类，满足用户不同的理财需求，业务覆盖现金管理工具、固收类产品、基金、定制化资产配置等（见图 6-10）。

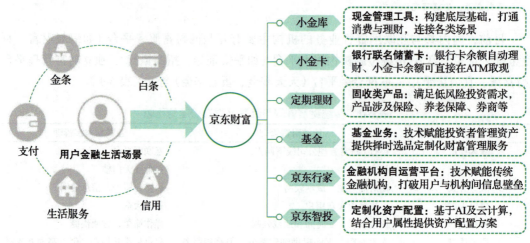

图 6-10　京东财富业务布局

资料来源：艾瑞研究院

3. 腾讯财富

腾讯理财通于 2014 年 1 月在微信钱包上线，是腾讯旗下唯一的官方理财平台。理财通基于微信构建流量入口，坐拥 9 亿微信用户的潜在客群，在获客上具有天然优势。根据腾讯 2018 年财报显示，目前理财通用户数量已经突破 1.5 亿，资金保有量超过 6 000 亿（见图 6-11）。

图 6-11 腾讯理财通业务模式

资料来源：艾瑞研究院

（七）中国的理财业务主要法律

自从 2005 年银监会颁布《商业银行个人理财业务管理暂行办法》《商业银行个人理财业务风险管理指引》以来，监管部门不断加强对资管业务、机构、投资者的管理，几乎每年都有与资产管理相关的法规出台。其中，对资产管理行业影响最大的当属 2018 年 5 月人民银行等四部委联合印发《关于规范金融机构资管业务的指导意见》（简称"资管新规"）。

"资管新规"从破刚兑、限非标与降杠杆三方面规范资管业务，加强对银行理财业务的规模、利差、产品投资等管理，促使银行资管业务转型；强化行为监管职能，严控资产管理机构的投资交易、信息披露行为；进一步加强投资者适当性管理，消费者权益保护。对同一类型或相似类型的业务进行统一化监管，将跨行业创新产品纳入监管职能机构监管范畴，避免监管真空。从上市银行公布的数据来看，"资管新规"发布之后，银行理财业务收入均出现了下降，而非标资产规模收缩是造成理财手续费收入下滑的主要原因。

为保障"资管新规"的落地，陆续出台了配套细则。2018 年 7 月，人民银行发布《关于进一步明确规范金融机构资管业务指导意见有关事项的通知》（以下简称"通知"），明确公募资管产品的投资范围、过渡期内相关产品的估值方法以及过渡期的宏观审慎政策安排。2018 年 9 月，银保监会发布《商业银行理财业务监督管理办法》（以下简称"理财新规"），该办法在一定程度上放松了非标资产投资但仍有比例限制，明确银行独立开展资管业务须成立理财子公司，与"资管新规"禁通道、限非标、管嵌套等大方向保持一致。2018 年 12 月，银保监会发布《商业银行理财子公司管理办法》（以下简称"理财子公司管理办法"），对银行理财子公司的设立、业务规则与风险管理进行规范。2019 年 11 月 29 日，银保监会颁布《商业银行理财子公司净资本管理办法（试行）》。2020 年 7 月 3 日，中国人民银行会同银保监会、证监会、国家外汇管理局颁布《标准化债权类资产认定规则》。

第二节　商业银行理财产品

一、银行理财产品分类

商业银行理财产品是资管产品的一个部分。根据人民银行等颁布的《关于规范金融机构资管业务的指导意见》(银发〔2018〕106号)规定,资管产品包括但不限于人民币或外币形式的银行非保本理财产品,资金信托,证券公司、证券公司子公司、基金管理公司、基金管理子公司、期货公司、期货公司子公司、保险资产管理机构、金融资产投资公司发行的资管产品等。

(一)根据币种不同分类

(1)人民币理财产品,是指银行以高信用等级人民币债券(含国债、金融债、央行票据、其他债券等)的投资收益为保障,面向个人客户发行,到期向客户支付本金和收益的低风险理财产品。人民币理财产品更像是"定期储蓄"的替代品。传统型产品主要有基金、债券、金融证券等;以及人民币结构性存款,该类产品收益与汇率挂钩。

(2)外币理财产品,是指个人购买理财产品时的货币只针对自由兑换的外国货币,收益获取也以外币币值计算。分为固定收益的外汇理财产品和外汇结构性理财产品。

(二)根据客户获取收益方式的不同分类

(1)保证收益理财产品

保证收益理财产品是指商业银行按照约定条件向客户承诺支付的固定收益,银行承担由此产生的投资风险或者银行按照约定条件向客户承诺支付最低收益并承担相关风险,其他投资收益由银行和客户按照合同约定分配,并共同承担相关投资风险的理财产品。包括固定收益理财产品和有最低收益的浮动收益理财产品。

(2)非保证收益理财

非保证收益理财又可以分为保本浮动收益理财产品和非保本浮动收益理财产品。前者是指商业银行按照约定条件向客户保证本金支付,本金以外的投资风险由客户承担,并依据实际投资收益情况确定客户实际收益的理财产品。后者是指商业银行根据约定条件和实际投资收益情况向客户支付收益,并不保证客户本金安全的理财产品。

非保证收益的理财产品的发行机构不承诺理财产品一定会取得正收益,有可能收益为零,不保本的产品甚至有可能收益为负。"资管新规"后,银行等不承担理财的刚兑责任。

(三)根据投资领域的不同

(1)债券型理财产品,指银行将资金主要投资于货币市场,主要对象包括短期国债、金融债、央行票据以及协议存款等期限短、风险低的金融工具。

(2)信托型理财产品,信托公司通过与银行合作,由银行发行人民币理财产品,募集资金后由信托公司负责投资,主要是投资于商业银行或其他信用等级较高的金融机构担保或回购的信托产品,也有投资于商业银行优良信贷资产受益权信托的产品。

(3)挂钩型理财产品,挂钩型理财产品也称为结构性产品,其本金用于传统债券投资,而产品最终收益与相关市场或产品的表现挂钩。有的产品与利率区间挂钩,有的与美元或者其他可自由兑换货币汇率挂钩,有的与商品价格主要是以国际商品价格挂钩,还有的与股票指数挂钩。

(4)QDII型理财产品,简单地说就是投资人将手中的人民币资金委托给被监管部门认证的商业银行,由银行将人民币资金兑换成美元,直接在境外投资,到期后将美元收益及本金结汇成人民币后分配给投资人的理财产品。例如:光大银行发售的"同升三号"股票联结型理财产品，投资于全球著名的金融公司股票，如花旗集团、美国国际集团、高盛集团、汇丰控股、瑞士银行。

（四）根据客户自身条件的不同

（1）一般个人类产品。指普通理财客户，通常投资金额较低。

（2）高资产净值类产品。指家庭或个人可投资资产较高，相对富裕的投资者。

（3）私人银行类产品。指财富较多，投资金额较大的个人或家庭。银行的私人银行客户起点少则千万，多则上亿元，投资门槛较高。

（4）机构专属类产品。指各类大型企业、私募基金等法人机构理财专用的产品，通常涉及金额较大，对投资回报要求较高。

（5）金融同业产品。指金融机构之间发行或购买的产品，如同业存款、同业存单等。

二、理财产品微观结构

（一）产品示例

表 6-2 是光大银行 2021 年 3 月发行的一款开放式净值型产品示例，包括产品名称、分红方式等。

表 6-2　光大银行开放式净值型产品——阳光金 24M 添利 3 号（2021 年 3 月 17 日）

产品名称	阳光金 24M 添利 3 号
产品编号	EW0093
理财产品登记编码	Z7001421000004（投资者可依据该编码在中国理财网 www.chinawealth.com.cn 查询产品信息）
管理人	光大理财有限责任公司
托管人	中国光大银行股份有限公司
产品风险星级	二星级
产品类型	固定收益类
产品收益类型	非保本浮动收益
产品运作模式	开放式净值型产品
产品募集方式	公募
投资者范围	本产品面向不特定社会公众（个人和机构投资者）销售。其中个人投资者需为经代销机构评估风险承受能力为稳健型及以上的个人投资者（法律、法规和有关规定禁止购买者除外）
募集币种	人民币
业绩比较基准	4.4%～5.0%
起点金额/递增金额	个人投资者：1 元/1 元 机构投资者：100 万元/100 元
产品募集期	2021 年 3 月 9 日至 2021 年 3 月 15 日
产品成立日	2021 年 3 月 16 日
募集规模	789 617 866.00 元
投资周期	24 个月
资金到账日	投资者资金于产品到期日后 3 个交易所工作日内到账，产品到期日至投资者资金到账日期间不计利息

（续）

产品期限	24个月
巨额赎回	本产品巨额赎回比例为10%
认购费	0.00%
申购费	0.00%
赎回费	0.00%
管理费（年化）	0.50%
分红方式	现金分红
其他	本产品投资者不可在投资周期内提前终止

资料来源：中国光大银行，https://www.cebwm.com/wealth/gywm49/cpgg93/index.html

（二）产品主要要素

作为金融产品，银行理财产品尽管纷繁复杂，但也具备一般金融产品，特别是债权类产品的基本要件，主要有以下要素构成。

（1）发行者。也就是理财产品的卖家，一般就是开发理财产品的金融机构。

（2）认购者。也就是银行理财产品的投资人。有些理财产品并不是面向所有公众的，而是为有针对性的认购群体推出的。

（3）期限。任何理财产品发行之时都会规定一个期限。银行发行的理财产品大部分期限都比较短。当投资长期理财产品时，投资人还需要避免利率等波动造成的损失。

（4）价格和收益。对理财产品而言，其价格就是相关的认购、管理等费用以及该笔投资的机会成本。收益率表示的是该产品给投资人带来的收入占投资额的百分比。

（5）风险。在有效的金融市场上，风险和收益永远是对等的，投资人应该详细了解自己的风险偏好和产品的风险结构状况。

（6）流动性。流动性指的是资产的变现能力。在同等条件下，流动性越好，收益率越低。

（7）理财产品中嵌套的其他权利。在一些结构性理财产品中，常常嵌入了期权等金融衍生品。有些产品中有投资人可提前赎回条款，或者银行可提前终止的权力。

■ 拓展阅读

我国商业银行资管业务发展趋势

中国的理财业务主要法律法规一览

■ 思考题

1. 我国理财市场发展的基本情况。
2. 商业银行理财产品主要类型？
3. 理财产品微观结构？

■ 核心文献

[1] 艾瑞咨询. 2019年中国互联网财富管理行业研究报告（R）. https://www.sohu.com/a/325157530_405262, 2019-07-07.

[2] 梦梅, 由破到立: 美国财富管理行业的发展与变革［OL］. 微信公众号: 新全球资产配置（ID: SmartGAA）, https://www.huxiu.com/article/342586.html.

[3] 普益标准. 2019中国财富管理市场报告［R］. http://finance.sina.com.cn/money/bank/bank_hydt/2019-11-25/doc-iihnzahi3222796.shtml, 2019年11月25日, 转引自新浪财经.

[4] 纪敏、李宏瑾. 影子银行、资管业务与货币调控方式转型: 基于银行表外理财数据的实证分析［J］. 金融研究. 2018, (12).

[5] 张亮. 银行理财业务的进化与投资者权益保护［J］. 普惠金融研究 2021年第1期, P5-9.

[6] 郑联盛. "资管新规"下银行理财的走向［J］. 银行家, 2018（12）.

[7] 周岳. 结构金融研究, 美国的银行系资管业务是怎么做的?［OL］. 2019-06-06, https://www.sohu.com/a/318857159_719827.

[8] 周月秋, 藏波. 资管2.0时代商业银行理财业务的转型与发展［J］. 金融论坛, 2019（1）.

第七章 CHAPTER 7

商业银行资产证券化业务

20世纪80年代后，资产负债综合管理思想和方法兴起，负债管理的重要性相对削弱，而资产管理——依托资产来融资，变得更加重要。在实践中涌现出许多创新，其中的典型代表就是银行资产证券化。巴塞尔协议对银行资本监管的更高要求成为推动资产证券化市场迅速扩大的重要力量。银行是这一市场的重要参与者，特别是银行可以通过资产证券化和持有证券化债券实现监管资本套利。⊖

本章内容包括资产证券化市场的基本情况与特点、资产证券化的基本原理、资产证券化创新与对商业银行的影响、资产证券化中的道德风险等四节。

■ 重要知识点及核心概念

资产证券化、SPV、ABS、MBS、CDO、"两房"。

■ 学习目标

- 了解资产证券化市场的形成与发展
- 了解美国 MBS 的市场变化情况
- 了解资产证券化的基本原理
- 分析资产证券化创新对商业银行的影响
- 分析资产证券化创新对资本充足率监管的影响
- 了解商业银行资产证券化套利机制
- 了解资产证券化中的道德风险

⊖ 证券化产品的风险权重比基础资产的风险权重低得多。比如，美国住房贷款的风险权重为50%，而由联邦国民住房贷款协会发行的以住房抵押贷款为支持的过手证券的风险权重却只有20%，金融机构持有的这类投资工具可以大大节省资本金，从而可以扩大投资规模，提高资本收益率。资本金监管的压力是银行等金融机构扩大对资产支持证券、特别是住房按揭贷款证券化债券（MBS）进行投资的主要驱动力。

第一节　资产证券化市场的基本情况与特点

资产证券化是指将缺乏流动性但具有稳定现金流量的资产，通过信用增级等发行资产支持证券（Asset-backed Securities，ABS）的过程。

信贷资产证券化代表性模式大致有三种：一是美国模式，也称表外业务模式；二是欧洲模式，亦称表内业务模式；三是澳大利亚模式，也称准表外模式。这三种模式的主要区别是已证券化资产是否脱离原始权益人的资产负债表。

证券化为银行资产流动性管理提供了新的手段来降低银行存款依存度。对商业银行业经营模式和盈利模式，银行业的作用和地位，以及金融监管产生重大影响。不仅如此，证券化还实现了银行与金融市场的链接，是新的金融生态链中不可或缺的一环。

资产证券化在 20 世纪 80 年代初创立以来，发展非常迅速，在欧美等发达国家运用得非常普遍。曾经美国一半以上的住房抵押贷款、四分之三以上的汽车贷款都是靠发行资产支持证券来提供的。我国是从 2005 年开始引入资产证券化业务的。

一、美国资产证券化市场

（一）基本情况

20 世纪 80 年代初，美国的政府国民抵押协会（吉利美）首次发行以抵押贷款组合为基础资产的抵押支持证券——房贷转付证券。此后，资产证券化因逐渐成为一种被广泛采用的金融创新工具而得到了迅猛发展，并衍生出一系列各具特色的证券化产品。根据证券化的基础资产不同，可以将资产证券化分为不动产证券化、应收账款证券化、信贷资产证券化、未来收益证券化（如高速公路收费）、债券组合证券化等类别。

截至 2015 年年末，美国资产证券化产品余额达到 10.05 万亿美元，其中由房地美、房利美和吉利美三大机构担保的 MBS 产品余额达到 7.23 万亿美元，占到全部证券化产品的 72%；私人发行的 MBS 达到 1.49 万亿美元；ABS 产品余额相对较小，但也达到了 1.33 万亿美元。其中，ABS 产品的基础资产主要包括学生贷款、汽车贷款、信用卡贷款、企业设备租赁以及 CDO 产品。

资产证券化产品主要是住房抵押贷款支持证券（MBS）、资产支持证券（ABS）两大类，MBS 又可以分为住房抵押担保证券（RMBS）和商业地产抵押担保证券（CMBS）及其他衍生证券（CMO）。资产支持证券又可包括以汽车贷款、信用卡贷款、学生贷款等为基础资产的 ABS 及担保债务凭证（CDO）。CDO 主要是以投资级、高收益级公司债，杠杆化银行贷款为基础资产的衍生证券，包括担保债券凭证（CBO）和担保贷款凭证（CLO）。⊖

对发行的资产支持债券根据风险大小分级，设计结构化产品，为需求不同的投资人提供"风险 – 收益"不同组合的投资是资产证券化市场的一大发展趋势。CLO 的基础资产是风险较高且收益较高的贷款，按信用风险从低到高分为优先级、中间级和股权级，最优质资产为 AAA 级。一旦抵押贷款出现违约，损失就将由股权级先行吸收，AAA 级最后承担损失。CLO 证券化产品的投资者是美国、日本和欧洲的银行及保险公司，包括富国银行、花旗银

⊖ CLO 全称为 "Collateralized Loan Obligation"，在美国通常是针对信用评级较低的公司贷款。

行、摩根大通、瑞穗银行、索尼银行等。一般而言，商业银行等购买 AAA 级别和 AA 级别的 CLO，保险公司购买 A 级别的 CLO，BBB 级别的投资人大多是投资基金，其他风险更高的产品由对冲基金购买。

2007 年的次级抵押债券一度引发了美国次贷危机。2019 年，根据穆迪公司发布的报告显示，美国结构化融资市场自金融危机后开始呈现复苏迹象，其中以担保贷款凭证（CLO）的增长最为明显。

（二）MBS 的市场情况

一直以来，美国固定收益证券市场非常发达，债务类型包括联邦政府债、地方政府债、联邦机构债、MBS、公司债券和资产支持证券等。

在次贷危机发生前的 2005 年，MBS 占据市场绝对地位。相比之下，传统的联邦政府债、地方政府债、联邦机构债不像过去那样受投资者追捧。但是，次级贷款危机后，MBS 市场大幅度萎缩（见表 7-1）。2016 年的数据显示，联邦政府债又成为市场的主角。图 7-1 每一组上部柱状是 2016 年数据。

表 7-1 次贷危机前美国证券化规模与抵押贷款支持证券化

（单位：10 亿美元）

年份	证券化规模	抵押贷款支持证券发行规模	全部抵押贷款规模	抵押贷款证券化占全部抵押贷款比例（%）
1990		377.6	2 911.6	13.0
1991		510.4	3 075.1	16.6
1992		850.6	3 227.7	26.4
1993		994.8	3 384	29.4
1994		571.5	3 562.6	16.0
1995		348.2	3 736.1	9.3
1996	661.0	507.8	3 972.3	12.8
1997	827.5	639.7	4 218.9	15.2
1998	1 430.5	1 166.3	4 609.3	25.3
1999	1 312.5	1 046.2	5 076.5	20.6
2000	1 021.4	708.5	5 533.7	12.8
2001	2 054.6	1 672.1	6 127.4	27.3
2002	2 718.4	2 228.3	6 924.6	32.2
2003	3 671.3	3 071.0	7 795.4	39.4
2004	2 648.8	1 762.6	8 891.3	19.8
2005	3 138.8	1 966.4	10 067.1	19.5
2006	3 240.9	1 934.0	11 192.9	17.3
2007	2 892.3	2 027.0	11 995.5	16.9

资料来源：http://www.federalreserve.gov/releases/z1/Current/data.htm，Eliot Heilpern, Colin Haslam, Tord Andersson, When it comes to the crunch: What are the drivers of the US banking crisis? Accounting Forum 33 (2009) 99–113.

二、我国资产证券化市场的发展

总体来讲，我国信贷资产证券化起步较晚，发展历程可分为试点、停滞和重启三个阶段。到目前为止，资产证券化市场规模还不够大。

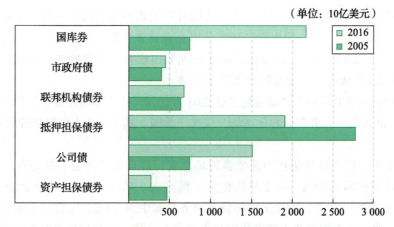

图 7-1　2005 和 2016 年美国固定收益证券市场结构变化

资料来源：房利美与房地美主页。

自从 2005 年 12 月中国建设银行发行国内首单个人住房抵押贷款证券化产品后，各大银行积极开展信贷资产证券化，在不良资产处置、存量资产盘活和信贷结构优化调整等方面发挥了重要作用。以工商银行为例，2019 年共发起 18 期信贷资产证券化项目，发行规模 1 406.8 亿元。其中，有 10 期是个人住房抵押贷款证券化，发行规模 1 312.39 亿元；4 期为个贷不良贷款资产证券化项目，发行规模合计 41.57 亿元；3 期信用卡不良资产证券化项目，发行规模合计 17.47 亿元；1 期并购贷款资产证券化项目，发行规模 35.37 亿元。

第一阶段为试点阶段（2005～2008 年）。2005 年 4 月，中国人民银行、中国银监会发布《信贷资产证券化试点管理办法》，将信贷资产证券化明确定义为"银行业金融机构作为发起机构，将信贷资产信托给受托机构，由受托机构以资产支持证券的形式向投资机构发行受益证券，以该资产所产生的现金支付资产支持证券收益的结构性融资活动"。原中国银监会于同年 11 月发布了《金融机构信贷资产证券化监督管理办法》。同时，国家税务总局等机构也出台了与信贷资产证券化相关的法规。2005 年 12 月 15 日，中国建设银行作为发起机构的国内首单个人住房抵押贷款证券化产品——"建元 2005-1 个人住房抵押贷款支持证券"正式进入全国银行间债券市场。

第二阶段为停滞阶段（2009～2011 年）。受 2008 年美国爆发次贷危机影响，我国资产证券化发展处于停滞状态。

第三阶段为实践阶段（2012 年至今）。2012 年 5 月，人民银行、银监会、财政部联合发布《关于进一步扩大信贷资产证券化试点有关事项的通知》，重新启动试点。2012 年 8 月，银行间市场交易商协会发布并实施《银行间债券市场非金融企业资产支持票据指引》，正式推出资产支持票据 ABN，非金融企业资产收益权开始在银行间债券市场发行。2014 年年底，我国资产证券化业务启用备案制，在市场的强烈需求的推动下，近年来，我国资产证券化市场规模取得了跳跃式的发展。

从监管主体来看，我国资产证券化按照监管机构分类主要包括：银监会主管 ABS、证监会主管 ABS 和其他部门主管 ABS。

从发行主体来看，信托公司发行的资产证券化产品占 68%，证券公司发行的资产证券化产品占 24%，其他发行人发行的资产证券化产品仅为 8%（敬春玉，2019）。

从产品特点来看，2016 年企业资产为基础资产的证券化规模占总量的 54.8%，信贷资产 ABS 占比 43%。2019 年，我国资产证券化以企业贷款为基础资产的证券化规模占总量的 53%。期限在 2～29 年之间，证券化产品发行期限出现频率最高的是 5 年期。证券化产品的评级最高的 AAA 级产品占全部资产比的 80% 左右。

2018 年中国全年共发行资产证券化产品 2.01 万亿元，年末市场存量为 3.09 万亿元，是目前亚洲最大、世界第二大资产证券化市场，仅次于美国。其中，个人住房抵押贷款类占 5 800 亿元。㊀

从总体来看，资产证券化在中国债券市场总发行规模中的占比不断提高。2018 年资产证券化发行量同比增长 34%，高于整体债券市场同比 7.4% 的增速。截至 2018 年年底，由 MBS 提供的贷款资金约占中国住房抵押贷款债务总量中的 2.9%，还有巨大的发展空间。而在美国，65% 的住房抵押贷款由证券化交易提供资金支持，这与房地美等美国政府支持企业（GSE）作为 MBS 交易主体有直接关系。

第二节 资产证券化的基本原理

一、资产证券化的基本流程

资产证券化是通过信用增强，将某些非流动性资产（抵押贷款、汽车贷款或信用卡应收账款）转换成一个由这些资产支持的可交易的债券的过程。资产证券化运作环节主要包括四个：一是资产形成，如贷款的发放；二是资产交易，如贷款债权的买卖；三是信用增级；四是资产支持证券的发行上市（如图 7-2 所示）。

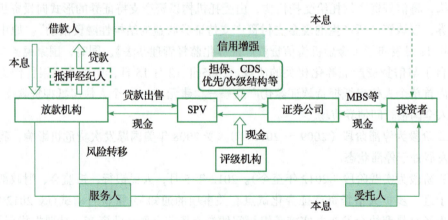

图 7-2 资产证券化运行机制

二、资产证券化市场的参与者

证券化市场参与主体包括贷款发起人、发行人、服务人、信用增级机构、信用评级机构、受托人和投资者。

㊀ "我国资产证券化发行超 2 万亿，市场规模快速增长"，经济参考报，2019 年 04 月 02 日。

（一）发起人/服务人

资产证券化的发起人，或者称为原始权益人（资产卖方），是被证券化的金融资产的创造者和原所有者。作为最初的发起人，其职能主要是选择被证券化的信贷资产并且进行最初的打包组合，然后将这些资产进行出售。[○]发起主体包括商业银行、储蓄机构、抵押银行、信用社等放款机构。服务人承担对资产池的管理，记录资产池产生的现金流，一般为发起人。服务人将收入交给 SPV，再由受托人将收入存入 SPV 事先指定的受托银行。受托人对账户进行妥善管理，以便按产品方案对投资者还本付息，同时向各类相关机构支付专业服务费用。

放贷机构选择基础资产类型，构建资产池。拟证券化的资产通常应符合以下条件：① 具有较高的同质性，如考虑住房抵押贷款的期限、利率、贷款规模等因素；② 能够产生可预见的现金流。

（二）特殊目的主体

与其他的资产证券化一样，住房抵押贷款证券化的特殊主体就是债券发行人，也称为特设机构（SPV），是专门为发行 MBS 而组建的项目公司，在法律上具有独立性。特殊目的主体 SPV 的功能在于实现"风险隔离"与"真实出售"这一制度安排。为了确保证券化的基础资产所产生的现金流的稳定，有效防范银行可能出现的破产风险，有必要在作为发起人的银行与证券投资者之间设置一个特设机构，在制度上保证发起人的资产与特设机构的资产有效隔离。即发起人若破产，出售给 SPV 的住房抵押贷款资产就不能进行破产清算，以达到"破产隔离"的目的。为此，SPV 的业务被限定在发行抵押支持证券，并以所得收入购买支持证券化的基础资产上，一般不允许进行其他经营业务和融资业务。

特设机构的主要工作是按照真实出售的标准从银行等购买基础资产，并通过内外部信用增级手段处理基础资产；聘请信用评级机构进行信用评价；选择服务商、受托人等中介服务机构和承销商来发行资产支持证券；委托服务人定期向借款人收取款项，委托受托人向证券持有人偿付本息。

（三）债券发行

投资银行作为证券承销商为证券的顺利发行进行有效促销，确保证券发行成功。无论采用公募发行还是私募发行方式，投资银行都要和发行者一起策划，组织证券化交易的整个过程，以使其符合相关法律、法规、会计和税收等方面的要求。

（四）信用增级

信用增级机制是资产证券化与一般债券发行最大的差别。由于资产支持证券本息来源于基础资产产生的预期现金流，这对投资者而言存在着一定的风险。ABS 资产本身的信用风险取决于基础资产的风险状况，为了增强投资者的信心，SPV 还需采取一定的方式对 ABS 债券进行一定的信用增级，如引入第三方保证或承诺回购。大多数资产证券化除了采用以基础资产做担保的内部增级方式之外，还使用独立的第三方，即信用增级机构提供外部信用增级来提高 ABS 的信用等级。

○ 打包哪些资产？这种看似自主的选择实则取决于这些资产包的买方的态度。因此，在美国住房按揭贷款中，"两房"才是住房按揭贷款的产品设计者，符合"两房"买进标准的贷款叫作标准贷款或合规贷款，即 comforming loan。

一是超额抵押，即贷款池的总资产要大于拟发行的证券的价值。

二是优先结构/次级结构安排，即把资产证券化债券分成不同的偿还顺序结构，保证在发生风险时优先偿还安排在前的投资者（见图 7-3）。

三是回购，回售条款指在发行资产支持证券时，附带一个发行人回购义务或者购买人回售权力，以保证在基础资产不能支撑证券的还本付息时，发行人仍然可以通过自己未被分割的资产补偿投资者。

四是信用等级较高的担保机构或保险公司为证券提供担保，可以是由一个信用良好的银行出具的信用证或一个信用很高的保险公司提供的付款保险。主要的第三方信用增级机构包括银行机构、保险公司、金融担保公司、财务公司等。通过这些信用增级措施可以提高定价和债券上市能力，并降低发行成本。

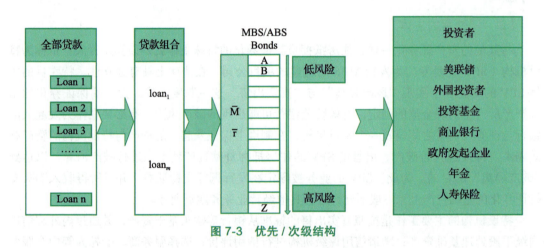

图 7-3　优先/次级结构

（五）债券资信评级

资信评级机构的主要作用是对 ABS 的信用风险提供权威性的意见，对拟发行的证券信用等级进行评定，其目的是为投资者进行投资决策提供合理、可靠的依据。而且资信评级机构在完成初次评级之后，往往还需要对证券在整个存续期内的业绩进行追踪、监督并及时发现新的风险因素，做出是否需要升级、维持原状或者降级的决定，以满足投资者投资的需要，维护投资者的利益。

（六）受托管理主体

受托管理机构是资产证券化过程中的另一类中介，受托管理机构的职责包括代表特设机构的利益从发起人处购买资产。当基础资产债务人归还本金和利息时，其收入转存特设机构的账户，再由受托管理机构把相应的收入转给投资人。如果款项不需要马上转给投资人，受托机构有责任进行再投资。当然，委托管理机构主要作用是独立的把投资者和其他利益主体之间的收入分别核算划拨。

（七）其他中介服务主体

律师事务所、会计师事务所等都是资产证券化中的中介服务机构，主要职责是为证券化过程中的相关主体提供服务，收取费用。这些总结也是不可或缺的市场力量，可以更加客观公允地实现资产证券化，维护相关各方的合法利益。

（八）投资者

投资者是购买抵押支持证券或资产支持证券的个人或机构，是资产支持证券市场资金的最终供给者。主要的投资者包括美联储、外国投资者、投资基金、商业银行、政府发起的企业（GSE）、年金、人寿险公司等（见表7-2）。

表 7-2　美国住房按揭贷款证券化市场投资者及其结构

（单位：10亿美元）

投资者	2015年12月	2006年12月
美联储	1 747.5	0.0
商业银行	1 518.8	972.3
外国投资者	911.6	1 100.0
货币市场基金	705.0	650.0
政府发起企业（房地美/房利美）	292.8	1 074.1
（公/私）养老基金	224.0	414.0
人寿保险	205.0	315.0
联邦住房贷款银行（FHLBS）	134.5	128.7
其他投资者	581.1	1 299.0
总计	6 411.9	5 953.0

从表7-2可以看出，MBS市场在两个不同时点上的总规模其实增加不多，但发生了明显的结构性变化：①"两房"不仅是证券化的主要发起人，也是重要的投资者。在美国次贷危机后，"两房"作为投资者的作用明显下降；② 美联储成为现在美国MBS市场的主要投资者。此外，商业银行对MBS的投资热情不减。

三、美国住房按揭贷款证券化

（一）运行机制

资产证券化中最主要的基础资产是住房按揭贷款，基于住房按揭贷款的证券化债券（MBS）是市场上最受投资者欢迎的产品。MBS与美国住房市场参与者、投资者等的关系如图7-4所示。

基于住房按揭贷款的证券化流程与一般资产支持的证券化没有本质差异，但市场参与者，特别是发行主体也存在不同。

（1）从MBS市场结构与分工来看，政府国家抵押协会（吉利美）负债发行由联邦住房管理局（FHA）提供保险的抵押贷款支持证券（MBS）。FHA抵押贷款得到美国政府的充分信任和信用支持。

（2）联邦国家抵押协会（房利美）和联邦住房贷款抵押公司（房地美，Freddie Mac）被称作是政府发起的企业（GSE），简称"两房"，专门负责发行符合"两房"指南规定标准的贷款做抵押的MBS。"两房"是美国资产证券化市场的主力军。这些贷款产品的标准有很多，如最高贷款上限、合适的房产、首付款要求和借款人信用分数等。

（3）非政府发起机构发行人指市场上的一般商业机构或私人机构，如美洲银行，摩根大通银行，摩根士丹利，等等。私人机构发行的 MBS 对应的基础资产不符合"两房"的指南规定，因此叫"非标贷款"，不能卖给房利美或房地美去证券化。基于这样的抵押贷款发行的 MBS 称为私人标签 MBS。相比之下，私人标签 MBS 要有更强的信用增强的支持和评级机构更好的评级。

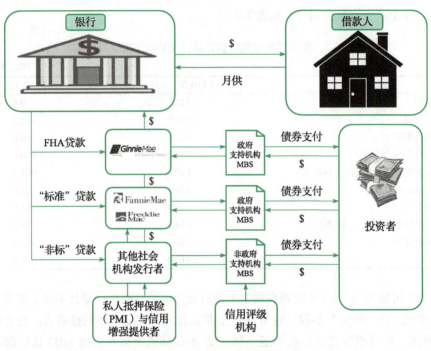

图 7-4 美国 MBS 市场运行机制

（二）MBS 市场结构

美国住房抵押贷款证券化市场既是一个竞争性的市场，同时也是一个"分割"的市场。不同的证券化机构有不同的业务重点和特色。其中，"两房"主要对传统贷款（非政府担保贷款）中的合规贷款提供信用担保和证券化，吉利美主要对政府贷款（VA 和 FHA 担保贷款等）提供担保和证券化。在吉利美 MBS 资产池中的贷款都是由美国联邦政府担保和保险的贷款，其中包括 FHA 贷款、VA 贷款、农业部担保的农村住房服务部（RHS）项目、HUD 担保的项目。在吉利美资产池中，FHA 和 VA 贷款占了绝大多数，其余类别只占了很小一部分。那些贷款规模超过标准贷款限额或者借款人信用标准没有达到"两房"要求的贷款，则由私人机构证券化和保险，他们所发行的 MBS 叫作私人机构证券（PLS）（见图 7-5）。

根据提供证券化和担保服务的机构不同，将 MBS 划分为三类，一是由"两房"发行或者担保的 MBS，二是由吉利美担保的 MBS，三是由私人机构担保发行的 MBS。前两类合称政府机构抵押贷款支持证券，在市场上占主导地位。随着私人次级贷款公司的发展壮大，对 FHA 和 VA 等政府机构担保的贷款需求迅速下降，结果吉利美证券份额从 20 世纪 90 年代初的 31% 下降到近些年的 6% ~ 7%。

2007 年，美国联邦住房企业监督办公室（OFHEO）向国会提交《2007 年的抵押贷款市场与"两房"》的报告显示。从 1990 ~ 2007 年，基于独栋的 MBS 的年平均增长速度为 11.3%，PLS 所占的份额从 5.1% 增加到了 31.9%，吉利美的份额从 31.9% 下降到 6%，"两房"的 MBS 从 42.6% 上升到 62%。

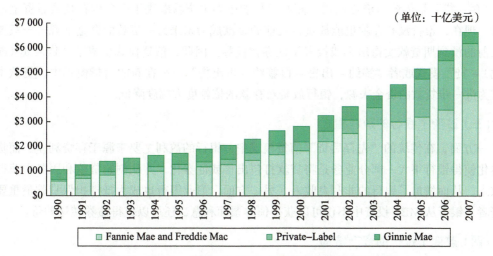

图 7-5　1990～2007 年 MBS 三类发行主体的市场余额

资料来源：OFHEO，《2007 年的抵押贷款市场与两房》。

2007 年年底，以独栋房贷为基础资产的 MBS 总规模为 6.6 万亿美元，其中"两房"担保的 MBS 有 4.1 万亿美元，吉利美担保的 MBS 是 0.4 万亿美元，私人机构担保和证券化（PLS）的 MBS 有 2.1 万亿美元。由图 12-7 可见，2008 年市场上 68% 的 MBS 由"两房"和吉利美提供担保，其中"两房"（F-F）担保的 MBS 占 62%，吉利美占了 6%，私人担保（PLS）的 MBS 只占市场的 1/3（房利美与房地美网站，2020 年）(见图 7-6)。

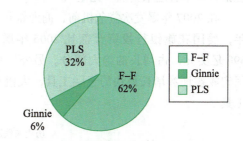

图 7-6　2008 年美国按证券化主体划分的 MBS 市场结构

资料来源：房利美与房地美主页。

第三节　资产证券化创新对商业银行及银行监管的影响

始于 20 世纪 80 年代初的资产证券化创新对商业银行和金融生态链产生了深远的影响，银行的监管套利行为也使得监管者必须思考如何提高监管效率。极具创新价值的资产证券化最终引发金融危机，美国的商业银行、抵押银行、储蓄银行和储蓄贷款协会，以及保险公司等机构等在 2007 年爆发的次级贷款危机中损失惨重，许多大名鼎鼎的机构因此而倒闭。

一、资产证券化对商业银行的影响

（一）改变了银行在金融体系中的作用

商业银行是最重要的"信用中介"，在资产证券化问世之前，全社会的贷款都主要是由商业银行签约和持有到期的。资产证券化创新后彻底改变了银行在金融体系中的作用机制，由"信用中介"转变为贷款创造者，以及借款人和抵押担保债券投资者的"服务人"。

(二)改变了银行的信贷模式

"存-贷"是传统的信贷模式,商业银行能放多少贷款取决于有多少存款或者资金进入银行。现在,银行没有存款也能放贷,之前的贷款成为未来另一贷款的资金来源——只要能将之前的没到期贷款卖得出去或投资于证券化债券。因此,信贷模式变成了"贷-卖(或证券化)-贷"模式或者"签约-出售-再签约-再出售"……在新的信贷模式中,贷款本身也成为进一步贷款的资金来源,银行放贷对存款的依赖度大幅度降低。

(三)改变了银行的盈利模式

一方面,在传统的"先存后贷"信贷模式中,银行的盈利主要来源于存贷利差,而贷款证券化使得银行很大一部分业务是将贷款打包出售或证券化,并从创始贷款和服务中获得费用收入,从而增加了银行的非利息收入。另一方面,商业银行也成为抵押担保贷款最重要的投资者,银行从MBS投资中不仅可以获得债券票面利息,还可以获得债券转让差价。

(四)改变了银行的资产结构

在没有证券化以前,银行只能持有自己发放的抵押贷款。有了贷款证券化,银行转而持有抵押担保债券,后者的风险权重通常比前者低,这使得银行资产转换寻求监管资本套利,让银行资本看起来更加"充足"。

在2007年爆发次贷危机前,商业银行将MBS投资作为优化资产结构的重要手段。2006年,美国花旗银行投资金额比2005年增加930亿美元(增长51%),其中仅MBS就增加690亿美元,占增长的绝大部分。另外,从图7-7中可以发现,在美国债券市场中MBS是固定收益证券增长最快的金融工具,大概在2000年后超越国库券成为最受银行青睐的投资工具。

图7-7 美国债券市场结构

注:TSY-美国国债,AGY-政府机构债,MBS-抵押担保债券,ABS-资产担保债券。
资料来源:陈萍,美国次贷危机及其影响,招商银行投资管理室,2007年

在银行的证券投资中,MBS成为商业银行最主要的投资对象。以美国匹兹堡国民银行(PNC)银行为例,在2006年全部债券投资中,国债和政府机构债券为6.08亿美元,抵押担保债券172.08亿美元,商用抵押担保债券32.19亿美元,资产担保债券16.09亿美元,州和市立债券1.39亿美元,其他债券0.87亿美元,证券化债券投资占全部债券投资的比重达到96%(PNC银行年报,2006年)。

银行将发放的抵押抵款出售给"两房"或私人机构的去证券化，意味着银行将贷款的信用风险转移给买进这些贷款的机构了！但银行转而去购买基于这些基础资产的 MBS，实际上是将转移出去的信用风险又通过证券化债券投资回流到银行。值得注意的是，通过购买 MBS 回流到银行的风险不仅有信用风险，还有流动性风险和投资损失。尽管通常情况下，可交易债券的流动性要高于贷款，特别是住房抵押贷款。但是，当这些债券的基础资产出现大面积信用风险时，显而易见地，这些原本很有投资价值的 MBS 也将出现信用风险，进而可能在短时间内纷纷涌入市场抛售，这便会出现系统性问题——谁也无法变现或者导致 MBS 价格暴跌。

（五）改变了银行的风险态度

如果银行充当信用中介，银行因为持有这些贷款而将承担信用风险，以及通过利差获得收入。因此，银行会严格审查借款人并非常重视贷后管理，一旦出现借款人违约状况，银行将采取措施。银行将贷款出售或证券化后，变成服务中间，对"中间人"来讲，借款人的信用风险已经被转移了出去。

因此，放款机构在利益的诱惑下很容易产生一些不负责任的"掠夺性"贷款行为，如降低贷款标准、放松对借款人的审查，而这些行为是证券化债券投资者观察不到的，其后果在短期内也很难显现，尤其是在经济景气时。一旦持续累积，终将爆发危机。

二、资产证券化对监管的冲击

在资产证券化模式下，单家银行 A 的负债（及结构）没有发生变化，但是经过 A 银行创造的贷款规模将会成倍增加，从而全社会的债务水平就会大幅度提高。监管资本套利削弱了进入监管的效果。

比如，A 银行从 5 000 亿元资产中选了 50 亿元出来，卖出 50 亿元的资产收回 50 亿元现金，这 50 亿元现金又拿来贷款。在此时此刻，A 银行资产规模还是 5 000 亿元。之后，A 银行又从 5 000 亿元资产中选 100 亿元出来打包并卖出去，收回 100 亿元现金，继续拿来贷款 100 亿元。此时此刻，A 银行还是只有 5 000 亿元资产。

这个过程不断重复下去，A 银行的资产规模 5 000 亿元永远不变。但是，经过 A 银行创造的贷款规模增加了，而且可能是大幅度增加——只要有足够的贷款需求。需要说明的是，这个不断创造的贷款和存款有无增长完全没关系，放贷资金全都是靠资产出售 – 回收现金 – 贷款 – 再出售 – 再收回现金 – 再贷款……来延续和支撑的。

（一）存贷比

原本可以控制 A 银行贷款规模的存贷比，还有效吗？没有！因为 A 银行的贷款规模没有增加，当存款不变时，存贷比不变。

（二）法定准备金政策

在传统信贷模式下，提高法定准备率就是意味着可用资金减少，进而控制银行贷款规模进而控制全社会货币供应量。但在证券化模式下，银行存款并没有增加，因而法定准备金不会增加，法定准备率升降对银行贷款没有影响，但这不妨碍银行不断放贷！

（三）资本充足率监管

原本有效的资本充足率监管——基于资本充足率来控制银行规模，还有效吗？在"签约-出售-再签约-再出售……"模式下，尽管 A 银行签约创造了很多贷款，但自己的贷款规模没有改变。对银行来讲，只要不超过资本扩张倍数，就能保证资本充足率符合监管标准。但是，控制住了银行的规模扩张，并不意味着就能控制全社会的资产规模扩张。拿什么来弥补资产的损失呢？

■ 拓展阅读

建设银行开创国内住房抵押贷款证券化先河

■ 思考题

1. 资产证券化创新中，为何要设立 SPV？
2. 商业银行直接持有住房按揭贷款与持有以住房按揭贷款为基础的 MBS，有何不同？
3. 资产证券化创新对资本充足率监管的有效性有何影响？

■ 核心文献

[1] Diana Hancock, Wayne Passmore. Did the Federal Reserve's MBS purchase program lower mortgage rates? [J]. Journal of Monetary Economics 2011 [58], P498-514.
[2] 管同伟. 美国资产证券化的最新进展及其演变趋势 [J]. 国际金融研究，2007（10）.
[3] 闫妍，顾亚露，朱晓武. 高速公路收益权的资产证券化问题研究 [J]. 金融研究.2016（5）.
[4] 邹晓梅，张明，高蓓. 资产证券化与商业银行盈利水平：相关性、影响路径与危机冲击 [J]. 世界经济，2015（11）.

商业银行产品设计与定价

第八章 存款产品设计与定价
第九章 美国住房贷款产品设计与定价

商业银行产品众多,但存款和贷款无疑是最重要、最基础的产品。这些产品是如何设计出来的?基于花旗银行、美洲银行、中国建设银行等代表性银行,围绕零售存款和零售贷款中的住房抵押贷款,探寻产品的微观结构和设计原理,并比较中美银行产品在创新方面的不同。

第八章

存款产品设计与定价

在本章中，首先介绍花旗银行和中国建设银行的存款产品，比较中美主要银行存款产品的差异。然后从理论上对存款产品设计原理，以及存款利率定价和服务定价进行分析。最后对中国未来的存款产品设计改进提出建议。

本章内容包括存款产品设计案例分析、美国主要银行的存款相关服务、花旗银行存款产品设计的经验、存款产品设计理论分析、存款产品与存款服务定价、美国早期的存款产品与服务创新、中国存款产品与服务创新、中国银行业存款产品与服务存在的问题等八节。

■ **重要知识点及核心概念**

活期存款、储蓄存款、定期存款、账户管理费、产品包、月日均余额、积分奖励、直接存款、市场细分、交叉销售、存款产品、存款服务、资金交易。

■ **学习目标**

- 了解花旗银行存款产品类型和具体的存款产品
- 了解美国商业银行储蓄存款的特有功能及其与活期存款、定期存款的差异
- 了解美国商业银行提供的主要存款相关服务
- 了解中国存款产品与服务创新情况
- 分析中国银行业存款产品与服务存在的问题
- 学习花旗银行存款产品设计的经验
- 学习联合日均余额在存款产品设计中的作用机制
- 学习存款产品的"组合创新"原理
- 学习美国银行业存款产品差异化的做法
- 学习从三个角度认识存款业务

- 学习美国商业银行存款利率定价和服务定价的方式方法

第一节　花旗银行存款产品⊖

花旗银行为客户提供活期、定期和储蓄三类，共计约 26 种存款产品。本节中我们重点关注这样几个方面，一是银行怎么根据客户的需求提供差异化的产品和细分客户。二是银行之间怎么实现差异化竞争。三是花旗银行存款产品是怎么设计的。四是存款利率和存款服务如何定价。

一、活期存款

花旗银行为客户提供了五种活期存款，作为客户一般只会选一种，但哪一种活期存款最适合自己呢？

打开花旗银行网站并点击首页上的"banking"，下拉菜单会显示花旗银行提供的全部存款类别，包括活期、储蓄和定期存款。

因为支票在很长时间内是美国最重要的零售支付方式，而签发支票的基础是活期存款。一直以来，美国把活期存款与支票存款等同看待，活期存款是用"Checking"来表示。因此，活期存款又称为支票存款。其他支付方式还包括现金、借记卡、信用卡以及汇票等。⊜

花旗银行活期存款具有以下功能和特色：①开立支票账户无最低开户起点要求；②在线支付账单；③从移动设备存入支票；④与使用花旗银行 Zelle® 的朋友进行清算——Zelle® 是一种快速简便的汇款和收款服务方式；⑤设置余额和付款提醒；⑥使用花旗银行® 借记卡或花旗® 信用卡，使用花旗娱乐 SM 获得预售门票和音乐会、体育、餐饮等独家体验；⑦将花旗借记卡添加到移动钱包；⑧在美国各地使用超过 60 000 台免费 ATM；⑨获得其他更多优惠，包括有机会注册花旗感谢® 奖励与合格的支票包。

典型案例
花旗银行的存款类别

特别值得注意的是，花旗银行每一个活期存款产品后面都有一个词——"Package"，这是花旗银行支票账户的一个显著特点，即活期存款必须与储蓄存款关联在一起（更准确讲，是储蓄存款必须与某种活期存款组合成套餐或产品包），从而形成一个产品包（package）。⊜将储蓄存款与活期存款关联在一起与储蓄账户作为备用支付账户有关，而定期存款就没有关联活期存款这样的要求。

⊖ 产品和服务的内容基于 2020 年 5 月 7 日花旗银行网站。
⊜ 现金、借记卡、信用卡、支票以及现在的第三方支付等都具有实时支付的功能。这些支付工具之间有何不同？一是使用的群体特征不同，如年纪大的，通常更喜欢用现金支付或支票支付，而不是用银行卡支付。二是反应了不同的信用关系。现金、借记卡、信用卡可以当场验证支付者是否有支付能力，交易双方没有信用关系。比如，你出去吃饭，用银行卡支付，吃了 800 元的东西，而卡上只有 50 元，你能刷卡结算吗？同样，现金不够也不行。而支票从签发到存入有时间差，是接收支票方赋予签发支票方的信用。比如，你用支票支付，老板拿到支票时，他知道你账上有 50 元，还是 5 000 元？当他把你签发的支票拿到银行去存，银行能告诉他这个支票没问题吗？银行也不知道！只有当银行将这张支票跟签发行清算时才知道签发支票的人的账户余额够不够。从这个意义上讲，是收支票的一方赋予签发支票一方信用。
⊜ 存款产品包或套餐并非花旗银行独有的特征，其他银行活期存款也有类似的"产品套餐或产品包"特征，如美洲银行。

在下面每一个活期存款产品介绍中,重点关注三个问题:① "客户的权利",是该产品的核心功能,同时也是客户对该产品的核心需求。② 活期存款服务中涉及的收费主要是账户管理费、跨行 ATM 费、签发的支票被退回时的收费等。③ "客户的义务",也就是花旗银行对客户有何要求。

(一) 基本支票套餐 (Basic Banking Package)

基本支票套餐或基本支票账户(见表 8-1)是具有支票账户最基本功能——支付的一种账户,适合于仅仅需要支付且支付次数不多的客户。

1. 客户的权利

- 无限制签发支票:根据客户需要签发支票,次数不限。
- 可以免费使用花旗银行 ATM。⊖
- 62 岁及以上客户:可以免费使用花旗银行 ATM,多人共同开户账户中主要持有人年纪在 62 岁以上的,使用非花旗 ATM 免费。

表 8-1 基本支票账户套餐与利率

	标准年百分收益率	标准利率
花旗储蓄 (Citi Savings)	0.04%~0.06%	0.04%~0.06%

资料来源:花旗银行网站,2020 年 5 月。

2. 账户管理费⊜

- 账户管理费 (monthly service fee):12 美元 / 月。

3. 客户的义务

- 每月需交纳账户管理费或月服务费 12 美元。
- 客户可免交 12 美元的月服务费,如果满足以下条件:
  A. 每一个月内,有一次合格的直接存款和一次合格的账单支付;
  B. 每一个月内,合格的关联账户的联合日均余额 (combined average monthly balance) 不低于 1 500 美元;
  C. 共有账户的第一持有人年满 62 岁及以上。

4. 利率

该活期存款无利息,但关联的储蓄存款有利率。

5. 特色

- 无限制签发支票 (unlimited check writing):根据需要签发支票,不受次数限制。
- 无缝资金转移 (seamless money movement):清算、支付账单、转账和以数字服务存入支票,使资金转移变得很容易。
- 自由进入 ATM 网络 (free ATM access):免费使用花旗 ATM,62 岁以上客户使用非花旗 ATM 免费。

6. 关于该账户的相关说明

(1) 月日均余额和联合月日均余额

在美国,商业银行通常用活期存款账户的月日均余额或多种账户的联合月日均余额来考

⊖ 该账户客户使用非花旗 ATM,不免费!
⊜ Monthly service fee,monthly maintenance fee,或者 monthly charge 都是指账户管理费。

核存款人是否达到银行的要求，以决定适用于客户的（存款、贷款）利率水平，以及是否向客户收取服务费或者提供其他优惠。一般将账户的月日均余额简称为日均余额。

第一，单种账户的月日均余额：客户的活期存款账户（如前述基本支票账户），由于客户取现或支付账单等原因，在每月30天内每天的存款金额并不完全相同。假设，存款金额x_i存续了t_i天，则该活期存款的月日均余额为：

$$\overline{X} = \frac{\sum_{1}^{n} t_i x_i}{30}$$

其中，x_i代表活期存款账户的存款金额，t_i表示存款x_i存续的时间，n表示不同x_i的类型，因为是计算每月日均余额，显然有$\sum_{1}^{n} t_i = 30$。

第二，多种账户的联合月日均余额：该活期存款账户持有人在花旗银行可能还有别的账户或业务。从花旗银行网站可知，花旗银行为客户提供了资产业务（如各种存款）、负债业务（如消费贷款、信用卡业务）、投资业务（如理财）等三类业务。所谓多种账户联合月日均余额（combined average monthly balance）是指客户在银行多种账户（或业务）各自月日均余额的和，即

$$\hat{X} = \frac{\sum_{1}^{m}\sum_{1}^{n} t_i^j x_i^j}{30}$$

其中，t_i^j表示第j种账户的金额x_i^j存续的时间，m表示客户在银行账户的数量。实际上，联合月日均余额$\hat{X}$等于不同账户的月日均余额$\overline{X}$的和。即

$$\hat{X} = \sum_{1}^{m} \overline{X}^j$$

因此，上述1 500美元日均余额并不一定仅仅是该活期存款账户的日均存款不低于1 500美元，也包括该客户在花旗银行的其他账户（如定期存款、投资账户余额等）或业务（如信用卡未清偿余额等）的金额在内。

哪些账户可以与基本支票账户关联在一起来计算日均余额呢？不同的时期、不同的产品，计算联合日均余额时包含的账户或产品是不尽相同的！⊖

（2）账户管理服务与账户管理费

存款人开立活期存款账户后，可能再次存入，也可能通过柜台或ATM取款，或者通过POS、手机银行、PayPal等完成支付，这些行为都会导致客户在银行的存款余额发生变化，这便是银行为客户提供的服务——账户管理服务，并对不满足要求的某些客户收取账户管理费，或更准确地讲是向小额存款人收取账户管理费。衡量这种"要求"的最重要的标准是存款人的日均余额。

（3）直接存款

直接存款（direct deposit）是存款人的雇主或其他付款人进行定期或不定期资金转入而形成的存款（例如工资、养老金或困难补助金）。但是，柜台存款、电汇、在线和移动银行转账、从一个账户到另一个账户的转账，以及ATM转账和ATM存款等则不是合格的直接存

⊖ 2017年，该账户联合日均余额规定不低于1 500美元，其中基本支票账户可以关联到花旗储蓄+，或者是花旗储蓄账户。所以，满足该1 500美元的日均余额，从而免收活期存款账户管理费可以有三种选择：一是没有关联任何别的账户或业务；二是该支票账户与储蓄账户中的储蓄+构成产品包；三是该支票账户与储蓄账户中的储蓄账户构成产品包。

款,因而不符合每月账户管理费豁免资格。

直接存款其实就是别人帮你存入,而不是你自己亲自完成的存款,最常见的直接存款是代发工资,即单位财务处按照你当月工资额直接把钱存入你在某银行的账户。除此以外,每个月的医疗保险账户、政府临时救济、养老保险、企业年金、农民种粮食补贴、房屋拆迁补偿等都是通过直接存款完成的。

(4)账单支付

合格的账单支付(bill payment)是通过花旗电话银行、花旗银行®在线、花旗商业®在线和花旗移动®等进行的个人或经常性账单付款,包括使用花旗银行的电话自动账单支付服务和员工协助账单付款支付账单。合格的账单支付不包括通过支票支付或向花旗银行或其关联公司的账户支付的内部转账付款,比如偿还银行房贷或汽车贷款就不是合格的账单支付。

(5)有条件的免费服务

银行会向客户提供很多"免费"服务,但实际上这种"免费"通常是有条件的!以基本支票账户为例,客户要免除12美元的月服务费或月账户管理费,必须满足一定的条件,如一次直接存款业务和一次合格的账单支付,或者关联账户的联合日均余额达到1 500美元以上。

(二)花旗银行账户套餐(Citibank Account Package)

1. 客户的权利

- 能够获得"花旗感谢您®积分奖励"(Citi ThankYou® Rewards Points)。
- 满足每月余额要求的条件下,客户使用非花旗ATM不收取费用。⊖
- 支票账户余额有机会赚取利息。
- 与该活期存款关联的储蓄账户和货币市场账户可以有更高的利率。

2. 账户管理费

- 账户管理费:25美元/月。

3. 客户的义务

- 每月联合日均余额达到10 000美元以上,否则收取客户每月25美元的账户管理费。其中,关联的各类存款、退休金账户和投资账户的金额可纳入联合日均余额计算范围。

4. 利率

花旗银行账户套餐具体利率如表8-2所示。

表8-2 花旗银行账户套餐与利率

	标准年百分收益率	标准利率
付息活期存款(Interest Checking)	0.01%	0.01%
$25 000以下(Below $25 000)	0.01%	0.01%
$25 000~$49 999.99	0.01%	0.01%
$50 000以上($50 000+)	0.01%	0.01%
花旗储蓄	0.04%~0.13%	0.04%~0.13%

资料来源:花旗银行网站,2020年5月。

⊖ 实际上是花旗银行代客户垫付,因为其他银行对非本行客户使用本行ATM都会收费。比如花旗银行客户持卡到美洲银行的ATM机去取钱,将产生跨行ATM费,通常情况下,每跨行一次,收费2.5美元。这个费用不是花旗银行要收的,是花旗银行代收并转付给美洲银行。

5. 特色

- 积分兑换：注册为"花旗感谢您®积分奖励"，合格的产品和服务可兑换积分点。
- 免费使用非花旗 ATM：免费使用上千台花旗 ATM，只要满足每月最低日均余额要求就可免费使用非花旗 ATM。⊖
- 获得利息：可以按照存款余额计息。

（三）花旗优先套餐（Citi Priority Package）

1. 客户的权利

- 从"花旗优先顾问"（Citi Priority Advisors）获得专业的策略和指导（通过分支机构和/或电话）。
- 获得众多的投资资源以简化财务决策，包括在线金融教育文章和工具。
- 借助花旗优先，客户可以获得所选的存款产品和服务的优惠定价和利率，还包括对客户选择的消费贷款产品的优惠定价。⊖
- 与花旗个人财富管理（Citi Personal Wealth Management）的在线/移动股票交易只需要 4.95 美元。
- 当注册"花旗感谢您®积分奖励"时，客户将有机会获得最高积分兑换。
- 此外，客户还可免除透支保护转账费以及标准支票簿订购、停止付款、电汇汇入和货币命令（money orders）等费用。

2. 账户管理费

- 账户管理费：30 美元/月。

3. 客户的义务

- 每月联合日均余额达到 50 000 美元以上的存款人，银行将不收取客户每月 30 美元的账户管理费。在计算联合日均余额时可联合的账户或业务包括各类存款、退休金账户和投资账户，这些账户中的余额可纳入计算范围。
- 特别强调，这个 50 000 美元不是花旗优先套餐账户本身的存款额！试想谁愿意放 5 万美元到一个无息或近似无息的活期账户里面去！

4. 利率

- 花旗优先套餐可以获得利息，但利率很低，只有 0.03%（见表 8-3）。

（1）从表中看到，花旗优先套餐产品还有利率，并根据存款金额不同分成 25 000 美元以下，25 000 ~ 49 999.99 美元和 50 000 美元以上三个档次，这

表 8-3 花旗优先套餐与利率

	标准年百分收益率	标准利率
付息活期存款	0.03%	0.03%
$25 000 以下	0.03%	0.03%
$25 000 ~ $49 999.99	0.03%	0.03%
花旗储蓄	0.04% ~ 0.15%	0.04% ~ 0.15%

资料来源：花旗银行网站，2020 年 5 月。

⊖ 其他银行或 ATM 服务商将对使用其 ATM 进行与花旗银行存款账户相关交易的存款人收取 ATM 服务费。但是，如果你满足条件的话，花旗银行将返还你被其他银行收取的跨行 ATM 费。实际上，跨行 ATM 费并不是花旗银行收取的，而是作为同业代其他银行或 ATM 服务商收取。为吸引存款人，花旗银行对满足其要求的客户，会代客户支付客户应付其他银行或 ATM 服务商的费用。

⊖ 客户在花旗银行开了优先支票账户，消费贷款利率也能享受优惠。这样就把存款业务和贷款业务捆在一起了，而花旗银行账户和基本支票账户都没有消费贷款利率的优惠！这是另一种差异化的做法。

说明存款金额对利率有影响。但当前利率都是 0.03%，这主要是因为现在利率的绝对水平很低，差异化的意义不大。

（2）按《诚实储蓄法》要求，银行必须披露存款的年利率以及年百分收益率（APY）。APY 表示按复利计算的存款的实际收益。由于利率较低，只有 0.03%，利率和 APY 二者基本上是一样的。

（3）从表中还看到，当花旗储蓄存款与花旗优先套餐组合形成产品包时，花旗储蓄的利率从 0.04% 到 0.15% 不等，具体利率水平与产品包中的储蓄存款的数量有关。存款越多，利率越高。

5. 特色

- 财务顾问：通过门店或电话从"花旗优先顾问"处获得财务指导，以及访问投资资源和财务规划工具。
- 积分兑换：有机会获得最高积分兑换。
- 优惠定价：对所选的存款产品和服务的优惠定价和利率，也包括对客户的消费贷款产品的优惠定价。

（四）花旗金® 套餐（Citigold® Package）

1. 客户的权利

- 为客户配备专属的团队，花旗关系经理以及花旗个人财富管理财务顾问基于客户的银行需求提供投资策略。
- 提供花旗财富顾问理财指导、花旗财富管理数字财务规划解决方案。
- 获得市场深度分析和世界级投资能力，包括通过花旗个人财富管理进行在线/移动股票交易，服务费为 2.95 美元/月。
- 所选的存款产品和服务有优惠定价和利率。
- 支票账户可以获得最高水平的"花旗感谢您® 积分奖励"。

2. 账户管理费

- 账户管理费：0 美元/月。

3. 客户的义务

- 如果满足下列条件，花旗金® 套餐不收取账户管理费：
- 继续成为花旗金套餐的客户，在符合条件的关联的存款、退休金账户和投资账户中，每月的日均余额最低为 200 000 美元。⊖

4. 利率

- 花旗金® 套餐的存款按 0.03% 的利率计息（见表 8-4）。

⊖ 花旗金套餐中的账户不收取每月的账户管理费。但是，如果客户在符合条件的关联存款、退休和投资账户中未保持 200 000 美元的最低每月平均余额，则花旗金账户套餐将转换为花旗优先账户套餐，账户将受新套餐生效的条款和条件的约束。银行将在账户转换之前与客户联系，并向客户发送有关账户将转换套餐的完整信息。

表 8-4　花旗金® 套餐与利率

	标准年百分收益率	标准利率
花旗金®账户付息活期存款（Citigold^R Interest Checking）	0.03%	0.03%
	0.03%	0.03%
花旗储蓄	0.04%～0.15%	0.04%～0.15%

资料来源：花旗银行网站，2020 年 5 月。

5. 花旗金账户特色及与花旗优先账户套餐的比较

- 花旗金账户客户不仅可以满足通过这个账户签发支票完成支付或 POS 刷卡购买东西等简单的金融需求，该账户持有人最显著的特点或差异性是可投资资产较多，有财富管理需求，而且是国际化的财富管理需求。很显然，这种账户肯定覆盖了前面所有账户的功能和优点，比如说跨行 ATM 免费、签发支票无限制、有利息。此外，还有免费提供支票本、国际活动相关的金融需求的服务优惠、贷款业务定价优惠、财富管理等。
- 专属团队：针对客户多元化、国际化的金融需求，花旗银行为客户配备专属的专家团队来管理其资产。与花旗优先账户相比，花旗金账户产品中客户"需要专业化的财务指导"（you want professional financial guidance），而花旗优先账户是"根据你的条件提供财务指导"(financial guidance on your own terms)。显然，专业化的财务顾问不仅仅是提供一般的财务指导，其顾问本身也不是一般的小客户经理，而是大客户经理，是由花旗金团队帮你管理资产和负债。
- 全球福利：花旗金账户享受减免电汇费用、免收外汇费、国际旅行服务（如 World Wallet，即外币递送）和获得紧急现金等特殊优惠待遇。
- 优惠定价：持有花旗金账户的客户对选择的存款产品可以获得优惠定价和溢价，在贷款和信贷额度方面也享有优惠定价。
- 从前面的介绍可知，花旗银行给花旗金账户客户提供了非常多的与众不同的服务和优惠，但是我们也看到，相对于前面产品的客户来讲，银行对花旗金账户客户的要求也非常高——客户在花旗银行的联合日均余额必须达到 200 000 美元！而此前的支票存款要求的联合日均余额分别是 5 万、1 万和 1 500 美元。

（五）无纸化支票账户套餐（Access Account Package）

1. 客户的权利

- 可选用全系列花旗数字产品和服务。
- 无透支费用。
- 勿须纸质支票。

2. 账户管理费

- 账户管理费：10 美元 / 月。

3. 客户的义务

- 月内有一次符合条件的直接存款或一次符合条件的账单付款，或者在符合条件的关联账户中的月联合日均余额在 1 500 美元以上，可免收 10 美元的账户管理费。

4. 利率

- 账户内存款无利率。

5. 特色

- 通过花旗在线或花旗移动 APP 等可以实现随时付账单、看余额、监控业务活动情况、转移资金、避免透支罚款等功能。
- 什么客户会选无纸化支票账户套餐这个产品呢？答案是年轻人。因为偏好使用无纸化支票的支付方式，比如说用网上银行、手机银行而不是用支票来支付。
- 另外，因为该账户不使用支票，也就不会出现透支和因透支罚款的问题。

6. 与基本支票套餐的比较

- 两个产品中对客户的要求都有一次合格的直接存款，一次账单支付。但是，无纸化支票账户套餐规定的二选一（用的是"or"），而基本支票账户是同时具备（用的是"and"）。
- 日均余额都要求不低于 1 500 美元。但这个无支票的支票存款（checkless checking）是不能签发支票的活期存款，日均余额 1 500 美元指本账户里要有 1 500 美元，而不能捆绑其他账户来计算日均余额。

（六）关于花旗银行活期存款市场细分与差异化的进一步分析

活期存款的最主要功能是支付，或通过支票、或刷卡、或网上银行、或手机银行、或电话银行、或取现。所以，支付需求是所有活期存款人的共同需要。

（1）是否会出现部分存款产品没有客户选择的情况？花旗银行为客户提供了五种活期存款，其中产品（二）~产品（四）是有利率的，而产品（一）和产品（五）是没有利率的。作为客户肯定会愿意选有利率的存款，尽管利率很低！如果这样的话，产品（一）和产品（五）就没人选了，这是无效的市场细分，但实际工作中并没出现这种情况。原因何在？

（2）银行是否存在歧视客户的情况？无论选择哪种支票存款，都是花旗银行的客户。但有些客户的存款有利息，而有的客户的存款无利息；有的客户有专家团队提供服务，有的只能通过电话咨询；有的客户可享受利率和服务的定价优惠，而有的客户则享受不到，等等。花旗银行是不是歧视客户呢？

（3）客户选择了某种存款产品，但没有达到银行规定的日均余额或其他要求，是否就是违约？

（4）产品中不同的权利匹配不同的义务，或不同的义务匹配不同的权利是花旗银行（实际上也是美国银行业）存款产品设计中非常重要的理念。这是为何不会出现所有客户趋向于选择同一个产品的根本原因。

从契约角度来看，每一种活期存款都是一组权利和义务的组合。比如说，有的联合日均余额是 20 万美元，而有的只要求 1 500 美元或者是直接存款、账单支付等。显然，在花旗银行的各类存款、IRA、投资等合计达到 20 万美元的客户，其综合贡献要比日均余额 1 500 美元的客户大得多。所以，银行给"大客户"的服务要更好些，如提供利率优惠、团队服务。实际上，"你给银行贡献大，银行给你就多"体现的是契约最基本的权利与义务平衡的思想。

因为看到别的客户的活期存款有利率、跨行 ATM 免费、有专家团队和 VIP 服务，日均余额只能达到 1 500 美元的"基本支票账户"客户可不可以选择联合日均余额要求不低于 50 000 美元的"花旗优先套餐"活期存款呢？当然可以选。但是，随后会发现这种选择"得"不偿"失"。因为，当你达不到联合日均余额不低于 50 000 美元较高标准的时候，银行要收更高的账户管理费，还要收跨行 ATM 费。相比期望得到的利息来讲，是不划算的。

所谓权利与义务对称，是指得到多大的权利，就要尽多大的义务。通常来讲，有团队服务，又有利息的产品，银行要求客户尽的义务一定会很高。你尽的义务少，你获得的权利或者利益就少。因此，那些只能够存一点零星钱的客户，奢望银行有团队来给你服务，显然是不现实的。

二、定期存款

（一）定期存款的一般特征

1. 期限与利率

定期存款（certificate deposit，CD）因其常以存单形式存在，故又称为定期存单。花旗银行的定期存款期限长度从 3 个月到 5 年不等，利率各不相同，低的为 0.05%，最高的为 0.25%（见表 8-5）。

对于期限为 1 年或以下的 CD，利息按月支付或到期（期限结束）支付。对于期限大于 1 年的 CD，利息通常按月支付。

2. 续期

客户的定期存单到期后，将自动按原来的期限续期并按当前提供的 APY 和利率执行，除非客户在 7 天宽限期内请求更改，或者原有利率或期限失效导致该产品退出市场。但是，按银行规定现存的"分步式"CD 不能续期为新的"分步式"CD。

CD 到期后，有 7 天宽限期，这时客户可以存入或提取资金，或更改期限。

（二）传统定期存款——固定利率 CD（fixed rate CD）

1. 期限分布

定期存款的期限分布从 3 个月到 5 年不等。

2. 利率定价

第一，利率与期限成非线性关系。3 个月期特色定期存款的年利率为 0.75%，4～5 个月期的年利率为 0.05%，9～11 个月的年利率为 0.1%，而 5 年期定期存款的年利率为 0.25%。花旗银行目前这种利率期限结构与未来利率看低有直接关系（见表 8-5）。

表 8-5 花旗银行定期存款一览

期限	年百分收益率	利率
3 个月特色存款（Featured Rate3-Month1）	0.75%	0.75%
4 个月定期	0.05%	0.05%
5 个月定期	0.05%	0.05%
6 个月特色定期	0.25%	0.25%

(续)

期限	年百分收益率	利率
7 个月定期	0.25%	0.25%
8 个月定期	0.07%～0.50%	0.07%～0.50%
9 个月定期	0.10%	0.10%
10 个月定期	0.10%	0.10%
11 个月定期	0.10%	0.10%
1 年期特色定期	0.25%	0.25%
13 个月定期	0.25%	0.25%
14 个月定期	0.10%	0.10%
15 个月定期	0.10%	0.10%
18 个月定期	0.25%	0.25%
2 年定期	0.25%	0.25%
30 个月定期	0.10%	0.10%
3 年定期	0.25%	0.25%
4 年定期	0.25%	0.25%
5 年定期	0.25%	0.25%

资料来源：花旗银行网站，2020 年 5 月 9 日。

第二，利率与存款额有关。通常情况下，银行存款利率采用"存款余额越高，利率越高"的累进式定价。但是，由于当前美国的存款利率处于很低的水平，银行很难分几个档来定价。因此，花旗银行现在的各期限的存款利率定价暂时采用与存款额无关的线性定价方式定价。以 3 个月期存款为例，存款额 1 万美元以下到 100 万美元以上的利率均为 0.75%（见表 8-6）。考虑存款期限和金额因素的非线性定价是美国商业银行利率定价的基本特征之一，尤其是在利率总体水平较高时。

表 8-6　花旗银行 3 个月期存款：存款金额与利率

期限	年百分收益率	利率
特色存款利率 3 个月期	0.75%	0.75%
$10 000 以下	0.75%	0.75%
$10 000～$24 999.99	0.75%	0.75%
$25 000～$49 999.99	0.75%	0.75%
$50 000～$99 999.99	0.75%	0.75%
$100 000～$499 999.99	0.75%	0.75%
$500 000～$999 999.99	0.75%	0.75%
$1 000 000 以上	0.75%	0.75%

（三）创新性定期存款

1. 分步式 CD（Step Up CD）

第一，相比于普通 CD，分步式 CD 只提供 30 个月期限。

第二，CD 存续期限分为三个时间段，每一段时长为 10 个月。

第三，每一段的利率不同，呈递增趋势（见表 8-7），利率每 10 个月自动增加 0.1 个百分点，3 个时段的利率分别是 0.2%、0.3%、0.4%，利率是在存款时就确定好了，而不是在上一时段结束后才确定下一个时段的利率。采取分段计息。年化综合收益率 APY 为 0.3%。

第四，最低存款金额不低于 500 美元。

表 8-7 花旗银行分步式 CD 利率

期限分段	复合年百分收益率（Composite APY）	利率	最低开户起点
30 个月	0.30%		500
1～10 月		0.20%	
11～20 月		0.30%	
21～30 月		0.40%	

资料来源：花旗银行网站，2020 年 5 月 9 日。

2. 提前支取不罚款 CD（No-Penalty CD）

定期存款相对于活期存款的显著的差异性就是相对高收益性，但流动性较差。定期存款提前支取本质上是存款人的违约行为，银行对提前支取定期存款通常要进行惩罚，即收取提前支取罚息。[一]对于某一些特殊的需求，比如说生病了要交医疗费而发生的提前支取，银行同样要罚息。对此，花旗银行提供了一个 12 个月期的，存款人提前支取不罚息的定期存款（见表 8-8）。与普通定期存款不同，该定期存款有最低存款额要求。

表 8-8 花旗银行提前支取不罚款 CD 利率

固定期限长度	年百分收益率 APY	利率	最低开户起点
12 个月	0.25%	0.25%	$500
低于 $10 000	0.25%	0.25%	
$10 000～$24 999.99	0.25%	0.25%	
$25 000～$49 999.99	0.25%	0.25%	
$50 000～$99 999.99	0.25%	0.25%	
$100 000～$499 999.99	0.25%	0.25%	
$500 000～$999 999.99	0.25%	0.25%	
$1 000 000 以上	0.25%	0.25%	

资料来源：花旗银行网站，2020 年 5 月 9 日。

3. 阶梯状 CD（CD "ladder"）

定期存款人还可以根据财务需求和目标选择将资金分成多个期限不同的 CD（称为 CD "阶梯"），比如将初始存款分为若干个等额的 CD，而不是将资金存入一张 CD。此策略的好处是每年获得资金，不受提前支取处罚；更多选择，增加资金使用的灵活性；通常获得与长期 CD 相关的具有竞争力和更高的利率。

4. 其他创新举例

（1）突然加息 CD（bump-up CD）：在存期内至少提高一次 CD 利率。

（2）提前支取不罚息 CD（no-penalty CD，或 liquid CDs）：免一次罚款，在大多数情况

[一] 中国银行业对定期存款提前支取罚息按取款时的活期利率计息实行了很长的时间，直到 2014 年中国建设银行率先创新出名叫"特色存款"的定期存款，从此以后定期存款提前支取时的利息计算采用靠档计息的方法成为行业通行的做法。

下，只允许最多支取 50% 的金额。对于一些银行来说，免罚取款只适用于"医疗困难"的情况。但该定期存款通常要求的最低存款金额比常规的高很多，利率比传统 CD 利率低，CD 期限内提前支取的次数有限。

（3）再存入 CD（put in additional funds into the CD）：大多数银行只允许额外存款的金额不超过初始金额的 50%。

（4）分步增加或分步减少的 CD（step up or step down）：这种 CD 称为柔性 CD（flex CD），但不同于突然加息 CD，分步增加或分步减少的 CD 通常是在一定时间段内（如一年）按固定利率计息，然后利率按预先设定的水平自动增加或降低。

（5）零息 CD（zero-coupon CD）：零息 CD 的原理与零息债券大致相同。定期存款的购买价格与面值或 CD 到期时的金额有大幅折扣，零利息支付并非没有收益，这个折扣就是 CD 的收益。

（6）三重选择 CD（Triple option CDs）：该产品集合了突然加息 CD、提交支取不罚息 CD、再存入 CD 三种创新于一身。期限一般 36 个月；开户起点（存款初始金额）比普通 CD 高，大致在 2 000 ~ 25 000 美元；利率与常规的 36 个月存款接近。[①]

（7）大额 CD（jumbo CD）：就是金额很高的定期存款。

（四）花旗银行关于提前支取定期存款的规定及其惩罚

当客户开立定期存款时，意味着客户同意按其选择的期限将本金存入花旗银行，如果客户在到期日前撤回任何本金，[②]花旗银行将对客户处以罚款并从存款本金中扣除全部或部分罚款。罚息通常是按 90 天或 180 天的简单利息计算。"分步式"CD 的提前支取罚款是根据提取本金的金额计算的。

提前支取罚息是按照存单期限和支取的金额来计算的（见表 8-9）。在存入后的前六天内全额支取本金和利息不收取罚金。

客户可以随时从 CD 中取出利息，勿须支付提前支取的罚款。如果存款人死亡或依法宣布失能，提前支取也不收取罚金。

表 8-9　花旗银行定期存款提前支取罚息规则

定期存款期限	罚息
一年以下	90 天利率
一年以上	180 天利率

三、储蓄存款

（一）储蓄存款的功能和特点

储蓄存款是与活期存款、定期存款并列且独立的一类存款。[③]兼有活期的支付方便性和定期存款的高收益性双重特点。

支票是基于活期存款签发和支付的。因此，活期存款是支付的第一准备金。尽管储蓄存款也具有支付功能，但不是基于储蓄存款直接签发支票来支付，[④]而是在需要时（比如活期存款余额不足以签发支票）将储蓄存款转入活期账户完成支付。因此，储蓄存款是支付的第二

[①] 参见 Heritage Bank，http://www.heritagebankna.com/certificates-of-deposit/。
[②] 银行通常不同意客户部分提前支取本金。
[③] 这里的"储蓄存款"与我们通常所说的储蓄存款的意义完全不同，并非指个人结余存放在银行的存款，而是对一类存款的称谓，因此花旗银行的"储蓄存款"不能再分为活期和定期。
[④] 现在已经不使用早期的基于储蓄存款签发"可转让支付命令"来完成支付了。

准备金。花旗银行的 Safety Check 服务使得客户在活期余额不够的时候，可以授权银行从储蓄里面自动转出到活期存款账户来完成支付。这也是储蓄账户总是要和支票账户相关联在一起的根本原因。储蓄账户的这一功能使得客户会尽可能减少活期存款数量，而增加储蓄存款的数量，从而变相提高了客户存款的盈利能力。

由于储蓄存款可能随时根据需要转出或转入，因此，储蓄存款跟活期存款一样是没有期限的！同样地，因为盈利性和流动性的需要，客户的资金在储蓄存款与活期存款之间不停转出或转入，导致储蓄账户金额发生变化，银行也充当了帮客户管账的角色。所以，储蓄账户也会收取账户管理费。

储蓄账户不仅能挣利息，而且也具有（间接）支付功能，需要的时候可以从储蓄账户转到支票账户并完成支付。谁还愿意在活期支票账户里面存钱？支票账户会被替代吗？如果储蓄账户取代了支票账户，这就是不成功的市场细分。

为此法律规定，从储蓄里面转账或取现，一个月内加总不得超过 6 次。这既考虑到客户支付的需求，又考虑到银行的利益。但最近几年，有些银行允许客户从储蓄账户中转出资金到活期支票账户超过 6 次。但从第 7 次开始，每转出一次收费 10 美元。这是美国近期银行服务收费的一个新的变化。

关于储蓄账户，有一件事情不得不提到，这就是可转让支付命令。在 20 世纪 70 年代，美国的一家储蓄银行创新了一种与商业银行支票竞争的支付工具——可转让支付命令。可转让支付命令实际上是一种基于储蓄存款签发"支票"完成支付的业务，于 1972 年创立。当时，马萨诸塞州法院判定该州的互助储蓄银行有权向客户提供生息的支票账户，这一创新的意义在于两个方面：一是打破了长期以来银行只能基于活期存款才能签发支票来支付的传统，当时的储蓄银行基于客户的储蓄存款也可签发可转让支付命令，即一种准支票来完成支付，实际上可转让支付命令与商业银行支票的功能是一样的；二是储蓄银行变相提高了利率，在活期存款不付息的严格管制年代，这样的创新使得储蓄银行获得了竞争优势。1980 年《放松对存款式金融机构管制与货币控制法》颁布，规定从 1981 年开始，美国各州的存款式机构都拥有提供可转让支付命令账户业务的权利，包括商业银行。

（二）花旗银行的储蓄存款

目前，花旗银行只有一种储蓄存款——花旗®储蓄账户（Citi® savings accounts）。⊖通过这类账户，客户能够赚取利息和设置自动转账，当储蓄账户链接到符合条件的支票账户时，储蓄存款余额还可以计算"花旗感谢您®积分奖励"。

客户必须是年满 18 岁的美国公民或居民，在线申请花旗储蓄账户，需要提供美国的实际地址、出生日期和所有申请人的社会保险号。

1. 客户的权利

主要有①无开户起点要求；②易于在花旗账户和非花旗账户之间转账；③可以为余额和存款设置报警以利于资金安全；④方便移动支票存入；⑤当链接到注册了"花旗感谢您®积分奖励"的合格支票账户时，能够获得花旗感谢您®积分；⑥随着存款余额增加可以得到更高的利率，这取决于储蓄存款与哪一种支票账户组成套餐；⑦通过自动储蓄实现自动转账；⑧享

⊖ 在 2007 年、2008 年时，花旗银行曾经有多达 4 种储蓄存款。

受 FDIC 保护；⑨可以签发支票，但是花旗®储蓄账户如果与无纸化支票账户套餐组成套餐包除外；⑩签约安全支票（safety check），以便用储蓄存款余额补充支票账户余额的不足，避免出现透支。⊖

2. 账户管理费

花旗®储蓄账户将作为花旗银行存款套餐的一部分开立，套餐不同则套餐内产品的利率、每月最低余额要求、福利等也不同。花旗®储蓄账户可以与花旗银行的 5 个支票账户之一组成套餐包，并决定储蓄账户的账户管理费是否收取及标准高低（见表 8-10）。

表 8-10　储蓄账户在与不同支票账户组成套餐中的账户管理费

	花旗金®套餐	花旗优先套餐	花旗银行账户套餐	基本支票套餐	无纸化支票账户套餐
花旗®储蓄	免储蓄账户管理费	免储蓄账户管理费	免储蓄账户管理费	储蓄账户管理费 4.5 美元/月	储蓄账户管理费 4.5 美元/月
免费条件	联合日均余额 20 万美元以上者，关联账户的规定见花旗金®套餐	联合日均余额 5 万美元以上者，关联账户的规定见花旗优先套餐	联合日均余额 1 万美元以上者，关联账户的规定见花旗银行账户套餐	储蓄账户日均余额不低于 500 美元	储蓄账户日均余额不低于 500 美元

注：根据花旗银行网站 2020 年 5 月 9 日相关数据整理。

3. 客户的义务

客户如果是将花旗®储蓄账户与基本支票套餐或无纸化支票账户套餐组成产品套餐包，则需要在储蓄账户中保持日均余额不低于 500 美元，否则要收取 4.5 美元的储蓄账户管理费。无论花旗®储蓄账户与哪一个支票账户组成套餐，都可以计入联合日均余额计算。

4. 利率

花旗银行的储蓄存款的利率水平取决于两个因素：一是储蓄与活期组合的套餐情况，不同的套餐包中的储蓄存款以及活期存款的利率是不同的，花旗银行提供了

典型案例
储蓄账户利率不同套餐和额度的比较

5 种套餐包供选择，如"花旗®储蓄存款＋花旗金®套餐""花旗®储蓄存款＋花旗优先套餐""花旗®储蓄存款＋花旗银行账户套餐""花旗®储蓄存款＋基本支票套餐"和"花旗®储蓄存款＋无低化支票账户套餐"。二是储蓄账户的存款数量。

5. 对储蓄账户转出转入次数的规定

在活期支票账户余额不足时，储蓄账户内的资金可以转入活期账户，从而完成支付。从这个意义上讲，储蓄账户的核心功能是支付的第二准备金，而不是支付的主账户！因此，如

⊖ 花旗银行将在透支当天收取 10 美元的透支保护转账费（overdraft protection transfer Fee），该费用因为从"安全支票供款账户"（safety check contributing account）、"支票＋"信用额度（checking plus lines of credit account）或"支票＋®"信用额度（可变利率）转账引起的。透支保护转账费将对收到转账的支票账户收取，但是，花旗金®账户套餐、花旗优先账户套餐、Citi Elevate^SM Service Mark 账户套餐、无纸化支票账户套餐和花旗私人银行客户免收此费用。如果通过在线、电话或 ATM 转账，可以避免透支和透支保护转账费用。截至 2020 年 5 月 10 日，"支票＋"®信用额度（可变利率）的当前年利率（APR）为 18.25%，花旗金账户套餐和花旗优先账户套餐的年利率为 15.25%。如果违约，则年利率可能会再增加 2.00%。

果对从储蓄账户转出到活期账户的行为不加限制的话，活期账户基本上就被储蓄账户取代。所以，美国法律对从储蓄账户转出到活期账户完成支付的行为做了限制。2018年之前，法律严格规定储蓄账户每月转账和取款不得超过6次。

大约2018年以后，部分银行允许存款人从储蓄账户每月转账和取款可以超过6次，在6次以内银行不收取任何费用，超过6次的，每次提款或转账需支付10美元的超限费（withdrawal limit fees）。但是，收取超限费最多不超过6次。如果联合日均余额超过2万美元或者注册了"优先奖励计划"（preferred rewards program），银行则不收取任何费用。

第二节　花旗银行存款服务

客户与银行建立存款关系后，还会产生与"存款"相关的多种服务，如支付、转账、取款、账户管理、短信通知、挂失与补办、存款证明等。具体服务与收费的情况参见花旗银行网站中"市场附录"（Marketplace Addendum）。

一、账户管理服务与账户管理费

（一）账户管理服务

对于活期存款账户，当客户通过柜台、或ATM、或支票存入、或第三方转账等存入资金后，便与银行建立起存款关系。此后，客户可能再次存入，也可能通过柜台或ATM取款，或者通过POS、手机银行、PayPal等完成支付。所有这些业务或服务都会导致客户在银行的存款余额发生变化，这便是银行为客户提供的服务——账户管理服务，这是银行为存款人提供的与存款业务相关的最重要、最基础的一种服务。此外，银行还有签发支票、转账、开存款证明等服务。

从活期存款账户的形成与账户管理服务的关系来看，活期存款账户是因为客户的资金存入而产生的。因此，活期存款账户是客户与银行资金交易的结果，客户的活期存折或银行卡是证明二者之间存在资金交易关系的凭证。而账户管理服务是存款人在资金交易的基础上发生的与之前的存款交易相关的服务需求（如再次存入（但不是新开户）或取款或转出）而引发的服务形式之一。

（二）账户管理服务成本与成本弥补

账户管理服务，本质上是银行代客管账。银行提供账户管理服务需要付出成本，如账户管理服务相关工作人员的工资、与账户管理服务相关的设备采购（或银行自己研发、生产）与维护、与短信通知服务相关的电信收费等，即便是很多看起来是客户自助的服务，如通过手机APP或ATM自助查询账户余额、转账、ATM取款等，对银行来讲也是需要投入的。这些成本可以通过收取服务费的方式来弥补！当然，也可以通过将这些成本内含在"利息"中的方式（支付比市场利率更低的存款利率）来间接弥补。

（三）账户管理费的另一个功能——客户违约成本

当存款人开立活期存款账户并存入资金时，存款人与银行之间便建立了一种关于资金交易的契约关系。一方面，存款人放弃资金使用权并以此获得银行支付利息和返还本金的承诺,因此,获得利息和要求返还本金,以及获得银行的其他相关服务等是存款人的权利;另一方面,存款人在获得以上权利的同时承诺遵守存款契约的规定,如满足考核期内银行要求的日均余额(在美国,银行一般不是规定该账户或单种账户日均余额,而是规定多种账户或业务联合在一起计算的日均余额,称为"联合日均余额")。

当存款人在考核期结束时,由于存入较少或支取存款太多导致存款人不能满足银行关于日均余额的规定,这实际上是存款人的一种违约行为。账户管理费实际上可以看成客户违约的成本。

(四)账户管理费水平

账户管理服务收费水平因活期存款账户不同而异,但并非所有客户都会被收取账户管理费。满足一定条件的客户可以免掉活期存款账户管理费用。花旗银行的五种活期存款账户中有四种要收取管理费,从低到高分别是 10 美元、12 美元、25 美元、30 美元。客户权利越多、银行对其的要求就更高,违约后(达不到规定的日均余额等要求)银行收取的账户管理费也更高!

二、提取现金与跨行 ATM 费

持花旗银行®银行卡在美国花旗银行的 ATM 取款不收取任何费用。当使用非花旗 ATM 网络时,ATM 运营商或被使用的网络可能会收取费用,也可能向客户收取余额查询费用,即使客户未完成交易。花旗银行可能对客户在非花旗银行 ATM 提取现金将收取费用,费用将因客户选择的账户套餐而异。对于某些符合条件的客户,银行将提供免费跨行使用其他银行 ATM 的优惠。

三、支票相关服务

(一)支票封装费

支票封装费(check enclosure fee)是随月对账单退回的已取消的支票封装而发生的费用。

(二)支票影像服务费

支票影像服务费(check image service)是因为随客户的月对账单而返回的已取消支票的影像而收取的费用。客户可以免费收到对账单的在线版本,其中包括取消的支票的影像。

(三)账户透支

当客户超过符合条件的支票或储蓄账户余额的金额进行支票支付或取款时,银行将收取透支项目费用,具体分为以下两种。

一是如果花旗银行通过透支来为客户支付部分或全部交易,当交易日结束,账户处于透支状态时,花旗银行将收取透支费用。

二是当支票或项目因客户的账户资金不足/不可用而被退回花旗银行时,可能会征收客户的退回项目费用。当客户发生透支费用和退回项目费用时,无论如何每天不超过 4 次。每当银行从客户的账户中扣除交易费(包括服务费或收费)而导致账户透支或增加客户账户透支金额时,也可能收取透支费用。花旗银行不收取 ATM 或借记卡透支的透支费。银行不鼓励客户透支账户的做法,因此提供了一个名为"支票+®"(Checking Plus®)的可变利率信用额度,它可以涵盖"账户余额不足"的需求，并防止退回的项目超过客户可用的信用额度。此透支保护不是自动的，客户必须申请并获得批准。客户还可以注册花旗银行的安全支票服务（safety check service），该服务允许客户将支票账户链接到货币市场或储蓄账户以支付支票账户的透支款。

美洲银行也有类似的规定和做法。每天营业终了的，银行将确定客户账户是否发生透支，若账户透支，则当银行代为完成一笔支付交易或多笔支付交易时，每次会收取 35 美元的透支项目费用。不过个人账户在一天中最多可收取 4 项透支费用和退回项目费用。小型企业账户每天可收取不超过 8 个透支项目和退回项目费用（具体可参见美洲银行的"费用概览"）。

如果客户账户发生透支，银行并没有义务支付透支的款项，银行可以自行决定是否支付这些透支项目的款项。当客户的合格支票账户或符合条件的链接透支保护账户中没有足够的资金时，银行并非一定会帮助客户完成支付交易，银行将根据购买所需支付的金额或取款金额，以及客户的账户历史记录等因素决定是否支付透支的金额。如果客户的账户记录不良好，银行通常不会支付透支额。

（四）透支保护与透支保护费

透支保护（overdraft protection）就是将客户符合条件的支票账户链接到同一银行另一个账户（例如，储蓄账户或另外的支票账户或信用卡）。当支票账户发生透支了，透支保护将自动从链接的挂钩账户上转移可用资金，以完成购买支付，防止出现因支票账户余额不足而使支票被退回的情形。

大多数支票账户和某些储蓄账户可以链接，以支持透支保护。银行提供了便捷的设立透支保护的方式。注册透支保障不收取任何费用。仅当客户使用该服务时，客户才支付透支保护费。当客户使用此服务时，可能会收取转账和其他费用。对于某些银行支票账户，将免收从第二个存款账户转账支付的透支保护转账费。

对于新客户的符合条件的支票账户将自动设置透支保护，如果客户的支票账户没有足够的钱来取款或支付购买费用，透支保护会自动从客户符合条件的链接账户中将资金转入合格的支票账户（前提是链接账户中有可用资金）。银行鼓励客户考虑注册透支保护，以保护自己免受透支和拒绝交易的困扰。如果客户在银行有（或计划开立）多个账户，这有利于透支保护。客户可以将符合条件的支票账户链接到储蓄账户、信用卡或符合条件的第二个支票账户。如果支票账户没有足够的资金来支付交易，可用资金将从链接账户中自动转出。

1. 安全支票服务

如果客户有花旗银行支票和储蓄或货币市场账户，而想要保障透支的安全性，希望花旗银行自动转账以支付透支以及任何费用。安全支票（safety check）作为一种透支保护措施，让支票退回成为历史。如果客户的支票账户透支，可将资金从花旗银行储蓄或货币市场账户转入支票账户。通过安全支票，客户可以转移足够的资金，以便支付客户的透支和相关费用。如果同一天发生多次透支，只要从储蓄或货币市场账户进行一次转账来支付这些透支。

为此，客户需要注册。客户只需要一个支票账户，一个链接的储蓄或货币市场账户（作为转出资金的来源）。花旗银行将在透支当天收取 10 美元的"透支保护转账费"，从客户的安全支票关联账户、或"支票＋®"信用额度账户（checking plus® line of credit account）或可变利率"支票＋"信用额度账户转账。银行将对接收转账的支票账户收取透支保护转账费用。但对于花旗金®账户套餐、花旗优先账户套餐、花旗提升账户套餐（Citi Elevate Account Package，目前未进入市场)、花旗无纸化支票账户套餐和花旗私人银行客户，银行免收此费用。如果客户通过在线、电话或 ATM 将资金提前转入支票账户，也可避免透支和透支保护转账费用。

2. "支票+®"信用额度

"支票+®"信用额度不仅为客户提供透支保护，避免出现退回支票现象，在需要现金时也可以使用此循环信用额度。如果"支票+®"信用额度有可用余额，银行自动将资金从可用的信用额度转移到支票账户完成支付。或从"支票+®"信用额度转账到任何链接账户，如支票、储蓄或货币市场账户。

客户申请"支票+®"信用额度，必须有 10 500 美元以上的年收入，且在申请之日起 21 天内拥有符合条件的花旗银行存款账户（如支票、储蓄、CD 或货币市场）。

当前基于花旗账户或基本支票账户套餐的"支票+®"信用额度账户的可变年综合成本为 18.25%，花旗金®账户套餐和花旗优先账户套餐的可变综合成本 15.25%。如果客户违约，则可变综合成本还要增加 2.00%。

（五）资金不足与资金不足费

如果资金不足以支付客户的所有项目或一个或多个交易，花旗银行可能会退回客户的一个或多个项目。○当账户中没有足够的可用资金来支付项目，并且银行决定拒绝支付或退回未付项目时，银行将收取资金不足费（non-sufficient fee，NSF）。一是每个退回项目将收取超过 1 美元的退回项目费用。二是当客户的账户中没有足够的可用资金来支付项目，而银行拒绝或退回未付款的项目时，银行要收取 35 美元的资金不足费。

（六）止付费

已经签发的支票在银行还未实际支付前，客户可以发出停止支付的命令，但客户任何时候发出支票停止付款或账单止付命令时，都会发生止付费用。

四、支付与转账

（一）基于密码的 POS 交易

客户使用花旗银行®ATM 卡从接受 Interlink®、Maestro® 或 Cirrus® 网络品牌的商家处刷 POS 机购买商品或服务，并使用密码（PIN）授权这些交易。客户可以使用花旗银行®借记卡从接受 Interlink® 网络品牌的商家处购买商品或服务，使用 PIN 授权这些交易。与商家建立的"直接账单付款"交易可能会作为"基于 PIN"的交易进行处理，即使它们可能不需要 PIN。

（二）账单支付

客户可以通过致电花旗银行®或使用花旗银行®在线或花旗移动®向第三方付款。当客户通过花旗银行的账单支付服务支付账单时，支付的款项将通过电子或官方支票转账。客户可以提前安排一年内的账单付款，也可以安排一系列定期付款。客户可以通过花旗银行®在

○ 对"账户余额不足"和"账户透支"而言，所谓"项目"包括支票、替代支票、服务费、电子项目或交易、汇票、远程创建的支票、图像替换文件、赔偿副本、预授权付款、自动转账、电话转账、自动清算所（ACH）交易、网上银行转账或账单付款指示、提款单、亲自转账或取款、调整以及支付、转移或提取资金的任何其他工具或指示，包括其中任何一项的图片或影印件。

线或花旗电话银行®或花旗移动取消付款。如果取消的是一系列定期付款之一，该系列的所有后续付款都将被取消。如果通过支票付款，在某些情况下可以接受停止付款单。对于以电子方式进行的账单付款，不接受停止付款单。花旗银行账户定期对账单将包括通过我们的账单支付服务进行的所有账单支付交易。预授权账单付款可在线或通过花旗银行®查看。如果客户怀疑这些陈述有任何错误，或者客户有疑问或需要帮助，可联系花旗银行客户服务部。

使用花旗银行®在线或花旗移动®、电话自动账单支付服务，或在花旗电话银行代表的协助下安排单笔付款或多次账单付款时，不收取每月费用或交易费用。

（三）电汇

电汇（wire transfer）是银行提供的一种基于活期存款的以电子方式支付的服务，例如通过SWIFT、联邦储备电汇网络或清算所银行间支付系统等进行的电汇转账。电汇支付会发生费用和支付限额限制，具体取决于账户类型和电汇类型。

（四）转账次数限制

联邦法规要求银行限制以下交易类型从储蓄账户和货币市场账户的转账次数：签发支票，借记卡或类似由客户发出并支付给第三方的支付命令，自动转账（包括安全支票转账），提前设置的经常性付款，通过花旗电话银行®、花旗移动®和花旗银行®在线或其他电子手段授权的付款和转账，但偿还花旗银行贷款和/或信贷额度和花旗®品牌信用卡的付款和转账除外。通过花旗银行ATM转账给第三方，包括客户使用花旗银行®全球转账服务进行转账，使用机构间转账服务付款和转账，客户通过出纳员或ATM的关联存款账户之间的转账数量没有限制。

每个账户报告期内，客户可以进行的最大转账次数不超过6次。如果客户已达到此限制，银行可能会拒绝履行其他交易。如果客户在12个月内超过该限制3次，银行有权自行决定：限制客户使用账户；或者将资金从客户的账户转移到客户拥有（或银行为客户开立的）不受这些交易限制约束的另一个花旗银行账户；或者关闭客户的账户，余额以支票邮寄给客户。居住在美国境外的客户，可能会被要求返回电汇指令以关闭客户的账户。为此，银行可能会收取高额的费用。

五、保险箱租赁

要开立保险箱，客户需要在账户包中至少开立一个花旗银行®的交易账户（如支票账户、货币市场和/或储蓄账户）。花旗银行的一些分行提供保险箱租赁业务。定价因位置、尺寸和账户套餐包不同而不同（见表8-11）。

表 8-11 花旗银行不同账户套餐包中的保险箱租赁价格

年租金	花旗金®账户	花旗优先账户	花旗银行账户 基本支票账户 无纸化支票账户
$0～$125	不收	不收	收费
$126～$250	免125美元	免125美元	收费
$251+	50%折扣	50%折扣	收费

资料来源：花旗银行网站。

第三节　花旗银行存款产品设计的经验

花旗银行有支票（活期）、储蓄、定期三类存款，这些不同的存款产品，它们是用什么零件来构成的？这些不同的零件是通过什么机制变成了存款产品 A 而非存款产品 B，以及是花旗银行产品 A 而非美洲银行产品 A。

所谓的产品设计机制，除了分析产品的利率和某一项服务收费是如何定价的外，更重要的是搞清楚这些零件是如何连接起来发挥存款功能的，比如日均余额、套餐包、关联，还有多账户联合等是怎么发挥作用的。

一、发掘客户差异化需求并细分市场

（一）客户需求

活期存款（支票存款）的支付功能是其显著区别于储蓄和定期存款所在，花旗银行为客户提供了五种产品，也就是五种选择。相比之下，中国就只有一种活期存款。花旗银行是如何对活期存款客户进行市场细分的呢？

任何产品都是按"平均需求"来设计的，存款产品也不例外。但是，"平均"是相对的！对每一个细分市场而言，必然是体现客户的"平均需求"，但细分市场之间的"平均"又是有差异的。"平均"范围越大，产品的针对性和个性化就越差。

支付是活期存款的基本功能，但是不同的活期产品在具有相同的支付功能的条件下还有不同的特征。所以，花旗银行的五个活期存款都体现出"支付+X"的特征。⊖那么，"X"包括哪些呢？寻找"X"，实际上就是寻找存款市场细分的方法和标准。这就是我们要关注的重点。

花旗银行的五种活期存款中，每一种产品都有它的核心竞争力和客户针对性。第一个产品基本支票套餐适合仅仅有简单支付需求的客户，核心诉求是支票支付；第二个产品花旗银行账户套餐是最普通的支票客户，核心诉求是支票支付+跨行 ATM 需求；第三个产品花旗优先套餐是有理财需求的客户，核心诉求是支票支付+跨行 ATM 需求+理财服务；第四个产品花旗金®套餐适合有财富管理需求的客户，核心诉求是支票支付+跨行 ATM 需求+财富管理；第五个产品无纸化支票账户套餐适合年轻人，他们喜欢数字化银行服务，其支付工具不是支票、甚至也不是用卡来支付，而是手机 APP 等。

（二）市场细分

尽管五类客户都有存款，也都需要支付，但是每一个人的条件不一样，行为特征不一样，从而花旗银行把所有支票客户分成了五类，并且有针对性地提供五种产品，这就是市场细分。细分的标准除了"支付+X"中的"X"不同外，也包括客户自身条件、偏好和行为特征的不同。

如果活期存款 1 和活期存款 2 无利息，而活期存款 3 有利息，是否会出现存款人只选活期存款 3，而不选活期存款 1 和活期存款 2 的情况？银行投放的产品是否能有效地细分市场，关键看客户群和产品之间是否一一对应，如果出现集中选择或交叉选择，则都是无效的市场

⊖　实际上，其他银行的活期存款也同样具有"支付+"的特点，只是"+"的不一定是"X"，而可能是"Y"。

细分（见图 8-1）。

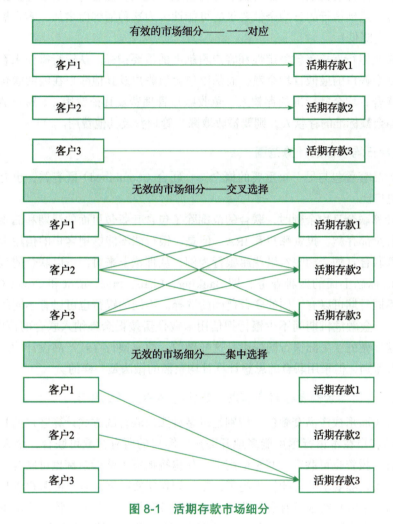

图 8-1　活期存款市场细分

二、产品关联和产品套餐包

在活期、储蓄、定期三类存款中，储蓄通常不是独立存在的，而需要关联到活期存款产品上，从而形成一个产品包或套餐包。

客户选择储蓄存款不外乎就是想多得利率，同时获得支付的便利。但是，能不能得利息呢？这个并非必然！要得利率是有条件的，比如储蓄存款要与某一个活期存款账户关联。即买 B（储蓄账户）必须要先买 A（支票账户），在营销中这叫捆绑销售。因为关联而形成产品套餐包。

三、联合日均余额、客户稳定性与产品交叉销售

捆绑似乎是很贬义的，是银行在强行推销。但在银行要考核活期存款账户日均余额的情况下，如果不接受银行的捆绑要求，则客户达到日均余额要求的可能性就会比较低，被收

账户管理费的可能性就比较高。而将支票与储蓄账户关联，甚至与投资账户、IRA 联合在一起，从而使客户达到银行的日均余额要求的可能性因为这种捆绑而增加，客户被收账户管理费的可能性就会降低！

日均余额是银行考核存款稳定性和客户贡献度的重要指标。从银行操作来看，通常不是计算和规定某个账户的最低日均余额，而是以包含该账户及其他账户在内的联合日均余额为标准。满足联合日均余额标准的存款人，免收账户管理费及其他费用（如跨行 ATM 费），不满足联合日均余额标准的存款人，则要被收取账户管理费及其他费用。

（一）联合日均余额的计算范围

关联和产品套餐包与另一个重要的概念——联合（combined）既有关，也有不同。后者包括的范围更广泛。

银行在计算联合日均余额时，联合的范围除了包含套餐包里面的活期和储蓄存款外，通常也可以包含全部存款、投资账户和 IRA。但是，银行能不能够把客户的信用卡未清偿余额等加进来计算联合日均余额呢？以花旗银行为例，从理论上来讲，可以联合的范围包括花旗银行网站导航标志上面的四种业务，即 Banking、Loan、Investment 和 Credit Card。当然，同一银行在不同时期可以有不同的联合范围的选择。不同的银行也可以有不同的联合范围的组合。[⊖]2008 年金融危机期间不少银行把信用卡或住房按揭余额纳入联合的范围。实际上，花旗银行是这样做的，美洲银行同样也是这样做的。两家银行存款产品设计的差异之一就是联合的范围有差别，但采用联合的思想计算日均余额的做法是一样的。

（二）用联合日均余额考核客户有助于银行与客户关系的稳定

银行通过关联形成产品套餐包，特别是以多种账户联合的方式计算客户的日均余额，可以吸引和鼓励客户在本银行尽可能多地开账户。客户的所有存款可联合，个人退休金账户（IRA）可联合，投资也可联合，甚至信用卡、住房按揭等未清偿余额也可联合。一方面，客户满足联合日均余额要求的可能性提高了，银行切切实实减轻了客户的账户管理费支出；但另一方面，当一个客户在银行有资产业务、负债业务和投资业务时，该客户基本不可能离开这家银行了，会成为银行的忠实客户。这便是联合这一做法的精髓和目的是所在！

所有银行都担心客户流失！一个客户是决定离开花旗银行到美洲银行，还是继续留在花旗银行，除了两家银行的服务质量差异外，还与客户在花旗银行账户的数量及由此产生的退出成本有关。如果客户在花旗只有一个账户，这种客户很容易离开。如果有两种账户、三种账户呢？当然也可能离开，但离开的难度和成本就会增加。由此可知客户在花旗银行的账户类型越多，离开花旗银行的可能性就越低。所以，关联、套餐包，特别是联合这种机制，使得银行与客户关系有一种内生的稳定性。银行以牺牲账户管理费换取客户在银行多开账户，而客户开立更多账户使得银行和客户的关系变得更加稳定和长久。

（三）用联合日均余额考核客户有助于提高银行产品的销售成功率

创新与销售是银行最重要的工作内容，一个创新产品或服务能否为客户所接受既取决产品或服务本身能否满足客户的需求、也取决于客户的风险偏好，而客户在此之前拥有该银行

⊖ 选择不同的联合范围是美国商业银行存款产品可以在客户间差异化营销和银行间差异化竞争的重要原因和手段之一。

产品和服务的数量也同样具有决定作用。

如果此前跟花旗银行没有任何业务关系,当客户接到花旗银行的推销电话时,第一反应多半是拒绝、甚至会怀疑对方是骗子!尽管推销的产品可能真是好产品,但很难让客户相信。当客户在花旗银行有一种活期存款的时候,花旗银行推销第二种号称有高收益的储蓄存款,此时客户可能会犹豫不决。但是,当客户在花旗银行有活期存款、储蓄存款、定期存款以及信用卡和住房按揭贷款时,现在花旗银行销售人员告诉客户,银行现在有一种收益高、安全性也好的理财产品,问客户要不要购买?答案基本上是肯定的!

交叉销售是产品推销的重要手段。所谓交叉销售,就是发现现有客户的多种需求,并通过满足其需求而实现销售多种相关的服务或产品的营销方式。简单讲就是向拥有本公司 A 产品的客户推销本公司 B 产品,也就是客户拥有的产品数量从"N"到"N+1"。

实践证明,将一种产品和服务推销给一个老客户的成本远低于吸收一个新客户的成本。也就是说,当 N=0 时,推销新产品实现"0+1"基本不会成功;当 N=1 时,实现"1+1"也很难;N 越大,"N+1"的成功率越高。交叉销售的成功率会随着客户在银行拥有的账户数量的增加而增加。交叉销售在金融业被广泛运用,能有效降低边际销售成本,提高利润率。来自信用卡公司的数据显示,平均而言,信用卡客户要到第 3 年才能开始给公司带来利润。由此可见,吸收新客户的成本是非常高的,而对现有客户进行交叉销售,也自然成为许多金融机构增加投资回报的捷径。

因此,关联、联合等做法对银行的价值,不仅是关系稳定器,也是销售加速器。使得银行不仅获得了稳定的银行与客户的关系,而且得到销售新产品的机会。

四、"支付 +X"的活期存款设计思路

活期存款客户总是有支付需求的,但同时还有其他功能需要。花旗银行的五个活期存款产品是在"支付"基础上,根据不同客户的不同条件及其需求差异性来设计的。"X"代表的核心诉求如跨行 ATM 需求、国际业务需求、财富管理需求、电子化支付等,从而形成以支付功能为基础的一系列活期存款。

对花旗银行而言,"X"侧重于客户的投资需求,比如 X= 少量理财,或 X= 财富管理,或 X= 私人银行级财富管理。对富国银行而言,X= 住房按揭。两家银行在办理活期支票存款的时候,花旗银行更在意有财富管理需求的客户,而富国银行在更偏向有住房按揭需求的客户(以及大学生和中学生等未来客户)。这也反映出花旗银行和富国银行的不同客户定位和差异化竞争策略。

五、交易双方权利与义务的基本平衡

无论是存款业务,还是查询、短信通知服务,都是银行与客户之间的交易,只是交易标的不同而已。而任何一个交易都需要以契约方式来确认和实现,并规定交易双方相应的权利和义务。所谓不同的存款产品,实际上就是不同的权利和义务的组合。客户想得到更多的权利,如更高的利率、跨行 ATM 取款免收费,则客户需要对银行尽更多的义务,如保留在银行账户上的日均余额更高。这才是公平的交易。权利少而义务多的产品客户不会选择,权利

多而义务少的产品银行也不会持续供给。因此，权利与义务的基本平衡是存款产品设计和银行提供各种服务的基本原则。

六、存款产品的"组合创新"机制

在存款市场中，美洲银行的存款产品不同于花旗银行的存款产品，这种"差异化"本身就是美洲银行对存款"创新"的结果。美洲银行如何"创新"存款的呢？

如果用 A 代表期限，B 代表利率，C 代表开户起点，D 代表日均余额，E 代表惩罚，F 代表优惠，则所谓存款产品设计或创新，简单讲就是产品要素集合（A，B，C，D，E，F）的不同组合，理论上，（A，B，C，D，E，F）的排列组合有无穷多种，而每一种组合实际上就代表一种"新"产品。从中美两国代表性银行存款产品的微观结构来看，美国的存款产品要多，而中国的相对较少。

美国银行业的存款产品 X=（A，B，C，D，E，F）

中国银行业的存款产品 X=（A）[①]

以上两个集合的排列组合可能性结果显然不同，这可以从"技术"方面解释为什么美国 7 000 多家银行，每家银行存款产品可以不同，而中国的存款必然同质化——存款产品的要素单一，无法通过要素组合来创新。因此，存款产品供给与监管有关，但存款产品的机制设计才是决定性的。对中国而言，存款产品机制设计改进的重点是增加产品要素。

七、注重客户间差异化与银行间差异化竞争

（一）客户间差异化营销——"花旗银行账户套餐"与"基本支票套餐"账户的比较

（1）账户功能的差异。"花旗银行账户套餐"与"基本支票套餐"都能满足客户签发支票完成支付的需求。但是，"基本支票套餐"账户适合那些只有简单支付业务需求的客户，而"花旗银行账户套餐"跟前面第一个"基本支票套餐"的显著区别在于客户的金融需求更多，且需求的核心诉求不太一样，比如对跨行 ATM 的需求、对获得利息的需求等。显然，经常要发生跨行 ATM 取款的客户选择"花旗银行账户套餐"会更好，因为在"基本支票套餐"中，存款人每次跨行 ATM 取款将被收取 2.5 美元。而"花旗银行账户套餐"存款人如果满足条件的话，花旗银行将返还其被其他银行收取的跨行 ATM 费。

（2）账户持有人获得的权利与应尽的义务的差异。在"花旗银行账户套餐"中，存款人从花旗银行获得更多服务、满足更多需求、实现更多功能、得到更多权利的同时，花旗银行对存款人的要求（如联合日均余额）就订得更高，收取的账户管理费也更高。比如，联合日均余额达到 10 000 美元以上的客户，得到的好处更多，如免收账户管理费、使用非花旗 ATM 免费。这体现出存款人的权利与义务的平衡，也是（花旗银行）存款产品设计的重要思想。

（3）成本与收益的差异。"基本支票套餐"的存款人显然会羡慕"花旗银行账户套餐"的存款人，因为后者从银行获得了更多的东西，比如账户持有人不仅可以完成支付，而且存款有利息、跨行使用 ATM 可以免费。但实际上，当原本应该选择"基本支票套餐"的存

[①] 为何不是 X=（A，B）或（期限，利率）。原因在于目前在中国，决定利率的唯一因素是期限。

人,因为羡慕"花旗银行账户套餐"内的存款可以计息而选择了"花旗银行账户套餐",而最后无法达到银行对"花旗银行账户套餐"日均余额 10 000 美元的考核要求,将被花旗银行收取 25 美元的账户管理费,这远比"基本支票套餐"12 美元的账户管理费高得多。在低利率的情况下,这 13 美元的费用差额远比从"花旗银行账户套餐"获得的利息多得多,羡慕的结果是得不偿失的!反过来,本应选择"花旗银行账户套餐"的存款人会选择"基本支票套餐"吗?显然不会,因为相比于从该账户得到的有限的服务(无限制签发支票),其对银行做的"贡献"(很高的联合日均余额)太多了。也就是说,如果存款人"向下"选择,其尽的义务与获得的权利严重不平衡,显得吃亏了!

(二)银行间差异化竞争——以花旗银行、美洲银行和富国银行为例

美国的存款市场竞争激烈,差异化成为不同银行吸引存款人最重要的手段。[①]但是,如何才能做到产品差异化或差异化竞争呢?显然,在利率管制环境下,银行是不可能通过提高利率来竞争存款的。在利率市场化环境下银行似乎可以自主决定存款利率,但实际上,银行同样不能通过提高存款利率来获取存款竞争的优势。因为,当一家银行通过提高存款利率在短期内获得更多存款后,其他银行也会被迫提高存款利率。最终,存款利率会达到"均衡"。因此,"打利率战"的方式竞争存款是短期有效,长期无效!

从上面的分析可知,"打利率战"并不能成为银行竞争存款的有力武器。那么,银行采用积分换礼品或给存款人送米、送油等方式会比银行通过"打利率战"来竞争存款更有效吗?

银行给存款人送米、送油等是银行存款经营中的常用手法,或者存款兑换积分,用积分换礼品,如花旗银行的"花旗感谢您®积分奖励"。银行给存款人送的米、送的油等也需要折合为成本,送的东西太多(太值钱)银行是不划算的。此外,不同银行送的东西(如有的银行给存款人送米,有的银行给存款人送油)折合后的价值是不可能有太大差异的,最终,也会达到"均衡"。因此,给存款人送东西来竞争存款同样是短期有效,长期无效!

当花旗银行向市场提供了一种活期存款,比如花旗银行账户套餐。那么,富国银行、美洲银行等如何与花旗银行竞争活期存款,也就是其他银行如何实现与花旗银行的活期存款差异化?这本质上是存款产品设计与差异化竞争的问题。富国银行可以考虑的方案有:

一是调整账户管理费。

二是调整联合日均余额。比如花旗银行规定联合日均余额不低于 10 000 美元,富国银行可以规定为最低的联合日均余额为 7 000 美元。值得思考的是,富国银行能将联合日均余额降到 2 000 美元或更低,或提高到 20 000 美元吗?如果富国银行将联合日均余额提高到 20 000 美元,富国银行的存款有竞争力吗?

三是调整存款账户的功能(即调整存款人的"权利")。比如富国银行可以增加或减少某些权利,如果花旗银行规定达到其联合日均余额要求的客户,使用所有跨行 ATM 都全额补贴。富国银行可以规定达到其联合日均余额要求的客户,在发生跨行 ATM 取款而被其他银行或 ATM 服务商收费时,5 次以内(或 10 以内)全部免费,发生第 6 次(或第 11 次)跨行后每次按行业标准收费。

四是调整存款利率。当然,在美国当前利率非常低的环境下,银行调整利率的空间非常

[①] 与差异化竞争对应的是同质化竞争,而中国的存款市场是最为典型的同质化竞争市场。在中国的存款市场上,不论银行规模大小、上市与否,也不论银行所处区域的差异,所有银行基本上都提供相同的存款产品。

有限,通过利率来差异化存款产品的作用有限,如 0.003% 与 0.004% 的存款利率差异,对于一般(小额)存款人来讲,利息收入的差异没有什么吸引力!这反过来也说明,在设计存款产品时只有在总体利率水平较高时,采取利率差异化才有可能!

五是调整积分规则。如果花旗银行是 1 美元存款兑换成 1 分,即 1∶1,则富国银行可以规定 1∶1.2 兑换或美洲银行可以规定 1∶0.9 兑换,或其他。

六是调整计算联合日均余额的产品范围。比如花旗银行的套餐包括存款类、个人退休金账户和投资理财类账户的金额。其他银行可以从存款类、IRA、投资理财类、贷款业务(消费贷款、信用卡、按揭等)"组合"计算联合日均余额的账户或产品类型。例如,

花旗银行的日均余额联合范围 = 存款 +IRA+ 投资,则

富国银行的日均余额联合范围 = 存款 +IRA+ 投资 + 信用卡

或 = 存款 +IRA+ 投资 + 消费贷款

或 = 存款 +IRA+ 投资 + 汽车贷款

或 = 存款 +IRA+ 按揭(按 10% 或 50% 等计入日均余额)

七是其他调整。如调整存款账户的开户起点等。

同样在表 8-12 中,假如花旗银行在周一投放市场的活期存款为 X0=(0,0,300,200,-3,签发支票无限制),而美洲银行在周一投放市场的活期存款为 Y0=(0,0,600,200,-3,签发支票无限制),X0 和 Y0 中各数字的含义对应于前面的 X=(A,B,C,D,E,F)中各字母的经济意义。相对于花旗银行的产品 X0 来讲,美洲银行活期存款 Y0 显然缺乏吸引力。因为,开户起点较高,而其他是相同的。所以,客户存款纷纷流向花旗银行。那么,美洲银行应如何调整存款产品设计以应对不利局面?

表 8-12 美洲银行与花旗银行存款竞争方案选择

花旗银行	X0=(0,0,300,200,-3,签发支票无限制)	原产品
美洲银行	Y0=(0,0,600,200,-3,签发支票无限制)	原产品
	Y1=(0,0,300,200,-3,签发支票无限制)	可选方案
	Y2=(0,0,300,200,-3,跨行 ATM 免费)	
	Y3=(0,0,600,200,-3,跨行 ATM 免费 + 签发支票无限制)	
	Y4=(0,0,400,200,-3,跨行 ATM 免费 3 次 + 签发支票无限制)	
	……	
	Yn=(?????)	

办法 1:采用同质化竞争策略,如产品 Y1。

办法 2:采用差异化策略,用免费使用跨行 ATM 来竞争有跨行 ATM 需求的客户,如产品 Y2。

办法 3:采用差异化策略,保持其他不变,在签发支票无限制的基础上,给予客户免费使用跨行 ATM 的优惠,以平衡开户起点过高的问题,如产品 Y3。

办法 4:如果免费使用跨行 ATM 带来的成本过大,对客户跨行使用 ATM 只免费 3 次,第 4 次收费,同时调整开户起点,如产品 Y4。

办法 5:调整计算日均余额的范围,将客户的资产、投资和负债三类业务进行不同的组合。

办法 n:其他。

第四节 存款产品设计理论分析

一、银行存款业务过程的分解与分析

存款是将"钱"存入银行的行为，可能是现金存入，也可能是支票或转账存入；可能是自己存入，也可能是第三方存入；可能是在柜台存入，也可能是通过 ATM、手机 APP 或互联网存入。存款是一种典型的债务契约，是存款人与银行之间关于放弃存款人资金使用权的行为的交易方式。

（一）存款

当一笔钱存入银行后，银行与存款之间实际上会出现两种不同性质的交易或业务，一是资金交易，二是服务交易。不同客户的资金交易和服务交易不完全相同，这与客户的需求和特征有关。

存款时储户把"钱"交给银行，银行存入后给储户证明交易的凭证——存单、存折、卡等，按照合同关系，存款人放弃了资金的使用权，交由银行来使用，我们把这个叫资金交易，把存款叫作"产品"。

（二）存款后

但实际上，存款产品的成功销售并不意味着银行业务的结束，而是随之而来的存款人对银行"劳务"服务需求的开始，比如转账、查询、取款、支付账单等。我们把这个叫作"服务"。

在图 8-2 中，产品购买和售后服务是两个独立但又相互关联的环节，即资金交易和"劳务"交易。客户对存款业务的需求差异既表现为存款差异（数量、期限），也表现为存款后行为差异。

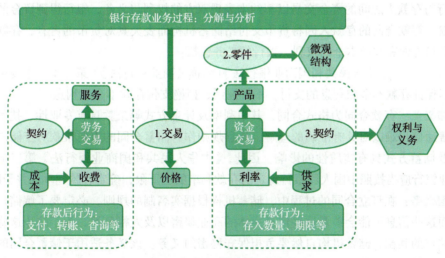

图 8-2　银行存款业务的分解

二、认识存款行为的三个视角

（一）基于交易——存款产品与存款服务

与其他融资契约不同的是，银行在经营存款的过程中，既提供产品，如活期、各种定期

存款等，又提供"存款相关"服务，如转账、查询、柜台或 ATM 取款、POS 刷卡消费、开存款证明、可以监管存款资金动向的短信通知服务等。这些存款相关的服务是存款交易本身吗？不是，而是存款交易以后所产生的新的服务需求。这种服务本质上是银行提供的"劳务"服务。⊖这些"劳务"服务对于银行来讲，都是有成本的！

银行与存款人之间的"资金交易"与"存款相关"服务具有不可分性。一方面，银行与存款人因"资金交易"而形成债权债务和反映这种关系的载体——存款契约或"存款产品"；另一方面，存款人因支付等需求而与银行形成"劳务交易"或"服务交易"关系。"服务交易"是因"资金交易"而衍生的或基于存款而增值的，"存款服务交易"本身并不能独立存在。正如 Cohen（1970）所说的"活期存款不是作为与银行其他'产出'不相关的单一产品而被销售，它们需要与存款服务捆绑在一起，例如银行账户维护、借记和贷记账户项目等。因此，我们可以说银行是捆绑式地销售存款与交易活动"。

以存款业务为例，我们把存款看作银行的"产品"，这种产品为银行带来可用资金，是银行的负债。而把与存款相关的账户维护、签发支票、柜台与 ATM 取款、查询等看作银行的"服务"。就"存款产品"与"存款服务"的关系而言，"存款服务"是附加于"存款产品"的或者说存款服务是从存款产品衍生出来的，没有"存款产品"就没有"存款服务"。

（二）基于契约——权利与义务

存款人将资金以现金或其他方式（如转账）存入银行时得到的对价是银行按约定交付本金和利息，以及证明这种约定的凭证——存单或存折。因此，存款是存款人与银行之间关于"资金交易"的结果。

1. 银行的权利与义务

银行与存款人之间的资金交易以契约来表现双方的权利与义务，银行得到资金的使用权和收益权，存款合同的存款人因将货币交付给储蓄机构而丧失其对货币的占有，存款人获得利息、支付方便和收回本金的权利。银行的义务包括：

给付义务：《中华人民共和国商业银行法》（简称《商业银行法》）第三十三条规定：商业银行应当保证存款本金和利息的支付，不得拖延、拒绝支付存款本金和利息。

告知义务：存款合同为格式合同，其中利率及计息方式等条款具有专业性、技术性和复杂性，普通储户难以对其有准确的理解，计息规则作为储蓄合同的重要条款对于储户选择储蓄机构及储蓄方式具有实质性的影响。因此，《中华人民共和国商业银行法》第三十一条规定：商业银行应当按照中国人民银行规定的存款利率的上下限，确定存款利率，并予以公告。

保密义务：在订立合同的过程中，储蓄机构根据实名制的规则，必定要了解储户的相关信息，而这些信息可能会涉及这些信息主体的商业秘密以及人格尊严，为了防止这些信息泄露损害储户的利益，储蓄机构自然要负担保守秘密的义务。该义务适用于储蓄合同的全部过程，甚至于储蓄合同的消灭之后。对此，《中华人民共和国商业银行法》第二十九条第二项规定储蓄机构保密义务。

⊖ 这个"劳务"之所以要加引号，是因为这些服务中，有的是看得见的劳务服务，如柜台取款、开存款证明、挂失与补办等，有些是看不见的"劳务"服务，比如银行提供的客户自助服务，如 ATM 存取款、查询余额、手机银行等，看似银行并没有直接提供"劳务"。但实际上，这些服务的特点是基于银行前期劳务投入和技术投入而产生的服务，如手机 APP 软件开发与维护。

2. 存款人的权利与义务

（1）存款人的权利。

储户的权利主要包括取款自由权、合同解除自由权、安全交易权、查阅对账单及其他资料的权利、挂失权等。其中，取款自由权包括取款与否的自由、取款时间的自由、取款地点的自由、取款数额的自由、取款方式的自由。一直以来，我国注重对存款人的保护，《商业银行法》第二十九条规定"商业银行办理个人储蓄存款业务，应当遵循存款自愿、取款自由、存款有息、为存款人保密的原则"。此外，为保护个人储蓄存款利益，《商业银行法》还规定商业银行有权拒绝任何单位或者个人查询、冻结、扣划，但法律另有规定的除外。

取款自由说明活期存款的自由支取与到期的定期存款的按时支取是存款人基于储蓄合同的权利，而提前或逾期支取定期存款严格地说是存款人的违约行为，许多国家对此有不同规定。取款自由意味着活期存款随时可以支取，定期存款到期后随时可以支取，未到期需要提前支取的，按实际存款期限对应的定期存款利率付息。⊖逾期支取的定期储蓄存款其超过原定存期的部分，除约定自动转存的以外，按支取日挂牌的活期储蓄存款利率付息。

存款有息是我国《商业银行法》和《储蓄管理条例》确立的储蓄存款业务的基本原则之一，也是存款人的一项合同权利。根据民法的等价有偿原则，任何一方当事人从对方取得利益都是有代价的，存款合同的这个对价就是银行向存款人支付的利息。但世界各国对存款人获得利息的权利规定并不完全一致，如美国《1933年银行法》禁止商业银行对活期存款支付利息，这项规定到1986年才解除。美国还规定商业银行有权利对支票存款账户收取账户管理服务费。2020年，美国及部分欧洲国家还针对存款实行零利率和负利率政策。

（2）存款人的义务。

储蓄合同除了给付义务之外，还存在着基于诚实信用而衍生出来通知、保密、保护、注意义务等合同附随义务，如储户有对凭证、印鉴、密码等的注意义务。2001年4月1日起我国储蓄存款实行实名制，要求存款人在办理开户和储蓄业务时，必须出示有效身份证明，银行工作人员予以记录，并要求储户在存单上留下自己姓名，保证个人金融资产的真实性、合法性。

3. 存款契约的构成

尽管期限、利率等基本交易信息是存款契约的最重要组成部分，但并不能构成一份激励相容的存款契约。一份完整的存款契约由反映存款交易的基本信息、权利项与义务项三部分共同构成。

基本信息：存单（存折、借记卡）反映银行与存款人的交易关系，包括记载交易主体、交易金额、交易有效期、交易价格等基本交易信息。

权责信息：反映存款人和银行双方权利与义务的条款。从存款人（或等价的银行）角度来看，这些条款既有对存款人的激励项，如选择不同类型存款账户的权利、支取存款的权利、获得利率和银行服务的权利（如免费签发一定次数的支票）等；也包括对存款人的约束项，如满足开户起点、支取大额存款提前通知银行、（定期存款）提前支取罚息、账户日均余额要求、低于银行余额要求时征收账户管理费、超过免费提款次数和签发支票次数按次收

⊖ 在2014年之前，定期存款提前支取按当时的活期存款利率计息，这便是长期执行的所谓的提前支取罚息制度。

费、跨行 ATM 收费等。这些条款通常反映在银行网站产品介绍中,但是值得注意的是,往往在网站有关该产品的介绍中还有附注,也会对权利与义务进行补充介绍或约定。

存款契约 = 账户基本信息(开户银行、开户人、账号、存款金额、期限、利率等)+
     权利("储蓄原则"、享用取款与支付等银行便利与服务)+
     义务(满足开户起点、日均余额等要求,支付账户管理费、跨行 ATM 费、
     短信 通知费等)

从上述关系可以发现,交易双方不同的权利与义务安排形成不同的契约条款,并由此构成不同的存款契约。

什么样的契约才是好的契约?从实际工作来看,第一,银行对不同条件的客户给予不同的待遇,对有些客户提供免费服务,而对有些客户收费,银行是否公平地对待客户?第二,对日均存款余额 300 元的客户与日均余额 3 000 元的客户都按相同的利率计息或享受相同的免费跨行 ATM 次数,是否就体现了客户与客户之间的平等?存款契约具有自愿、平等、公平的属性,好的存款契约的核心是交易双方各自的权利与义务基本对等。

(三)基于产品——零件与机制(存款产品微观结构)

汽车、手机等是由很多"零件"构成的产品,如果将存款看作产品的话,那么,构成存款的"基本零件"是什么呢?

1. 中国存款产品的"零件"

我们首先观察中国建设银行网站披露的城乡居民存款利率信息(见表 8-13),这个利率表实际上就是中国建设银行供给的存款产品。

表 8-13 城乡居民存款挂牌利率表 2015-10-24

项目	年利率(%)
一、城乡居民存款	
(一)活期	0.30
(二)定期	
1. 整存整取	
三个月	1.35
半年	1.55
一年	1.75
二年	2.25
三年	2.75
五年	2.75
2. 零存整取、整存零取、存本取息	
一年	1.35
三年	1.55
五年	1.55
3. 定活两便	按一年以内定期整存整取同档次利率打六折执行
二、通知存款	
一天	0.55
七天	1.10

资料来源:中国建设银行网站,2020 年 4 月 16 日。

从表 8-13 可以看到,中国建设银行的城乡居民存款产品有活期和定期两大类,共 11 个产品,加上通知存款共有 13 个存款产品。从单个产品来看,比如三个月整存整取,观察所

在行发现构成这个产品的零件，一个是期限，另一个就是利率。类似地，其他产品也是由这两个零件组成的，包括活期存款。

从理论上来讲，中国的存款产品是由期限和利率两个零件构成的，但实际上因为利率是被期限唯一决定的（即表 8-13 中每一个期限对应一个利率水平），这一特征无论是在 2012 年 6 月 8 日存款利率市场化以前还是以后都成立。所以，我国银行业的存款产品的零件只有期限！

再次观察表 8-13，进一步发现这 13 种存款是按照期限来划分的，如活期、定期，定期的整存整取再分为三个月、半年、一年、二年、三年、五年。因此，我们看到中国的银行业的存款产品具有非常明显的期限特征。中国建设银行的单位存款也具有同样的特点，如表 8-14 所示。

2. 美国存款产品的"零件"

在前面介绍的花旗银行、美洲银行等银行存款包括活期存款、定期存款和储蓄存款三大类。其中，花旗银行有五种活期存款、两种储蓄和 19 种期限从 3 个月到 5 年不等的定期存款。

花旗银行的存款产品，不仅涉及期限、利率等，还有账户日均余额、账户管理费、跨行 ATM 费、免费签发支票以及对某些关联的贷款业务的定价优惠等。概括起来，构成花旗银行存款产品的"零件"有 6 个（见图 8-3），即期限、利率、开户起点、日均余额/联合余额、优惠（减免账户管理费、免费签发若干次支票、利率优惠等）、惩罚（收账户管理费、降低利率等）等六个要素（在建立存款保险制度的国家，还包括存款保险）。

表 8-14 单位存款挂牌利率表

2015-10-24

项目	年利率（%）
一、单位存款	
（一）活期	0.30
（二）定期	
整存整取	
三个月	1.35
半年	1.55
一年	1.75
二年	2.25
三年	2.75
五年	2.75
二、协存定款	1.00
三、通知存款	
一天	0.55
七天	1.10

资料来源：建设银行网站，2020 年 4 月 16 日。

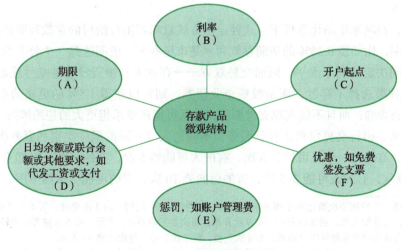

图 8-3 存款产品微观结构

通过比较发现一个非常重要的现象，中国的存款产品是两个零件（但实际上是一个零件），而在美国存款产品有六个零件。这种零件的多和少有什么意义？会带来产品设计和创新上的什么差异？其本质差异是，单要素的产品不具有组合创新的能力，而多要素则意味着这些"零件"可以通过组合创新来"组装"出不同的存款产品，这便是存款产品设计和创新机制的本质所在。

第五节　存款产品与存款服务定价

客户与银行的交易包括资金交易与服务交易，因此，存款定价包括存款产品定价和存款服务定价两个方面。㊀但是，不少教材都把存款产品和服务混为一谈，或统称为存款产品（把银行提供的服务看成"产品"）或统称为存款服务（银行属于服务业）。

尽管"资金交易"与"存款相关服务"具有不可分性，但两种交易标的不同，因而交易的定价机制和方法不同。利率（资金交易价格）主要由供求决定，而服务收费则主要由成本决定。如果银行支付的存款利率是充分市场化的（意味着是利率公平的，没有谁因为交易而吃亏），那么，客户享受银行提供的服务（如账户管理、签发支票、ATM 等）则需要花钱购买，尤其是那些对银行尽的义务比较少的客户。

从资金交易来看，资金交易意味着存款人放弃了本金的使用权，相应地，银行承诺本金的安全和按期支付利息。从劳务交易来看，存款人在存款后又发生提前支取、跨行 ATM 取款，或者 POS 支付等行为，这些是银行给存款人提供的有成本的服务。存款人是否需要付费呢？㊁又应该付多少费？是不是应严格按照服务项目逐项收费呢？

一、利率与服务定价的方式

（一）分开定价

分开定价是指利率和服务各自定价，原因在于利率与服务的定价原理或者说决定价格的基本因素是完全不同的。分开定价的优点是明晰、公平、客户可选择。服务多的多付费，服务少的少付费。

一方面，在利率市场化条件下，这种定价方式意味着银行给付的存款利率是由供求决定的市场化利率，比如说 0.35% 的活期存款利率是市场利率，说明这是一个公平的利率、是由交易双方共同决定的利率水平。因而交易双方——存款人和银行没有谁吃亏或谁占了便宜。也许存款人如果选择不存款，而是投资企业债券，则可以获得 1.5% 的更高的收益。但是，流动性会受到影响，而且不能实现支付愿望，并且可能还要承担更大的违约风险。

另一方面，银行会提供很多存款服务，不同的人有不同的服务类别和服务次数的需求，比如签支票，有的人一个月可能签 3 次，有的人可能签 5 次，有的可能一次都不签。又比如跨行 ATM 取款，有的人可能要 5 次，有的可能要 10 次，有的可能一次都不用。客户服务需

㊀ 严格讲，免费服务次数也属于服务定价范畴，如跨行 ATM 使用，前 3 次免费，第 4 次开始每次收费 2.5 美元；或签发支票，前 8 次免费，第 9 次开始，每次签发收费 0.5 美元；或者从储蓄账户转出资金到支票账户完成支付或从储蓄账户取现，前 6 次免费，第 7 次开始，每次收费 10 美元。

㊁ 其实有不少人认为银行提供这些服务是天经地义的，而且也应该是免费的。原因是存款人把钱给银行，然后银行去放贷赚利差。问题是存款资金交易是否内生存款劳务交易呢？

求的类别越多、次数越高，交纳的服务费用就越高。在利率和服务分开定价的条件下，想要更多服务的客户就要多付费。所以，分开定价更能够体现客户对存款服务项目的可选择性和差异化。

（二）打包定价

银行名义上不收取服务费，而把存款人需要的存款相关服务的平均成本内含在"利率"之中，即按客户平均需要的服务项目测算出相应的平均服务成本并从本应该按"市场化"标准支付给客户的存款利率中进行扣除的定价方法。通常，这种定价方法下实际支付给存款人的、内含服务成本的"利率"往往低于市场利率。比如，市场利率为 0.5%，而客户的平均服务成本为 0.115%（假设客户平均每月需要取款 3 次、查询 1 次、转账 2 次、POS 支付 2 次、存款证明 1 次等 5 种服务），银行公告的最终支付给存款人的利率按 0.385% 计算。

打包定价的缺点是客户不可选择，如公告的"利率"为 0.385%，而不是 5% 的市场利率，意味着这个 0.385% 的"利率"实际上内含了 5 种服务的平均成本 0.115%。这种定价方式看似所有客户都是一视同仁地获得 0.385% 的利率，是公平的！但实际上，那些服务需求少于 5 种的存款人实际上被多收费了，相当于利率给低了。而部分希望有更多服务的存款人的需求则得不到满足！

2005 年以前，中国的所有商业银行采用的都是打包定价方式，存款服务基本不收取费用，形式上银行的服务是免费的。2005 年以后，开始逐渐增加服务项目并对部分服务进行收费，如小额存款人账户管理、存款证明、卡折挂失与补办、跨行 ATM 取款、短信通知等。

二、存款利率定价

（一）定价原理

存款利率是存款人与银行之间的资金交易价格，主要由供求决定。我们说所谓的利率市场化就是说利率水平不是由中央银行决定，而是由银行与客户形成了一个市场共同决定。从现实看好像客户没有办法决定利率，但存款人可以用"用脚投票"的方式来表达市场的力量。比如说花旗银行定了一个 0.3%，存款人不满意，美洲银行的利率是 0.35%，我可以到美洲银行去存款。这样就对花旗银行是一种压力，这就是市场竞争。银行是一端，客户是一端，共同形成存款市场并决定利率水平。

（二）定价方法

1. 基准利率定价法

在定价方面，最重要的一种定价方法就是基准利率定价法。无论存款还是贷款，都适用于基准定价。就存款来讲，所谓的基准利率定价法是指，银行在某一个基准利率基础上加"点"，来形成本银行的存款利率，可以有很多不同的交易利率来作为基准。

其中最重要的基准是同业拆借利率，如上海的 SHIBOR 或者伦敦的 LIBOR、美国的联邦基金利率。但这个基准有一个缺点，仅适用于短期利率。比如说基准利率是 1.3%，再加一个 0.1% 或者是 0.2%，后面这个 0.1 或 0.2 是由什么决定的呢？这个 0.1 或 0.2 可以基于客户与银行的关系。但这个基准利率不是银行定的，是银行外的一个外生的变量，第二个基准就是债券当中的国库券和国债。国债作为定价基准更适用于银行长期存款的定价，比如说 3 年期、5 年期的存款。在定价基准当中，除了这两个以外，还有中央银行的货币政策工具当中，有再贷款和再贴现。这些都是利率市场化所形成的利率体系当中可以用作商业银行定价基准的。

2. 边际成本定价法

边际成本等于总成本（TC）的变化量（ΔTC）除以对应的产量上的变化量（ΔQ)，即每增加或减少单位产品所引起的总成本变化量。

边际成本定价法也叫边际贡献定价法，该方法以变动成本作为定价基础，只要贷款定价高于变动成本，银行就可以获得边际收益（边际贡献），用以抵补固定成本，剩余即为盈利。

边际成本定价法的重点有两个，一是边际成本是怎么算出来的，二是边际成本率怎么算的。边际成本等于新利率乘以新资金减旧利率乘旧资金，这是银行新吸收存款所增加的边际成本，然后用边际成本除以新增资金的变化代表边际成本率来为存款利率定价。

$$边际成本 = 总成本变化 = 新利率 \times 新资金额 - 旧利率 \times 旧资金额 = 净利息支出$$

$$边际成本率 = \frac{总成本变化}{新增资金}$$

3. 基于银行与客户的关系定价：权利与义务

从实际角度或者应用角度来讲，更重要的是第三种定价方法——基于银行与客户的关系定价。前面介绍花旗银行存款产品时曾反复强调，银行有很多服务，银行也有很多产品，但是它的定价的方式的思路是基于银行与客户的整体业务关系。

在美国银行业，银行的存款利率定价，特别是服务定价更多是基于银行与客户的关系，如存款金额越高，利率越高；客户在银行的业务总量越大，利率越高等。相比之下，我国的存款利率只跟期限有关，而跟存款的金额或存款的余额无关。

三、存款服务定价

（一）定价原理

银行提供的服务，无论是面对面的服务，还是客户自助服务，对银行而言都是投入人力、物力、财力的结果。因此，需要通过服务收费回收成本。银行服务定价与成本有关，而跟供求关系不大，不是银行服务种类多价格就便宜，服务种类少价格就贵。实际上，不同服务之间不具有替代性，有的客户偏好支票，而有的可能是更偏好跨行 ATM。

（二）定价方法

1. 成本加成定价

成本加成定价是以成本为基础，加上利润目标来确定服务的价格的办法，加成的部分取决于银行的利润目标，或者对这个业务线的盈利能力的要求。比如说支付业务，首先基于本年度的盈利任务，分解到每一项支票业务银行应该收取的费用目标，同时，将支付业务涉及环节进行成本分解，搞清楚业务本身的成本是多少。

2. 价格表定价法（有条件免费）

价格表定价法是银行最重要的定价方法，也是监管部门要求银行信息公开的一种形式。像花旗银行、美洲银行网站中都有一个"rates and fees"，这就是银行公示其服务的种类、价格以及收费的条件要求。银行服务上百种，有些要收费，有些是免费，但通常是有条件免费。满足条件的可能免费，而不满足条件的那就要收费。其中，"条件"的最核心指标就是联合日均余额。

3. 关系定价法

关系定价法是银行基于客户在银行的资产业务、负债业务和投资业务总量，对客户的服务进行综合定价的一种方法。从服务定价来看，有的客户跨行 ATM 不免费，有的则免费。免费是因为客户的活期存款账户套餐包日均余额达到了银行的要求。从利率定价来看，在花旗银行存款当中，5 000 美元以下的是一个利率，5 000 美元到 1 万美元是一个利率，1 万到 2 万美元是一个利率，2 万到 5 万美元是一个利率。这个利率定价也是基于客户业务关系的定价。

如何实现关系定价，或者用什么指标来实现关系定价？在前面介绍花旗银行时，曾提到一个非常重要的概念和指标——多账户联合日均余额。

花旗银行、美洲银行在服务定价方面最大的一个特点就是按客户与银行的关系收费，而不是按服务项目收费。银行有一个价格表列出了服务项目，也列出了服务项目的价格及收费或免费的条件。因此，并非每个服务项目都要收费，达到一定条件的客户某些服务是免费的，如账户管理费等。服务项目是否收费主要考虑客户的业务量，也就是客户对银行的贡献，客户与银行的"关系"越好，定价越优惠，甚至可能是免费。

第六节　中国存款产品与服务创新

从 2012 年以后，随着存款利率市场化改革加深，中国银行业出现了很多与存款相关服务的重创新，主要围绕四个方面：一是便利性（ATM 同行或跨行取款、代收代付、代发工资、自助发卡、同行或跨行转账、PC/手机银行、社区支行延时营业）；二是流动性（自动转存、类似于余额宝的银行类"宝"、满足一定起存金额的定期存款提前支取按照实际存期靠档计息）；三是收益性（满足一定起存金额的定期存款提前支取按照实际存期靠档计息、货币基金 ATM 机直接取现与刷卡消费）；四是安全性（余额变动短信通知）等。

但是，这些创新主要表现为服务方面，比如限时服务、微笑服务、存款达到一定额度送电影票等积分兑换奖励。此外，银行更加注重存款产品和服务的品牌化，如工行的"期期赢"、农行的"定利盈"、光大银行的"加息宝"、上海银行的"利生利"、南粤银行的"蓄利宝"、渣打中国的"智盈鸿利"定期存款等。⊖

从花旗银行、美洲银行等银行的经验来看，①存款创新的着力点是非利率因素创新，而不是围绕利率打价格战。调利率不是银行竞争存款的最核心手段，非利率因素才是存款竞争的有力武器。②存款创新主要是存款服务创新，而真正的存款产品创新非常少。

⊖ 在美国，同样是活期存款中的基本款，花旗银行叫 Basic Banking Package，富国银行叫 Everyday Checking，美洲银行称为 Advantage Plus Banking。

一、银行存款利率出现差异

1. 不同银行之间存在差异

在 2012 年 6 月 8 日，特别是 2015 年 10 月 23 日后，不同商业银行各档存款利率水平出现差异，同一银行不同地区存款利率出现差异，个人存款和企业存款利率出现差异（见表 8-22）。

2. 同一银行不同产品类型之间的差异

2018 年 6 月 2 日，重庆农村商业银行储蓄存款与单位存款利率同期限存款因为存款主体不同利率不同（见表 8-23），这反映了两个市场的供求关系。

典型案例
部分银行存款利率差异表比较

3. 同一银行不同地区之间的差异

2015 年 10 月 24 日公布的利率显示，贵阳银行在贵阳和成都两个不同地区，执行不同的利率水平（见表 8-24），这充分反映了两个市场供求关系的差异。表明利率是由区域市场供求决定的，因而是市场化的。

2015 年 10 月以后，在中国人民银行的指导下，各地商业银行（含国有银行及股份制银行各地分行）建立了利率自律定价机制，对存款利率上浮行为进行软约束。原则上，存款利率上浮比例不高于 50%。

需要特别说明的是，尽管各银行之间的同种存款产品利率表现出一定程度的差异，但总体来看差异不大，这是很正常的现象。实际上，美国银行业存款产品设计与定价的实践表明，银行间存款的利率是很难有差异的，这是利率市场化的本质表现。因为，个别银行通过提升利率获得的短期竞争优势很快会因为其他银行的模仿而消失，使得利率回到均衡水平。实际上，银行间存款产品的差异主要表现在非利率因素的差异，如开户起点、日均余额要求、账户管理费水平等，利率只是众多可差异化的因素之一！

二、交通银行的"双利账户"自动转存服务[①]

（一）美国的清扫账户

为满足美国集团型企业现金管理的需要，1991 年美国的商业银行创新了存款服务——清扫账户（sweep programs），又称为自动转存。自动转存是指客户与银行签订协议，当存款人活期余额达到一定金额后，超额部分自动转入定期，一般是 7 天期存单，定期存款到期后又转为活期存款。从操作来讲，清扫账户包含两个或多个银行或金融机构的账户，如一个是计划付款的现金账户，另一个是投资账户。银行通过分析客户利用可签发支票存款的情况，如活期存款、可转让支付命令（NOW）和其他可签发支票存款，然后银行将超过预先设定的资金"清扫"到货币市场存款账户（MMDAs），因为 MMDAs 收益更高且计入 M2 而不是 M1，当时货币市场存款账户法定准备金率为零。

清扫账户这种创新本质上是服务创新，而不是产品创新，存款本身并没有创新。这种

[①] 这里的"自动转存"不是定期存款的自动转存，而是活期与（短期）定期的互转！其原理与清扫账户相同。

创新特别适合于很多子公司的大型企业集团或是有很多分支机构或者门店的商业公司的资金管理。单个子公司存款不一定很多，有的是 500 万，有的是 300 万，有的可能是 200 万，有的可能只有 50 万，但加在一起则数额可观。从整个集团的角度来看，每日汇总可能就是几千万，甚至上亿的资金。这些成员企业随时有钱进来，也可能每天有钱需要出去，但总会有闲置资金。所以对于暂时闲置的钱，如果只是保留为活期存款，则收益很低，把它变成 7 天期定期存款，收益率比活期存款要高很多。通过自动转存服务，每天有活期存款转为定期存款，可提高收益率，每天也会有定期存款到期转为活期，从而满足支付需要。

1994 年，美国许多银行和其他存款式金融机构开始引入清扫账户，以逃避交易账户较高的法定准备金要求。清扫账户创新一方面增加了银行的利息支出，但另一方面又增加了银行的可贷资金。Anderson（2000）认为清扫账户大约使得可签发支票存款余额减少了 50%，甚至更多。[一]

（二）中国的自动转存服务

2005 年，交通银行在中国率先创立理财产品"双利账户"自动转存这种服务方式，[二]后来其他银行也纷纷效仿，中国民生银行、兴业银行、中信银行、中国建设银行等银行也推出类似交通银行的"双利账户"的账户。但是，这种业务银行其实很少主动向客户介绍！

"双利账户"自动转存业务本质上是理财业务，客户可以在开办该账户时设定"卡活期存款账户"留存金额，以满足日常生活的需要，同时设定"卡定期存款账户"存期，用于及时转存闲置资金。账户开立后，银行每月进行 3 次自动理财搜索，当"卡活期存款账户"内的余额超过设定的留存金额时，超出金额将自动转存到"卡定期存款账户"中（该账户的起存金额为 1 000 元），享受定期存款利率。如果临时急用钱，银行会选取最近的一笔定存，将其转为活期，保证客户的利息损失最小。"双利账户"初期主要面向交通银行的交银理财 VIP 客户推广。

"双利账户"自动转存服务创新实际上是服务创新。但对于客户来讲，通过"双利账户"自动转存服务可以尽可能减少活期存款余额，而增加定期存款余额。因此，这种创新变相提高了客户的盈利水平。相应地，提高了银行存款的成本。

由于我国没有实行基于流动性的差别准备金率的存款准备金制度，银行通过自动转存服务鼓励存款人将活期转为定期，并不能获得降低法定准备金率、扩大可贷资金来源的好处。与美国的银行一样，"双利账户"存款创新实际上减少了存款人的活期存款持有量，而增加了定期存款，提高了存款人的盈利性。但在我国，银行并没有"对冲"因创新而增加的利息成本的渠道和手段，任何"活期"转"定期"的存款服务创新都将直接增加银行的利息支出。因此，这种只对存款人有益处的"单边盈利"创新模式是我国存款准备金制度的必然结果，同时也决定了这种创新是不可持续的。这也是为何 2005 年交通银行首创自动转存服务后，银行很少宣传这种业务。

以上分析表明，只要活期存款与定期存款的法定准备金率差足够大，商业银行因创新而增加的利息支出可以从"节约"的准备金放贷获利中得到一定的补偿。换句话讲，当中央银行实行无差别准备金率的准备金制度时，商业银行是不愿意将"活期"创新为"定期"的。

[一] 尽管活期存款余额减少，但并不影响存款人的支付需要。
[二] "双利账户"与前面介绍的"清扫账户"或"自动转存账户"操作原理是相同的。

因此，基于存款种类的差别性法定准备金制度是引导美国银行业创新存款和银行愿意变相支付高利率的制度原因。这也是中美两国存款准备金政策在引导商业银行存款创新方面的作用差异所在。

三、特色存款——定期存款创新

（一）主要银行的特色存款

1. 中国建设银行

2014年4月，中国建设银行首先推出"特色存款"——对定期存款客户提前支取实行"靠档计息"，而不是长期实行的按活期存款计息的罚息。

"特色存款"要求万元起存，存期一年，到期支取按基准利率上浮10%来计息。若储户提前支取，银行将按照实际存款时长所对应的建行挂牌利率计息，7天以上的对应7天的通知存款、三个月定存、六个月定存等三档，不足7天的按活期计息。因此，只要存满7天，储户提前支取定期存款的利率水平，要比原来定期存款提前支取罚息对应的活期利率高得多。①

2. 中国工商银行

中国工商银行"节节高2号"产品于2015年3月20日正式上线。"节节高2号"是满足一定起存金额的定期存款提前支取按照实际存期靠档计息的存款创新产品。"节节高2号"起点金额为1万元（含），最长期限为2年；支持质押贷款，支持开立资信证明，支持异地通兑；不支持部分提前支取，也不支持自动转存。

该产品的特点：①安全保本，本质为定期存款，本金安全可靠；②存取灵活，享受便利性和灵活性，在存款期限内可自由支取（全额）；③收益最优，提前支取时享受相应上浮利率靠档计息，收益实现最优化；④渠道广泛，可在柜面、网银、手机银行、融e行、自助终端办理。

计息规则：

- 存期大于等于1天，小于7天，按存入日1天通知存款利率计息；
- 存期大于等于7天，小于3个月，按存入日7天通知存款利率计息；
- 存期大于等于3个月，小于6个月，按存入日3个月整存整取存款利率计息；
- 存期大于等于6个月，小于1年，按存入日6个月整存整取存款利率计息；
- 存期大于等于1年，小于2年，按存入日1年期整存整取存款利率计息；
- 存期等于2年，按存入日2年期整存整取存款利率计息；
- 以上各档次利率目前是在中国人民银行基准利率基础上按上浮30%执行。

3. 其他银行

此外，中国农业银行的"定利盈"、广东发展银行的"定活智能通"、广州农商行的"定

---

① 此后，建行推出系列创新服务，增大建行存款的吸引力。2017年2月13日，1万定期最高上浮30%，大额存单上浮40%，成功办理可抽600元加油券、可抽奖。2月26日推出大额存单上浮40%，1万起灵活计息产品上浮30%，无限制提前支取，靠档计息，当周办理最高可抽600元话费，超5万的赠电影票，超10万的可以获得机场和火车站的贵宾服务。

利灵活账户"等都是类似的基于定期存款提前支取靠档计息的改革。

（二）创新点——"靠档计息"

"靠档计息"是指定期存款在提前支取时不按照活期利率计息，而是按照实际存入时间最近的一档存款利率计息。这样，该类产品既可享受活期产品的流动性，又能享受定期产品的高收益，因而备受储户青睐。"靠档计息"定期存款一般包含两类：一类是银行发行的大额存单提前支取时允许靠档计息；另一种是智能存款，产品存款期限通常为五年，存款期限越长、利率越高。

（三）最新变化

始于 2014 年的定期存款提前支取罚息创新，于 2019 年 12 月被中国人民银行叫停，要求恢复为提前支取定期存款按照支取日活期存款计息。2020 年 3 月，中国人民银行下发《中国人民银行关于加强存款利率管理的通知》，对定期存款提前支取靠档计息等不规范存款"创新"产品提出整改要求，此类产品也正式进入了清退阶段。2020 年 12 月过渡期结束，工、农、中、建、交、邮储六大行发布公告，从 2021 年 1 月 1 日起，调整靠档计息产品提前支取时适用的计息规则——在调整日（含）后提前支取，将按照支取日该银行人民币活期存款挂牌利息计息。

"靠档计息"被叫停的原因在于违反了我国《储蓄管理条例》中的有关规定，拉高了银行吸储成本，加大了流动性风险管理的难度。因此，监管机构规范靠档计息存款产品意在降低银行揽储成本，从而降低贷款利率、解决企业融资难及融资贵的问题。

四、存款积分奖励

在非利率竞争方面，商业银行想方设法吸引客户存款，如开户送礼、存款抽奖、积分换礼品、存与与贷款利率挂钩等。其中，积分兑换是最常用的做法。当客户在银行存款后，银行将按一定规则将存款额兑换成积分，并允许客户将积分兑换成商品，或对贷款利率实行优惠定价，或减免部分贷款相关服务费等。

如南粤银行的"储利宝"，其创新在于存款可以积分，积分与申请贷款的利率挂钩。又比如宁波银行的"金算盘"。"金算盘"是为个人生产经营者提供的现金管理服务，并根据客户在该行的现金净流量情况，向客户提供账户管理、授信便利、贷款利率及其他增值服务。主要有以下几个特点：① 一旦开户立即计算账户的存款积分。账户积分是客户获得商业银行各项优惠和便利的主要依据。② 账户的存款数作为以后获得该行贷款或授信的依据，将优先比其他客户获得该行贷款或者授信。③ 账户积分是有价值的。如果用于贷款，客户将获得与积分匹配的最低贷款利率，最低为中国人民银行规定的基准利率下浮 10%。

五、结构性存款

（一）形成与发展

结构性存款是指商业银行吸收的嵌入金融衍生产品的存款，通过与利率、汇率、指数等的波动挂钩或者与某实体的信用情况挂钩，使存款人在承担一定风险的基础上获得相应的收益。

从 2004 年年初开始，小额外汇结构性存款在我国流行起来，名称各异，例如中国银行的"汇聚宝"、中国工商银行的"汇财宝"、中国建设银行的"汇得利"都属于外汇结构性存款。存款期限短则一年（由银行决定），长则 3～5 年。

结构性存款不是普通存款，也不同于银行理财。按照现行监管制度，结构性存款中保本类产品要计入负债。截至 2020 年 4 月末，我国银行中结构性存款余额已经达到 12.14 万亿元。

（二）清理整顿

针对结构性存款市场的乱象，2019 年 5 月，银保监会曾发布《2019 年银行机构"巩固治乱象成果促进合规建设"工作要点》，在影子银行和交叉金融业务风险方面，将"结构性存款不真实，通过设置'假结构'变相高息揽储"作为排查重点。2019 年 10 月，银保监会发布《关于进一步规范商业银行结构性存款业务的通知》再次整顿结构性存款相关问题，指出结构性存款存在产品设计不规范、风险计量不准确、业务体量与风控能力不匹配以及宣传销售不规范的问题，并设置了 12 个月的过渡期，过渡期后不得再发行不合规的结构性存款。2020 年 3 月初，中国人民银行发布的《关于加强存款利率管理的通知》指出，中国人民银行指导市场利率定价自律机制加强存款利率自律管理，并将结构性存款保底收益率纳入自律管理范围；将执行存款利率管理规定和自律要求情况纳入 MPA。

六、中国存款利率定价改革

2015 年 10 月，我国宣布取消商业银行和农村合作金融机构的存款利率浮动上限，存款利率管制名义上已被取消。为了保证有序竞争，中国人民银行随后推出了行业协会《利率自律公约》和 MPA 定价考核，以此来规范商业银行存款业务定价行为，并且为不同规模银行的存款利率设置指导性浮动上限。例如从银行性质来看，全国性银行普通定期存款的利率上浮上限为不超过基准利率的 1.4 倍，即上浮不超过 40%，而中小银行是不超过 1.5 倍。从产品看，银行大额存单在存款基准利率基础上可上浮 40%～50%，普通定期存款较基准上浮 30%～40%。因此，商业银行存款利率定价方式为：

$$商业银行存款利率 = 基准利率 \times 倍数$$

2021 年 6 月 1 日，中国人民银行组织召开市场利率定价自律机制工作会议，进一步优化存款利率监管，加强存款利率自律管理，引导金融机构自主合理定价。从 2021 年 6 月 21 日起，**存款利率定价方式由上浮倍数改为加点**，商业银行存款利率定价方式调整为：

$$商业银行存款利率 = 基准利率 + 点数$$

同时，还对不同类型的银行、存款设置不同的加点上限。其中，①针对活期存款，四大行的利率不高于基准利率加 10BP⊖，其他机构不高于基准利率加 20BP。②对于整存整取存款，大行调整后的利率不高于基准利率加 50BP，其他机构不高于基准利率加 75BP。③对于大额存单，要求大行调整后的利率不高于基准利率加 60BP，其他机构不高于基准利率加

⊖ BP（Base Point）：利率的一种表示方法，俗称"基点"，即 0.01%，即万分之一。10BP 为 10×0.01% = 0.1%。

80BP，其中对股份行和城农商行的大额存单定价上限做了统一的合并。

第七节 中国银行业存款产品与服务存在的问题

中国利率市场化进程基本遵循"同业拆借－贷款市场－存款市场"顺序：① 1986年1月，为适应"实贷实存"信贷管理体制改革，我国尝试建立区域性同业拆借市场调剂资金余缺。2007年1月，上海同业拆借利率（SHIBOR）正式运行。② 1993年8月流动资金贷款利率上浮20%、下浮10%。2013年7月放开金融机构贷款利率管制。③ 2012年6月8日中国人民银行允许商业银行上浮存款利率10%，2015年10月23日存款利率完全放开。从理论上讲，我国在2015年已完成利率市场化改革。但实际上，我国目前仍处于利率双轨制阶段，还未真正实现利率市场化。○

一、存款产品存在的问题

以中国建设银行为例，其提供的城乡居民存款产品（俗称"储蓄存款"）包括活期和定期两类，○定期又分为三个月、半年、一年、二年、三年、五年等。从功能来说，活期存款是支付和变现，但是低盈利性。定期存款具有高盈利性，但不能支付。

（一）存款产品的市场细分不够

我国的存款产品分为活期和定期两大类，活期只有一种，定期有整存整取（有三个月、半年、一年、二年、三年、五年），零存整取、整存零取、存本取息（分别有一年、三年、五年），还有就是定活两便。这些存款产品是按期限来划分的，这也反映出银行是按期限来细分市场的。换句话讲，银行并没有考虑客户群体的期限以外的差异性特征，如开户起点高低、存款金额大小、存款后的取款行为、支付取款等的不同。

（二）存款产品的同质化依然非常明显

2012年6月和2015年10月，这两个时点标志着中国存款利率市场化的开始和基本完成。时至今日，无论是工、农、中、建，还是一般的地方小商业银行，在理论上都是可以自己设计和定价自己的存款产品和服务。按道理讲，大银行和小银行经营区域不一样，规模不一样，分支机构数量不一样，人员不一样，但实际上提供的存款产品的期限、利率基本上没什么差异，银行间存款产品的同质化非常严重。

2012年6月8日开始，我国开始放开银行存款利率管制，允许商业银行自主上浮存款利率，到2015年10月完全放开存款利率。因此，不同银行的存款利率并不完全相同，但差异不会很大（见表8-15）。○

○ 易纲行长在2018年博鳌亚洲论坛强调，当前我国利率表现出存贷款基准利率与货币市场利率双轨制。这可能与2016年年初开始实施的MPA考核制度有一定关系。MPA考核将银行定价行为纳入其中，并且人民银行有一票否决权。其结果是没有商业银行敢于率先变动利率，从而形成一个僵局。包括中国建设银行在内的很多银行的当前的存款利率水平仍停留在2015年10月24日就是明证！

○ 中国俗称的储蓄存款，可以再细分成活期和定期两类。

○ 实际上，美国不同银行同种存款的利率水平差异也不大，但存款产品中的非利率要素多且差异较大。

表 8-15　部分银行人民币存款利率表（2012 年 7 月 11 日）　　　　　（%）

项目	工行	招行	重庆农商行	成都银行	渤海银行
一、城乡居民及单位存款					
（一）活期	0.35	0.385	0.385	0.385	0.385
（二）定期					
1. 整存整取					
三个月	2.85	2.860	2.86	2.86	2.86
半年	3.05	3.08	3.08	3.08	3.08
一年	3.25	3.30	3.3	3.3	3.3
二年	3.75	3.75	3.75	4.125	4.125
三年	4.25	4.25	4.25	4.675	4.675
五年	4.75	4.75	4.75	5.225	5.225
2. 零存整取、整存零取、存本取息					
一年	2.85	2.85	2.86	2.86	2.86
三年	2.9	2.9	3.08	3.08	3.08
五年	3	3	3.3	3.3	3.3
3. 定活两便	按一年以内定期整存整取同档次利率打 6 折				
二、协定存款	1.15		1.265	1.265	
三、通知存款					
一天	0.8	0.880	0.88	0.88	0.88
七天	1.35	1.485	1.485	1.485	1.485

资料来源：有关银行网站。

（三）存款产品"零件"太少

观察银行网站或营业场所的利率表可以看到，不同银行的存款产品都是由两个零件构成的，一个是期限，一个是利率。无论是 2012 年 6 月 8 日存款利率市场化以前还是存款利率市场化以后，事实上利率是被期限唯一决定的。因此，构成我国银行业存款产品的零件实际上只有期限。利率表当中的产品正是按照期限来排列的。因此，中国银行业的存款产品具有非常明显的期限特征。

（四）存款人权利与义务不匹配

存款作为一种签约行为，不同的产品对应着不同的权利和义务的规定。我国存款人的权利是什么？储蓄原则做了明确规定，即"存款自愿、取款自由、存款有息、为储户保密"。存款自愿，银行不能强求；取款自由，什么时候取？取多少？银行不得干预；存款有息；银行要为储户保密。与存款人权利相对应的，存款人对银行的义务是什么？

在 2005 年以前存款人对银行基本没有义务性规定。2005 年以后，银行开始对小额存款人收取账户管理费，并以日均存款余额作为标准来考核存款人。当然，与花旗银行等的不同在于，我国是用单账户日均余额，而不是多账户联合日均余额来考核存款人。

二、存款相关服务及存在的问题

（一）存款相关主要服务——以中国建设银行为例

中国建设银行提供个人客户服务和对公客户服务。其中，提供的个人客户服务包括免费服务和收费服务两大类，免费服务 79 种，收费服务中按政府指导价定价 13 种，市场调剂价 57 种（见表 8-16）。

表 8-16　中国建设银行服务与收费

中国建设银行个人客户服务价目表	中国建设银行对公客户服务价目表
第一章　服务提醒	一、政府指导价
一、温馨提示	二、市场调节价
二、省钱窍门	1. 账户服务
三、免费服务	2. 结算服务
第二章　服务收费	3. 现金管理服务
一、政府指导价	4. 电子银行服务
二、市场调节价	5. 外汇服务
1. 账户服务	6. 金融市场服务
2. 结算服务	7. 代理服务
3. 电子银行	8. 咨询服务
4. 理财服务	9. 理财产品
5. 代理服务	10. 保证见证
6. 外汇服务	11. 托管服务
7. 综合服务	12. 综合服务
三、代收手续费	三、代收手续费

资料来源：中国建设银行网站（2020 年 5 月 13 日），http://store.ccb.com/cn/public/20141027_1414371456.html。

（二）对我国银行服务收费的进一步讨论

1. 银行收取小额存款人账户管理费是歧视存款少的客户吗

银行对小额存款人（即在银行存款的日均余额较低的存款人）收取账户管理费，而对存款较多的存款人不收取账户管理费。比如，当存款人的日均余额超过一定水平后，不仅不收取账户管理费，而且其跨行 ATM 取款也是免费的。相反，小额存款人的这些服务则都需要付费。因此，账户管理费准确讲是小额存款账户管理费。这是不是歧视小额存款人呢？[⊖]

如果承认银行提供的服务是一种契约行为，很显然，交易双方或签约双方任何一方在得到权利的同时必须承担责任或尽义务。同时，权利多、责任就大。尽的义务少，权利就少。所以，银行收取小额存款人账户管理费并不是歧视存款少的客户，是契约权利与义务对等的内在要求使然。在实践中，衡量存款人对银行的义务的最核心指标是账户日均余额。美国的银行业通常不是采用单账户日均余额，而是用多账户联合日均余额。

2. 银行根据服务项目按项收费的方式正确吗

银行提供的服务是有成本的，因而通常是有偿的。从收费来讲，一是按服务项目收费，二是关系定价或综合定价，即银行采取有条件免费的策略。

按服务项目收费，顾名思义，即按照客户接受的服务项目逐项收费。在中国，大多数银行都采用这种做法，有一项服务就收一项费。比如，短信通知服务收费、跨行 ATM 收费、

⊖ 同样地，在短信通知服务场景下，当银行对全部存款人都收取每月 3 元的短信通知费或者全部都免费，这种"一视同仁"的服务是不是就是公平的呢？

开立存款证明收费等。这种收费方式看似一视同仁、公平合理，实则忽略了客户对银行贡献的差异。

以短信通知服务及收费为例，短信通知服务是一种确保资金安全的服务创新，当客户的账户金额因为存款或者取款或转账等原因发生了变化，银行会记录这种变化并且会在第一时间通过短信告诉客户账户变化的时间、地点、金额、余额等。短信通知服务有助于保障存款人资金的安全。从短信通知服务与存款业务的关系来看，短信通知服务是因为客户在银行有存款业务而产生的，但是与存款交易本身相比又是两个完全不同的业务。因此，短信通知服务并非内含在存款业务本身之中，它是存款业务之外的延伸和附加的一种服务。显然，给存款人发短信通知其账户变化情况对银行来讲是有成本的，因而银行需要通过收费来抵补服务成本（实际上，短信通知费并非银行收取，而是电信部门收取的）。银行收取的短信通知费通常是 2 元 / 月，当客户与银行签订短信通知服务协议后，银行一般在月初自动扣费（银行也会发短信通知）。

事前，银行的这个业务有广告，收费方式和收费水平有公示；事中，客户要享受银行这个服务必须要跟银行签协议；事后，银行有短信通知收费情况。所以，从程序和法律上讲，银行一点错误都没有！银行对所有接受这种服务的客户也都按相同金额收费，不存在歧视，似乎无可职责！

但是，一方面，按现在的逐项收费方式，当客户在银行有活期存款并签订短信通知服务协议，因此需要缴纳 2 元 / 月的服务费。另一方面，如果客户还有 200 万元的住房抵押贷款，或许购买了 100 万元的理财产品。对这样的客户，是否可以不采取逐项收费的方式，而免掉 3 元 / 月的短信通知服务费呢？这才符合签约双方权利与义务对等的契约精神。

我国银行业在服务收费管理中，有两个方面最值得改进。一是把"单账户日均余额考核"改成多账户联合日均余额考核；二是将按项收费改为按关系定价来决定是否收费。当然，对学生和 60 岁以上等特殊群体的基本银行服务免费是国际银行业的通行做法。

■ 拓展阅读

代表性银行服务价目表
存款利率与存款服务关系定价案例——美洲银行的"优选奖励"

■ 思考题

1. 美国储蓄存款的特点是什么？
2. 美国商业银行提供的主要存款相关服务与中国的银行有何异同？
3. 中国银行业存款产品与服务存在的主要问题有哪些？
4. 为什么说存款产品设计的核心是"组合创新"？
5. 联合日均余额在存款产品设计中的作用机制是什么？
6. 美国银行业如何实现存款产品客户间和银行间的差异化？

7. 宏观经济、银行公司治理与服务定价。
8. 银行特征、账户特征与账户管理费定价。
9. 自动转存服务的价值何在？对银行有何影响？
10. 如何看待定期存款提前支付罚息问题？
11. 为何定期存款提前支取"靠档计息"的做法在 2019 年年底被中国人民银行叫停？
12. 银行收取小额存款人账户管理费是歧视存款少的客户吗？
13. 在我国，存款业务中交易双方的权利与义务是对等的吗？

■ 核心文献

［1］ Richard J. Rosen, Banking Market Conditions and Deposit Interest Rates［J］. Journal of Banking & Finance, 2007 (12).
［2］ Timothy H. Hannan, Retail Deposit Fees and Multimarket Banking［J］. Journal of Banking & Finance, 2006 (9).
［3］ 王君. 储蓄合同中当事人的权利与义务［J］. 时代经贸，2011（2）.
［4］ 徐萍. 商业银行与客户基本权利义务浅析［J］. 现代金融，2002（8）.
［5］ 吴真. 存款人权利研析［J］. 当代法学，2003（2）.
［6］ 李琰. 储蓄合同研究［D］. 济南：山东大学，2007 年.
［7］ 刘蜀曦. 基于市场结构的银行存款利率定价策略研究［J］. 新金融，2011（11）.
［8］ 张桥云，王宁. 我国商业银行存款利率浮动幅度影响因素实证研究［J］. 国际金融研究，2013（5）.
［9］ 冯传奇. 银行业结构与地方性银行存款利率——基于中国存款利率市场化的研究［J］. 当代财经，2019（8）.
［10］ 张桥云，陈跃军，张潍. 提前支取行为对存款利率定价的影响［J］. 中国管理科学，2009（4）.
［11］ 张桥云. 最优银行账户管理费水平与存款人行为研究——基于银行挤兑模型的修正与应用［J］. 金融研究，2007（4）.

第九章

美国住房贷款产品设计与定价

美国的住房金融市场非常发达,体系庞大而复杂,产品供给丰富。住房金融对美国普通家庭住房解决以及美国经济运行影响深远。相关法律法规众多,也是金融监管的重点之一。

住房抵押贷款(住房按揭)在银行业务中具有十分重要的地位。一是住房按揭及相关贷款是商业银行最重要的资产,有的银行该业务能占到总资产的40%左右。二是住房按揭及相关贷款业务中的收费收入也是银行重要的非利息收入来源。三是该业务是银行贷款创新的重要来源。基于借款人抵押贷款的创新业务有住房净值贷款、住房净值信贷额度、再融资、反向抵押、基于住房净值的消费信贷。基于银行的抵押贷款资产的创新有贷款合同转让、贷款证券化、信用违约互换(CDS)、利率衍生交易等。

本章内容包括住房金融体系概况、住房贷款产品与微观结构、住房贷款成本与定价三节。

■ 重要知识点及核心概念

住房抵押贷款、住房净值贷款、住房抵押贷款、住房净值、次级贷款、可调利率贷款、常规贷款、标准贷款、首次抵押贷款、第二次抵押贷款、抵押经纪人、抵押银行、联邦住房贷款银行体系、"两房"、政府支持企业、住房抵押贷款二级市场、住房金融监管、FHA、FHFA、FHFB、"3/1 ARM"、首付、LTV、DTI、FICO®评分、APR、"点"、利率锁定、贷款闭合、闭合成本。

■ 学习目标

- 了解美国住房金融体系的构成与运行机制
- 了解住房抵押贷款中的经纪人
- 了解美国住房抵押贷款二级市场运行机制
- 了解美国住房金融市场中的政府担保与保险

- 了解美国住房贷款产品及常见的分类标准
- 了解美国住房抵押贷款业务流程、审批重点与标准
- 了解金融机构抵押资产形成方式
- 了解美国特殊群体住房抵押贷款市场
- 了解美国住房抵押贷款中的成本与定价
- 了解银行住房抵押贷款定价的主要方法
- 了解银行住房抵押贷款产品的微观结构

第一节 住房金融体系概况

住房金融是美国金融体系重要的组成部分,包括住房金融一级市场、二级市场、监管机构和住房金融法律法规。美国住房金融体系中一级市场构成与银行流动性注入机制如图9-1所示。

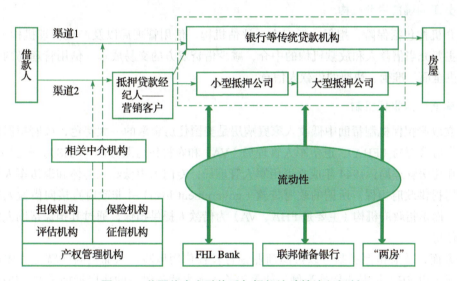

图 9-1 美国住房金融体系与银行流动性注入机制

一、住房金融一级市场

在美国,绝大多数的购房者都是通过贷款来实现住房愿望的。住房金融一级市场主要由贷款机构、借款人、抵押经纪人以及评估机构等中介机构组成。

(一)住房金融一级市场特点

1. 多元化的放款机构

美国的抵押贷款机构主要包括商业银行、储蓄银行、储蓄贷款协会和抵押公司。其中,储蓄银行、储蓄贷款协会是传统的抵押贷款业务提供者。但是在20世纪80年代金融危机之后,抵押贷款市场结构发生变化,商业银行成为最主要的住房贷款机构。2006年,商业银行占放款机构总数的比例为43.9%,储蓄机构仅占10.6%(见表9-1)。同时,住房贷款市场的集中度越来越高,25家最大的贷款发放机构的市场份额从1992年的30%上升到2007年的90%,次贷危机后房贷市场集中度有所下降。

表 9-1　2006 年住房抵押贷款放款机构分布

类型	家数	占比（%）
存款式		
商业银行	3 900	43.9
储蓄机构	946	10.6
信用社	2 036	22.9
合计	6 882	77.4
抵押公司		
独立型	1 328	14.9
附属型（注：附属型指附属于存款式机构或银行持股公司）	676	7.6
合计	2 004	22.5
全部机构	8 886	100

资料来源：HMDA。

2. 分工明确的中介机构

中介机构包括保险、担保、经纪人、评估机构、信用管理局以及产权管理机构。其中，经纪人主要充当借款人和放款机构的中介，减少借贷双方的交易成本。信用管理局则为放款机构提供全面、准确、快捷的借款人信息。

3. 建立政府担保机制

建立政府担保机制帮助中低收入家庭购房是美国住房金融的一大特色，政府担保机构包括联邦住房管理局（FHA）、退伍军人管理局（VA）和农村住房服务部（RHS）。美国 1936 年成立联邦住房管理局，1944 年成立退伍军人管理局，专门为中低收入群体和退伍军人等特定人群购房提供政府担保。所谓的政府贷款（government loan）并非政府直接向借款人发放购房贷款，而是指政府机构（主要是 FHA、VA）为借款人提供担保，通过其担保帮助人们建造或购买住房。

一方面，政府担保机制可以帮助商业银行转移信用风险，从而提高向特定群体提供贷款的意愿。以 FHA 担保的贷款为例，如果借款人无力偿还银行的住房抵押贷款，FHA 将承担偿还贷款的责任。由于贷款人受此保护，它可以接受比标准的商业标准更宽松的抵押贷款条件。联邦政府机构担保的抵押贷款的重要特点是，这些抵押贷款由政府全额担保，首付较低，贷款额度也较低，在老年人、残疾人和中低收入者购买私人公寓方面发挥了不可替代的重要作用。这是 FHA 担保的政策性的体现之一。

另一方面，FHA 通过收取抵押贷款保险费（担保费）来支付借款人违约的贷款，但是费率比一般商业保险（或担保）的费率要低很多，这是其政策性的体现之二。

FHA 保险费分为前置（up-front）按揭保险费（mortgage insurance premium，MIP）和年度保险费两种。前置按揭保险费是一次性收取，可以作为按揭贷款的一部分纳入按揭融资。在大多数 15 年或 30 年期 FHA 担保贷款中，借款人在签订贷款合同时要支付贷款金额的 1.5% 的担保费用，在贷款期内每年还要支付 0.5% 的年度保险费或续保费。当借款人的贷款价值比（LTV）达到 78% 时，FHA 将不再收取年度保险费。

4. 多样化的贷款产品

商业银行等贷款机构可提供多种贷款产品以满足不同需求借款人的贷款需要，如按所购住房的类型分为1～4户家庭住宅贷款、多户（联排）住宅贷款、商业用房贷款、农户住房贷款；按利率是否可变动来划分有固定利率贷款（FRM）、可调整利率贷款（ARM）；按借款人信用等级来划分有最优贷款（prime）、次级贷款（subprime）、次优级贷款（Alt-A）三类；按还款方式来划分有等本息、等本金、分级偿还；按贷款后的债务整合来划分有再抵押贷款、反向抵押贷款、住房净值信贷额度和住房净值贷款等；按照担保人来划分有一般抵押贷款和政府支持抵押贷款，后者如联邦住房管理局贷款和退伍军人管理局贷款等。

从表9-2可以看出，美国住房的主力户型或者银行贷款的主要产品是1～4户家庭住宅，占银行按揭贷款的70%以上。

表9-2　美国1994～2002年各类房地产抵押贷款占比（按房地产类型分类）

	1994年	1995年	1996年	1997年	1998年	1999年	2000年	2001年	2002年
抵押贷款（亿美元）	43 928	46 040	48 683	52 041	57 156	63 201	68 941	75 977	84 763
1～4户家庭（%）	76.4	76.2	76.4	76.4	76.4	75.8	75.6	75.5	76.2
多户（联排）住宅（%）	6.2	6.0	5.9	5.8	5.8	5.8	5.9	6.0	5.9
商业用房（%）	15.5	15.9	15.9	16.1	16.1	16.7	17.0	17.0	16.5
农户住房（%）	1.9	1.8	1.8	1.7	1.7	1.6	1.6	1.5	1.5

资料来源：根据http://www.bondmarkets.com整理。

另外，在住房抵押贷款中，近60%的贷款单笔规模小于15万美元，而超过62万美元的"大额"贷款占比仅1%多一点（见表9-3）。

5. 一级市场流动性注入机制

除传统的存款外，以下机构或方式可为银行等贷款机构提供贷款资金和改善银行资产流动性，包括美联储、联邦住房贷款银行体系（FHLB）等机构和贷款合同转让、住房贷款证券化等方式。

表9-3　住房按揭市场按贷款规模划分的贷款分布（2003年）

贷款数量	FHLBS会员银行	非FHLBS会员银行	平均
低于150 000美元	56.95%	55.03%	56.61%
150 000～322 700美元	34.96%	35.63%	35.08%
322 700～620 500美元	6.98%	7.77%	7.12%
大于620 500美元	1.11%	1.57%	1.19%

（二）抵押经纪人（公司）

1. 抵押经纪人与美国住房金融市场

美国的抵押经纪人（mortgage broker）制度具有悠久历史，早期的抵押经纪人主要由曾在银行从事过抵押贷款发放的业务人员构成。

20世纪80年代初期，随着美国抵押贷款市场的发展，抵押经纪人公司也迅速发展，特别是贷款证券化创新、《巴塞尔协议》实施和银行并购加剧等进一步促进抵押经纪人公司的壮大。从对经纪人的需求来看，随着产品的丰富和渠道的多样化，借款人面临严重的信息负担，降低了借款人做出正确决策的能力。越来越复杂的抵押贷款产品也为借款人带来选择的困惑和挑战，使他们不知该如何选择。因此，经纪人关于贷款条件、贷款机构、利率、还款方式等方面选择的专业化建议变得非常必要。

20世纪90年代抵押经纪人的数量以平均每年14%的速度增长（Kim-Sung等，2003），通过抵押经纪人（公司）放贷的市场份额由1988年的10%增长到1999年的60%以上（Inside Mortgage Finance，1991，1998）。2000年，美国有30 000家经纪人公司，从业人员达240 000人，其经手的抵押贷款占市场总份额的55%。随着2000年美国互联网泡沫破灭，政府开始推行低利率政策，进一步刺激了美国住房市场的繁荣。到 2004 年，美国大约有 53 000 家经纪人公司参与抵押贷款市场运作，从业人员达 418 700 人，其经手的抵押贷款占市场总份额的 68%（Access Mortgage Research & Consulting，Inc.，2004）。在 2007 年爆发次贷危机后，许多抵押经纪人破产，其市场份额由 2007 年的 65% 降到 2009 年的 25%。○

与此同时，专业化的抵押银行（抵押公司）也随之兴起。住房开始出现专业分工合作的趋势，按揭贷款模式发生重要变化。尽管住房按揭贷款是典型的零售业务，但放款机构，特别是像花旗银行、美洲银行等大型商业银行更多是采取批发的方式来做。

一方面，银行等放款机构将原来独立完成的"接受贷款申请、收集整理贷款相关文件，审查、审批、签约"分解成外部和内部两个环节，把"低技术含量"的客户搜寻、市场拓展以及"接受申请、收集整理相关文件、初步审查"等业务外包给经纪人。银行等放款机构则专注于"高技术含量"的贷款产品设计和"审查、审批、签约"等方面，以节约人力成本、固定成本、其他管理开支，实现更高的资本回报。

另一方面，大型放贷机构开始采用"批发买进"方式持有住房按揭贷款。美国住房金融市场大的放款机构如大通银行、美洲银行、花旗银行、富国银行，也包括一些大的抵押金融公司，如 Countrywide、○Ameriquest 等。这些大的放款机构通常采取"经纪人"放贷模式或采取"买进贷款"方式持有大量的抵押贷款余额，而不是自己直接与借款人面对面地开展零售抵押业务来形成抵押余额。

因此，在住房抵押贷款业务条线，完全依靠银行自有零售部门发放贷款的比例逐渐缩小。

2. 抵押经纪人职责

住房贷款市场中的经纪人的职责相当于传统贷款模式下的银行信贷员的工作，主要包括① 营销客户，开拓市场；② 评价借款人的借款条件，包括信用状况和支付能力；③ 调查抵押贷款市场，找到适合借款人的抵押贷款产品；④ 预审并向机构推荐符合其基本条件的贷款；⑤ 收集所有必要的文件；⑥ 完成贷款申请表；⑦ 解释法律上要求披露的信息；⑧ 向放款机构递交所有资料；⑨ 组织借贷双方完成贷款闭合（闭合即完成签约、过户等手续，交易结束）。

3. 抵押经纪人的功能

抵押经纪人有助于缓减"借款人－银行－房屋出售"三方的信息不对称，有助于降低借贷双方的交易成本，包括降低借款人的（住房和贷款产品）搜寻成本、降低放款机构经营成本（客户发现与资料准备等）、降低借款人的利率成本（经纪人代表众多的借款人，因而对银行具有规模效应以及更重要的话语权）。缓解抵押贷款市场上的信息不对称问题，降低不成交的风险（减少房主、银行、借款人之间的信息不对称）。

4. 金融机构抵押资产形成方式

在美国，金融机构、特别是大型金融机构的资产负债表上的按揭资产形成方式有两种

○ 在次级贷款危机前，抵押贷款经纪人普遍采取的激进的"推手营销"（push marketing）也引发了业界的担忧。抵押贷款经纪人经手的次级抵押贷款约占所有次级抵押贷款的一半，这些贷款被称为掠夺式贷款。许多贷款、特别是再融资贷款，银行放贷的目的都是为了出售。

○ 2008 年，抵押公司 Countrywide 被美洲银行收购。

模式、三种渠道。①"零售模式",即放贷机构自己发起并与客户直接签约。②"批发模式",包括两种渠道:一是经纪人公司渠道,即贷款经抵押经纪人发起,但是由放贷机构与客户直接签约;二是代理机构渠道,即贷款由第三方发起和签约,然后从代理机构批量购买已经完成贷款手续并提供资金的贷款。以花旗银行为例,2006 年、2007 年从其他抵押发起人处买进的贷款主要是非优(non-prime)贷款和住房经第二次抵押的贷款(second-lien loans),⊖如住房净值抵押贷款。显然,这些贷款的风险很高。次贷危机爆发后,这样的交易难以为继,后来花旗银行转向购买那些符合"两房"(GSE)买进标准的抵押贷款。截至 2008 年 12 月 31 日,约 43% 的首次抵押的贷款组合是通过代理渠道形成的。

从整个贷款行业来看,2002 年美国房贷业务规模最大的机构是富国银行,总签约贷款余额 3 330 亿美元,其中自己独立签约占比 48.6%,而通过经纪人或代理机构发放的住房按揭贷款占比 51.4%。通过批发模式形成的按揭贷款占比超过 80% 的机构有 ABN AMRO Mortgage Group、GMAC-RFC、Principal Residential Mortgage、Flagstar Bank 和 GreenPoint Mortgage Funding Inc.。平均来看,近 60% 的按揭贷款是通过经纪人和代理人完成贷款签约的!

到了 2007 年,住房市场份额最大的放贷机构不是我们熟知的银行,而是美国的抵押公司 Countrywide,其签约形成的按揭贷款在美国前 10 大房贷机构中占比最高,在购买贷款形成的资产市场中也是规模最大的,市场份额占比高达 36.58%。此外,其全部按揭贷款资产中,有 65.09% 是通过从其他放贷机构买进按揭贷款形成的资产,次贷危机期间不得不低价出售给美洲银行(Bank of America Corp.)。而新世纪金融公司(New Century Financial Corp)是美国第二大房贷供应商,于 2007 年 4 月 2 日宣告破产。

2008 年美国的住房贷款市场结构与 2007 年相比发生了巨大的变化,传统的商业银行成为住房按揭贷款市场的主力军(见表 9-4)。

表 9-4 2008 年美国最大十家放款机构 1~4 户家庭住宅贷款形成渠道及市场份额

公司名称	签约形成的贷款(美元)	份额(%)	购买形成的贷款(美元)	份额(%)	贷款合计(美元)	份额(%)	购买贷款占总贷款比例(%)
美洲银行	175 603 885	12.90	108 985 084	17.70	284 558 969	14.40	38.30
富国银行	182 037 298	13.37	89 153 915	14.48	271 191 213	13.72	32.87
摩根大通	70 504 741	5.18	165 004 904	26.80	235 509 645	11.91	70.06
花旗	42 083 806	3.09	59 940 783	9.74	102 024 589	5.16	58.75
GMAC/RFC	24 451 096	1.80	65 785 421	10.69	90 236 517	4.56	72.90
太阳信托	30 734 250	2.26	12 347 650	2.01	43 081 900	2.18	28.66
合众银行	17 234 700	1.27	19 432 072	3.16	36 666 772	1.85	53.00
TAYLOR, BEAN & WHITAKER	21 907 075	1.61	7 154 335	1.16	29 061 410	1.47	24.62
FLAGSTAR	23 318 962	1.71	4 445 803	0.72	27 764 765	1.40	16.01
OHIO SAVINGS	22 879 117	1.68	919 756	0.15	23 798 873	1.20	3.86
前 10 家公司总计	610 754 930	44.87	533 169 723	86.60	1 143 924 653	57.87	46.61
合计	1 361 114 048		615 645 243		1 976 759 291		31.14

资料来源:Report from 2008 HMDA files.

⊖ 在中国,又称为"二押贷"。

二、住房金融二级市场

住房金融二级市场是美国住房金融体系非常重要的组成部分和特色之一，主要由两个系统构成，一是以房利美、房地美（以下简称"两房"）和吉利美三个机构为核心的抵押贷款证券化市场体系，二是由 12 个联邦住房贷款银行构成的联邦住房贷款银行体系（FHLBs）。"两房"和 FHLBs 都是政府支持企业（GSEs），⊖它们的主要作用是通过创造住房金融二级市场为住房金融一级市场提供流动性，扩大房贷市场的资金来源。

从历史发展进程来看，1932 年美国建立联邦住房贷款银行体系，1938 年设立联邦国民抵押协会（房利美），1968 年房利美拆分为政府背景的政府国民抵押协会（吉利美）和私有化的房利美，⊜1970 年成立联邦住房贷款抵押公司（房地美），⊜1988 年农村住房管理局进入"两房"。这些机构尽管从股权性质来看属于私营企业，但政府的优惠政策使其在获利的同时又承担了较强的政策功能。依据《1992 年联邦住宅企业金融安全和健全法》，这些政府支持企业向中低收入家庭和特定地区提供专门的住房信贷服务。

从二级市场的交易方式来看，包括贷款合同转让和贷款证券化。

（一）美国住房金融二级市场与运行机制

众所周知，住房抵押贷款的超长期限使放款机构面临更加严重的流动性问题。同时，在最长达 30 年的贷款期限内出现任何引发借款人无法还款的事件都将导致贷款机构承担巨大的信用风险。

为解决放款机构流动性和风险管理问题，支持贷款机构扩大规模，实现"居者有其屋"的愿望，美国成立了多个有政府背景的专门机构从事住房抵押贷款买卖和证券化业务，促进了贷款一级市场的进一步发展（见图 9-2）。

（二）二级市场交易方式与放款是机构流动性来源

1. 贷款合同转让

银行等放贷机构通过自己签约客户或通过批发买进贷款形成资产负债表中的资产，在持有一段时间后，因为贷款结构的原因或流动性压力原因等，银行可以将未到期住房按揭贷款资产打包出售给其他投资者。贷款合同转让对出售方银行来讲，不仅调节了资产结构，同时也是一种融资方式。

⊖ 政府支持企业（Government-Sponsored Enterprises，GSE）特指由政府发起或具有政府背景的企业。在美国，除我们熟悉的联邦国民抵押协会（即房利美，Fannie Mae）和联邦住房贷款抵押公司（即房地美，Freddie Mac）外，实际上还有 1932 年设立的、在住房金融领域具有中央银行作用的联邦住房贷款银行体系（FHLBs），以及服务于农村信贷市场的联邦农业抵押贷款公司（Federal Agricultural Mortgage Corporation，Farmer Mac）和服务于教育贷款市场的学生贷款营销协会（Student Loan Marketing Association，Sallie Mae）。实际上，FHLB 是美国最早和历史最长的 GSE。

⊜ 拆分后的吉利美（GNMA）接手了原房利美为政府担保贷款提供二级市场的业务，同时为政府担保贷款证券化所发行的住宅抵押贷款支持证券（MBS）提供担保。1970 年，吉利美开始了第一个证券化项目，发行抵押贷款支持证券。私有化的一个原因是降低联邦预算，至 1972 年，房利美股权改革完成，成为一家政府支持、私人所有和管理的公司。

⊜ 1970 年，美国国会通过住宅金融紧急法案（Emergency Home Finance Act of 1970）建立房地美，目的是为储蓄贷款机构建立一个二级市场，并与房利美进行竞争。

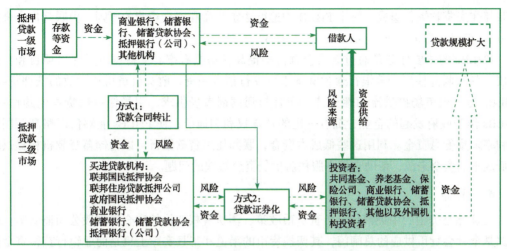

图 9-2 美国住房金融一级、二级市场：风险流、资金流与贷款规模扩大

注：图中外循环"------→"表示资金流，内循环"------→"表示风险流。

贷款转让是指贷款银行不改变贷款合同的情况下，将其享有的贷款债权转让与第三人享有的法律行为。贷款银行称为出让行，而接受转让贷款的第三人则称为受让行。

贷款转让后，受让行取代出让行成为借款人的贷款人，享有请求借款人还本付息的权利。出让行向受让行转让贷款时，依附于贷款上的从权利如担保等权利一并转移。出让行应将贷款债权的有关证明文件全部交付受让行，并将有关主张贷款债权的一切必要信息告知受让行。出让行占有的担保物也应全部交付受让行。

银行在二级市场上可以单个、全部或资产池的一个部分的方式出售抵押贷款。资产池一般由具有类似特征的一组贷款组成，如类似的产品类别、期限、利率、剩余期限、偿还频率等，这样可以减少交易成本，获得更高的价格。

银行也可以将贷款与投资者（如房利美）发行的 MBS 互换，在这种交易中，银行放弃部分贷款利息收入（如 0.25 个百分点）以换取更具流动性的资产和更低的风险权重，并保留贷款服务权。

2. 贷款证券化

住房抵押贷款证券化是指商业银行等金融机构将其所持有的流动性差、但具有较稳定的可预期现金流的住房抵押贷款汇集成住房抵押贷款资产池，将资产池的债权转让给一家特殊目的机构（Special Purpose Vehicle，SPV），由 SPV 将其收购的抵押贷款资产池经过整合和信用增级以后，在资本市场上发行证券的融资行为。这种融资过程使商业银行住房抵押贷款的融资模式从"存款—贷款—回收—再次贷款"变为"贷款—出售—再次贷款"模式。减轻了银行贷款对存款的依赖。

3. 联邦住房贷款银行体系

为应对 20 世纪 30 年代大危机带来的住房市场资金严重短缺问题，1932 年美国通过《联邦住房贷款银行法》，决定在全国设立 12 家由政府支持的住房企业（GSE）——"联邦住房贷款银行"，用于支持住房市场的恢复和发展、特别是中低收入家庭的抵押贷款融资和社区发展。联邦住房贷款银行体系（Federal Home Loan Bank Systems，FHLBs）由 12 个地区的联邦住房贷款银行组成，每个 FHLB 均遵循法定使命和安全经营的原则，由联邦住房金融委员会（Federal Home Finance Board，FHFB）负责监管。

FHLBs 的主要任务是通过会员金融机构提高住房拥有率、支持可承受住房项目和社区发展。各家联邦住房贷款银行通过资本市场发行债券融资，购买会员机构发放的抵押贷款，FHLBs 为一级市场提供流动性支持，同时起到调剂市场供求、引导银行信贷投向的作用。FHLBs 作为政府发起的企业，拥有一定的特殊权利和地位，使 FHLBs 能够仅以略高于国债的利率筹集低息资金。利用这些低成本资金，联邦住房贷款银行可以为储蓄贷款机构提供相对低成本的资金来源，帮助它们克服住房信贷资金短缺的问题。

4. 美联储

美联储是美国的中央银行，负责货币政策、消费者权益保护和金融控股公司监管等。美联储是全社会货币供应的总闸门，其调控货币的渠道和工具实际上也是商业银行获得资金的重要方式。商业银行等机构通过再贷款、再贴现、公开市场等渠道，以及利用非常规货币政策工具，从联邦储备银行获得新的贷款资金，增加住房贷款市场的信贷投放。

三、住房金融监管

由于住房抵押贷款具有期限长、风险大、银行资产占比高、涉及面广的特点，美国不仅在立法方面高度重视，而且建立了较为系统的监管架构。监管的内容包括住房政策目标执行情况，住房贷款信息披露，如保护借款人利益（如反歧视情况、公平借贷、公平机会等），放款机构执行社区再投资法（CRA）、住房信息披露法（HMDA）等法律的情况等。

住房信贷常规监管组织有美联储（FED）、联邦存款保险公司（FDIC）、货币监理署（OCC）、储蓄监督署（OTS）。住房信贷特殊监管组织有住房与城市建设部（HUD）、联邦住房管理局（FHA）、联邦住房金融委员会（FHFB）、联邦住房企业监管办公室（OFHEO）。2008 年后 FHFB 与 OFHEO 合并建立联邦住房金融局（FHFA）。

1989 年，根据《金融机构改革、复兴与实施法》撤销了联邦住房贷款银行体系的管理机构——联邦住房贷款银行委员会（Federal Home Loan Bank Board，FHLBB），并将监督联邦住房贷款银行体系的职责移交给联邦住房金融委员会。而联邦住房贷款银行委员会对储蓄贷款机构及其控股公司的监督与管理则移交给的新成立的储蓄监理署（Office of Thrift Supervision，OTS），并隶属于美国财政部。2008 年以前，联邦住房金融委员会负责监管 12 家联邦住房贷款银行系统及其向成员机构注入流动性的交易行为。联邦住房企业监管办公室（OFHEO）负责监管"两房"。由于住房二级市场监管分离存在明显的问题，因此，在 2008 年，美国将 FHFB 和 OFHEO 合并，并建立联邦住房金融局，实现住房金融二级市场的统一监管。

第二节 住房贷款产品与微观结构

一、住房贷款产品分类

从不同的角度和标准，抵押贷款产品可分为不同的类别。按照担保人来划分有一般抵押贷款和政府贷款；按利率是否可变动来划分有固定利率贷款（FRM）、可调整利率贷款（ARM）；按借款人信用等级来划分有最优贷款（prime）、次级贷款（subprime）、次优级贷款（Alt-A）等三类；按还款方式来划分有等本息、等本金、分级偿还；按贷款后的债务整合来划分有再抵押贷款、反向抵押贷款、住房净值信贷额度和住房净值贷款，等等。

（一）按计息方式

按计息方式的不同，住房贷款产品可分为固定利率抵押贷款与可调利率抵押贷款（adjustable rate mortgages，ARM）。

1. 固定利率抵押贷款

顾名思义，就是在贷款合同期内利息按照签订贷款合同时的利率计算，利率不发生变动的抵押贷款。

什么需求特征的客户会选择固定利率按揭贷款？一是预测利率在未来的几年当中会往上走的客户。现在签一个固定利率贷款，对未来降低贷款成本是有好处的。二是预期在所购房屋居住较长时间的客户。三是未来不因利率变化而变化，还款的本金利息是确定的，以便做出财务预算的客户。

2. 可调利率抵押贷款

这是固定利率和浮动利率相结合的一种贷款产品，通常开始一段时间内（如 3 年、5 年）贷款利率按固定利率计息，此后按浮动利率计息直至贷款到期。

以美洲银行提供的"3/1"ARM 产品为例，其完整的写法是"3/1/30"，意思是 30 年期限的贷款；分成两段计息，第一段按固定利率计息，为期 3 年；第二段按浮动利率计息，期限为 27 年。类似地，ARM 贷款还有 5/1、7/1、10/1 等。⊖

什么需求特征的客户会选择可调利率抵押贷款？一是可能在固定利率计息期满之前要搬家的客户，不在乎未来利率上不上升。二是希望还款初期月还本付息较低的客户。三是预期未来利率下降的客户。

3. 比较

与固定利率抵押贷款相比，可调利率抵押贷款有四个特点：①有合同规定的固定利率计息期，短至 3 年，长至 10 年。②有事先确定的利率调整周期，如每半年或一年调整一次利率，即利率重新定价。③有确定的利率调整基础和参照，抵押贷款利率可根据事先指定的国债利率、同业拆借利率等多种利率作为基础来调整，即调整后利率 = 基准利率 + 溢价。④有规定的利率调整幅度。为控制借款人的利率风险，保护借款人利益，放款机构通常会规定利率调整的最高上限，分为首次调整上限、单次调整上限和贷款期内利率调整累积最高上限三种。例如，具有"5/2/5"上限结构的"10/1"ARM 意味着前 10 年的利率保持不变，但在第 11 年（首次调整的日期），利率最多可比初始利率增加 5 个百分点（第一个数字"5"）。此后，贷款利率每年调整一次，但单次最多可上浮 2 个百分点（如第二个数字

⊖ 更准确地讲，3/1 应该是 3/1/30 或 3/1/20。3/1/30 意思是 30 年期贷款，前 3 年规定利率计息，第 4 年开始，每年重新定价一次。同理，5/1、7/1、10/1 等。此外，重新定价周期也可以是 6 个月，甚至 3 个月。记为 3/6-month 或 3/6-month/30。

"2"所示）。贷款利率在贷款的整个生命周期内累计涨幅不能超过5个百分点（最后一个数字"5"）。

此外，相对于固定利率抵押贷款，可调利率抵押贷款有一个非常显著的特点，就是在最初的一段时间（固定利率计息期间），借款人支付的本息（月供）相对比同期限的固定利率贷款本息要低。这主要是为了吸引条件相对较差的客户贷款。比如按照一般30年固定利率来计算月供，可能是5 000美元，而"5/1"ARM前5年的固定期间的月还本息的可能会人为地降到3 500美元。因此，ARM产品让原本在固定利率产品条件下不具备还款能力的人"具备"了还款能力！这吸引了很多偿还能力比较差的客户进入房贷市场。

值得注意的是，在上例中按"5/1"ARM的规则，前5年只付3 500美元，似乎月供少些，借款人占了便宜。银行是不是少收本息了呢？当然不是！因为，从第6年开始，银行会把你原来应还未还的部分加到后面的月供之中，这可能导致固定利率计息期满后，借款人月供陡增并失去偿还能力。实际上，ARM这种方式对借款人来讲，并不比一般固定利率贷款的借款人少支付本息！

可调利率贷款的主要缺点是这类贷款随着利率的上调，逐渐提高每月付息，将增加借款人的负担。在20世纪80年代，这种形式的抵押贷款约占新抵押贷款的2/3。在2000年以后，放款机构为吸引更多的人借款，在传统的ARM基础上创新了许多个性化的ARM，包括以下几种不同的形式。

一是含选择权ARM，这是指在第一次支付月供后，借款人每月获得四种支付选择权的抵押贷款。一是支付最低月供，二是只支付利息，三是30年期的标准分期付款贷款，四是15年期的标准分期付款贷款。

二是负摊还ARM，这是利率无上限而月供有上限的抵押贷款。如果利率上升使得实际应付月供超过合同规定的月供，其未付利息计入下期贷款本金。○

三是两步ARM是指贷款期内分为两段采用固定利率计息的抵押贷款。第一阶段实行固定利率计息（如5年或7年），到期后第二阶段利率按当时市场利率调整并在剩余期内按新的固定利率计息。

四是可转换ARM，这是指在一个事先确定的时期（如5年）到期后，利率可转换为固定利率计息的抵押贷款。

4. 可调利率贷款产品设计与次贷危机发生的时点

可调利率贷款这种产品特别适合投资型的客户，与采用固定利率贷款相比，采用"5/1"ARM等可调利率贷款产品买房的客户的回报率会更高。以"5/1"ARM为例，首付加上前5年的月还本息相当于是投资额，假如5年后房价涨了10万美元，如果按照固定利率的方式，5年内还本付息60个月、每个月5 000美元，一共投入30万美元。而如果按照"5/1"ARM的方式，60个月乘以3 500美元，投资金额为210 000美元，比固定利率贷款时的投入更低，但同样赚10万。

因此，可调利率贷款的投资特性刺激了贷款需求，而这些人原本是不具备买房和还款能力的！

○ 例如，贷款设置月供上限为7.5%，如果原来月供为1 000美元，利率上升后月供为1 200美元，但是月供上限为1 075（即1 000+75）美元，多出的125美元将加到未清偿余额中去。

回顾一下美国次贷危机的形成与发展。在 2000 年左右，美国为了应对互联网泡沫破灭，用降息的方式刺激经济。众所周知，降息以后的游资最容易进入股市和房市，这导致美国股市的持续走高和房市的欣欣向荣。到了 2004 年，政府意识到必须对"繁荣"的房地产市场踩刹车了，因此，不断加息并刺破了泡沫（见图 9-3）。

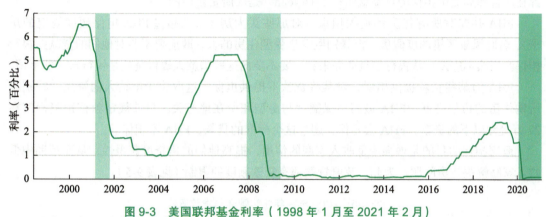

图 9-3　美国联邦基金利率（1998 年 1 月至 2021 年 2 月）

资料来源：https://fred.stlouisfed.org/series/fedfunds。

到 2004 年后美国持续加息，最终在 2007 年引爆金融危机！为何不是 2004 年加息时就爆发危机，而是 3～4 年之后才爆发呢？或者说为什么在 2004 年、2005 年，甚至 2006 年都没有出现借款人大面积房贷违约的情况，而到了 2007 年突然发现很多人就还不起了？这个时间差跟"3/1 ARM、5/1 ARM"的产品设计有很大的关系。

比如，以 2004 年的"3/1" ARM 为例，因为 2004～2007 年是固定利率计息，大都是较低的还本低付息额，2007 年固定利率计息期限结束后贷款就要重新定价。这样，原本 4% 的利率水平后来突然跳到 7%，付息就增加了很多。再加上在固定利率期限内人为地少还本金，此时也要加上去。所以，2004 年贷款买房的人，2004 年、2005 年、2006 年甚至 2007 年年初都是以较低的贷款本息计划来还的，具有偿还能力。但是，2007 年把月还本付息加上去，还款能力大幅度下降，风险就大面积暴露了。同样道理，2002 年借的"5/1 ARM"，也大约在 2007 年才重新定价，从而使得还款本息额大幅度上升导致原本似乎有还款能力的借款人失去偿还能力。

（二）按担保主体

按担保主体，住房贷款产品分为政府贷款、常规贷款或一般贷款。

政府贷款是指由政府机构为合格借款人提供第三方保证的抵押贷款。政府机构主要有联邦住房管理局（FHA）、退伍军人管理局（VA）、农村住房服务部（RHS）。⊖但政府贷款并不是由政府直接为借款人提供贷款。一般贷款是指没有政府机构担保的其他抵押贷款。

⊖ FHA 和 VA 只专注政府关注的中低收入家庭等特殊群体的购房问题，为其贷款提供担保。而中国各大城市设立的住房置业担保公司看似事业型单位，实际上更像商业性机构，其担保范围相对更宽，担保方式和担保政策意图也完全不同。

1. FHA 贷款

对于那些不符合条件的城市中低收入家庭，如何解决住房问题？如果完全按照一般商业标准，因为风险较高，银行并不愿意向这些贷款申请人发放贷款。为此，1936年美国设了联邦住房管理局（FHA）。它隶属于美国住房城市发展部，是美国住房领域的管理部门。由联邦住房管理局提供担保的贷款就叫作 FHA loan，是政府贷款中的一种。

FHA 并非对所有住房都提供担保。对那些买大房子（如超过 FHA 担保额度规定的房子）、名胜风景区里的度假房、海景别墅等享受型住房的人，政府要不要对他们的贷款向银行担保？当然不应该！从银行信贷业务来看，要不要向这些借款人提供贷款是银行自己的事情。

FHA 为某些贷款提供担保，对某些贷款不提供担保，这取决于申请人的资质，特别是所购住房的市值高低。FHA 最高担保额度与房型和所在地有关。目前规定独栋别墅价值在 27 万美元以下的贷款，FHA 会担保，超过这个标准的贷款，FHA 不担保。

政府担保的目的是增强中低收入家庭的信用，提高他们的信贷可获得性，从而帮助中低收入家庭解决住房问题。为此，政府贷款都有贷款额度的限制（见表 9-5）。

表 9-5　2009 年联邦住房管理局贷款限额

（单位：美元）

	单户型住宅	二户合一型住宅	三户合一型住宅	四户合一型住宅
非高消费地区	271 050.00	347 000.00	419 425.00	521 250.00
高消费地区	729 750.00	934 200.00	1 129 250.00	1 403 400.00

注：弗吉尼亚州的 FHA 担保的独栋别墅住房抵押贷款限额为 271 050～625 500 美元。
资料来源：FHA 主页。

如果你购买的房子市值超过 FHA 允许担保的额度了，借款人就只能找民间机构担保，显然担保费肯定要比 FHA 担保费要高。FHA 提供的担保不是无偿的，要收取担保费，一旦借款人违约，FHA 要先赔银行，然后再按法定程序去处理房子。

2. VA 贷款

政府机构对符合条件的特定群体申请购买满足一定标准的住房提供贷款担保是美国住房金融的重要内容和特色之一，除 FHA 外，还包括退伍军人管理局（VA）以及农业部所属农村住房服务部（RHS）为退伍军人、农村地区的农民贷款买房提供担保。

退伍军人管理局（VA）成立于 1944 年，是为了解决"二战"以后退伍军人的就业、教育、生活、住房而设立的一个政府机构。退伍军人管理局有一个很重要的职责就是为符合条件的军人、退伍军人及其家属买房提供担保。与其他的政府贷款不同，退伍军人管理局担保的贷款可以是零首付（见表 9-6）。

表 9-6　FHA 与 VA 贷款比较

FHA 按揭贷款特点	VA 按揭贷款特点
低首付（可低至 3% 左右）	合格者的首付低至零
可以申请固定利率贷款	可以申请固定利率贷款
最大贷款额度各县不同	比常规贷款条件更有弹性

此外，在美国的农业部下面有一个机构叫农村住房服务部（RHS），成立于 1994 年，专

门对农村中低收入的农民购买、建造、维修和搬迁居所以及相关设备等贷款提供担保。

此外,还有所谓的"负担得起的抵押贷款"。当前,美国商业银行(如美洲银行)提供的包括负担得起的抵押贷款和房地美住房抵押贷款两种。前者首付低至 3%,且不要求抵押保险。后者首付低至 3%,需要购买抵押贷款保险,利率富有竞争力,需要两个月的本金、利息、税收、保险和评估准备金。与大多数常规贷款相比,这两个贷款的成本都降低了。

两个贷款只适用于家庭主要居住房,利率均采用固定利率计息,贷款价值比(LTV)高达 97%(即首付低至 3%),多笔债务合并的 CLTV 最高可达 105%。[1]首次购房者需要接受 HUD 批准的咨询机构的购房者教育。贷款数量限额因地点而异。一般地区贷款金额高达 510 400 美元,首付 3%;高成本地区最高贷款金额 765 600 美元,首付 5%。

(三)按贷款用途

按贷款用途,住房贷款产品可分为抵押、再融资、住房净值贷款和住房净值信贷额度、反向抵押(见表 9-7)。事实上,在借款人与放款机构发生住房抵押贷款业务以后,基于借款人的流动性需求,如房屋维修、交纳学费、医疗费、旅游支出等,银行创新一系列产品以满足按揭客户新的资金需要。

表 9-7 美洲银行与花旗银行个人贷款分类

美洲银行	花旗银行
1. 抵押贷款	1. 抵押贷款
2. 抵押再融资	2. 抵押再融资
3. 住房净值 　住房净值信贷额度 　住房净值贷款	3. 住房净值 　住房净值信贷额度 　住房净值贷款
4. 反向抵押	4. 反向抵押

1. 住房抵押贷款(住房按揭贷款)

住房抵押贷款是指以所购住房抵押给银行而申请的抵押贷款,是住房贷款中最基础、最主要的贷款产品。

2. 再融资

为什么要再融资?将可调利率抵押贷款(ARM)转换为固定利率抵押贷款是再融资最常见的原因之一。再融资的贷款产品与住房抵押贷款相同。通过再融资可以降低月供,或通过再融资套现部分现金。

3. 住房净值贷款或住房净值信贷额度[2]

住房净值是住房市值与银行贷款余额之间的差额,借款人可以将净值质押申请贷款。在

---

[1] 比如,正在考虑使用之前按揭贷款产生的住房净值申请贷款或增加信用额度,银行审核贷款时需要将其想要借入的金额或信用额度添加到当前的抵押贷款余额中,从而计算合并的 CLTV(combined loan-to-value),CLTV = 合并后的贷款余额 ÷ 住房评估价值。

[2] 国内很多银行也开始注重用住房净值设计新产品,如民生银行的"二押贷"。二次抵押授信是指已获得民生银行一手楼或二手楼按揭贷款的申请人,在偿还一定按揭贷款后,以民生银行核定的该住房价值减去住房贷款余额后的差额作为最高抵押,申请授信额度。在授信额度和期限内,可根据需要随时申请不同用途的贷款,贷款归还后,授信额度自动恢复。

1990～2007年，美国住房净值贷款占抵押贷款的比重在6%～10%。

4. 反向抵押贷款

反向抵押贷款（RAM）也称反向年金抵押贷款，即在贷款发放一定时间后，借款人因停止支付贷款月供，放款机构每月支付借款人资金。这类贷款特别适合老年借款人，他们可能因退休收入太低而使得退休后生活质量下降，但又不想出卖房子。银行根据借款人房屋的净值和预估的生命周期，按月支付借款人年金，直到其死亡或出售房产为止，其出售所得可以用来偿还贷款。

（四）按贷款文件齐备程度

按贷款文件齐备程度，住房贷款产品可分为完全文件型和有限文件（或文件不足）型。文件不足型贷款指贷款文件不齐备或要求相对较低的贷款，如收入申报贷款。收入申报贷款意味着银行根据借款人自己申报的收入来判断借款人的偿还能力。显然，这种贷款的风险较高。2001～2005年，完全文件型贷款增长了445%，而文件不足型则增长了972%（Benjamin 等，2009）。与此同时，借款人购房时的首付比例越来越低。

（五）按还款方式

住房抵押贷款的还本付息方式多种多样，借款人通常可以选择采取等本金、等本息、本息递增（减）、本金递增（减）等方式来偿还贷款。

（六）按信用等级

根据借款人的信用状况，以及其他的信息，如就业、婚姻状况等，住房抵押贷款分为最优贷款、次级贷款和超A贷款。

（1）最优贷款，是指借款人的偿还能力和偿还意愿几乎无瑕疵的贷款。这类贷款主要面向信用等级高（信用分数在680分以上），收入稳定可靠，债务负担合理的优良客户。对应的贷款产品主要是30年或15年期固定利率按揭贷款。

（2）次级贷款，是指借款人的偿还能力和偿还意愿存在较大问题的贷款，借款人信用风险较高。实际上"subprime"并非真的次优，而是差的代名词。次级市场主要面向信用分数低于620分，收入证明缺失，负债较重的人。

（3）次优级贷款（Alt-A），是指借款人的偿还能力和偿还意愿存在瑕疵的贷款，质量介于最优与次级贷款之间，最优与次级贷款之间的其他一切都是Alt-A贷款。Alt-A抵押贷款比传统的最优贷款、次级贷款甚至FHA住房贷款需要的文件要少得多。

Alt-A贷款的全称是"Alternative A"贷款，通常包括贷款信用分数在620～680分的借款人。这些借款人信用记录不错，却缺少或没有固定收入、存款、资产等合法证明文件。此外，这类借款人的问题还可能涉及失业、离婚、医疗紧急情况、较高的贷款价值、高债务与收入比率，甚至文件不足。因此，仍具有较高风险。典型的借款人如个体户和依靠佣金收入的群体。

（七）按房屋形态

在美国，房屋形态主要分为"1～4户家庭"、多户住宅和商用房。"1～4户家庭"即1～4户家庭在同一栋建筑内的住房，包括独栋别墅（一户一栋）、双拼别墅（两户一栋）、联排别墅（三户一栋、四户一栋）住房。"1～4户家庭"房型是美国住房的主要形态，占比超过75%，而多户住宅占比仅6%左右（见表9-2）。[一]

（八）按照贷款额度是否符合"两房"制订的标准

按照贷款额度是否符合"两房"制订的标准，住房贷款产品可分为标准贷款和非标准贷款。

1. 标准贷款

标准贷款（conforming loans）是指贷款数量、借款人信用分数、收入水平、首付比例、房屋状况、贷款期限和其他条件符合房地美和房利美（"两房"）贷款买进指南要求的贷款。[二]否则，就是非标准贷款。《全国住房法》规定：一个地区的限额为该地区房价中值的95%，各个地区可以不同，但不能高于"两房"一般限额的87%或者低于其48%。2002年之前吉利美所能购买的VA贷款限额是203 000美元。

房地美、房利美以及吉利美是推动住房证券化的关键机构[三]。但"两房"不是银行，也不是财政，其买贷款的钱从何而来呢？其实是通过购买商业银行等贷款并证券化，从而为中低收入家庭放贷提供源源不断的资金支持。

什么贷款可以买来证券化？什么贷款不能买来证券化？为了贯彻政府的意图，实现政府的住房目标，"两房"设立之初对它们可购买并证券化的贷款实际上是有许多限制性条件的，如最高贷款数额、借款人信用分数、收入水平、首付和房产性质等。房利美成立的目的就是从商业银行买贷款，但早期的房利美只能买有FHA担保的贷款。2000年后，由于MBS市场的扩张导致"两房"可购买贷款的范围不断扩大（见表9-8）。

表9-8 "两房"购买抵押贷款产品的最高贷款额度（1980～2009年）

（单位：美元）

年	标准贷款限额					高房价地区
	1户1栋	2户1栋	3户1栋	4户1栋	再融资	1户1栋
2009	417 000	533 850	645 300	801 950	208 500	625 500
2005	359 650	460 400	556 500	691 600	179 825	539 475
2004	333 700	427 150	516 300	641 650	166 850	500 550
2003	322 700	413 100	499 300	620 500	161 350	484 050
1981	98 500	126 000	152 000	189 000	98 500	147 750
1980	93 750	120 000	145 000	180 000	N/A	140 625

资料来源：房利美网站。

"两房"（GSE）与FHA是美国住房金融体系中非常重要的两类机构，其作用之一是贯彻政府的住房政策，为住房市场提供低成本资金，帮助中低收入家庭实现购房愿望。因此，

[一] 美国的房屋形态以1～4户为主，而我国通常是几百户或更多住户在一栋或多栋建筑群里，这决定了我国银行住房抵押贷款的营销模式和信贷流程不同于美国。

[二] 另外还有一个机构吉利美（Gnnie mae），所能购买和证券化的FHA贷款限额根据当地的房价确定，所以各个地区不相同。

[三] 通常又称为政府发起的企业（Government Sponsored Enterprise，GSE）

对其购买或担保的贷款都有限制。与 FHA 相比，GSE 提供的贷款也存在许多不同点（见表 9-9）。

表 9-9　FHA 与 GSE 贷款比较

项目	FHA	GSE
贷款数量	362 791 ~ 729 750 美元	417 001 ~ 729 750 美元
最低首付比例	3%	10%
最低信用分数（FICO）	580	LTV90% 的 700 分；LTV80% 的 660 分
抵押保险	所有贷款	LTV 超过 80%
最大 DTI	43%	45%

资料来源：根据有关内容整理。

2. 非标准贷款

非标准贷款是指不符合"两房"买进贷款指南要求的贷款，主要包括大额贷款、B/C 贷款、大额尾付贷款、驼鞍贷款、初始低利率贷款、只付息贷款、收入申报贷款、月供递增贷款、混合型可调利率抵押贷款等。

（九）按权益保障顺序和程度

美国住房相关贷款产品众多，从权益保障顺序和程度可分为首次抵押贷款和第二次抵押贷款。

典型案例

非标准贷款类型

1. 首次抵押贷款

个人想要购买房产时，可以用贷款机构的贷款为购买提供资金支持。因为贷款是由住房担保的，贷款人获得财产的留置权。这种由购房者以所购买的房屋为抵押的贷款被称为首次抵押贷款（first mortgage）。首次抵押贷款是财产的主要留置权，以此发放的贷款在借款人发生违约时，贷款人获得优先于所有其他留置权或对财产的索赔权的权利。贷款人有权申请取消该房产的赎回权，然后出售该房产以收回其投资。

"首次抵押"一词使人们明白，房产上可能还有其他抵押贷款。事实上，房主可以将该房产第二次抵押以获得贷款，即使原来的首次抵押贷款还未还清。所有抵押贷款都是有留置权或具有法律约束力的合同，如果借款人停止付款或以其他方式不遵守合同条款，法律允许贷款人对财产提出要求权。作为第一留置权，按揭贷款人将优先从拍卖丧失抵押品赎回权的财产收益中获得支付。提供住房净值贷款或住房净值信贷额度的贷款人相对于首次抵押的贷款人则是次要贷款人。

首次抵押贷款不同于第二次抵押贷款，后者是针对住房的可用权益而发放的贷款。首次抵押贷款是财产的原始抵押基础上获得的贷款，因此首次抵押是第一留置权（first lien）。这意味着，在违约时首次抵押贷款是在第二次抵押贷款支付之前支付的，这就是为何住房净值抵押贷款等处于第二留置权的贷款利率通常要比首次抵押贷款的利率更高。

需要进一步指出的是，按美国税收政策，首次抵押贷款支付的贷款利息是免税的。这意味着借款人可以减少其应纳税收入——抵扣本税务年度支付的贷款利息金额。但是，按揭利息税扣减只适用于在纳税申报表上逐项列出费用的纳税人。

2. 第二次抵押贷款

大多数人购买房屋或房产都需要从金融机构申请贷款，贷款机构将房产用作抵押品，这种住房贷款被称为住房抵押贷款，或者更准确地说，是首次抵押贷款。在获得贷款后，借款人必须按月分期偿还贷款，包括贷款的本金和利息。久而久之，由于房主每月的付款，以及房屋的市场价值升值，借款人在该房产的权益或净值（home equity）增加。所谓净值是指房屋的当前市场价值与未清偿贷款余额之间的差额。

房主可以用房屋净值来借款为其他项目融资或满足其他支出的需要。以房屋净值抵押的贷款被称为第二次抵押贷款（second mortgage），①因为之前有一笔未还清的首次抵押贷款。第二次抵押贷款包括住房净值贷款和住房净值信贷额度两种形式。

由于第二次抵押也使用与第一次抵押相同的财产作为抵押品，因此，如果借款人拖欠付款，原始的房产抵押品优先于第二次抵押时的净值抵押品。如果发生违约，第一次抵押贷款人先在第二次抵押贷款人之前得到付款。

由于第二次抵押贷款的机构处于第二求偿顺序，贷款人承担的风险大于第一次抵押贷款人，因此并非所有贷款人都提供第二次抵押贷款。在借款人申请住房净值

典型案例
住房净值贷款与住房净值信贷额度

贷款时，贷款人将重点审查借款人在该房产第一次抵押贷款中是否有足够多的净值、高信用评分、稳定的就业历史和低债务收入比率（DTI）。

例如，如果购房者获得 25 万美元的住房首次抵押贷款，并在几年后以同一房产的第二次抵押获得 30 000 美元贷款，则首次抵押贷款提供者对该房产的求偿权先于发放第二次抵押贷款的金融机构。如果借款人在已经偿还了原贷款金额 50 000 美元后发生拖欠了，他的财产被没收并出售以支付欠款。如果出售房产所得加起来为 21 万美元，首次抵押贷款人将得到所欠的余额，即 20 万美元。

第二次抵押贷款人将得到剩余的 10 000 美元。由于首次抵押贷款索赔是优先于第二次抵押贷款的，因此第二次抵押贷款的利率通常比首次抵押贷款高。

二、住房贷款产品微观结构

从美洲银行网站可以发现，美洲银行当前提供的住房抵押贷款包括 30 年期固定利率贷款、15 年期固定利率贷款和 5/1 可调利率抵押贷款（见表 9-10）。

表 9-10 美洲银行的住房抵押贷款产品

	贷款利率（%）	年百分率（%）	点	月供（美元）
30 年期固定利率	3.125	3.317	0.821	857
15 年期固定利率	2.375	2.712	0.779	1 322
5/1 可调利率	2.750	2.934	0.771	816

注：抵押贷款利率自 2020 年 7 月 24 日有效，并假定借款人拥有出色的信用（包括不低于 740 的信用评分）。每月月供包括本金、利息和（如果适用）任何必需的抵押贷款保险。ARM 利率和月供在初始的固定利率到期后可能会增加（5/1 ARM 为 5 年，7/1 ARM 为 7 年，10/1 ARM 为 10 年）。

---

① 不同于借款人购买第二套房。

从产品设计角度来看，除了表中的期限、利率、年百分率和"点"以及月供外，还包括其他许多要素。这些要素既是构成住房抵押贷款的"零件"，有很多也是银行审核贷款是否发放的关键点，如首付、借款人的债务收入比等。

（一）首付

首付（down payment）是借款人买房时申请住房抵押贷款必须具备的基本条件，一般用所支付的款项占所购买房屋总价的百分比来表示。需要支付多少首付呢？这取决于购房价格和贷款计划。不同的贷款方案有不同的百分比要求，通常从 5% 到 20% 不等，但有些贷款可能更低，如 VA 贷款。首付金额可视为借款人在住房中的投资，它不仅会影响借款人需要借多少钱，还会影响：① 银行是否会要求借款人支付私人抵押贷款保险（PMI）。一般来讲，如果首付不到购房价格的 20% 则需要购买 PMI。② 贷款利率。如果借款人能支付更高的首付，则贷款利率会相对较低。

（二）贷款价值比

贷款价值比（loan-to-value ratio，LTV）是贷款人在决定是否同意提供信贷时考虑的主要因素，此外还包括借款人的债务收入比（DTI）和信用分数。在贷款时，LTV 比率表示从银行贷款的比例。在还款过程中，该百分比表示借款人未偿还本金与房屋评估价值之间的比率，也代表借款人拥有的房屋价值（权益）的比例。

$$贷款价值比（LTV）= 未偿还金额 / 评估价值或购买价格$$

（三）债务收入比

"你的收入是否足以支付新的抵押贷款每月还本付息和所有其他每月开支？"这对于银行来讲涉及贷款的信用风险。在实践中，贷款人用借款人的月债务月收入比率来衡量借款人的偿还能力。DTI 越低，表示借款人违约风险越低。大多数银行认可的债务收入比为 36% 或更少。

除了单笔房贷的 DTI，银行对于已经有多笔债务及义务的借款人，还需要其满足合并债务收入比（CLTV）要求。

（四）信用分数

了解和分析借款人的信用状况对于银行是否同意向借款人发放贷款至关重要，但标准化的信用评分直到 1989 年才存在，当时的 Fair Isaac Corporation 公司设计了第一个信用评分算法。此信用评分模型被称为 FICO® 信用评分。

不同的贷款类型使用不同的信用评分模型。因为标准和行业特征的不同，评分的范围不同，分数也可能有所不同。因此，当比较不同的信用评分时，要确保可比性。标准 FICO® 分数的范围为 300～850，而 FICO® 汽车和 FICO® 银行卡分数的范围略宽，为 250～900 分。更高的分数（尤其是高于 760 分）意味着风险更低，银行等会给借款人更多的产品选择和更优惠的利率，产品包括汽车贷款、抵押贷款或住房净值信贷额度。

（五）私人抵押保险

如果首付低于 20%，则贷款价值比将高于 80%。在这种情况下，银行可能会要求那些不符合 FHA 或 VA 担保条件的借款人购买私人抵押贷款保险（private mortgage insurance，

PMI），因为银行借给客户购买房屋的钱越多，如果贷款违约，则潜在的损失风险也就越大。显然，私人抵押贷款保险将转移银行的信用风险并增加借款人的每月付款。

（六）"点"

无论是买房，还是为现有住房装修、添置家具，或者是因为降息而借新还旧等发生再融资时，贷款人很可能都会向借款人收取一种费用——"点"。一个"点"是相当于抵押贷款金额1%。"点"有两种：折扣点和贴现点。"点"通常是在贷款签约时支付。

银行提供的贷款产品可能是收取一个"点"或者几个"点"，也可能不收取任何"点"。"点"并非总是整数，贷款人可能会收取1.5个"点"。如果这样，那么20万美元的抵押贷款收取的"点"价值是3 000美元。银行为何要在住房贷款产品设计中加入"点"？在本章后面部分关于贷款的定价中有更详细的分析。

（七）期限

大多数银行提供的住房抵押贷款期限为30年或者15年。

（八）利率/贷款综合成本

贷款利率是贷款资金交易的成本，主要由贷款市场供求决定。但是，利率并不是住房贷款中借款人唯一的成本，借款人的成本还包括相关费用以及在贷款闭合时支付的"点"，三个部分成本可以折合成年百分率（APR），这才是借款的真实成本。按照法律规定，银行必须披露贷款利率和APR。

第三节　住房贷款成本与定价

表9-11是富国银行提供的住房抵押贷款产品，分为两类。一是标准贷款和政府贷款，包括30年期固定利率贷款、退伍军人管理局担保的30年期固定利率贷款、20年期固定利率贷款、15年期固定利率贷款、7/1可调利率抵押贷款和5/1可调利率抵押贷款。二是贷款金额超过标准贷款的，包括30年期固定利率大额贷款、15年期固定利率大额贷款、7/1可调利率抵押大额贷款和5/1可调利率抵押大额贷款。表9-12是富国银行提供的住房再融资贷款产品及价格，也分为标准贷款和政府贷款、大额贷款两类。

在两张表中，除了产品名称外，还有相对应的贷款利率和贷款综合成本率，这是美国"住房信息披露法"（HMDA）要求银行必须披露的价格信息，不能仅仅披露贷款利率。通过比较发现，同期限的普通贷款产品（首次抵押！）的利率要比再融资产品要更低些。为何如此定价？

表9-11　富国银行住房抵押贷款产品及价格

产品	利率	年百分率
标准贷款与政府贷款		
30年期固定利率	3.75%	3.85%
30年期固定利率——VA担保	3.13%	3.45%
20年期固定利率	3.63%	3.73%

产品	利率	年百分率
15 年期固定利率	3.00%	3.18%
7/1 可调利率	3.13%	3.85%
5/1 可调利率	3.13%	3.95%
大额贷款		
30 年期固定利率	3.50%	3.54%
15 年期固定利率	3.13%	3.22%
7/1 可调利率	2.75%	3.60%
10/1 可调利率	2.88%	3.48%

资料来源：富国银行网站，2019 年 12 月 3 日。

表 9-12　富国银行住房再融资贷款产品及价格

产品	利率	年百分率
标准贷款与政府贷款		
30 年期固定利率	3.88%	3.95%
20 年期固定利率	3.63%	3.76%
15 年期固定利率	3.13%	3.27%
7/1 可调利率	3.25%	3.86%
5/1 可调利率	3.13%	3.95%
大额贷款		
30 年期固定利率	3.88%	3.92%
15 年期固定利率	3.50%	3.61%
7/1 可调利率	3.38%	3.88%
10/1 可调利率	3.50%	3.85%

资料来源：富国银行网站，2019 年 12 月 3 日。

实际上，借款人贷款后除了偿还本金外，还包括支付利息、"点"以及相关服务费用。这些构成贷款的总成本，并用年百分率来表示贷款的综合成本或实际成本。

一、成本构成

（一）利率

利率，即合同利率，是住房抵押贷款主要的成本形式。按计息方式，抵押贷款利率分为固定利率和可调利率两种，前者指贷款期内利率固定不随市场利率变动而变动的利率；可调利率是指在一段时期后（如 3 年），贷款利率根据市场利率变化而定期调整的利率。

（二）点

"点"是美国抵押贷款价格的另一种重要形式和特点，1 个"点"的价值是贷款额的

1%。从借款人角度有贴现点和折扣点之分。"点"可以是加入闭合成本的费用,也可以是从购房成本中减去的部分。

支付一个贴现点大约会使利率降低 0.25%,但也会由于产品、期限和贷款总额的不同而不同。如果标准利率是 8.00%,客户可以通过支付一个正的贴现点来使利率下降为 7.75%。在 100 000 美元的贷款额中,一个正的贴现点价值 1 000 美元。

获取每一个折扣点补贴会使利率上升 0.25%。如果标准利率是 8.00%,客户可以获得一个的折扣点使利率提高为 8.25%,在 100 000 美元的贷款额中,一个负的折扣点价值 1 000 美元。但客户不能利用折扣点来换取现金。

贴现点实际上是可以看作抵押贷款的预付利息。支付的"点"越高,贷款利率越低。所以,支付"点"通常称为"买低利率"(buying down the rate)。一般来说,支付的每一个"点"大约可以降低利率 0.125 ~ 0.25 个百分点。借款人通常可以选择从不支付"点"到支付几个"点",这取决于他们想降低多少利率。不付"点"的贷款的利率要高于付一个"点"的贷款的利率。

抵押贷款时决定是否支付"点"主要取决于两个因素:打算居住多长时间,以及贷款闭合时支付闭合成本的能力有多强。如果只想短住就搬家或再融资,支付较高的"点"就不是一个好的举措。从长远来看,"通过贴现点降低利率是一种财务决定,你拥有房子的时间越长越好"。预付"点"款意味着每月的抵押贷款付款较低。因此,时间越长,从支付"点"获得的回报越好。如果希望在贷款闭合时成本尽可能低,那就选择不支付"点"。

(三) 其他成本

由于在住房抵押贷款一级市场,除放款机构外,服务于抵押贷款的机构还有经纪人、评估机构、保险公司、产权管理机构、征信公司。另外,放款机构不仅提供资金,还提供贷款发起、文件准备等相关服务,中介机构提供与住房和抵押贷款发放相关的专业服务。因此,借款人获得贷款除了要支付贷款利率和"点"之外,还需要支付与获得抵押贷款相关的服务费用、保险、税收等。

(四) 年百分率

年百分率是把贷款闭合成本、贷款利率、"点"、贷款相关服务费等综合起来,以全面反映借款成本的一个指标。为了便于借款人比较不同贷款产品的真实成本,《住房信息披露法》和《诚实信贷法》要求放款机构不仅要公布贷款合同利率,还必须公布借款人的包含借款利率以及其他成本的真实成本。

从数量上来看,利率、"点"与 APR 的关系是:

$$APR = 利率 + "点"和其他费用在贷款期内的摊还值$$

值得注意的是,月供是根据利率计算的,而不是基于 APR 计算的。表 9-13 可以发现以下三个关系:

第一,同类贷款,合同利率可以不同。因此,合同利率并不是借款人支付的真实借款成本。

第二,利率越高,"点"越低;反之,利率越低,"点"越高(见图 9-4)。借款人可以选择(高利率,低"点")的组合,也可以选择(低利率,高"点")的组合。当然,借款人可以选择不支付"点"的标准抵押贷款。

表 9-13　花旗银行贷款成本组合方式

利率（%）	点	年百分率（%）	月付（美元）	闭合成本（美元）
3.000	3.625	4.186	422	6 428
3.125	3.250	4.183	428	6 053
3.250	2.875	4.180	435	5 678
3.375	2.500	4.178	442	5 303
3.500	2.125	4.175	449	4 928
3.625	1.875	4.183	456	4 678
3.750	1.500	4.180	463	4 303
3.875	1.125	4.178	470	3 928
4.000	0.750	4.176	477	3 553
4.125	0.500	4.184	485	3 303
4.250	0.125	4.181	492	2 928
4.375	0.000	4.200	499	2 803

资料来源：根据花旗银行相关资料整理。

为了直观反应利率、"点"和 APR 的关系，我们将表 9-13 中第 1～3 列的数据绘制如图 9-4。从图中可以发现，利率和"点"呈反向变动关系，而 APR 基本上是水平的。

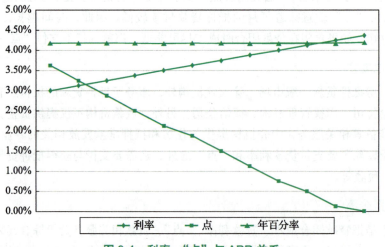

图 9-4　利率、"点"与 APR 关系

第三，借款人的实际借款成本并不因为利率和"点"的不同搭配而不同。从图 9-4 中可以看到，APR 几乎是一条水平的直线。这说明，从借款人角度来讲，实际借款成本并没有因为少付"点"而多支付成本，也没有因为多付"点"而少支付借款成本。银行设计抵押贷款产品时，为什么要多此一举？相比之下，似乎直接公布一个利率或 APR 看起来更加简单明了。

二、"点"的作用

从操作层面来看，利息是按月偿还的，而"点"和其他费用则是在签约时支付的，共同构成贷款闭合时支付的闭合成本。贷款人可能使用不同的关于"点"的术语，如"最高贷款费用"或"贷款折扣"。

(一)从借款人角度

第一,买"点"可以降低借款人未来支付的利率;第二,作为借款成本,"点"和利率可以税前抵扣,借款人可以享受税收优惠;第三,给不同年龄与收入水平借款人提供不同时点支付借款成本的机会。

(二)从银行角度

第一,"点"相当于预付利息,当借款人提前偿还贷款时,"点"可以降低银行利率风险,减少利息损失;第二,因为放款机构预收"点"而可以降低合同利率,利率相对"低"的贷款合同更加容易出售;第三,可以平衡投资者收益与贷款利率的关系;第四,"点"是银行的非利息收入。

三、定价

从借款人角度来看,抵押贷款定价就是对抵押贷款的借款成本进行定价,包括定价方式和价格水平确定两个方面。根据前面的分析可知,抵押贷款成本包括利率和"点",以及与抵押相关的服务费用。其中,利息是在贷款期内分期支付的,而"点"和费用(含预付利息)是在贷款签约时支付的,即贷款闭合成本(见图9-5)。

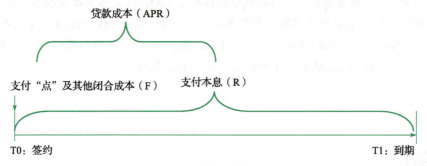

图 9-5 抵押贷款成本与支付时点

(一)利率和费用分开定价

从定价方式来看,一是分开定价,即银行等放款机构将借款人需要支付的利率(r)和费用(F)分开,明确告诉借款人应付的利率和费用。二是综合定价,即银行等放款机构将借款人应付的利率和费用打包定价,只公布"贷款利率",这个加引号的"利率"实际上是既包含了利率,也包含费用的综合价格,即 APR。在图9-4中我们可以发现,无论怎样搭配利率和"点",借款人的真实借款成本都是在4.18%左右。这似乎说明分开定价和综合定价的结果没有差别?也就是说从借款成本角度来讲,采用何种定价方式对借款人的确是无所谓的,但是,从市场细分角度来看,则存在重大差别。

从图9-6可知,不同年龄借款人有不同的收入水平,因此,不同时点支付借款成本的能力就存在差异。如果采用综合定价方式,则意味着不同借款人要支付相同的"利率"水平(如前述的4.18%),当其他条件相同时,不同收入水平的借款人就需要支付同样的月供,这说明借款人没有选择机会。因此,这就没有做到借款人的细分和个性化选择,这样的贷款产品设计因而也就是不科学的。

如果采用分开定价，那么，中年借款人在闭合贷款时可以选择支付较高的"点"，以换得在未来支付较低的利率，显然，未来较低的利息负担与其收入水平处于下降的趋势是吻合的（见图9-6）。因此，（高"点"，低利率）的成本组合方式更适合中年借款人。相反，年轻借款人在闭合贷款时，由于其当前收入水平处于较低而未来收入将不断增加，这说明年轻人借款时支付"点"的能力较弱，而未来付息的能力较强。因此，年轻人可以选择（低"点"或无"点"，高利率）的成本组合方式。

综上所述，分开定价比综合定价更有利于借款人的细分，为不同借款人提供满足不同状况和需求的、有针对性的个性化产品。⊖

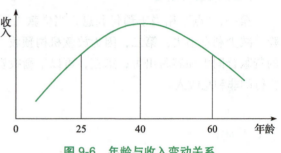

图 9-6　年龄与收入变动关系

（二）基准利率定价

房贷利率主要采用"基准利率 + 风险溢价"的方法来确定贷款的价格，总体来讲遵从"风险 – 收益"平衡的基本原理。

从目前来看，美国常见的作为可调利率抵押贷款（ARM）定价基准的利率有近 20 种。其中，最主要的定价基准是国库券固定期限利率（Constant Maturity Treasury，CMT or TCM）、第 11 区融资成本指数（11th District Cost of Funds Index，COFI）和伦敦银行间同业拆借利率（LIBOR），大约 80% 的 ARM 利率定价以这三种利率为基准。

■ 拓展阅读

美洲银行 30 年期固定利率抵押贷款闭合成本

■ 思考题

1. 消费者贷款产品有哪些？
2. 花旗银行与美洲银行的消费者贷款有何不同？
3. 影响个人 FICO 分数的因素主要有哪些类型？
4. 美国住房金融体系的主要组成部分包括哪些？
5. 抵押经纪人（公司）的有何作用？
6. 金融机构抵押资产有哪些形成方式？
7. 美国住房金融二级市场主要的相关机构及交易方式有哪些？

⊖ 从这个意义上讲，我国当前采用的类似 APR 的住房抵押贷款定价方式是不太合理的，不能通过定价来细分和区别不同状况的借款人。

8. 可调利率抵押贷款的产品特点有什么？
9. 如何理解美国住房金融中"政府贷款"？
10. 住房抵押贷款产品微观结构包括什么？
11. 与住房抵押贷款审批有关的主要指标有哪些？
12. 住房抵押贷款定价中，"点"的作用是什么？
13. 银行承诺借款人可以锁定贷款利率，银行的风险有哪些？
14. 利率对住房的购买有何影响？
15. 贷款违约的影响因素有哪些？
16. 为控制我国房地产市场的过度扩张，抑制房价过快上涨，近期出台的控制商业银行住房相关贷款业务的政策有哪些？控制机制是什么？

■ 核心文献

[1] Brent W Ambrosea, Ricard J buttimer Jr., Embedded options in the mortgage contract [J]. Journal of Real Estate Finance and Economics. Volume 21, Issue 2, 2000, PP 95-111.

[2] Diana Hancock, Wayne Passmore, Did the Federal Reserve's MBS purchase program lower mortgage rates?. Journal of Monetary Economics. 58 (2011) 498-514.

[3] Joseph Gyourko, Joseph Tracy, Reconciling theory and empirics on the role of unemployment in mortgage default [J]. Journal of Urban Economics.80 (2014) 87-96.

[4] Neil Bhutta, Daniel Ringo, The effect of interest rates on home buying: Evidence from a shock to mortgage insurance premiums [J]. Journal of Monetary Economics.118 (2021) 195-211.

[5] Richard K. Green and Susan M. Wachter, 2005, The American Mortgage in Historical and International Context. The Journal of Economic Perspectives, Vol.19, No.4, (Autumn), pp.93-114.

[6] Silvia Magri, Raffaella Pico. The rise of risk-based pricing of mortgage interest rates in Italy [J]. Journal of Banking and Finance, 2010 (5).

[7] TIM S. CAMPBELL, J. KIMBALL DIETRICH.The Determinants of Default on Insured Conventional Residential Mortgage Loans [J]. The Journal of Finance Volume 38, Issue 5. 1983. pp 1569-1581.

[8] Toby Daglish. What motivates a subprime borrower to default? [J]. Journal of Banking and Finance, 2008 (4).

[9] Vicki Been, Mary Weselcouch, Ioan Voicu,Scott Murff.Determinants of the incidence of U.S. Mortgage Loan Modifications [J]. Journal of Banking & Finance.37 (2013) 3951-3973.

[10] Your 10-step guide to the mortgage loan process, https://www.bankofamerica.com/mortgage/learn/guide-to-the-mortgage-loan-process/.

[11] What are closing costs? https://bettermoneyhabits.bankofamerica.com/en/home-ownership/closer-look-at-closing-costs.

[12] One-Year Constant Maturity Treasury (CMT), https://www.investopedia.com/terms/c/cmtindex.asp.

[13] 方匡南，吴见彬．个人住房贷款违约预测与利率政策模拟 [J]．统计研究，2013（10）．

[14] 姜琳. 美国 FICO 评分系统述评 [J]. 商业研究，2006（20）.
[15] 马宇. 我国个人住房抵押贷款违约风险影响因素的实证研究 [J]. 统计研究，2009（05）.
[16] 美洲银行网站，https://www.bankofamerica.com/mortgage/home-mortgage/.
[17] 张桥云. 完善我国住房金融制度研究——基于美国的经验与教训 [J]. 成都：西南财经大学出版社，2013.
[18] 钱争鸣，李海波，于艳萍. 个人住房按揭贷款违约风险研究 [J]. 经济研究（增刊），2010，45（S1）.
[19] 邹晓梅，张明，高蓓. 资产证券化与商业银行盈利水平：相关性、影响路径与危机冲击 [J]. 世界经济，2015（11）.
[20] 中国人民银行等，《关于建立银行业金融机构房地产贷款集中度管理制度的通知》，2020 年 12 月.

商业银行风险管理

第十章　商业银行全面风险管理
第十一章　信用风险与管理
第十二章　利率风险与管理
第十三章　流动性风险与管理

　　风险无处不在！银行本身就是经营风险的企业。在某种意义上讲，没有风险，银行就没有存在的必要。风险可能给银行带来损失，也可能带来收益，但具体是收益还是损失存在很大的不确定性。不确定性，就是风险的本源意义。银行只有经营好风险才能避险获利。

　　商业银行是追求利润最大化的商业性机构，按照风险－收益对称原理，银行在追求利润的过程中也隐藏着风险和带来损失的可能性。因此，需要有第三方机构去发现、纠正商业银行不恰当或过度承担风险的行为。

　　本篇既有从外部对银行风险承担行为的"外部监管"分析，也有从银行自身角度对风险的管理的讨论，包括商业银行全面风险管理、信用风险与管理、利率风险与管理、流动性风险与管理四章。

第十章
CHAPTER10

商业银行全面风险管理

商业银行全面风险管理主要源于 2003 年 COSO⊖发布的《企业全面风险管理框架》和 2004 年实施的《巴塞尔新资本协议》。

在本章中，我们将围绕商业银行全面风险管理体系的形成与发展、商业银行风险主要类型、我国商业银行全面风险管理探索、代表性商业银行全面风险管理案例进行介绍。

■ **重要知识点及核心概念**

商业银行全面风险管理体系、银行的风险分类、COSO 委员会、全面风险管理框架。

■ **学习目标**

- 了解商业银行全面风险管理发展过程
- 了解我国《银行业金融机构全面风险管理指引》的主要内容
- 了解商业银行风险主要类型
- 了解实践中我国商业银行如何开展全面风险管理

⊖ COSO 是美国反虚假财务报告委员会下属的发起人委员会（The Committee of Sponsoring Organizations of the Treadway Commission）的英文缩写。1985 年，由美国注册会计师协会、美国会计协会、财务经理人协会、内部审计师协会、管理会计师协会联合创建了反虚假财务报告委员会，旨在探讨财务报告中的舞弊产生的原因，并寻找解决之道。1987 年成立 COSO 委员会，专门研究内部控制问题。1992 年 9 月，COSO 委员会发布《内部控制整合框架》，简称 COSO 报告。COSO 委员会在 2003 年 7 月完成了《企业风险管理框架》（草案）并公开向业界征求意见。2004 年 4 月美国 COSO 委员会在《内部控制整体框架》的基础上，结合《萨班斯-奥克斯利法案》（Sarbanes-Oxley Act）在报告方面的要求，同时吸收各方面风险管理研究成果，颁布了《企业风险管理框架》（Enterprise Risk Management Framework）旨在为各国的企业风险管理提供一个统一术语与概念体系的全面的应用指南。

第一节 银行全面风险管理体系的形成与发展

全面风险管理是一种模式，更是一种风险管理的理念。全面风险管理模式可以概括为"五个全面"：一是全球的风险管理体系，二是全面的风险管理范围，三是全程的风险管理过程，四是全新的风险管理方法，五是全员的风险管理文化。

全面风险管理在企业管理领域指企业围绕总体经营目标，通过在企业管理的各个环节和经营过程中执行风险管理的基本流程，培育良好的风险管理文化，从而为实现风险管理的总体目标提供合理保证的过程和方法。

一、全面风险管理体系的形成

（一）全面风险管理的内涵

1992 年 COSO 委员会颁布《内部控制统一框架》，1998 年巴塞尔银行监管委员会以《内部控制统一框架》为基础，针对银行经营活动的特殊性制定《银行机构内部控制制度框架》。

2003 年 7 月 COSO 委员会提出《全面风险管理框架》，认为"全面风险管理是一个过程，这个过程受组织的董事会、管理层和其他人员影响，应用于战略制定、贯穿在整个组织之中。全面风险管理旨在识别影响组织的潜在事件并管理风险，使之在企业的风险偏好之内，从而为组织目标的实现提供合理的保证"。COSO 委员会认为全面风险管理包括三个维度：企业目标、全面风险管理要素和企业的各个层级。其中，企业目标包括战略目标、经营目标、报告目标与合规目标；全面风险管理要素包括内部环境、目标设定、事件识别、风险评估、风险对策、控制活动、信息和交流、监控；企业的各个层级包括高级管理层、各职能部门、各条业务线以及分支机构（郭保民，2011）。

（二）《巴塞尔新资本协议》与全面风险管理

2004 年 6 月正式颁布的《巴塞尔新资本协议》标志着现代商业银行风险管理出现了一个显著变化，就是由以前单纯的信贷风险管理模式转向信用风险、市场风险、操作风险并举，信贷资产与非信贷资产并举，组织流程再造与技术手段创新并举的全面风险管理（黄宪、金鹏，2004）。

2008 年国际金融危机后，国际组织和各国监管机构都在积极完善金融机构全面风险管理相关制度。2012 年，巴塞尔委员会修订了《有效银行监管核心原则》，完善和细化了原则 15 "风险管理体系"的各项标准。此后，巴塞尔委员会和金融稳定理事会针对公司治理、风险偏好、风险文化和风险报告等全面风险管理要素陆续发布了一系列政策文件，提出了更具体的要求。

因此，可以认为商业银行全面风险管理源于 COSO 发布的《企业全面风险管理框架》和《巴塞尔新资本协议》。商业银行全面风险管理体系包括风险管理理念、风险管理组织结构、风险评估技术、风险处置对策以及内部控制等。建立全面风险管理体系，要采取定性和定量相结合的方法，识别、计量、评估、监测、报告、控制或缓释所承担的各类风险。

二、全面风险管理体系在中国的发展

为顺应监管和风险管理的发展趋势，2016 年 9 月银监会发布《银行业金融机构全面风险管理指引》(以下简称《指引》),标志着中国开始正式推行全面风险管理。

(一)《指引》制定的背景

(1)我国银行业风险管理缺乏统领性规制。2016年以前,银监会陆续制定了不少审慎监管规则,覆盖了资本管理、信用风险、市场风险、流动性风险、操作风险、并表管理等各个领域,比较系统,但仍然缺乏一个针对全面风险管理的统领性、综合性规则。因此,有必要制定关于全面风险管理的审慎规制,为银行建立完善的全面风险管理体系提供政策依据和指导。

(2)银行业金融机构全面风险管理实践有待完善。一是全面风险管理的统筹性和有效性有待提升。二是中小银行业金融机构全面风险管理体系建设起步相对较晚,精细化程度有待提高。三是银行业金融机构全面风险管理深度和广度仍有很大的拓展空间。

(3)国际监管改革对风险管理提出了新的要求。

(二)《指引》的主要内容

《指引》是我国积极适应国际监管改革新要求的结果,有助于提升我国银行业风险管理水平。主要体现在:一是形成系统化的全面风险管理规制。二是提出风险管理的统领性框架,强化全面性和关联性视角。三是提高可操作性,提供全面风险管理和监管指南。四是引入巴塞尔委员会2012年修订的《有效银行监管核心原则》最低标准,反映国际监管改革最新成果。五是充分考虑各类机构的差异化情况。六是注重与已有规制的衔接。

《指引》采用了风险管理"三道防线"的理念,强调银行业金融机构董事会承担全面风险管理的最终责任。银行业金融机构监事会承担全面风险管理的监督责任,负责监督检查董事会和高级管理层在风险管理方面的履职尽责情况并督促整改。银行业金融机构应当设立或指定部门负责全面风险管理,牵头履行全面风险的日常管理。银行业金融机构各业务经营条线承担风险管理的直接责任。《指引》的主要内容包括:总则,风险治理架构,风险管理策略、风险偏好和风险限额,风险管理政策和程序,管理信息系统和数据质量,内部控制和审计,监督管理,附则,共八章五十四条。

第二节 商业银行风险主要类型

银行经营过程中面临的风险主要包括信用风险、市场风险、流动性风险、操作风险、国别风险、银行账簿利率风险、声誉风险、战略风险、信息科技风险、洗钱风险以及其他风险。所以,全面风险管理体系应当考虑风险之间的关联性,审慎评估各类风险之间的相互影响,防范跨境、跨业风险。

一、信用风险

信用风险是指由于信用活动中存在的不确定性而导致银行遭受损失的可能性,也就是债务人或交易对手未能履行合同所规定的义务或信用质量发生变化,从而给债权人或金融产品持有人造成经济损失的风险,比如借款人无法偿还贷款引起的资产质量恶化。

传统的信用风险度量模型包括专家制度模型、Z评分模型等。现代信用风险量化度量和管理模型主要包括：KMV 公司的 KMV 模型、JP 摩根的 Credit Metrics Model（信用计量模型）、Credit Risk+（信用风险附加型）和宏观模拟模型（CPV 模型）。

近些年我国发生信用风险的两个典型案例是包商银行破产事件和谢根荣伪造"金缕玉衣"骗贷案。

2019 年 5 月 24 日，银保监会发布公告称，鉴于包商银行出现严重信用风险，为保护存款人和其他客户合法权益，对包商银行实行接管。包商银行控股股东明天集团持有包商银行 89% 的股权，正是因为包商银行大量资金被大股东违规占用，形成逾期，导致包商银行出现严重的信用风险。事实上自 2017 年起，包商银行资本充足率已低于监管要求，资金来源中同业资金占比高，至 2017 年第二季度末，包商银行未包括同业存单的同业负债占比高达 32.24%，同业资金难以续接，引发流动性危机。

典型案例
富豪自制金缕玉衣骗贷10亿 请专家评估出24个亿

二、市场风险

市场风险是指因为利率、汇率等不利变化而导致金融资产发生损失的风险，可分为利率风险、汇率风险、股票风险和商品价格风险等。如何度量金融机构所面对的市场风险？从 20 世纪七八十年代开始，JP 摩根等银行就引入了风险计量模型，目前市场风险的主要度量指标是 VaR。

商业银行利率风险是指市场利率水平变化对银行的市场价值产生影响的风险。随着我国利率市场化的不断加强，利率风险对商业银行的影响也将日益突出。其中，银行账簿利率风险是指利率水平、期限结构等要素发生不利变动导致本行银行账簿经济价值和整体收益遭受损失的风险。

典型案例
利率市场化、利率风险与美国储贷危机

汇率风险是指银行在进行国际业务时，其持有的外汇资产或负债因汇率波动而造成价值增减的不确定性。随着我国银行国际化和境外资产与负债比重增加，商业银行面临的汇率风险不断加大。

因为 20 世纪 70 年代中后期石油危机的冲击，美国发生严重通货膨胀，导致受利率管制的商业银行、储蓄银行和储蓄贷款协会出现脱媒，由此开启了 20 世纪 80 年代初的美国利率市场化改革，放松对银行业的管制，以应对非银行金融机构的竞争。随着市场利率上升，银行业的负债成本大幅度飙升，在房贷业务条线出现了明显的利率倒挂现象。其中，以小额储蓄发放长期房贷为特色的储蓄贷款协会的利率倒挂尤为突出，利率上升和严重的期限错配使得储蓄贷款协会持续亏损，最终大量的储蓄贷款协会倒闭。相比之下，商业银行倒闭的数量要少些，史称"20 世纪 80 年代储贷危机"。储贷危机的主要外因是利率上升，内因是资产负债期限错配。

三、流动性风险

流动性风险是指本行无法以合理成本及时获得充足资金，用于偿付到期债务、履行其他支付义务和满足正常业务开展其他资金需求的风险。流动性风险又有狭义和广义之分。狭义的流动性风险是指商业银行没有足够的现金来弥补客户存款的提取而产生的支付风险；广义的流动性风险除了包含狭义的内容外，还包括商业银行的资金来源不足而未能满足客户合理的信贷需求或其他即时的现金需求而引起的风险。

流动性风险形成的原因复杂而广泛，通常被视为一种综合性风险。衡量流动性的指标包括存贷比率、流动资产比率、流动性缺口、流动性覆盖率、净稳定资金比率。

流动性风险的最大危害在于其具有传导性。由于不同的金融机构的资产之间具有复杂的债权债务联系，这使得一旦某个金融机构的资产流动性出现问题，不能保持正常的头寸，则单个金融机构的金融问题将会演变成全局性的金融动荡。

以最近发生的美国次贷危机为例，表面上看此次危机是银行流动性缺乏所造成的，但其根本原因是商业银行资产配置失误，肆意发放信用等级低、质量差的贷款导致的。锦州银行出现的流动性问题是我国近几年商业银行流动性管理方面比较典型的案件。

典型案例
锦州银行预警2018年亏损40～50亿元

四、操作风险

操作风险是指由不完善或有问题的内部程序、员工和信息科技系统以及外部事件所造成损失的风险。巴塞尔委员会定义的操作风险指，由于内部程序、人员、系统不充足或者运行失当，以及因为外部事件的冲击等导致直接或间接损失的可能性的风险。比如内部欺诈、外部欺诈、聘用员工和工作场所安全事件，客户、产品及业务做法、实物资产损坏、信息科技系统事件，执行、交割及流程管理等引起的损失，都属于操作风险。

汇丰银行是世界最大的金融机构之一，在超过80个国家或地区开展业务，在全球拥有数百个分支机构。在一段很长的时间内，汇丰银行美国分行为外国金融机构长期提供金融账户，包括不健全的反洗钱账户和电汇监控系统、17 000个未处理警报、不合格员工、不合格的客户风险评估等。即使有证据显示部分外国银行与恐怖分子融资有联系，汇丰银行美国分行仍提供美国代理账户给这些外国银行。因此，美国指控汇丰银行让伊朗恐怖主义者和毒品贩子资金进入美国金融系统。汇丰银行承认违反美国《银行保密法》和《禁止与敌国贸易法》。2012年12月11日，美国宣布与汇丰银行达成终止洗钱指控协议，汇丰银行支付19亿美元罚金，其中的12.5亿美元为暂缓起诉协议罚金，6.65亿美元为民事罚款。

富国银行长期以重视销售著称，其遵循的交叉销售模式（即发现并围绕客户的多种需求来销售产品和提供服务）是利润的重要支撑。不过，银行提出的销售目标过高，而管理层又疏于监管，最终导致一线员工在长达几年的时间里伪造账户或未经客户授权擅自以客户名义开立新账户。

在2008年金融危机爆发后，富国银行为了保证利润的持续增长，不断压低基础员工的工资，与此同时不断提高绩效指标要求。在富国银行的丑闻曝出前，基础员工每天需要销售至少8.5个产品，如果当天的业绩无法完成，则推到第二天，导致指标不断积压，员工销售压力大。为了完成"业绩考核"，富国银行员工在未经客户允许的情况下，开设了350万个虚假账户。受害者多为个人和小商业者，造假内容包括以这些客户的名义开设储蓄账户，信用卡账户以及银行借款账户。2016 年 9 月，富国银行被美国联邦消费者金融保护局和联邦货币监理署等机构罚款 1.85 亿美元，首席执行官约翰·斯坦普夫辞职，5 300 多名员工被开除。2017 年 4 月，富国银行与受影响客户达成和解协议，允诺做出 1.42 亿美元赔偿。此事令富国银行信誉受损严重。

典型案例
巴林银行倒闭事件分析
汇丰银行洗钱案
富国银行账户造假案

五、法律风险

法律风险是指在日常经营和各类交易中，因为无法满足或违反法律要求，导致商业银行不能履行合同、发生争议（诉讼）或其他法律纠纷，而可能给商业银行造成经济损失的风险。按照《巴塞尔新资本协议》的规定，法律风险是一种特殊类型的操作风险，它包括但不限于因监管措施和解决民商争议而支付的罚款、罚金或者惩罚性赔偿所导致的风险敞口。

从狭义上讲，法律风险主要关注商业银行所签署的各类合同、承诺等法律文件的有效性和可执行能力。从广义上讲，与法律风险相类似或密切相关的风险有外部合规风险和监管风险。

例如，银行在为客户办理存款、贷款、理财、电子银行、银行卡等金融服务的过程中，掌握了大量的个人、法人客户信息，如姓名、身份证号码、账户、联系方式、资产状况等。有关法律明确规定，银行及其相关工作人员须对客户信息承担保密义务，未经许可不得私自向第三方提供上述信息，否则将承担相应的法律责任。

典型案例
银行员工倒卖用户信息

六、国别风险

国别风险是指由于某一国家或地区经济、政治、社会变化及事件，导致该国家或地区借款人或债务人没有能力或者拒绝偿付银行债务，或使在该国家或地区的业务遭受损失，或使本公司遭受其他损失的风险。国别风险可能由一国或地区经济状况恶化、政治和社会动荡、资产被国有化或被征用、政府拒付对外债务、外汇管制或货币贬值等情况引发的。银行将国别风险管理纳入全面风险管理体系，按照监管要求，动态监测国别风险变动。建立国别风险评级体系，主要利用主权评级模型的评级结果开展，并将评级结果应用于国别风险限额制定、国别风险准备金计提等。

1982 年 8 月，墨西哥政府宣布了一个震惊金融界的声明：该国无法按期履行偿债义务。这被视作 20 世纪 80 年代发展中国家债务问题的开端。但墨西哥政府并不是唯一，另一个案例发生在美国当时的第七大银行——伊利诺伊大陆银行。由于过度扩张造成的拉美债务风险敞口过大，该银行的贷款从 20 世纪 80 年代开始遭遇偿付问题。1984 年银行

典型案例
1984年美国伊利诺伊大陆银行危机

面临巨额亏损与挤兑，迫使美联储与联邦存款保险公司（FDIC）对其进行了救助。1991年，大陆银行经营逐渐恢复正常。1994年，大陆银行被美国银行收购。

七、声誉风险

2021年2月银保监会发布了《银行保险机构声誉风险管理办法（试行）》（简称《办法》），所谓声誉风险是指由银行保险机构行为、从业人员行为或外部事件等，导致利益相关方、社会公众、媒体等对银行保险机构形成负面评价，从而损害其品牌值，不利其正常经营，甚至影响到市场稳定和社会稳定的风险。

声誉风险被视为一种多维风险，其产生的原因非常复杂，有可能是商业银行内外部风险因素综合作用的结果，也可能是非常简单的风险因素就触发了严重的声誉风险。⊖2021年发布的《办法》相当于将本属于银行内部管理的事情上升至外部监管层面。

声誉风险源于声誉事件的突然发生。声誉事件是指引发商业银行声誉风险的相关行为或事件，重大声誉事件将造成银行重大损失、市场大幅波动、引发系统性风险或影响社会经济秩序的稳定。声誉风险难以与其他风险分离和进行独立处理。良好的声誉是一家银行多年发展积累的重要资源，是银行的生存之本，是维护良好的投资者关系、客户关系以及信贷关系等诸多重要关系的保证，对增强竞争优势、提升商业银行的盈利能力和实现长期战略目标起着不可忽视的作用。

声誉风险管理作为公司治理及全面风险管理体系的重要组成部分，覆盖银行及附属机构的所有行为、经营活动和业务领域，主要是通过建立和制定声誉风险管理相关制度和要求，主动、有效地防范声誉风险和应对声誉风险事件，最大限度地减少损失和负面影响。

2020年4月21日，美油5月期货合约首次出现负值结算价，−37.63美元/桶。而由于4月20日22时中国银行"原油宝"账户就已停止交易，最终导致部分投资者亏掉本金，还要向中国银行补交保证金。"原油宝"事件使得中国银行的信誉遭受重大损失。

典型案例
中行"原油宝"事件

八、战略风险

战略是关乎企业发展方向、目标、资源、核心竞争力等，对企业生存和未来发展具有关键影响的问题。战略风险是指银行经营策略不适当或对外部经营环境变化不适应而导致的，对银行生存和未来发展带来重大冲击的风险。银行在追求短期商业目的和长期发展目标的管理过程中，不适当的发展规划和决策都会对银行的发展方向、企业文化、信息、效益等产生影响，从而威胁到商业银行未来的生存和发展。

在2008年次贷危机中，成立于1850年的雷曼兄弟公司破产倒闭，它既是危机的受害者，也是危机的缔造者。作为曾经的全球著名投行，它在很长一段时间内注重传统的投资银行业务，如证券发行承销、企业并购顾问等。进入20世纪90年代，随着固定收益产品收益

⊖ 早在2009年8月25日，原银监会就印发过《商业银行声誉风险管理指引》（简称《指引》），所谓声誉风险是指由商业银行经营、管理及其他行为或外部事件导致利益相关方对商业银行负面评价的风险。显然《办法》比《指引》定义的声誉风险内涵更丰富、更准确。

攀升、衍生金融产品需求快速增长，雷曼兄弟公司大力拓展这些新兴业务并取得巨大成功，当时被称为华尔街"债券之王"。为了提高杠杆率，雷曼兄弟大量依赖债券和同业市场融资。

导致雷曼兄弟破产的原因有很多，但回过头来看，雷曼兄弟当时（20 世纪末）进入一个不熟悉的市场实际上是一个战略错误。因此，有人认为"雷曼兄弟死在 10 年前"。

典型案例
雷曼兄弟公司破产案

九、信息科技风险

信息科技风险是指信息科技在商业银行的运用过程中，由于自然因素、人为因素、技术漏洞和管理缺陷产生的操作、法律和声誉等风险。银行应通过建立有效的机制，实现对信息科技风险的识别、计量、监测和控制，促进商业银行安全、持续、稳健运行，推动业务创新，提高信息技术使用水平，增强核心竞争力和可持续发展能力。

信息科技风险可能来自硬件设备故障、软件系统故障、外围保障设施故障、网络攻击事件、有害程序事件、灾害性事件等。

2009 年银监会发布《商业银行信息科技风险管理指引》，[一]对商业银行信息科技治理，信息科技风险管理，信息安全，信息系统开发、测试和维护，信息科技运行，业务连续性管理，外包，内部审计，外部审计做了明确规定。

2014 年，我国某银行曾因核心系统数据库出现故障，导致该行（含异地分支机构）存取款、转账支付、借记卡、网上银行、ATM 和 POS 业务全部中断，长达 30 多个小时 40 分钟，其间完全依靠手工办理业务。

十、合规风险

合规（compliance）是指使公司经营活动与法律、管治及内部规则保持一致。2006 年银监会颁布的《商业银行合规风险管理指引》中"合规"是指使商业银行的经营活动与法律、规则和准则相一致。广义的"合规"有三层含义，一是在生产经营过程中要遵守法律法规；二是要遵循企业内部规章制度；三是员工要遵守良好的职业操守和道德规范等。"合规风险"是指银行因没有遵循法律、规则和准则而可能遭受法律制裁、监管处罚、重大财务损失和声誉损失的风险。

根据巴塞尔委员会发布的《合规与银行内部合规部门》，"合规风险"指的是银行因未能遵循法律法规、监管要求、规则、自律性组织制定的有关准则以及适用于银行自身业务活动的行为准则，而可能遭受法律制裁或监管处罚、重大财务损失或声誉损失的风险。从内涵上看，合规风险主要是强调银行因为各种自身原因主导性地违反法律法规和监管规则等而遭受的经济或声誉的损失。

银行董事会对经营活动的合规性负最终责任，风险与合规管理委员会是银行高级管理层管理合规风险的最高管理机构。李森是巴林银行新加坡分行负责人，在未

银监会
银行业要严密防控四类风险

[一] 早在 2006 年还发布过《银行业金融机构信息系统风险管理指引》（银监发〔2006〕63 号）。

经授权的情况下,他以银行的名义认购了总价 70 亿美元的日本股票指数期货,并以买空的方式买进了价值 200 亿美元的短期利率债券,导致有着 233 年历史的巴林银行倒闭,也是典型的合规风险案例。

第三节 我国商业银行全面风险管理探索

2016 年 9 月,银监会发布的《银行业金融机构全面风险管理指引》是我国监管部门制定的指导银行进行全面风险管理的专门法规,标志着我国开始建立起全面风险管理的框架与机制。

一、全面风险管理的原则

银行业金融机构全面风险管理应当遵循以下基本原则:

(1)匹配性原则。全面风险管理体系应当与风险状况和系统重要性等相适应,并根据环境变化进行调整。

(2)全覆盖原则。全面风险管理应当覆盖各个业务条线,包括本外币、表内外、境内外业务;覆盖所有分支机构、附属机构,部门、岗位和人员;覆盖所有风险种类和不同风险之间的相互影响;贯穿决策、执行和监督全部管理环节。

(3)独立性原则。银行业金融机构应当建立独立的全面风险管理组织架构,赋予风险管理条线足够的授权、人力资源及其他资源配置,建立科学合理的报告渠道,与业务条线之间形成相互制衡的运行机制。

(4)有效性原则。银行业金融机构应当将全面风险管理的结果应用于经营管理,根据风险状况、市场和宏观经济情况评估资本和流动性的充足性,有效抵御所承担的总体风险和各类风险。

二、全面风险管理体系的构成要素

银行业金融机构全面风险管理体系包括风险治理架构,风险管理策略、风险偏好和风险限额,风险管理政策和程序,管理信息系统和数据质量,内部控制和审计等五个主要要素。

(一)风险治理架构

银行业金融机构应当建立组织架构健全、职责边界清晰的风险治理架构,明确董事会、监事会、高级管理层、业务部门、风险管理部门和内审部门在风险管理中的职责分工,建立多层次、相互衔接、有效制衡的运行机制。

1. 董事会的职责

董事会承担全面风险管理的最终责任,履行以下职责:

(1)建立风险文化;
(2)制定风险管理策略;
(3)设定风险偏好和确保风险限额的设立;

（4）审批重大风险管理政策和程序；
（5）监督高级管理层开展全面风险管理；
（6）审议全面风险管理报告；
（7）审批全面风险和各类重要风险的信息披露；
（8）聘任风险总监（首席风险官）或其他高级管理人员，牵头负责全面风险管理；
（9）其他与风险管理有关的职责。

2. 监事会的职责

监事会承担全面风险管理的监督责任，负责监督检查董事会和高级管理层在风险管理方面的履职尽责情况并督促整改。相关监督检查情况应当纳入监事会工作报告。

3. 高级管理层的职责

高级管理层承担全面风险管理的实施责任，执行董事会的决议，履行以下职责：
（1）建立适应全面风险管理的经营管理架构，明确全面风险管理职能部门、业务部门以及其他部门在风险管理中的职责分工，建立部门之间相互协调、有效制衡的运行机制；
（2）制定清晰的执行和问责机制，确保风险管理策略、风险偏好和风险限额得到充分传达和有效实施；
（3）根据董事会设定的风险偏好，制定风险限额，包括但不限于行业、区域、客户、产品等维度；
（4）制定风险管理政策和程序，定期评估，必要时予以调整；
（5）评估全面风险和各类重要风险管理状况并向董事会报告；
（6）建立完备的管理信息系统和数据质量控制机制；
（7）对突破风险偏好、风险限额以及违反风险管理政策和程序的情况进行监督，根据董事会的授权进行处理；
（8）风险管理的其他职责。

4. 风险总监（首席风险官）的职责

规模较大或业务复杂的银行业金融机构应当设立风险总监（首席风险官）。风险总监或其他牵头负责全面风险管理的高级管理人员应当保持充分的独立性，独立于操作和经营条线，可以直接向董事会报告全面风险管理情况。风险总监属于银行高级管理人员，其调整应当事先得到董事会批准，公开披露，并向银行业监督管理机构报告调整风险总监的原因。

5. 全面风险管理执行部门

银行业金融机构应当设立或者指定部门负责全面风险管理，牵头履行全面风险的日常管理，包括但不限于以下职责：
（1）实施全面风险管理体系建设；
（2）牵头协调识别、计量、评估、监测、控制或缓释全面风险和各类重要风险，及时向高级管理人员报告；
（3）持续监控风险管理策略、风险偏好、风险限额及风险管理政策和程序的执行情况，对突破风险偏好、风险限额以及违反风险管理政策和程序的情况及时预警、报告并提出处理建议；

（4）组织开展风险评估，及时发现风险隐患和管理漏洞，持续提高风险管理的有效性。

银行业金融机构应当赋予全面风险管理职能部门和各类风险管理部门充足的资源、独立性和授权，保证其能够及时获得风险管理所需的数据和信息，满足履行风险管理职责的需要。

(二) 风险管理策略、风险偏好和风险限额

银行业金融机构应当制定清晰的风险管理策略，至少每年评估一次其有效性。风险管理策略应当反映风险偏好、风险状况以及市场和宏观经济变化，并在银行内部得到充分传导。银行业金融机构制定的风险偏好，应当包括但不限于以下内容：

（1）战略目标和经营计划的制定依据，风险偏好与战略目标、经营计划的关联性；

（2）为实现战略目标和经营计划愿意承担的风险总量；

（3）愿意承担的各类风险的最大水平；

（4）风险偏好的定量指标，包括利润、风险、资本、流动性以及其他相关指标的目标值或目标区间。上述定量指标通过风险限额、经营计划、绩效考评等方式传导至业务条线、分支机构、附属机构的安排；

（5）对不能定量的风险偏好的定性描述，包括承担此类风险的原因、采取的管理措施；

（6）资本、流动性抵御总体风险和各类风险的水平；

（7）可能导致偏离风险偏好目标的情形和处置方法。

(三) 风险管理政策和程序

银行业金融机构应当制定风险管理政策和程序，包括但不限于以下内容：全面风险管理的方法，包括各类风险的识别、计量、评估、监测、报告、控制或缓释，风险加总的方法和程序；风险定性管理和定量管理的方法；风险管理报告；压力测试安排；新产品、重大业务和机构变更的风险评估；资本和流动性充足情况评估；应急计划和恢复计划。

银行业金融机构应当在集团和法人层面对各附属机构、分支机构、业务条线，对表内和表外、境内和境外、本币和外币业务涉及的各类风险，进行识别、计量、评估、监测、报告、控制或缓释。

银行业金融机构应当建立风险统一集中管理的制度，确保全面风险管理对各类风险管理的统领性、各类风险管理与全面风险管理政策和程序的一致性。建立风险加总的政策、程序，选取合理可行的加总方法，充分考虑集中度风险及风险之间的相互影响和相互传染，确保在不同层次上和总体上及时识别风险。

银行业金融机构建立全面风险管理报告制度，明确报告的内容、频率和路线。报告内容至少包括总体风险和各类风险的整体状况；风险管理策略、风险偏好和风险限额的执行情况；风险在行业、地区、客户、产品等维度的分布；资本和流动性抵御风险的能力。

银行业金融机构建立压力测试体系，明确压力测试的治理结构、政策文档、方法流程、情景设计、保障支持、验证评估以及压力测试结果运用。

银行业金融机构建立专门的政策和流程，评估开发新产品、对现有产品进行重大改动、拓展新的业务领域、设立新机构、从事重大收购和投资等可能带来的风险，并建立内部审批流程和退出安排。银行业金融机构开展上述活动时，应当经风险管理部门审查同意，并经董事会或董事会指定的专门委员会批准。

（四）管理信息系统和数据质量

银行业金融机构应当具备完善的风险管理信息系统，能够在集团和法人层面计量、评估、展示、报告所有风险类别、产品和交易对手风险暴露的规模和构成。相关风险管理信息系统应当具备以下主要功能，以支持风险报告和管理决策的需要。

（1）支持识别、计量、评估、监测和报告所有类别的重要风险；

（2）支持风险限额管理，对超出风险限额的情况进行实时监测、预警和控制；

（3）能够计量、评估和报告所有风险类别、产品和交易对手的风险状况，满足全面风险管理需要；

（4）支持按照业务条线、机构、资产类型、行业、地区、集中度等多个维度展示和报告风险暴露情况；

（5）支持不同频率的定期报告和压力情况下的数据加工和风险加总需求；

（6）支持压力测试工作，评估各种不利情景对银行业金融机构及主要业务条线的影响。

（五）内部控制和审计

银行业金融机构应合理确定各项业务活动和管理活动的风险控制点，采取适当的控制措施，执行标准统一的业务流程和管理流程，确保规范运作。

银行业金融机构应将全面风险管理纳入内部审计范畴，定期审查和评价全面风险管理的充分性和有效性。内部审计活动应独立于业务经营、风险管理和合规管理，遵循独立性、客观性原则，不断提升内部审计人员的专业能力和职业操守。全面风险管理的内部审计报告直接提交董事会和监事会。董事会针对内部审计发现的问题，督促高级管理层及时采取整改措施。内部审计部门跟踪检查整改措施的实施情况，并及时向董事会提交有关报告。

银行业金融机构应当建立与业务规模、风险状况等相匹配的信息科技基础设施。建立健全数据质量控制机制，积累真实、准确、连续、完整的内部和外部数据，用于风险识别、计量、评估、监测、报告以及资本和流动性充足情况的评估。

典型案例
代表性商业银行全面风险管理案例

■ 拓展阅读

中国与全面风险管理相关的法律一览（按时间顺序排列）

■ 思考题

1. 《银行业金融机构全面风险管理指引》的主要内容？
2. 商业银行风险类型主要有哪些？
3. 为何有人认为"雷曼兄弟死在 10 年前"？

4. 汇丰银行洗钱案、富国银行账户造假案的深层次原因是什么？如何防止类似案件继续发生？

■ 核心文献

［1］《银行业金融机构全面风险管理指引》（银监发〔2016〕44号），2016年9月27日。www.cbirc.gov.cn/cn/view/pages/ItemDetail.html?docId=120663&itemId=928&generaltype=0

［2］黄宪，金鹏．商业银行全面风险管理体系及其在我国的构建［J］．中国软科学，2004（11）．

［3］郭保民．论商业银行全面风险管理体系的构建［J］．中南财经政法大学学报，2011年（3）．

信用风险与管理

在商业银行面临的众多风险中,尤以信用风险为重。一是因为银行的核心作用是向社会提供信用产品,其中存款和贷款是最为典型和最为重要的信用产品。二是因为经济环境的复杂多变,容易导致信用交易的对手违约而给银行带来损失。

信用风险主要指来自银行交易对手违约带来的风险,如贷款业务中的借款人不能按时还本付息,债券投资中的债券发行人不能按期兑付本金和利息,风险还包括在银行的信用卡业务、对外担保业务、信用证业务等业务之中。

信用风险管理涉及银行多个部门。以中国建设银行为例,风险管理部牵头负责客户评级、债项评级等信用风险计量工具的研发推广等工作。信贷管理部负责信用风险政策制度和质量监控等工作。资产保全经营中心负责资产保全等工作。授信审批部负责客户各类信用业务的综合授信与信用审批等工作。其中,信贷管理部牵头协调,授信审批部参与、分担及协调公司业务部、普惠金融事业部、机构业务部、国际业务部、战略客户部、住房金融与个人信贷部、信用卡中心和法律事务部等部门实施信用风险管理工作。

本章内容包括信用风险产生与计量、信用风险管理策略、中国对商业银行信用风险重要的监管立法。

■ **重要知识点及核心概念**

信用风险、中国人民银行的个人征信、FICO 分数、芝麻信用。

■ **学习目标**

- 了解商业银行常见资产或业务中的信用风险
- 了解信用风险度量的常见方法
- 了解中国人民银行的征信管理

- 了解商业银行信用风险管理策略

第一节 信用风险产生与计量

商业银行的信用风险是指银行因交易对手违约失信而造成损失的可能性,这种交易包括银行的贷款业务、证券投资业务、对外担保、衍生品交易等,以及在交易中银行作为债权人和或有债权人的所有其他情形。[一]广义的信用风险还包括因交易对手信用评级变化引起债权价值下跌而带来的潜在损失。

一、银行常见资产或业务中的信用风险

（一）贷款业务中的信用风险

贷款业务是商业银行的传统业务,是商业银行最主要的信用风险来源。无论在公司贷款还是个人贷款中,甚至在同业存放或同业存单投资中,都可能发生借款人或同业业务资金借入方无力或不愿还款的可能。这种风险并不因为银行采取了抵押、质押等风险缓释手段,或者更为科学准确的风险计量而消失。信用风险的大小主要取决于宏观经济形式、企业（借款人）的生产管理水平和个人借款人的收入情况。

不良贷款率是衡量银行信用风险情况和银行信用风险管理水平的重要指标。在贷款业务中,银行还会面临利率风险、操作风险、流动性风险、法律风险等。

（二）证券投资业务中的信用风险

商业银行的投资对象主要是国债、金融债、高信用等级企业债券等,是商业银行仅次于贷款的资产。近年来,资产证券化债券成为银行非常重要的投资选项。相比于政府国债、政府机构债和政策性银行发行的债券,企业债发行人违约的可能性更大。当然,投资收益率也更高。

值得注意的是,银行证券投资业务的风险不仅来自债券发行人所引发的信用风险,而且也来自因为市场利率上升而导致的债券的市场价格下降引发的损失。美国次贷危机中破产或陷入危机的金融机构经管不善的大部分原因归于此。

（三）在对外担保业务中的信用风险

在借贷、买卖、货物运输、加工承揽等经济活动中,债权人需要以担保方式保障其债权实现的,均可以依法设定担保。担保方式为保证、抵押、质押、留置和定金。因此,这里讲的"担保"实际上更多是指保证。

所谓保证是指保证人和债权人约定,当债务人不履行债务时,保证人按照约定履行债务或者承担责任的行为。具有代为清偿债务能力的法人、其他组织或者公民,可以作为保证人。

一方面,银行在贷款业务中尽管可以通过接受第三方保证,并要求保证人与债权人（银行）以书面形式订立保证合同,以此来降低借款人违约的风险,但同样也面临保证人无力保

[一] 建设银行年报指出信用风险是指债务人或交易对手没有履行合同约定的对本集团的义务或承诺,使本集团蒙受财务损失的风险。中国建设银行年报,2019年,第223页。

证的情况,即保证人的信用风险。另一方面,银行作为保证人对外或为银行(集团)控股子公司提供担保也是银行经营的重要业务之一。在这一业务中,银行可能因为债务人无力还款被迫代为偿付而出现信用风险。同样,银行的票据承兑、信用证等也存在信用风险。

(四)在衍生品交易中的信用风险

银行因为自身风险管理原因会参与利率、汇率衍生品交易,或为客户代理买卖衍生品,同样也存在交易对手违约的风险。从银行年报披露的信息来看,银行衍生品交易的主要合约有利率合约、汇率合约和其他合约。近几年,我国大型银行衍生品交易量总体上不断增大。以中国建设银行为例,2019 年的利率合约名义金额 4 969.72 亿元、汇率合约名义金额 36 657.65 亿元和其他合约名义金额 510.51 亿元(见表 11-1)。此外,2019 年,中国建设银行代客资金交易业务量 3 871 亿美元,汇率业务做市交易量 3.20 万亿美元,贵金属交易总量 74 274 吨,个人交易类贵金属及大宗商品客户达 4 978 万户。

表 11-1 按合约类型分类的中国建设银行衍生金融工具交易

(单位:人民币百万元)

	2019 年 12 月 31 日			2018 年 12 月 31 日		
	名义金额	资产	负债	名义金额	资产	负债
利率合约	496 972	985	1 834	250 461	1 393	1 680
汇率合约	3 665 765	29 571	29 016	4 790 863	45 311	43 503
其他合约	51 051	1 535	1 860	80 747	766	1 841
合计	4 213 788	32 091	32 710	5 122 071	47 470	47 024

注:其他合约主要由贵金属及大宗商品合约构成。

相比之下,美洲银行等国际性大银行的利率、汇率、权益、商品等衍生品交易量要大得多,其中尤以利率衍生品交易为最。

二、信用风险计量

信用风险计量方法经历了从早期的定性分析法、统计分析法、多元回归法,再到 20 世纪 80 年代末兴起的人工神经网络法、90 年代后出现的基于市场价值 KMV 等组合信用风险模型的演变。

最早期的信用风险分析和计量方法主要为专家法(如"5C"分析法),20 世纪 30 年代费雪首次提出判别分析法,为信用风险度量开辟了新思路,之后在信用风险度量的研究和实践中被广泛运用,最为著名的线性判别分析模型为 Z-score 模型(Altman,1968)。后来 Altman、Haldeman 及 Narayanan(1977)对 Z-score 模型进行了扩展,建立 ZETA 模型。Z-score 模型虽然能够有效对于目标公司是否发生财务危机进行区分,但并不能具体得出公司发生财务危机的概率,而 Logit(多元逻辑模型)、Probit(多元概率模型)可以用来衡量公司的破产概率,1980 年 Ohlson 提出 Logistic 回归模型。20 世纪 80 年代末和 90 年代初期神经网络等新方法被应用于信用风险度量,90 年代后期以组合信用风险度量模型为主,以 1995 年 KMV 公司开发的 KMV 模型、1997 年 JP 摩根银行建立的 Credit Metrics 模型以及 1998 年麦肯锡公司的 Credit Portfolio View 模型为代表。

（一）基于五级分类下的信用风险计量

在五级分类制度下，银行的不良贷款包括次级、可疑和损失三类贷款。次级类贷款指借款人的还款能力出现明显问题，完全依靠其正常营业收入无法足额偿还贷款本息，即使执行担保，也可能会造成一定损失。可疑类贷款是指借款人无法足额偿还贷款本息，即使执行担保，也肯定要造成较大损失。损失类贷款是指在采取所有可能的措施或一切必要的法律程序之后，本息仍然无法收回，或只能收回极少部分。

不良贷款占总贷款的比重是反映银行资产质量和信用风险的重要指标。相关指标有不良贷款率、贷款拨备率、拨备覆盖率。

（二）基于银行资产风险阶段划分的信用风险计量

基于金融工具信用风险自初始确认后是否已显著增加，可以将各笔业务划分入三个风险阶段，以此计提预期信用损失。

阶段一：自初始确认后信用风险未显著增加的金融工具，需确认金融工具未来12个月内的预期信用损失金额。

阶段二：自初始确认起信用风险显著增加，但尚无客观减值证据的金融工具，需确认金融工具在剩余存续期内的预期信用损失金额。

阶段三：在资产负债表日存在客观减值证据的金融资产，需确认金融工具在剩余存续期内的预期信用损失金额。

另外，还要充分考虑反映其信用风险是否出现显著变化的各种合理且有依据的信息，主要考虑因素有：监管及经营环境、内外部信用评级、偿债能力、经营能力、贷款合同条款、资产价格、市场利率、还款行为等。银行以单项金融工具或者具有相似信用风险特征的金融工具组合为基础，通过比较金融工具在资产负债表日发生违约的风险与在初始确认日发生违约的风险，以确定金融工具预计存续期内发生违约风险的变化情况。

当金融资产发生减值时，银行将该金融资产界定为已发生违约。通常情况下，金融资产逾期超过90天则被认定为违约。为评估金融资产是否发生信用减值，银行主要考虑以下因素：债务人或发行方发生严重财务困难；债务人违反了合同条款，如偿付利息或本金发生违约或逾期等；出于经济或法律等方面因素的考虑，对发生财务困难的债务人做出正常情况下不会做出的让步；债务人很可能倒闭或进行其他财务重组；因发生重大财务困难，该金融资产无法在活跃市场继续交易；以大幅折扣购买一项金融资产，该折扣反映了发生信用损失的事实；无法辨认一组金融资产中的某项资产的现金流量是否已经减少，但根据公开的数据对其进行总体评价后发现，该组金融资产自初始确认以来的预计未来现金流量确已减少且可计量，如该组金融资产的债务人支付能力逐步恶化，或债务人所在国家或地区失业率提高、担保物在其所在地区的价格明显下降、所处行业不景气等；其他表明金融资产发生减值的客观证据。

根据信用风险是否发生显著增加以及金融工具是否已发生信用减值，银行对不同的金融工具分别以12个月或整个存续期的预期信用损失确认损失准备。预期信用损失是乐观、中性、悲观三种情形下违约概率（PD）、违约损失率（LGD）及违约风险敞口（EAD）三者的乘积加权平均值折现后的结果。其中，违约概率是指考虑前瞻性信息后，客户及其项下资产在未来一定时期内发生违约的可能性。违约损失率是指考虑前瞻性信息后，预计由于违约导致的损失金额占风险暴露的比例。违约风险敞口是指预期违约时的表内和表外风险暴露总额，违约风险敞口根据还款计划安排进行确定，不同类型的产品将有所不同。通常预期信用损失计算中使用的折现率为实际利率。

（三）风险权重与风险资产计量

（1）标准法下的信用风险计量。

《巴塞尔协议》是关于资本充足管理的国际协议，其标准法将银行资产根据信用风险大小赋予风险权重，并以此计算银行的风险资产。从这个意义上讲，标准法下的风险权重可以衡量银行资产的信用风险，权重越大风险就越大。根据中国《商业银行资本管理办法（试行）》，信用风险权重法表内资产风险权重分为0%、20%、25%、50%、75%、100%、150%、250%、400%、1 250%等。在规模确定的情况下，风险资产越多，说明表内资产内含的信用风险越高，可能的资本损耗就必须更多。

（2）内部评级法下的信用风险计量。

根据《商业银行资本管理办法（试行）》的规定，商业银行应对银行账户信用风险暴露进行分类，并至少分为主权风险暴露；金融机构风险暴露（包括银行类金融机构风险暴露和非银行类金融机构风险暴露）；公司风险暴露（包括中小企业风险暴露、专业贷款和一般公司风险暴露）；零售风险暴露（包括个人住房抵押贷款、合格循环零售风险暴露和其他零售风险暴露）；股权风险暴露；其他风险暴露（包括购入应收款及资产证券化风险暴露）。

未违约非零售风险暴露的风险加权资产计量基于单笔信用风险暴露的违约概率、违约损失率、违约风险暴露、相关性和有效期限。已违约风险暴露的风险加权资产计量基于违约损失率、预期损失率和违约风险暴露。

（四）基于公司信用评级的信用风险计量

所谓信用评级，就是由专门的评级机构或部门，根据客观公正的原则，运用科学的方法，对各类经济组织、个人等偿还债务的承诺及可信任程度进行综合评价，并用特定的结果揭示其信用度的一种评价活动，即预测债务人未来按时、足额偿还债务本息的能力和意愿。

信用评级业经过百余年的发展，已经成为金融市场上的一支重要力量。国际上著名的评级公司如穆迪（Moody's）、标准普尔（Standard & Poor's）和惠誉（Fitch Rating）。在中国，评级公司包括中诚信、大公国际、中债资信等。监管当局有自己的监管评级，如美联储的骆驼评级（CAMELS）、联邦存款保险公司的"资本＋监管评级"的矩阵评级，中国人民银行宏观审慎评估（MPA）、依据银保监会的《股份制商业银行风险评级体系》的评级，①大型商业银行的6C评级体系、我国商业银行根据《商业银行信用风险内部评级体系监管指引》的信用风险评级。

典型案例
标准普尔评级

（五）基于个人信用评级的信用风险计量

个人信用评级是第三方信用评级机构按照一定的方法和程序，在对个人信用进行全面了

---

① 该评级在2003年实施，包括资本充足状况评价、资产安全状况评价、管理状况评价、盈利状况评价、流动性状况评价和市场风险敏感性状况评价。评级结果将作为分类监管的基本依据，并作为股份制商业银行市场准入和高级管理人员任职资格管理的重要参考。

解、征集和分析的基础上，对其信用度进行评价，并以专用符号揭示其风险的活动。

全联公司（TranSUnion）、Equifax 公司和益百利公司（Experian）是美国消费者信用评级机构，专门提供消费者个人信用情况。FICO 分数是银行消费信贷决策及定价的重要依据。

（六）基于 Z 评分模型的信用风险计量

Z 评分模型利用数理统计的方法，选定多个关键的财务比率指标，判断一家企业或个人是否有能力在到期时还款履约。它包括 Z-Score 模型、ZETA 模型、多元非线性回归模型等。

Z-Score 模型由 Altman 在 1968 年提出。他选取了 1946～1965 年间的 33 家申请破产的制造企业和 33 家类似非破产制造企业作为样本，从 22 个财务比率中筛选出 5 个变量得到 Z-Score 模型：

$$Z\text{-Score} = 1.2 X_1 + 1.4 X_2 + 3.3 X_3 + 0.6 X_4 + 0.999 X_5$$

其中，X_1 = 流动资本 / 总资产；X_2 = 留存收益 / 总资产；X_3 = 息税前利润 / 总资产；X_4 = 股权市值 / 总负债；X_5 = 销售收入 / 总资产。

Altman 应用该模型计算上市公司作为债务人发生违约行为时 Z 值的上限和下限，当一家企业的 Z 值 < 1.81 时，这家公司一定会违约；当其 Z 值 > 2.65 时则不会违约；当其 Z 值位于 1.81 和 2.65 之间时，该企业处于灰色地带，模型对企业信用风险度量存在误差。

1977 年，Altman、Haldeman 和 Narayannan 对早期的 Z-Score 模型进行扩展，建立了第二代模型——ZETA 模型。ZETA 模型扩大了样本容量，选取了 53 家破产公司和 58 家非破产公司，选择了资产收益率指标、收益稳定性指标、债务偿还能力指标、积累盈余指标、流动性指标、资本化程度指标、规模指标七个财务指标。对公司破产预测的准确度大为提高。

Z-Score 模型和 ZETA 模型都是多元线性回归模型，在预测公司信用风险和破产方面有一定作用。不足之处都在于模型为线性模型，即均假设违约率与各影响因素之间是线性关系。显然这与现实情况并不完全一致。

20 世纪 80 年代以后，开始利用多元非线性回归模型对信用风险进行度量，如 Lgoistic 模型和 Porbit 模型等是当前的主流方法之一。20 世纪 90 年代以来，人们在线性与非线性模型的基础上进一步拓展，将神经网络方法、遗传算法、线性规划、聚类分析、人工智能理论等应用到信用风险识别中。20 世纪 90 年代中后期，陆续出现了 1995 年 KMV 公司开发 KMV 信用风险计量模型、1997 年 JP 摩根银行建立 Credit Metrics 模型……其中，组合信用风险度量模型成为银行信用风险计量的主流方法。

（七）基于 KMV 等现代信用风险模型的信用风险计量

现代信用风险模型可以分为两类：一类是组合理论模型，代表有 JP 摩根推出的 Credit Metrics 模型、KMV 公司的 KMV 模型等；另一类是违约模型，代表是瑞士信贷银行的 CreditRisk+ 模型、麦肯锡公司的 Credit Portfolio View 模型等。这两大类模型的一个主要区别是违约模型对组合未来违约分布的评估是基于理论分析，而组合模型则是参考历史数据中的信息。

（1）KMV 模型。

KMV 模型的理论基础是 1973 年的布莱克－斯科尔斯模型和默顿在 1974 年提出的期权定价理论。该模型利用资本市场的公开信息，计算单个公司的违约距离和预期违约概率，以此衡量信用风险的大小。企业在考虑是否偿还债务时，如同拥有一张看涨期权。在债务到期日，若企业的资产价值高于负债，就会偿还债务；若企业出现资不抵债的情况，就会选择不偿还债务。企业选择违约时资产所对应的价值水平称为违约点。由此，通过资产价值到违约点之间的违约距离来衡量信用风险的大小。

（2）Credit Metrics 模型。

Credit Metrics 模型的理论基础是在险价值（VaR），即一定置信区间下的最大可能损失，以此衡量贷款等资产的信用风险。该方法不仅考虑了信用违约发生带来的风险，还考虑了信用等级转移对于信用风险的影响。

VaR 方法由 JP 摩根首次提出，当时是为了更加准确地衡量市场风险，之后广泛应用于全面风险的测量，迅速发展成为风险管理的一种标准，并且与压力测试、情景分析返回检验等一系列方法共同形成了风险管理的 VaR 体系。VaR 方法被公认为在风险计量上具有科学、实用、准确和综合等特点，受到业界、学术界及监管机构的一致好评。

VaR 的含义是在险价值或风险价值度，指在一定期限和一定的置信区间内，某一项金融资产或证券组合可能发生的最大损失。例如，当 c 等于 99.9%，持有期为 10 天时，VaR 的实际意义是，有 99.9% 的把握金融资产在未来 10 天内的最大损失不超过其所对应的 VaR 值。

信用 VaR 又称信用风险价值度，其定义与风险价值度类似：在一定时间展望期内，某个置信水平下信用损失发生的最大可能性。例如，在一年展望期的 99.9% VaR 表示在今后一年内，有 99.9% 的把握信用损失不会超过 VaR 值这个数量。衡量市场风险的 VaR，通常选择一天和一个月之间的时间期限作为展望期，而对于信用风险，展望期则较长，常用的为一年。信用风险 VaR 的诞生标志着风险管理者正式将 VaR 的思想（计算某一置信区间的最大可能损失）融入信用风险管理当中。这同时也表明，信用风险的评估与分析由定性分析过渡到定量分析，从过去的指标化评价转变为现在的模型化分析。现代信用风险管理体系中，信用 VaR 是衡量信用风险的最终指标，无论金融机构的管理者还是监管机构，都通过某一个置信区间和展望期下的信用 VaR 来评估这家金融机构所承担的信用风险的大小。

影响信用 VaR 的因素很多，交易对手的违约率、违约回收率、违约相关性、信用评级的变化都会对信用 VaR 的结果产生影响。Credit Metrics 模型由 JP 摩根于 1997 年 4 月推出，是一种以 VaR 方法为核心、以信用评级为基础的资产组合信用风险度量方法。该模型构造了一个模拟信贷资产所有潜在变化以及违约波动的组合计量框架，并且采取了盯市方法（market-to-market）来计算信用 VaR。Credit Metrics 模型的主导思想仍是通过 VaR 来衡量风险，是 VaR 方法应用到信用风险计量中的一个典型代表。

（3）Credit Risk+ 模型。

Credit Risk+ 模型是瑞士信贷第一波士顿银行（CSFB）于 1996 年开发的信贷风险管理系统。它应用了保险业中的精算方法来计算债券或贷款组合的损失分布。

（4）Credit Portfolio View 模型。

这个模型由麦肯锡公司于 1998 年推出，是分析贷款组合风险和收益的多因素模型。该模型认为，宏观经济环境的变化会导致信用状况的变化。该模型考虑 GDP 增长率、失业率、汇率、长期利率、政府支出和储蓄等宏观经济的影响，运用计量经济学以及蒙特卡罗模拟等方法。

第二节　商业银行信用风险管理策略

信用风险是客观存在的，银行可以选择恰当的方式来管理风险，如"不要把鸡蛋都放在一个篮子里"，或者将风险通过一定方式转移给愿意承担风险的第三方，等等。金融市场的发展及金融创新工具为商业银行信用风险管理提供了越来越多的策略选择。

一、风险承担

银行是经营风险的机构，承担风险是其经营的职责所在。银行不可能将所有风险都规避掉或完全转移给第三方。但过度承担风险意味着有较大的潜在损失，可能会使银行陷入困境、甚至破产倒闭。银行承担多少风险取决于其对风险的准确计量和资本的多少。商业银行（含担保公司及其他第三方机构）没有基于准确识别风险的风险承担行为就是冒险，这无异于赌博。美国20世纪30年代的经济危机、80年代利率自由化引发的银行倒闭潮、2007年爆发的次级贷款危机都源于银行承担了与其资本实力和管理能力不相称的风险。

二、风险回避

风险回避是指银行认为某项业务风险发生的可能性和损失额较大，预计会得不偿失，决定放弃该项业务的策略。比如，放弃单笔贷款超过资本净额的一定比例的贷款业务，或者是放弃有证据表明借款人违约可能性很高的贷款，或者是放弃购买低信用等级债券，等等。

风险回避使得银行不承担任何风险和损失，是防范和控制风险最彻底的办法。但同时银行也不可能获得收益的机会。因此，面对风险时一味回避也不完全是一种正确的做法。实际上，是否回避风险，取决于风险与收益的关系，而不仅仅是风险太大！

三、风险分散

风险分散是指银行通过分散投资来将风险分散到不同的业务之中，具体包括贷款（或投资）对象分散、数量分散、期限分散、利率分散、地域分散、币种分散等，也就是通常所说的"不要把鸡蛋都放在一个篮子里"。

为了不让银行风险过于集中，银行一般会对单笔贷款、单一客户贷款或单一企业集团贷款，以及前十家大客户贷款总额做出明确限制，比如从监管指标要求看，单一客户集中度不能超过资本净额的10%，集团客户不超过资本净额的15%，最大10家贷款客户的贷款比例一般不应超过银行净资本的50%。长春农村商业银行2018年被吉林银监局处罚，其违规事项是最大单一贷款和最大十家贷款占资本净额的比例分别为29.49%和81.39%。

银团贷款是对大额贷款进行风险分散的最常见的做法。

四、风险转移[一]

信用风险转移（或转嫁）是指银行以某种方式将信用风险全部或部分转嫁给他人承担的

[一] 这部分内容可参见彼得 S 罗斯等，《商业银行管理》(第9版)，机械工业出版社，2016年。

一种策略。常见的转移风险的方法有抵押、质押、保证；（出口）信用保险；信用违约互换；贷款出售，贷款证券化等。中国的住房置业担保公司、美国的联邦住房管理局（FHA）就是专门承担银行住房按揭贷款风险的机构。当借款人违约时，提供担保的机构有义务首先代为偿付贷款本金和利息。

五、风险补偿

风险是客观存在的，可以通过一定办法降低或转移，但不会消除或消失。因此，当银行选择风险承担策略时，必须要做好风险补偿，即对未来可能发生的风险损失做好弥补准备。通行的办法是对贷款等风险资产计提呆账准备金来冲销真实发生的信用风险损失。

除资本外，银行必须要有充足的坏账准备金。按照金融会计制度和税收制度要求，银行在资产负债表中必须计提资产减值准备，在利润表中要抵扣资产减值损失。监管当局要求银行的拨备覆盖率、贷款拨备率必须达到最低要求，以保证银行有足够的吸收风险损失的能力。

六、利用信用衍生工具[一]

当银行认为借款客户的信用风险较大，对银行可能带来不利影响，但又担心拒绝贷款将失去客户时，信用衍生工具交易为银行面对这种困惑提供了新的解决方案。

随着企业破产、企业债务违约率的增加，银行信贷资产质量下降，商业银行不得不寻求新的技术来衡量和管理信用风险，信用衍生产品就应运而生，并得到了快速发展。信用衍生工具或产品是国际掉期与衍生产品协会（ISDA）在 1992 年创造的一个名词，用于描述一种新型的场外交易合约，其最大的特点是能将信用风险从市场风险中分离出来并提供风险转移机制。

信用衍生产品最早出现于 1992 年的美国纽约互换市场，1993 年 JP 摩根、美林和银行家信托三个金融机构已经开始经营某种形式的信用衍生产品。信用衍生产品具有分散信用风险、增强资产流动性、提高资本回报率、扩大金融市场与提高金融市场效率等五个方面的功效。

信用衍生工具是一种衍生性金融合约，是指交易双方中一方缴付权利金后将信用风险转让给另一方的交易行为。信用衍生工具是银行的表外业务。本质上与提供信用有关的损失保险相同，代表性的信用衍生产品主要有信用违约互换、总收益互换、信用联系票据、信用违约互换和信用利差期权等。

典型案例
利用衍生金融工具管理信用风险

■ 拓展阅读

商业银行信用风险管理相关主要法律法规一览

[一] 这部分参考：https://wiki.mbalib.com/wiki/ 信用衍生工具。

■ 思考题

1. 信用风险计量的常用方法和指标有哪些？
2. 银行的哪些业务可能将已经转移出去的信用风险又重新回到银行？
3. 社会责任、风险承担与银行绩效。
4. 住房抵押贷款 DTI、贷款合同特征与不良贷款——基于 LTV 视角。
5. 我国制定的与商业银行信用风险管理相关的主要法律法规有哪些？

■ 核心文献

[1] Brent C Smith. Stability in Consumer Credit Scores: Level and Direction of FICO Score Driftas A Precursor to Mortgage Default and Prepayment [J]. Journal of Housing Economics, 20(2011)285-298.

[2] Christine Naaman, Michel Magnan, AhmadHammami, Li Yao. Credit Unions vs. Commercial Banks, Who Takes More Risk [J]. Research in International Business and Finance, 55(2021)101340.

[3] 李萌. Logit 模型在商业银行信用风险评估中的应用研究 [J]. 管理科学，2005（02）.

[4] 廖理，吉霖，张伟强. 借贷市场能准确识别学历的价值吗？——来自 P2P 平台的经验证据 [J]. 金融研究，2015（03）.

[5] 梁世栋，郭父，李勇，方兆本. 信用风险模型比较分析 [J]. 中国管理科学，2002（01）.

[6] 宋清华，曲良波. 高管薪酬、风险承担与银行绩效：中国的经验证据 [J]. 国际金融研究，2011（12）.

[7] 肖辉. "三三四十"后一行三会政策梳理：监管风暴愈演愈烈 [OL]. 新浪综合.

[8] 关于开展银行业"监管套利、空转套利、关联套利"专项治理的通知（银监办发［2017］46 号）.

[9] 关于开展银行业"违法、违规、违章"行为专项治理的通知（银监发办［2017］45 号）.

[10] 关于开展银行业"不当创新、不当交易、不当激励、不当收费"专项治理工作的通知（银监办发［2017］53 号）.

[11] 关于集中开展银行业市场乱象整治工作的通知（银监发［2017］5 号）.

[12] 关于进一步深化整治银行业市场乱象的通知（银监发［2018］4 号）.

[13] 关于开展"巩固治乱象成果 促进合规建设"工作的通知（银保监发〔2019〕23 号）.

第十二章

利率风险与管理

银行的市场风险主要包括来自利率和汇率变化引起的风险。利率变动会影响银行的资产的收益与负债的成本，进而导致资产负债表中净值的变化和损益表中净利润的变化，这便是银行面临的利率风险。银行账户利率风险是指利率水平、期限结构等要素发生不利变动导致银行账户整体收益和经济价值遭受损失的风险。

对于国际化程度高的银行，不仅持有人民币资产，可能还持有美元计价或者日元计价的资产等。因此，汇率变化也会影响这些银行的资产收益或负债成本。本书重点分析银行面临的市场风险中的利率风险与管理。同时，利率风险也是银行年报披露的重点。

本章内容包括利率管制与利率市场化改革、商业银行利率风险的来源、利率敏感性及缺口管理、久期缺口与银行利率风险管理、在险价值（VaR）等五节。

■ 重要知识点及核心概念

利率管制、利率市场化改革、"脱媒"、利率风险、利率敏感性缺口、久期与久期缺口、凸度、在险价值。

■ 学习目标

- 了解中国和美国利率市场化改革的基本进程
- 了解利率市场化对银行的影响
- 分析利率变动对银行净利差的影响
- 分析利率变动对银行净值的影响
- 了解商业银行银行利率风险管理策略

第一节 利率管制与利率市场化改革

在这一节中，我们重点介绍美国和中国的利率管制、市场化改革进程及其中的重大事件，并进行比较分析。

一、美国的利率市场化改革

1933 年大危机后，美国开始对利率实行管制。《1933 年银行法》第 Q 条规定，商业银行吸收的活期存款不准付息，定期存款率不能超过美联储规定的利率上限。通过利率管制，美国银行体系为 20 世纪 30 年代大危机和"二战"后的实体经济输送了大量廉价资金，刺激了家庭的消费愿望，促进了经济的迅速恢复。同时，利率管制也降低了政府发债的成本，使得政府通过支出干预经济成为可能。此外，利率管制也使得银行业避免价格竞争，确保银行业的有序经营和相对稳定的利差收入。在这一时期，商业银行获得良好的发展环境，破产倒闭的银行很少就是一个明证。

（一）两次石油危机、美国通货膨胀与利率飙升

1973 年 10 月，第四次中东战争爆发，石油输出国组织（OPEC）的阿拉伯成员国当年 12 月宣布收回原油定价权，并将基准原油价格从每桶 3.011 美元提高到 10.651 美元，从而引发了第二次世界大战之后最严重的全球经济危机。在这场危机中，美国的工业生产下降了 14%，日本工业生产下降了 20% 以上，所有工业化国家的经济都明显放慢。这便是 1973～1974 年的第一次石油危机。

1978 年年底，世界第二大石油出口国伊朗的政局发生剧烈变化，伊斯兰革命推翻巴列维王朝。受此影响，全球石油产量从每天 580 万桶骤降到 100 万桶以下，原油市场上供求关系失去平衡，1979 年开始油价暴涨，从每桶 13 美元猛增至 34 美元，这便是第二次石油危机。

两次石油危机引发严重的成本推动型通货膨胀，成为 20 世纪 70 年代末西方国家全面经济衰退的一个主要诱因。图 12-1 中由美国劳工局提供的数据显示，20 世纪 70 年代初期和末期的 CPI 出现明显的急速上升。而每次上升之后，为控制通胀，美联储便开始实施紧缩的货币政策，导致 CPI 的快速下降。图中阴影部分代表经济衰退时期，纵轴表示 CPI 与上年同比变化。

图 12-1　两次石油危机期间美国全部城市消费者物价平均指数

资料来源：美联储圣路易斯分行，美联储经济数据（FRED），https://fred.stlouisfed.org/series/CPIAUCSL。

通货膨胀的持续上升推动贷款利率上升。在两次石油危机期间,美联储的贴现利率接近15%(见图12-2),图中阴影部分代表经济衰退时期,而银行的最优贷款利率最高时超过20%(见图12-3),高利率引起了经济的衰退。

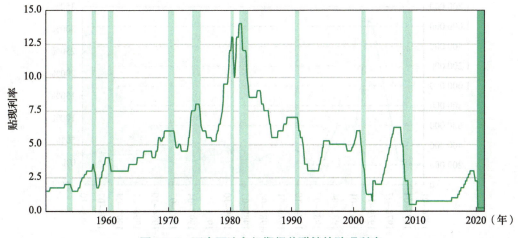

图 12-2 两次石油危机期间美联储的贴现利率

资料来源:美联储圣路易斯分行,美联储经济数据(FRED),https://fred.stlouisfed.org/series/INTDSRUSM193N。

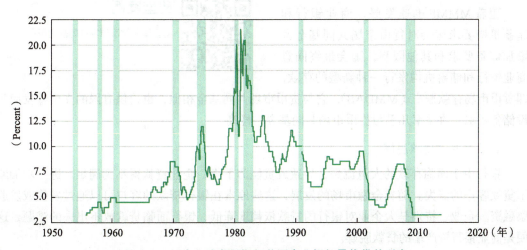

图 12-3 两次石油危机期间美国商业银行最优贷款利率

资料来源:美联储圣路易斯分行,美联储经济数据(FRED)。

(二)持续的高通货膨胀与金融"脱媒"

在金融产品中,由于存款合同利率是管制的,而持续上升的通货膨胀导致存款的实际收益降低、甚至为负,使得存款人到银行存款的愿望大幅度下降。

1. 负债端"存款脱媒"

实际利率为负,将导致存款的吸引力降低,这本身并不构成对银行的巨大威胁,如果没有其他合适可投资的金融工具的话。"通胀+存款利率管制"使得货币市场共同(互助)基金(MMMF)大行其道,深受投资者追捧。就这样,大量的存款被取出来进入股票市场或购买基金（如 MMMF），这便是商业银行负债端的存款脱媒！因此，实际利率为负只是银行存款流失的内在因素，通货膨胀是外在环境，而 MMMF 则让这种可能变成现实。在图 12-4 中，曲线表示同比增幅，阴影代表 MMMF 存量（左轴单位为百万美元）。

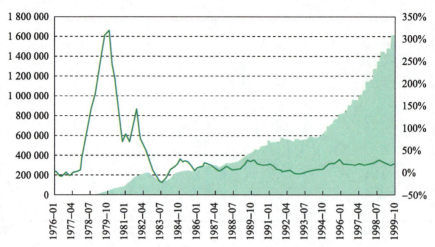

图 12-4　在 20 世纪 70 年代末期导致银行存款流失的 MMMF 迅猛增长情况

资料来源：中银国际证券，http://p1.pstatp.com/large/pgc-image/ac6d9b0196a947858f1d4bed8521c53f。

随着 MMMF 迅速发展，商业银行和储蓄机构要求国会对货币市场共同基金也增加储备要求和其他限制，国会最终同意商业银行和储蓄机构发行一种新型的存款，

典型案例
美国早期货币市场共同基金概况

即货币市场存款账户（MMDAS），它与货币市场共同基金相似，也提供有限的支票签发而且没储备要求，收益率几乎与货币市场共同基金一样高。

2. 资产端"贷款脱媒"

银行由于面临存款的大量流失，导致放贷能力下降，企业贷款得不到满足，进一步加剧了贷款客户的流失。随着金融市场的发展，这些原本在银行贷款的客户可以通过发债或发股票融资。企业、特别是大企业对银行的贷款依赖度降低，银行面临贷款放不出去的难题，这便是商业银行资产端的贷款脱媒。

众所周知，银行是信用中介，是资金融通的媒介。但是 20 世纪 80 年代初的"脱媒"现象使人们担心未来的银行是否还能发挥作用。这种担心最著名的表述就是"银行将成为 21 世纪的恐龙"。

（三）美国利率市场化改革大事记

"脱媒"本质上是因为利率管制导致银行存贷款资金价格扭曲所致。利率管制原本是有利于银行的"好"环境，现在因为通货膨胀变成了不利于银行发展的"坏"环境。因此，来自银行业要求改革的呼声日渐增长。美国最终在 1980 年出台了《放松对存款式金融机构管制与货币控制法》，正式开始实行利率市场化改革。㊀ 按照时间表，美国在 1986 年完全实现

㊀　实际上，美国从 1970 年就已经开始放松对存款式金融机构的管制。

利率市场化（见表 12-1）。

表 12-1　美国利率市场化改革进程与标志性事件

时间	事件	依据
1970 年 6 月	放松 10 万美元以上、90 天以内大额存单利率管制	
1971 年 11 月	准许证券公司开展货币市场基金业务	
1973 年 5 月	取消 1 000 万美元以上、期限 5 年以上定期存款利率上限	
1978 年 6 月	准许存款机构引入货币市场存款账户（MMDA，6 个月、1 万美元以上），不受支票存款不允许支付利息的限制	
1980 年 3 月	取消贷款利率最高上限规定。分阶段取消存款利率，设专门委员会负责调整金融机构存款利率	放松对存款式金融机构的管制与货币控制法
1980 年 12 月	允许所有金融机构开设 NOW 账户	
1982 年 5 月	准许存款机构开设短期货币市场账户（91 天，7 500 美元以上），放松对 3.5 年期限以上定期存款的利率管制	加恩－圣杰曼存款机构法
1982 年 12 月	准许存款机构引入 MMDA（2 500 美元以上）	
1983 年 1 月	准许存款机构引入超级可转让支付命令账户（Supper NOW）	
1983 年 10 月	取消 31 天期定期存款，以及最低余额 2 500 美元以上超短期存款利率上限，取消所有定期存款利率上限	
1986 年 1 月	取消活期存款的利率上限，以及对最低余额的要求	
1986 年 3 月	取消 NOW 账户的利率上限	
1986 年 4 月	取消存折储蓄账户的利率上限，1933 年银行法"Q 条例"终结	

资料来源：根据有关文献整理。

利率市场化的最大优点是有利于提高资源配置效率。在利率管制时期，好企业未必能获得贷款，资源可能错配。而放松利率管制后，贷款市场通过价格出清，好企业获得低成本资金，差企业只能得到高成本资金，有助于企业的优胜劣汰。

（四）美国利率市场化对银行的影响

1. 利差倒挂导致大量银行破产

存款与贷款利率市场化在短期内对银行有双重影响。一是贷款利率向下压力大（如企业采用贷款招标方式获得贷款）；二是存款利率向上压力强（如有资金的企业采用协议存款方式选择存款银行）。这必然导致银行利差缩小，那些住房抵押贷款占比高的银行在 20 世纪 80 年代中后期甚至出现持续的利率倒挂。

比如 1970 年发放的 30 年期住房抵押贷款，这种贷款并非由当时 30 年期的存款来支撑的（本来也没有），而是由若干短期的存款资金来接续的，如活期或各种定期存款。当过去支撑这一贷款的存款到期被存款人提取后，银行必须寻找新的存款资金，显然这时银行吸收的存款资金是按当前的市场利率来计价的，即便是原银行的存款人，其到期存款重新存入的价格也非原本早期的存款利率，从而在一定时期内出现一种怪现象——当初签订的贷款合同利率低（而且是固定利率），⊖而现在吸收的存款利率越来越高。这就是所谓的"存贷利率倒挂"现象（见图 12-5）。存贷利率倒挂对于那些规模较小、实力较弱且住房抵押贷款所占比例较高的银行的打击是致命的，它们难以长期承受亏损。当这些银行资本耗尽，倒闭就在所难免。

⊖ 早期的银行住房抵押利率采用的是固定利率计息方式，浮动利率或可变利率（ARM）是后来的创新。

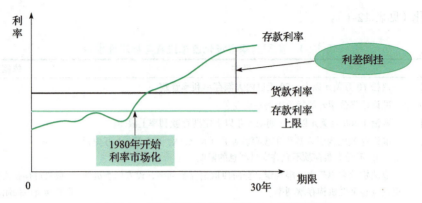

图 12-5 超长期限住房抵押产品与利率倒挂

从前面的介绍中我们知道,美国的储蓄银行、储蓄贷款协会的核心业务是住房抵押贷款,这两类机构是美国住房抵押贷款行业的主力军。因此,在 20 世纪 80 年代后期至 90 年代中期,大量的储蓄银行、储蓄贷款协会倒闭。美国投保银行数量也不断减少(见图 12-6)。

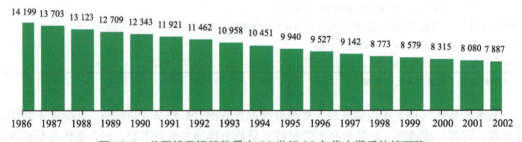

图 12-6 美国投保银行数量在 20 世纪 80 年代中期后持续下降

资料来源:FDIC。

2."竞争性"地放松监管刺激银行更加冒险

为帮助银行摆脱"脱媒"的制约,帮助陷入困境的储蓄贷款协会行业。美国在 20 世纪 80 年代初制定两部法律,即 1980 年《放松对存款式金融机构管制和货币管制法》(DIDMCA)和 1982 年《加恩-圣杰曼存款机构法》。《放松对存款式金融机构管制和货币管制法》降低了对银行净资产的要求,而《加恩-圣杰曼存款机构法》扩大了对资本不足银行的容忍。这使得问题银行的问题变得愈加严重,因为冒险是有问题银行唯一的选择。

《放松对存款式金融机构管制和货币管制法》将先前对 5% 的法定净资产要求替换为 3%~6%,具体百分比由银行董事会确定。《加恩-圣杰曼存款机构法》进一步放宽了对节俭机构的资本金要求,储蓄贷款协会的资本只需"令储蓄贷款协会存款保险公司(FSLIC)满意"即可。这两部法律还赋予节俭机构更大的投资权力,以及取消存款利率上限。而《放松对存款式金融机构管制和货币管制法》则扩大联邦注册的储蓄贷款协会在并购、开发和建设贷款上的权利。随后的《加恩-圣杰曼存款机构法》取消了先前住房抵押贷款中关于贷款与价值比率(LTV)的法定限额要求,同时储蓄贷款协会可以向开发商发放项目评估价值 100% 的高风险贷款,即开发商不需要资本金从事房地产项目开发。

美国的银行金融机构实行"双轨注册制度"。因此,联邦政府的放松管制促使一些州颁布了类似的、甚至更"自由"的立法。这种"竞争性的放松管制"归因于州立法机构有意识地保留和吸引州特许机构，否则这些机构可能会申请或转为联邦注册机构，从而降低各州的监管者的地位，减少收费。最终，监管部门对资本不足银行的容忍使问题银行的问题更加严重，美国也为此付出了沉重的代价。

3. "脱媒"促使节俭机构更加依赖"主动负债"

1984年6月，节俭机构80%以上的负债是传统的零售存款（10万美元以下）。受存款流失冲击，越来越多的储蓄类机构更依赖发行大额存单和回购协议等"主动负债"。20世纪80年代中后期，这些资金来源合计占其负债的28%以上。

4. 压降住房抵押贷款

1981年储蓄贷款协会住房抵押贷款比例为78%。从1982年开始，储蓄贷款协会的资产组合迅速从传统的住房抵押贷款转向新的业务领域，一些州允许对房地产、股权证券和运营子公司进行直接投资，几乎没有任何限制。其他新的投资包括垃圾债券、套利方案和衍生工具。到1986年，储蓄贷款协会资产中住房抵押贷款只占56%（见图12-7）。

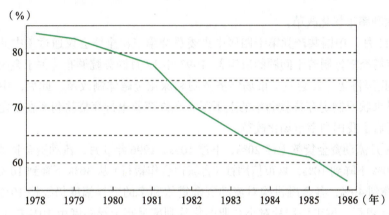

图12-7 节俭机构住房抵押贷款占总资产的比重变化（1978～1986年）

资料来源：FDIC

与此同时，为应对利率市场化引发的利差收窄和非商业银行金融机构（包括储蓄贷款协会）的竞争，商业银行在1980～1986年的利率市场化进程中也迅速调整资产结构，大幅度降低住房抵押贷款资产的比重（见图12-8），此后有所增加。

二、中国的利率市场化改革

在我国实行计划经济时期，利率也是"计划"的重要内容之一。直到2002年，中国人民银行在《2002年中国货币政策执行报告》中提出了"先外币、后本币；先贷款、后存款；先长期、大额，后短期、小额"的基本顺序推进利率市场化改革。

（1）同业拆借市场率先进行利率市场化改革。

1986年，为适应"实贷实存"信贷管理体制，我国开始建立区域性资金拆借市场。但随后在1988～1992年很多地方出现乱拆借，并在1993～1995年开始清理整顿区域性同业拆借市场；1996年1月，建立全国统一的银行间同业拆借市场（CHIBOR）；2007年1月，上海同业拆借利率（SHIBOR）正式运行。这标志着我国同业拆借市场利率已经市场化。

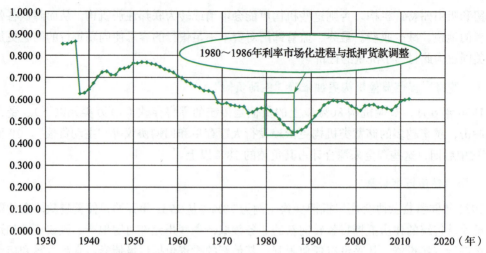

图12-8 利率市场化后美国商业银行1-4户住宅抵押贷款占总贷款比重变化

资料来源：根据美联储有关数据绘制。

（2）贷款利率市场化改革。

1993年11月，中国共产党第十四届中央委员会第三次全体会议通过《中共中央关于建立社会主义市场经济体制若干问题的决定》，1993年12月国务院颁布《关于金融体制改革的决定》，指出我国将建立社会主义市场经济体制和深化金融体制改革。此后，中国人民银行按照资金的供求状况制定存贷款利率的上下限，允许商业银行存贷款利率在规定幅度内自由浮动，逐步开启了我国利率市场化改革。

1993年8月流动资金贷款上浮20%、下浮10%。1996年5月，流动资金贷款利率的最高上浮幅度从20%下降到10%，城市信用社（含城市合作银行）从30%下降到10%；农村信用社从60%下降到40%，各金融机构对流动资金贷款利率的下浮幅度仍维持10%不变；1998年10月，商业银行、城市信用社对小企业的贷款利率最高上浮幅度由10%扩大为20%，最低下浮幅度10%不变，农村信用社贷款利率最高上浮幅度由40%扩大为50%；1999年4月，县以下金融机构贷款利率上浮幅度由20%扩大到30%；2004年1月，商业银行、城市信用社贷款利率的浮动区间上限扩大到贷款基准利率的1.7倍，农村信用社贷款利率的浮动区间上限扩大到贷款基准利率的2倍，金融机构贷款利率的浮动区间下限保持为贷款基准利率的0.9倍不变；2006年8月，个人住房贷款利率的下限由贷款基准利率的0.9倍扩大为0.85倍；2008年10月，下限扩大为0.7倍；2012年6月，贷款利率浮动区间的下限调整为基准利率的0.8倍；2013年7月，取消了金融机构贷款利率0.7倍的下限规定，中国人民银行放开了金融机构贷款利率管制；2013年10月推出贷款基准利率报价制度。⊖

2013年11月12日，中国共产党第十八届中央委员会第三次全体会议通过《中共中央关于全面深化改革若干重大问题的决定》，指出要加快推进利率市场化，具体包括：近期，着力健全市场利率定价自律机制，提高金融机构自主定价能力；做好贷款基础利率报价工作，为信贷产品定价提供参考；近中期，注重培育形成较为完善的市场利率体系，完善央行

⊖ 每个工作日9个报价行报出本行贷款基础利率，剔除最高、最低各一家报价后，将剩余报价作为有效报价，以各有效报价行上季度末人民币各项贷款余额占所有有效报价行上季度末人民币各项贷款总余额的比重为权重，进行加权平均计算，得出贷款基础利率报价平均利率。

利率调控框架和利率传导机制。中期，全面实现利率市场化，健全市场化利率宏观调控机制。随着我国金融宏观调控逐步由以数量调控为主转为以价格调控为主，以及利率市场化改革的不断推进，有必要健全反映市场基准的国债收益率曲线，改进曲线编制技术，加大宣传和应用推广力度。完善国债发行，优化国债期限结构。

典型案例
中国利率市场化改革时间表

（3）存款利率市场化改革。

2004年10月，中国人民银行允许商业银行人民币存款利率下浮，正式开启存款利率市场化。2012年6月8日，中国人民银行允许商业银行存款利率向上浮动10%，意味着我国利率市场化改革进入关键期和攻坚期。从国际上的成功经验看，放开存款利率管制是利率市场化改革进程中最为关键、风险最大的阶段，需要根据各项基础条件的成熟程度分步实施、有序推进。2015年10月23日，中国人民银行取消商业银行存款利率浮动幅度上限管制。至此，在理论上我国利率已经市场化。

第二节　商业银行利率风险的来源

利率市场化以后，利率会发生更为频繁的变动，并给银行带来风险。实际上，利率管制并不表示利率就没有变化，只是变动的频率、变动的主体、变动的力量是不同的。利率市场化以后，总的趋势是利率变动的频率越来越高，变动幅度可能较大。㊀

2018年新修订的《商业银行银行账簿利率风险管理指引（修订）》指出银行账簿利率风险指利率水平、期限结构等不利变动导致银行账簿经济价值和整体收益遭受损失的风险。利率变化对银行的主要影响在于两个方面，一是引起银行账簿表内外业务的未来重定价现金流或其折现值发生变化，导致经济价值下降，从而使银行的净值遭受损失。二是利率变化可能引起净利息收入减少，或其他利率敏感性收入减少、支出增加，从而使银行遭受净利息损失。

《商业银行银行账簿利率风险管理指引（修订）》将银行账簿利率风险分为缺口风险、基准风险和期权性风险。㊁

一、缺口风险

（一）缺口

银行有众多的资产和负债，在这些资产中有些资产的收益不受利率变动的影响，比如现金资产、固定资产。有的资产对利率变动是敏感的，利率的变化使得这些资产需要重新定价，可能导致资产的数量和收益发生变化，如贷款、债券投资等。银行负债也是如此。比如，当利率下降时，银行支付的存款利息减少了，但存钱的人可能也会减少。所以，利率变动对银行负债的数量和负债成本产生影响。

㊀ 2016年，我国曾经出现过一天期和隔夜同业拆借利率暴涨百分之几十的情况。
㊁ 根据《商业银行银行账簿利率风险管理指引》（银监发〔2009〕106号），利率风险主要包括重新定价风险、收益率曲线风险、基准风险、期权性风险。

(二)风险来源

这是指利率变动时,由于不同金融工具重定价期限不同而引发的风险。利率变动既包括收益率曲线平行上移或下移,也包括收益率曲线形状变化。由于金融工具的重新定价期限不同,利率上升时当负债利率重定价早于资产利率,或利率下降时当资产利率重定价早于负债利率,银行在一定时间内会面临利差减少甚至负利差,从而导致损失。

资产和负债价格的重新确定可能会导致资产的数量和收益、负债的数量和收益发生不对称变化,进而给银行带来损失,这就是重新定价风险。这种风险的根源在于资产和负债的"期限错配"和利率变化的不完全对称!比如,银行以短期存款作为长期贷款的资金来源,当利率上升时,可能短期资金利率上升2个百分点,而长期资金可能只上升1.5个百分点。这样,当资产和负债重新定价后,银行的净利差将减少。同样道理,如果银行以短期存款作为长期固定利率贷款的资金来源,当利率上升时,短期资金利率上升2个百分点时,贷款利率仍然保持不变,导致银行的净利差减少。

二、基准风险

(一)概念

基准风险(basis risk)指定价基准利率不同的银行账簿表内外业务,尽管期限相同或相近,但由于基准利率的变化不一致而形成的风险。

在利息收入和利息支出所依据的基准利率变动不一致的情况下,虽然资产、负债和表外业务的重新定价特征相似,但因其现金流和收益的利差发生了变化,也会对银行的收益或内在经济价值产生不利影响。

"基准利率+溢价"是银行贷款定价的最重要方法。但是,在实际工作中,能够充当定价基准的工具很多,比如说国债利率、银行最优贷款利率、同业拆借利率或国库券利率。在利率变化过程中,虽然资产、负债和表外业务的重新定价特征相似,这些不同基准利率的变动幅度也不完全一样,从而使得银行贷款的利率水平可能不同,会对银行的收益或内在经济价值产生不利影响,这种风险就是基准风险。比如说,一年期国库券基准上升0.5个百分点,而同业拆借上升的幅度是0.75个百分点。所以,银行选的定价基准不同,贷款利率就有差异。

(二)国债收益率曲线

不同期限的债券及其对应的收益率形成的曲线叫作收益率曲线,收益率曲线有很多种,如政府债券收益率曲线、存款收益率曲线等。其中,国债收益率曲线是债券市场的"基准利率曲线"或定价基准。市场上其他债券和金融资产在这条"基准利率曲线"基础上,结合风险溢价确定各自的价格。

随着经济的不断运动,收益率曲线的斜率会呈现显著变化。在通常情况下收益率曲线的斜率均为正数,即短期利率低于长期利率。

以中国银行间债券市场为例,中央国债登记结算有限责任公司编制和发布的收益率曲线包括隔夜至50年期的不同交易品种,由此形成部分交易品种的收益率曲线。图12-9是银行间固定利率国债不同到期日收益率情况,2020年8月10日的收益率水平从1.275 4%到

3.81%不等,其中 7 年期到期收益率高于 10 年期国债到期收益率。其中,横轴代表国债期限,纵轴代表收益率。

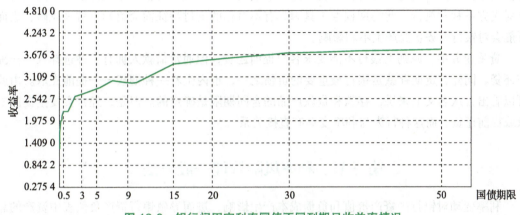

图 12-9　银行间固定利率国债不同到期日收益率情况

资料来源:中央国债登记结算有限责任公司,2020 年 8 月 10 日。

在正常情况下,期限越长收益率会越高,所以收益率曲线从左向右上升,收益率曲线的斜率为正。上升的幅度或曲线的陡峭程度取决于长期收益率的升幅与短期收益率升幅的关系。如果长期收益率的升幅大于短期收益率,收益率曲线会变陡。反之,则相对平滑。

2020 年 4 月,《中共中央国务院关于构建更加完善的要素市场化配置体制机制的意见》提出,要进一步健全反映市场供求关系的国债收益率曲线,更好发挥国债收益率曲线定价基准作用。2020 年 5 月,《中共中央国务院关于新时代加快完善社会主义市场经济体制的意见》再次强调要发挥国债收益率曲线的作用。目前,中债国债收益率曲线作为定价基准得到广泛认可和运用。

三、期权性风险

这是指银行持有期权衍生工具,或其银行账簿表内外业务存在嵌入式期权条款或隐含选择权,使银行或交易对手可以改变金融工具的未来现金流水平或期限,从而形成的风险。期权性风险可分为自动利率期权风险和客户行为性期权风险两类。

(一)自动利率期权风险

自动利率期权风险来源于独立期权衍生工具,或金融工具合同中的嵌入式期权条款(例如浮动利率贷款中的利率顶或利率底)。对于这类期权,如果执行期权符合持有人的经济利益,则持有人会选择执行期权,因此称为自动期权。

(二)客户行为性期权风险

客户行为性期权风险来源于金融工具合同中的隐含选择权(例如借款人的提前还款权,或存款人的提前支取权等)。利率变化时,这类选择权有可能会影响到客户行为,从而引起未来现金流发生变化。

期权风险是一种越来越重要的利率风险。一般而言,期权赋予其持有者买入、卖出或以某种方式改变某一金融工具或金融合同的现金流量的权利,而非义务。期权可以是单独的金融工具,如场内交易期权和场外期权合同,也可以隐含于其他的标准化金融工具之中,如可转债或存款的提前兑付、住房抵押贷款的提前偿还等。期权和期权性条款都是在对买方有利而对卖方不利时执行,此类期权性工具因具有不对称的支付特征而会给卖方带来风险,进而可能会对银行财务状况产生不利影响。

贷款业务中,原则上银行不能要求客户提前还贷,但通常借款人拥有一种选择权——提前还贷。同样,定期存款是银行最重要的负债之一,也内生着一种期权——提前支取。由此可以看出,从名义上来讲,存款和贷款产品的合同期限是确定的。但是,经常会发生提前支取或提前还贷,而这种行为与利率变动有直接关系。

第三节 利率风险管理一般方法

利率变动对银行的资产价值和负债成本产生影响,进而导致银行资产负债表中资产的总额、负债的总额以及结构会发生变化,最终会影响银行的利差收入和净资产。本节主要是用利率敏感性及缺口来分析利率变动对利差收入的影响,用久期及缺口来分析利率变动对银行净资产的影响。

一、利率敏感性及缺口管理

银行资产和负债的数量以及这些资产和负债的收益与成本受利率变化的影响是不同的,有些资产和负债是敏感性,有些是不敏感性的。

(一)利率敏感性及缺口

1. 利率敏感性资产和负债的含义

银行资产主要有现金类、贷款类、投资类、固定资产类等不同形态,根据受利率变化影响的程度不同,我们把银行的资产分成敏感性的资产和不敏感性的资产两类。通常来讲,具有什么特征的资产会是敏感性资产呢?一是短期内到期的资产,短期通常是以一年为界。剩余期限不到一年的,要么是到期以后要重新发放贷款,要么是需要重新定价。二是以浮动利率来计息的资产,因为在存续期内资产价格要定期调整。而那些采用固定利率计息的资产,当前的利率变化并不影响它数量和收益,这种贷款或者资产就叫作利率不敏感性资产。

同样,银行负债也是多种多样,有短期、长期,有息负债和无息负债,有存款、同业拆借、发行金融债券等。根据受利率变化影响的程度不同,负债也分为利率敏感性负债和利率不敏感性负债。

2. 利率敏感性缺口与累积缺口

(1)利率敏感性缺口。

有了敏感性资产和敏感性负债以后,我们可以把银行在某一个时点上的资产、负债的数量关系分为三种状态,一是敏感性资产大于敏感性负债;二是敏感性资产小于敏感性负债;三是敏感性资产与敏感性负债数量上大体相当。我们把敏感性资产与敏感性负债的差叫作利率敏感性缺口。

$$利率敏感性缺口 = 敏感性资产 - 敏感性负债$$

其中，敏感性资产大于敏感性负债叫正缺口，敏感性资产小于敏感性负债叫负缺口，两者相当的叫零缺口。如图 12-10 所示，在任何时点上，银行资产和负债与利率敏感性的这种关系都归为三种缺口状态之一，或是正缺口的银行，或是负缺口的银行，或是零缺口的银行。

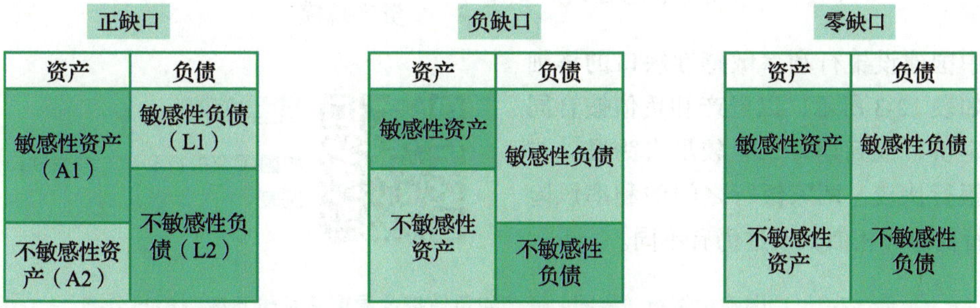

图 12-10 利率敏感性与缺口

（2）累积缺口。

值得注意的是，在分析当中一般不会分析单项缺口是多少？受什么影响？更重要的是分析某一个剩余期期限以下的累积缺口情况及其受利率影响的程度。从操作来讲，一年以上、三年以上、五年以上的资产和负债需要重新定价或者说利率发生变动导致的风险相对比较小。因此，通常更侧重于一年以下的累积缺口分析。

银行资产和负债有不同的合同期限和剩余到期日，按资产和负债剩余到期日长短，我们将其分为无期限、1个月以内、1～3个月、3～6个月、6个月到1年、1～5年、5年以上，当然这个区间还可以分得更细，⊖这取决于分析的目的。

一般地，把银行不同的资产和负债项归类到不同的期限区间当中。比如说资产方，1个月以内的资产 m0、3 个月以内的资产 m1、3～6 个月的 m2、6～12 个月的 m3、1～5 年的 m4、5 年以上的 m5。同样，根据负债的剩余期，1 个月以内的 n0、3 个月以内的 n1、3～6 个月的 n2、6～12 个月的 n3、1～5 年的 n4、5 年以上的 n5。

1 个月以下的缺口 = m0 - n0，可能为正也可能为负。如果大于 0 叫正缺口，如果小于 0 叫负缺口，等于 0 就是零缺口。类似地，用 m1 减 n1、m2 减 n2、m3 减 n3、m4 减 n4、m5 减 n5，从而得到其他不同剩余区间对应的缺口，以及（某剩余期限以下的）累积缺口。

从银行实际工作来看，中国工商银行和中国建设银行的年报显示，剩余期限区间有 1～3 个月、3 个月到 1 年、1～5 年、5 年以上的（见表 12-2）。

表 12-2 我国银行剩余期限区间划分与累积缺口

	3 个月以内	3 个月到 1 年	1～5 年	5 年以上	合计
资产	A1	A2	A3	A4	
负债	L1	L2	L3	L4	
缺口	g1 = A1 - L1	g2 = A2 - L2	g3 = A3 - L3	g4 = A4 - L4	
累积缺口					$\sum_{i=1}^{k}(A_i - L_i)$

⊖ 参见《商业银行管理》（彼得 S. 罗斯，第 9 版，机械工业出版社，P175），即（1 周以内）、（8～30 天）、（31～90 天）、（91～360 天）、1 年以上。

除了用缺口和累积缺口来度量利率敏感性缺口外，也可以用比率的方式来度量缺口的情况。

$$利率敏感性比率 = \frac{利率敏感性资产}{利率敏感性负债}$$

$$利率敏感性缺口比率 = \frac{利率敏感性缺口}{资产规模}$$

中国建设银行利率敏感性缺口的详细情况如表 12-3 所示，以资产和负债按合同重新定价日或到期日二者较早者为准。与工商银行比较，两家银行之间的利率风险敞口特征总体相似，不过仍有不同。

典型案例
中国工商银行利率敏感性缺口详细情况表

表 12-3　中国建设银行（集团）资产和负债按合同重新定价日或到期日分布

	平均利率 (i)	不计息	2019 年 12 月 31 日				合计
			3 个月以内	3 个月至 1 年	1～5 年	5 年以上	
资产							
现金及存放中央银行款项	1.48%	140 579	2 480 431	—	—	—	2 621 010
存放同业款项和拆出资金	2.53%	—	786 464	156 770	7 566	7	950 807
买入返售金融资产	2.46%	—	557 809	—	—	—	557 809
发放贷款和垫款[②]	4.49%	32 032	9 064 628	5 236 907	133 635	73 465	14 540 667
投资[③]	3.62%	198 917	446 844	741 615	2 706 502	2 130 716	6 224 594
其他		541 374	—	—	—	—	541 374
资产合计	3.88%	912 902	13 336 176	6 135 292	2 847 703	2 204 188	25 436 261
负债							
向中央银行借款	3.27%	—	98 793	450 026	614	—	549 433
同业及其他金融机构存放款项和拆入资金	2.42%	—	1 732 057	433 752	20 269	8 173	2 194 251
以公允价值计量且其变动计入当期损益的金融负债	2.96%	16 750	174 019	90 828	—	—	281 597
卖出回购金融资产款	2.89%	—	111 111	1 480	2 067	—	114 658
吸收存款	1.57%	104 332	12 540 537	2 438 017	3 274 102	9 305	18 366 293
已发行债务证券	3.46%	—	375 884	435 756	263 561	1 374	1 076 575
其他		618 327	—	—	—	—	618 327
负债合计	1.76%	739 409	15 032 401	3 849 859	3 560 613	18 852	23 201 134
资产负债缺口	2.12%	173 493	(1 696 225)	2 285 433	(712 910)	2 185 336	2 235 127

资料来源：中国建设银行年报，2019 年，第 264 页。

3. 利率变动对银行净利差的影响

计算缺口的主要目的是分析不同缺口状态的银行，在利率发生变化以后银行会受到什么影响。假设银行有资产 A，利率为 R，有负债 L，利率为 r。这样，银行的存贷利差收入为：

$$q = A \times R - L \times r$$

在 T_1 时点，假设银行资产 A 中有利率敏感性资产 A_1，利率 R_1，同时有利率不敏感性资

产 A_2，利率 R_1^1。同样，银行负债 L 中有利率敏感性负债 L_1，利率 r_1，有利率不敏感性负债 L_2，利率 r_1^1。因此，银行在 T_1 时点的净利差为：

$$q_1 = (A_1 \times R_1 + A_2 \times R_1^1) - (L_1 \times r_1 + L_2 \times r_1^1)$$

在 T_2 时点，市场利率发生变化，为分析方便，假设银行资产和负债总量不变。这样，银行有利率敏感性资产 A_1，利率 R_2，同时有利率不敏感性资产 A_2，利率 R_1^1。银行有利率敏感性负债 L_1，利率 r_2，有利率不敏感性负债 L_2，利率 r_1^1。因此，在 T_2 时点银行净利差为：

$$q_2 = (A_1 \times R_2 + A_2 \times R_1^1) - (L_1 \times r_2 + L_2 \times r_1^1)$$

当贷款利率从 T_1 时点的 R_1 变成 T_2 时点的 R_2，同时存款利率从 T_1 时点的 r_1 变成 T_2 时点的 r_2 时，再假设贷款利率变动幅度与存款利率变动幅度相同，则银行在 T_2 时点获得的净利差增量为：

$$\Delta q = q_2 - q_1$$

$$\Delta q = A_1 \times (R_2 - R_1) - L_1(r_2 - r_1)$$

若 $(R_2 - R_1) = (r_2 - r_1) = \Delta r$，则有：

$$\Delta q = (A_1 - L_1) \times \Delta r$$

由上式 $\Delta q = q_2 - q_1$ 有

$$q_2 = q_1 + \Delta q$$

这表示 T_2 时点的利差由两部分收入构成，一是 T_1 时点的利差 q_1，二是 $T_2 - T_1$ 期间的利差增量 Δq。其中，Δq 表示利差"增量"，是在 T_1 时点正常利差 q_1 基础上的超额收益（或亏损）。

一般地，假设银行分布在不同剩余期的 k 个区间的资产分别是 A_1、A_2、$\cdots$、A_k。相应地，负债分别是 L_1、L_2、$\cdots$、L_k，则有

$$\Delta q_1 = (A_1 - L_1) \times \Delta r$$

同理有：

$$\Delta q_2 = (A_2 - L_2) \times \Delta r$$
$$\vdots$$
$$\Delta q_k = (A_k - L_k) \times \Delta r$$

$$\Delta q = \sum_{i=1}^{k} \Delta q_i = \sum_{i=1}^{k} (A_i - L_i) \times \Delta r = (A - L) \times \Delta r$$

即

$$\Delta q = (A - L) \times \Delta r$$

由上式有：

情形 1：当利率上升时，正缺口银行的利差收入增加；负缺口银行的利差收入减少；零缺口银行的利差收入不变。

利率上升，资产的收益上升，同时负债的成本也上升，假如上升的幅度是一样的，对正缺口的银行来讲，利率上升带来的资产的收益增长量超过负债成本上升的增长量，从而利率上升会带来净利息收入增加。对于负缺口的银行来讲，资产利率上升，则收益上升，但是负债成本也会上升，而负债成本上升的数量要大于资产收益的上升，银行的利润将会下降。而对于零缺口状态的银行来讲，资产方利率上升，则收益上升；负债方利率上升，则成本上升。由于是零缺口，所以银行的收益基本不变。

情形 2：当利率下降时，正缺口银行的利差收入减少；负缺口银行的利差收入增加；零

缺口银行的利差收入不变。

如果利率下降，正缺口的银行利率下降所带来的收益下降要大于负债成本下降的数量，从而这样的银行净利差收入将会下降。其他分析同理（见表12-4）。

表 12-4　利率变动与银行利差收入变动的关系

利率变动	缺口状态	银行利差收入
上升	正缺口	增加
	负缺口	减少
	零缺口	不变
下降	正缺口	减少
	负缺口	增加
	零缺口	不变

（二）利率敏感性分析与信息披露（1）——对利息净收入的影响

通过利率变化对净利息收入的影响的分析，我们看到缺口状态不同，银行面临的利率风险就不一样。从银行年报信息披露来看，利率风险敞口的信息披露主要涉及两个方面，一是缺口和累积缺口情况（见表12-4）；二是不同情形下的压力测试。这一部分我们主要比较中国建设银行和美洲银行不同情形下的压力测试方法及结果的差异性。

1. 中国建设银行的利息净收入敏感性分析

以中国建设银行为例，利息净收入敏感性分析基于两种情景，一是假设存放央行款项利率不变，所有收益率曲线向上或向下平行移动100个基点；二是假设存放央行款项利率和活期存款利率均不变，其余收益率曲线向上或向下平行移动100个基点（见表12-5）。

表 12-5　建设银行的利息净收入敏感性分析　（单位：人民币百万元）

	情形一：存放央行款项利率不变		情形二：存放央行款项利率和活期利率不变	
	上升100个基点	下降100个基点	上升100个基点	下降100个基点
2019年12月31日	(35 183)	35 183	77 716	(77 716)
2018年12月31日	(32 453)	32 453	69 138	(69 138)

资料来源：中国建设银行年报，2019年，第68页。

2. 美洲银行的利息净收入敏感性分析

作为资产负债管理活动的一部分，银行使用证券、某些住宅抵押贷款、利率和外汇衍生工具来管理利率敏感性。此外，较高的利率会影响债务证券的公允价值。因此，对于被归类为可供出售证券（AFS）的债务证券，可能会对根据《巴塞尔协议Ⅲ》资本规则对资本水平产生不利影响。

2019年，美洲银行资产负债表的资产敏感性继续增加，主要是由于利率的下降。银行继续对利率的平行变动保持资产敏感，大部分影响来自收益率曲线的短端（见表12-6）。

表 12-6　不同冲击的短期和长期影响　（单位：百万美元）

	短期利率	长期利率	12月31日	
			2019	2018
平行移动 增加100个基点 瞬间移动	+100	+100	4 190	2 833

（续）

	短期利率	长期利率	12月31日	
			2019	2018
下降100个基点瞬间移动	−100	−100	(6 536)	(4 280)
水平变动短期瞬间移动	+100	—	2 641	2.158
长期瞬间移动	—	−100	(2 965)	(1 618)
陡峭短期瞬间移动	−100	—	(3 527)	(2 648)
长期瞬间移动	—	+100	1 561	675

资料来源：美洲银行年报，2019年，第96页。

（三）银行利率风险管理策略

如果银行今天预测1个月、3个月或者1年以后利率要上升。那么，在贷款业务中，现在签的贷款合同是发放浮动利率贷款还是固定利率贷款？是签短期贷款还是签长期贷款？显然，短期贷款对银行更有利！在负债端，比如存款业务中银行则可以推出更多长期、固定利率的存款产品，从而降低负债成本。

如此看来，银行管理和赚钱是很简单的事吗？当然不是！因为在今天没有人能确切地知道3个月以后市场利率究竟是升还是降。在前述情形下，如果实际的利率水平不是上升而是下降了，则银行会遭受更大的损失，这就是利率风险。真正的市场利率是由市场参与者共同决定的，银行并没有能力单方面决定利率水平。从这个意义上讲，银行经营始终面临利率风险。因此，需要采取一定的办法和策略管理利率风险。

1. 防御性缺口管理策略

所谓防御性缺口管理，是指银行希望 T_2 时点的利差收入不要因为 $T_1 - T_2$ 时期内市场利率的变化而带来损失（当然，也不期望增加超额利差收益）。

由 $\Delta q = (A - L) \times \Delta r$ 可知，Δr 是外生变量，由市场决定，银行无法控制。因此，要使得 $\Delta q = 0$，只需要令 $A - L = 0$。因此，在 T_1 时点，以及在 $T_1 - T_2$ 时期内，银行要保持敏感性资产与敏感性负债的数量大体一致，从而使得在 T_2 时点的利差增量 $\Delta q = 0$，避免利率变动带来的（利差增量）损失。

因此，防御性缺口管理策略就是保持零缺口，因为 $T_1 - T_2$ 时期内无论利率是往上升还是往下降，对银行的净利差都没有影响。需要特别指出的是，在防御性缺口管理策略下，$\Delta q = 0$ 只表示在 $T_1 - T_2$ 期间银行没有获得额外的利差增量，而不是没有利差。

2. 积极性缺口管理策略

（1）敏感性缺口与超额利差收益。

积极性或主动性缺口管理，是指银行通过创造缺口（可能是正缺口，也可能是负缺口）的方式在既有的利差收入基础上再增加超额利差收益。比如，银行预计3个月以后利率要上升,因此在当前多发放短期或浮动利率贷款、多吸收长期固定利率存款。这样,在3个月以后重新定价时,贷款利率提高,而存款利率不变,银行可以获得更多的利差收入。当然,前提是3个月以后利率真的上升了!

(2)积极性缺口管理策略的风险。

如果说银行预计3个月以后利率要上升,但实际3个月以后利率下降了。结果是,银行将会有双重损失。不仅原本的利差收入(q_1)不保,而且还有超额利差损失(因为在$T_1 - T_2$期间尽可能增加可以重新定价的资产)。那么,银行怎么去管理利率风险,确保预计的利差收入?或减少可能导致的损失?

3. 用利率衍生品交易管理利率风险

除了零缺口策略,只要有缺口,银行就会面临利率变动带来的风险。银行想要锁定3个月以后的利率变动风险,[⊖]即不管未来利率上升还是下降,在T_2时点确保正常的利差收入(q_1)基本不变。银行该怎么办?找对手签订利率期货、期权、远期交易、互换等合同,将利率风险转移出去,或从银行这些利率衍生交易合约中获得补偿。

实际上,在很大程度上利率期权、期货、远期交易、互换等交易因此而产生。美洲银行和花旗银行,以及工行、建行年报都有披露关于衍生品交易的专门内容,其中美洲银行和花旗银行的利率衍生品交易量非常庞大!相比之下,工行、建行衍生品交易规模要小得多。

二、久期缺口与银行利率风险管理

购买债券、发放贷款都会在未来一段时间内带来利息收入,并在到期后收回本金。所谓久期,实际上是收回投资的加权平均时间。

接下来分析的思路与逻辑是:我们首先分析债券久期,在此基础上计算银行资产负债表中单项资产和负债的久期,并计算银行资产组合或负债组合的加权久期,得出资产负债表的久期缺口,最后分析利率变化对银行净资产的影响。

(一) 久期与久期缺口

1. 债券久期

债券久期(又名持续期)指债券在未来产生现金流的时间的加权平均,其权重是各期现金流现值在债券价格中所占的比重。对于任何一项资产和负债来讲,都会对应着未来的现金流量,利用债券未来的现金流可以算出当前的交易价格,这就是债券定价公式:

$$P = \sum_{t=1}^{n} \frac{C_t}{(1+r)^t} \qquad (12\text{-}1)$$

其中,P表示债券价格,r表示贴现率或市场利率,C_t表示第t期时的现金流(利息收入)。

定义 $D = \sum_{t=1}^{n} \left(\dfrac{\dfrac{C_t}{(1+r)^t}}{P} \times t \right)$ 为债券的久期。

⊖ 准确地讲,是现在确保银行在3个月以后有"正常利差收入"。

由式（12-1）对 r 求导，以及久期 D，得

$$\frac{\Delta p}{p} = -\frac{\Delta r}{1+r} \times D \qquad (12\text{-}2)$$

式（12-2）表明，债券价格变动率取决于利率变动幅度和债券的久期。

由式（12-2），得

$$\Delta p = -\frac{\Delta r}{1+r} \times D \times p \qquad (12\text{-}3)$$

2. 银行单项资产（负债）久期

在银行资产负债表场景下，我们只需要将债券的久期计算方法推广到某项有未来现金流入或者现金流出的资产或者负债，可以算出一个单项资产或者单项负债的久期。同债券一样，某一项贷款的价值的变动同样取决于利率的变化和这一项资产的平均久期。一项存款价值的变化也取决于利率和这一项存款的平均久期。

3. 银行资产组合久期与负债组合久期

银行有若干资产和若干负债，如何基于单项资产和单项负债的久期来计算资产负债表全部资产和全部负债的久期？采用的办法就是加权平均。

每一项资产都有一个久期，同时也可以计算出该项资产占总资产的比重。我们以这个比重为权重，就可以算出资产负债表的资产加权平均久期。同样地，也可以计算出负债的平均久期，即

$$D_A = \sum_{i=1}^{n}\left(\frac{A^i}{A} \times D_{A^i}\right) = \sum_{i=1}^{n}(\omega^i \times D_{A^i})$$

$$D_L = \sum_{j=1}^{m}\left(\frac{L^j}{L} \times D_{L^j}\right) = \sum_{j=1}^{m}(\lambda^j \times D_{L^j})$$

其中，D_{A^i} 为第 i 项资产 A^i 的久期，D_{L^j} 为第 j 项负债 L^j 的久期。

4. 银行久期缺口

银行久期缺口有两种定义方式，一种是直接用资产组合久期（D_A）减去负债组合久期（D_L），即

$$久期缺口 = 资产组合久期 - 负债组合久期$$

或

$$D_{gap} = D_A - D_L \qquad (12\text{-}4)$$

D_{gap} 可能是正缺口，也可能是负缺口，还可能是零缺口。比如某银行 X 的资产平均久期为 1.5 年，平均负债久期为 1.3 年，银行 X 的久期缺口就是 0.2 年。另外一家银行 Y 的资产久期为 1.3 年，负债久期为 1.5 年，久期缺口就是 -0.2 年。

久期缺口 D_{gap} 可以衡量银行资产负债的（加权平均）期限错配程度。期限错配有何风险？如果某银行的资产久期 D_A = 3.56 年，负债久期 D_L = 2.1 年，这说明银行（平均来讲）是用相对较短期限的负债来支持相对较长时间的资产。如果银行没有强有力的负债能力作为保障，在未来，当原有负债到期流出银行后，银行很可能会面临流动性不足的风险，只能以更高的价格吸收存款。在实际分析中，久期缺口需要根据资产负债率进行调整。

(二)利率变动对银行净值的影响

1. 银行净值增量计算

根据银行资产负债表,银行净值 $NW = A - L$。其中,A 代表资产,L 代表负债。由此可得银行在 T_1 时点的净值:

$$NW_1 = A_1 - L_1$$

同理,银行在 T_2 时点的净值:

$$NW_2 = A_2 - L_2$$

因此,从 T_1 到 T_2 银行净值的增量 ΔNW 为

$$\Delta NW = (A_2 - L_2) - (A_1 - L_1)$$

进一步地,

$$\Delta NW = \Delta A - \Delta L$$

ΔNW 表示银行净值的增量,这与前面的利率敏感性分析中的 Δq 表示利差增量的道理是一样的。我们将债券置换为银行资产和负债,由式(12-3)$\Delta p = -\dfrac{\Delta r}{1+r} \times D \times p$,得

$$\Delta NW = \Delta A - \Delta L = \left[-D_A \times \frac{\Delta r}{1+r} \times A\right] - \left[-D_L \times \frac{\Delta r}{1+r} \times L\right]$$

$$= -\frac{\Delta r}{1+r} \times A \times \left(D_A - D_L \times \frac{L}{A}\right)$$

即

$$\Delta NW = -\frac{\Delta r}{1+r} \times A \times \left(D_A - D_L \times \frac{L}{A}\right) \tag{12-5}$$

其中,令

$$D_{gap}^a = D_A - D_L \times \frac{L}{A} \tag{12-6}$$

将式(12-6)叫作经调整后久期。

2. 对银行净值增量的几点说明

第一,久期是从债券的价格公式求导,然后定义出来的,其含义是收回投资所需要的平均时间。第二,把这个债券的久期对应到银行某项资产的久期,或某项负债的久期。第三,基于资产负债表,并通过资产(或负债)加权的办法计算一个资产组合的久期和负债组合的久期,从而计算出银行久期缺口。第四,净值是根据资产负债表计算的,我们不仅可以分析某个时点上净值的静态情况,如式(12-3)所示,而且还可以分析从 T_1 时点到 T_2 的净值变化和影响因素。第五,净值等于资产减去负债。那么,净值的增量就是两个不同时点净资产的差或者两个不同时点资产增量与负债增量的差。$\Delta NW = \Delta A - \Delta L$。其中,$\Delta A$ 是根据前面式(12-3)计算的,只需将其中的债券换成银行某项资产,ΔL 同理可求。第六,式(12-5)表明,在对 ΔNW 做实证分析时,主要变量有 Δr、r、A、ΔA、ΔL 和 L/A 等。

因此,由式(12-5)和式(12-6)有:

$$\Delta NW = -\frac{\Delta r}{1+r} \times A \times D_{gap}^a \tag{12-7}$$

式(12-7)表明,银行从时点 T_1 到时点 T_2 的净值变化与利率变动、银行规模和资产负

债久期缺口有关。在利率变动、银行规模确定的情况下，久期缺口越大，银行面临的净值（损失）风险越大。当市场利率 r 较小时，由式（12-7）得更简洁的式（12-8）

$$\Delta NW = -\frac{\Delta r}{1+r} \times A \times D_{gap}^{a} \approx -\Delta r \times A \times D_{gap}^{a} \quad (12\text{-}8)$$

利率变化怎么导致银行净值的变化？利率的变化，不外乎就是利率往上升或往下降，由式（12-7），当 Δr 大于0，如果银行正缺口，银行的净值就会减少。如果利率下降，Δr 是负的，同样的正缺口，银行的净值会增加，其他情况的分析与此类似（见表12-7）。

表 12-7　利率变化对银行净值的影响

久期缺口	利率变动	银行净值
正	上升	减少
	下降	增加
负	上升	增加
	下降	减少
零	上升	不变
	下降	不变

（三）利率风险管理策略

利用式（12-7），可以分析利率变动对银行净值的影响，制定银行利率风险管理策略，以及为银行净资产影响因素实证分析建模和选择变量提供理论依据。

1. 利用久期规避利率风险

在 $\Delta NW = -\dfrac{\Delta r}{1+r} \times A \times \left(D_A - D_L \times \dfrac{L}{A}\right)$ 中，Δr 是外生变量，银行无法控制，是由市场力量决定的。银行要规避时点 T_1 到时点 T_2 期间市场利率变化带来的风险（净值增量为负），必须在 T_1 时点和 T_1 到 T_2 时点期间合理安排银行资产和负债的（久期）结构，使得 $D_A - D_L \times \dfrac{L}{A} = 0$，从而使得 $\Delta NW = 0$，以达到规避利率风险的目的。

对于经调整后久期为零的银行，其净资产不会受利率变动的影响，至少不会有巨大的影响。这就是保守型的利率风险管理策略。再比如，银行认为当前贷款市场疲软或风险较高，计划购入中长期国债，但同时又担心明年贷款需求恢复时，不得不卖出这些债券以满足优质客户的贷款需求。投资经理可购入久期为一年的国债，到期后卖出国债，所得资金用于贷款。这样，如果一年后利率下降，贷款利率较低，但国债价格上升；当利率上升时，国债价格下降，但贷款利息收入增加。

2. 利用久期创造价值

跟前面的敏感性缺口分析同样的道理，如果银行能够正确预测未来利率的走势，可以通过创造缺口的方式来增加价值。比如，在 T_1 有正缺口的银行，预计未来 T_2 利率会上升，在 T_1 时点到 T_2 时点期间银行应该采取什么样的资产负债管理策略以增加净值的价值呢？

由式（12-7），在预测 $\Delta r > 0$ 的条件下，要让 $\Delta NW > 0$，银行必须在 T_1 时点到 T_2 时点期间调整原来的久期缺口状态——从正缺口调整为负缺口！可行的办法是，或者吸收更多的长期负债（规避未来利率上升带来的负债成本增加），或者发放更多的短期贷款（期待重新定价时增加银行的贷款利息收入）。如果预测利率下降，分析与此类似。

从前面的分析可知，如果能正确预测利率的变化方向，银行可以通过创造缺口的方式来创造价值。问题在于谁能准确地知道三个月、半年或一年以后利率的走势？如果利率走势与预测的刚好相反,则银行净值损失会扩大。这便是利率风险。

假如预测一年以后利率上升 100 个基点的概率为 70%,下降 100 个基点的概率为 30%,由此可以算出利率平均的变动值,再根据缺口状态就能算出银行净资产的风险敞口。比如按照这种方式算出来净值增量 ΔNW 要损失 10 亿元,请问用什么样的方案来规避或减少这种损失?

(四)利率敏感性分析与信息披露(2)——对净值的影响

关于利率风险的信息披露,除了前面介绍的利息净收入敏感性信息披露外,年报还需要披露利率变化对银行净值的影响,并根据不同假设情形做压力测试。以中国工商银行为例,如果未来的市场利率上升 100 个基点,则工行的净值将减少 372.55 亿元;如果未来的市场利率下降 100 个基点,则工行的净值将增加 399.23 亿元(见表 12-8)。

表 12-8 工商银行利率敏感性分析   (单位:人民币百万元)

币种	上升 100 个基点		下降 100 个基点	
	对利息净收入的影响	对权益的影响	对利息净收入的影响	对权益的影响
人民币	(6 951)	(29 652)	6 951	32 313
美元	(979)	(6 416)	979	6 420
港币	(6 630)	(43)	3 630	43
其他	1 553	(1 144)	(1 553)	1 147
合计	(10 007)	(37 255)	10 007	39 923

资料来源:工商银行年报,2019 年,第 68 页。

	2017 年 12 月 31 日利率风险敏感性分析			
币种	利率向上变动 100 个基点		利率向下变动 100 个基点	
	对利息净收入的影响	对权益的影响	对利息净收入的影响	对权益的影响
人民币	(2 945)	(35 901)	2 945	38 284
美元	(1 911)	(5 574)	1 911	5 578
港元	495	—	(495)	—
其他	90	(825)	(90)	826
合计	(4 271)	(42 300)	4 271	44 688

资料来源:工商银行年报,2017 年。

美国并不要求商业银行披露利率变化对净值影响这方面的信息。

(五)利率变化对银行净值影响的进一步分析——基于凸度

一般地,运用久期来衡量债券利率风险的准确性受到利率变动幅度的影响。当利率发生小幅变动时,久期能够较为准确地衡量出债券价格对利率变动的敏感性,但当利率变动幅度较大时,利用久期来衡量利率风险就会产生较大的误差。其原因在于债券的价格-收益率曲线是凸性的,而非线性的(见式(12-9))。因此,用久期技术分析债券价格变动存在缺陷。这一问题也同样存在于银行资产负债久期缺口分析之中!

1. 债券凸度

债券价格函数 p 在 r_0 处展开至二阶,并令 $\Delta r = r - r_0$。

$$p = p(r_0) + \frac{\mathrm{d}p}{\mathrm{d}r} \times \Delta r + \frac{1}{2} \times \frac{\mathrm{d}^2 p}{\mathrm{d}r^2} \times (\Delta r)^2 + o(\Delta r)$$

$$\Delta p = p - p(r_0) = \frac{\mathrm{d}p}{\mathrm{d}r} \times \Delta r + \frac{1}{2} \times \frac{\mathrm{d}^2 p}{\mathrm{d}r^2} \times (\Delta r)^2 + o(\Delta r)$$

两端除以 p

$$\frac{\Delta p}{p} = \frac{1}{p} \times \frac{\mathrm{d}p}{\mathrm{d}r} \times \Delta r + \frac{1}{2} \times \frac{1}{p} \times \frac{\mathrm{d}^2 p}{\mathrm{d}r^2} \times (\Delta r)^2 + o(\Delta r) \quad (12\text{-}9)$$

从前面可知，由于 $P = \sum_{t=1}^{n} \frac{C_t}{(1+r)^t}$，$P$ 对 r 求导，得

$$\frac{\mathrm{d}p}{\mathrm{d}r} = -\frac{1}{1+r} \times D \times p$$

定义 $C = \frac{1}{p} \times \frac{\mathrm{d}_2 p}{\mathrm{d}r^2}$ 为凸度，这样，由式（12-9）可得

$$\frac{\Delta p}{p} = -\frac{\Delta r}{1+r} \times D + \frac{1}{2} \times C \times (\Delta r)^2 \quad (12\text{-}10)$$

或

$$\Delta p = \left(-\frac{\Delta r}{1+r} \times D + \frac{1}{2} \times C \times (\Delta r)^2\right) \times p$$

2. 包含凸度的银行净值（增量）计算

如何理解"当利率变动幅度较大时，利用久期来衡量利率风险就会产生较大的误差"。如何计算包含凸度的银行净值？包含凸度时，利率变动影响银行净值的机制有何改变？

将式（12-10）中的债券（p）分别置换为银行资产（A）和负债（L），得

$$\Delta A = \left(-\frac{\Delta r}{1+r} \times D_A + \frac{1}{2} \times (\Delta r)^2 \times C_A\right) \times A$$

其中，D_A 代表资产久期，C_A 代表资产凸度。

同理可得，

$$\Delta L = \left(-\frac{\Delta r}{1+r} \times D_L + \frac{1}{2} \times (\Delta r)^2 \times C_L\right) \times L$$

其中，D_L 代表负债久期，C_L 代表负债凸度。

因为，$\Delta NW = \Delta A - \Delta L$，故含有凸度的银行净值增量：

$$\Delta NW = -\frac{\Delta r}{1+r} \times A \times \left(D_A - D_L \times \frac{L}{A}\right) + \frac{1}{2} \times (\Delta r)^2 \times A \times \left(C_A - C_L \times \frac{L}{A}\right) \quad (12\text{-}11)$$

式（12-5）与式（12-11）相比，含凸度的银行净值增量 ΔNW 多了 $\frac{1}{2} \times (\Delta r)^2 \times A \times \left(C_A - C_L \times \frac{L}{A}\right)$。显然，当 Δr 较大时，忽略 $\frac{1}{2} \times (\Delta r)^2 \times A \times \left(C_A - C_L \times \frac{L}{A}\right)$ 会导致较大偏误。因此，包含凸度的银行净值计量更为精确。

三、在险价值

(一) VaR 的计算

1. 计算原理

VaR 即"风险价值""在险价值"或"受险价值",指在一定的容忍度(容忍度 = 1 - 置信水平)内,某一金融资产(或证券组合)在未来特定一段时间内(如 1 天或 1 个月)所面临的最大可能损失金额。即

$$prob(\Delta P > VaR) = 1 - c$$

其中,ΔP 是金融资产持有期内的价值损失,VaR 为置信水平 c 下的风险价值,c 为置信水平。大多数金融机构都选择国际清算银行(BIS)建议的 99% 置信水平。

假设投资组合的初始价值为 P_0,收益率为 R,收益率的期望值为 μ,标准差为 σ。则该组合的期末价值为 $P = P_0(1 + R)$,$E(P) = P_0(1 + \mu)$。在给定置信水平 c 下投资组合的最低价值 $P^* = P_0(1 + R^*)$。根据 VaR 的定义,有

$$VaR = E(P) - P^* = -P_0(R^* - \mu)$$

由上式可知,计算 VaR 相当于计算组合的最低价值 P^* 或 R^*。

假定组合未来收益率是一个随机变量,其概率密度函数为 $f(p)$,则对于置信水平 c 下的投资组合的最低值 P^*,有

$$1 - c = \int_{-\infty}^{P^*} f(p) \, dp$$

或者

$$c = \int_{P^*}^{\infty} f(p) \, dp$$

如果组合的收益率分布为标准正态分布,密度函数为 $\Phi(Z)$,$|R^*|$ 为 R^* 的绝对值,由此可得

$$1 - c = \int_{-\infty}^{P^*} f(p) \, dp = \int_{-\infty}^{-|R^*|} f(R) \, dR = \int_{-\infty}^{-\alpha} \Phi(Z) \, dZ$$

其中,α 为给定置信水平 c 下的标准正态分布的分位数,这样有:

$$-\alpha = \frac{-|R^*| - \mu}{\sigma} \quad (\alpha > 0)$$

由上式,最低收益率 R^* 可表示为:

$$R^* = -\alpha\sigma + \mu$$

代入 $VaR = E(P) - P^*$,可得:

$$VaR = E(P) - P^* = -P_0(R^* - \mu) = P_0\alpha\sigma$$

前面分析中的 μ 和 σ 都是基于一天或一个月的时间间隔求出来的,如果要计算任意时段长度的 Δt 的 VaR。根据 $\sigma_{\Delta t} = \sigma\sqrt{\Delta t}$,从而有

$$VaR = -P_0(R^* - \mu) = P_0\alpha\sigma\sqrt{\Delta t}$$

2. 计算步骤

第一步,首先使用市场因子当前的价格水平,然后预测市场因子未来的一系列可能的价

格水平（为一概率分布），并对投资组合进行估值。

第二步，在此基础上计算投资组合的价值变化，衡量风险因素的波动性，并由此得到投资组合的损益分布。

第三步，通过设置持有期和置信水平求出投资组合的 VaR 值。

时间段选择：对度量市场风险而言，一天或一个月比较适宜，但对信用风险而言，由于贷款期限较长，资产组合价格在一段时间内波动幅度不大，所以时间段选择太短意义不大，常常选择半年或一年。

置信水平选择：置信水平并非越高越好，要依赖于计算 VaR 的需要、内部风险资本需求、监管要求。

3. 计算方法

（1）历史模拟法。

历史模拟法是用给定历史时期所观察到的市场因子变化来表示市场因子的未来变化。在估计模型中，历史模拟法根据市场因子的未来价格水平对头寸进行重新估值，计算出头寸的价值变化（损益）；最后，将组合的损益从最小到最大排列，通过给定置信度下的分位数求出 VaR。

（2）方差－协方差分析方法。

方差－协方差分析方法假定市场因子的变化服从正态分布的情形下，利用正态分布的统计特征简化计算的方法。这种方法的核心是基于对资产的报酬的方差－协方差分析进行计算，属于参数方法。假设损失服从正态分布，则有

$$VaR = 损失波动度 \times 波动度乘数$$

损失波动度即为正态分布曲线的均方差。波动度乘数的大小不仅依赖于对损失分布的假设，还依赖于选择何种容忍度水平，根据容忍度水平查表即可获得该乘数。

（3）蒙特卡洛模拟法。

具体的方法是：第一步，根据历史数据得出平均收益、波动幅度和资产之间的相关系数。第二步，确定所有市场因素的假定随机数据。第三步，根据资产之间的相关系数对市场因素随机数据进行调整。第四步，估算出资产组合的利润或亏损。通过成千上万次地选取不同的随机数据并进行这一程序，得到组合价值的一系列结果，根据得出的结论描绘分布，再根据分布计算出风险价值。

（4）情景分析与压力测试法。

VaR 代表很有规律地发生的损失。比如，VaR 可以以 95% 的置信度告诉银行管理人员一年资产损失不会超过 1 000 万元，但如果有极端事件发生，如市场崩溃、金融危机、政治巨变或自然灾难等，VaR 的估计就会失去作用。因此，压力测试是 VaR 技术的必要补充。

4. VaR 方法的不足

虽然风险价值分析是衡量市场风险的重要工具，但有关模型的假设存在一定限制。例如，在绝大多数情况下，可在 1 个交易日的持有期内进行套期或出售的假设是合理的，但在市场流动性长时期不足的情况下，1 个交易日的持有期假设可能不符合实际情况。99% 的置信水平意味着有 1% 机会亏损可能超过 VaR。VaR 按当日收市基准计算，并不反映交易当天持仓可能面对的风险。以历史资料用来确定将来结果的可能范围的基准，不一定适用于所有

可能情况。VaR 计量取决于银行的持仓情况以及市价波动性。如果市价波动性下降,VaR 将会减少,反之则增加。

(二)利率敏感性分析与信息披露(3)——银行 VaR 值

1. 中国工商银行

中国工商银行采用历史模拟法,选取 250 天的历史市场数据按日计算并检测交易性组合的风险价值(置信区间为 99%,持有期为 1 天)。2018 年,工商银行市场利率、汇率或者商品价格变动而引起的最大可能的持仓亏损的风险价值(VaR)如表 12-9 所示。

表 12-9 工商银行 VaR 值 (单位:人民币百万元)

	2018 年度			
	年末	平均	最高	最低
利率风险	32	28	42	15
汇率风险	66	64	115	43
商品风险	7	23	39	7
总体风险	88	74	113	52

资料来源:中国工商银行年报,2018 年。

2. 美洲银行

美洲银行组合单日最大损失如表 12-10 所示,从汇率和利率损失来看,主要是利率损失;从贷款、权益和商品方面的损失来看,主要来自贷款。其中,2018 年相对于 2017 年,VaR 值呈增加趋势,这表明风险在扩大。

表 12-10 美洲银行的 VaR (单位:百万美元)

	2018		2017	
	99%	95%	99%	95%
汇率	8	5	11	6
利率	25	16	21	14
贷款	25	15	26	15
权益	20	11	18	10
商品	8	4	5	3
资产多元化	(55)	(33)	(47)	(30)
全部资产组合头寸	31	18	34	18

资料来源:美洲银行年报,2018 年。

■ 思考题

1. 为何美国 20 世纪 80 年代银行危机中倒闭的金融机构主要是储蓄类机构而不是商业银行?
2. 商业银行利率风险主要来自哪些方面?
3. 利率变动如何影响银行的净利差?
4. 利率变动如何影响银行的净值?
5. 商业银行利率风险管理的策略有哪些?

■ 核心文献

[1] Toni Beutler, Robert Bichsel, Adrian Bruhin, Jayson Danton. The Impact of Interest Rate Risk on Bank Lending [J]. Journal of Banking & Finance, Volume 115, June 2020, 105797.

[2] Whelsy Boungou. Negative Interest Rates Policy and Banks' Risk-taking: Empirical evidence [J]. Economics Letters.186(2020)108760.

[3] 田映华, 朱利. 商业银行存贷期限错配对利率风险的影响 [J]. 金融理论与实践, 2014年（8）.

[4] 施恬. 商业银行利率风险管理中久期缺口测算及其防御策略——基于中国股份制商业银行的实证分析 [J]. 上海金融, 2014（05）.

[5] 谢四美. 商业银行利率敏感性缺口与利率风险防范——基于上市银行的实证分析 [J]. 金融论坛, 2014（2）.

第十三章

流动性风险与管理

在历次金融危机中倒闭的银行，或在经营过程中陷入困境的银行，无论起因有何不同，但最终都会表现出流动性不足。可以说金融危机始于流动性，也终于流动性。

银行的流动性风险实际上是客户和市场流动性状况在银行的综合反映。对于一家银行来讲，流动性管理是银行管理工作的核心，是银行平衡安全性和盈利性的关键。银行的流动性问题也会转化为盈利能力问题。

本章内容包括流动性、流动性风险及其度量、中国商业银行流动性风险管理与治理体系、我国银行流动性监管指标体系等。

■ **重要知识点及核心概念**

流动性、流动性风险、流动性需求、流动性来源、流动性缺口、流动性覆盖率、净稳定资金比例、流动性比例、流动性匹配率、优质流动性资产充足率。

■ **学习目标**

- 明白银行为什么需要流动性
- 了解我国《商业银行流动性风险管理办法》的主要内容
- 了解我国流动性监管的主要指标与标准

第一节 流动性、流动性风险及其度量

流动性是金融最核心的概念之一。主要有：一是资产流动性，即资产在不受损情况下变现的能力；二是市场流动性，如股票市场、房地产市场等交易清淡、变现困难，"资金荒"就是典型的市场流动性不够的表现；三是银行的流动性，既指银行资产的流动性，也包含银行通过新增负债来筹资的能力。

相对于其他金融机构而言，商业银行的流动性管理更加重要，这与商业银行经营模式有直接的关系。保险公司、证券公司、基金公司等对负债的依赖程度较低，而商业银行资产负债率在 80% 以上、甚至更高。因此，与保险公司、证券公司、基金公司不同，银行有两个特点：第一，银行是高杠杆的企业；第二，银行经营采用部分准备金制度。所以，银行面临的流动性风险更大。

一、商业银行流动性风险

（一）概念

根据中国银保监会 2018 年 5 月发布的《商业银行流动性风险管理办法》，流动性风险是指商业银行无法以合理成本及时获得充足资金，用于偿付到期债务、履行其他支付义务和满足正常业务开展的其他资金需求的风险。

（二）内容

流动性集中反映了商业银行资产负债状况及其变动对均衡要求的满足程度，因而商业银行的流动性体现在资产流动性和负债流动性两个方面。商业银行流动性风险包括资产流动性风险和负债流动性风险，取决于商业银行通过资产融资和负债融资的能力强弱。

（1）资产流动性与流动性风险。

资产流动性是指银行持有的资产可以随时得到偿付或者在不受损失的情况下销售出去。资产变现所付成本越低，则流动性越强，流动性风险越低。

（2）负债流动性与流动性风险。

负债流动性是指银行能够以较低成本随时获得需要的资金，筹资成本越低，则流动性越强，流动性风险越低。

影响银行流动性风险的主要因素和事件包括流动性资产变现能力大幅下降、批发和零售存款大量流失、批发和零售融资的可获得性下降、融资期限缩短和融资成本提高、市场流动性状况出现重大不利变化、银行支付清算系统突然中断运行等。

二、商业银行流动性需求

（一）银行为什么需要流动性

（1）满足客户存款正常支取的需要。

客户存款后总会有支取存款或转账的需要，甚至定期存款也会提前支取，或通过柜台取现、或通过 ATM 取现。银行必须满足存款人提取存款的要求，这是银行业务连续性的基本要求。

通常来讲，存款人去柜台取款很少出现柜台现金不够的问题，但有时在 ATM 机取款时会发现 ATM 机没钱！严格来讲，这也是银行流动性管理不够精细的表现，当然这不一定就是银行流动性不够，可能更多是操作管理的问题，如没做好 ATM 机内现金余额监控，或者监控做到了但没有及时加钞。不过，这种操作风险有可能演变为声誉风险，进而导致挤兑，引发银行流动性风险。

（2）满足银行间清算的需要。

存款人除通过提取现金来支付购买食物等的开支外，还可能通过银联或通过第三方支付平台转账支付，以实现个人间、企业间或个人与企业之间的支付需求。银行客户之间的支付最终变成银行间的清算行为。因为所有商业银行都在中央银行有账户，所以两家银行的清算实际上只是其在中央银行账户上面的数字增减。

如果银行 A 应付银行 B 10 亿元，但银行 A 在中央银行账户的钱不足 10 亿元，这说明银行 A 流动性不够。为此，银行 A 或通过同业拆借补足 10 亿元，但可能面临同业拆借利率提高；或者通过出售自己的债券资产来补足 10 亿元，但可能面临债券市场价格走低，等等。这些都是银行 A 的流动性风险。而向中央银行借钱来解决上述流动性需求，对银行 A 来说则更是一个不好的信号！

（3）满足企业正常的贷款需要。

商业银行流动性需求中很大一部分来自客户的贷款需求。当客户贷款需求旺盛时，银行通过吸收存款或发债筹集的资金有可能赶不上贷款需求增长的速度，这是银行经营管理中常见的现象。这算不算出现了流动性困难！当然，长期高频率地拒绝客户贷款需求则表明银行存在流动性风险。

（4）偿还借款。

随着金融市场的发展，银行通过金融市场借款的数量不断增加，偿还借款本息也成为流动性需要的重要方面。

（二）流动性需求预测

商业银行流动性既有长期性、也有季节性特征。在正常情况下，银行可以根据既有的交易历史来预测未来某一时段的流动性供求的变化。商业银行流动性预测方法包括资金来源与使用法、资金结构法、流动性指示器法和市场信号法。

（1）资金来源与使用法。

这是指银行通过预测未来一段时间内的存款或贷款数量变化来管理流动性。预测分为贷款的预测和存款的预测。一般来讲，影响贷款（需求）的因素主要有 GDP、货币供应量、市场利率变动、通货膨胀等宏观变量，以及企业销售收入等微观变量。而影响银行存款数量的因素有人均可支配收入、企业销售状况、居民消费增长、货币供应量、市场利率、通货膨胀率等。

银行可以通过建立计量模型来分析未来存款和贷款数量的变化，以便银行做好流动性管理工作。

（2）资金结构法。

该方法考虑到未来资金流出银行的概率和便捷程度，将银行客户的资金分为"热钱"负债、易变资金和稳定负债三个部分。然后根据资金的"稳定"程度不同，保留不同比例的资金储备以备资金流出需要。"热钱"是指那些进出方便、对利率变动敏感的资金；易变资金可以是泛指存款、特别是企业存款和经纪人存款；⊖稳定负债主要是指负债资金中沉淀在银行

⊖ 最典型的经纪人存款是证券交易中的第三方存管资金。客户买进股票就会减少其保证金存款，对于接收保证金存款的银行来讲，存款数量减少。所以，相对于居民储蓄存款来讲，经纪人存款是不太稳定的存款，就是热钱。早期的共享单车（OFO 或摩拜单车）客户保证金经由公司存到银行的钱，可以看作经纪人存款，因为保证金的所有权人不是共享单车公司。实际上，这与客户在证券公司买股票的保证金的道理是一样的。这些都是稳定性较差的资金，尽管也可能会形成一个相对稳定的余额。

的相对稳定的余额,如银行的储蓄存款或核心存款。㊀

银行保留多少流动性?这与资金类别及其结构,以及留存备付金比例高低有关。但是,除法定准备金率外,还保留多高的流动性比例并没有一个统一的行业标准,取决于管理层对客户行为的了解和对宏观经济趋势的把握。

例如,某上市城商行 2016 年年报显示,该行存款中对公存款占 80% 多,储蓄存款不到 20%。此外,2016 年该行存款比 2015 年净增长 1 400 亿,增长幅度 37.7%,其中公司活期存款 2015 年是 1 390 多亿,2016 年是 2 300 多亿,净增约 1 000 亿。根据资金结构法,该行的存款备付金比率除了按照法定准备金率计提准备金外,基于其易变存款占比较高、增长过快的现实,还必须多留存准备金,否则容易出现流动性不足的问题。

(3)流动性指示器法。

流动性是银行资产和负债情况的综合性指标,有很多指标可以从不同侧面反映银行流动性的情况和未来变化趋势。我们把这些指标叫作流动性指示器。

如现金头寸/总资产、同业存款/总资产、政府债券/总资产、净拆入/总负债、贷款/总资产、用于融资的已抵押债券/持有债券总额、货币市场资产/波动性负债、㊁中介机构存款/总存款、㊂核心存款/总存款、活期存款/定期存款、未支用贷款承诺/总资产等。㊃

比如,2016 年锦州银行的同业往来负债、吸收存款负债、应付债券、其他负债当中,同业存款占比极高,而同业存款的高流动性、高成本、与机构信用高度相关等特点必将使锦州银行在未来面临巨大的流动性挑战和盈利性挑战。锦州银行后来的情况充分证明了这一点!

典型案例
美国投保银行流动性指示器指标

(4)市场信号法。

从外部来看,银行流动性管理者需要参考市场状况的变化;从内部来看,银行的流动性水平可参考的情景或事件包括但不限于下面这些指标:资产快速增长,负债波动性显著上升;资产或负债集中度上升;负债平均期限下降;批发或零售存款大量流失;批发或零售融资成本上升;难以继续获得长期或短期融资;期限或货币错配程度加剧;多次接近内部限额或监管标准;表外业务、复杂产品和交易对流动性的需求增加;银行资产质量、盈利水平和总体财务状况恶化;交易对手要求追加额外抵(质)押品或拒绝进行新交易;代理行降低或取消授信额度;信用评级下调;股票价格下跌;出现重大声誉风险事件,等等。

银行流动性不单单是银行自己的流动性,实际上是客户、市场参与者的流动性需求或变化在银行的综合反映。在很大程度上,引发银行流动性问题的原因主要来自客户对流动性的

㊀ 核心存款指客户的小额存款,沉淀在银行的金额相对稳定。
㊁ 货币市场资产/波动性负债指标反映了银行短期波动性负债与其持有的可迅速变现的货币市场资产之间是否大致平衡。货币市场资产=现金+同业存放+短期证券+同业拆出+逆回购,波动性负债=大额存单+欧洲货币市场存款+同业拆入+回购协议。
㊂ 中介机构存款,如经纪人存款、证券公司汇集的客户交易保证金存款(即第三方存管),这类存款对利率变化较为敏感,支取方便,可能被迅速提取。
㊃ 银行对客户的贷款承诺在客户未支用前,并不反映在资产负债表中,一旦客户使用贷款承诺就成为银行的贷款资产,银行必须为此保存充足的流动性资金以备客户随时的借款需求。比如,银行授予企业 500 万元的正式信贷承诺,企业开始时只用了 200 万元,另外 300 万元的信贷额度没有使用,但是银行必须随时将这 300 万元准备好,这对于银行来讲就是机会成本。所以,银行通常对这种正式承诺未支用的余额要收贷款承诺费。

需要及客户状况的变化，如大量贷款客户或大客户拖欠贷款。

三、流动性来源

银行如何获取流动性？主要包括五个方面。一是新增存款，银行通过存款产品创新吸收更多的存款，特别是零售存款。二是客户偿还贷款，银行恰当的贷款期限安排是银行满足存款人支取存款或新增贷款的重要资金来源之一。贷款和存款的严重期限错配必将给银行造成严重的流动性风险，银行资产与负债的久期平衡是流动性管理中的重要工作。三是出售资产，其方式包括卖出证券、贷款合同转让和贷款证券化。四是对外借款，如发行同业存单、同业拆借、向中央银行借款、发行可转债、发行次级债券等。五是收费等收入，利息收入、收费收入等也是银行获取流动性的重要来源。

如果银行在未来一段时间通过各种活动筹集资金获取的现金流量不能满足业务需要时，实际上就出现流动性风险了。

四、流动性缺口与度量

银行流动性需求和流动性来源之间的差形成银行的流动性缺口，⊖用流动性缺口率来度量缺口的状态。流动性缺口率是指未来各个时间段的流动性缺口与相应时间段到期的表内外资产的比例。

1. 净流动性缺口

净流动性缺口 = 流动性来源 − 流动性需求 =
= (存款流入 + 借款 + 客户还贷 + 资产出售 + 收费收入) −
(存款提取 + 拟新增贷款 + 偿还借款 + 经营支出 + 支付股利)

当预测净流动性缺口为正时，银行要做好流动性盈余管理，及时安排新增贷款或投资；当预测的净流动性缺口为负时，银行要做好筹资计划，以弥补流动性赤字。

2. 流动性缺口率

$$\text{流动性缺口率} = \frac{\text{各个时段流动性缺口}}{\text{相应时段到期表内外资产}}$$

其中，相应时间段到期的表内外资产 = 相应时间段到期的表内资产 + 相应时间段到期的表外收入。根据分析目的的不同，可以自主定义相应时间段长短，如 90 天或其他。

流动性缺口率为 90 天内表内外流动性缺口与 90 天内到期表内外流动性资产之比，是衡量商业银行流动性状况及其波动性的核心指标之一。一般不应低于 −10%。其中，流动性缺口为 90 天内到期的表内外资产减去 90 天内到期的表内外负债的差额。

第二节 中国商业银行流动性风险管理与治理体系

2018 年 5 月，中国正式颁布《商业银行流动性风险管理办法》（以下简称《办法》），自

⊖ 之前还学习过敏感性缺口、久期缺口。

2018年7月1日起施行。《办法》对流动性风险及其监管等做出明确规定，主要包括银行"三会一层"及各部门流动性风险管理治理结构，流动性风险管理策略、政策和程序，流动性风险识别、计量、监测和控制，管理信息系统，流动性风险监管指标，流动性风险监测工具，流动性风险监管方法和措施等。

一、流动性风险管理治理结构

（一）董事会

商业银行董事会应当承担流动性风险管理的最终责任，履行以下职责：一是审核批准流动性风险偏好、流动性风险管理策略、重要的政策和程序，流动性风险偏好应当至少每年审议一次；二是监督高级管理层对流动性风险实施有效管理和控制；三是持续关注流动性风险状况，定期获得流动性风险报告，及时了解流动性风险水平、管理状况及其重大变化；四是审批流动性风险信息披露内容，确保披露信息的真实性和准确性；五是其他有关职责。

董事会可以授权其下设的专门委员会履行部分职责。

（二）高级管理层

商业银行高级管理层应当履行以下职责：一是制定、定期评估并监督执行流动性风险偏好、流动性风险管理策略、政策和程序；二是确定流动性风险管理组织架构，明确各部门职责分工，确保商业银行具有足够的资源，独立、有效地开展流动性风险管理工作；三是确保流动性风险偏好，流动性风险管理策略、政策和程序在商业银行内部得到有效沟通和传达；四是建立完备的管理信息系统，支持流动性风险的识别、计量、监测和控制；五是充分了解并定期评估流动性风险水平及管理状况，及时了解流动性风险的重大变化，并向董事会定期报告；六是其他有关职责。

（三）专门部门

商业银行应当指定专门部门负责流动性风险管理，其流动性风险管理职能应当与业务经营职能保持相对独立，并且具备履行流动性风险管理职能所需要的人力、物力资源。商业银行负责流动性风险管理的部门应当具备以下职能：一是拟定流动性风险管理策略、政策和程序，提交高级管理层和董事会审核批准；二是识别、计量和监测流动性风险，包括持续监控优质流动性资产状况，监测流动性风险限额遵守情况并及时报告超限额情况，组织开展流动性风险压力测试，组织流动性风险应急计划的测试和评估；三是识别、评估新产品、新业务和新机构中所包含的流动性风险，审核相关操作和风险管理程序；四是定期提交独立的流动性风险报告，及时向高级管理层和董事会报告流动性风险水平、管理状况及其重大变化；五是拟定流动性风险信息披露内容，提交高级管理层和董事会审批；六是其他有关职责。

（四）监事会

商业银行监事会（监事）应当对董事会和高级管理层在流动性风险管理中的履职情况进行监督评价，至少每年向股东大会（股东）报告一次。

（五）内部审计

商业银行应当将流动性风险管理纳入内部审计范畴，定期审查和评价流动性风险管理的充分性和有效性。内部审计应当涵盖流动性风险管理的所有环节，包括但不限于：一是流动性风险管理治理结构、策略、政策和程序能否确保有效识别、计量、监测和控制流动性风险；二是流动性风险管理政策和程序是否得到有效执行；三是现金流分析和压力测试的各项假设条件是否合理；四是流动性风险限额管理是否有效；五是流动性风险管理信息系统是否完备；六是流动性风险报告是否准确、及时、全面。

流动性风险管理的内部财务报表附注应当提交董事会和监事会。

二、流动性风险管理策略、政策和程序

商业银行的流动性风险管理策略应当明确流动性风险管理的总体目标、管理模式以及主要政策和程序。流动性风险管理政策和程序包括但不限于：一是流动性风险识别、计量和监测，包括现金流测算和分析；二是流动性风险限额管理；三是融资管理；四是日间流动性风险管理；五是压力测试；六是应急计划；七是优质流动性资产管理；八是跨机构、跨境以及重要币种的流动性风险管理；九是对影响流动性风险的潜在因素以及其他类别风险对流动性风险的影响进行持续监测和分析。

三、流动性风险识别、计量、监测和控制

商业银行应当根据业务规模、性质、复杂程度及风险状况，运用适当的方法和模型，对在正常和压力情景下未来不同时间段的资产负债期限错配、融资来源多元化和稳定程度、优质流动性资产、重要币种流动性风险及市场流动性等进行分析和监测。

商业银行应当建立现金流测算和分析框架，有效计量、监测和控制正常和压力情景下未来不同时间段的现金流缺口。现金流测算和分析应当涵盖资产和负债的未来现金流以及或有资产和或有负债的潜在现金流，并充分考虑支付结算、代理和托管等业务对现金流的影响。

（一）日间流动性风险管理

商业银行应当加强日间流动性风险管理，确保具有充足的日间流动性头寸和相关融资安排，及时满足正常和压力情景下的日间支付需求。商业银行的日间流动性风险管理应该符合以下要求：一是有效计量每日的预期现金流入总量和流出总量，日间各个时点现金流入和流出的规模、缺口等；二是及时监测业务行为变化，以及账面资金、日间信用额度、可用押品等可用资金变化等对日间流动性头寸的影响；三是具有充足的日间融资安排来满足日间支付需求，必要时可通过管理和使用押品来获取日间流动性；四是具有根据日间情况合理管控资金流出时点的能力；五是充分考虑非预期冲击对日间流动性的影响。

商业银行应当结合历史数据对日间流动性状况进行回溯分析，并在必要时完善日间流动性风险管理。

（二）同业业务流动性风险管理

商业银行应当加强同业业务流动性风险管理，提高同业负债的多元化和稳定程度，并优化同业资产结构和配置。

(三)流动性风险压力测试制度

商业银行应当建立流动性风险压力测试制度,分析承受短期和中长期压力情景的流动性风险控制能力。

(四)定期监测合同期限错配情况

银行业监督管理机构应当定期监测商业银行的所有表内外项目在不同时间段的合同期限错配情况,并分析其对流动性风险的影响。合同期限错配情况的分析和监测可以涵盖隔夜、7天、14天、1个月、2个月、3个月、6个月、9个月、1年、2年、3年、5年和5年以上等多个时间段。相关参考指标包括但不限于各个时间段的流动性缺口和流动性缺口率。

(五)定期监测融资来源的多元化和稳定程度

银行业监督管理机构应当定期监测商业银行融资来源的多元化和稳定程度,并分析其对流动性风险的影响。银行业监督管理机构应当按照重要性原则,分析商业银行的表内外负债在融资工具、交易对手和币种等方面的集中度。对负债集中度的分析应当涵盖多个时间段。相关参考指标包括但不限于核心负债比例、同业融入比例、最大十户存款比例和最大十家同业融入比例。

当商业银行出现对短期同业批发融资依赖程度较高、同业批发融资增长较快、发行同业存单增长较快等情况时,或商业银行在上述方面明显高于同质同类银行或全部商业银行平均水平时,银行业监督管理机构应当及时了解原因并分析其反映出的商业银行风险变化,必要时进行风险提示或要求商业银行采取相关措施。

四、流动性风险监管方法和措施

(一)监管方法

银行业监督管理机构通过非现场监管、现场检查以及与商业银行的董事、高级管理人员进行监督管理谈话等方式,运用流动性风险监管指标和监测工具,在法人和集团层面对商业银行流动性风险水平及其管理状况实施监督管理,并尽早采取措施应对潜在流动性风险。

商业银行应当按照规定向银行业监督管理机构报送与流动性风险有关的财务会计、统计报表和其他报告。委托社会中介机构对其流动性风险水平及流动性风险管理体系进行审计的,还应当报送相关的外部财务报表附注。流动性风险监管指标应当按月报送,银行业监督管理机构另行规定的除外。

银行业监督管理机构可以根据商业银行的业务规模、性质、复杂程度、管理模式和流动性风险特点,确定商业银行报送流动性风险报表、报告的内容和频率。

商业银行应当按季向银行业监督管理机构报送流动性风险压力测试报告,内容包括压力测试的情景、方法、过程和结果。出现市场剧烈波动等情况时,应当提高压力测试报送频率。商业银行根据压力测试结果对流动性风险偏好,流动性风险管理策略、政策和程序进行重大调整的,应当及时向银行业监督管理机构报告相关情况。

(二)不利影响的重大事项报告

商业银行应当及时向银行业监督管理机构报告下列可能对其流动性风险水平或管理状况

产生不利影响的重大事项和拟采取的应对措施：一是本机构信用评级大幅下调；二是本机构大规模出售资产以补充流动性；三是本机构重要融资渠道即将受限或失效；四是本机构发生挤兑事件；五是母公司或集团内其他机构的经营状况、流动性状况、信用评级等发生重大不利变化；六是市场流动性状况发生重大不利变化；七是跨境或跨机构的流动性转移政策出现不利于流动性风险管理的重大调整；八是母公司、集团经营活动所在国家或地区的政治、经济状况发生重大不利变化；九是其他可能对其流动性风险水平或管理状况产生不利影响的重大事件。

如果商业银行的监管指标已经或即将降至最低监管标准以下，应当分析原因及其反映出的风险变化情况，并立即向银行业监督管理机构报告。商业银行出现监测指标波动较大、快速或持续单向变化的，应当分析原因及其反映出的风险变化情况，并及时向银行业监督管理机构报告。

第三节 我国银行流动性监管指标体系

2018 年的《商业银行流动性风险管理办法》监测的流动性风险监管指标包括流动性覆盖率、净稳定资金比例、流动性比例、流动性匹配率和优质流动性资产充足率。相比之下，2014 年的《商业银行流动性风险管理办法》（2014 年 2 号令）规定的流动性风险监管指标只有流动性覆盖率、存贷比和流动性比例。

新的《商业银行流动性风险管理办法》体现了差别管理，要求资产规模不小于 2 000 亿元人民币的商业银行应当持续达到流动性覆盖率、净稳定资金比例、流动性比例和流动性匹配率的最低监管标准。资产规模小于 2 000 亿元人民币的商业银行应当持续达到优质流动性资产充足率、流动性比例和流动性匹配率的最低监管标准。

一、流动性监管指标

（一）存贷比

存贷比或者贷存比是指商业银行贷款余额与存款余额的比例，是用来衡量商业银行流动性风险的指标之一。为防止银行信贷过度扩张带来的风险，1995 年公布施行的《中华人民共和国商业银行法》第三十九条规定商业银行贷款余额与存款余额的比例不得超过 75%。

存贷比监管在当时对于约束商业银行信贷规模过快扩张，防范和控制商业银行流动性风险发挥了积极作用。但随着经济、金融的发展，存贷比监管已不适应当前商业银行资产负债多元化和业务创新发展的需要。取消存贷比监管指标是银行业改革以及更好地支持实体经济的需要，也符合国际惯例。

（二）流动性覆盖率

流动性覆盖率（liquidity coverage ratio，LCR）旨在确保商业银行具有充足的合格优质流动性资产，能够在规定的流动性压力情景下，通过变现这些资产满足未来至少 30 天的流动性需求。

$$流动性覆盖率 = 合格优质流动性资产 \div 未来 30 天现金净流出量$$

流动性覆盖率的最低监管标准为不低于100%。

(三) 净稳定资金比例[○]

净稳定资金比例(net stable funding ratio, NSFR)旨在确保商业银行具有充足的稳定资金来源,以满足各类资产和表外风险敞口对稳定资金的需求。这个可用于度量银行较长期限内可使用的稳定资金来源对其表内外资产业务发展的支持能力。

$$净稳定资金比例 = 可用的稳定资金 \div 所需的稳定资金$$

该比率的分子是银行可用的各项稳定资金来源,分母是银行发展各类资产业务所需的稳定资金来源。该比率设定最低监管标准,有助于推动银行使用稳定的资金来源支持其资产业务的发展,降低资产负债的期限错配。净稳定资金比例的最低监管标准为不低于100%。

(四) 流动性比例

流动性资产包括现金、黄金、超额准备金存款、1个月内到期同业往来款轧差后资产净额、1个月内到期债券投资、在国内外二级市场可随时变现债券投资、其他1个月内到期可变现资产(剔除不良资产)。

流动性负债包括活期存款(不含财政性存款)、1个月内到期的定期存款(不含政策性存款)、1个月内到期的同业往来款轧差后负债净额、1个月内到期已发行债券、1个月内到期应付利息及各种应付款、1个月内到期央行借款、其他1个月内到期负债。

$$流动性比例 = 流动性资产 \div 流动性负债 \times 100\%$$

流动性比例(率)是商业银行风险监管的核心指标之一。流动性比例的最低监管标准为不低于25%。

(五) 流动性匹配率

该比例用于衡量商业银行主要资产与负债的期限结构,旨在引导商业银行合理配置长期稳定负债、高流动性或短期资产,避免过度依赖短期资金支持长期业务发展,提高流动性风险抵御能力。

$$流动性匹配率 = 加权资金来源 \div 加权资金运用$$

流动性匹配率的最低监管标准为不低于100%。

(六) 优质流动性资产充足率

该指标旨在确保商业银行保持充足的、无变现障碍的优质流动性资产,在压力情况下,银行可通过变现这些资产来满足未来30天内的流动性需求。

$$优质流动性资产充足率 = 优质流动性资产 \div 短期现金净流出$$

其中,短期现金净流出 = 可能现金流出 - 确定现金流入。可能现金流出包括一般性存款、同业业务、发行债券、来自中央银行的资金和其他项目流出等。确定现金流入包括未来30天内到期的贷款、同业业务、投资债券和金融工具流入等。

优质流动性资产是指能够通过出售或抵(质)押方式,在无损失或损失极小的情况下在金融市场快速变现的各类资产。优质流动性资产为无变现障碍资产,由一级资产和二级资产构成。一级资产包括现金、压力情景下可以提取的准备金、国债、央票和政策性金融债。一

[○] 中国银监会发布的《关于中国银行业实施新监管标准的指导意见》(银监发〔2011〕44号)中称为"净稳定融资比例"。

级资产无论剩余期限长短，均按照当前市场价值计入优质流动性资产。二级资产包括非金融机构发行的信用债、中国铁路总公司发行的债券及地方政府债。纳入二级资产的债券的信用评级应在 AA– 级以上。二级资产无论剩余期限长短，均在当前市场价值基础上按 85% 的折扣系数计入优质流动性资产。计入优质流动性资产的二级资产不可超过优质流动性资产的 40%。

优质流动性资产充足率的最低监管标准为不低于 100%。

（七）核心负债依存度

$$核心负债依存度 = 核心负债 \div 总负债 \times 100\%$$

核心负债包括距到期日 3 个月以上（含）定期存款和发行债券以及活期存款的 50%。总负债是指资产负债表中负债总计的余额。

核心负债依存度监管要求不低于 60%。

二、商业银行流动性信息披露——以中国建设银行为例

流动性风险是商业银行日常管理的重要内容，相关指标是银行监管部门监测的重点之一，同时也是银行年报需要披露的重要信息。我国商业银行一般采用流动性指标分析、剩余到期日分析衡量流动性风险，并披露相关信息。

（一）流动性指标

按照《商业银行流动性风险管理办法》，流动性风险监管指标有流动性覆盖率、净稳定资金比例、流动性比率、流动性匹配率和优质流动性资产充足率。下面用中国建设银行披露的流动性指标包括流动性比率及存贷比率、流动性覆盖率、净稳定资金比例、期限缺口等，来分析流动性指标。

（1）流动性比率及存贷比率。

中国建设银行的流动性比率及存贷比率如表 13-1 所示。

表 13-1　中国建设银行集团流动性比率及存贷比率　　　　　　　（%）

		标准值	2019 年 12 月 31 日	2018 年 12 月 31 日	2017 年 12 月 31 日
流动性比率[①]	人民币	≥ 25	51.87	47.69	43.53
	外币	≥ 25	68.29	84.88	74.52
存贷比率[②]	人民币		77.68	73.71	70.73

①流动性资产除以流动性负债，按照银保监会要求计算。
②根据银保监会要求，按照境内法人口径计算存贷比率。
资料来源：中国建设银行年报，2019 年，第 65 页。

（2）流动性覆盖率。

根据《商业银行流动性风险管理办法》要求，商业银行的流动性覆盖率为合格优质流动性资产除以未来 30 天现金净流出量。中国建设银行合格优质流动性资产主要包括主权国家、中央银行担保及发行的风险权重为零或 20% 的证券和压力状态下可动用的央行准备金等。2019 年第 4 季度中国建设银行流动性覆盖率日均值为 154.83%，符合监管要求（见表 13-2）。

表 13-2　中国建设银行流动性覆盖率　　（单位：人民币百万元）

	2019年第四季度	2019年第三季度	2019年第二季度	2019年第一季度	2018年第四季度
合格优质流动性资产	4 323 267	4 196 573	4 309 848	4 317 948	4 209 453
现金净流出量	2 806 467	3 027 574	2 996 749	2 938 487	2 991 869
流动性覆盖率(%)①	154.83	138.83	143.88	147.12	140.78

① 按照当期适用的监管要求、定义及会计准则计算，数据为季度内所有自然日数值简单算术平均值。

资料来源：中国建设银行年报，2019年，第66页。

中国建设银行2019年第4季度流动性覆盖率较上季度上升16.00个百分点，主要是合格优质流动性资产、抵（质）押借贷（包括逆回购和借入证券）以及完全正常履约付款带来的现金流入增加所致。

（3）净稳定资金比例。

净稳定资金比例为可用的稳定资金除以所需的稳定资金。该指标用以衡量商业银行是否具有充足的稳定资金来源，以满足各类资产和表外风险敞口对稳定资金的需求。中国建设银行2019年12月末净稳定资金比例为129.12%，满足监管要求（见表13-3）。

表 13-3　中国建设银行集团净稳定资金比例　（单位：人民币百万元）

	2019年12月31日	2019年9月30日	2019年6月30日	2019年3月31日	2018年12月31日
可用的稳定资金	17 720 370	17 329 553	16.991 797	16 914 591	15 994 683
所需的稳定资金	13 723 611	13 269 145	13 232 894	13 202 701	12 645 878
净稳定资金比例(%)	129.12	130.60	128.41	128.11	126.48

资料来源：中国建设银行年报，2019年，第66页。

中国建设银行2019年12月末净稳定资金比例比9月末下降1.48个百分点，主要是贷款和证券、其他资产增加导致所需的稳定资金增加所致；比6月末上升0.71个百分点，主要是来自零售和小企业客户的存款、批发融资增加导致可用的稳定资金增加所致。

（4）期限缺口。

中国建设银行定期监测资产负债各项业务期限缺口情况，评估不同期限范围内流动性风险状况。2019年12月31日，各期限累计缺口22 351.27亿元，较上年增加2 435.33亿元。实时偿还的负缺口为105 689.33亿元，较上年扩大4 217.78亿元，主要是客户基础广泛，存款增长较快（见表13-4）。

表 13-4　中国建设银行各期限缺口　　（单位：人民币百万元）

	无期限	实时偿还	1个月以内	1个月至3个月	3个月至1年	1年至5年	5年以上	合计
2019年12月31日各期限缺口	2 700 022	(10 568 933)	37 627	(483 565)	(183 339)	2 445 984	8 287 331	2 235 127
2018年12月31日各期限缺口	2 596 087	(10 147 155)	(144 391)	(585 977)	(106 509)	3 181 995	7 197 544	1 991 594

资料来源：中国建设银行年报，2019年，第66页。

与中国建设银行各期限缺口有关的资产与负债相关剩余到期日的详细情况见下面的剩余

到期日分析部分。

(二) 剩余到期日

银行资产和负债的剩余到期日是指当前时间离合同约定的到期日之间剩余的时间长短。银行一般将剩余到期日按照无期限、实时偿还、1个月以内、1~3个月、3~12个月、1~5年、5年以上，并根据各时间段资产和负债分布计算"各期限缺口"，以此反映银行流动性状况（见表13-5）。

表 13-5　中国建设银行（集团）资产与负债剩余到期日分析

（单位：人民币百万元）

	2019年12月31日						
	无期限	实时偿还	1个月以内	1~3个月	3个月至1年	1~5年	5年以上	合计
资产								
现金及存放中央银行款项	2 160 625	459 467	—	918	—	—	—	2 621 010
存放同业款项和拆出资金	—	107 976	494 082	178 400	158 868	11 474	7	950 807
买入返售金融资产	—	—	556 268	1 541	—	—	—	557 809
发放贷款和垫款	65 019	736 746	465 482	671 619	2 960 503	3 450 610	6 190 688	14 540 667
投资								
以公允价值计量且其变动计入当期损益的金融资产	171 984	43 619	48 539	57 976	160 471	98 657	94 115	675 361
以摊余成本计量的金融资产	—	—	41 285	83 481	395 356	1 703 305	1 516 869	3 740 296
以公允价值计量且其变动计入其他综合收益的金融资产	6 031	—	43 664	75 244	199 948	949 217	523 480	1 797 584
长期股权投资	11 353	—	—	—	—	—	—	11 353
其他	292 931	84 349	10 194	35 032	33 431	18 635	66 802	541 374
资产总计	2 707 943	1 432 157	1 659 514	1 104 211	3 908 577	6 231 898	8 391 961	25 436 261
负债								
向中央银行借款	—	—	77 689	21 104	450 026	614	—	549 433
同业及其他金融机构存放款项和拆入资金	—	1 152 774	335 362	205 743	441 916	45 373	13 083	2 194 251
以公允价值计量且其变动计入当期损益的金融负债	—	16 750	110 908	63 111	90 828	—	—	281 597
卖出回购金融资产款	—	—	106 571	4 540	1 480	2 067	—	114 658
吸收存款	—	10 607 372	839 045	1 026 419	2 467 053	3 414 049	12 355	18 366 293
已发行债务证券								
已发行存款证	—	—	—	—	—	—	—	
已发行债券	—	—	5 130	8 070	26 217	88 021	1 374	128 812
已发行次级债券	—	—	—	—	2 310	79 975	—	82 285
已发行合格二级资本债券	—	—	—	1 174	38 343	115 791	—	155 308

（续）

	2019 年 12 月 31 日							
	无期限	实时偿还	1 个月以内	1～3 个月	3 个月至 1 年	1～5 年	5 年以上	合计
其他	7 921	224 194	53 369	46 777	186 296	21 952	77 818	618 327
负债合计	7 921	12 001 090	1 621 887	1 587 776	4 091 916	3 785 914	104 630	23 201 134
各期限缺口	2 700 022	(10 568 933)	37 627	(483 565)	(183 339)	2 445 984	8 287 331	2 235 127
衍生金融工具的名义金额								
利率合约	—	—	45 899	68 259	212 359	191 131	18 097	535 745
汇率合约	—	—	876 973	724 591	2 014 465	108 229	2 748	3 727 006
其他合约	—	—	51 898	19 239	14 012	635	—	85 784
合计	—	—	974 770	812 089	2 240 836	299 995	20 845	4 348 535

资料来源：中国建设银行年报，2019 年，第 272 页。

■ 拓展阅读

锦州银行流动性问题处置

■ 思考题

1. 我国银行流动性监管指标体系主要有哪些？
2. 影响商业银行流动性的主要因素有哪些？
3. 宏观经济、银行结构与流动性风险。
4. 银行竞争与流动性创造。

■ 核心文献

［1］ Aisyah Abdul-Rahman, Ahmad Azam Sulaiman, Noor Latifah Hanim Mohd Said. Does Financing Structure Affects Bank Liquidity Risk?［J］. Pacific-Basin Finance Journal. 52(2018)26-39.

［2］ Marcelo Rezende, Mary-Frances Styczynski, Cindy M. Vojtech. The Effects of Liquidity Regulation on Bank Demand in Monetary Policy Operations［J］. Journal of Financial Intermediation, Available online 6 April 2020.

［3］ Olivier de Bandt, Sandrine Lecarpentier. Determinants of Banks' Liquidity: A French Perspective on Interactions Between Market and Regulatory Requirements［J］. Journal of Banking & Finance.124(2021)106032.

［4］ 陈红，林键，杨国强. 宏观变化、银行结构与流动性风险——基于流动性覆盖率 LCR 的实证分析［J］. 金融监管研究，2017（08）.

［5］崔婕，段雨辰，沈沛龙．基于隔夜Shibor的商业银行系统流动性风险研究［J］．经济问题，2016（10）．
［6］付强，刘星，计方．商业银行流动性风险评价［J］．金融论坛，2013（4）．
［7］郭晔，程玉伟，黄振．货币政策、同业业务与银行流动性创造［J］．金融研究，2018（05）．
［8］李北伟，耿爽．商业银行期限错配风险的测度［J］．统计与决策2020（11）．
［9］李明辉，黄叶苨，刘莉亚［J］．市场竞争、银行市场势力与流动性创造效率——来自中国银行业的证据［J］．财经研究，2018（02）．
［10］廖岷，杨元元．全球商业银行流动性风险管理与监管的发展状况及其启示［J］．金融研究．2008（06）．
［11］尚福林．存贷比监管已不适应当前发展需要［OL］．新华网，2015-08-24．
［12］宋琴，汤桂丹，郭晶晶．银行流动性创造对实体经济的影响——基于2011—2016年中国商业银行面板数据的实证分析［J］．河北经贸大学学报，2019（5）．
［13］杨凯生．银行存贷比监管指标并非完美无缺［OL］．新浪财经，2014-12-14．
［14］曾刚，李广子．商业银行流动性影响因素研究［J］．金融监管研究，2013（3）．
［15］朱孟楠，侯哲．中国商业银行资金错配问题研究——基于"钱荒"背景下的思考［J］．国际金融研究，2014（4）．

第六篇

商业银行绩效

第十四章 商业银行利润与绩效评价

资产负债表、损益表、现金流量表是商业银行最重要的财务报表，按照银行监管部门和证券交易所的规定，上市银行必须以恰当的方式披露上述财务信息。需要说明的是，对商业银行资产负债表分析的相关内容在本书前面"商业银行负债结构分析""商业银行资产结构分析"中做了详细介绍和比较。

本篇主要讨论商业银行利润、收支，特别是银行非利息收入，以及相关财务指标和我国财政部门对国有和国有控股银行绩效的评价。

第十四章
CHAPTER14

商业银行利润与绩效评价

本章主要关注银行利润是如何形成的；利息净收入与非利息收入结构的变化趋势、规律和银行间的差异，以及导致这种变化的主要因素，我国非利息收入项目及其结构性变化，业务与管理费，特别是成本收入比在银行间的不同，资产减值损失及其对利润的影响（机制）等，主要的财务指标，以及银行绩效评价。

■ 重要知识点及核心概念

营业收入、利息净收入、非利息收入、手续费及佣金收入、资产减值损失、成本收入比、资产收益率、平均资产回报率、净利差、净利息收益率、存贷比、资本充足率、拨备覆盖率、拖欠、非应计贷款、杜邦分析法、RAROC、波动性/风险性指标、商业银行绩效评价。

■ 学习目标

- 了解国内外银行的收入与支出结构及其变化
- 了解我国银行手续费及佣金收入的结构变化
- 了解国内外银行贷款质量信息披露情况
- 学习和研究非利息收入占比变化的规律、特征和趋势，以及导致这种变化的原因
- 学习运用成本收入比、薪酬等数据研究银行绩效问题
- 学习研究我国商业银行服务收费方式存在的问题
- 了解国内外银行主要的财务指标
- 了解评价我国银行盈利能力的主要指标
- 了解我国财政部门对国有和国有控股银行的绩效评价
- 能够为研究需要，运用基础财务和业务指标构建新的指标，以揭示银行的特征

- 初步了解和尝试运用实证分析方法研究银行与盈利、不良贷款等相关的问题

第一节 银行利润

损益表（Income Statement）是反映会计期间的收入、支出及净收益的会计报表。基于损益表可以分析银行的收入增长、经营成本变化、利润增减，及其变动的原因，为投资决策和评价提供依据。

一、商业银行损益表及其构成

损益表通常分为利润构成和利润分配两部分。在利润构成部分，先列示销售收入，然后减去销售成本得出销售利润，再减去各种费用后得出营业利润（或亏损），再加减营业外收入和支出后，即为利润（亏损）总额。在利润分配部分，先将利润总额减去应交所得税得到税后利润，然后提取公积金等，最后得到可分配利润。

中国建设银行集团 2018～2019 年利润表构成情况如表 14-1 所示。

表 14-1　中国建设银行集团 2018～2019 年利润表构成情况

（单位：人民币百万元）

	2019 年	2018 年
利息净收入	510 680	486 278
非利息收入	194 949	172 613
其中：手续费及佣金净收入	137 284	123 035
营业收入	705 629	658 891
税金及附加	(6 777)	(6 132)
业务及管理费	(179 531)	(167 208)
信用减值损失	(163 000)	(151 109)
其他资产减值损失	(521)	121
其他业务成本	(28 846)	(26 049)
营业利润	326 954	308 514
营业外收支净额	(357)	(354)
利润总额	326 597	308 160
所得税费用	(57 375)	(25 534)
净利润	269 222	255 626

资料来源：建设银行年报，2019 年，第 22 页。

由上表可知：

净利润 = 利润总额 − 所得税费用
　　　= 营业利润 +（营业外收入 − 营业外支出）− 所得税费用
　　　=（营业收入 − 营业支出）+（营业外收入 − 营业外支出）− 所得税费用
　　　=（利息净收入 + 非利息收入 − 营业支出）+（营业外收入 − 营业外支出）− 所得税费用

我们从表 14-1 可以发现上市公司（银行）操纵利润的秘密，或者叫"盈余管理"的方

法。由于信用减值损失是银行的成本支出项，因此，加大信用减值损失，在收入不变的情况下，营业利润将减少。反之，银行利润将增加。银行"虚增利润"的办法就是在本期少计信用减值损失，而要"隐藏利润"，只需要在本期多计信用减值损失。事实上因为本期多计的信用减值损失并非真的损失掉了，其价值还可以在未来以某种方式实现价值"转回"。

这种人为调剂利润的方法将直接影响到银行缴纳的所得税。所以，在实际工作中银行也不是随意就可以"增加"或"减少"利润的！

（一）营业收入

银行的营业收入主要包括利息净收入和非利息收入两部分。其中，利息净收入是各项利息收入减去利息支出的结果，而银行非利息收入主要是手续费及佣金净收入。

利息收入包括发放贷款和垫款利息收入、金融投资利息收入、存放中央银行款项利息收入、存放同业款项及拆出资金利息收入、买入返售金融资产利息收入。

（二）各项支出

银行支出包括利息支出、税金及附加、业务及管理费、信用减值损失、其他等。其中，利息支出一般位于利润表的上半部，以"利息净收入"报告，在花旗银行的利润表中则以"Revenues, net of interest expense"呈现，而具体的利息支出在年报"利息净收入"部分有详细的利息支出项目与金额（参见建设银行年报，2019年，第23页）。

（三）利润总额

银行营业收入扣除各项支出，再扣除营业外支出得到银行的利润总额，在依法缴纳所得税后得到净利润，银行再按规定提取公积金、公益金等，最后得到可分配利润。

从我国银行业来看，利息净收入占比在70%以上，比如建设银行利息净收入占营业收入的比例为72.4%。从美国的银行业来看，美国的商业银行在20世纪80年代利率市场化后逐步形成了"将传统业务作为基础业务，而将非利息业务作为利润增长点"的现代银行新型收入体系。在美国的银行营业收入中，利息净收入的贡献相对要低一些，如美洲银行，其利息净收入占营业收入的比例为53.6%。花旗银行利息净收入占营业收入的比例为63.7%。花旗银行2015～2019年收入及结构变化如表14-2所示。

表14-2 花旗银行2015～2019年收入及结构变化（花旗公司及子公司合并）

（单位：百万美元）

	2019年	2018年	2017年	2016年	2015年
利息净收入（Net interest revenue）	47 347	46 562	45 061	45 476	47 093
非利息收入（Non-interest revenue）	26 939	26 292	27 383	25 321	30 184
营业收入（扣除利息支出）（Revenues, net of interest expense）	74 286	72 854	72 444	70 797	77 277
营业支出（Operating expenses）	42 002	41 841	42 232	42 338	44 538
信用减值损失（Provisions for credit losses and for benefits and claims）	8 383	7 568	7 451	6 982	7 913
税前利润（Income from continuing operations before income taxes）	23 901	23 445	22 761	21 477	24 826
所得税（Income taxes）	4 430	5 357	29 388	6 444	7 440

（续）

	2019 年	2018 年	2017 年	2016 年	2015 年
持续经营利润（Income (loss) from continuing operations）	19 471	18 088	(6 627)	15 033	17 386
非经常性收入（Income (loss) from discontinued operations, net of taxes）	(4)	(8)	(111)	(58)	(54)
扣除少数股东利润前净利润（Net income (loss) before attribution of noncontrolling interests）	19 467	18 080	(6 738)	14 975	17 332
归属少数股东利润（Net income attributable to non controlling interests）	66	35	60	63	90
净利润（Citigroup's net income (loss)）	19 401	18 045	(6 798)	14 912	17 242

资料来源：花旗银行年报，2019 年，第 10 页。

与花旗银行相比，美洲银行收入结构略显不同。2019 年，美洲银行非利息收入占总收入的 46.4%，而 2015 年非利息收入占比则高达 53%（见表 14-3）。

表 14-3　美洲银行 2015～2019 年收入及结构变化

（单位：百万美元）

	2019 年	2018 年	2017 年	2016 年	2015 年
损益表（Income statement）					
利息净收入（Net interest income）	48 891	48 162	45 239	41 486	38 958
非利息收入（Noninterest income）	42 353	42 858	41 887	42 012	44 007
总收入（扣除利息支出）（Total revenue, net of interest expense）	91 244	91 020	87 126	83 498	82 965
信用减值损失（Provision for credit losses）	3 590	3 282	3 396	3 597	3 161
非利息支出（Noninterest expense）	54 900	53 154	54 517	54 880	57 617
税前收入（Income before income taxes）	32 754	34 584	29 213	25 021	22 187
所得税支出（Income tax expense）	5 324	6 437	10 981	7 199	6 277
净利润（Net income）	27 430	28 147	18 232	17 822	15 910
普通股东可分配利润（Net income applicable to common shareholders）	25 998	26 696	16 618	16 140	14 427

资料来源：美洲银行年报，2019 年，第 49 页。

二、利息净收入

利息净收入是资产利息收入与负债利息支出的差额。以建设银行为例，2019 年建设银行集团实现利息净收入 5 106.80 亿元，在营业收入中占比为 72.37%。

（一）利息收入

利息收入主要来自发放贷款和垫款、金融投资、存放中央银行款项、存放同业款项及拆出资金、买入返售金融资产等滋生利息。建设银行集团 2019 年资产项目的平均余额、利息收入以及平均收益率的情况如表 14-4 所示。

表 14-4　建设银行集团 2019 年资产项目的平均余额、利息收入以及平均收益率

（单位：人民币百万元）

	2019 年		
	平均余额	利息收入	平均收益率（%）
资产			
发放贷款和垫款总额	14 046 564	630 529	4.49
金融投资	5 234 318	189 465	3.62
存放中央银行款项	2 356 099	34 769	1.48
存放同业款项及拆出资金	793 187	20 079	2.53
买入返售金融资产	352 397	8 657	2.46
总生息资产	22 782 565	883 499	3.88
总减值准备	(455 382)		
非生息资产	2 148 955		
资产总额	24 476 138	883 499	

资料来源：建设银行年报，2019 年，第 23 页。

（二）利息支出

利息支出主要包括吸收存款、同业及其他金融机构存放款项和拆入资金、已发行债务证券、向中央银行借款、卖出回购金融资产等负债的应付利息。建设银行集团负债项目的平均余额、利息支出以及平均成本率的情况如表 14-5 所示。

表 14-5　建设银行集团 2019 年负债项目的平均余额利息支出以及平均成本率

（单位：人民币百万元）

	2019 年		
	平均余额	利息支出	平均成本率（%）
负债			
吸收存款	17 860 809	280 934	1.57
同业及其他金融机构存放款项和拆入资金	1 927 842	46 592	2.42
已发行债务证券	857 224	29 671	3.46
向中央银行借款	438 312	14 326	3.27
卖出回购金融资产款	44 876	1 296	2.89
总计息负债	21 129 063	372 819	1.76
非计息负债	1 218 932		
负债总额	22 347 995	372 819	

资料来源：建设银行年报，2019 年，第 23 页。

三、非利息收入

非利息收入是银行收入的组成部分，具有越来越重要的地位。非利息收入包括手续费及佣金净收入、投资收益、汇兑收益等。其中汇兑收益是指银行的外币货币性项目和非货币性项目因汇率变动，在折算成本币时造成损益。而这部分汇兑差额作为财务费用计入当期损

益,从而影响银行利润。

近几年,我国商业银行非利息收入呈上升趋势。但是总体来看,中国银行业的非利息收入占比要远低于美国同类银行的非利息收入占比。在中国,大型银行的非利息收入又明显高于中小型银行。2016～2019年建设银行非利息收入如表14-6所示。

表14-6 2016～2019年建设银行非利息收入

(单位:人民币百万元)

	2019年	2018年	2017年	2016年
手续费及佣金收入	155 262	138 017	131 322	127 863
手续费及佣金支出	(17 978)	(14 982)	(13 524)	(9 354)
手续费及佣金净收入	137 284	123 035	117 798	118 509
其他非利息收入	57 665	49 578	51 405	68 782
非利息收入总额	194 949	172 613	169 203	187 291

来源:根据建设银行年报整理。

(一)手续费及佣金收入

1. 建设银行

中国银行业手续费及佣金收入主要来自银行提供的服务,如银行卡手续费、理财产品业务收入、代理业务手续费、结算与清算手续费、托管及其他受托业务佣金、顾问和咨询费、电子银行业务收入、担保手续费、信用承诺手续费,以及其他等共10类。2019年,建设银行手续费及佣金收入1 552.62亿元。建设银行手续费及佣金净收入构成如表14-7所示。

表14-7 建设银行手续费及佣金净收入构成

(单位:人民币百万元)

	2019年
手续费及佣金收入	155 262
银行卡手续费	52 620
理财产品业务收入	12 899
代理业务手续费	16 894
结算与清算手续费	12 267
托管及其他受托业务佣金	14 194
顾问和咨询费	10 331
电子银行业务收入	25 666
担保手续费	3 633
信用承诺手续费	1 449
其他	5 309
手续费及佣金支出	(17 978)
手续费及佣金净收入	137 284

资料来源:根据建设银行年报整理。

(1)手续费及佣金收入对银行的贡献不断提高

我国商业银行不断改善收入结构,来自银行理财业务、金融科技与传统业务的融合、金融市场等方面的收入使得商业银行非利息收入不断提高。近十多年,建设银行手续费及佣金收入占营业收入比呈上升趋势，2019 年达到 22%，如图 14-1 所示。

图 14-1　建设银行手续费及佣金收入占营业收入比

注：图中虚线是拟合的趋势线。
资料来源：根据建设银行年报整理。

（2）手续费及佣金收入结构发生重大变化

从手续费及佣金收入结构来看，银行卡手续费收入的贡献不断增长，而顾问和咨询费收入占比呈明显下降趋势。顾问与咨询费在手续费及佣金收入中的地位（数量及排序）为何在 2012 年前后发生重大变化？原因有以下两点：

一是银行卡手续费和电子银行业务收入持续增长，这与近几年金融监管的变化、消费金融发展以及银行科技变化息息相关。二是顾问与咨询费持续下降，这与党中央国务院以及银行监管部门要求进一步降低中小微企业融资成本有直接关系，特别是过去的"息转费"做法被严格禁止。中国银行业顾问和咨询费与银行卡手续费收入变化情况如图 14-2 所示。

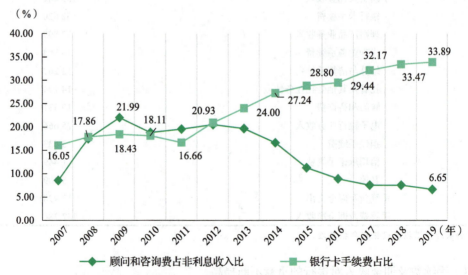

图 14-2　中国银行业顾问和咨询费与银行卡手续费收入变化

资料来源：根据建设银行年报整理。

我国商业银行积极应对利率市场化和非银行金融机构的竞争，大力发展非利息收入业务。从手续费与佣金收入结构来看，大型商业银行、股份制商业银行、城市与农村商业银行呈现不同特点。其中大型商业银行的银行卡和结算相关收入、股份制商业银行的银行卡收入、城市与农村商业银行的代理业务收入占比较高。不同商业银行非利息收入结构如图14-3所示。

典型案例
我国银行业手续费与佣金收入发展过程

图 14-3　不同商业银行非利息收入结构

资料来源：普华永道，《银行业快讯》第40期，2019年半年度中国银行业回顾与展望。

2. 美洲银行

美洲银行的非利息收入项目包括手续费及佣金收入、做市商及类似活动、其他收入三部分。其中最重要的依然是手续费及佣金收入，2019年占比达78%，做市及类似活动收入占比21.9%。其他收入在近几年呈现明显下降趋势，2019年仅为3.04亿美元。

（1）手续费及佣金收入——按业务线

美洲银行手续费及佣金收入包括银行卡收入（交换费及其他卡收入）、服务收费（存款相关收费及贷款相关收费）、投资与经纪服务收费（资产管理收费及经纪费）、投资银行收入（承销收入、银团贷款收费、财务顾问服务收费）。而花旗银行佣金和手续费收入的主要组成部分是投资银行手续费、与交易相关的费用、与机构客户集团（ICG）中的交易和证券服务相关费用以及信用卡和银行卡费用。

相比之下，花旗银行的手续费与佣金收入结构呈现出不同的特点。花旗银行更擅长投资银行业务，其中来自ICG部门提供的服务收入贡献更大。而美洲银行更擅长代客投资和经纪服务，特别是客户资产管理。2019年美洲银行手续费与佣金收入如表14-8所示。

表 14-8　2019 年美洲银行手续费与佣金收入　　　　（单位：百万美元）

银行卡收入（Card income）	
交换费（Interchange fees）	3 834
其他卡收入（Other card income）	1 963
银行卡收入合计（Total card income）	5 797

（续）

服务收费（Service charges）	
存款相关收费（Deposit-related fees）	6 588
贷款相关收费（Lending-related fees）	1 086
服务收费合计（Total service charges）	7 674
投资与经纪服务收费（Investment and brokerage services）	
资产管理收费（Asset management fees）	10 241
服务收费（Brokerage fees）	3 661
投资与经纪服务收费合计（Total investment and brokerage services）	13 902
投资银行收费（Investment banking fees）	
承销收入（Underwriting income）	2 998
银团贷款收费（Syndication fees）	1 184
财务顾问服务收费（Financial advisory services）	1 460
投资银行收费合计（Total investment banking fees）	5 642
手续费与佣金总收入（Total fees and commissions）	33 015

资料来源：美洲银行年报，2019 年，第 122 页。

1）银行卡收入

银行卡收入包括两部分：① 银行卡持卡人年度、后期使用和超限额等支付的费用。② 从支付清算中的交换、预付款和其他交易中赚取的费用。

典型案例

什么是交换费

由表 14-8 可知，2019 年美洲银行的银行卡收入占手续费与佣金总收入的 17.56%。

2）服务收费

服务收费包括存款相关费用和贷款相关费用。存款相关费用包括个人存款和工商企业存款业务中获得的费用。个人存款支付的费用来自存款账户的维护（即代存款人管理存款账户）和各种基于存款账户的交易服务，如 ATM 交易、电汇、支票和汇票支付以及资金不足/透支交易。工商企业存款相关费用来自公司的全球交易服务业务，包括商业存款和金库管理服务，如账户维护、工资发放、清扫账户⊖和其他现金管理服务。与贷款相关的费用通常包括贷款承诺、财务担保和签发备用信用证等的收入。

由表 14-8 可知，2019 年美洲银行的服务费收入占手续费与佣金总收入的 23.24%。

3）投资与经纪服务收费

投资与经纪服务收费包括资产管理收费和经纪费。资产管理费来自根据咨询协议管理客户资产或公司财务顾问服务的收费，统称为管理资产。资产管理费按客户 AUM 的百分比收取，费率一般在银行所管理资产的 50～150 个基点之间。如果由第三方配置投资，费用则付给第三方，并且不反映在交易价格中，因为银行只是这些服务的代理人。

经纪费作为投资管理服务中的交易相关服务的一部分，通常按单位固定价格或占交易总额的百分比计价，根据交易收取服务费。经纪费还包括分销费和销售佣金，这些佣金主要来自银行相关部门（如美洲银行的全球财富与投资管理部门）。此外，银行的全球市场部门为

⊖ 清扫账户（sweep account）是商业银行为大型企业提供的现金管理与投资服务。

客户下单购买或销售各种金融产品，或确认、结算和清算交易，或向相应的清算经纪商提交交易信息时，可以赚取经纪费。由表14-8可知，2019年美洲银行的投资与经纪服务收入占手续费与佣金总收入的42.11%。

4）投资银行收费

投资银行收费包括承销收入、银团贷款收费和财务顾问服务收费。（1）承销包括为安排客户债务或股票证券而赚取的费用，一般按发行股票或债务融资的本金的百分比收取费用。银行在提供这些服务时会产生某些自付费用，如法律费用。当然，这些费用通过银行从客户那里赚取的收入来支付，并包含在运营费用中。（2）银团贷款（辛迪加贷款）收费，是作为代理或牵头贷款人收取的费用，因为银行负责安排和管理银团贷款相关事务。（3）财务顾问服务收费，包括协助客户进行与合并和收购，以及财务重组等有关的交易而赚取的费用。收入因交易规模和所执行服务范围而异，通常取决于交易能否成功完成。一旦达成交易和提供了相关服务，银行便获得相应的服务费。

由表14-8可知，2019年美洲银行的投资银行收费占手续费与佣金总收入的17.09%。

（2）手续费和佣金收入——按部门

典型案例实际上是美洲银行按部门贡献度统计的非利息收入情况，但由于非利息收入中的"做市"与"其他"金额很低，所以基本能反映"手续费和佣金收入"的总贡献和部门贡献度。具体是2017~2019年美洲银行公司业务单元、消费者银行单元、全球财富与投资管理单元、全球银行、全球市场和其他6个部门的非利息收入情况。

可以发现，一方面，2019年消费者银行部门、全球财富与投资管理部门、全球银行部门、全球市场部门的非利息收入分别为104.29亿美元、130.33亿美元、98.08亿美元、116.99亿美元，收入的部门结构总体比较平衡。另一方面，各部门的银行卡收入、服务收入、投资和经纪服务收入、投资银行收入结构又各不相同。

（二）其他非利息收入

其他非利息收入主要包括投资收益、公允价值变动损失、汇兑收益、保险业务收入、其他。2016~2019年建设银行其他非利息收入构成如表14-9所示。2019年建设银行其他非利息收入占非利息收入的比重为29.59%。

典型案例
2017~2019年美洲银行集团及分部门非利息收入变化

表14-9　2016~2019年建设银行其他非利息收入构成

（单位：人民币百万元）

	2016年	2017年	2018年	2019年
保险业务收入	45 684	26 349	21 495	22 914
投资收益	19 112	6 411	14 586	20 549
汇兑收益	2 817	14 455	4 617	6 153
公允价值变动收益	(1 412)	(32)	144	2 456
其他	2 581	4 222	7 200	7 129
其他非利息收入总额	68 782	51 405	49 578	57 665

资料来源：根据建设银行年报整理。

四、非利息支出

银行的非利息支出包括税金及附加、业务及管理费支出、信用减值损失、其他资产减值损失、其他业务成本。从建设银行 2019 年年报披露的主要支出项目来看,其中最主要的是业务及管理费,以及信用减值损失,两项合计占全部支出总额的 90.5%。2019 年建设银行非利息支出项目如表 14-10 所示。

表 14-10 建设银行主要支出项目

(单位:人民币百万元百分比除外)

	2019 年	2018 年
税金及附加	(6 777)	(6 132)
业务及管理费	(179 531)	(167 208)
信用减值损失	(163 000)	(151 109)
其他资产减值损失	(521)	121
其他业务成本	(28 846)	(26 049)
支出合计		

资料来源:建设银行年报,2019 年,第 22 页。

按照中国银保监会和交易所要求,建设银行集团披露的非利息支出重点是业务及管理费,包括员工成本、物业及设备支出、摊销、审计和其他业务及管理费。但是,并没有明确公布产品分销、营销等费用的情况。

(一)业务及管理费支出

1. 建设银行的业务及管理费

业务及管理费包括员工成本、物业及设备支出、其他,是银行从事经营管理活动的成本支出。其中,业务及管理费中主要是员工成本。2019 年,建设银行员工成本占业务及管理费的 58.9%,与美洲银行的 58.2% 相差无几。

(1)员工成本。员工成本包括工资、奖金、津贴和补贴,其他社会保险及员工福利,住房公积金,工会经费和职工教育经费,设定提存计划,内部退养福利,因解除劳动关系给予的补偿。

(2)物业及设备支出。物业及设备支出包括折旧费,租金和物业管理费,维护费,水电费,其他。

(3)其他。其他支出包括营销费用、招待费和宣传费等市场拓展费用,以及差旅费和会议费等。

2016 ~ 2019 年建设银行业务及管理费如表 14-11 所示。

表 14-11 2016 ~ 2019 年建设银行业务及管理费

(单位:人民币百万元,百分比除外)

	2016 年	2017 年	2018 年	2019 年
员工成本	92 847	96 274	102 057	105 784
物业及设备支出	29 981	30 485	32 390	33 675
其他	29 992	32 359	32 761	40 072
业务及管理费总额	152 820	159 118	167 208	179 531
成本收入比(%)	27.49	26.95	26.42	26.53

资料来源:建设银行年报,2019 年,财务报表附注,第 186 页等。

总体来看，建设银行的业务及管理费总额有所增加，主要因为规模增长所致。成本收入比有所下降。2019 年为 26.53%，较上年上升 0.11 个百分点[①]。

2019 年建设银行业务及管理费 1 795.31 亿元，较上年增加 123.23 亿元，增幅 7.37%。其中，员工成本 1 057.84 亿元，较上年增加 37.27 亿元，增幅 3.65%；物业及设备支出 336.75 亿元，较上年增加 12.85 亿元，增幅 3.97%；其他业务及管理费 400.72 亿元，较上年增加 73.11 亿元，增幅 22.32%，主要是加大了 ETC 业务拓展、金融科技投入及数字化营销投入力度。

从表 14-12 可以看出银行业务及管理费的具体科目。

表 14-12 建设银行业务及管理费 （单位：百万元人民币）

	本集团		本行	
	2019 年度	2018 年度	2019 年度	2018 年度
员工成本				
工资、奖金、津贴和补贴	70 342	66 788	62 451	61 027
其他社会保险及员工福利	11 673	11 187	12 128	11 057
住房公积金	6 521	6 390	6 241	6 208
工会经费和职工教育经费	2 948	2 820	2 780	2 698
设定提存计划	14 275	14 850	13 466	14 255
内部退养福利	19	20	19	20
因解除劳动关系给予的补偿	6	2	2	1
	105 784	102 057	97 087	95 266
物业及设备支出				
折旧费	21 304	15 447	19 596	15 050
租金和物业管理费	4 952	9 926	4 248	8 829
维护费	3 394	3 000	3 520	2 860
水电费	1 851	1 953	1 808	1 912
其他	2 174	2 064	2 148	2 038
	33 675	32 390	31 320	30 689
摊销费	2 623	2 427	2 276	2 144
审计费	163	162	116	111
其他业务及管理费	37 286	30 172	36 778	28 327
合计	179 531	167 208	167 577	156 537

资料来源：建设银行年报，2019 年，财务报表附注，第 186 页。

2. 美洲银行业务及管理费（非利息支出）

由于中美两国监管规则不同，商业银行年报披露的业务及管理费的科目及详细程度不完全相同。美洲银行非利息支出包括补贴与薪酬支出、设备支出、信息与通讯支出、产品分销及与交易相关支出、营销费用、专业费用和其他运营支出。

2019 年，美洲银行补贴与薪酬支出占非利息支出的 58.2%。美洲银行非利息支出如表 14-13 所示。

---

① 建设银行 2008 年成本收入比为 36.77%，2007 年则高达 41.83%。

表 14-13 美洲银行非利息支出 （单位：百万美元）

	2019 年	2018 年
补贴与薪酬支出	31 977	31 880
设备支出	6 588	6 380
信息与通讯支出	4 646	4 555
产品分销及与交易相关支出	2 762	2 857
营销费用	1 934	1 674
专业费用	1 597	1 699
其他运营支出	5 396	4 109
总非利息支出	54 900	53 154

资料来源：美洲银行年报，2019 年，第 46 页。

（二）成本收入比

成本收入比指标可以反映银行的经营管理效率，即银行投入（员工薪酬等）与产出（银行收入）关系的指标，可以衡量商业银行的经营管理效率。

$$成本收入比 = 业务及管理费 / 营业收入$$

中国大型商业银行的成本收入比在 30% 左右，以建设银行为例，2014～2019 年该指标分别为 27.49%、26.98%、26.42%、26.53%。相比之下，锦州银行 2019 年的成本收入比仅为 15.02%，显得有点不正常。

五、资产减值损失 / 信用减值损失

（一）资产减值损失的概念

当借款企业无力偿还贷款，银行已经进行了所有必要的法律或其他程序后，贷款仍然不可收回时，接下来的工作将是核销贷款及冲销相应的损失准备。

当资产发生减值损失时如贷款减值、存货减值、可供出售资产减值、固定资产减值等都记为资产减值损失，并列示在利润表中。所谓资产减值损失是指在资产负债表日，经过对资产的测试，判断资产的可收回金额低于其账面价值而对计提资产减值损失准备所确认的相应损失。2018～2019 年建设的减值损失如表 14-14 所示。

表 14-14 2018～2019 年建设银行的减值损失 （单位：人民币百万元）

	2019 年	2018 年
发放贷款和垫款	148 942	143 045
金融投资	7 286	1 088
以摊余成本计量的金融资产	5 789	1 072
以公允价值计量且其变动计入其他综合收益的金融资产	1 497	16
其他	7 293	6 855
减值损失总额	163 521	150 988

资料来源：建设银行年报，2019 年，第 29 页。

银行在资产负债表日对以公允价值计量且其变动计入当期损益的金融资产以外的金融资产的账面价值进行检查，有客观证据表明该金融资产发生减值的，将确认减值损失，计入当

期损益。[一]

（二）减值转回

当确定发生资产减值损失时，银行将按会计准则确认减值损失。但不排除这种"损失"仍具有价值或回收的可能。贷款、应收款项和持有至到期投资等资产确认减值损失后，如有客观证据表明该金融资产价值已恢复，且客观上与确认该损失后发生的事项有关，则需要转回并增加当期收益。

六、手续费及佣金支出

银行的手续费及佣金支出主要用于银行卡清算、银行间交易费用，部分中小银行手续费及佣金支出可能包含与第三方助贷机构合作的分成费用。2018～2019年建设银行手续费及佣金支出如表14-15所示。

表14-15 2018～2019年建设银行手续费及佣金支出

（单位：人民币百万元）

	本集团		本行	
	2019年	2018年	2019年	2018年
银行卡交易费	(8 859)	(8 000)	(8 805)	(7 960)
银行间交易费	(1 277)	(1 360)	(1 255)	(1 342)
其他	(7 842)	(5 622)	(6 182)	(4 126)
合计	(17 978)	(14 982)	(16 242)	(13 428)

资料来源：建设银行年报，2019年，财务报表附注，第183页。

第二节 商业银行主要财务与业务指标

如何评价银行的好坏？用哪些指标来刻画银行的业绩？银行年报披露了许多财务和业务指标，如平均资产回报率、加权平均资产回报率、净利差、净利息收益率、成本收入比、存贷比、资本充足率、不良资产率，等等。最重要的是"盈利"和"风险"两个维度。

我国银行年报披露的财务指标有很多种，大致可分为三类，一是盈利能力类指标，二是资本充足类指标，三是资产质量类指标（见表14-16）。

表14-16 2015～2019年建设银行主要财务指标及2018～2019年的变化

（单位：人民币百万元）

	2019年	2018年	变化（%）	2017年	2016年	2015年
盈利能力指标						
平均资产回报率	1.11	1.13	(0.02)	1.13	1.18	1.30
加权平均净资产收益率	13.18	14.04	(0.86)	14.80	15.44	17.27
扣除非经常性损益后的加权平均净资产收益率	13.19	14.05	(0.86)	14.72	15.29	17.12
净利差	2.12	2.18	(0.06)	2.10	2.06	2.46
净利息收益率	2.26	2.31	(0.05)	2.21	2.20	2.63
手续费及佣金净收入对营业收入比率	19.46	18.67	0.79	18.95	19.59	18.76

[一] 但对于预期未来事项可能导致的损失，无论其发生的可能性有多大，均不作为减值损失予以确认。

(续)

	2019 年	2018 年	变化（%）	2017 年	2016 年	2015 年
成本收入比	26.53	26.42	0.11	26.95	27.49	26.98
资本充足指标						
核心一级资本充足率	13.88	13.83	0.05	13.09	12.98	13.13
一级资本充足率	14.68	14.42	0.26	13.71	13.15	13.32
资本充足率	17.52	17.19	0.33	15.50	14.94	15.39
总权益对资产总额比率	8.79	8.58	0.21	8.12	7.58	7.88
资产质量指标						
不良贷款率	1.42	1.46	(0.04)	1.49	1.52	1.58
拨备覆盖率	227.69	208.37	19.32	171.08	150.36	150.99
损失准备对贷款总额比率	3.23	3.04	0.19	2.55	2.29	2.39

资料来源：建设银行年报，2019 年，第 10 页。

一、盈利能力类指标

盈利能力类指标包括资产收益率、加权平均资产收益率、扣除非经常性损益后的加权平均资产收益率、净利差、净利息收益率、手续费及佣金收入对营业收入的比率等。不同的指标具有不同的经济含义，反映不同的特性。比如，资产回报率是关于盈利能力的财务指标，而手续费及佣金收入占总收入的比重则可以刻画银行的收入渠道的情况。

（一）资产收益率（ROA）

$$ROA = \frac{净利润}{总资产}$$

$$平均资产回报率 = \frac{净利润}{年初和年末资产总额的平均值}$$

$$贷款平均收益率 = \frac{利息收入}{贷款平均余额}$$

（二）净资本收益率（ROE）

ROE 是另一个非常重要的衡量银行盈利能力的指标，其计算公式如下：

$$ROE = \frac{净利润}{资本} = \frac{净利润}{总资产} \times \frac{总资产}{资本} = ROA \times \frac{总资产}{资本}$$

如果将 ROE 指标分解，可以发现 ROE 和 ROA 之间的关系。

1. ROE 与杠杆

上式中总资产除以资本表示银行资本的放大倍数，或者叫权益乘数。放大倍数高，说明银行支持资产规模扩张的基础更多是来自负债，这就是杠杆。杠杆高意味着同量资本可以"撬动"更多的资产。在 ROA 和资产规模一定情况下，资本越少，ROE 越高；或者在 ROA 和资本一定情况下，资产规模越大，ROA 越高。因此，做大资产规模就成为商业银行追求更高 ROE 的自然选择。但是，这又很容易让商业银行在扩张资产的过程中积累风险。谁来控制以及如何控制银行为追求高额回报而不断扩张规模的冲动呢？这就是金融监管要思考和解决的问题。

2. 杜邦分析法

杜邦分析法是由美国杜邦公司创立的财务分析方法，故名杜邦分析法。该方法利用几种主要的财务比率之间的关系来综合地分析企业的财务状况。具体来说，它是一种用来评价公司盈利能力和股东权益回报水平，从财务角度评价企业绩效的一种经典方法。其基本思想是将企业净资产收益率逐级分解为多项财务比率的乘积，这样有助于深入分析比较企业经营业绩。杜邦分析法中几种主要的财务指标关系为：

净资产收益率（ROE）= 资产净利率（即净利润/总资产）× 权益乘数（即总资产/资本）

而：资产净利率（即净利润/总资产）= 销售净利率（即净利润/营业总收入）× 资产周转率（即营业总收入/总资产），即：

$$ROE = \frac{净利润}{营业总收入} \times \frac{营业总收入}{总资产} \times \frac{总资产}{资本}$$

ROE = 销售净利率（NPM）× 资产周转率（AU，资产利用率）× 权益乘数（EM）

（三）经风险调整的资本回报率

从上面介绍的 ROA 的概念和计算公式来看，ROA 指标没有反映银行风险的因素。显然，不考虑风险的盈利是不准确的。实际上，两家 ROA 相同的银行，其真实的盈利能力是不同的。随着风险计量愈加准确，出现了另一个重要指标——风险调整资本回报率（Risk-Adjusted Return on Capital，$RAROC$），即风险调整后收益相对于经济资本的比率。$RAROC$ 的计算公式如下：

$RAROC$ = 风险调整收益（RAR）/ 经济资本

RAR = 净收入 − 经营成本 − 预期损失 − 税项

预期损失（EL）= 违约可能性（PD）× 违约损失率（LGD）× 贷款交易的违约敞口（EAD）

$RAROC$ =（净收益 − 预期损失）/ 经济资本

经济资本指用于承担业务风险所需要的资本总额，是由商业银行的管理层根据内部评估而产生的配置给资产或某项业务用以减缓风险冲击的虚拟资本。因此，经济资本又称为风险资本。它是描述在一定的置信度水平上（如99%），一定时间内（如一年），为了弥补银行的非预计损失（unexpected losses）所需要的资本，是根据银行资产的风险程度的大小计算出来的。除计算银行整体的经济资本外，还能计算出各个业务部门或各个业务产品所需要的经济资本。经济资本是指银行所"需要的"资本，或者"应该有"多少资本，而不是银行实实在在已经拥有的资本数量。

经济资本管理要求银行能够用量化技术比较精确地测算现有资产将来一段时间内的非预期损失大小，并据此衡量业务的风险成本。银行根据客户的违约可能性、授信工具的违约损失率和贷款交易的违约敞口三个关键风险因素来计算预期损失。

$RAROC$ 的核心思想是：将未来可预计的风险损失量化为当期成本，对当期收益进行调整，衡量经过风险调整后的收益大小；考虑为非预期损失做出资本储备，进而衡量资本的使用效率，使银行的收益与所承担的风险挂钩。$RAROC$ 风险管理技术的主要作用在于风险管理和绩效评估两个方面。$RAROC$ 应成为银行贷款决策、定价、计提准备金、考核等经营管理的重要工具。

(四)净利差

$$净利差 = 生息资产平均收益率 - 计息负债平均成本率$$

$$生息资产平均收益率 = \frac{利息收入}{平均生息资产}$$

$$计息负债平均成本率 = \frac{利息支出}{平均生息负债}$$

(五)净息差

净息差(net interest margin, NIM),又称净利息收益率,指的是净利息收入的收益率,即净利息收入与总生息资产平均余额的比值。净息差能够反映银行的生息资产赚取净利息收入的能力。一般而言,净息差越大,说明商业银行运用生息资产的效率越高。

$$净利息收入 = 利息收入 - 利息支出$$

$$净利息收益率(净息差) = \frac{净利息收入}{生息资产平均余额}$$

与净息差不同,净利差则是代表了银行资金来源的成本与资金运用的收益之间的差额。

2019年上半年,大型商业银行净利差、净息差呈收窄趋势;存款付息率上升推动负债端成本增加是主因。股份制商业银行及城农商行净利差、净息差持续扩大,一方面贷款配置增加以及零售转型提升了生息资产收益;另一方面,近年来,中小银行纷纷缩减同业负债规模,同时同业融资成本有所下降,使得它们的净息差及净利差扩大较明显。2016~2019年上市银行净利差、净息差变化趋势如图14-4所示。

图14-4 上市银行净利差、净息差变化趋势

资料来源:普华永道,《银行业快讯》第40期,2019年半年度中国银行业回顾与展望。

(六)存贷利差

另外一个与净利差相似的概念叫作存贷利差,即贷款利率减去存款利率,代表存款与贷款利率水平的差距,进而反映存贷业务的盈利能力。不过,存贷利差和净利差是不同的,净利差涵盖的业务范围更广泛,与银行资产结构和负债结构有直接关系。所以,负债结构不同的银行存贷利差相同,但是净利差可能不同,比如有一家银行发债融资多一点,另一家银行可能发债少一点。

二、资产质量类指标[⊖]

银行资产质量类指标主要是反映银行资产的信用风险状况。从建行年报来看,该类指标主要有不良贷款率、拨备覆盖率和损失准备对贷款总额比率。除用不良贷款率和贷款逾期率等作为评估贷款质量的指标外,在公司贷款和零售贷款中还可以分别用借款人信用评级和信用分数等指标度量资产质量。

(一)中国的贷款质量指标与信息披露

在中国,(上市)银行一般会按照贷款行业、担保方式、基于五级分类、公司与个人等方式披露贷款信息。由于我国消费者征信、中小企业信用评级体系不健全,中小企业贷款信息、基于消费者征信等特征的消费贷款分布信息等披露较少。

1. 不良贷款率

在正常、关注、次级、可疑、损失五级分类框架下,不良贷款指划分为次级、可疑、损失类贷款的总和。按监管要求,银行要根据贷款分级情况计提拨备。

$$不良贷款率 = \frac{不良贷款}{贷款总额} \times 100\%$$

2. 拨备覆盖率与贷款拨备率

拨备覆盖率度量银行计提的拨备吸收损失的能力,是衡量商业银行贷款损失准备金计提是否充足的一个重要指标。该项指标从宏观上反映银行贷款的风险程度及社会经济环境、诚信等方面的情况。贷款损失准备余额含票据贴现的损失准备,但不良贷款余额不含应计利息。2019 年银保监会设定的监管目标值为 150%。

$$拨备覆盖率 = \frac{实际计提贷款损失准备}{不良贷款} \times 100\%$$

如果拨备覆盖率是 100%,说明银行计提的准备金刚好覆盖不良贷款。显然,如果之前的分类不准确,本该分类为不良的贷款错误地分类为正常或次级类,当再发生新增的损失时,银行就没有办法覆盖损失了。

《中国银行业监督管理委员会关于中国银行业实施新监管标准的指导意见》,中"提高银行业审慎监管标准"强调强化贷款损失准备监管。另外一项监管指标为贷款拨备率。按要求,贷款拨备率(贷款损失准备占贷款的比例)不低于 2.5%。

[⊖] 关于我国银行贷款质量的信息披露在"银行资产结构分析"有介绍。因此,这一部分重点介绍美国的商业银行年报中披露的资产质量的情况。

$$\text{贷款拨备率} = \frac{\text{贷款损失准备}}{\text{贷款}} \times 100\%$$

2018年2月，银监会发布《关于调整商业银行贷款损失准备监管要求的通知》(以下简称《通知》)。《通知》要求，逾期90天以上贷款在贷款五级分类中至少计入次级贷款。相较以前的部分银行将该类划为关注类贷款的做法，贷款损失准备计提比例将相应大幅提高。从关注类贷款和次级贷款的损失准备计提比例来看，按照《中国人民银行关于印发〈银行贷款损失准备计提指引〉的通知》(银发〔2002〕98号)，银行可以参照以下比例按季计提专项准备：对于关注类贷款，计提比例2%；对于次级类贷款，计提比例为25%。按照这一比例差额静态估计，反映在未来的利润数据上，银行利润有可能出现下滑的情形。

按照新的《通知》要求，监管部门综合考虑商业银行贷款分类准确性、处置不良贷款主动性、资本充足性三方面因素，按照孰高原则，确定贷款损失准备最低监管要求，如表14-17所示。

表14-17 贷款损失准备最低监管要求

逾期90天以上贷款纳入不良贷款的比例	拨备覆盖率最低监管要求	贷款拨备率最低监管要求
100%	120%	1.5%
(85%, 100%)	130%	1.8%
(70%, 85%)	140%	2.1%

3. 损失准备对贷款总额比率

贷款损失准备余额含核算至以公允价值计量且其变动计入其他综合收益项下的票据贴现的损失准备，贷款余额不含应计利息。2019年银保监会设定的监管目标值为2%。

另外，除了应该了解银行的不良贷款分布情况外，还应该想一想：不良贷款是如何形成的？主要影响因素有哪些？在GDP增长速度快的情况下不良率高还是在GDP增长率下降的情况下不良率高呢？什么样的银行的不良资产会高一点？比如说，是不是贷款增长速度越快的银行不良率越高呢？是大银行的不良率高一些？还是小银行的不良率高一些？等等。

关于我国银行贷款质量信息，在前面的"第四章"中也有介绍。

(二) 美国的贷款质量指标与信息披露

1. 与贷款质量相关的几个重要概念

(1) 不良贷款。不良贷款(non performing loan，NPL)是指贷款处于或接近违约状态。根据国际货币基金组织(IMF)的定义，不良贷款包括下列贷款：利息和本金逾期90天以上；或超过90天的利息已再融资、资本化或协议延迟；或逾期付款少于90天，但预期不再有任何支付。不良贷款的另一个更简单的定义是债务到期后至少有部分贷款仍未偿还。

美国联邦金融机构检查委员会(FFIEC)认为，正常贷款(performing loan)是指少于90天逾期还未列入非应计(non-accrual)，或者债务人和债权人之间没有商议债务免除或出现因为债务人声称不能偿还债务而要求制订新的还款计划的贷款。⊖

不良贷款和租赁通常包括已处于非应计状态(nonaccrual status)的贷款和租赁。按公允

⊖ 资料来源：https://financial-dictionary.thefreedictionary.com/nonperforming+loan

价值计量的贷款和可供出售贷款（loans held for sale，LHFS）没有包括在不良贷款范围。⊖根据美洲银行的做法，消费者房地产担保贷款包括住房抵押贷款和房屋净值贷款，一般在逾期90天后被置于非应计状态并被归类为不良贷款，除非贷款偿还是由联邦住房管理局（FHA）担保或与房利美（FNMA）或房地美（FHLMC）有单独的长期备用协议保障。

1）以个人财产为担保的消费贷款、信用卡贷款和其他无担保消费贷款在核销前不列入非应计状态。因此，除某些有担保消费贷款外，包括债务重组（TDR）中条款有修改的贷款，不报告为不良贷款。个人财产担保贷款（包括汽车贷款）在逾期120天，或收回汽车后，或在收到借款人破产通知后60天内，在扣除抵押物价值后予以核销。

2）信用卡和其他无担保贷款在逾期180天，或收到借款人死亡或破产通知后60天内，或经确认欺诈后60天内核销。

3）商业贷款和租赁，不包括小企业信用卡贷款（business card loans），本金或利息逾期90天或90天以上，或有合理理由怀疑贷款回收，包括个别被确定为受损的贷款，通常记录为非应计状态并被归类为不良贷款，除非有良好的担保品并在回收过程中。小企业信用卡贷款核销方式与消费信用卡贷款相同。

4）全部的消费者贷款余额或者商业贷款与租赁在合同规定的还款日没有收到最低还款额即被认为是拖欠（delinquent）。在贷款和租赁资产逾期后利息和费用仍继续应计，直到贷款列入非应计。如果当前全部本金和利息以及剩余本息可以预期会全额偿付，则贷款和租赁恢复为应计状态。

（2）非应计贷款。非应计贷款（non-accrual loans，NAL）是指贷款合同规定的支付时间到期后，未偿还时间超过一定期限的贷款。当借款人违约并不再支付利息，且违约持续几个月，此时，贷款人将开始怀疑是否还会收到贷款滋生的利息。因此，银行将贷款列入非应计贷款，并停止从贷款获取收入。非应计只是簿记和会计操作，并不意味着贷款人会放弃试图收取应该收取的每一分钱。

1）公司贷款列入非应计贷款但仍可划分为正常贷款，2019年12月31日花旗银行大约44%的非应计贷款划分为正常贷款。

2）消费者贷款依据借款人拖欠付款的账龄来决定是否列为非应计贷款。

3）一般消费者按揭贷款，而不是FHA担保的按揭贷款，在消费者被判决破产60天内列入非应计。

4）北美洲的花旗品牌银行卡和花旗零售产品没有被纳入非应计，因为按行规，信用卡和零售贷款核销前都会计算利息，而核销通常是在持卡人拖欠180天之后。

（3）受损贷款。如果花旗认为根据贷款的原始合同条款，到期金额可能收不回来，那么贷款就被视为有损的。受损贷款（impaired loans）包括非应计贷款和由于借款人的财务困难而修改条款的较小余额贷款。这些修改可能包括降息和（或）免偿还本金。

（4）债务重组。在消费者和商业贷款与租赁中，银行有时会对面临财务困难的借款人让步并重组贷款合同条款，这便是债务重组（troubled debt restructurings，TDR）。银行的让步

⊖ 对于打算在可预见的将来拟出售的贷款，包括住宅抵押贷款、辛迪加贷款，以及在较小程度上的商业地产、消费金融和其他贷款，记录为可供出售贷款（LHFS），将按照总成本或公允价值孰低的方式计量。美洲银行对可供出售贷款的发起成本（origination costs）按照公允价值记录和确认为非利息支出。非应计状态的并报告为不良的可供出售贷款与不良贷款和租赁分开报告。

可包括将利率降至低于市场贷款、付款延期（payment extensions）、免除本金（forgiveness of principal）、提高容忍度或其他旨在最大化回收贷款的行动。以公允价值的贷款和可供出售贷款不能列入债务重组交易。

2019年花旗银行债务重组中重新协商贷款主要来自美国国内的按揭与房地产贷款19.56亿美元，以及信用卡14.64亿美元。

在美国，银行贷款信息披露制度较为健全，信息披露更为充分。以花旗集团为例，商业银行的贷款分为消费者和企业两类，信用质量指标包括拖欠/逾期状况、FICO消费者信用评分、贷款价值比率（LTV）等指标。

典型案例
2018～2019花旗银行重组贷款分布情况

2. 消费者贷款质量的信息披露

（1）拖欠与非应计。拖欠情况是美国消费贷款信贷质量的关键指标。按照抵押银行家协会（MBA）指定的拖欠债务报告方法，如果贷款的下一个到期日之前银行未收到每月付款，则认为贷款出现拖欠（delinquency）。作为一般性政策，当贷款付款超过合同规定期限90天时，首次抵押的住房抵押贷款、住房净值贷款和分期付款贷款被归类为非应计贷款。信用卡和无担保循环贷款通常是超期180天。非联邦住房管理局（FHA）担保的住房按揭贷款，在借款人被书面通知宣告破产后60天内被归类为非应计贷款。2019年花旗银行消费者贷款拖欠和应计贷款情况如表14-18所示。

（2）消费者贷款信用分数分布。在消费者房地产投资组合条线，主要质量指标是最新的贷款价值比率（loan to value，LTV）和FICO分数。LTV是贷款数量与房产价值的百分比，每季度更新一次。住房净值贷款使用CLTV比率进行评估，CLTV比率（combined loan-to-value ratio）是多笔贷款合计与房产价值的百分比，同样是每季度更新一次。FICO分数根据借款人的财务义务和借款人的信用记录衡量借款人的信用度，FICO分数通常每季度更新一次。FICO分数也是信用卡和其他消费者组合部门以及美国小型企业信用卡组合的主要信用质量指标。

表14-18 2019年花旗银行消费者贷款拖欠和非应计贷款情况

（单位：百万美元）

	正常贷款①②	逾期30～89天③	逾期90天以上和应计③	逾期政府担保④	贷款合计②	总非应计贷款	逾期90天和非应计
北美市场⑤（In North America offices）							
住房首次抵押贷款⑥（Residential first mortgages）	45 942	411	221	434	47 008	479	288
住房净值贷款⑦⑧（Home equity loans）	8 860	174	189	—	9 223	405	—
Credit cards	145 477	1 759	1 927	—	149 163	—	1 927
个人、小企业和其他（Personal, small business and other）	3 641	44	14	—	3 699	21	—
合计（Total）	203 920	2 388	2 351	434	209 093	905	2 215
北美外市场⑤（In offices outside North America）							
住房首次抵押贷款⑥（Residential first mortgages）	37 316	210	160		37 686	421	

（续）

	正常贷款①②	逾期30～89天③	逾期90天以上和应计③	逾期政府担保④	贷款合计②	总非应计贷款	逾期90天和非应计
信用卡（Credit cards）	25 111	426	372	—	25 909	310	242
个人、小企业和其他（Personal, small business and other）	36 456	272	132	—	36 860	180	—
合计（Total）	98 883	908	664	—	100 455	911	242
总计（Total Citigroup）	302 803	3 296	3 015	434	309 548	1 816	2 457

① 逾期30天以下贷款。
② 包括截至2019年12月31日1 800万美元按公允价值记录的住宅首次抵押的贷款。
③ 由美国政府发起的机构（GSE）担保的贷款。
④ 由美国政府发起的机构担保的住房首次抵押的贷款包括：截至2019年12月31日逾期30～89天1亿美元，逾期90天以上3亿美元。
⑤ 北美包括美国、加拿大和波多黎各。墨西哥包括在北美以外的办事处。
⑥ 包括截至2019年12月31日和2018年12月31日在取消抵押品赎回权过程中的住房首次抵押的贷款1亿美元。
⑦ 包括截至2019年12月31日和2018年12月31日在取消抵押品赎回权过程中的以住房首次抵押的贷款为基础的住房净值质押贷款1亿美元。
⑧ 固定利率住房净值贷款和住房净值信贷额度下发放的贷款，通常处于初级留置权地位。

资料来源：花旗银行年报，2019年，第191页。

1）基于产品的信用分数分布。

在美国，独立信贷机构根据个人的信用记录对个人承担债务的风险进行评级，并为每个消费者计算一个FICO信用评分。这些机构会根据个人的信用行为（例如，贷款或未付款或延迟付款等）不断更新这些分数。FICO分数每月更新一次。2019年花旗银行按产品类型划分的FICO分数分布如表14-19所示。

表14-19 2019年花旗银行按产品类型划分的FICO分数分布

（单位：百万美元）

	680分以下（含680）	680～760分（含760）	760分以上
住房首次抵押贷款（Residential first mortgages）	3 602	13 178	28 235
住房净值贷款（Home equity loans）	1 881	3 475	3 630
信用卡（Credit cards）	33 290	59 536	52 935
个人、小企业及其他（Personal, small business and other）	564	907	1 473
合计（Total）	39 337	77 096	86 273

注：1. 表中的FICO分段与同行一致。
2. 贷款不包括由美国政府发起机构担保的贷款、受美国政府发起机构提供的长期备用承诺（LTSC）限制的贷款以及按公允价值记录的贷款。
3. 不包括没有FICO分数的贷款。

资料来源：花旗银行年报，2019年，第192页。

从表14-19可以发现，① 花旗银行住房首次抵押贷款⊖、住房净值贷款、信用卡，以及

⊖ 首次抵押的按揭贷款是指住房首次作为抵押品获得的贷款，这是相对于将该房屋第二次抵押融资而言的。住房净值贷款或住房净值信贷额度则属于房屋第二次抵押的融资方式。对贷款银行来说，首次抵押和第二次抵押两种方式的债权保障强度和顺序是不同的。

个人贷款和小企业贷款中,760 分以上的贷款占比分别是 62.7%、40.4%、36.3% 和 50%;② 信用分数在 680 以下的产品余额仅占比 19.4%;③ 在四种业务中,主要业务是信用卡和住房按揭。

2)基于信用卡业务的信用分数分布。花旗银行北美地区信用卡组合的 FICO 分数分布说明,花旗银行信用卡客户信用水平保持稳定。2018～2019 年花旗银行信用卡客户 FICO 分数分布如表 14-20 所示。

表 14-20 花旗银行信用卡客户 FICO 分数分布

FICO 分数	2019 年	2018 年
760 分以上	42%	42%
680～760 分(含 760)	41%	41%
680 分以下(含 680)	17%	17%
合计	100%	100%

资料来源:花旗银行年报,2019 年,第 65 页。

3)基于零售业务的分数分布。花旗银行零售客户 FICO 分数分布如表 14-21 所示。

表 14-21 花旗银行零售客户 FICO 分数分布

FICO 分数	2019 年	2018 年
760 分以上	25%	25%
680～760 分(含 760)	42%	42%
680 分以下(含 680)	33%	33%
合计	100%	100%

资料来源:花旗银行年报,2019 年,第 65 页。

(3)贷款价值比。表 14-22 展示了花旗银行国内消费者住房抵押贷款组合的贷款价值比率。住房净值贷款中,LTV 在 80% 以下(含 80%)的贷款占该类贷款的比例为 88.3%。

表 14-22 2019 年花旗银行国内资产组合的 LTV 分布

(单位:百万美元)

	80% 以下(含 80%)	80%～100%(含 100%)	100% 以上
住房首次抵押贷款(Residential first mortgages)	41 705	3 302	98
住房净值贷款(Home equity loans)	7 934	819	235
合计(Total)	49 639	4 121	333

资料来源:花旗银行年报,2019 年,第 192 页。

3. 公司贷款质量的信息披露

公司贷款质量信息披露包括逾期情况,"通过率"和"持保留意见比例"分布情况两种。

(1)逾期情况。2019 年花旗银行公司贷款质量情况如表 14-23 所示。

(2)"通过率"和"持保留意见比例"分布情况。

在商业贷款条线,一般使用内部分类的"通过率"和"持保留意见比例"作为主要信贷质量指标对贷款质量进行评估。"持保留意见"是指公司内部分类单列,或被列为特别关注、低于普通标准或可疑的商业贷款。这些资产的风险水平更高,违约或完全损失的可能性很高。"通过率"是指所有不被视为"持保留意见"的贷款。

表 14-23　2019 年花旗银行公司贷款质量情况　　（单位：百万美元）

	逾期 30～89 天和应计	逾期 90 天以上和应计[①]	逾期和应计合计	非应计合计[②]	正常贷款[③]	总贷款[④]
工商业贷款（Commercial and industrial）	676	93	769	1 828	164 249	166 846
金融机构（Financial institutions）	791	3	794	50	91 008	91 852
抵押和房地产（Mortgage and real estate）	534	4	538	188	62 425	63 151
租赁融资（Lease financing）	58	9	67	41	1 277	1 385
其他（Other）	190	22	212	81	62 341	62 634
合计（Total）	2 249	131	2 380	2 188	381 300	389 935

① 逾期 90 天的公司贷款通常划分为非应计，公司贷款逾期是指本金或利息到期后未按约定支付的情形。
② 非应计贷款通常包括逾期 90 天或以上的贷款，或花旗根据实际经验和对贷款可收回性进行前瞻性评估而认为支付利息或本金值得怀疑的贷款。
③ 逾期 30 天以下。
④ 贷款总额包括公允价值贷款，这些贷款不包括在各种拖欠列中。
资料来源：花旗银行年报，2019 年，第 197 页。

美洲银行商业贷款中，小企业商业性贷款（153.33 亿美元）占全部工商业贷款（5 252.81 亿美元）的 2.9%。从小企业信用分数分布来看，信用较低的小企业商业性贷款（FICO 分数在 620 分以下的）占比很低（见表 14-24）。

表 14-24　2019 年美洲银行商业贷款——信贷质量指标

（单位：百万美元）

	美国	非美国	商业房地产	商业租赁	美国小企业商业性贷款
风险评级（Risk ratings）					
通过率（Pass rated）	299 380	104 051	61 598	19 551	231
持保留意见比例（Reservable criticized）	7 668	915	1 091	329	18
FICO 分数					
<620					308
620～680（含 620）					756
680～740（含 680）					2 267
≥740					4 607
采用其他内部信用评级方法（Other internal credit metrics）					7 146
商业贷款合计（Total commercial）	307 048	104 966	62 689	19 880	15 333

资料来源：美洲银行年报，2019 年，第 136 页。

三、资本充足类

这一类指标反映银行资本总量和结构是否满足监管部门对银行资本的最低要求，包括资本充足率、一级资本充足率、核心一级资本充足率、总权益对资产总额比率等。

1. 资本充足率

$$资本充足率 = \frac{总资本 - 对应资本扣减项}{风险加权资产} \times 100\%$$

2. 一级资本充足率

$$一级资本充足率 = \frac{一级资本 - 对应资本扣减项}{风险加权资产} \times 100\%$$

3. 核心一级资本充足率

$$核心一级资本充足率 = \frac{核心一级资本 - 对应资本和减项}{风险加权资产} \times 100\%$$

进一步了解相关内容可参考《商业银行资本管理办法（试行）》和本书后面的资本管理部分。

四、基于财务报表基本财务指标的重构

假如我们要研究非利息支出中的员工成本问题，可用指标有薪酬总量、人均薪酬、高管薪酬占比，以及高管薪酬平均值/一般员工薪酬倍数的平均值。显然，薪酬总量或人均薪酬可以说明这个企业或银行在公众印象中"福利好不好"。而高管薪酬占比，特别是高管薪酬平均值/一般员工薪酬倍数的平均值更能反映银行薪酬制度"分配是否公平"，或者说高管与一般员工的利益冲突严重程度。

这部分内容基于前面介绍的财务指标，通过一些方法构造出一些新的指标，从而进一步揭示银行的业务和财务特征。

1. 结构性指标

年报里面有许多基本信息，如资产负债表中有资产规模、负债规模，以及分项资产和负债等。利用这些基本信息可以算出结构性的指标，如贷款占总资产比重、公司贷款占总贷款比重，以及个人存款占总存款的比重等。在损益表中有总收入及分项收入，支出等。利用这些基本信息也可以计算出关于盈利的结构性指标。

2. 平均性或"单位性"指标

如平均资产规模、平均负债规模、平均付息成本、平均收益率等。可以是日平均或年平均、年初与年末的简单平均，或者是加权平均。也可以根据相关指标计算人均资产、人均负债、人均利润、人均工资、人均费用等。或者单位资产薪酬、单位资产费用、单位成本利润等。

3. 成长性指标

如果连续观察银行的财务报表，可以计算出基本财务指标的增长性指标，如环比或同比等，如贷款增长率、存款增长率、利润增长率等，或者人均贷款增长率、人均存款增长率、人均利润增长率等，从而反映银行业务与财务的增长情况。

4. 波动性/风险性指标

前面我们介绍了不良率、拨备覆盖率等风险指标。实际上，除了这些指标以外，还有一些指标可以刻画银行的风险。如均值和方差，特别是方差，也能够衡量银行的总体风险。如：银行股票价格的标准差 σ 或方差 σ^2；银行净收入的标准差 σ 或方差 σ^2；ROA 或 ROE 的标准差 σ 或方差 σ^2。

由于不确定性是客观存在的，因此波动性是银行业务或财务的固有特点，但波动本身就是银行的风险。通常，我们可以用均值与方差，或偏离均值等指标刻画银行业务发展或财务的风险。一是财务指标的均值和方差，如净收入、ROA、ROE、股价等的均值与方差。二是业务指标的均值和方差，资产、贷款、贷款增长等。实际上任何产品线都可计算其均值与方差，并反映总体风险。

单独从一年来看，收益率高的肯定比收益低的银行更好。但是，如果把观察时间延长，结论也许会有不同。两家银行几年的平均收益率差不多，是否说明两家银行一样好呢？显然，ROA 高的时候非常高、低的时候非常低的银行比另外一家收益率较为稳定的银行"风险"其实更大。

ROA 本身是盈利性指标，但是我可以用方差来反映它的风险。实际上，年报里面的很多基础财务指标基本上都可以用方差来表达风险。比如，资产规模增长快总体上是好事情，但是如果一家银行的资产规模不仅在增长，而且增长幅度波动很大，那么相对于另外一家增长但增长率方差较小的银行，哪家更好？显然方差小的好。

又如存款，有的银行存款可能大幅度增长，但是不久又大幅度下降。对于银行来讲，相对于公司存款，来自个人的存款通常具有更小的方差，所以储蓄存款的稳定性更强，而公司存款可能大进，也可能大出，即公司存款的波动很大。

利用年报相关信息去重构新的指标并开展问题研究是非常重要的一种能力，既可以研究资产本身的问题，也可以研究资产结构的问题，还可以研究资产增长或波动的问题。负债和利润等同样如此。特别强调的是，要注重从结构性等重构的指标去分析不同银行经营结果的规律、趋势、特征、差异及其产生差异的原因。可以采用统计分析、比较分析，以及截面数据、面板数据、时间序列等计量分析方法。

第三节 商业银行绩效评价

从利益相关者理论来看，所谓银行绩效，是指银行在多大程度满足了股东、雇员、储户和其他债权人的要求。这里的利益诉求主体同样也应该包括政府或监管部门，如银行是否很好地执行了政府的宏观调控政策，或者信贷政策，比如支持绿色信贷，以及完成小微企业"两增""两控"目标。

绩效评价是绩效管理的核心内容，既可以是银行基于内部管理需要进行评级和考核，也可以是基于"上级"对"下级"管理的需要，或监管需要而进行评级和考核。美国的骆驼评级体系（CAMELS）、中国人民银行的宏观审慎评估体系（MPA）实际上也是一种监管部门对银行绩效的综合评价结果。本节主要介绍我国财政部门对国有独资及国有控股商业银行的绩效评价体系。

为进一步发挥市场机制作用，完善商业银行绩效评价体系，推动商业银行更加有效地响应国家宏观政策，服务实体经济，服务微观经济，引导商业银行高质量发展，增强活力，提高运营效率，做优做强国有金融资本，根据《中共中央国务院关于完善国有金融资本管理的指导意见》《金融企业财务规则》等有关规定，2020年12月15日财政部颁布《商业银行绩效评价办法》(财金〔2020〕124号)(以下简称《办法》)。

《办法》适用于国有独资及国有控股商业银行(含国有实际控制商业银行)、国有独资及国有控股金融企业实质性管理的商业银行。其他商业银行可参照执行。

所谓绩效评价，是指财政部门根据商业银行功能特点建立评价指标体系，运用适当的评价方法和评价标准，对商业银行一个会计年度响应国家宏观政策、服务实体经济、防控金融风险情况，以及发展质量、经营效益情况进行的综合评价。

通过事前激励和事后约束，绩效评价体系将进一步传导到商业银行日常经营管理中，有助于把金融服务实体经济、提升发展质量和防控风险等要求落到实处。

一、商业银行绩效评价指标体系

商业银行绩效评价维度包括服务国家发展目标和实体经济、发展质量、风险防控、经营效益四个方面，评价重点是服务实体经济、服务经济重点领域和薄弱环节情况，以及经济效益、股东回报、资产质量等。

(1) 服务国家发展目标和实体经济。具体包括服务生态文明战略情况、服务战略性新兴产业情况、普惠型小微企业贷款"两增"完成情况、普惠型小微企业贷款"两控"完成情况4个指标，主要反映商业银行服务国家宏观战略、服务实体经济、服务微观经济情况。

(2) 发展质量。具体包括经济增加值、人工成本利润率、人均净利润、人均上缴利税4个指标，主要反映商业银行高质量发展状况和人均贡献水平。

(3) 风险防控。具体包括不良贷款率、不良贷款增速、拨备覆盖水平、流动性比例、资本充足率5个指标，主要反映商业银行资产管理和风险防控水平。

(4) 经营效益。具体包括(国有)资本保值增值率、净资产收益率、分红上缴比例3个指标，主要反映商业银行资本增值状况和经营效益水平。

典型案例
商业银行绩效评价指标体系

二、商业银行绩效评价办法

为确保绩效评价工作客观、公正、及时、有效与公平，商业银行要提供全面、真实的绩效评价数据。绩效评价工作以独立审计机构按中国审计准则审计后的财务会计报告为基础，其中，财务报表应当是按中国会计准则编制的合并财务报表。绩效评价数据应由负责商业银行年度财务报告审计的独立审计机构进行复核并单独出具审计报告。商业银行相关业务数据应与按照监管要求报送的最终结果保持一致。

1. 行业对标方法

对采用行业对标方法的绩效评价指标，由财政部根据中央管理的商业银行和省级财政部门报送的快报资料，对商业银行数据进行筛选，剔除不适合参与测算的商业银行数据，保留符合测算要求的数据，建立样本库，测算行业标准值。

2. 历史对标方法

对采用历史对标方法的指标标准值，按照分级管理原则，由财政部和省级财政部门根据商业银行基础数据进行测算，其中样本平均值作为"中等值"。其他五档标准值按照合理方法确定。

3. 评价计分方法

评价计分方法是将商业银行调整后的评价指标实际值对照商业银行所处标准值，按照以下计算公式，计算各项基本指标得分。

$$绩效评价指标总得分 = \sum 单项指标得分$$

$$单项指标得分 = 本档基础分 + 调整分$$

$$本档基础分 = 指标权数 \times 本档标准系数$$

$$调整分 = 功效系数 \times (上档基础分 - 本档基础分)$$

$$上档基础分 = 指标权数 \times 上档标准系数$$

$$功效系数 = (实际值 - 本档标准值) / (上档标准值 - 本档标准值)$$

本档标准值是指上下两档标准值中居于较低的一档标准值。

三、绩效评价结果

绩效评价结果以评价得分、评价类型和评价级别表示。评价得分用百分制表示，最高100分。评价类型是根据评价分数对企业综合绩效所划分的水平档次，用文字和字母表示，分为优（A）、良（B）、中（C）、低（D）、差（E）五种类型。

■ **拓展阅读**

银行规模对绩效的影响

■ **思考题**

1. 宏观经济、银行特征对非利息收入的影响有哪些？
2. 薪酬对银行不良资产有影响吗？
3. 薪酬制度会影响银行绩效吗？
4. 银行会利用新冠肺炎疫情加速不良贷款核销吗？
5. 如何看待我国银行业非利息收入结构的变化？

6. 中国与美国银行业非利息收入有何差异？
7. 银行可以收取服务费吗？为何我国银行服务收费总被质疑或反对？
8. 银行存在最优资本充足率吗？——基于 ROE 视角
9. 在银行年报中，关于贷款质量的信息通常有哪些？

■ 核心文献

[1] DAVID C WHEELOCK, PAUL W WILSON, Do Large Banks Have Lower Costs? New Estimates of Returns to Scale for U.S.Banks [J]. Journal of Money, Credit and Banking, 2012, 44(1): 171-199.

[2] LAETITIA LEPETIT, EMMANUELLE NYS, PHILIPPE ROUS, AMINE TARAZI. Bank income structure and risk: An empirical analysis of European banks [J]. Journal of Banking and Finance, 2007 (8).

[3] LIANG, KUO, CHAN, Chen.Bank diversification, performance, and corporate governance: evidence from China [J]. Asia-Pacific Journal of Accounting & Economics, 2020, 27(4): 389-405.

[4] PENNACCHI GEORGE G, SANTOS JOÃO A C. Why Do Banks Target ROE? [J]. Journal of Financial Stability 2021, 54.

[5] YING DUAN, JIJUN NIU. Liquidity creation and bank profitability [J]. The North American Journal of Economics and Finance, 2020, 54.

[6] 《商业银行贷款损失准备管理办法》（银监发〔2011〕4 号），2011，7．

[7] 《关于调整商业银行贷款损失准备监管要求的通知》（银监发〔2018〕7 号），2018，2．

[8] 银行收费，是否越减越多 [N]. 人民日报，2014-6-9．

[9] 财政部，商业银行绩效评价办法（财金〔2020〕124 号），2020，12．

[10] 刘莉亚，李明辉，孙莎，杨金强，中国银行业净息差与非利息收入的关系研究 [J]. 经济研究，2014，(7)．

[11] 王瑞雪，张桥云，商业银行盈利模式分化——基于我国上市银行的实证分析 [J]. 经济学家，2016（2）．

[12] 熊启跃，王书朦，"负利率"与大型银行的净息差管理策略 [J]. 金融监管研究，2017（2）．

[13] 杨志强，王华，公司内部薪酬差距、股权集中度与盈余管理行为——基于高管团队内和高管与员工之间薪酬的比较分析 [J]. 会计研究，2014（6）．

[14] 张栋，内部薪酬差距与银行绩效——基于中国上市银行的经验证据 [J]. 金融发展评论，2017（12）：105-130．

第七篇

商业银行监管

第十五章　商业银行监管与法律
第十六章　商业银行资本与管理
第十七章　存款保险制度与中国存款保险条例

银行监管是金融体系的重要组成部分。从监管的内容来看，银行监管涵盖从设立银行到银行破产退出的全过程。从监管的方式来看，银行监管分为现场监管和非现场监管。从监管的主体来看，主要包括中央银行、银行监管机构和存款保险。

本篇包括商业银行监管与法律，商业银行资本与管理，存款保险制度与中国存款保险条例三章。

第十五章
商业银行监管与法律

美国复杂的金融体系决定了美国的金融监管体系也很复杂。"双线多头"和"伞形监管"是美国的银行监管体系区别于其他国家的显著特征。由于监管机构众多,美国存在一定程度上的监管重叠,但一个机构被多个部门重复监管的问题并没有想象的那样严重。本章详细介绍了以中国和美国为代表的金融监管和银行监管的基本架构,以及美国最主要的银行监管法律。

最近十多年,中国金融监管体系随着中国金融业的飞速发展而不断更新,现在基本形成"一委一行两会"中央监管架构和"中央+地方"的金融监管格局。中国是以银行为主的金融体系。因此,金融监管的重中之重是对银行体系的监管。

本章内容包括美国银行业监管体系、美国主要的银行监管法规、中国银行业监管体系等。

■ **重要知识点及核心概念**

金融稳定监督委员会、美国联邦储备系统、货币监理署、联邦存款保险公司、消费者金融保护局、伞形监管架构、次级贷款危机、利率管制、利率市场化、金融稳定发展委员会、中国人民银行、证监会、银保监会、地方金融监管。

■ **学习目标**

- 了解美国银行业监管体系及其特殊性
- 了解美国近百年改变银行业的主要法律法规
- 了解中国金融监管架构及演变

第一节 美国银行业监管体系

银行是在既定的法律框架下经营的,超越法律的经营是违法的。从这个意义上讲,商业银行的变化和创新源于法律的调整和认可。在众多金融机构中，商业银行是监管最为严格的。但从发展趋势来看，各国都在不断放松对银行的管制，以至于现在银行和非银行金融机构的某些业务边界日趋模糊。

一、美国银行业监管架构

（一）"联邦+州"分权监管

在联邦层面上，有美联储、货币监理署、联邦存款保险公司、美国证券交易委员会、国家信用社管理局、商品期货交易委员会、联邦住房管理局、联邦保险局（FIO）。在州层面上，各州均设立自己的银行监管局、证券与保险监管专员。

商业银行在联邦层面主要受到美国联邦储备系统、美国货币监理署和联邦存款保险公司三个机构的监管。其中，美联储主要负责对银行控股公司和加入联邦储备系统的州银行进行监管，货币监理署主要负责对国民银行以及外国银行在美国的分行或办事处进行监管，联邦存款保险公司主要负责存款保险业务并重点对非联邦储备系统成员的州银行进行监管。

2010年之前，储蓄机构由储蓄机构管理局监管，信用合作社由美国国家信用社管理局（NCUA）监管。2008年次贷危机以后，美国对监管体系进行了重大调整，2010年储蓄机构管理局被合并到货币监理署，同时还设立消费者金融保护局。

（二）伞形监管架构

为顺应金融混业经营的趋势和现实需要，美国于1999年通过了《金融服务现代化法》，使银行持股公司变身成为金融控股公司，并允许金融控股公司通过设立子公司的形式经营多种金融业务，如存款、贷款、保险、证券承销和经纪等业务。但是，金融控股公司本身并不开展具体业务，其主要职能是向美联储申领执照、对集团公司及子公司进行资本管理和行政管理。现在，金融控股公司是美国金融业最主要的组织形态，如花旗银行集团、美洲银行集团等。在这些控股公司下，分别有银行、证券、保险、基金等不同的金融业态。

通过金融控股公司这一载体，金融业实现了从分业经营向混业经营的转变，但这在客观上对金融监管提出了严峻的挑战。显然，依托于分业经营模式建立的分业监管框架面对这种业务多元化的超级机构，以前行之有效的监管手段可能失效或无效。其中，最为紧迫的问题是，谁来监管金融控股公司？由此，伞形监管模式应运而生！

所谓的伞形监管架构是指以联邦储备银行对金融控股公司的监管为核心的、其他监管机构相互协作的监管体系。由于这一模式具有"上小下大"的伞形特征，因此称为伞形监管体系。

在伞形监管模式下，作为伞形监管者——联邦储备银行并不监管具体的银行、证券公司和保险公司及其业务，而是监管这些机构的母公司。金融控股公司所属的银行类机构和非银行机构仍分别保持原有的监管模式，即银行类机构仍接受原有银行监管者的监管，而证券部分仍由证券交易委员会监管，保险部分仍由联邦保险署和州保险监管署（SIC）监管。因此，美国金融业具有"分业经营+伞形监管"的显著特征。美国伞形监管架构如图15-1所示。

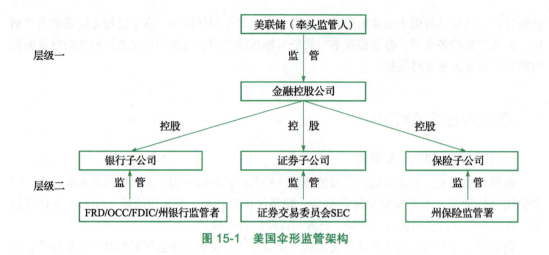

图 15-1 美国伞形监管架构

二、主要的银行监管机构

(一) 美国联邦储备系统[一]

美国联邦储备系统(Federal Reserve System, FED)简称美联储,是美国的中央银行,同时也是美国金融监管体系中最重要的联邦监管机构。

美联储根据《联邦储备法》(Federal Reserve Act)于 1913 年 12 月 23 日成立,包括联邦储备委员会、12 家联邦储备银行和联邦公开市场委员会。美联储以促进美国经济的有效运作、服务公共利益为己任,其主要职能是实施货币政策、稳定金融体系、监管金融机构和活动、确保支付结算系统安全与效率、促进消费者保护和社区发展。

为确保美联储货币政策的独立性,美联储货币政策最高决策机构包括联邦储备委员会的 7 名执行委员和 12 名联邦储备银行的主席。其中,联邦储备委员会的 7 名执行委员由主席、副主席及其他 5 位委员组成,且必须全部由总统提名,经过国会确认后才能上任。每个执行委员的任期为 14 年,到任后不能连任。执行委员上任后,总统没有权力罢免这些委员。如果需要罢免他们,必须有国会 2/3 的成员投票通过才可以。

除货币政策功能外,联邦储备银行还负责金融控股公司监管和消费者权益保护,包括对银行的微观审慎监管、对银行控股公司及其关联公司监管、对其他实体监管。此外,为促进整个金融体系的稳定,美联储还进行"宏观审慎"的监管。2008 年金融危机以后,美联储的监管权力得到进一步强化,功能更强大。

(二) 货币监理署[二]

1863 年 2 月 25 日,林肯总统签署《国家货币法》设立货币监理署(Comptroller of the Currency, OCC),这是美国成立最早的联邦政府金融监管机构,隶属于美国财政部,但又独立于美国财政部。OCC 负责注册、监管约 2 000 家国民银行[三]联邦注册的储蓄机构和 50 所外国银行在美国的分行,占美国所有商业银行总资产的四分之三,其总部设在华盛顿。监理署

[一] 更详细的内容参见美联储网站 https://www.federalreserve.gov/。
[二] 更详细的内容参见美国财政部货币监理署网站 https://www.occ.gov。
[三] 国民银行指的是在联邦注册(即在 OCC 注册)的商业银行。

长由美国总统任命，并经美国联邦参议院通过，任期 5 年。

货币监理署可以针对银行、银行分支机构或管理人员违反法律法规的行为或违规操作等采取惩罚措施，包括非正式处罚和正式处罚两类。①对于银行或分支机构来说，非正式处罚是针对问题不太严重的银行采取的如承诺函、备忘录等处罚形式，主要为银行管理人员提供解决问题的指导。正式处罚是针对问题严重的银行采取的处罚措施，包括正式协议书和禁业令。②对于银行管理人员来说，非正式处罚包括监管信和惩戒信。正式处罚包括罚款、个人临时停业令和禁业令。

典型案例
OCC结构框架及主要监管职能

（三）联邦存款保险公司[⊖]

联邦存款保险公司（Federal Deposit Insurance Corporation，FDIC）是经国会批准设立的一个独立机构，是美国具有金融监管权力的三个联邦级机构之一。FDIC 总部位于华盛顿，由五人董事会管理，所有董事都由总统任命，并由参议院确认，但来自同一政党的不超过三人。

与其他国家或地区的存款保险机构相比，FDIC 有强大的监管功能，是美国处理银行市场退出的最重要机构。FDIC 没有获得国会的拨款，其资金主要来自投保机构支付的存款保险费，以及保险基金投资美国国债等的收益。FDIC 的功能主要包括：为存款提供保险；审查和监督金融机构的安全、健全和消费者保护；使大型和复杂的金融机构的问题能够解决；接管有问题银行。

FDIC 通过以下活动维护国家金融体系的稳定和公众信心：一是为银行和储蓄机构的存款提供至少 25 万美元的保险；二是识别、监测和处理存款保险基金的风险；三是限制银行或储蓄机构倒闭时对经济和金融体系的影响。FDIC 只为银行的存款提供保险，而不对银行和储蓄机构证券、共同基金或类似的投资提供保险。FDIC 自 1934 年 1 月 1 日开始提供存款保险以来，存款人没有因银行倒闭而失去一分钱。

FDIC 直接审查和监督约 4 000 家商业银行和储蓄银行，占美国银行系统一半以上的机构。在美国，州注册的银行可以选择是否加入联邦储备体系，FDIC 主要监管没有加入联储体系的州注册的投保银行。当然，FDIC 也有权检查任何投保的银行和储蓄机构。FDIC 还审查银行是否遵守消费者保护法，包括《公平信用账单法》《公平信用报告法》《诚实贷款法》和《公平债务催收作业法》，以及审查银行是否遵守《社区再投资法》（该法要求银行满足注册地所在社区的信贷需求）。

当银行或储蓄机构倒闭时，通常由为其颁发注册许可的监管部门——州监管机构或货币监理署关闭。FDIC 有多种解决投保机构倒闭的办法，但最常用的是鼓励银行并购。这样，破产机构的客户自动成为收购方机构的客户。

（四）储蓄机构管理局

20 世纪 80 年代，美国发生储蓄贷款危机——储蓄贷款协会（S&L）大量破产，为它们的存款提供保险的联邦储蓄贷款协会保险公司（FSLIC）也受牵连而倒闭。为解决这一危机，1989 年美国颁布《金融机构改革、复兴和实施法》（FIRREA）。依据该法美国设立了储蓄机

⊖ 更详细的内容参见美国联邦存款保险公司网站 https://www.fdic.gov/。

构管理局（Office of Thrift Supervision，OTS），OTS 是隶属于财政部的一个政府机构，替代联邦住房贷款银行委员会（FHLBB），专门负责监管储蓄机构。OTS 的独特之处在于它不只管理储蓄机构，而且还管理其控股公司。美国著名的金融公司，如美国国际集团公司、美国运通、摩根士丹利和美林证券等都曾在其管理之下。

在美国的银行监管体系和历史中，OTS 曾经发挥过很重要的作用。2008 年金融危机后，美国对在联邦层面的储蓄机构和商业银行监管进行改革，2010 年 OTS 被合并到货币监理署。

（五）消费者金融保护局○

向不合格客户恶意推行住房贷款、信用卡等业务本应是禁止的，但在 2000～2008 年却是美国银行业非常普遍的做法，这种"掠夺式"贷款导致不少客户过度负债而破产。

直至 2008 年爆发次级贷款危机后，美国对金融监管做了较为彻底的改革，其中之一就是在美联储内部新设消费者金融保护局（CFPB）——一个独立的消费者金融保护机构，以确保消费者在抵押贷款、信用卡和购买其他金融产品时获得所需清楚准确的信息，并保护他们免遭隐藏费用、掠夺性条款和欺骗性行为的损害。

典型案例
CFPB的任务、愿景、目标和职能

（六）国家信用社管理局/国家信用社股金保险基金○

1934 年，富兰克林·罗斯福总统签署《联邦信用社法》，政府开始监督信用社和保护存入信用社的资金。1970 年，美国成立国家信用社管理局（National Credit Union Administration，NCUA）。在此之前，美国信用社受多个监管机构监督。

NCUA 由三名成员组成的董事会领导，所有成员都由美国总统直接任命。该机构目前负责管理的联邦保险信用社超过 9 500 个，为超过 8 000 万客户提供服务。NCUA 的愿景是通过有效的监督、检查和保险，保护信用社和拥有信用社的消费者。NCUA 的任务是通过规则制定、监管和监督使得信用社体系完全稳健，检查的重点是针对信用社和股金保险基金的风险，创建富有创新和灵活性的现代监管框架，以增强人们对国家合作信用体系的信心。

成立 NCUA 的同时，国会还设立了国家信用社股金保险基金（NCUSIF）以保护全国信用社体系的存款，投保机构包括全部联邦信用社和绝大多数州注册的信用社。在 NCUSIF 投保的账户包括储蓄账户、股票汇票账户○、货币市场存款账户、股金存单（share certificates）、个人退休账户（IRA）和可撤销信托账户。

与商业银行体系类似，NCUA 负责国家联邦信用社（FCU）的监管，而 NCUSIF 为加入信用社保险体系的信用社社员的"股金"提供保险，这类似于 FDIC 为商业银行存款人提供的保险。一旦投保的信用社倒闭，NCUSIF 先行赔偿。现在，NCUSIF 为信用社社员股金提供最高不超过 25 万美元的保护。

○ 更详细的内容参见美国消费者金融保护局网站 https://www.consumerfinance.gov/。
○ 更详细的内容参见美国国家信用社管理局网站 https://www.ncua.gov/。
○ 股票汇票账户（Share draft）是由信用社提供的，类似于商业银行支票的账户。

(七）与住房金融相关的监管机构[①]

美国的住房金融市场很发达，大多数商业银行的"房贷"占比都很高。美国还设立"两房"开展住房抵押贷款证券化，为房贷市场注入新的源源不断的资金。"两房"指美国专门从事住房按揭证券化的房地美（Freddie Mac）和房利美（Fannie Mae），是由政府发起的企业。实际上，美国还有一个房贷证券化机构——吉利美（Ginie Mae）。

美国对住房金融监管的主要机构包括美国住房与城市发展部（HUD）及下属的联邦住房管理局（FHA），联邦住房金融委员会（FHFB）[②]，以及联邦住房企业监督管理办公室（OFHEO）。其中，OFHEO 负责监管"两房"，FHFB 负责监管联邦住房贷款银行体系（FHLB）。2008 年后，FHFB 与 OFHEO 合并建立联邦住房金融局（FHFA）。

（八）州金融监管机构

在美国，除联邦政府特许的金融机构外，每个州都有权审批、许可、监管其管辖权限范围内的金融机构。

1. 银行业

按照"谁审批，谁监管"的原则，州和联邦共同享有监管权，即联邦政府特许经营的（即在联邦政府部门注册）银行由联邦监管机构进行监管，各州特许经营的（即在州政府注册）银行由州监管机构进行监管。州监管对象包括州注册银行、储蓄贷款协会、信贷合作社和金融公司，具体职责范围与货币监理署相似。但是，如果州银行加入了联邦存款保险公司或成为美联储的会员银行，州银行除了要受到州政府的监管之外，还要受联邦存款保险公司或美联储的监管。

2. 证券业

州政府的证券监管权相比其他行业要小得多，美国证监会、美国期货交易委员会以及行业自律组织对证券机构实行垂直监管。

3. 保险业

与证券业不同的是，州政府对保险业享有绝大部分的监管权。在 2010 年之前，美国联邦层面没有保险监管机构，各州制定保险法规，对保险公司、分公司、中介代理机构和它们的业务活动实施监管。2010 年设立联邦保险署负责美国的保险业监管。

三、美国次级贷款危机与银行监管体制改革

（一）美国次级贷款危机概况

2001～2005 年，受低利率的货币政策刺激，美国的房地产市场开始繁荣，美国人购房的热情急升，带动次级抵押贷款市场迅猛发展。到 2006 年，美国全部抵押贷款构成中"非优级"的比重高达 46%，其中次级为 21%，次优级为 25%。

在美国，通常将借款人的信用等级划分为"优级"（Prime）、"次级"（Subprime）和介于

[①] 关于美国住房金融体系及监管更多的内容，参见本书第十章。
[②] 在美国，联邦住房贷款银行体系（FHLB）包括 12 个分行，由联邦住房金融委员会（FHFB）负责管理。

二者之间的"次优级"（即 Alt-A）三类。"优级"客户信用等级较高、收入稳定可靠；次级抵押贷款市场面向收入证明缺失、负债较重的客户。因其信用程度不高，以及缺乏有效抵押和收入证明，故贷款风险较高。次级抵押贷款利率比一般抵押贷款高出 2～3 个百分点。"次优级"贷款客户介于二者之间。

2008 年美国发生次级贷款危机，危机起源于次级抵押贷款市场的过度膨胀。在此期间，著名的雷曼兄弟、贝尔斯登等证券公司，保险界赫赫有名的美国国际集团（AIG），最大的储蓄银行华盛顿互惠银行，最大的抵押贷款银行 Countrywide，或等待政府救助，或被迫倒闭，引发全球金融市场动荡。

（二）危机后银行监管体制改革

2009 年 6 月 18 日，美国政府提出金融改革方案《金融监管改革：新基石》。2009 年 7 月 22 日，美国政府又向国会提交"2009 年美国金融监管改革法案"的议题。2009 年 12 月 11 日，美国国会众议院通过《华尔街改革与消费者保护法》（《多德－富兰克林金融改革法》），被业界视为美国自 20 世纪 30 年代以来最彻底、规模最大、影响最广的金融监管改革计划。

（1）明确监管分工，进一步强化美联储在金融监管中的核心作用。美联储负责监管银行控股公司、资产超过 500 亿美元的非银行金融机构，以及负责监管系统重要性金融机构（SIFIs）和金融市场基础设施（特别是支付、清算和结算相关）。联邦存款保险公司负责监管资产在 500 亿美元以下的州银行和州储蓄机构，并继续承担大部分金融机构的市场退出和清算责任（SIFIs 的清算除外）。货币监理署负责监管资产在 500 亿美元以下的联邦注册的银行和储蓄机构。国家信用社管理局负责监管联邦信用合作社。证券投资保护公司（SIPC）保留其非营利会员公司的职责，尤其涉及经纪自营公司的清算方面。不再设立储蓄机构管理局。增设联邦保险署，加强保险业务活动的监管（医疗保险除外）。金融稳定监督委员会（FSOC）和州保险监管机构合作共同解决系统性问题。美国金融机构/产品与监管框架如表 15-1 所示。

表 15-1　美国金融机构/产品与监管框架

机构/产品	监管机构
资产≤500 亿美元的州银行/储蓄机构	FDIC
资产≤500 亿美元的国民银行/储蓄机构	OCC
所有其他银行/储蓄机构，银行及其金融控股公司	FED
信用合作社	NCUA/州监管机构
保险公司	FIO/州监管机构
系统重要的金融市场活动（支付、清算和结算）	FED
资产支持证券	SEC 和联邦银行监管机构
衍生品	SEC 和 CFTC
经纪自营公司	SIPC

（2）提高国际监管标准与加强国际协作。改革方案建议巴塞尔银行监管委员会继续修改和完善《新巴塞尔协议》，并在 2009 年年底之前细化交易账户和证券化产品的风险权重，引进补充性杠杆比率，完善对资本的界定。同时也敦促巴塞尔银行监管委员会深入评估《新巴

塞尔协议》框架，采取反周期性的资本充足要求，即要求银行金融机构在经济增长时期建立资本缓冲机制（Capital Buffer），以应对经济萧条时资本缓冲之需。

第二节 美国主要的银行监管法规

银行在发展过程中经常会遇到瓶颈而需要寻求突破，但是既有的法律框架又不允许，创新便成为解决这一冲突的唯一办法。创新推动新的立法并对这一创新做出认可。因此，银行的发展史是一部创新史，也是一部立法史，创新—立法—再创新—再立法……贯穿始终。

本节主要介绍美国的银行监管相关法律，时间跨度近百年。我们将按照年代来介绍这些法律法规的主要内容。中国的银行立法分散在前面的有关章节之中。

美国的银行发展史上出台了很多法律法规。这些法律法规不仅改变了美国的银行市场结构，对全世界的银行业也产生了重大影响。其中，最有名的银行法律当属1933年的《格拉斯－斯蒂格尔法》和1999年的《金融服务现代化法》。但是，对美国银行业及监管改革产生重要影响的立法可以追溯到1927年的《麦克法登法案》。

一、20世纪60年代以前的立法

（一）《麦克法登法案》

《麦克法登法案》（The McFadden Act）于1927年2月25日由美国总统卡尔文·柯立芝（Calvin Coolidge）签署成为法律。该法案促进了美国国民银行体制的发展和20世纪20年代早期美国的经济繁荣，但也为美国1933年大危机的发生埋下了种子！

第一，《麦克法登法案》涉及属于联邦储备体系的商业银行与不属于联邦储备体系的商业银行之间的竞争。从1863年到1927年，在联邦政府注册的银行（称为国民银行）只能在一个地方经营，而有一些州政府同意本州注册的银行（称为州银行）可以在多个地点设立分行来经营。《麦克法登法案》允许国民银行在那些州政府允许其州银行开设分行的州开设分支机构，而在禁止分支银行的州，国民银行也不能开设分行。

在20世纪20年代，大约1/3的商业银行是联邦储备体系的成员，并持有银行业约一半的资产。与未加入联邦系统的银行相比，美联储成员银行面临更严格的监管。在大多数州，美联储成员银行必须拥有更多的资本，不能投资于监管机构认为风险过大、流动性不足或不符合国民银行体系宗旨的资产类型，不能从事许多非成员银行可以从事的利润更高的业务。

第二，《麦克法登法案》使以前立法中未明确的创新做法合法化，允许美联储成员银行拥有和经营子公司，之前的立法既没有授权也没有禁止这种做法。在该法案颁布之前，美联储成员银行采取单元制，从事的活动范围很小。该法案颁布之后，美联储成员银行可能变成更大、更复杂的公司。

第三，《麦克法登法案》允许银行参与证券投资业务。在《麦克法登法案》颁布之后，经营证券业务的商业银行数量猛增并达到顶峰（Mishkin, 1999），银行在这一时期得到了快速发展。卡恩等（Khan, 2017）指出，作为以市场为导向的金融体系之一，美国不仅拥有完善的银行体系，还拥有发达的证券市场。但是，当允许美国商业银行开始经营更多的证券业务时,证券市场将会出现大问题。

第四,《麦克法登法案》扩大了成员银行可以发放的贷款规模和类型,包括加大对房地产的投资、向单个公司提供更大额度的贷款资金。

(二)《格拉斯－斯蒂格尔法》

1929年10月23日纽约股市暴跌,引发资本主义国家极其严重的经济危机。工人失业、商店关门、经济萧条,并导致大量银行倒闭。有不少人认为,危机与《麦克法登法案》允许银行通过证券子公司经营证券承购业务和投资业务,商业银行承担太多高风险业务有关。

1929~1933年,资本主义国家发生了有史以来最大规模的经济危机。当时美国有3万多家银行,危机期间及后来不久,大约9000多家银行倒闭,存款人遭受重大损失。在此背景下美国颁布了《格拉斯－斯蒂格尔法》(The Glass-Steagall Act),又称为《1933年银行法》。《1933年银行法》对美国乃至全世界金融业都产生了重大而深远的影响,主要体现在以下三个方面。

第一,金融业实行分业经营。1933年之前,银行、保险、证券交织在一起,金融实际上是混业经营的,而银行的过度投资被认为是造成大量金融机构倒闭的重要原因。[1]《1933年银行法》第十六条禁止银行承销证券;第二十条禁止银行通过联营公司进行证券业务,银行不得以主营证券承销的公司为联营公司;第二十一条禁止证券公司接受存款;第三十二条禁止银行业、证券业的高管和职员交叉任职。

第二,实行利率管制。《1933年银行法》第Q条例规定,商业银行、储蓄银行、储蓄贷款协会对活期存款不能支付利息。[2]同时还规定银行定期存款利率不能超过规定的上限。Q条例是指美国联邦储备委员会按字母顺序排列的一系列金融条例中的第Q项规定。1929年之后,美国联邦储备委员会颁布了一系列金融管理条例,并且按照字母顺序为这一系列条例进行排序,其中对存款利率进行管制的规则正好是Q项,因此该项规定被称为Q条例。Q条例成为对存款利率进行管制的代名词。

第三,建立存款保险制度。9000多家银行的倒闭使存款人遭受重大损失!同时,对银行体系、生产、生活等产生重大影响。实际上,倒闭的9000多家银行不都是坏银行或资不抵债的银行,不少银行是被挤兑挤垮的——因为没有流动性!什么样的制度才能够保障存款人在出现恐慌时不去排队挤兑银行存款?美国1933年正式建立的存款保险制度被证明是一个非常好地避免银行挤兑的制度设计。后来全世界的大多数国家(地区)都建立了各具特色的存款保险制度,包括中国在内。

(三)《1956年银行持股公司法》

银行持股公司制是美国基于单元制银行的弊端而创立的一种银行组织载体。持股公司在20世纪初出现于美国,第二次世界大战后银行持股公司迅速发展,成为美国银行体制中占相当优势的组织形式。

1956年,美国国会通过《1956年银行持股公司法》(Bank Holding Company Act of 1956),该法规定,凡直接、间接控制两家以上银行,而每家银行有表决权的股票在25%或25%以上的,就作为持股公司。即母公司直接或间接持有25%以上股份的银行达到两家以

---

[1] 是否是因为商业银行的证券业务导致危机,实际上结论并不确定!
[2] 直到今天,美国的商业银行仍然有许多不付息活期存款,可参见花旗银行等银行年报。

上，就归联邦储备银行管制，并禁止其开展非银行业务。1970年，美国对《1956年银行持股公司法》又做了修改，规定只控制一家银行25%以上股权的持股公司，也要进行登记。因为持股公司控制一定比例的银行股票，就能决定银行重要人事、营业政策。

二、20世纪60年代和70年代的立法

美国比较早就开始注意保护金融消费者的权利，如公平交易权、对金融产品知情权、自由选择权及消费者隐私权等。在20世纪60年代和70年代，美国先后制定了《消费者贷款保护法》《诚实贷款法》等多项与保护金融消费者相关的法律。在这一时期，美国基本形成了一套较为完整的消费者权益保护法律体系。此外，还包括1970年《银行保密法》和1977年《社区再投资法》两部重要法律。

（一）《诚实贷款法》

1960年，美国制定了《消费者信用标志条例》，主要是加强对金融机构发放消费信贷过程中的信息披露。1961年，《消费者信用标志条例》更名为《诚实贷款条例》；1967年，《诚实贷款条例》正式成为法律《诚实贷款法》（The Truth in Lending Act，TILA），并于1969年7月5日正式生效。该法旨在保护和帮助借款人，规定：① 银行发放贷款时价格必须透明，不能有欺诈或隐瞒信息的行为。贷款利率与收费要事前公告，银行要公布贷款利率（R）和年百分率（APR）。这两个都表示成本，其中利率是资金交易成本，而APR则是涵盖了服务收费在内的贷款综合成本率。② 银行贷款时不能基于收入、肤色、宗教、种族等歧视借款人。

该法为所有银行建立起标准化的信息披露流程，不仅提高了银行的透明度，而且使消费者能够获得贷款机构提供更好的利率或条款。该法禁止债权人诱导借款人从而发放对银行最有利可图的贷款，确保对消费者最有利。[○]

（二）《消费者贷款保护法》

1968年，美国通过了《消费者贷款保护法》（Consumer Credit Protection Act，CCPA），旨在为消费者提供在银行和信用卡公司等办理业务方面的保护。《消费者贷款保护法》规定了收集消费者的财务历史的数量和范围，以及可以与其他公司共享的消费者的财务历史的数量和范围，禁止债权人进行欺骗性广告和歧视。该法的重要性在于它要求金融机构以消费者更容易理解的术语来解释其业务，使贷款条款对可能不太精通金融或银行业的借款人更加透明。

（三）《公平信用报告法》

《公平信用报告法》（The Fair Credit Reporting Act，FCRA）于1970年通过，旨在规范消费者信用和财务信息的共享、存储和收集行为，以确保信用报告机构（征信公司）档案中包含的个人信息的准确性和隐私性。

消费者信用历史包括支付、信用卡号、贷款等。消费者信用报告是一种重要的信用专业服务，消费者信用报告机构又称信用局，收集消费者的信用信息，经过处理后向债权人或其

○ 当然，实际执行情况并非如立法的初衷那样，否则就不会出现后来的"掠夺式贷款"和次级贷款危机！

他合格的经济主体提供消费者信用报告。债权人参考信用报告来审查消费者的财务历史,以确定此人是否值得信赖,并做出是否授予消费者贷款的决定。《公平信用报告法》允许消费者每年免费获得其信用报告的副本,以确保银行和债权人正确报告消费者的财务历史。如果有任何信息不准确,消费者可以对此提出异议。

《公平信用报告法》限制各有关方对消费者信用报告中的信息进行访问,例如,如果消费者申请抵押贷款来买房,抵押贷款公司可能会提取消费者的信用报告。而未经个人明确同意雇主页不能获得访问权利。消费者金融保护局(CFPB)和联邦贸易委员会(FTC)负责修订和执行该法案。

(四)《公平信贷机会法》

1974年颁布的《公平信贷机会法》(Equal Credit Opportunity Act,ECOA)规定,任何金融机构基于种族、肤色、宗教信仰、出生地、性别、婚姻状况和年龄等因素而对申请人进行区别对待都会被提起诉讼,并被处以罚款。这些禁止性规定包括禁止债权人因性别、种族、肤色、来源国、年龄、婚姻状况、宗教,或者消费者的收入来源于公共资助(例如残疾人福利)而歧视信用申请人;债权人不得因消费者的收入来源于退休金、兼职工作、离婚扶养费、分居扶养费或者子女抚养费而予以折扣或者拒绝消费者的申请等。此外,债权人在做出负面决定后的规定时间内应当以书面形式通知消费者。

(五)《公平债务催收作业法》

《公平债务催收作业法》(Fair Debt Collection Practices Act,FDCPA)规定第三方收债人从消费者或实体收取未偿债务时可以采取的行动。例如,信用卡公司可能会将未偿债务的收集外包给第三方收债人。《公平债务催收作业法》限制这些收债人的行动范围和方式,比如联系借款人的次数和一天中向借款人打电话的时间。

(六)《电子资金转账法》

1978年颁布的《电子资金转账法》(Electronic Fund Transfer Act,EFTA),旨在保护消费者从事电子交易时的利益,如资金转移。《电子资金转账法》对通过ATM机、借记卡和从银行账户自动取款进行转账进行监管。《电子资金转账法》还帮助消费者纠正交易错误,并限制消费者在卡丢失或被盗时的责任。

(七)《住房抵押贷款信息披露法》

《住房抵押贷款信息披露法》(The Home Mortgage Disclosure Act,HMDA)于1975年由美国国会颁布,由联邦储备委员会实施。该法要求贷款机构公开贷款相关数据,包括贷款收费和定价,基于肤色、族群、信仰、经济欠发达地区等银行住房按揭贷款分布的信息等。

此外,金融消费者权益保护法还有《公平房屋法》(1968年)、《公平信贷账单法》(1975年)、《公平信用卡披露法》(1988年)、《家庭平等贷款消费者保护法》(1988年)、《家庭财产所有权及其平等保护法》(1994年),以及《信用修复机构法》(1996年)。[⊖]而1999年的《金

⊖ 在较为成熟的征信体系中,如果存在大量不良信用记录,在经济生活中是寸步难行的。但是个人的不良信用信息并非不可修复,信用修复机构应运而生,其主要作用是帮助存在负面信用信息的个人申请更正错误不良信息。《信用修复机构法》规定:"信用修复机构是帮助消费者修复其信用记录的营利性专业信用服务机构,信用修复机构的欺诈行为应受到限制。"

融服务现代化法》，特别是 2010 年的《华尔街改革与消费者保护法》(《多德－富兰克林金融改革法》) 从保护消费者隐私以及促进纠纷解决等方面进行了全面系统的规定。其他相关内容参见美国消费者金融保护局网站⊖，或联邦金融机构检查委员会网站⊜。

(八)《银行保密法》

《银行保密法》(Bank Secrecy Act，BSA) 也称为货币和对外交易报告法，1970 年获得通过，该法案要求在发生洗钱和诈骗案时，金融机构必须与美国政府合作。《银行保密法》有时称为反洗钱法，是全世界首部反洗钱法律。该法由美国金融犯罪执法网络 (FinCEN) 执行。

(九)《社区再投资法》

银行的社会责任首先表现为放贷的责任，《社区再投资法》(Community Reinvestment Act，CRA) 要求在本地注册经营的银行承担通过贷款支持当地经济发展和帮助社区进步的责任。1977 年通过的《社区再投资法》是美国一系列旨在强化银行社会责任，帮助某些弱势群体有效获得融资服务的法律之一。

《社区再投资法》规定：① 受监管机构有"持续和责无旁贷的责任"满足整个社区的信贷需求，包括中低收入社区和借款人的信贷需求；② 美联储等四个联邦金融监管机构对金融机构履行《社区再投资法》义务情况进行考核，包括贷款、服务、投资三个方面，其中贷款考核最为重要；③ 考核结果作为机构申请开设分支机构、兼并、收购等评审的重要依据。

《社区再投资法》要求并鼓励金融机构把本地区吸收的存款资金继续投入本地经济建设中，这在一定程度上减少了经济欠发达地区的资金外流。积极执行《社区再投资法》的金融机构通常会得到当地政府的支持，政府不仅把自身的资金存入这些机构，同时也鼓励社区居民把资金存放到《社区再投资法》评价等级高的金融机构。⊜

典型案例
美洲银行对开展业务社区的支持

三、20 世纪 80 年代的立法

(一)《放松对存款式金融机构管制与货币控制法》

1. 立法背景

从 1933 年到 1980 年，美国对利率实行管制近 50 年时间，这给银行带来了很多好处。一是防止银行之间通过价格来竞争存款，有利于金融秩序稳定；二是利率管制确保银行可以获得较为稳定的利差。同时，管住利率就管住了企业借款成本，从而为经济发展注入大量低成本的资金。

⊖ www.consumerfinance.gov.
⊜ https://www.ffiec.gov/.
⊜ 在我国，经济不发达地区的银行及其分支机构通常是存差行，而经济发达地区的银行表现为贷差。我国银行普遍采取总分行制，各分行的钱最后都集中到总行，贷款基本都到发达地区，因为落后地区没什么可贷的项目且风险较高。但这种做法对于经济落后地区来讲就是个大问题，加剧了落后地区与发达地区的差异，欠发达地区的钱流向经济发达地区进一步加剧了经济发展的不平衡。有人把这种现象称为"抽水机"。因此，美国《社区再投资法》值得借鉴。

但是，随着金融环境的改变，早期对银行具有保护作用的利率管制措施，现在反而成为限制银行发展的桎梏。在众多金融产品中，如果只有银行类产品的收益受利率管制，而股票、债券、基金等产品的收益是市场化的，基本不受利率管制影响。这本身就是不公平的竞争，其结果必然是受管制的金融机构越来越弱。试想一下，在利率管制背景下，如果存款利率5%，通货膨胀8%，谁还愿意存款？资金都流向股票、债券、基金去了。这就是典型的存款脱媒。

发展不平衡贯穿于人类历史长河之中，有扬有抑的"非均衡监管"是美国银行监管的一种理念。在1933年颁布Q条例的时候，美联储并没有把储蓄银行、储蓄贷款协会和信用社等机构纳入利率管制范围，主要原因是希望引导资金流向节俭机构，鼓励其发放居民住房贷款。

早在1966年，出于对房地产信贷市场的担忧，美国通过了《利息调整法》，其中的一个内容就是把Q条例的适用范围扩大到了储蓄机构，但把储蓄机构存款利率上限定得"稍稍"高于商业银行存款利率上限。其目的是通过这样一个安排来达到既限制存款利率竞争，又能够保护储蓄机构的作用，因为商业银行相对于储蓄机构更具有竞争优势。但是，《利息调整法》对Q条例的修改并没有发挥很大作用，当市场利率逐渐逼近和超过利率上限的时候，存款开始从商业银行和节俭机构流出，资金富裕者转而投资收益更高的货币市场工具。在此背景下，监管部门开始不断提高利率上限来留住不断流出的存款，挽回银行机构在存款市场上的颓势。

1970年6月，Q条例开始允许对10万美元以上的大额存单取消利率上限。但这样就形成了小额存款利率受限而大额存款利率可以自由上浮的局面，导致对小额存款客户的不公平。这为货币市场基金诞生创造了历史机遇。这一年，基金管理公司ReserveFund成立并创建了一只共同基金用于投资大额定期存单和商业票据，并以100美元为单位卖给中小投资者，最小投资额为1 000美元，由此中小投资者也能享受大额存单市场的高收益，美国历史上第一只货币市场基金就这样应运而生。

实际上，仅仅利率管制对银行来讲并不是致命的，管制不均衡和通货膨胀才是银行在20世纪80年代走下坡路的根本原因。⊖在这一背景下，银行主动要求改革，其核心诉求是允许存款利率可以随行就市定价。所以，1980年颁布的《放松对存款式金融机构管制与货币控制法》(Depository Institutions Deregulation and Monetary Control Act，DIDMCA) 标志着美国存款利率市场化的开始。

2. 基本内容

1980年3月31日，DIDMCA由美国总统卡特正式签署生效，被认为是1913年《联邦储备法》通过以来最重要的立法，其主要内容如下。

（1）规定由联邦储备银行对所有受联邦保险或符合联邦保险条件的存款机构实施统一的准备金要求。对2 500万美元及以下的交易存款（包括活期存款、可转让支付命令、自动转账存款以及类似的存款）的准备金率为3%；对2 500万美元以上的交易存款的准备金率为12%（联储可在8%～14%间变动）；对期限在4年以内的非个人定期存款的准备金率为3%（联储可在0%～9%间变动）。

⊖ 1972年、1979年发生了两次石油危机，一次是石油输出国组织（OPEC）成员国联合提价，再一次是联合限产！无论是提价还是限产都会使石油价格上升，石油一涨价，其他材料也都涨价，最终导致美国出现严重的成本推动型通货膨胀。

（2）自 1980 年 3 月 31 日起，分 6 年逐步取消对定期存款和储蓄存款利率的最高上限，即取消所谓 Q 条例。为此政府专门成立一个存款机构放松管制委员会，由财政部部长、联储理事会主席等 6 人组成。该委员会负责制定存款利率的最高上限管制，并使其逐渐放松直至最后取消。

（3）自 1980 年 12 月 31 日起，全国的存款机构都可以提供可转让支付命令账户（NOW），但该账户只允许个人或从事宗教、慈善、教育等的非营利性组织开立，工商企业不在其内。

（4）自 1980 年 3 月 31 日起，联邦保险的存款赔偿限额由 4 万美元增加到 10 万美元。

（5）准许联邦注册的储蓄贷款协会投资于消费信用、商业票据和公司债券，但最多不得超过其资产总额的 20%；扩大其在不动产抵押贷款方面的经营权利；允许其提供信用卡服务及行使信托权。在联邦住房贷款银行体系（FHLBs）的管理下，准许储蓄贷款协会发行互助资本凭证，以此构成储蓄贷款协会的总储备和净值的一部分。

美国利率市场化改革进程中的标志性事件如第 12 章表 12-1 所示。

（二）《加恩-圣杰曼法》

储贷协会等金融机构资金运用主要是发放长期固定利率抵押贷款。在利率放开后，受同业竞争影响，储贷协会不得不提高存款利率以吸引足够多的资金，导致短期资金成本上升，储贷协会特有的资产负债期限错配和利率不匹配的问题变得非常突出，使得大量的美国储贷协会严重亏损。监管当局为了帮其渡过经营难关，放松对其经营范围的限制。在 1980 年《存款机构放松管制和货币控制法案》基础上，于 1982 年出台了《加恩-圣杰曼法》（Garn-St.Germain Depository Institution Act of 1982）。

《加恩-圣杰曼法》是美国利率市场化进程中的重要法律之一。为帮助银行获得更好的发展环境，该法扩大了银行业资产负债经营范围，允许商业银行和储蓄机构发行不受存款利率上限限制的货币市场存款账户（MMDA），以便于货币市场互助基金（MMMF）竞争。MMDA 的产品特点有：① 最低开户余额不低于 2 500 美元，不超过 10 万美元；② 无存款时限最低要求，但存款人支取之前至少提前 7 天通知银行；③ 只要满足账户平均余额要求，存款利率则无上限；④ 可以随时以支票方式提款，其中每月签发支票次数不超过 3 次，可以有 3 次预授权转账；⑤ 个人 MMDA 账户存款准备金率为 0%，非个人账户为 3%。金融机构还可以将 MMDA 设计成投资型而非储蓄型产品，产品收益率可更高，但账户不能提供取款功能。

除此之外，《加恩-圣杰曼法》允许储贷协会提供更加多样化的金融业务。储贷协会抓住机会，转向高风险的业务活动当中。但是，对储贷协会的放松和支持不但没有带来转机，反而出现了更大规模的损失。当然，这些损失主要来自"尚未到期的住房按揭贷款固定利率与持续上升的存款利率"形成的利率倒挂。大量储蓄贷款协会破产倒闭，最终还连累为其存款提供保险的联邦储蓄贷款协会保险公司（FSLIC）破产。

（三）《巴塞尔协议 I》[①]

石油美元和美苏争霸使得离岸美元市场快速发展，这为商业银行融资提供了新的渠道，也促进了银行的国际化，加剧了银行的国际竞争。要在伦敦等国际金融市场上去借美元，谁

[①]《巴塞尔协议》并非发源于美国，但与美国早期的银行监管探索有一定关系。同时，作为全世界主要银行遵守的公约和银行监管的"圣经"，《巴塞尔协议》不能不予以介绍。资本监管更多的内容参见后面的银行资本监管一章。

付的利率低？当然是好银行付的低。但问题是什么样的银行才是好银行？在不同的国家有不同的标准。如果银行只在国内竞争，使用国内的评价体系似乎没有什么不妥。但是，随着经济的国际化，银行利用国际金融市场去融资变得越来越普遍、越来越重要。因此，用大家都认可的统一框架来评价银行的风险或好坏就成为一个非常紧迫的问题。

即便大家公认用资本作为判断银行好坏最核心的指标，那些资本充足的银行才是好银行，资本不足的银行就是差的银行，但这样做实际上也同样存在哪些工具可以算作资本的问题，因为并非所有"资本"都具有相同的"资本性"。这便是 1988 年《巴塞尔协议》产生的背景。《关于统一国际银行的资本计量和资本标准的报告》或《巴塞尔协议Ⅰ》（Basel I）的意义和作用在于：① 将资本分为核心资本和附属资本，并统一规定哪些计入资本。② 提出了风险资产概念和采用风险权重计算风险资产的方法。③ 明确银行资本充足率的标准。《巴塞尔协议Ⅰ》规定最低资本标准为 8%，其中核心资本不能低于 4%。

但是，《巴塞尔协议Ⅰ》侧重于控制银行业面临的信用风险，而利率风险、汇率风险等市场风险并未与银行资本挂钩。另外，风险权重计算上区别对待经济合作与发展组织（OECD）国家和非 OECD 国家也广受批评。

（四）《金融机构改革、复兴与实施法》

美国从 1980 年开始利率市场化改革，到 1986 年完成。然而，利率放开后出现持续性的存贷款利差倒挂，导致银行，特别是储蓄银行和储蓄贷款协会的持续亏损和大量倒闭。从 1982 年到 1992 年的 10 年间共有 2 700 多家银行倒闭（见表 15-2），其中 1989 年一年就有 500 多家。这是 1933 年之后没出现过的现象。

表 15-2 美国银行机构倒闭情况（1982～1992 年）

年份	1982 年	1983 年	1984 年	1985 年	1986 年	1987 年	1988 年	1989 年	1990 年	1991 年	1992 年	合计
合计	118	102	107	155	197	250	443	536	382	271	181	2 742

资料来源：根据 FDIC 数据整理。

大量银行破产给监管当局和政府带来一系列急需解决的问题：第一，如何处理破产银行的不良资产。1989 年《金融机构改革、复兴与实施法》（Financial Institutions Reform, Recovery, and Enforcement Act，FIRREA）专门成立了一个机构——清算信托公司（RTC）来处理银行的不良资产。⊖第二，储蓄贷款协会保险公司赔偿能力问题。在倒闭的机构中绝大多数是储蓄贷款协会，这与储蓄贷款协会的服务定位和业务特点有直接关系。储蓄贷款协会大量倒闭导致为其存款提供保险的联邦储蓄贷款协会保险公司缺乏赔偿能力而破产。最后，政府决定解散联邦储蓄贷款协会保险公司，其债务和责任合并到联邦存款保险公司（FDIC），在 FDIC 分别设立银行保险基金（BIF）和储蓄贷款协会保险基金（SAIF）。直到 2005 年才最终统一为存款保险基金（DIF）。⊜

《金融机构改革、复兴与实施法》的主要内容为：加强存款保险的作用，对资本不足的

⊖ 这说明采用资产管理公司的方式来处理银行不良资产是一个共同的选择。我国的华融、长城、信达、东方四大资产管理公司与此类似。

⊜ 美国曾经有三个存款保险机构，一个是为商业银行存款提供保险的联邦存款保险公司（FDIC，1933 年），另外一个是为储蓄贷款协会（S&L）的存款提供保险的联邦储蓄贷款协会保险公司（FSLIC，1934 年），还有一个是为信用社股金提供保险的全国信用社股金保险基金（NCUSIF，1970 年）。

金融机构的运作加以限制；建立清算信托公司；建立储蓄机构管理局（OTS），代替联邦住宅贷款银行委员会（FHLB）监督储蓄机构；规定储贷协会资本比例应提高，与国民银行同等，而且应反映其利率风险；对储贷协会的非法活动可以提出民事和刑事诉讼；规定商业银行可以在一定条件下从事证券包销和保险业务；针对储贷协会危机，缩减了储贷协会的贷款权力，要求它们集中于传统的贷款范围，主要从事房地产抵押贷款。

四、20世纪90年代的立法

（一）《存款保险公司改进法》

20世纪80年代中后期的储贷危机中，监管当局在开始时期采用时间换空间的办法来解决坏银行的问题，结果导致问题越来越多、越来越严重。一个很重要的原因是对那些坏机构的问题过度容忍。实际上，对有问题的银行来讲，也许冒险才是摆脱问题最好的办法。所以，对银行问题的容忍反而刺激银行更加冒险！对此，在《金融机构改革、复兴与实施法》已经对某些银行做出限制的基础上，1991年的《存款保险公司改进法》（The Federal Deposit Insurance Corporation Improvement Act，FDICIA）又做了较大改革，更加突出银行资本的作用。

有关美国存款保险制度及其改革的更多内容可参见本书后面的有关章节。

法案条款
《存款保险公司改进法》主要内容

（二）《1994年跨州银行法》

美国各州政府的权力相对独立，银行实行双轨注册制度。所以，在很长时间内，单元制银行是银行最主要的组织形式——法律不允许银行在本州的其他地方设分支机构，当然更不可能到别的州去设分支机构。直到1994年《里格－尼尔1994年银行跨州经营及设立分行效率法》（The Riegle-Neal Interstate Banking and Branching Efficiency Act of 1994）（即《1994年跨州银行法》）出台，这一局面才从根本上改善。㊀《1994年跨州银行法》意味着美国的银行可以通过新设或合并的方式跨地区经营，从而实现经营风险的地域分散，其主要内容包括：

（1）一家银行持股公司可以收购任何一个州的银行，条件是该银行持股公司满足联邦规定的资本充足条款、良好的管理水平及社区再投资法。为了防止因银行跨州收购活动而可能导致银行存款的过于集中，《1994年跨州银行法》规定，如果收购导致这家持股公司的存款额占全美存款总额的10%以上或者该银行持股公司的存款额占被收购银行所在州的存款总额的30%以上，那么联邦储备理事会或货币监理署就可不批准此项收购。

（2）从1997年6月1日起，银行持股公司可将其在各地的跨州银行转变成在一个银行属下的多重分行网络体系。任何一家独立的银行都可以与其他州的另外一家银行合并。

（3）银行可以在其母州以外的另外一个州直接开设一家分行。根据该法规定，各州有权在联邦法案颁布之后的任何时候以州法的形式明确规定外州银行可以于1997年6月1日之前在本州境内设立一家新分行，但该行同样要遵守所在州的有关法规。一旦某家银行在其他州开设了分行，则该银行便可以享有同该州内所有银行一样的权利而设立更多的分行。除非某些州通过州法禁止银行跨州合并，不同州的银行均可从1997年6月1日起谋求合并。

㊀ 美国针对单元制银行弊端的更早的解决方案是实行"银行持股公司制"。

（4）联邦注册国民银行跨州设分行也要受所在州的诸如消费者保护法、社区再投资法、公平信贷机会法等有关法规的约束。

对于外国银行规定如下：① 外国银行可以和美国的银行一样，通过收购、兼并或新设的方式跨州设立联邦注册的分行或州注册的分行。但首先要获得联储理事会、货币监理署和有关州的同意，并遵守社区再投资法、资本和管理水平等方面的规定。此外，资金来源和资本评估也需事先得到联邦监管机构的确认。② 凡是现有法律不允许美国的银行境外分行经营的业务，外国银行的分行或代理机构也不得经营。其目的在于防止外国银行利用其在美国境内的分行管理其境外分行的某些业务，从而避免其在美国市场享有竞争优势。③ 对外国银行的客户范围和存款来源做了严格规定。④ 将原来只适用于零售业银行的《社区再投资法》的有关条款延伸到由外国银行收购的银行或银行分支机构。即使外国银行将其收购的银行转变成其属下的一家未投保分行，仍需遵守《社区再投资法》的规定。

（三）《金融服务现代化法》

从美国来看，1933年实行的金融业分业经营已经有几十年的历史，随着金融市场的发展、客户金融需求日益多元化、科学技术进步等经济环境的变化，分业监管架构的问题日渐明显，越来越难以适应新的发展形式和趋势的要求，严重阻碍了金融业的发展，也不利于金融业的稳定。

客户对银行、保险、证券等不同金融产品的整合性需求是促使金融服务从分散性、分业型走向综合化、一站式服务的根本动力。混业经营成为时代发展的必然趋势，那么，如何提供混业服务来满足客户多元化、跨行业的金融服务需求或者说以什么样的载体来实现混业经营呢？所谓金融混业，实际上是基于金融控股公司层面来讲的，金融混业具有"母公司混业，子公司分业"的特征。

1999年《金融服务现代化法》（Gramm-Leach-Bliley Act，GLB）创新金融服务载体——"金融控股公司"，取代之前的"银行持股公司"，不再按金融机构服务对象将客户划分成银行消费者、投保人、投资人等，而是将金融消费者统一定义为"个人、家庭成员或因家用目的从金融机构获得金融产品和服务的个体"，正式提出了金融消费者的概念。

美国《金融服务现代化法》的核心内容主要有以下几点；第一，允许美国银行、证券、保险业之间混业经营，实行全能银行模式；第二，保留其双线多头的金融监管体制并扩展监管机构，实行功能监管；第三，强调银行业与工商业的分离，实现金融体制的现代化；第四，加强对金融服务消费者的保护。

法案条款
《金融服务现代化法》主要内容

五、2000年以后的立法

（一）《爱国者法》

2001年，美国遭受"9·11"恐怖袭击。之后，美国通过了《爱国者法》。[一]法案以防止恐怖主义为目的，扩张了美国警察机关的权限，其中包括扩张美国财政部的权限以控制、管理金融方面的活动，特别是针对与外国人士或政治团体有关的金融活动。加强警察和移民管

[一] 英文全名为 Uniting and Strengthening America by Providing Appropriate Tools Required to Intercept and Obstruct Terrorism Act of 2001，简称 USA PATRIOT Act。

(二)《萨班斯 – 奥克斯利法》

2001年12月，美国最大的天然气采购商及销售商——安然公司[1]，突然申请破产保护。安然公司曾在2000年《财富》世界500强排行榜中排名第16位，但在2001年11月28日，因财务造假其股价在单日跌幅达75%，创下了美国股市单日跌幅历史之最。2001年12月2日安然公司以其498亿美元的资产规模成为美国历史上最大的破产案。

事发后，美国众议院、证监会、司法部对安然公司进行调查，认为必须加强公司内控制度和财务控制机制建设，出台了《萨班斯 – 奥克斯利法》。

该法提出的广泛改革内容涉及上市公司的信息披露和财务报表规定、公司治理和对审计公司的监督。该法针对上市公司首席执行官和首席财务官有两条严格规定：一是要求上市公司首席执行官和首席财务官保证向美国证监会提交的财务报告真实可靠；二是要求上市公司首席执行官做出与财务相关的内控有效的声明。如果出现问题，上市公司首席执行官和首席财务官将为此承担刑事责任。

(三)《紧急经济稳定法》

2008年次贷危机引发美国金融市场动荡，当年10月美国颁布《紧急经济稳定法》，其核心是救市和恢复经济发展，俗称"7 000亿美元救市方案"。内容主要由问题资产救助计划（TARP）、预算条款和税务条款三部分组成，尤以问题资产的购买、相关利益者的保护和金融监管三个方面为重。

法案条款
《紧急经济稳定法》主要内容

2008年《紧密经济稳定法》的核心之一就是解决住房按揭贷款借款人违约问题，办法就是允许银行与借款人之间协商债务重组——延期或调整月供金额。按照之前的法律，当住房按揭借款人不能按时还本付息超过一定的时限后，银行通常是取消借款人抵押赎回权，然后拍卖房子还款。如果在次贷危机这种出现借款人大规模违约的特殊时期银行仍按这样的办法"依法处置"，有可能引发社会矛盾。因此，政府鼓励银行和借款人重新谈贷款合同——通过签订新合同延长贷款期限的办法降低月供负担。比如，原来借款合同期限是20年，现在还剩15年。按照原来借款的还款方案，前5年月还本付息要2 000美元，第6年开始每年月还本付息可能增加到3 000美元。[2]这可能使得借款人无法负担。通过延长贷款期限至20年或者30年，使得月还本付息额降低，从而使借款人从负担不起变成可负担。这样，借款人按时还款能力"提高"，银行的不良资产也得以"降低"。

(四)《多德 – 弗兰克华尔街改革与消费者保护法》

2008年金融危机之后，美国社会各界对危机发生的原因进行了深刻的反思。为加强对

---

[1] 安然公司在1985年成立时只是一家天然气分销商，后来利用金融市场融资的策略扩大公司规模。安然公司采取控股50%的方式控股了3 000多家子公司，涉及煤、纸浆、纸业、塑料、金属以及光纤宽频等非主业行业，并不断利用重组、资产置换等手段做出较好的业绩，以维持其过高的股价，然后再用公司股票抵押套现。

[2] 月供"先低后高"这种还款方案在银行"可调利率按揭贷款"（ARM）中很常见，比如5/1 ARM。更详细的内容参见前面的住房贷款部分，这也是可调利率按揭贷款特别受以投资为目的购房人欢迎的原因。

金融机构的监管，避免危机的再次发生，2010 年 7 月 21 日，美国总统奥巴马签署《多德－弗兰克华尔街改革与消费者保护法》，简称《多德－弗兰克法案》。重点内容是针对华尔街强化系统性风险监管，以及增强对消费者权益的保护，其主要内容如下。

1. 构建新的监管机制

第一，设立"金融稳定监督委员会"，成员包括财政部部长、美联储主席、证监会主席、全国银行监管署主任、消费者金融保护局主任、商品期货交易委员会主席、联邦存款保险公司主席和联邦住房金融局主任等。

第二，在联邦储备委员会内设立独立的消费者金融保护局（CFPB）。[1]将原来由不同监管机构分别承担的消费者保护的职责加以归并，CFPB 作为从事金融消费者保护的联邦级主要监管机构，统一执行保护消费者权益保护职责，减少多头监管，降低监管成本。

第三，储蓄机构管理局（OTS）合并到货币监理署，统一负责联邦政府对银行、储蓄贷款协会、外国银行的注册等监管。

2. 扩大美联储监管权限

2008 年的金融危机暴露出微观审慎监管在防范系统性风险上的不足，美联储在《银行控股公司和外国银行的并表监管指引》（以下简称《监管指引》）中引入宏观审慎监管，旨在"维护金融系统稳定，防止和处理金融危机，进而保持金融系统的稳健"。

2010 年的《多德－弗兰克法案》赋予美联储对一类金融控股公司进行并表监管的权限。对于在美国境内直接或间接从事金融服务的公司，如果美联储认为该公司的财务困境会对美国的金融稳定构成威胁，则可以将该公司归为一类金融控股公司。美联储在资本充足率、流动性管理和风险管理诸方面对一类金融控股公司实行比银行控股公司更为严格的审慎监管标准。

此外，美联储还获得在"并表监管实体""受监管投资银行控股公司项目"下对证券经纪或交易商公司的并表监管权力；[2]对金融体系重要的支付、结算、清算系统和对重要金融机构活动进行监管的权力；在紧急情况下提供应急贷款的权力，加强其在防范金融危机方面的责任。

3. 完善"前中后"监管机制

美联储重点监管可能对系统风险产生冲击的关键性银行与非银行机构；如果美联储认为公司规模或者某项活动的性质已经对美国金融秩序造成了系统性风险，可以要求公司出售资产或者其表外业务给非关联公司。

在事中监管阶段，引入"沃尔克规则"，即限制银行和控股公司从事自营性交易，银行拥有或投资私募股权基金或对冲基金的投资总额不得超过银行核心资本的 3%。禁止银行做空或做多其销售给客户的金融产品。

在事后处置方面，为防止类似雷曼兄弟和 AIG 危机的重演，该法案从三个方面进行了调整：一是赋予联邦存款保险公司破产清算的权限；二是对危机期间美联储实施的所有应急

---

[1] 参见消费者金融保护局网站 https://www.consumerfinance.gov/。

[2] 指对银行集团在并表基础上的审慎监管，即在单一法人监管的基础上，对银行集团的资本、财务及风险进行全面和持续的监管，识别、计量、监控和评估银行集团的总体风险状况。

借款计划进行一次性审计，限制美联储向私人公司发放紧急援助贷款，所有贷款方案必须在获得美国财政部部长的批准后方可实施，并禁止破产机构参与紧急贷款计划；三是建立清算基金，以应对濒临破产金融机构的清算。

（五）《促进经济增长、放松监管要求、保护消费者权益法案》

2010年《多德－弗兰克法案》通过国会审议并经总统签署后正式生效后受到了美国广大民众的欢迎。但是，与此同时来自华尔街和大型金融机构的质疑声不绝于耳。批评者认为该法案大大增加了金融机构的运营成本，过分限制了金融行业投融资行为，使得部分投融资需求不能很好地满足，多次要求废除或修改。

2018年5月，《促进经济增长、放松监管要求、保护消费者权益法案》（简称《新法案》）获得通过，重点是修订《多德－弗兰克法案》中的沃尔克规则，放宽对特定中小银行自营交易的限制，刺激信贷和经济增长。《新法案》主要聚焦于放松对美国社区银行、信用社、地区银行的金融监管，降低中小银行的监管成本，激发中小银行活力。主要包括：

（1）简化资本充足率计量方法。资产规模小于100亿美元的社区银行免于《巴塞尔协议Ⅲ》的约束。《新法案》要求监管机构重新设定社区银行的杠杆率指标（CBLR），该指标计算方法与杠杆率相似。总资产100亿美元以下的社区银行只需保证自身CBLR介于8%～10%之间，而不需要再计算资本充足率，便可认为该银行已满足资本充足率要求。实际上，基于人为设定风险权重，计算得出的资本充足率指标未必能有效反映银行真正蕴含的风险（如金融危机期间高评级债券大规模违约等）。因此，金融危机后巴塞尔委员会引入了杠杆率，作为资本充足率指标的补充。

（2）允许更多银行接受互助存款。互助存款指的是两个银行将同等金额存入对方银行之中，银行间互助存款旨在将部分银行资产通过存入其他不同银行的方式，确保其享有存款保险制度25万美元限额的保障额度（美国存款保险制度也将同业存款纳入保障范围内），多发生于小银行之间。

（3）大幅度提高系统性重要金融机构门槛。将系统性重要金融机构的门槛从500亿美元提升至2 500亿美元；资产规模小于1 000亿美元的上述两种银行均不再被纳入美联储年度压力测试范围；资产规模小于100亿美元的上述两种银行将不受沃克尔规则的限制等。

（4）允许小银行豁免沃尔克规则。总资产小于100亿美元，且用于交易的资产和负债小于总资产5%的银行可免受沃尔克规则对自营交易的限制。《多德－弗兰克法案》中的沃尔克规则严格限制银行自营交易，只允许银行为"做市、风险对冲"而从事自营交易，银行最多也只能将一级资本的3%投资于对冲基金和私募基金。

（5）减轻小银行财务报告要求。《新法案》要求监管机构简化对总资产50亿美元以下小银行所需提交财务报告的要求。此前，根据监管要求，所有银行每季度都必须向监管机构提交一份完备的收入和相关情况报表。这些报告往往需要填写大量的表格和数据，使得小型银行不得不投入大量成本。

（6）减少小银行现场检查频率。《新法案》将总资产10亿～30亿美元的银行现场检查的周期由12个月延长至18个月。此前，总资产10亿美元以上的银行需要每12个月接受至少一次监管机构的现场检查，而总资产10亿美元以下的银行只需每18个月接受至少一次监管机构的现场检查。

第三节 中国银行业监管体系

金融监管体系包括监管机构、监管法律等，是金融体系的重要组成部分。在我国金融监管体系中，银行监管又居于核心地位。

一、中国金融监管总体架构

我国现已形成"一委、一行、两会"中央监管和"中央＋地方"分级监管的金融监管框架，金融监管的基本特征仍然是分业监管。

（一）从中央层面的金融监管来看

我国于1984年设立中国人民银行，由其行使中央银行职能。1992年10月中国证券监督管理委员会（简称证监会）成立，1998年11月中国保险监督管理委员会（简称保监会）成立，2003年4月中国银行业监督管理委员会（简称银监会）成立。2015年我国正式建立存款保险制度，2017年成立国务院金融稳定发展委员会。2018年3月，银监会与保监会合并成为中国银行保险监督管理委员会（简称银保监会）。2019年5月24日，存款保险基金管理有限责任公司成立，负责存款保险基金运营与管理。

根据2018年国务院机构改革方案，将银监会和保监会的职责整合组建中国银行业保险监督管理委员会，作为国务院直属事业单位。同时，将银监会和保监会拟订银行业、保险业重要法律法规草案和审慎监管基本制度的职责划入中国人民银行。党的十九大报告关于金融体制改革目标首次提出了一个新的表述——"健全货币政策和宏观审慎政策双支柱调控框架"，这意味着银保监会专职微观监管职能，未来将逐步建立"货币政策＋宏观审慎政策"双支柱的中央银行宏观政策体系（见图15-2）。

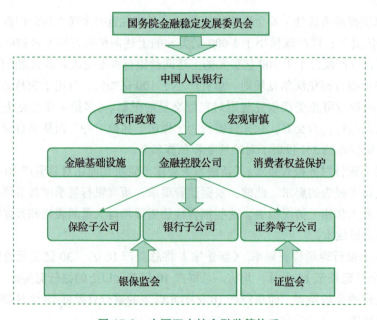

图 15-2　中国双支柱金融监管体系

我国的"货币政策+宏观审慎政策"双支柱监管与英国等国家的"双支柱＋双峰监管"模式类似，旨在解决长期存在的宏观、微观监管割裂等问题，确保金融体系运行更为平稳，同时也具有比较明显的伞形监管架构特征。

（二）从地方金融监管层面来看

2014年8月，国务院出台《关于界定中央和地方金融监管职责和风险处置责任的意见》（国发〔2014〕30号），明确了中央和地方的金融监管职责和风险处置责任，形成了中央和地方分权的金融监管框架。2016年2月4日，国务院发布《关于进一步做好防范和处置非法集资工作的意见》（国发〔2015〕59号），要求省级人民政府对本行政区域防范和处置非法集资工作负总责。此外，地方政府还要承担地方性金融机构和准金融机构的监管。

1. 地方金融监管体系

按照《关于界定中央和地方金融监管职责和风险处置责任的意见》（国发〔2014〕30号）和《关于进一步做好防范和处置非法集资工作的意见》（国发〔2015〕59号），我国开始建立地方金融监管体系，主要负责对地方金融机构的监管。

我国地方金融监管体系由各省级、市级和部分区县级政府设立的，负责地方金融监管的政府机构组成。山东是我国第一个颁布地方金融条例的省。

2. 地方金融监管体系监管对象

地方金融监管机构主要负责对"7+4"类型的金融机构实施管理。其中，"7"即小额贷款公司、融资担保公司、区域性股权市场、典当行、融资租赁公司、商业保理公司、地方资产管理公司等。"4"指对投资公司、农民专业合作社、社会众筹机构、地方各类交易所等。按照中央和地方分权的金融监管框架，各省（自治区、直辖市）、市（县）设立金融监管局，负责本辖区地方金融监管。同时，负责本行政区域防范和处置非法集资工作。

二、对银行业的监管

我国的银行体系主要包括商业银行和信用社两大体系。按股权性质，商业银行可分为国有控股商业银行、全国股份制商业银行、城市商业银行、农村商业银行、农村合作银行、村镇银行等。按出资人国别，商业银行可分为中资银行、外资银行和中外合资银行。

我国银行业监管机构主要包括中国人民银行、中国银行保险监督管理委员会、存款保险基金管理有限责任公司等，上市银行还受到中国证监会和交易所的监管。此外，2018年6月30日，中共中央、国务院印发《关于完善国有金融资本管理的指导意见》，决定由财政部门集中统一履行国有金融资本出资人职责。因此，财政部、国资委等对国有控股银行也有一定的管辖权。

（一）中国人民银行的金融调控与监管

中国人民银行[一]是中华人民共和国的中央银行，根据《中华人民共和国中国人民银行法》的规定，在国务院领导下，制定和独立执行货币政策，履行职责，开展业务，防范和化解金

[一] 1948年12月1日，在华北银行、北海银行、西北农民银行的基础上在河北省石家庄市合并组成中国人民银行。1983年9月，国务院决定中国人民银行专门行使中国国家中央银行职能。1995年3月18日，第八届全国人民代表大会第三次会议通过了《中华人民共和国中国人民银行法》。至此，中国人民银行作为中央银行以法律形式被确定下来。

融风险，维护金融稳定。

中国人民银行履行下列职责：① 发布与履行其职责有关的命令和规章；② 依法制定和执行货币政策；③ 发行人民币，管理人民币流通；④ 监督管理银行间同业拆借市场和银行间债券市场；⑤ 实施外汇管理，监督管理银行间外汇市场；⑥ 监督管理黄金市场；⑦ 持有、管理、经营国家外汇储备、黄金储备；⑧ 经理国库；⑨ 维护支付、清算系统的正常运行；⑩ 指导、部署金融业反洗钱工作，负责反洗钱的资金监测；⑪ 负责金融业的统计、调查、分析和预测；⑫ 作为国家的中央银行，从事有关的国际金融活动；⑬ 国务院规定的其他职责。

1. 货币政策工具

为实现宏观经济目标，中国人民银行可以动用的手段主要是存款准备金、再贷款、再贴现、公开市场操作等传统货币政策工具，常备借贷便利等创新性货币政策工具，以及同业存单发行、银行间市场准入等。

2. 宏观审慎评估体系（MPA）

2008年美国次贷危机发生后，各国开始反思金融监管体制、机制和方法存在的问题。为弥补原有的货币政策框架和微观审慎监管的空白，需要建立并且加强宏观审慎监管框架，并且对由中央银行负责宏观审慎政策达成共识。事实上，危机以来的金融改革实践也表现出由中央银行主导的趋势。如美国突出了美联储在宏观审慎管理中的作用，建立了金融稳定监督委员会（FSOC）；英国在中央银行内设立金融政策委员会（FPC），负责制定宏观审慎政策，维护金融体系稳定；欧盟成立了欧洲系统性风险管理委员会（ESRB），明确欧洲中央银行在宏观审慎政策管理中发挥领导作用。

宏观审慎政策本质上属于宏观经济管理和维护金融稳定的范畴，因此其制定和执行应集中在宏观部门。宏观审慎政策虽形式上可能涉及对银行杠杆、资本等传统意义上监管指标的要求，但其关键是要基于宏观、逆周期和跨市场视角，在客观准确判断宏观形势基础上进行逆风向和跨市场的调控，显然这应当由宏观部门（如中央银行）来负责。中央银行的最后贷款人职能以及支付清算功能也使其处于维护宏观稳定、防范系统性风险的独特地位。

2004年，中国人民银行实行差别存款准备金制度，分类开展信贷政策。2011年引入差别准备金动态调整制度，2016年起将其"升级"为宏观审慎评估体系（Macro prudential Assessment，MPA），包括七个方面指标，即资本和杠杆、资产负债情况、流动性、定价行为○、资产质量、跨境融资风险、信贷政策执行情况，建立了更加全面、更有弹性的宏观审慎政策框架和评估指标体系（见表15-3）。

表15-3 宏观审慎评估指标体系

7个方面	15个指标
资本和杠杆情况	资本充足率、杠杆率
资产负债情况	广义信贷、委托信贷、同业负债
流动性	流动性覆盖率、净稳定资金比例、遵守准备金制度情况
定价行为	利率定价
资产质量	不良贷款率、拨备覆盖率
跨境融资风险	跨境融资风险加权资产余额
信贷政策执行	信贷政策评估结果、信贷政策执行情况、央行资金运用情况

○ 如各银行的存款利率定价行为。

3. 反洗钱、反恐怖融资监管

反洗钱、反恐怖融资监管体制机制建设是维护经济社会安全稳定的重要保障。《中华人民共和国反洗钱法》自 2007 年 1 月 1 日起正式实施。根据该法，在中华人民共和国境内设立的金融机构和按照规定应当履行反洗钱义务的特定非金融机构，应当依法采取预防、监控措施，建立健全客户身份识别制度、客户身份资料和交易记录保存制度、大额交易和可疑交易报告制度，履行反洗钱义务。国务院反洗钱行政主管部门负责全国的反洗钱监督管理工作。国务院有关部门、机构在各自的职责范围内履行反洗钱监督管理职责。2017 年 9 月，国务院办公厅发布《关于完善反洗钱、反恐怖融资、反逃税监管体制机制的意见》（国办函〔2017〕84 号），进一步完善相关机制。

4. 消费者权益保护

部分金融机构侵害消费者权益的事时有发生，如金融产品销售中不如实告知消费者风险情况、恶意推销贷款产品、服务收费质价不符等。2020 年 12 月京东金融 App 的借贷服务短视频广告成为典型。①

典型案例
京东金融广告：存在严重价值观问题

为了保护金融消费者合法权益，规范金融机构提供金融产品和服务的行为，维护公平、公正的市场环境，促进金融市场健康稳定运行，根据《中华人民共和国中国人民银行法》《中华人民共和国商业银行法》《中华人民共和国消费者权益保护法》和《国务院办公厅关于加强金融消费者权益保护工作的指导意见》（国办发〔2015〕81 号）等，中国人民银行于 2020 年 9 月 1 日发布《中国人民银行金融消费者权益保护实施办法》。根据该法，银行保护消费者八项基本权益。

不过，总体上来看，现行的《中国人民银行金融消费者权益保护实施办法》更多还是侧重于"银行消费者"。这表明我国消费者权益保护存在"分业经营、分业监管、分业保护"的问题，还没有很好地整合为真正的"金融消费者"权益保护。

（二）中国银保监会对银行的监管

中国保险监督管理委员会（简称保监会）成立于 1998 年 11 月 18 日，是国务院直属事业单位，根据国务院授权履行监管职能，依照法律、法规统一监督管理全国保险市场，维护保险业的合法、稳健运行。

中国银行业监督管理委员会（简称银监会）成立于 2003 年 4 月 25 日，根据国务院授权，统一监督管理银行、金融资产管理公司、信托投资公司及其他存款类金融机构，维护银行业的合法、稳健运行。

2018 年 3 月，根据国务院机构改革方案，中国银行业监督管理委员会和中国保险监督管理委员会的职责整合，组建中国银行保险监督管理委员会。依照法律法规统一监督管理银行业和保险业，维护银行业和保险业合法、稳健运行，防范和化解金融风险，保护金融消费者合法权益，维护金融稳定。但是，将中国银行业监督管理委员会拟订银行业、保险业重要

---

① 广告讲述了网贷挽回普通人颜面的故事。飞机上一名穿着迷彩外套的中年男子因母亲乘飞机头晕，询问空姐能否开窗通风或更换位置，遭到前排乘客嘲讽。空姐称可以付 1 290 元升舱，但该名中年男子囊中羞涩。后座一名西装革履的男子随即表示要"帮他升舱"，并称费用"我出"。视频最后，西装男子拿起中年男人的手机，帮他开通了京东金融 15 万元的借贷额度，此举引来前排乘客的刮目相看。

法律法规草案的职责划入中国人民银行。2018年5月14日，商务部办公厅发布通知，将制定融资租赁公司、商业保理公司、典当行业务经营和监管规则职责划给中国银保监会。

（三）中国证监会

1992年10月，国务院证券委员会（简称证券委）和中国证券监督管理委员会（简称中国证监会）成立，标志着中国证券市场统一监管体制开始形成。《中华人民共和国证券法》第七条规定，国务院证券监督管理机构依法对全国证券市场实行集中统一监督管理。

证监会主要职责之一是监管上市银行及其按法律法规必须履行有关义务的股东的证券市场行为。监管境内银行直接或间接到境外发行股票、上市。

（四）存款保险与存款保险基金

2015年2月17日，根据中华人民共和国国务院令第660号，我国正式颁布《存款保险条例》，于2015年5月1日实施。存款保险基金管理有限责任公司于2019年5月24日成立。

存款保险基金管理有限责任公司注册资本100亿元，中国人民银行为唯一出资人。存款保险基金管理机构参加金融监督管理协调机制，并与中国人民银行、银行业监督管理机构等金融管理部门、机构建立信息共享机制。存款保险基金的经营范围：进行股权、债权、基金等投资；依法管理存款保险基金有关资产；直接或者委托收购、经营、管理和处置资产；依法办理存款保险有关业务；资产评估；国家有关部门批准的其他业务。

存款保险基金管理机构履行下列职责：①制定并发布与其履行职责有关的规则；②制定和调整存款保险费率标准，报国务院批准；③确定各投保机构的适用费率；④归集保费；⑤管理和运用存款保险基金；⑥依照《存款保险条例》的规定采取早期纠正措施和风险处置措施；⑦在《存款保险条例》规定的限额内及时偿付存款人的被保险存款；⑧国务院批准的其他职责。

■ 拓展阅读

金融控股公司监督管理试行办法

■ 思考题

1. 为何金融控股公司成为现代金融组织的主流模式？
2. 如何看待美国与中国金融控股公司模式演化路径的差异性？
3. 为什么说在混业经营的趋势下，美国金融业实际上仍具有"分业经营+伞形监管"的显著特征？
4. 为何金融活动中需要特别注重保护金融消费者权益？美国有哪些相关的立法？
5. 为何2008年美国发生次贷危机后，各国开始加强宏观审慎监管？
6. 如何看待我国在2016年建立宏观审慎评估体系？
7. 如何看待我国金融消费者权益保护的成就与问题？

8. 如何提高银行对社区的贷款意愿，促进社区发展？

■ 核心文献

[1] Depository Institutions Deregulation and Monetary Control Act of 1980 | Title | FRASER | St. Louis Fed (stlouisfed.org).
[2] Garn-St Germain Depository Institutions Act of 1982 | Federal Reserve History.
[3] McFadden Act of 1927，February 25, 1927，by Gary Richardson, Daniel Park, Alejandro Komai and Michael Gou, Federal Reserve, https://www.federalreservehistory.org/essays/mcfadden_act.
[4] Regulation H. https://www.federalreserve.gov/boarddocs/supmanual/cch/sec109.pdf.
[5] Troubled Asset Relief Program (TARP), https://www.history.com/topics/21st-century/troubled-asset-relief-program.
[6] The Depository Institutions Deregulation and Monetary Control Act of 1980 (uakron.edu).
[7] 陈昊, 鲁政委. 美国对《多德－弗兰克法案》的修订[J]. 金融监管研究, 2018（4）.
[8] 杜厚文, 初春莉. 美国次级贷款危机：根源、走势、影响[J]. 中国人民大学学报, 2008（1）：49-57.
[9] 方东葵. 美国通过《跨州银行法》[J]. 国际金融. 1995（2）：19-20.
[10] 国信证券研究所金融团队. 双支柱之础：新金融监管体系详解[J]. 研究报告, 2018（4）.
[11] 邱润根. 美国《2008年紧急经济稳定法》及其启示[J]. 华东政法大学学报, 2011（2）：91-96.
[12] 伍巧芳. 美国金融监管改革及其借鉴——以次贷危机为背景[D]. 上海：华东政法大学, 2012.
[13] 中国银行保险监督管理委员会. 中国银保监会现场检查办法（试行）, 2019.

第十六章

商业银行资本与管理

资本是吸收损失的物质基础，是银行实力的象征，也是银行监管部门在日常监管中最为关注的重点。资本的概念看似简单，但其实人们并非一直都像今天这样清楚什么是资本！股东、债权人、监管部门对资本的态度也并非完全一致。巴塞尔委员会在银行资本监管中扮演着重要角色。

在本章中，我们将介绍银行资本的概念与资本的职能、银行资本及其构成、资本充足率计算、银行提高资本充足率的策略、《巴塞尔协议》及其演变、中国资本监管实践、银行经济资本与计量。

■ 重要知识点及核心概念

银行资本、账面资本、监管资本、经济资本、核心一级资本、二级资本、超额贷款损失准备、少数股东权益、资本充足率、风险权重、商业银行风险加权资产、储备资本、逆周期资本、附加资本、杠杆率监管、二级资本工具、《巴塞尔协议》。

■ 学习目标

- 了解银行资本的概念及资本计量发展过程
- 了解银行资本的职能
- 了解商业银行风险加权资产计算原理
- 了解银行资本控制银行规模扩张的原理
- 了解监管资本套利机制原理
- 了解商业银行提高资本充足率的策略
- 了解1988年《巴塞尔协议》的主要内容及存在的问题
- 了解新《巴塞尔协议》及"三大支柱"

- 熟悉中国《商业银行资本管理办法（试行）》的主要内容
- 明白中国《商业银行资本管理办法（试行）》信用风险权重法部分表内资产风险权重规定的特殊意义
- 了解中国资本充足性监管的分类监管与分级监管

第一节　银行资本的概念与资本的职能

一、资本的概念

资本是用于投资得到利润的本金或财产。资本对于商业银行来讲很重要，也是监管部门重点监控的指标。但站在股东、内部管理、监管的不同角度，对银行资本又有不同的理解。

1. 账面资本

这是基于资产负债表中资产、负债和所有者权益的数量关系来讲的，账面资本就是银行资产负债表中的净值或所有者权益，主要包括普通股、未分配利润等。

2. 监管资本

监管资本是从监管角度，设立银行时要达到的最低资本要求，注册资本也是一种监管资本。银行资本必须与银行业务发展相匹配，监管资本中最核心的监管指标是资本充足率。

3. 经济资本

经济资本是指商业银行为内部管理需要而评估的在一定置信水平下，用来弥补银行或某项业务或某个部门的非预期损失所需要的资本。例如，给定一年期和99.5%的置信水平，即风险容忍度为0.5%，意味着未来一年内非预期损失超过资本的概率是0.5%。因此，经济资本在数量上等于非预期损失。它是银行内部管理当中使用非常广泛的配置银行资源的一个办法。如果银行的实际资本量超过经济资本太多，对股东而言，说明银行的资本"不经济"。

二、资本的职能

为什么监管部门对银行的资本有非常严格的要求呢？因为资本具有保证开业、弥补损失、提升公众对银行的信心、限制银行规模过度扩张等职能。

（一）保证开业

银行筹建以后的开业需要设备、场地等，这些都是用资本来支出的。所以，资本具有保证开业的作用。

（二）弥补损失

损失可能是可预期的，也可能是无法预期的，因此损失分为预期损失、意外损失和异常损失。对预期损失，银行一般采用提取拨备来缓冲；对一定置信水平上的非预期损失，用资本来缓冲；对于极端的灾难性损失，无法仅仅依靠银行资本进行抵御，通常需要政府救助。

（1）预期损失是损失的统计平均值，也即平均损失。在风险管理中，平均损失代表了一个资产组合损失的期望或预期值。对于贷款组合来说，总是存在可预期的平均违约行为和损失。尽管最终实际发生的损失与预期可能存在一定的差异，但差异不会太大。对于可预期的损失，银行要么通过计提损失准备金来弥补，如一般准备金和资产减值准备金；要么通过提高贷款利率来弥补。"基准＋溢价"定价方式中的溢价里面就包含了信用风险当中违约率及损失大小的因素，银行可以通过价格调整来控制或者弥补预期损失。所以，银行可通过损失准备金和调整价格的方式来弥补银行可能在未来发生的可预期的损失。

（2）意外损失是损失额超过平均损失的损失，可以用在险价值（VaR）等方法来计量。银行资本最主要的目的是要为那些无法预期的高于平均值的损失提供保障，而不是对那些可预期的平均损失提供保障。意外损失用银行的资本金来进行弥补，这是银行资本的核心作用和价值。

（3）异常损失是超过意外损失的损失。当银行的损失超过既定容忍度下所设定的上限（最大可能损失）时，该损失被称为一种异常损失。对于小概率事件，VaR方法并不能度量此种异常损失（事件发生的可能性极小，属于小概率事件，但通常是巨大的损失！）。假如该损失真的发生，银行将会违约或倒闭，对此种灾难性损失，国际上通行的做法是由存款保险制度来承担，如东南亚金融危机、"9·11"事件、次贷危机等异常事件。这种损失的弥补需要依赖政府（如注资、接管）或存款保险制度（如组织并购），如美国政府在次贷危机期间对美国国际集团（AIG）、美洲银行等的注资；允许银行进行大规模的按揭贷款重组；推动在住房抵押贷款行业排名第一的CountryWide抵押公司并入美洲银行，以及华盛顿互惠银行与大通银行的并购等。[○]

损失类型与弥补损失的机制如图16-1所示。

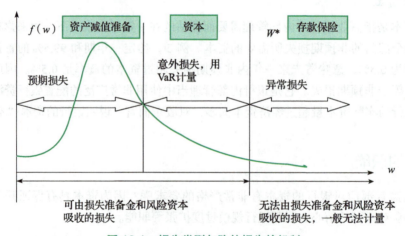

图16-1　损失类型与弥补损失的机制

（三）提升公众对银行的信心

银行资本越多，说明弥补损失的能力越强，银行越稳健，客户对银行的信心更足。从银行角度看，存款是银行最主要的资金来源。但是从客户角度看，要把钱存到哪个银行呢？客户首选的标准肯定是看哪个银行更安全，而不是哪个银行离自己最近。因此，资本多的银

○ 2008年9月25日，成立于1889年美国最大的储蓄和贷款银行——总部位于西雅图的华盛顿互惠银行（Washington Mutual Inc.），于当地时间星期四（25日）被美国联邦存款保险公司（FDIC）查封、接管，成为美国有史以来倒闭的最大规模银行。2008年9月26日，美国储蓄机构管理局表示，由于流动资金不足以满足正常需要，华盛顿互惠银行已经无法安全地进行业务处理。之后，摩根大通公司通过竞标程序，以19亿美元收购华盛顿互惠银行。

行，弥补损失的能力更强，对存款人的吸引力就会更强一些。

（四）限制银行规模过度扩张

从银行自身来讲，总会有不断扩张、做大规模的愿望或者冲动，在扩大规模的同时，往往伴生着风险和损失。用什么样的方法来控制银行"做大做强"过程中的风险？在银行业发展及监管的长期探索中发现，资本充足率监管是控制银行不合理规模扩张的好办法。

第二节 银行资本及其构成

资本充足率监管的准确性和有效性取决于什么可以算作"资本"。实际上，《巴塞尔协议》演变的核心之一便是"资本"口径的调整。我国于 2012 年 6 月颁布的《商业银行资本管理办法（试行）》第二十条规定，商业银行总资本包括核心一级资本、其他一级资本和二级资本三个层次。

一、核心一级资本

（一）核心一级资本的类型

核心一级资本是商业银行资本中最具有资本属性的部分，具体包括如下内容。

（1）实收资本或普通股。实收资本也称股本，是指投资者或股东按照企业章程，或者合同、协议的约定，实际投入企业的资本数额。它是投资者或股东对企业筹集注册资本的出资额，也是企业注册登记的法定资本总额的来源。实收资本或股本既是企业进行生产经营活动而占有和使用的最基本的经营资金，同时还是企业据以对投资者或股东进行利润或股利分配的依据。

（2）资本公积。假设股票面值每股按 1 元计，但是发行价格可能是 3 元，也可能是 4.5 元，那么超过面值的溢价部分将计入资本公积。投资者以现金投入的资本，应当以实际收到或者存入企业开户银行的金额作为实收资本入账。实际收到或存入企业开户银行的金额超过其在该企业注册资本中所占份额的部分，计入资本公积。资本公积包括资本溢价（股本溢价）和直接计入所有者权益的利得和损失等。资本溢价是企业收到投资者超出其在企业注册资本（或股本）中所占份额的投资。形成资本溢价（股本溢价）的原因有溢价发行股票、投资者超额缴入资本等。

（3）盈余公积。盈余公积是指企业从税后利润中提取形成的、存留于企业内部、具有特定用途的收益积累。盈余公积根据其用途不同分为公益金和一般盈余公积两类，它可转增资本、弥补亏损。

（4）一般风险准备。银行的各种资产都会有风险，因此银行要计提损失准备金，包括基于但不针对特定的贷款损失而计提的一般准备金。根据财政部有关规定，银行从净利润中提取一定金额作为一般风险准备，用于部分弥补尚未识别的可能性损失。2012 年 3 月 30 日颁布的《金融企业准备金计提管理办法》（财金〔2012〕20 号）要求金融企业计提的一般风险准备余额原则上不得低于风险资产期末余额的 1.5%。

（5）未分配利润。银行利润分配是银行在会计年度结束后，对所实现利润总额按照国家有关规定做相应调整并依法缴纳所得税后进行的分配。税后利润按如下顺序分配：① 被没收的财物损失，支付各项税收的滞纳金和罚款以及中央银行对企业因少缴或迟缴准备金的加息；② 弥补企业以前年度亏损；③ 提取法定盈余公积金；④ 提取公益金；⑤ 向投资者分配利润。如果分配后还有剩余，则是未分配利润。可分而未分的未分配利润属于全体股东。

（6）少数股东权益可计入部分。在母公司拥有子公司股份不足100%，即只拥有子公司净资产的部分产权时，子公司股东权益的一部分属于母公司所有，即多数股权，其余部分仍属外界其他股东所有，由于后者在子公司全部股权中不足半数，对子公司没有控制能力，故被称为少数股东权益或少数股权。

商业银行少数股东权益是指并非由本行直接或通过子公司间接拥有的权益占子公司净资产的部分，子公司当期净损益和其他综合收益中属于少数股东的份额，在合并利润表中以"少数股东损益"和"归属于少数股东的其他综合收益的税后净额"列示，作为集团净利润和其他综合收益的一个组成部分。

（二）核心一级资本工具的合格标准

符合下列条件的，可以计入核心一级资本工具。

（1）直接发行且实缴的。

（2）按照相关会计准则，实缴资本的数额被列为权益，并在资产负债表上单独列示和披露。

（3）发行银行或其关联机构不得提供抵押或保证，也不得通过其他安排使其在法律或经济上享有优先受偿权。

（4）没有到期日，且发行时不应造成该工具将被回购、赎回或取消的预期，法律和合同条款也不应包含产生此种预期的规定。

（5）在进入破产清算程序时，受偿顺序排在最后。所有其他债权偿付后，对剩余资产按所发行股本比例清偿。

（6）该部分资本应首先并按比例承担绝大多数损失，在持续经营条件下，所有最高质量的资本工具都应按同一顺序等比例吸收损失。

（7）收益分配应当来自可分配项目。分配比例完全由银行自由裁量，不以任何形式与发行的数额挂钩，也不应设置上限，但不得超过可分配项目的数额。

（8）在任何情况下，收益分配都不是义务，且不分配不得被视为违约。

（9）不享有任何优先收益分配权，所有最高质量的资本工具的分配权都是平等的。

（10）发行银行不得直接或间接为购买该工具提供融资。

（11）发行必须得到发行银行的股东大会，或经股东大会授权的董事会或其他人员批准。

二、其他一级资本

（一）其他一级资本的类型

其他一级资本分为① 其他一级资本工具及其溢价；② 少数股东资本可计入部分。

根据《商业银行资本管理办法（试行）》第四十条规定，附属公司一级资本中少数股东资本用于满足一级资本最低要求和储备资本要求的部分，扣除已计入并表核心一级资本的部分后，剩余部分可以计入并表其他一级资本。

（二）其他一级资本工具的合格标准

（1）发行且实缴的。

（2）按照相关会计准则，若该工具被列为负债，必须具有本金吸收损失的能力。

（3）受偿顺序排在存款人、一般债权人和次级债务之后。

（4）发行银行或其关联机构不得提供抵押或保证，也不得通过其他安排使其相对于发行银行的债权人在法律或经济上享有优先受偿权。

（5）没有到期日，并且不得含有利率跳升机制及其他赎回激励。

（6）自发行之日起，至少5年后方可由发行银行赎回，但发行银行不得形成赎回权将被行使的预期，且行使赎回权应得到银保监会的事先批准。

（7）发行银行赎回其他一级资本工具，应符合以下要求。

第一是使用同等或更高质量的资本工具替换被赎回的工具，并且只有在收入能力具备可持续性的条件下才能实施资本工具的替换。

第二是行使赎回权后的资本水平仍明显高于银保监会规定的监管资本要求。

（8）本金的偿付必须得到银保监会的事先批准，并且发行银行不得假设或形成本金偿付将得到银保监会批准的市场预期。

（9）任何情况下发行银行都有权取消资本工具的分红或派息，且不构成违约事件。发行银行可以自由支配取消的收益用于偿付其他到期债务。取消分红或派息除构成对普通股的收益分配限制以外，不得构成对发行银行的其他限制。

（10）必须含有减记或转股的条款，当触发事件发生时，该资本工具能立即减记或者转为普通股。

（11）分红或派息必须来自可分配项目，且分红或派息不得与发行银行自身的评级挂钩，也不得随着评级变化而调整。

（12）不得包含妨碍发行银行补充资本的条款。

（13）发行银行及受其控制或有重要影响的关联方不得购买该工具，且发行银行不得直接或间接为购买该资本工具提供融资。

（14）某项资本工具不是由经营实体或控股公司发行的，发行所筹集的资金必须无条件立即转移给经营实体或控股公司，且转移的方式必须至少满足前述其他一级资本工具的合格标准。

三、二级资本

（一）二级资本的类型

二级资本具体分为以下三种。

（1）二级资本工具及其溢价。二级资本也称附属资本，由非公开储备、资产重估储备、普通准备金、（债权/股权）混合资本工具和次级长期债券构成。次级债券计入附属资本的条件是不超过核心资本的50%，原始发行期限5年以上。次级长期债券兼有债务和股权的特征，可用来补充资本金。作为银行资本的有机组成部分，发行次级债还可降低资本金平均成本，提高股东回报率等。

《商业银行资本管理办法（试行）》第四十二条规定，商业银行发行的二级资本工具有确定到期日的，该二级资本工具在距到期日前最后五年，可计入二级资本的金额，应当按100%、80%、60%、40%、20%的比例逐年减计。

（2）超额贷款损失准备。商业银行采用权重法计量信用风险加权资产的，超额贷款损失准备可计入二级资本，但不得超过信用风险加权资产的1.25%。

超额贷款损失准备是指商业银行实际计提的贷款损失准备超过最低要求的部分。贷款损失准备最低要求是指100%拨备覆盖率对应的贷款损失准备和应计提的贷款损失专项准备两者中的较大者。

商业银行采用内部评级法计量信用风险加权资产的，超额贷款损失准备可计入二级资本，但不得超过信用风险加权资产的0.6%。这里所称的超额贷款损失准备是指商业银行实际计提的贷款损失准备超过预期损失的部分。

（3）少数股东资本可计入部分。《商业银行资本管理办法（试行）》第四十一条规定，附属公司总资本中少数股东资本用于满足总资本最低要求和储备资本要求的部分，扣除已计入并表一级资本的部分后，剩余部分可以计入并表二级资本。

（二）二级资本工具的合格标准

（1）发行且实缴的。

（2）受偿顺序排在存款人和一般债权人之后。

（3）不得由发行银行或其关联机构提供抵押或保证，也不得通过其他安排使其相对于发行银行的存款人和一般债权人在法律或经济上享有优先受偿权。

（4）原始期限不低于5年，并且不得含有利率跳升机制及其他赎回激励。

（5）自发行之日起，至少5年后方可由发行银行赎回，但发行银行不得形成赎回权将被行使的预期，且行使赎回权必须得到银保监会的事先批准。

（6）商业银行的二级资本工具，应符合以下要求：① 使用同等或更高质量的资本工具替换被赎回的工具，并且只有在收入能力具备可持续性的条件下才能实施资本工具的替换。② 行使赎回权后的资本水平仍明显高于银保监会规定的监管资本要求。

（7）必须含有减记或转股的条款，当触发事件发生时，该工具能立即减记或者转为普通股。触发事件是指以下两者中的较早者：① 银保监会认定若不进行减记该银行将无法生存。② 银保监会认定若不进行公共部门注资或提供同等效力的支持该银行将无法生存。

（8）除非商业银行进入破产清算程序，否则投资者无权要求加快偿付未来到期债务（本金或利息）。

（9）分红或派息必须来自可分配项目，且分红或派息不得与发行银行自身的评级挂钩，也不得随着评级变化而调整。

（10）发行银行及受其控制或有重要影响的关联方不得购买该工具，且发行银行不得直接或间接为购买该工具提供融资。

（11）某项资本工具不是由经营实体或控股公司发行的，发行所筹集的资金必须无条件立即转移给经营实体或控股公司，且转移的方式必须至少满足前述二级资本工具的合格标准。

商业银行资本主要由核心一级资本、其他一级资本、二级资本组成，包括未分配利润、一般风险准备、盈余公积、实收资本、资本公积、二级资本工具和超额贷款损失准备等。其中，留存收益（包括盈余公积、未分配利润等）是许多银行资本的主要补充方式。某银行2020年6月末资本构成情况如图16-2所示。

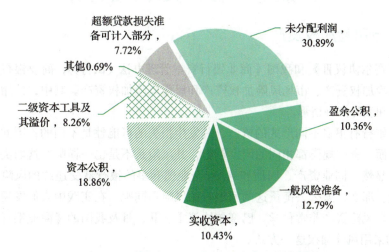

图 16-2　某银行 2020 年 6 月末资本构成情况

四、资本扣除项

《商业银行资本管理办法（试行）》第三十二条规定，计算资本充足率时，商业银行应当从核心一级资本中全额扣除以下项目。

（一）商誉。

（二）其它无形资产（土地使用权除外）。

（三）由经营亏损引起的净递延税资产。

（四）贷款损失准备缺口。

1. 商业银行采用权重法计量信用风险加权资产的，贷款损失准备缺口是指商业银行实际计提的贷款损失准备低于贷款损失准备最低要求的部分。

2. 商业银行采用内部评级法计量信用风险加权资产的，贷款损失准备缺口是指商业银行实际计提的贷款损失准备低于预期损失的部分。

（五）资产证券化销售利得。

（六）确定受益类的养老金资产净额。

（七）直接或间接持有本银行的股票。

（八）对资产负债表中未按公允价值计量的项目进行套期形成的现金流储备，若为正值，应予以扣除；若为负值，应予以加回。

（九）商业银行自身信用风险变化导致其负债公允价值变化带来的未实现损益。

此外，同样值得注意的是，银行对外股权性投资也会对银行（即母公司）的资本产生影响。其中，控股比例 50% 以上达到资本并表条件的将在本行层面扣减核心一级资本；控股比例 50% 以下属于本行对"未并表金融机构小额少数资本投资"，如果本行各层级资本的小额少数资本投资合计数大于核心一级资本净额的 10%，超出部分将扣减相应层级的资本净额,未超出部分以 250% 的权重计量风险加权资产。

第三节 资本充足率计算

一、商业银行风险加权资产

按照《巴塞尔协议Ⅲ》和我国《商业银行资本管理办法(试行)》,商业银行风险加权资产包括信用风险加权资产、市场风险加权资产和操作风险加权资产。其中,信用风险加权资产又包括表内和表外两种情形。

一方面,银行有很多不同形式的资产,其发生损失的可能性是不同的,因此有风险高低之分。另一方面,资产规模都相同的两家银行,其风险是不是也一样呢?这取决于每家银行的资产结构。显然,同业资产、国债和 AAA 企业债券多的银行遭受违约的风险要比贷款占比高的银行低。那么,怎么去衡量这两家银行的风险不同呢?在实践中人们发现采用风险加权的方式来计算风险资产非常科学。巴塞尔协议Ⅰ、Ⅱ、Ⅲ及我国的《商业银行资本管理办法(试行)》均采用风险加权这一方式。

在资产形态确定的情况下,如 AAA 级企业贷款、BBB 级企业贷款、信用卡余额、个人消费贷款、住房抵押贷款、国债、现金资产等,如何刻画这些资产的风险大小呢?解决这个问题的办法就是人为地给这些不同的资产赋予一个权重。比如,现金和现金类资产通常认为其主体是不会违约的,政府债券也不会违约。因此,其风险权重设定为 0%。相比之下,企业债券存在违约风险,其风险权重就应该大于 0%。同样道理,按照担保的方式将贷款分成信用贷款、抵押贷款、质押贷款、保证贷款,显然 AAA 级企业保证的贷款比 A 级企业保证的贷款的违约风险要低。同样是抵押贷款,用机器抵押和用房子抵押的两个贷款,抵押物不同带来的风险感受也会不一样,这是因为被抵押的机器由于其专用性可能会折价或者卖不掉,而房子可能很多人都需要,变现能力更强。

(一) 信用风险加权资产

商业银行可以采用权重法或内部评级法计量信用风险加权资产。内部评级法未覆盖的风险暴露应采用权重法计量信用风险加权资产。未经银保监会核准,商业银行不得变更信用风险加权资产计量方法。

1. 权重法

权重法下信用风险加权资产为银行账户表内项目信用风险加权资产与表外项目信用风险加权资产之和。

(1)表内项目信用风险加权资产。在权重法下,假设银行有 n 项表内资产,每一项记为 A_i,i 从 1 到 n。假设每一项资产 A_i 的风险权重是 α_i,每项资产的余额与其对应权重相乘就是该项资产对应的风险资产,或者叫风险加权资产,将全部单项资产的风险加权资产相加,就得到银行的风险加权资产。即

$$\text{表内项目信用风险加权资产} A = \sum_{i=1}^{n} \alpha_i A_i$$

《商业银行资本管理办法(试行)》对不同的表内资产规定了相应的风险权重,权重分为 0%、

20%、25%、50%、75%、100%、150%、250%、400%、1 250% 等 10 个档次。

银行资产与风险加权资产的数量关系不一定是相等的。一家银行的风险资产数量跟银行的资产余额有关系，也与资产形态（资产形态决定其风险权重）有关。从数量上讲，如果银行高风险权重资产占比较高，其风险加权资产会超过资产余额。如果银行低风险权重资产占比较高，其风险加权资产可能会小于资产余额。

高权重的资产意味着很高的风险，从而发生损失的可能性高，需要更多的资本来弥补损失。当然，风险权重偏低的资产太多，又带来另一个问题——盈利性不高。

（2）表外项目信用风险加权资产。商业银行计量各类表外项目的风险加权资产，应将表外项目名义金额乘以信用转换系数得到等值的表内资产，再按表内资产的处理方式计量风险加权资产。

在权重法下，假设银行有 m 项表外项目，每一项记为 B_j，j 从 1 到 m。假设信用转换系数为 ρ_j，每一项表外的 B_j 项目对应的表内项目的风险权重是 α_j，则每项表外项目的余额与其对应的信用转换系数相乘后再乘以权重，就得到该项表外项目对应的表内项目信用风险加权资产。将全部 m 项表外项目转换后的风险加权资产相加，就得到银行的表外项目风险加权资产，即

$$表外项目信用风险加权资产 B = \sum_{j=1}^{m} B_j \rho_j \alpha_j$$

《商业银行资本管理办法（试行）》对商业银行各类表外项目规定了信用转换系数，包括 100%、50%、20%、0% 四档。此外，还对商业银行其他相关情形的信用风险加权资产计量办法做了规定。如商业银行采用权重法计量信用风险加权资产时，可考虑合格质物质押或合格保证主体提供保证的风险缓释作用；商业银行采用权重法的，质物或保证的担保期限短于被担保债权期限的，不具备风险缓释作用。

典型案例
转换系数计量的规定

2. 内部评级法

（1）总体要求。商业银行采用内部评级法计量信用风险加权资产的，应当报经银保监会核准，应当按照《商业银行资本管理办法（试行）》附件 3《信用风险内部评级法风险加权资产计量规则》的规定计量信用风险加权资产，按照附件 4《信用风险内部评级法风险暴露分类标准》的规定对银行账户信用风险暴露进行分类，按照附件 5《信用风险内部评级体系监管要求》的规定建立内部评级体系，按照附件 6《信用风险内部评级法风险缓释监管要求》的规定审慎考虑信用风险缓释工具的风险抵补作用，按照附件 7《专业贷款风险加权资产计量规则》的规定采用监管映射法计量专业贷款信用风险加权资产，按照附件 8《交易对手信用风险加权资产计量规则》的规定计量银行账户和交易账户的交易对手信用风险加权资产，按照附件 9《资产证券化风险加权资产计量规则》的规定计量资产证券化风险暴露的信用风险加权资产。

（2）信用风险暴露分类与计算。《商业银行资本管理办法（试行）》第七十五条规定，商业银行应对银行账户信用风险暴露进行分类，并至少分为以下六类：主权风险暴露；金融机

构风险暴露，包括银行类金融机构风险暴露和非银行类金融机构风险暴露；公司风险暴露，包括中小企业风险暴露、专业贷款和一般公司风险暴露；零售风险暴露，包括个人住房抵押贷款、合格循环零售风险暴露和其它零售风险暴露；股权风险暴露；其它风险暴露，包括购入应收款及资产证券化风险暴露。主权风险暴露、金融机构风险暴露和公司风险暴露统称为非零售风险暴露。

商业银行应分别计量未违约和已违约风险暴露的风险加权资产。其中，未违约非零售风险暴露的风险加权资产计量基于单笔信用风险暴露的违约概率、违约损失率、违约风险暴露、相关性和有效期限。未违约零售类风险暴露的风险加权资产计量基于单个资产池风险暴露的违约概率、违约损失率、违约风险暴露和相关性。已违约风险暴露的风险加权资产计量基于违约损失率、预期损失率和违约风险暴露。

商业银行确定违约风险暴露的方法有四种：一是商业银行采用初级内部评级法，应当按风险暴露名义金额计量表内资产的违约风险暴露，但可以考虑合格净额结算的风险缓释效应。二是商业银行采用初级内部评级法，贷款承诺、票据发行便利、循环认购便利等表外项目的信用转换系数为75%；可随时无条件撤销的贷款承诺信用转换系数为0%；其他各类表外项目的信用转换系数按照《商业银行资本管理办法（试行）》第七十一条的规定。三是商业银行采用高级内部评级法，应当使用内部估计的非零售违约风险暴露。对于按照《商业银行资本管理办法（试行）》第七十一条规定信用转换系数为100%的表外项目，应使用100%的信用转换系数估计违约风险暴露。四是商业银行应当使用内部估计的零售违约风险暴露。对于表外零售风险暴露，商业银行应按照内部估计的信用转换系数计量违约风险暴露。

（3）违约概率。商业银行确定违约概率的方法包括三种：一是主权风险暴露的违约概率为商业银行内部估计的1年期违约概率。二是公司、金融机构和零售风险暴露的违约概率为商业银行内部估计的1年期违约概率与0.03%中的较大值。三是对于提供合格保证或信用衍生工具的风险暴露，商业银行可以使用保证人的违约概率替代债务人的违约概率。

（4）违约损失率。商业银行确定违约损失率的方法包括三种：一是商业银行采用初级内部评级法，非零售风险暴露中没有合格抵质押品的高级债权和次级债权的违约损失率分别为45%和75%。对于提供合格抵质押品的高级债权和从属于净额结算主协议的回购交易，商业银行可以根据风险缓释效应调整违约损失率。二是商业银行采用高级内部评级法，应使用内部估计的单笔非零售风险暴露的违约损失率。三是商业银行应使用内部估计的零售资产池的违约损失率。

此外，《商业银行资本管理办法（试行）》对风险暴露有效期限做了明确规定。

（二）市场风险加权资产

市场风险是指因市场价格（利率、汇率、股票价格和商品价格）的不利变动而使商业银行表内和表外业务发生损失的风险。市场风险资本计量应覆盖商业银行交易账户中的利率风险和股票风险，以及全部汇率风险和商品风险。

商业银行可以采用标准法或内部模型法计量市场风险资本要求。未经银保监会核准，商业银行不得变更市场风险资本计量方法。商业银行市场风险加权资产为市场风险资本要求的12.5倍，即

$$市场风险加权资产 = 市场风险资本要求 \times 12.5$$

1. 标准法

商业银行采用标准法，应当按照《商业银行资本管理办法（试行）》附件10《市场风险标准法计量规则》的规定分别计量利率风险、汇率风险、商品风险和股票风险的资本要求，并单独计量以各类风险为基础的期权风险的资本要求。市场风险资本要求为利率风险、汇率风险、商品风险、股票风险和期权风险的资本要求之和。

2. 内部模型法

商业银行采用内部模型法的，必须符合《商业银行资本管理办法（试行）》附件11《市场风险内部模型法监管要求》的规定，并经银保监会核准。商业银行一般市场风险资本要求为在险价值与压力风险价值之和，即

$$K = \text{Max}(VaR_{t-1}, mc \times VaR_{avg}) + \text{Max}(sVaR_{t-1}, ms \times sVaR_{avg})$$

其中，VaR 为在险价值，为以下两项中的较大值：① 根据内部模型计量的上一交易日的风险价值（VaR_{t-1}）。② 最近60个交易日风险价值的均值（VaR_{avg}）乘以 mc。mc 最小为3，根据返回检验的突破次数可以增加附加因子。

$sVaR$ 为压力风险价值，为以下两项中的较大值：① 根据内部模型计量的上一交易日的压力风险价值（$sVaR_{t-1}$）。② 最近60个交易日压力风险价值的均值（$sVaR_{avg}$）乘以 ms。ms 最小为3。

（三）操作风险加权资产

操作风险是指由不完善或有问题的内部程序、员工和信息科技系统，以及外部事件所造成损失的风险，包括法律风险，但不包括策略风险和声誉风险。商业银行可采用基本指标法、标准法或高级计量法计量操作风险资本要求。

商业银行采用标准法或高级计量法计量操作风险资本要求，应符合《商业银行资本管理办法（试行）》附件12《操作风险资本计量监管要求》的规定，并经银保监会核准。未经银保监会核准，商业银行不得变更操作风险资本计量方法。商业银行操作风险加权资产为操作风险资本要求的12.5倍，即

$$操作风险加权资产 = 操作风险资本要求 \times 12.5$$

1. 基本指标法

商业银行采用基本指标法，应当以总收入为基础计量操作风险资本要求。商业银行应当按照《商业银行资本管理办法（试行）》附件12《操作风险资本计量监管要求》的规定确认总收入。总收入为净利息收入与净非利息收入之和。

商业银行采用基本指标法，按照以下公式计量操作风险资本要求：

$$K_{BIA} = \frac{\sum_{i=1}^{n}(GI_i \times \alpha)}{n}$$

其中：K_{BIA} 为按基本指标法计量的操作风险资本要求。GI 为过去三年中每年正的总收入。n 为过去三年中总收入为正的年数。α 为15%。

2. 标准法

商业银行采用标准法，应当以各业务条线的总收入为基础计量操作风险资本要求，应当

按照附件12《操作风险资本计量监管要求》的规定将全部业务划分为公司金融、交易和销售、零售银行、商业银行、支付和清算、代理服务、资产管理、零售经纪和其他业务等9个业务条线。

商业银行采用标准法，应当按照以下公式计量操作风险资本要求：

$$K_{TSA} = \left\{ \sum_{i=1}^{3} \text{Max}\left[\sum_{i=1}^{9}(GI_i \times \beta_i), 0 \right] \right\} / 3$$

其中：

K_{TSA} 为按标准法计量的操作风险资本要求；$\text{Max}\left[\sum_{i=1}^{9}(GI_i \times \beta_i), 0\right]$ 是指各年为正的操作风险资本要求；GI_i 为各业务条线总收入；β_i 为各业务条线的操作风险资本系数。

其中，各业务条线的操作风险资本系数（β）如下：①零售银行、资产管理和零售经纪业务条线的操作风险资本系数为12%。②商业银行和代理服务业务条线的操作风险资本系数为15%。③公司金融、支付和清算、交易和销售以及其他业务条线的操作风险资本系数为18%。

3. 高级计量法

商业银行采用高级计量法，可根据业务性质、规模和产品复杂程度以及风险管理水平选择操作风险计量模型。高级计量法应当基于内部损失数据、外部损失数据、情景分析、业务经营环境和内部控制因素建立操作风险计量模型。建立模型使用的内部损失数据应充分反映本行操作风险的实际情况。

二、资本充足率计算

商业银行资本充足率包括资本充足率、一级资本充足率和核心一级资本充足率三个指标，即：

1. 资本充足率

$$\text{资本充足率} = \frac{\text{总资本} - \text{对应资本扣减项}}{\text{风险加权资产}}$$

2. 一级资本充足率

$$\text{一级资本充足率} = \frac{\text{一级资本} - \text{对应资本扣减项}}{\text{风险加权资产}}$$

3. 核心一级资本充足率

$$\text{核心一级资本充足率} = \frac{\text{核心一级资本} - \text{对应资本扣减项}}{\text{风险加权资产}}$$

上述公式表明，影响资本充足率的主要因素是银行资本数量、资产总额及资产风险权重（或资产结构）。

从银行管理角度来看，为了满足或提高资本充足率，可以配置更多的低风险权重的资产，但盈利性就会受到影响，股东就会有意见。为了追求更高的盈利性，可以扩大资产规模或者配置更多高风险权重的资产，但这可能导致资本充足率不达标。所以，怎么去平衡这种矛盾是银行经营管理当中非常重要的一个方面。

三、资本充足率监管

银行资本具有杠杆作用，资本监管是整个银行监管体系和指标中的重点，而重中之重则是资本充足率监管。按照最新的监管思路和办法，银行资本监管有两个变化：① 越重要的银行，其资本监管要求越严格。② 资本监管要能体现逆周期的作用。

《商业银行资本管理办法（试行）》第二十二条规定，商业银行资本充足率监管要求包括最低资本要求、储备资本和逆周期资本要求、系统重要性银行附加资本要求以及第二支柱资本要求。

1. 最低资本要求

最低资本要求指根据"资本性"强弱，将银行资本分为"核心一级资本""一级资本"和"资本"，并提出三个资本充足率标准。按监管要求，商业银行各级资本充足率不得低于如下最低水平：核心一级资本充足率不得低于5%，一级资本充足率不得低于6%，资本充足率不得低于8%。

2. 储备资本

除上述各级资本充足率要求外，商业银行应当在最低资本要求的基础上计提储备资本。储备资本要求为风险加权资产的2.5%，由核心一级资本来满足。

3. 逆周期资本

特定情况下，商业银行应当在最低资本要求和储备资本要求之上计提逆周期资本。逆周期资本要求为风险加权资产的0~2.5%，由核心一级资本来满足。

4. 系统重要性附加资本

系统重要性银行除了满足最低资本要求、储备资本和逆周期资本要求外，还应当计提附加资本。附加资本要求为风险加权资产的1%，由核心一级资本满足。若国内银行被认定为全球系统重要性银行，所适用的附加资本要求不得低于巴塞尔委员会的统一规定。

5. 第二支柱资本要求

基于三个支柱框架的第二支柱——监督检查，监管当局基于对某些机构风险的判断，可以对特殊风险提高资本要求。

综上，对于系统重要性银行来讲，其资本充足率的最低水平可能高达14%。其中，资本充足率不得低于8%，额外的资本要求是6%。除上述资本充足率监管要求外，《巴塞尔协议Ⅲ》和我国《商业银行资本管理办法（试行）》还增加了杠杆率监管要求。

四、监管资本套利机制分析

银行总是希望追求更大更强！但在做

典型案例
资本充足率信息披露

大的过程中很容易累积风险，如流动性风险、不良资产激增等，这会给银行和银行业带来灾难。如何控制银行的不合理规模扩张？

中国的信贷管理体制经历了计划管理方式向市场管理方式转变或者说从规模管理向结构（比例）管理思路的转变。1992年以前采取的是规模管理，从全社会宏观管理需要，下达社会信贷总规模；从银行内部管理来看，总行向分支行下达信贷规模。显然，直接规定银行贷款规模或新增贷款规模这种方式有不公平、不科学的地方。比如，不能调动银行经营的积极性，不能发挥市场识别银行（好坏）及优胜劣汰的作用。1992年之后开始实行资产负债比例管理并不断完善，包括资本充足率、贷款集中度、流动性比率等。

资本充足率监管最核心的功能是在银行资产规模扩张与资本之间建立一种内在约束和激励机制——银行要做大资产规模，必须要有更多的资本。换句话说，当银行资本不够（如坏账太多所致），资产规模就必须缩减。通过这样一种内在的、市场化的机制，而不是由一个"聪明的第三方"来决定银行资产规模会更加科学。

（一）资本是如何控制银行规模的

银行扩张规模的边界在哪里？在资本充足率指标中，我们以最具代表性的资本充足率为代表，并经简化后分析银行资本与银行资产规模之间的数量关系，从而揭示资本（充足率）控制银行（规模）的机制。简化后的"资本充足率"为：

$$\frac{C}{A} \geqslant 8\%$$

在上式中，C表示资本，A代表资产规模。由上式，可得

$$A \leqslant 12.5 \times C$$

即银行资产规模不能超过资本的12.5倍。

这说明资本的12.5倍就是银行资产规模扩张的上限！○在20世纪90年代中期后，我国开始采用富有弹性的资产负债比例指标方式来管理银行，其中的核心指标就是资本充足率，使得不同的银行可以根据资本数量的变化来调整资产的规模和结构。

（二）监管资本套利

监管资本套利是被监管者合法利用监管规则的漏洞或缺陷（或监管部门故意留下的发展空间）获取利益的行为。在市场经济条件下，有监管就有监管套利，二者相互促进，相互完善，并推动金融业的发展。因此，监管资本套利本身不是一个贬义词！那些将不良贷款擅自改成关注类贷款以降低资产的风险权重、将高风险权重资产以"抽屉协议"方式"假出表"○等不是套利行为，是违法行为！

监管资本套利的核心是银行通过创新将其风险权重较高的资产置换成风险权重较低的资产。8%是资本充足率的最低要求，对于银行来讲，怎样才能在较短时间内达到8%的要求呢？其中的策略之一就是在资产规模不变的情况下，将风险权重较高的资产置换成风险权重较低的资产。

按照《巴塞尔协议Ⅰ》，住房按揭贷款的风险权重是50%，而持有基于住房按揭贷款的

○ 因为$C/A \geqslant 8\%$中的"资本充足率"是用资本余额，而不是风险加权资产的余额来计算的，所以上面的推导结果是一个近似值，但是能很好地说明资本控制银行规模扩张的道理。

○ 如通过卖出回购或以表内资产设立附回购协议的财产权信托等模式将金融资产违规出表。

住房抵押担保债券（MBS）的风险权重是 20%。[1]在 20 世纪 80 年代资产证券化技术创新后，将按揭贷款转换成基于按揭贷款的 MBS 成为许多银行的选择。银行如果用 MBS 资产替代按揭贷款，结果是银行资本不变、资产规模不变，但资本充足率提高了。这就是监管资本套利。实际上，20 世纪 80 年代后 MBS 市场之所以取得迅速发展，一个重要的外在推动力就是 1988 年开始实施的《巴塞尔协议》对银行资本提出了更高的要求。1988 年《巴塞尔协议》表内项目信用风险分类如表 16-1 所示。

表 16-1　1988 年《巴塞尔协议》表内项目信用风险分类

信用风险权重	信用风险高低	对应的银行资产类型
0%	零信用风险	现金；在联邦储备银行的存款；各种期限的美国国债；政府国民抵押协会（GNMA）有抵押的债券；世界上主要发达国家政府发行的债务证券
20%	低信用风险	银行间存款；州和地方政府发行的一般义务债券和票据；美国政府机构发行或担保的证券；联邦国家抵押协会（FNMA）或联邦住宅抵押公司（FHLMC）发行或担保的有抵押证券
50%	中等信用风险	家庭住宅抵押贷款；州和地方政府或机构发行的收入债券
100%	最大信用风险	商业和工业（企业）贷款；信用卡贷款；不动产；在银行子公司的投资；所有其他未列出的银行资产

资料来源：彼得·罗斯，等. 商业银行管理 [M]. 刘园，译. 北京：机械工业出版社，2016：379.

（三）杠杆率监管

持有更多的资产证券化债券是银行规避资本监管的一种套利行为，是银行资产组合的合理创新，本身是没有问题的！但广泛的、大规模的类似操作可能导致 ABS，特别是 MBS 市场以及住房按揭市场的畸形发展。这对监管提出了挑战！怎么去改进监管规则，尽可能规避银行"通过资产置换以实现高风险权重资产转换为低风险权重资产"套利行为引发的风险，推动资本监管体制的不断完善，这便是在《巴塞尔协议Ⅲ》中加入杠杆率监管的重要原因和制度背景。

$$杠杆率 = \frac{一级资本 - 一级资本扣减项}{调整后的表内外资产余额} \times 100\%$$

上式中的分母是资产规模，与风险权重无关！显然，资产结构变化不改变资产总量。这样，《巴塞尔协议Ⅲ》的资本套利漏洞被堵住！按照《商业银行杠杆率管理办法》（2015 年）的要求，商业银行并表和未并表的杠杆率均不得低于 4%。也就是说，银行的"调整后的表内外资产余额"不能超过"一级资本 – 一级资本扣减项"的 25 倍。[2]

"监管 – 创新，创新 – 再监管"是一个循环。银行监管资本套利暴露出监管的问题，反过来促进监管方式和体制的改进。套利本身并不可怕，监管者迟迟没发现被监管者套利行为隐藏的风险，导致风险累积在某一个点上爆发才是问题，美国次级贷款危机就是这方面的反面典型！

第四节　银行提高资本充足率的策略

满足资本监管的最低要求是银行经营管理的重要工作，从资本充足率计算公式可知，银

---

[1] 值得注意的是，实际上证券化的基础资产的风险并没有因为实施证券化而改变（降低！）。
[2] 因此，前面的 $A \leqslant 12.5 \times C$ 的分析是有效的！

行提高资本充足率的策略包括分子策略和分母策略两大类。

一、分子策略——补充银行资本

保持充足的资本不仅是监管部门的要求，也是银行持续发展的物质基础。银行需要根据发展需要和环境的变化做好资本管理计划。

(一) 内部筹资

在早期的银行资本管理中，银行提取的资产损失准备金被认为是既增加资本又几乎没有任何代价的好办法。随着理论和实践的深入，发现损失准备金的资本属性与典型的资本（如股本）存在很大差异。因此，现在各国的资本管理规则（包括《巴塞尔协议Ⅲ》）中，基于五级分类提取的损失准备金等非公开储备只能部分计入银行资本。此外，过度提取损失准备金有隐藏利润的嫌疑，包括我国在内的各国（地区）银行监管机构对银行拨备计提采取上限管理的办法。

金融机构主要和可靠的资本来源，是银行自己留存的未支付给股东的利润。无论上市公司还是上市银行，一般不会把利润全部分给股东，都会留下一部分来转增资本。在银行每年的利润确定情况下，分红多，留下来转增资本的就少。所以，银行能留多少利润转增资本与股利政策有关。

内部筹资的优点有：① 无须通过公开市场募集资本，从而减少发行成本，筹资成本低；② 内部筹资不会改变现有股东的控制权结构，避免引起冲突。内部筹资的缺点有：用未分配利润转增资本与分配红利存在此消彼长的关系，扩大股利分配可能会影响股票价格和公司股票市值。

未分配利润转增资本导致银行的所有者权益增长。因此，内部筹资与银行资产增长之间存在关联关系。由银行内部资本所支持的银行资产增长率称为持续增长率，美国经济学家戴维·贝勒于1978年提出银行资产持续增长模型。其中，SG_1、TA、TL、EC、ΔEC 分别表示持续增长率、总资产、总负债、所有者权益和所有者权益增加额（即银行资本增加额）。根据资产增长定义，有

$$SG_1 = \frac{TA_1 - TA_0}{TA_0} = \frac{\Delta TA}{TA_0}$$

同时，假设资产增长率等于资本增长率，则

$$SG_1 = \frac{TA_1 - TA_0}{TA_0} = \frac{\Delta TA}{TA_0} = \frac{\Delta EC}{EC_0}$$

$$SG_1 = \frac{\Delta EC}{EC_0} = \frac{ROA(1-\alpha)}{\frac{EC_1}{TA_1} - ROA(1-\alpha)} = \frac{ROA(1-\alpha)}{1 - \beta - ROA(1-\alpha)}$$

其中，α 代表红利分配比例，β 代表资产负债率。

(二) 外部筹资

随着金融市场的发展和监管当局对银行资本管理的改革，银行从外部筹集资本的方式不

断增加,如发行普通股、优先股、可转债、长期债券、出售资产等。选择哪种方式筹资取决于管理层对不同来源对股东利益影响的认识,以及所处的市场状况和法律。

1. 发行股票

这种方式的优点是在市场容量足够大、银行足够好的条件下,可以快速增加资本。其缺点是新的股份、新的股东对原有股东的控制权会有稀释作用。由于股东承担的风险比债券投资者承担的更大,因此股权融资的成本一般来讲会更高。另外一个需要注意的是,当资本的数量增加后,短期内单位资本的收益率可能会下降,杠杆会变小,而杠杆越高,单位资本收益率会更高。

2. 发行优先股

优先股是"普通股"的对称,是股份制银行发行的在分配红利和剩余财产时比普通股具有优先权的股票,其风险比普通股小。但是在资不抵债的情况下,优先股仍然会有损失。优先股股东没有选举及被选举权,不参与银行经营。优先股股东不能退股,只能通过优先股的赎回条款来赎回。由于优先股股息是事先设定的,所以优先股的股息一般不会根据公司经营情况而增减。

3. 发行二级资本债券

债券是银行为筹集资金,按照法定程序发行并向债权人承诺于指定日期还本付息的有价证券。

为拓宽商业银行资本补充渠道,利用债券市场满足商业银行资本工具创新需求,中国证监会与中国银监会2013年颁布《关于商业银行发行公司债券补充资本的指导意见》(以下称《指导意见》),为商业银行拓宽资本补充渠道提供了制度规范。

4. 发行可转债

可转债是债券的一种,它允许投资者在规定的时间范围内将其购买的债券按转股价格转换成特定公司的普通股。发行可转债能够满足商业银行多元化的资本补充需求,也符合监管部门治理股权融资、鼓励资本工具创新的导向。

典型案例
地方政府专项债补充地方银行资本——广西柳州银行样本

二、分母策略——降低资产风险权重

(一)减少高风险权重资产

商业银行通过将高风险权重的资产调整为相对风险较低的资产,从而风险资产的数量减少。因此,调整资产结构,降低风险权重可以提高资本充足率。

中国《商业银行资本管理办法(试行)》与《巴塞尔协议》不太一样的地方之一是对中小微企业贷款给予相对更低的风险权重,目的是要引导商业银行调整资产结构,通过资产结构的变化来实现政府支持中小微企业的意图。《商业银行资本管理办法(试行)》第六十四条规定,商业银行对同时符合以下条件的微型和小型企业债权的风险权重为75%:企业符合国家相关部门规定的微型和小型企业认定标准。商业银行对单家企业（或企业集团）的风险暴露不超过 500 万元。商业银行对单家企业（或企业集团）的风险暴露占本行信用风险暴露总额的比例不高于 0.5%。相比之下，商业银行对一般企业债权的风险权重为 100%。

另外一种将高风险权重资产置换为低风险权重资产的办法是持有资产证券化债券。对于商业银行来讲，持有的不是贷款本身，而是贷款证券化以后的债券，通常情况下这种债券的风险权重要比直接持有贷款本身的权重还要低。

（二）适当压缩资产规模

当银行资本充足率不满足监管最低标准时，最快捷的办法是回收贷款或投资以缩减资产规模，并相应偿还债务。这显然是银行万不得已的行为。

第五节 《巴塞尔协议》及其演变

在"十国集团"推动下，1988 年巴塞尔委员会发布《统一资本计量和资本标准的国际协议》，这就是《巴塞尔协议Ⅰ》。从这个名称就知道，《巴塞尔协议Ⅰ》的重点就是统一国际银行的资本计算和资本标准。巴塞尔委员会并不是严格意义上的银行监管国际组织，因此 1988 年的《巴塞尔协议》（Basel Accord）及有关规定并不具法律约束力，但十国集团监管部门一致认可并同意在规定时间内统一实施。此后，越来越多的非十国集团监管部门也自愿地遵守《巴塞尔协议》。巴塞尔委员会事实上已成为银行监管国际标准的制定者，《巴塞尔协议》历经多次不断修订完善，现在已经成为国际银行业普遍认可的银行监管国际标准。

1988 年《巴塞尔协议》发布后，主要经历了 1996 年的《资本协议关于市场风险的修正案》，1997 年的《有效银行监管的核心原则》，2004 年《巴塞尔新资本协议》（《巴塞尔协议Ⅱ》）和 2010 年《巴塞尔协议Ⅲ》的演进，主要过程和变化如下。

- 1988 年，《巴塞尔协议》提出资本标准监管框架侧重于控制银行业面临的信用风险。
- 1996 年，巴塞尔委员会发布《资本协议关于市场风险的修正案》，要求银行量化市场风险并计算资本要求。市场风险包括利率风险、汇率风险、股权头寸风险、商品头寸风险、期权头寸风险。计量市场风险资本要求的方法有标准法和内部模型法。20 世纪 90 年代以后，衍生金融工具不断增加，金融市场的波动对银行的影响日益显著。而巴林银行、大和银行等一系列事件的发生都与银行自己的管理密切相关。因此，信用风险之外的风险对银行的影响在加大。
- 1997 年，发布《有效银行监管的核心原则》，共 25 条。
- 2004 年，《巴塞尔新资本协议》（《巴塞尔协议Ⅱ》）创新提出"三个支柱"的新框架。
- 2010 年，《巴塞尔协议Ⅲ》提出更加严格的资本标准、更高的充足率水平、差异化的资本要求和增加杠杆率监管。
- 2017 年 12 月，发布了《巴塞尔协议Ⅲ》最终方案。进一步实施差异化监管，如对不同机构的差异化、对房地产抵押贷款等零售风险暴露更加科学的风险权重赋值等。

所有 G20 成员需遵照《巴塞尔协议Ⅲ》最终方案的框架和要求，最迟应于 2022 年起实施。

一、《统一资本计量和资本标准的国际协议》(《巴塞尔协议Ⅰ》)

(一) 背景

20 世纪 80 年代，银行国际化步伐加快。越来越多的银行利用离岸美元市场筹集资金，日本银行业趁日元升值吸纳资本金而大势扩张，影响到了其他国家银行的利益。拉美危机导致美国等银行损失惨重。由于存在大量坏账，联邦德国赫斯塔特银行和美国富兰克林国民银行倒闭。为保障国际银行体系健康而稳定地运行、消除国际金融市场上各国银行之间的不平等竞争，推进银行国际化发展。1988 年，巴塞尔委员会制定《统一资本计量和资本标准的国际协议》。

(二) 内容

《巴塞尔协议Ⅰ》主要有四部分内容：一是资本的分类；二是风险权重的计算标准；三是 1992 年资本与资产的标准比例和过渡期的实施安排；四是各国监管当局自由决定的范围。其中，体现该协议核心思想的是前两项。首先是资本的分类，也就是将银行的资本划分为核心资本和附属资本两类，对各类资本按照各自不同的特点进行明确地界定。其次是风险权重的计算标准，根据资产类别、性质以及债务主体的不同，将银行资产负债表的表内和表外项目划分为 0%、20%、50% 和 100% 四个风险档次，提出资本对风险资产 8% 的目标比率（其中核心资本对风险资产的比重不低于 4%）。

1. 资本的概念与类型

哪些项目可计入资本？巴塞尔委员会将资本分为"核心资本"和"附属资本"。其中，"核心资本"包括股本和公开储备，这部分至少占全部资本的 50%。"附属资本"包括未公开的准备金、资产重估准备金、普通准备金或呆账准备金、带有股本性质的债务工具和次级债务工具。

2. 风险权重与风险加权资产

风险加权资产采用风险权重和资产余额相乘的方式来计算。

（1）关于表内资产。风险加权资产计算是指根据不同类型的资产，赋予五种不同的加权数，即 0%、20%、50% 和 100%，风险越大，加权数就越高。

《巴塞尔协议Ⅰ》规定的风险权重如表 16-2 所示。

表 16-2 《巴塞尔协议Ⅰ》规定的风险权重

风险权重	项目
0%	现金；以本国货币定值并以此通货对中央政府和中央银行融通资金的债权；对经济合作与发展组织（OECD）国家的中央政府和中央银行的其他债权；以现金或以 OECD 国家的中央政府债权做抵押或由中央政府做担保的债权
0%、10%、20%、50% 由各国自定	对国内公共部门实体的债权和由这些实体担保的贷款

（续）

风险权重	项目
20%	对多边发展银行（国际复兴开发银行、泛美开发银行、亚洲开发银行、非洲开发银行、欧洲投资银行）的债权，以及由这类银行提供担保或以这类银行发行的证券做押品的债权；对 OECD 成员国银行的债权或由其提供担保的贷款；对期限在 1 年以内的非 OECD 成员国银行的债权或由其担保的贷款；对非本国的 OECD 成员国公共部门实体的债权或由这些实体担保的贷款；托收中的现金款项
50%	完全以居住为用途的、为借款人所拥有产权的住宅做抵押的贷款
100%	对私人机构的债权；对期限在 1 年以上的非 OECD 成员国银行的债权；对非 OECD 成员国中央政府的债权；对公共部门拥有的商业公司的债权；房地产、设备及其他固定资产；不动产和其他投资；其他银行发行的资本金工具、其他资产

资料来源：《巴塞尔协议Ⅰ》，1988 年。

（2）关于表外资产。先用 0%～100% 的"信用转换系数"将表外资产额转化为表内资产额，然后再视同相应的表内业务进行风险加权，比如保证和承兑按 100% 转换为表外业务。

信用转换系数包括 0%、20%、50% 和 100% 四档，具体见表 16-3。

表 16-3 《巴塞尔协议Ⅰ》规定的信用转换系数

信用转换系数	项目
0%	短期的（1 年以内）、随时可取消的信用额度
20%	短期的（1 年以内）、与贸易有关的，并且有自行清偿能力的债券，如担保信用证、有货物抵押的跟单信用证等
50%	期限在 1 年以上的，与贸易有关的或有项目，如投资保证书、认股权证、履约保证书、即期信用证和证券发行便利等承诺或信贷额度
100%	直接信用的替代工具，如担保、回购协议、有追索权的资产销售、远期存款的购买

资料来源：《巴塞尔协议Ⅰ》，1988 年。

3. 最低资本要求

《巴塞尔协议》规定，到 1992 年年底，所有签约国从事国际业务的银行，其资本与风险加权资产的比率应达到 8%，其中核心资本至少为 4%。从监管角度来讲，8% 是指最低资本充足率，同时还有结构性的要求——核心资本充足率不低于 4%。换句话讲，银行的附属资本不能超过核心资本。资本充足率计算公式为

$$资本充足率 = \frac{资本}{风险加权资产}$$

从 1987 年年底到 1992 年年底为过渡期，1992 年年底必须达到 8% 的资本对风险加权资产的比率目标。

4. 1988 年《巴塞尔协议》存在的问题

1988 年《巴塞尔协议》的实施对规范银行经营行为、控制银行风险、促进银行公平竞争发挥了重要作用，但存在以下三个问题。

一是《巴塞尔协议》只考虑了信用风险的计量和资本需要，而事实上银行还要承担许多

非信用风险性质的风险，如银行还需要承担市场风险、操作风险等的损失。[一]

二是风险权重设定存在国别歧视，在风险权重 0% 这一档中，对经济合作与发展组织（OECD）国家的中央政府和中央银行的其他债权的风险权重为 0%，而非 OECD 国家则不是 0%。又如，20% 的权重对应的资产中，只有对 OECD 成员国银行的债权或由其提供担保的贷款；对期限在 1 年以内的非 OECD 成员国银行的债权或由其担保的贷款的风险权重为 20%。这显然是不公平的！《巴塞尔协议Ⅱ》和《巴塞尔协议Ⅲ》关于这方面内容的调整反映了对非 OECD 国家风险的态度的变化。

三是金融创新和监管资本套利频繁，主要是资产证券化活动套利导致该协议无法实现保障金融体系安全的作用。

尽管 1988 年的《统一资本计量和资本标准的国际协议》还显得很不完善，但是协议中提出的资本的类型和核心资本的思想，以及通过风险权重来量化银行的风险资产总量和风险状况的方法成为《巴塞尔协议》的基本规则。

（三）对 1988 年的《巴塞尔协议》的进一步完善

1988 年的《巴塞尔协议Ⅰ》之后出现了一些新的变化，如资本工具更加多样化、监管资本套利更加频繁、市场风险对银行安全的影响更加凸显，等等。随着银行越来越多地涉入资本市场的交易，市场风险也已成为银行重要的风险形态。巴林银行事件表明市场风险的爆发性和摧毁力惊人[二]，可以在短时间内造成银行资金短缺、偿还能力不足，严重的甚至导致银行破产倒闭。因此，需要进一步规范银行资本的范畴，进一步提高资产风险权重的作用[三]，还要考虑银行投资风险对资本的需求。

对此，巴塞尔委员会对这些变化做出回应。1996 年年初，"十国集团"签署了《资本协议关于市场风险的修正案》，即《市场风险修正案》。其核心内容是银行必须量化市场风险并计算相应的资本要求，并正式推出银行在险价值计量方法（value-at-risk，VaR），认为市场风险是因市场价格波动而导致表内外头寸损失的风险，包括交易账户中受到利率影响的各类工具及股票所涉及的风险、银行的外汇风险和商品（如贵金属等）风险，它们同样需要计提资本金来进行约束。值得注意的是，《市场风险修正案》已经改变了《巴塞尔协议》中将表外业务比照表内资产确定风险权重并相应计提资本金的简单做法，提出了两种计量风险的办法：标准计量法和内部模型法。标准计量法是将市场风险分解为利率风险、股票风险、外汇风险、商品风险和期权的价格风险，然后对各类风险分别进行计算并加总；内部模型法也就是基于银行内部 VaR 模型的计量方法，这是将借款人分为政府、银行、公司等多个类型，分别按照银行内部风险管理的计量模型来计算市场风险，然后根据风险权重的大小确定资本金的数量要求。内部模型法的推出是一大创新，引起了银行界的广泛关

[一] 利率和汇率的变动导致资产价值贬值和负债成本上升的风险在 20 世纪 80 年代以后明显增加，如有 100 多年历史的巴林银行因为衍生品交易失败而倒闭，中航油在新加坡的期货交易出现巨额亏损，1997 年爆发的东南亚金融危机中泰铢汇率暴跌等就是明证。这些都是因为市场的变化而导致的投资损失，而损失需要资本来弥补。但 1988 年的资本协议没包含这方面的资本需要。这说明 8% 的最低资本充足率明显被低估了。

[二] 1995 年 2 月 26 日，拥有 233 年历史的巴林银行宣布倒闭，10 天后，巴林银行以 1 美元的象征性价格被荷兰国际集团 ING 收购。

[三] 1988 年，《巴塞尔协议Ⅰ》将表内资产风险权重最高定为 100%，现在的《巴塞尔协议Ⅲ》中资产风险权重的差距扩大了，有的资产权重可能是百分之几百，甚至百分之一千多的惩罚性权重。

注。但鉴于当时条件的限制，所提出的计算方法又不够具体和完善，因而并未得到广泛运用。

1997年进一步提出《有效银行监管的核心原则》（以下简称《核心原则》），包括7个方面25条：有效银行监管要求（原则1）、执照与结构（原则2～5）、审慎法规和要求（原则6～15）、持续银行监管手段（原则16～20）、信息要求（原则21）、正式监管权力（原则22）、跨国银行业（原则23～25）。这为后来的《巴塞尔协议Ⅱ》奠定了基础。

二、《巴塞尔协议Ⅱ》

（一）形成与发展

1999年6月，巴塞尔委员会推出《巴塞尔协议Ⅱ》（又称《巴塞尔新资本协议》）。该协议延续了1988年资本协议中的以资本充足率为核心、以信用风险控制为重点的基本思路，突出强调市场风险对银行的影响，并吸收了《核心原则》提出的银行风险监管做法。

巴塞尔委员会指出，《巴塞尔新资本协议》的各项基本原则普遍适用于全世界的所有银行，并预计非十国集团的许多银行都将使用标准法计算最低资本要求。客观上看，新协议问世，国际金融市场的参与者均采用新协议来分析各国银行的资本状况，而有关国际组织也把新协议视为新的银行监管的国际标准。2001年1月，《巴塞尔新资本协议》草案公布，2004年6月《巴塞尔新资本协议》正式颁布，2006年年底十国集团国家正式实施。

（二）主要内容

新协议由三大支柱组成（如图16-3所示）：一是最低资本要求，二是监管当局的监督检查，三是市场纪律。

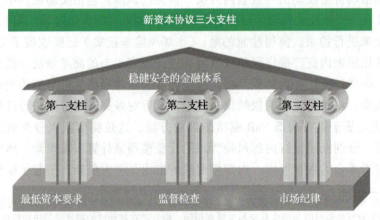

图16-3　新资本协议三大支柱

新资本协议最低资本要求仍然以风险加权资产为基础，除表内外信用风险，还涵盖了操作风险和市场风险。其中，信用风险资产可以采用标准法、内部评级法计算；操作风险采用基本指标法、标准法和高级计量法；市场风险采用标准法和内部模型法计算。三大支柱框架下的计量方法如图16-4所示。

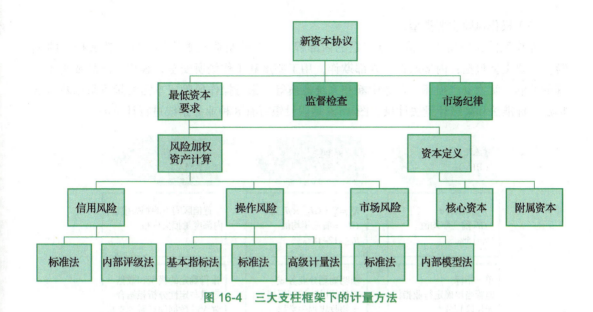

图 16-4　三大支柱框架下的计量方法

1. 第一支柱：最低资本要求

《巴塞尔新资本协议》对合格的监管资本的定义沿用了 1988 年资本协议的规定，即合格的监管资本由一级资本和二级资本构成。其中，一级资本包括实缴普通股、非累积性优先股、资本盈余和留存盈余；二级资本包括未公开储蓄、重估储蓄、贷款损失准备金、混合型债务股本工具和长期次级债务。总的资本比率不得低于 8%，核心资本的充足率不低于 4%。二级资本仍然不得超过一级资本。

在计算资本比率时，信用风险计算包括标准法、内部评级基础法、内部评级高级法。市场风险和操作风险的资本要求乘以 12.5（即最低资本比率 8% 的倒数），再加上针对信用风险的风险加权资产，就得到分母，即总的风险加权资产。分子是监管资本，两者相除就得到资本充足率。

（1）信用风险资产计算方法。

信用风险资产计算方法如图 16-5 所示。

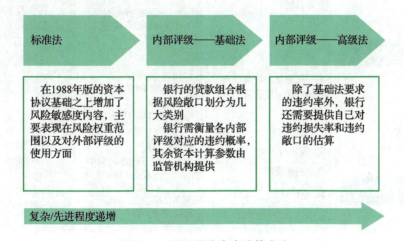

图 16-5　信用风险资产计算方法

（2）操作风险主要类型。

操作风险是指由不完善或有问题的内部程序、人员及系统或外部事件所造成损失的风险，主要类型包括：内部欺诈，外部欺诈，用工制度和工作场所安全，客户、产品及业务管理的漏洞，实物资产损坏，业务中断和系统瘫痪等。银行操作风险资本需要量可采用基本指标法、标准法和高级计量法计量。图16-6是假设银行有8种业务条线进行计量的。

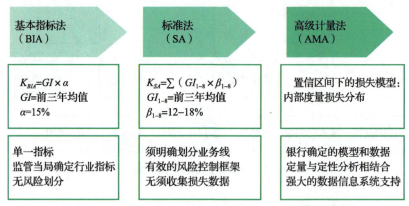

图 16-6　假设银行有8种业务条线的操作风险资本计量

《巴塞尔新资本协议》对资本金增加了两个方面的要求：一是要求大银行建立自己的内部风险评估机制，运用自己的内部评级系统决定自己对资本的需求；二是委员会提出了一个统一的方案，即"标准化方案"，建议各银行借用外部评级机构，特别是专业评级机构对贷款企业进行评级，根据评级决定银行面临的风险大小，并为此准备风险准备金。

（3）市场风险类型与计量。

银行的市场风险类型包括利率风险、汇率风险、股票风险、商品风险，银行遭受市场风险的大小与银行资产类型和交易类型有关（见图16-7）。银行可采用标准法和内部模型法来计算市场风险所需要的资本量。

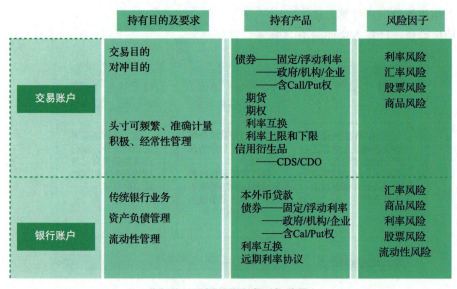

图 16-7　市场风险类型与计量

2. 第二支柱：监督检查

这是监管约束第一次被纳入资本监管框架之中，其基本原则是要求监管机构应该根据银行的风险状况和外部经营环境，要求银行保持高于最低水平的资本充足率，确保银行有严格的内控体系且能有效管理自己的资本需求。银行应参照其承担风险的大小，建立起关于资本充足状况的内部评价机制，并制定维持资本充足水平的战略。同时，监管者有责任对银行进行监管，其责任包括设定监管要求、负责对资本评估流程进行评估、识别重点银行、必要时进行干预，如要求银行应具备一整套程序用于评估与其风险相适应的总体资本水平，并制定保持资本水平的战略。监管部门应检查和评价银行内部资本充足评估情况及其战略，监测并确保银行监管资本比率的能力。若对检查结果不满意，应采取适当的监管措施如应鼓励银行资本水平高于监管资本比率要求，银行在满足最低资本要求的基础上另外持有更多的资本。监管部门对银行资本下滑的情况要尽早进行干预，防止银行的资本水平降至防范风险所需的最低要求之下。如果银行未能保持或补充资本水平，应要求其迅速采取补救措施。

3. 第三支柱：市场纪律

市场纪律的核心是要求银行提高信息的透明度，使外界对银行的财务、管理等有更好的了解。《巴塞尔新资本协议》第一次引入了市场约束机制，让市场力量来促使银行稳健、高效地经营以及保持充足的资本水平。稳健的、经营良好的银行可以通过更为有利的价格和条件从投资者、债权人、存款人以及其他交易对手那里获得资金，而风险程度高的银行在市场中则处于不利地位，它们必须支付更高的风险溢价，或提供额外的担保或采取其他安全措施。市场的奖罚机制有利于促使银行更有效地分配资金和控制风险。《巴塞尔新资本协议》发挥市场对金融体系安全的监督，为此要求银行提供及时、可靠、全面、准确的信息，以便市场参与者据此做出判断。

商业银行应当保证披露信息的真实性、准确性和完整性。资本充足率的信息披露应至少包括以下内容：① 风险管理体系：信用风险、市场风险、操作风险、流动性风险及其他重要风险的管理目标、政策、流程以及组织架构和相关部门的职能。② 资本充足率计算范围。③ 资本数量、构成及各级资本充足率。④ 信用风险、市场风险、操作风险的计量方法，风险计量体系的重大变更，以及相应的资本要求变化。⑤ 信用风险、市场风险、操作风险及其他重要风险暴露和评估的定性和定量信息。⑥ 内部资本充足评估方法以及影响资本充足率的其他相关因素。

（三）《巴塞尔新资本协议》的创新

《巴塞尔新资本协议》与1988年资本协议相比，内容更广、更复杂。这是因为新协议力求把资本充足率与银行面临的主要风险紧密地结合在一起，力求反映银行风险管理、监管实践的最新变化，并尽量为发展水平不同国家或者地区的银行业和银行监管体系提供多项选择。

1. 建立了"三大支柱"的资本监管框架

巴塞尔委员会提出了以三大支柱——最低资本要求、监督检查和市场纪律为主要特点的新资本监管框架，将三大要素有机结合在一起，并以监管规定的形式要求监管部门认真实施，这无疑是资本监管领域的重大突破。

2.《巴塞尔新资本协议》提出了两种处理信用风险的办法：标准法和内部评级法

标准法以1988年资本协议为基础，采用外部评级机构确定风险权重，使用对象是复杂程度不高的银行。采用外部评级机构比原来以经合组织国家为界限的分类办法更客观、更能反映实际风险水平。

但是，对包括中国在内广大发展中国家来说，在相当大的程度上，使用该法的客观条件并不存在。发展中国家国内的评级公司数量很少，也难以达到国际认可的标准；已获得评级的银行和企业数量有限；评级的成本较高，评出的结果也不一定客观可靠。若硬套标准法的规定，绝大多数企业的评级将低于BBB，风险权重为100%，甚至是150%（BB-以下的企业）。从权重类别来看，企业不会有参加评级的积极性，因为未评级企业的风险权重也不过是100%。此外，由于风险权重的提高和引入了操作风险的资本要求，采用这种方法自然会普遍提高银行的资本水平。

将内部评级法用于资本监管是《巴塞尔新资本协议》的核心内容之一。该方法继承了1996年市场风险补充协议的创新之处，允许使用自己内部的计量数据确定资本要求。内部评级法有两种形式：初级法和高级法。初级法仅要求银行计算出借款人的违约概率，其他风险要素值由监管部门确定。高级法则允许银行使用多项自己计算的风险要素值。为推广使用内部评级法，巴塞尔委员会为采用该法的银行从2004年起安排了3年的过渡期。

三、《巴塞尔协议Ⅲ》

（一）主要内容

一是严格资本扣除限制。对于少数股权、商誉、递延税资产、对金融机构普通股的非并表投资、债务工具和其他投资性资产的未实现收益、拨备额与预期亏损之差、固定收益养老基金资产和负债等计入资本的要求有所改变。

二是提高资本充足率要求。《巴塞尔协议Ⅲ》对于核心一级资本充足率、一级资本充足率的最低要求有所提高，引入了资本的留存资本，提升银行吸收经济衰退时期损失的能力，建立与信贷过快增长挂钩的逆周期超额资本区间，对大型银行提出附加资本要求，降低"大而不倒"带来的道德风险。

三是扩大风险资产覆盖范围。提高"再资产证券化风险暴露"的资本要求、增加压力状态下的风险价值、提高交易业务的资本要求、提高场外衍生品交易和证券融资业务的交易对手信用风险的资本要求等。

四是引入杠杆率。为弥补资本充足率要求下无法反映表内外总资产的扩张情况的不足，减少对资产通过加权系数转换后计算资本要求所带来的漏洞，推出了杠杆率，并逐步将其纳入第一支柱。

五是加强流动性管理，降低银行体系的流动性风险。引入了流动性监管指标，包括流动性覆盖率和净稳定资产比率。同时，巴塞尔委员会提出了其他辅助监测工具，包括合同期限错配、融资集中度、可用的无变现障碍资产和与市场有关的监测工具等。

（二）特点

2010年9月12日，由27个国家银行业监管部门和中央银行高级代表组成的巴塞尔银行监管委员会就《巴塞尔协议Ⅲ》的内容达成一致，全球银行业正式步入《巴塞尔协议Ⅲ》时代。《巴塞尔协议Ⅲ》确立了微观审慎和宏观审慎相结合的金融监管新模式，大幅度提高了商业银行资本监管要求，建立全球一致的流动性监管量化标准。《巴塞尔协议Ⅲ》的实施将对商业银行经营模式、银行体系稳健性乃至宏观经济运行产生深远影响。

具体来看，《巴塞尔协议Ⅲ》有更严格的资本定义、更高的资本充足率、逆周期资本计提、更全面的风险覆盖（如增加杠杆率、流动性覆盖率、净稳定融资比率等）。与《巴塞尔协议Ⅱ》相比，《巴塞尔协议Ⅱ》侧重于资产方，而《巴塞尔协议Ⅲ》监管覆盖既包括资产方还包括负债方，更能体现全面风险管理的理念。

四、《巴塞尔协议Ⅲ》最终方案[一]

巴塞尔委员会于2017年12月发布了《巴塞尔协议Ⅲ》最终方案，资本充足率计量所采用的信用风险权重法对于对公客户、对私客户及金融机构债权的风险加权资产计量规则均有不同程度的变化和细化。所有G20成员国需遵照《巴塞尔协议Ⅲ》最终方案的框架和要求，最迟应于2022年起实施，后因疫情影响推迟至2023年实施。

（一）杠杆率要求

根据《巴塞尔协议》，杠杆率＝一级资本/调整后表内外资产余额。银行必须满足最低保持3%杠杆率要求。[二]

（二）全球系统重要性银行计提附加资本要求

全球系统重要性银行是按照规模（调整后表内外资产余额）、跨境业务（跨境资产、跨境负债）、互联性（金融机构间资产、金融机构间负债、发行证券及其他融资工具）、基础功能（托管资产、支付额、有价证券承销额）、复杂度（场外衍生品名义本金、第三层资产、交易类和可供出售资产）等一级和二级指标（前述括号内项目）计分来决定的，并根据计分不同划分为不同的级别，以此为依据计提附加资本要求。不同类型机构附加资本要求如表16-4所示。

表16-4 不同类型机构附加资本要求

栏位划分	得分区间	附加资本要求
第1栏	130～229	1%
第2栏	230～329	1.50%
第3栏	330～429	2%
第4栏	430～529	2.50%
第5栏	530～629	3.50%

资料来源：任远，"疫情下，巴Ⅲ修订对国内银行八大影响！"，2020年8月15日。

（三）信用风险标准法

1. 零售风险暴露

巴塞尔委员会关于零售风险的判断条件：一是从银行产品层面，包含个人循环贷、个人消费类贷款等，二是风险暴露不得超过100万欧元，三是其他标准，单一客户零售风险暴露不得超过总零售风险暴露的0.2%。只有满足上述所有条件的可以认定为零售风险暴露，适

[一] 本部分内容主要来源于任远的《疫情下，巴Ⅲ修订对国内银行八大影响！》，金融监管研究院，2020年8月15日。

[二] 根据我国《商业银行杠杆率管理办法》规定，商业银行并表和未并表的杠杆率均不得低于4%。

用于 75% 权重。我国对于零售风险暴露的划定和《巴塞尔协议》基本类似，其中从 2020 年起小微企业风险暴露的判断标准修改为不超过 1 000 万元。

2. 银行风险权重

巴塞尔委员会将交易对手的银行分为 A、B、C 三类，按照期限不同分别赋予不同的风险权重，银行分类的依据是按照当地监管部门公开的最低监管要求进行判断。不同类型的银行相应的权重如表 16-5 所示。

表 16-5　不同类型的银行相应的权重

	A 级银行	B 级银行	C 级银行
基础权重	40%	75%	150%
短期（3 个月内）权重	20%	50%	150%

3. 房地产抵押贷款

巴塞尔委员会设立贷款价值比（LTV）指标和抵质押率类型，根据 LTV 的大小确定房地产抵押贷款的风险权重。抵押贷款的风险权重不都是相同的，设定更为科学合理。LTV 与房地产抵押贷款的风险权重如表 16-6 所示。

表 16-6　LTV 与房地产抵押贷款的风险权重

LTV	风险权重
≤ 50%	20%
（50%，60%]	25%
（60%，80%]	30%
（80%，90%]	40%
（90%，100%]	50%
>100%	70%

目前，个人住房抵押贷款的风险权重为 50%，并且个人住房抵押贷款的首付不低于 30%，所对应的抵质押率一般都小于 70%，对应的风险权重会有明显下降，对于个人住房抵押贷款比较多的银行是利好。

将 LTV 因素引入，对于商业银行房地产抵押提出了更高的要求，为满足 LTV 计算的准确性要求，商业银行最起码按照季度对抵押房产进行估值，才能准确地计算出 LTV 的值，最终确定风险权重。

4. 公司风险暴露

部分符合条件（根据年营业额）的公司风险暴露风险权重由 100% 降低到 85%。

5. 土地开发及房地产开发建设

《巴塞尔协议Ⅲ》将该类型贷款分为两种类型，满足条件的按照 100% 权重，不满足条件的按照 150% 权重。目前我国商业银行普遍按照 100% 确定该类型贷款的风险权重。

6. 表外项目

可随时撤销的贷款承诺按照表外转换因子 10% 计算，不可随时撤销的按照表外转换因子 40% 计算。目前我国按照以下表外转换因子计算（如表 16-7 所示）：

表 16-7　表外转换因子

原始期限不超过 1 年的贷款承诺	20%
原始期限 1 年以上的贷款承诺	50%
可随时无条件撤销的贷款承诺	0%

（四）信用风险内部评级法

违约概率底线由 0.03% 上升到 0.05%，标准违约损失率由 45% 降低为 40%，并取消最低抵质押要求。对于缓释后的最低违约损失率也进行了调整。抵押品与最低违约损失率如表 16-8 所示。

表 16-8　抵押品与最低违约损失率

	最低违约损失率（原）	最低违约损失率（新）
金融质押品	0%	0%
应收账款	35%	20%
商用房地产和居住用房地产	35%	20%
其他合格抵质押品	40%	25%

根据巴塞尔委员会 2018 年的测算，上述改变对于一般公司和专业贷款来说，风险加权资产会有比较大的下降，对于银行类客户来说，会有小范围的下降。

（五）操作风险

《巴塞尔协议Ⅲ》最终方案对操作风险的修改较多，直接取消原来的基本指标法、标准法和高级计量法，取而代之的是结合风险敏感性和可实施性的新标准法。该方法引入业务规模指标和内部损失乘数两个因子。

对于内部损失乘数来说，应该通过超过 10 年的损失数据进行计算，从国内商业银行实施内部评级法的数据积累情况来看，绝大部分很难达到这个要求。业务规模指标中资产规模越大所对应的边际系数越大，而规模小的银行会有所下降。

（六）市场风险

市场风险修改主要涉及以下几点。

1. 强调银行账簿与交易账簿的划分规则

目前大多数银行的银行账簿和交易账簿划分没有明显的规则，同一笔业务在银行账簿或者交易账簿中计量的风险和方法都是不一样的，为避免监管套利情况的发生，需强化两个账簿的划分规则。

从持有目的来看，只要满足短期转售、从短期价格波动中获利、锁定套期收益、对冲上述工具的风险之一，就必须划分到交易账簿。

另外，《巴塞尔协议Ⅲ》最终方案首次对接国际会计准则，明确会计准则下属于交易性金融资产或金融负债的工具属于交易账簿。会计准则下的金融资产三分类只剩下以摊余成本计量和以公允价值计量其他综合收益的两类金融资产，以摊余成本计量的金融资产没有出售目的，所以应该划分至银行账簿，以公允价值计量其他综合收益的金融资产就需要另外专门判断。除个别重大的公开事件外，银行账簿与交易账簿之间一般不允许转换。

2. 新增市场风险简化标准法

如果商业银行满足非全球系统重要性银行、内部任意交易台不使用内部模型法、不持有任何相关性交易头寸，那么该银行可以使用简化标准法计量市场风险。这里的交易台的概念为，在清晰的风险管理框架下执行明确交易策略的一组交易员或会计账目，银行内部可以有多个交易台。

简化标准法与原市场风险法相似，特别是利率风险基本沿用原方法的特定风险以及一般风险的计算思路。简化标准法下为区分利率风险、股权风险、汇率风险以及商品风险的风险影响程度，分别赋予 1.3、3.5、1.2、1.9 的调整权重，相比较原市场风险法，资本要求有比较大的提升。

3. 修改市场风险标准法

标准法下，资本要求由三个部分简单加总而得：基于敏感度方法的资本要求、违约风险资本要求及剩余风险附加资本要求。

4. 修改市场风险内部模型法

修改在险价值（VaR）模型为预期缺口模型。对于上述的修改，不管是根据 IFRS9 规则确定交易账簿还是监管规则确定交易账簿，交易账簿内的资产都会有大幅提升。根据巴塞尔委员会的测算，大部分银行的市场风险的风险加权资产会增加。

（七）资本下限

资本下限的作用是为了避免不同方法计量出的风险加权资产会有明显的差距。因此，以各类风险的标准法为基础设定其他风险计量方法的下限，并在 2023～2028 年逐步实施。

（八）信息披露框架

对于信息披露，《巴塞尔协议Ⅲ》最终方案对于风险管理、财务与监管披露关系、流动性、杠杆率等 17 个方面提供了近 80 个披露模板。对于全球系统性重要银行来说，需严格按照《巴塞尔协议Ⅲ》的要求进行披露。

第六节　中国资本监管实践

为加强我国商业银行资本监管，2012 年 6 月 7 日，银监会制定并颁布《商业银行资本管理办法（试行）》，自 2013 年 1 月 1 日起施行。该办法分为总则、资本充足率计算和监管要求、资本定义、信用风险加权资产计量、市场风险加权资产计量、操作风险加权资产计量、商业银行内部资本充足评估程序、监督检查、信息披露、附则，共 10 章 180 条。该办法适用于在中华人民共和国境内设立的商业银行。

《商业银行资本管理办法（试行）》的颁布和施行，标志着中国的银行资本管理进入新的时期。

一、风险加权资产计量

我国《商业银行资本管理办法（试行）》的基本框架与《巴塞尔协议Ⅲ》保持一致。商业银行可以采用权重法或内部评级法计量信用风险加权资产。但同时也结合中国国情做了部分调整，如"对符合标准的微型和小型企业的债权"给予更低的风险权重等。

典型案例

信用风险权重法表内资产风险权重

（一）信用风险加权资产

1. 权重法下信用风险加权资产

商业银行采用内部评级法计量信用风险加权资产的，应当符合《商业银行资本管理办法（试行）》的规定，并经银保监会核准。权重法下信用风险加权资产为银行账户表内资产信用风险加权资产与表外项目信用风险加权资产之和。商业银行计量各类表内资产的风险加权资产，应首先从资产账面价值中扣除相应的减值准备，然后乘以风险权重。商业银行计量各类表外项目的风险加权资产，应将表外项目名义金额乘以信用转换系数得到等值的表内资产，再按表内资产的处理方式计量风险加权资产。表 16-9 是表外项目信用转换系数。

典型案例

风险权重的规定说明

表 16-9　表外项目信用转换系数表

项目	信用转换系数
1. 等同于贷款的授信业务	100%
2. 贷款承诺	
2.1 原始期限不超过 1 年的贷款承诺	20%
2.2 原始期限 1 年以上的贷款承诺	50%
2.3 可随时无条件撤销的贷款承诺	0%
3. 未使用的信用卡授信额度	
3.1 一般未使用额度	50%
3.2 符合标准的未使用额度	20%
4. 票据发行便利	50%
5. 循环认购便利	50%
6. 银行借出的证券或用作抵押物的证券	100%
7. 与贸易直接相关的短期或有项目	20%
8. 与交易直接相关的或有项目	50%
9. 信用风险仍在银行的资产销售与购买协议	100%
10. 远期资产购买、远期定期存款、部分交款的股票及证券	100%
11. 其他表外项目	100%

资料来源：《商业银行资本管理办法（试行）》。

2. 内部评级法风险加权资产计量

采用内部评级法时，应当按照分别计量主权、金融机构、公司和零售风险暴露的信用风险加权资产。

（1）对于未违约风险暴露的风险加权资产的计量，包括计算信用风险暴露（EAD）的相关性（R）、计算期限调整因子（b）、计算信用风险暴露的资本要求（K）、计算信用风险暴露的风险加权资产（RWA）。

其中，非零售风险暴露的资本要求（K）

$$K = \left[LGD \times N\left(\sqrt{\frac{1}{1-R}} \times G(PD) + \sqrt{\frac{R}{1-R}} \times G(0.999) \right) - PD \times LGD \right] \times$$

$$\left\{ \frac{1}{1-1.6 \times b} \times [1 + (m - 2.5) \times b] \right\}$$

零售风险暴露的资本要求（K）

$$K = LGD \times N\left(\sqrt{\frac{1}{1-R}} \times G(PD) + \sqrt{\frac{R}{1-R}} \times G(0.999) \right) - PD \times LGD$$

这样，信用风险暴露的风险加权资产（RWA）为：

$$RWA = K \times 12.5 \times EAD$$

（2）对于已违约风险暴露的风险加权资产的计量如下：

$$K = \text{Max}[0, (LGD - BEEL)]$$

这里的 BEEL 是指考虑经济环境、法律地位等条件下对已违约风险暴露的预期损失率的最大估计值。信用风险暴露的风险加权资产（RWA）为：

$$RWA = K \times 12.5 \times EAD$$

（3）违约概率、违约损失率、违约风险暴露的估计，应以历史经验和实证研究为基础。

1）违约概率估计。银行可使用内部违约经验估计违约概率，估计的违约概率反映了历史数据对应时期的授信标准以及评级体系和当前的差异。商业银行也可将内部评级映射到外部信用评级机构或类似机构的评级，将外部评级的违约概率作为内部评级的违约概率。评级映射应建立在内部评级标准与外部机构评级标准可比，并且对同样的债务人内部评级和外部评级可相互比较的基础上。

2）违约损失率。它是指某一债项违约导致的损失金额占该违约债项风险暴露的比例，即损失占风险暴露总额的百分比。违约损失率估计应基于经济损失。经济损失包括由于债务人违约造成的较大的直接和间接的损失或成本，同时还应考虑违约债项回收金额的时间价值和商业银行自身处置和清收能力对贷款回收的影响。

3）违约风险暴露估计。违约风险暴露是指债务人违约时预期表内和表外项目的风险暴露总额。违约风险暴露应包括已使用的授信余额、应收未收利息、未使用授信额度的预期提取数量以及可能发生的相关费用等。可采用高级内部评级法、初级内部评级法、计量模型估计。

（二）市场风险加权资产计量

市场风险是指因市场价格（利率、汇率、股票价格和商品价格）的不利变动而使商业银行表内和表外业务发生损失的风险。商业银行可以采用标准法或内部模型法计量市场风险资本要求。未经银监会核准，商业银行不得变更市场风险资本计量方法。

商业银行采用标准法，应当按照规定分别计量利率风险、汇率风险、商品风险和股票风险的资本要求，并单独计量以各类风险为基础的期权风险的资本要求。市场风险资本要求为利率风险、汇率风险、商品风险、股票风险和期权风险的资本要求之和。

1. 市场风险标准法计量

（1）利率风险

利率风险包括交易账簿中的债券（固定利率和浮动利率债券、央行票据、可转让存单、不可转换优先股及按照债券交易规则进行交易的可转换债券）、利率及债券衍生工具头寸的风险。利率风险的资本要求包括特定市场风险和一般市场风险的资本要求两部分。

（2）股票风险

股票风险是指交易账簿中股票及股票衍生金融工具头寸的风险。其中，股票是指按照股票交易规则进行交易的所有金融工具，包括普通股（不考虑是否具有投票权）、可转换债券和买卖股票的承诺。

特定市场风险的资本要求等于各不同市场中各类股票多头头寸绝对值及空头头寸绝对值之和乘以 8% 后所得各项数值之和。一般市场风险对应的资本要求，等于各不同市场中各类多头及空头头寸抵消后股票净头寸的绝对值乘以 8% 后所得各项数值之和。

（3）外汇风险

外汇风险是指外汇（包括黄金）及外汇衍生金融工具头寸的风险。外汇风险的资本要求等于净风险暴露头寸总额乘以 8%。此外，还包括商品风险、期权风险、债券承销、交易账簿信用衍生产品等风险资本要求。

2. 市场风险内部模型法计量

可使用任何能够反映其所有主要风险的模型方法计算市场风险资本要求，包括但不限于方差–协方差法、历史模拟法和蒙特卡罗模拟法等。

如采用内部模型法，其最低市场风险资本要求为一般风险价值及压力风险价值之和，一般风险价值和压力风险价值（sVaR）的计算应符合《商业银行资本管理办法（试行）》的最低定量标准。应在每个交易日计算一般风险价值，使用单尾、99% 的置信区间。计算一般风险价值时，本行使用的持有期应为 10 个交易日。

（三）操作风险加权资产计量

操作风险是指由不完善或有问题的内部程序、员工和信息科技系统，以及外部事件所造成损失的风险，包括法律风险，但不包括策略风险和声誉风险。商业银行可采用基本指标法、标准法或高级计量法计量操作风险资本要求。商业银行操作风险加权资产为操作风险资本要求的 12.5 倍，即

$$操作风险加权资产 = 操作风险资本要求 \times 12.5$$

1. 基本指标法

总收入为净利息收入与净非利息收入之和，总收入构成说明如表 16-10 所示。

表 16-10　总收入构成说明

序号	项目	内容
1	利息收入	金融机构往来利息收入，贷款、投资利息收入，其他利息收入等
2	利息支出	金融机构往来利息支出、客户存款利息支出、其他借入资金利息支出等
3	净利息收入	1-2
4	手续费和佣金净收入	手续费及佣金收入 – 手续费及佣金支出

（续）

序号	项目	内容
5	净交易损益	汇兑与汇率产品损益、贵金属与其他商品交易损益、利率产品交易损益、权益衍生产品交易损益等
6	证券投资净损益	证券投资净损益等，但不包括：银行账簿"持有至到期日"和"可供出售"两类证券出售实现的损益
7	其他营业收入	股利收入、投资物业公允价值变动等
8	净非利息收入	4＋5＋6＋7
9	总收入	3＋8

资料来源：《商业银行资本管理办法（试行）》。

2. 标准法及业务条线

银行将业务活动归类到业务条线时，应确保与信用风险或市场风险计量时所采用的业务条线分类定义一致。业务条线归类目录如表 16-11 所示。

表 16-11　业务条线归类目录

1 级目录	2 级目录	业务种类示例
公司金融	公司和机构融资	并购重组服务，包销，承销，上市服务，退市服务，证券化，研究和信息服务，债务融资，股权融资，银团贷款安排服务，公开发行新股服务，配股及定向增发服务，咨询见证，债务重组服务，财务顾问与咨询，其他公司金融服务等
	政府融资	
	投资银行	
	咨询服务	
交易和销售	销售	交易账簿人民币理财产品、外币理财产品、在银行间债券市场做市、自营贵金属买卖业务、自营衍生金融工具买卖业务、外汇买卖业务、存放同业、证券回购、资金拆借、外资金融机构客户融资、贵金属租赁业务、资产支持证券、远期利率合约、货币利率掉期、利率期权、远期汇率合约、利率掉期、掉期期权、外汇期权、远期结售汇、债券投资、现金及银行存款、中央银行往来、系统内往来、其他资金管理等
	做市商交易	
	自营业务	
	资金管理	
零售银行	零售业务	零售贷款、零售存款、个人收入证明、个人结售汇、旅行支票、其他零售服务
	私人银行业务	高端贷款、高端客户存款收费、高端客户理财、投资咨询、其他私人银行服务
	银行卡业务	信用卡、借记卡、准贷记卡、收单、其他银行卡服务
商业银行	商业银行业务	单位贷款、单位存款、项目融资、贴现、信贷资产买断卖断、担保、保函、承兑、委托贷款、进出口贸易融资、不动产服务、保理、租赁、单位存款证明、转贷款服务、担保／承诺类、信用证、银行信贷证明、债券投资（银行账簿）、其他商业银行业务
支付和结算	客户	债券结算代理、代理外资金融机构外汇清算、代理政策性银行贷款资金结算、银证转账、代理其他商业银行办理银行汇票、代理外资金融机构人民币清算、支票、企业电子银行、商业汇票、结售汇、证券资金清算、彩票资金清算、黄金交易资金清算、期货交易资金清算、个人电子汇款、银行汇票、本票、汇兑、托收承付、托收交易、其他支付结算业务
代理服务	托管	证券投资基金托管、QFII 托管、QDII 托管、企业年金托管、其他各项资产托管、交易资金第三方账户托管、代保管、保管箱业务、其他相关业务
	公司代理服务	代收代扣业务、代理政策性银行贷款、代理财政授权支付、对公理财业务、代客外汇买卖、代客衍生金融工具业务、代客证券业务、代理买卖贵金属业务、代理保险业务、代收税款、代发工资、代理企业年金业务、其他对公代理业务
	公司受托业务	企业年金受托人业务、其他受托代理业务

（续）

1级目录	2级目录	业务种类示例
资产管理	全权委托的资金管理	投资基金管理、委托资产管理、私募股权基金、其他全权委托的资金管理
	非全权委托的资金管理	投资基金管理、委托资产管理、企业年金管理、其他全权委托的资金管理
零售经纪	零售经纪业务	执行指令服务、代销基金、代理保险、个人理财、代理投资、代理储蓄国债、代理个人黄金业务、代理外汇买卖、其他零售经纪业务
其他业务	其他业务	无法归入以上八个业务条线的业务种类

资料来源：《商业银行资本管理办法（试行）》。

3. 高级计量法

使用高级计量法时，应符合标准法实施条件，以及在治理结构、数据处理、模型建立等方面的要求。

二、资本充足率监督检查

资本充足率监督检查是银保监会审慎风险监管体系的重要组成部分。银保监会根据宏观经济运行、产业政策和信贷风险变化，识别银行业重大系统性风险，对相关资产组合提出特定资本要求。监管部门对商业银行实施资本充足率监督检查，确保资本能够充分覆盖所面临的各类风险。

资本充足率监督检查包括但不限于以下内容：一是评估商业银行全面风险管理框架。二是审查商业银行对合格资本工具的认定，以及各类风险加权资产的计量方法和结果，评估资本充足率计量结果的合理性和准确性。三是检查商业银行内部资本充足评估程序，评估公司治理、资本规划、内部控制和审计等。四是对商业银行的信用风险、市场风险、操作风险、银行账户利率风险、流动性风险、声誉风险以及战略风险等各类风险进行评估，并对压力测试工作开展情况进行检查。

监管部门通过非现场监管和现场检查的方式对商业银行资本充足率进行监督检查。除对资本充足率的常规监督检查外，可根据商业银行内部情况或外部市场环境的变化实施资本充足率的临时监督检查。监管部门有权对资本充足率未达到监管要求的商业银行采取监管措施，督促其提高资本充足水平。

银保监会基于资本充足监管对商业银行实行分类与分级管理。

（一）分类管理

根据资本充足状况，银保监会将商业银行分为四类：

第一类商业银行：资本充足率、一级资本充足率和核心一级资本充足率均达到本办法规定的各级资本要求。

第二类商业银行：资本充足率、一级资本充足率和核心一级资本充足率未达到第二支柱资本要求，但均不低于其他各级资本要求。

第三类商业银行：资本充足率、一级资本充足率和核心一级资本充足率均不低于最低资本要求，但未达到其他各级资本要求。

第四类商业银行：资本充足率、一级资本充足率和核心一级资本充足率任意一项未达到最低资本要求。

(二) 分级管理

对第一类商业银行，银保监会支持其稳健发展业务。为防止其资本充足率水平快速下降，银保监会可以采取下列预警监管措施：① 要求商业银行加强对资本充足率水平下降原因的分析及预测；② 要求商业银行制订切实可行的资本充足率管理计划；③ 要求商业银行提高风险控制能力。

对第二类商业银行，除上述规定的监管措施外，银保监会还可以采取下列监管措施：① 与商业银行董事会、高级管理层进行审慎性会谈。② 下发监管意见书，监管意见书内容包括：商业银行资本管理存在的问题、拟采取的纠正措施和限期达标意见等。③ 要求商业银行制订切实可行的资本补充计划和限期达标计划。④ 增加对商业银行资本充足的监督检查频率。⑤ 要求商业银行对特定风险领域采取风险缓释措施。

对第三类商业银行，除适用于第一类和第二类银行规定的监管措施外，银保监会还可以采取下列监管措施：① 限制商业银行分配红利和其他收入。② 限制商业银行向董事、高级管理人员实施任何形式的激励。③ 限制商业银行进行股权投资或回购资本工具。④ 限制商业银行重要资本性支出。⑤ 要求商业银行控制风险资产增长。

对第四类商业银行，除前述第一、第二、第三类银行规定的监管措施外，银保监会还可以采取以下监管措施：① 要求商业银行大幅降低风险资产的规模。② 责令商业银行停办一切高风险资产业务。③ 限制或禁止商业银行增设新机构、开办新业务。④ 强制要求商业银行对二级资本工具进行减记或转为普通股。⑤ 责令商业银行调整董事、高级管理人员或限制其权利。⑥ 依法对商业银行实行接管或者促成机构重组，直至予以撤销。在处置此类商业银行时，银保监会还将综合考虑外部因素，采取其他必要措施。

第七节 银行经济资本与计量

一、损失与资本

银行的损失包括预期损失、非预期损失和极端损失三种类型。为应对上述三种不同的损失，商业银行采取了不同的手段。由于预期损失是损失的平均值，是可预期的和相对确定的。因此，这种损失可以作为产品成本在价格中体现，银行通过定价来反映风险和覆盖损失，或者是通过计提准备金来缓冲。

非预期损失是损失额超过平均的部分，具有不确定性。这一部分的损失需要银行用资本来弥补。从银行风险管理角度来看，这种"损失"与银行的风险偏好有关，或者说与银行的风险容忍度的设定有关。所谓经济资本（EC）或风险资本，是指商业银行内部评估的在一定置信水平下，用来抵补资本或业务的非预期损失的资本。对银行来讲，资本是稀缺而昂贵的资源。资本太少，则银行抗风险能力弱；资本太多，资本成本太高，影响银行的盈利能力。经济资本是银行账面资本和监管资本要求的重要参考。

经济资本以银行内生的风险特征为基础，并非银行的真实资本，在数量上随着时间的长短和置信度的高低而变化。因此，经济资本不会反映在资产负债表内，具有"虚拟性"，只是银行自身管理的需要。但作为一定置信水平下的损失度量值,又具有科学性。它既可以用来测度现有业务的非预期损失,也可以测度未来资产项目的非预期损失;它不仅可以用于总行层面根据经济资本来决策,也可以用于分支行层面或业务条线的业务经营管理决策。因此,从管理角度来看,经济资本是商业银行调节银行各部门、各条线和各分支机构发展的强有力手段,让银行把有限的资本用于对银行最有利的业务、条线和分支机构发展上。

二、经济资本与计量

从数量上,经济资本对应于银行的非预期损失。经济资本既可以测度商业银行既有资产的非预期损失,也可以测度商业银行即将形成的信贷资产可能的非预期损失;既可以用于总行层面的风险计量,也可以用于分行层面的风险计量;既可以用于银行的部门的风险计量,也可用于银行的业务条线的风险计量。经济资本已经成为现代商业银行重要的管理工具。

K.ong(1999)认为,经济资本是为银行不确定的非预期损失而预留的资本储备。在数量上等于特定资本乘子与损失标准差的乘积。资本乘子与置信水平和损失概率的分布有关。Schroeck(2002)认为,银行持有的资产组合存在发生损失的可能性,并且在某个临界值水平上银行会出现偿付危机。所以,银行的经济资本相当于用于弥补损失的保险准备金,是为了防止银行净资产下降而购买保险的最低成本。

经济资本计量的关键是对银行风险的量化,基本方法是 VaR(风险价值或在险价值)。目前广泛运用的 CreditMectrics(CM)、Portfolio Manager(PM)、Portfolio Risk Tracker(PRT)、CreditPortfolio View(CPV)、CreditRisk+(CR+)都是基于 VaR 思想的风险量化解决方案。经济资本计量涉及违约概率、违约损失率和风险暴露的估计,相关内容在《巴塞尔协议》中有详细的介绍,也可参见《商业银行经济资本管理研究》(彭建刚,2011)。⊖

■ 思考题

1. 各级资本的主要组成部分有哪些?
2. 商业银行风险加权资产包括哪些方面?是如何计算的?
3. 为何资本充足率监管可以控制银行规模扩张?
4. 资本充足率监管的不足何在?
5. 为何《巴塞尔协议Ⅲ》要推出杠杆率监管?

■ 核心文献

[1] Harry DeAngelo, René M. Stulz.Liquid-claim production, risk management, and bank capital structure: Why high leverage is optimal for banks [J]. Journal of Financial Economics, 2015, 116(2): 219-236.
[2] Jean Dermine.Basel III Leverage Ratio Requirement and the Probability of Bank Runs [J]. Journal of Banking & Finance 2015, 53: 266-277.

⊖ 五个方法的差异性参见彭建刚(2011)第13页。

［3］ Julien Hugonnier, Erwan Morellec. Bank capital, liquid reserves, and insolvency risk［J］. Journal of Financial Economics. 2017 (2).

［4］ 程凤朝，叶依常. 资本充足率对宏观经济的影响分析［J］. 管理世界，2014（12）.

［5］ 梁敏，魏晓琴，袁成全. 我国商业银行杠杆率对银行效率的影响研究［J］. 金融理论探索，2018（03）.

［6］ 彭建刚. 商业银行经济资本管理研究［M］. 北京：中国金融出版社，2011.

［7］ 任远：疫情下，巴Ⅲ修订对国内银行八大影响！金融监管研究院，2020年8月15日.

［8］ 杨志锦. 通过专项债补充中小银行资本金，如何看？［N］. 21世纪经济报道，2020-07-01.

［9］ 中小银行资本补充新工具：可转股协议存款，广西为何选它？［N］. 21世纪经济报道，2020-12-23.

［10］ 中国人民银行关于印发《银行贷款损失准备计提指引》的通知，〔2002〕98号，2002。

［11］ 《商业银行资本管理办法（试行)》，银保监会，2012.

第十七章

存款保险制度与中国存款保险条例

美国在20世纪30年代大危机后率先建立了存款保险制度。20世纪60年代末以来,尤其是70年代中后期,主要发达国家和部分发展中国家开始推行金融自由化改革,相继解除了利率、汇率、金融业务、金融市场方面的管制措施,银行体系脆弱性随之加大。为保护存款人利益,这些国家借鉴美国的成功做法,引入了存款保险制度,通过建立风险补偿和分担机制,为金融自由化改革提供保障。德国(1966)、日本(1971)、阿根廷(1971)、法国(1980)、英国(1982)都选择在市场利率化推行之前或推进过程中建立存款保险制度。印度(1962)、加拿大(1967)等国家因发生多起金融机构倒闭事件,也较早地引入了存款保险制度。

我国台湾和香港地区分别在1985年和2004年引入存款保险制度,大陆在2015年3月31日正式颁布《存款保险条例》。

本章内容包括美国的存款保险制度、中国存款保险制度,介绍存款保险制度的运作原理、美国存款保险制度改革和中国存款保险的发展过程。

■ 重要知识点及核心概念

2007年次贷危机、强制投保、存款保险费率、存款保险基金、保险赔偿限额、目标储备率、与风险挂钩的存款保险费率、费率矩阵。

■ 学习目标

- 了解美国存款保险制度的形成、发展与改革
- 了解存款保险制度的主要功能和内容
- 了解1991年《存款保险公司改进法》与差别费率制度
- 了解中国存款保险制度发展历程
- 了解中国的《存款保险条例》及其主要内容

第一节 美国的存款保险制度

存款业务不仅涉及银行经营,更关系到千家万户的利益。因此,各国(或地区)政府非常重视对存款人的保护。在存款保险制度建立之前,这种保护主要依靠中央银行及银行监管部门,或者财政来提供。一般把这种制度安排叫作隐性存款保护(保险),而把存款保险制度提供的保护叫作显性存款保护(保险)。

隐性存款保险,即以政府信用为后盾来提升存款人对金融机构的信心,当金融机构出现经营困难,甚至破产时,政府承担存款人全部或部分损失;显性存款保险,即以存款保险基金为后盾,当投保金融机构出现经营困难,甚至破产时,存款保险机构承担存款人全部或部分损失。前者是非承诺式的,而后者是承诺式的;前者是相机决策的,而后者是法定的;前者是非正式和存款人不可预知的,而后者是正式和存款人可预知的。

实践表明,显性存款保险制度对于提高存款人对金融机构的信心、保障存款人利益、维护金融稳定等方面具有更好的效果。

一、存款保险制度的起源与发展

现代商业银行实行部分准备金制度,绝大部分的资产是依靠负债来支撑的,银行具有高杠杆性、挤兑传染性和内生脆弱性。如何加强银行体系的稳定性,减少银行倒闭对经济的冲击,是金融监管和金融制度建设的重要问题。

(一)大危机与20世纪30年代的美国金融改革

1929~1933年,西方国家爆发经济大危机,大量企业倒闭、工人失业,银行挤兑时常发生。图17-1为当时存款挤兑情形。美国总统罗斯福发布命令,美国国内的所有银行自1933年3月6日至12日停业整顿一周,违者罚款1万美元或者判处10年监禁,故意违令者罚款与监禁并处。这便是美国历史上著名的银行假日。当时美国约有3万家银行,而危机期间就有近万家银行退出。1921~1933年美国商业银行停业及存款人损失情况如表17-1所示。

表17-1 1921~1933年美国商业银行停业及存款人损失情况一览表

(单位:1 000美元)

年份	停业数量(1)	总存款(2)	存款人损失(3)	损失存款占商业银行存款比例(4)
1921	506	172 806	59 967	0.21%
1922	366	91 182	38 223	0.13%
1923	646	149 601	62 142	0.19%
1924	775	210 150	79 381	0.223%
1925	617	166 937	60 799	0.16%
1926	975	260 153	83 066	0.21%
1927	669	199 332	60 799	0.15%
1928	498	142 386	43 813	0.10%
1928	659	230 643	76 659	0.18%
1930	1 350	837 096	237 359	0.57%
1931	2 293	1 690 232	390 476	1.01%
1932	1 453	706 187	168 302	0.57%
1933	4 000	3 596 708	540 396	2.15%

资料来源:FDIC。

在此背景下，美国通过了《格拉斯－斯帝格尔法》（或称《1933 年银行法》），并对金融业实行分业经营、分业管理、利率管制，并建立存款保险制度。1933 年 9 月 11 日联邦存款保险公司（FDIC）正式成立。㊀

美国除建立联邦存款保险公司（FDIC）为商业银行和储蓄银行存款提供保险外，又在 1934 年成立了联邦储蓄与贷款保险公司（FSLIC），专门负责美国储蓄与贷款协会的存款保险。此外，1970 年在信用社管理局（NCUA）下面成立了全国信用社股金保险基金（NCUSIF），为美国信用社会员股金提供保险。因此，美国是基于不同"银行业"按行业提供不同存款保险的国家。㊁

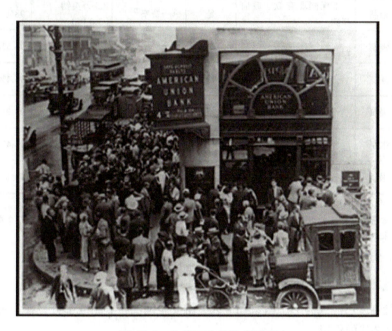

图 17-1　为当时存款挤兑情形

资料来源：https://staticshare.america.gov/uploads/2016/05/blog1.jpg。

（二）其他国家和地区的存款保险制度

20 世纪 80 年代以来，金融危机频繁爆发，存款保险制度作为应对金融危机的有效措施得到普遍认可。据国际货币基金组织（IMF）统计，1980 年以后，金融危机发生的频率远高于此前 20 年，至少有 2/3 的 IMF 成员出现过重大金融问题或银行危机。20 世纪 80 年代、90 年代和 21 世纪以来的三个时间段，分别有 19 个、32 个和 46 个国家（或地区）引入了存款保险制度。目前约有 113 个国家或地区建立了存款保险制度。高收入、中高收入、中低收入和低收入国家（地区）中已经建立存款保险制度的占比分别为 87%、61%、64% 和 21%。这显示出存款保险制度的建设进度与经济发展程度和国民收入水平的相关性。部分国家或地区存款保险制度比较如表 17-2 所示。

㊀ 实际上，美国部分州（如纽约州）在 1829 年就已经开始探索存款保护制度。但国家层面的存款保险制度首先出现在原捷克斯洛伐克。
㊁ 类似的国家还包括奥地利、加拿大、德国。

表 17-2　部分国家和地区存款保险制度比较

国家/地区	投保形式	覆盖存款类型	是否建立事前基金	费率	最高保险限额（人均GDP倍数[①]）	账户覆盖率	职能模式
美国	强制	不保债券等投资性质产品	是	风险差别费率	25万美元（5.3倍）	99%	风险最小化
加拿大	强制	不保外币存款	是	风险差别费率	10万加元（2.0倍）	97%	损失最小化
德国[②]	强制	不保同业存款、政府存款	是	风险差别费率	10万欧元（3.2倍）	—	损失最小化
英国	强制	不保同业存款、政府存款	是	单一费率[③]	8.5万英镑（3.0倍）	98%	付款箱
俄罗斯	强制	不保同业存款、政府存款	是	单一费率	70万卢布（1.7倍）	96.5%	损失最小化
韩国	强制	不保同业存款、政府存款	是	风险差别费率	5 000万韩元（2.0倍）	95.4%	风险最小化
日本	强制	不保同业存款、政府存款	是	单一费率	1 000万日元（2.6倍）	98.9%	损失最小化
中国台湾地区	强制	不保可转让定期存单、同业存款、政府存款	是	风险差别费率	3 000万新台币（4.9倍）	98.4%	风险最小化
中国香港特别行政区	强制	不保同业存款	是	风险差别费率	50万港元（1.8倍）	90%	付款箱

[①] 按 2010 年年底人均 GDP 计算。
[②] 德国存款保险制度最初由行业自发建立，后因为欧盟统一要求，改为 10 万欧元赔偿及强制投保。
[③] 英国拟采取基于风险的差别费率制度，并强化其在风险处置中的职能。
资料来源：金融稳定理事会，2012 年年初首轮存款保险同行评估及国际存款保险协会。

(三) 存款保险制度的作用与效果

存款保险制度已经成为一个国家或地区金融安全网的核心组成部分，在稳定金融体系方面发挥着不可替代的作用。

（1）保护中小存款人的利益，提高社会公众对银行体系的信心。如果建立了存款保险制度，当银行破产倒闭而不能支付存款人的存款时，按照存款保险条例规定，一旦投保金融机构出现问题需要赔付存款损失时，存款保险基金管理机构将及时赔付。因此，存款人，特别是众多的中小存款人不用担心其存款本息的安全，确保存款人的存款损失降低到尽可能小的程度，有效保护了存款人的利益。当投保金融机构出现经营困难时，存款保险机构灵活采取多种市场化处置，如促成好银行收购问题银行并承接其存款，确保问题银行运营不关门、关键服务不中断。通过并购使存款人得到及时的、全额的保障。

（2）减少发生存款挤兑和银行的连锁倒闭。存款保险制度虽然是一种事后补救措施，但其作用却在事前也有体现。存款保险制度是经过正式立法程序形成的一种制度安排，依法赔付存款人限额内的本金和利息，是存款保险公司或存款保险基金的法定责任，从而有利于存款人形成"存款安全有保障"的稳定预期。当公众知道银行已投保，即使银行真的出现问题，存款人也会得到相应的赔偿，从而增强了存款人心理上的安全感，有效降低传染性的恐慌蔓延，进而减少了挤兑，大幅度消除因个别银行倒闭而发生的"多米诺骨牌"效应。

（3）增强金融体系的稳定性。存款保险机构可以采取多种措施处理有问题的银行：① 通过对投保银行的日常经营活动监督管理及时发现隐患所在，及时提出建议和警告。② 发生问题后，存款保险机构除现金赔付外，还可以通过资金援助、接管，或支持兼并等方式确保银行业稳健。存款保险机构与中央银行、金融监管部门共同构成金融安全网的核心框架。

（4）促进银行业适度竞争。一般而言，大银行由于其规模、实力和声誉等原因，使其在吸收存款方面往往处于优势地位，而中小银行则相对处于劣势地位，这就容易形成大银行在存款市场垄断经营的局面，不利于中小银行的发展。存款保险制度的保护对象主要是中小存款人，而这些存款人正是中小银行的主要服务对象。因此，存款保险为中小银行竞争存款提供了安全保障，增强了存款人对中小银行的信心，从而促进存款市场的公平竞争。此外，存款保险制度也是利率市场化改革的重要保障条件。

弗里德曼（Friedman M.）指出，"对银行存款建立存款保险制度是1933年以来美国货币领域最重要的一件大事。"《近百年美国金融史》作者沙伊贝认为，"FDIC不但改善了银行监督，而且结束了向银行挤兑存款由来已久的习惯，总的来说，缓和了公众对银行和银行家的态度。"国务院发展研究中心宏观经济研究部魏加宁说，2008年后"美国倒了上百家银行，没有一家出现挤提。如果没有存款保险制度，美国这次肯定不会这么消停"。

保险存款制度确实能够保护银行整体的稳定。但是，该制度的目的不是不让银行退出市场，而是让银行退出市场的代价最小化，对整个金融业的稳定和对整个经济的波动影响最小化，这就是存款保险制度的作用。

（四）存款保险制度建立之后的两次银行危机

美国的存款保险制度总体来看是非常成功的，尽管也出现过银行破产或被并购，但银行的连锁挤兑基本没有发生过（见图17-2）。从银行业经历的危机来看美国银行业的发展，1933年到现在大致可以分为三个阶段。

图17-2　1934～2018年美国的银行倒闭数量

资料来源：根据FDIC数据绘制。

第一阶段是1933～1980年，因为有存款保险制度，美国的银行倒闭数量很少，银行体系非常稳定，充分彰显了存款保险制度的作用。

第二阶段是1980～1994年，1980年美国实施利率市场化改革，不少商业银行、储蓄银行，特别是储蓄贷款协会资产负债利率倒挂，造成持续亏损。因此1982后再次出现1933年大危机后的银行倒闭浪潮。1980～1994年，大约3 000家银行退出市场。对此，为解决大量银行倒闭和储蓄贷款协会保险公司破产的问题，美国在 1989 年颁布《金融机构改革、复兴与实施法》。

20 世纪 80 年代初的立法行动旨在通过放松管制来帮助存款式金融机构解决其发展过程中面临的新挑战——"脱媒"。一是 1980 年的《放松对存款式金融机构管制与货币控制法》（DIDMCA），降低了对银行净资产要求，其范围为 3%～6%，具体百分比由银行董事会确定，而之前曾要求达到法定的 5% 的净资产要求。二是 1982 年的《加恩-圣杰曼法》进一步放宽了储蓄机构的资本要求，只是简单地要求储蓄贷款协会以联邦储蓄贷款协会保险公司（FSLIC）令人满意的形式提供充足的储备，具体标准由 FSLIC 制定监管。

这两部法律还对节俭机构进行了其他一些重大改变，如扩大其投资权力，以及取消存款利率上限。联邦政府的放松管制促使许多州颁布了类似的，甚至更自由的立法。这种"更加松懈的竞争"归因于州立法机构想有意识地保留和吸引州特许机构，否则他们将申请联邦执照，从而削弱各州监管的作用和收费。其中一个经常被引用的例子就是加州 1982 年颁布的《诺兰法案》，这使得该州许多大型节俭机构从州注册转为联邦注册。利率市场化改革和竞争性的放松管制造就的新环境最终演化成自 20 世纪 80 年代中后期至 90 年代初期的银行倒闭潮，共计约 2 700 家（见图 17-3 和图 17-4）。㊀

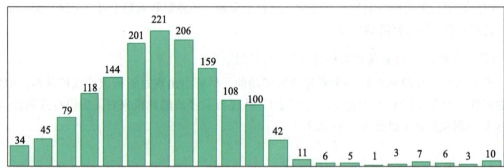

图 17-3　1982～2002 年美国商业银行倒闭情况

资料来源：FDIC。

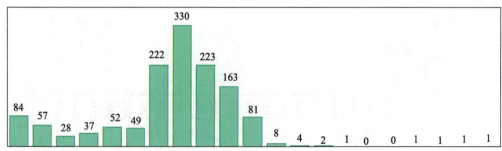

图 17-4　1982～2002 年美国储蓄贷款协会倒闭情况

资料来源：FDIC。

㊀ 但是值得注意的是，美国银行倒闭高潮发生在利率市场化完成不久的 1986～1991 年，而不是刚开始的 1980 年。这种滞后效应对我国监管当局系统思考金融制度改革有一定参考价值！

第三阶段是1995年以后，美国在处理完20世纪80年代储蓄贷款危机后，银行业总体发展平稳。2000年美国出现互联网泡沫，2007年美国爆发次贷危机。在危机期间再次出现金融机构，特别是涉及房贷业务多的机构或倒闭，或被并购（见表17-3）。特别值得一提的是，在危机发生后，为应对大量借款人无法偿还房贷的情况，监管部门还特许放贷机构与借款人商议对房贷进行重组。

表 17-3　2001～2019 年美国银行倒闭情况

年份	银行倒闭数量	涉及总资产（百万美元）	年份	银行倒闭数量	涉及总资产（百万美元）
2001	4	2 358.60	2011	92	36 012.20
2002	11	2 705.40	2012	51	12 055.80
2003	3	1 045.20	2013	24	6 101.70
2004	4	163.10	2014	18	3 088.40
2005	0	0	2015	8	6 727.50
2006	0	0	2016	5	278.8
2007	3	2 602.50	2017	8	6 530.70
2008	25	373 588.78	2018	0	0
2009	140	170 867.00	2019	1	NA
2010	157	96 514.00			

资料来源：FDIC。

二、存款保险制度的主要内容

存款保险制度的基本框架包括机构与资本、投保方式、保险范围、保险费率、保险基金来源、保险基金运用、保险理赔（部分保险的存款保险制度）、存款保险机构职能、存款保险机构对有问题银行的处理等内容。

（一）机构与资本

什么样的机构来完成存款保险任务，在不同的国家（地区）是不太一样的。按出资人不同，存款保险运营机构设立有三种方式，一是由政府发起，二是由银行机构同业发起，三是官方和民间机构合办。

联邦存款保险公司（FDIC）是美国政府的一个独立机构，负责保护存款人在银行和储蓄协会中的资金安全。在中国，存款保险基金由中国人民银行来管理，运营资本完全是政府出资的。从这个意义上来讲，中国的存款保险运营机构属于纯官方的。实际上，因为存款保险担负特殊职责，无论出资人是谁，存款保险运行都必须得到政府的充分信任和支持。

（二）投保方式

建立存款保险制度后，哪些存款式金融机构需要参加，哪些机构可以不参加。从各国家（地区）的情况来看也是不太一样。银行是不是必须加入存款保险，有三种方式：一是强制投保，如中国；二是自愿投保，如德国；三是部分机构必须投保、部分机构自愿投保，如美国。

我国《存款保险条例》规定，在中国境内经营银行，包括信用社，就必须要投保。美国实行双轨注册，其中在联邦注册的银行必须投保，是强制性的，而在州注册的银行，可以自主决定是否投保。尽管美国的州银行可以自愿投保，但银行为了吸引存款人，基本上都申请加入。

投保的银行都会在其营业场所的显著位置贴上本机构已投保的标志或显示本机构已投保的信息。中国和美国的存款保险标志分别如图 17-5 和图 17-6 所示。

图 17-5　中国的存款保险标志

图 17-6　美国的存款保险标志

（三）保险范围

银行的负债方式和存款产品多种多样，但并非对所有存款都提供保险。通常来讲，在银行的活期存款、储蓄账户、货币市场存款账户、定期存款、IRA 等都是受保护的。但是，也有一些存款不受保护，比如同业存款。美国联邦存款保险公司（FDIC）的保险不包括银行提供的其他金融产品和服务，如股票、债券、共同基金、人寿保险单、年金或证券。此外，也不对被盗损失或账务错误损失提供保险。而中国有一个规定显得很特别，《存款保险条例》规定投保机构的高管人员在本机构的存款不受保护。

（四）保险费率

保险费率定价方式有两种：一是统一费率，即所有投保银行，无论规模大小、风险高低、银行属性，都按相同费率计算保险费。采用统一费率计算保险费的最大问题是大银行投保积极性会很低，原因在于大银行的抗风险能力更强，且通常是不会或不能倒闭的。由于大银行存款基数大，所以按照相同的费率计算，交付的存款保险基金就较多，但是享受保险利益的可能性基本没有，不存在需要保险公司对其存款人提供赔偿的情况，甚至不需要保险公司来提供流动性的支持。因此，怎么解决大银行投保积极性就成为存款保险制度运行和改革的重要方面。二是与风险挂钩的差别费率。建立与风险挂钩的差别费率是 1991 年存款保险改进法的重要改革。为此，存款保险公司按照监管评级和资本充足率对投保银行进行分组，形成 3×3 的费率结构矩阵。风险越高的银行缴纳的保险费率就越高；反之，则越低。最低费率为零。㊀

表 17-4 是 1993 年首次实行与风险挂钩费率制度时的费率结构，包括 5 种费率，最低 23 个基点（BP），最高 31 个基点。

㊀ 这与现在的交强险计算保险费的思路是一样的，出险多的费率就往上升，出险少的、违规少的费率往下降。

表 17-4　美国与风险挂钩的存款保险费率

	监管评级 A	监管评级 B	监管评级 C
资本分组 1（很充足）	23	26	29
资本分组 2（充足）	26	29	30
资本分组 3（资本不足）	29	30	31

注：有效期 1993 年 1 月 1 日至 1995 年 6 月 30 日，包括银行保险基金（BIF）和储蓄协会保险基金（SAIF）。

此后，与风险挂钩的费率制度进一步简化，根据银行的投保年限不同和投保机构的重要性，分为两种费率模式。采用"基准＋调整因素"确定各自的保险费率。2016 年 7 月 1 日以后的费率结构见表 17-5 和表 17-6。

表 17-5　2016 年 7 月 1 日后的费率（投保年限在 5 年及以上的）

	小型银行 （Small Banks）	大型和高度复杂机构 （Large & Highly Complex Institutions）
初始基准费率（Initial Base Assessment Rate）	3～30	3～30
无担保债务调整因素①（Unsecured Debt Adjustment (added)）	−5～0	−5～0
经纪人存款调整因素（Brokered Deposit Adjustment (added)）	N/A	0～10
总的基准费率（Total Base Assessment Rate）	1.5～30	1.5～40

注：① 无担保债务调整不得超过被保险存款式金融机构初始基准费率 5 个基点或初始基准费率的 50%，以最小的为准。

资料来源：Historical Assessment Rate Schedules，https://www.fdic.gov/deposit/insurance/historical.html。

表 17-6　2016 年 7 月 1 日后的费率（投保年限在 5 年以下的小机构）

	风险类型 I （Risk Category Ⅰ）	风险类型 II （Risk Category Ⅱ）	风险类型 III （Risk Category Ⅲ）	风险类型 IV （Risk Category Ⅳ）
初始基准费率（Initial Base Assessment Rate）	7	12	19	30
经纪人存款调整因素（Brokered Deposit Adjustment (added)）	N/A	0～10	0～10	0～10
总的基准费率（Total Base Assessment Rate）	7	12～22	19～29	30～40

资料来源：Historical Assessment Rate Schedules，https://www.fdic.gov/deposit/insurance/historical.html。

（五）保险基金来源

存款保险机构的保险基金来自资本金、保险费、基金投资收入，以及向政府的紧急借款。实际上，无论存款保险机构是官方运营的，还是民营的，抑或是官民合办的，它已经成为一个国家（或地区）的金融监管体系的重要组成部分，必须确保存款保险机构自身有足够的支付能力或赔偿能力。因此，存款保险法一般赋予存款保险机构在紧急情况下可以向政府申请紧急借款的权利。这表明存款保险机构具有政府信用支撑，⊖这是存款保险机构与商业性保险公司的重要差别。

存款保险公司的资金来源从早期的以收费为主转变为投资收益为主。以 2006 年为例，

⊖ 美国联邦存款保险公司（FDIC）的标志里面有一句话，Backed by the full faith and credit of the United States government，表明 FDIC 是政府提供完全信用保障的一个机构，具有特殊的地位和作用。

存款保险基金总收入 26.4 亿美元,其中投资国库券收入约 22.4 亿美元,占比 84.8%;保险费收入约 0.32 亿美元,占比 1.2%。2006 年 PDIC 收入情况如表 17-7 所示。

表 17-7 2006 年和 2020 年 FDIC 收入情况

千美元(Dollars in Thousands)	2006 年	2020 年
收入(Revenue)		
国库券利息收入(Interest on U.S. Treasury obligations)	2 240 723	1 683 063
退出费(Exit fes armed)	345 295	
保险费(Assessments)	31 945	7 093 175
其他收入(Other revenue)	25 565	20 240
总收入(Total Revenue)	2 643 528	8 796 478

资料来源:FIDC,2006 年年报第 36 页,2020 年年报第 95 页。

(六)保险基金运用

存款保险公司资金的运用包括日常经营费用、理赔、其他。需要特别指出的是,保险公司日常开支中主要是雇员薪酬。FDIC 实行独立收支,而不是国会预算拨款,这是存款保险公司与美联储、货币监理署等监管机构不同之处。以 2006 为例,薪酬和福利占日常经营费用的比例为 65.2%。2006 年 FDIC 支出情况如表 17-8 所示。

表 17-8 2006 年 FDIC 支出情况

千美元(Dollars in Thousands)	2006 年	2005 年
薪酬与福利(Salaries and benefits)	619 452	645 418
服务(Outside services)	124 045	113 416
差旅(Travel)	49 408	45 732
物业租赁(Buildings and leased space)	65 929	71 480
软件/硬件维护(Software/Hardware maintenance)	27 139	33 366
设备折旧(Depreciation of property and equipment)	52 919	55 989
其他(Other)	22 124	21 959
作为法定接管人的服务支出(Services billed to receiverships)	(10 398)	(21 708)
合计(Total)	960 618	965 652

资料来源:FIDC 年报,2006 年。

2015 年~2017 年美国存款保险基金财务统计如表 17-9 所示。

表 17-9 2015 年~2017 年美国存款保险基金财务统计   (单位:百万美元)

	12 月 31 日		
	2017 年	2016 年	2015 年
财务指标(Financial Results)			
收入(Revenue)	11 664	10 674	9 304
运营支出(Operating Expenses)	1 739	1 715	1 687
保险与其他支出(Insurance and Other Expenses (includes provision for lss))	(181)	(1 564)	(2 240)
净收入(Net Income)	10 105	10 524	9 857
综合收入(Comprehensive Income)	9 586	10 561	9 820

(续)

	12月31日		
	2017年	2016年	2015年
保险基金余额（Insurance Fund Balance）	92 747	83 162	72 600
基金/受保护存款比（Fund as a Percentage of Insured Deposits (reserve ratio)）	1.28%	1.20%	1.11%
精选统计指标（Selected Statistics）			
投保机构（Total DIF-Member Institution）	5 738	5 913	6 182
问题银行机构（Problem Institutions）	104	123	183
问题机构总资产（Total Assets of Problem Institutions）	16 044	27 624	46 780
倒闭机构（Institution Failures）	8	5	8
倒闭机构总资产（Total Assets of Failed Institutions in Year）	5 082	277	6 706
倒闭机构接管数（Number of Active Failed Institution Recivership）	338	378	446

资料来源：FDIC。

（七）保险理赔

1. 部分保险的存款保险制度与保险赔偿限额

当投保机构出现问题后，存款保险公司处理有问题银行的方式有多种，其中之一是现金赔偿存款人。从赔偿额度来看，分为全额保险和部分保险两种方式。单纯从防止挤兑的效果来看，全额保险是最好的，但容易引发道德风险，也不利于通过存款人的选择发挥市场纪律来约束银行的经营行为。通过部分保险或限额赔偿的方式，可让存款人慎重选择和监督银行，从而达到优胜劣汰的市场化机制的作用。因此，目前建立存款保险制度的国家（地区）基本实行部分保险或非全额赔偿的存款保险制度，即规定存款人获得存款赔偿的上限，如美国的25万美元，中国的50万元人民币。

从理赔支付方式来看，一是现金支付，即在宣布银行破产后，存款保险机构按既定赔付标准以现金方式支付赔偿。二是存款转移（代付），指将破产机构的受保护存款直接转移到另一个健全机构。

2. 如何确定保险赔偿额度上限

保险赔偿限额一般是按照人均国内生产总值（GDP）的2～5倍来确定，例如美国为5.3倍、英国为3倍、韩国为2倍、印度为1.3倍。美国存款保险理赔标准自1933年建立该制度以来，随着国民收入和存款的增长而不断提高（见表17-10）。

在美国，银行倒闭以后存款赔偿最高限额从1933年的2 500美元增加到2008年的25万美元。其中，1934年是2 500美元、1935年5 000美元、1950年1万美元、1966年1.5万美元、1969年2万美元、1974年4万美元，1980年大幅度增加到10万美元。2007年次贷

表17-10 1934～2008年美国存款保险赔偿限额及其变化情况

（单位：美元）

年份	金额
1934	2 500
1935	5 000
1950	10 000
1966	15 000
1969	20 000
1974	40 000
1980	100 000
2006	IRA250 000，一般存款100 000
2008	250 000

资料来源：根据FDIC有关资料整理。

危机后，再次把存款保险的额度从 10 万美元提高到 25 万美元。

3. 中国的赔偿限额

考虑到我国居民储蓄倾向较高，储蓄很大程度上承担着社会保障功能，《存款保险条例》将偿付限额设为 50 万元，约为 2013 年我国人均 GDP 的 12 倍，远高于国际一般水平。据测算，50 万元的偿付限额能够为 99.6% 以上的存款人（包括各类企业）提供 100% 的全额保护。据统计，中国 99.5% 的账户的存款额低于 50 万元，因此，存款保险赔付额定为 50 万元意味着基本上全部储蓄存款都受到保护。那么，存款额超过 50 万元的存款人在银行倒闭后怎么办？比如存款人有 80 万元存款。从理论上来讲，有 80 万元存款的人，如果存款的银行倒闭，保险公司按规定先赔 50 万元，另外 30 万元等待清产核资，再根据可回收资产的情况按比例分配。

4. 理论上的限额赔付与实际上的全额保护

部分保险的存款保险制度意味着存款人可能遭受损失！但实际上，以美国为例，在其存款保险制度历史中，存款人的存款几乎是得到全额赔偿，而没有受限额的影响。正如 FDIC 网站在显著位置显示的那样："1933 年以来，存款保险基金没有让存款人损失一分钱！"这与存款人采用在不同银行分散存款的策略、在同一银行开立不同的存款账户，[①] 以及 FDIC 鼓励采取并购的方式处理有问题的趋势等有关。

（八）如何衡量存款保险机构的保险能力

存款保险公司发挥存款保险作用的物质基础是存款保险基金，保险基金是否足额直接影响着存款保险公司的保护能力和信誉。随着受保护存款的不断增长，如何衡量存款保险机构的赔付能力？

《联邦存款保险法》要求 FDIC 每年为存款保险基金设定目标，以保证 FDIC 有足够的赔付能力。目标储备率（Designated Reserve Ratio，DRR）是 FDIC 设定的判断存款保险基金是否充足的重要指标。

$$DRR = \frac{保险基金余额}{受保护存款额}$$

根据经验，如果 DRR 在 1.15% ~ 1.50% 的范围，则表示 FDIC 的存款保险基金是充足的。如果实际储备率低于 1.15%，或预计在 6 个月内降至 1.15% 以下，FDIC 必须采取措施，使储备率恢复到 1.15% 以上。

利用 1950 ~ 2010 年的历史基金损失和模拟收入数据的分析表明，在过去 30 年发生的两次危机爆发之前，储备率必须超过 2.0% 才能在整个危机期间保持基金有足够的余额和稳定的保险费率。自 2010 年以后，FDIC 认为 2.0% 的 DRR 是一个长期目标，也是抵御未来危机所需的最低水平。1950 ~ 2010 年 FDIC 目标储备率如图 17-10 所示。

随着银行倒闭率的升高，特别是在 2009 年和 2010 年，导致基金储备率下降。《多德 -

---

① 在美国，有多种方式去分散存款，从而提高存款赔付比例。比如在同一家银行，一个人可以独立开户，也可以跟配偶一起开一个共有账户，或者跟孩子共有一个账户，这些都是按照独立账户来看待的。当银行破产时是按照账户赔付的，本人的独立账户和与配偶共有账户是两个账户，在计算赔偿时，两个账户的最高上限分别是 25 万美元。

弗兰克法案》规定最低 DRR 为 1.35%,并要求 FDIC 在 2020 年 9 月 30 日前将储备率恢复到这一水平。2010 年 10 月,FDIC 确保储备率在最后期限前达到 1.35%。根据保险基金长期管理计划,一旦准备金率达到 1.15%,FDIC 便降低保险费率。

图 17-7 反映了 2008 年美国次贷危机期间 FDIC 的保险基金大幅度缩水的情况,从 DRR 指标也能看出次贷危机对银行业的重大影响。上一次如此低的 DRR 出现在 20 世纪 80 年代的储蓄贷款协会危机(见图 17-7)。

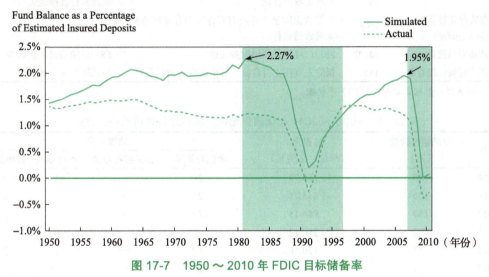

图 17-7　1950～2010 年 FDIC 目标储备率

资料来源:FDIC。

次贷危机前,存款保险基金余额约 500 亿美元,但危机爆发后持续的银行倒闭使得存款保险基金快速消耗一空,并在 2009 年底出现 209 亿美元的赤字。FDIC 经过反复讨论,并征求了整个银行业的意见,最后还是决定预收三年的保费(约 460 亿美元)和特别保费(约 55 亿美元)来充实存款保险基金。美国存款保险机构通过存款保险基金履行法定职责充分体现了市场化的理念,到现在为止,还没有因出现大批的银行倒闭而将成本分担转嫁给纳税人的情况。这表明,FDIC 主要是通过行业缴费形成基金用于应对行业风险,而不是依赖公共资金和纳税人的钱来维持存款保险体系。这更凸显金融机构自身对金融体系稳定的长期义务。

(九) 存款保险机构对有问题银行的处理

美国《联邦存款保险法》规范了银行风险处置和市场化退出制度,FDIC 有权自主决定处理有问题银行的方式,如启动对问题投保机构的接管处置、实施清算,并担任有问题投保机构的接管人、清算人。存款保险公司对有问题银行的处理方式有多种(见表 17-11)。其中,最重要的方式有现金支付、公开援助、接管、并购等。

表 17-11　存款保险机构处理有问题银行的方式

类型		方式与特点	备注
公开援助(Assisted Acquisition)	A/A	通过提供现金,购买资产,发放贷款,或存款,或注入公共和私人资本	调整管理层,在 20 世纪 80 年代被广泛应用
私有化(Reprivatization)	REP	接管——出售	1980 年后未采用

（续）

类型		方式与特点	备注
重新开业（reopened）	RO	先关闭，再开业	1980年后未采用
购买和承担（Purchase & Assumption）	P&A	部分或全部存款，其他负债和一部分或全部资产卖给收购方，包括PA、PI两种	降低大额储蓄者对银行的监管激励
	PA	投保或未保险存款，其他负债和一部分或全部资产卖给收购方	问题银行规模适中
	PI	只承担投保存款	问题银行规模较大
被保险存款转移（Insured Deposit Transfer）	IDT	由存款保险公司将所有有保险的存款转移到一家健康的银行	问题银行规模比较小
管理接管与援助	MGR	FSLIC接管并提供财务援助	FSLIC使用过，次数少
直接支付被保险存款	PO	保险人直接支付存款，并由保险人清算资产	问题银行规模比较小

资料来源：根据彭欢等（2010）等整理。

表17-12　2008～2014年美国倒闭银行和存款保险机构处理方式

年份	倒闭银行数量（家）	总资产（单位：亿美元）	处理方式			
			收购与承接	公开银行救助	过桥银行	直接赔付
2008	25	3 735.79	24	—	1	—
2009	140	1 845.71	129	—	5	6
2010	157	964.15	149	—	2	6
2011	92	360.12	90	—	2	—
2012	51	120.56	47	—	1	3
2013	24	61.02	23	—	—	1
2014	18	36.44	18	—	—	0

注：在2008年美国次贷危机期间，FDIC对花旗银行和美洲银行提供了公开援助，FDIC用存款保险基金购买两家银行的优先股，以及对不良资产采取损失分担等方式化解风险。

资料来源：FDIC。

三、美国存款保险费率制度演变

1929～1933年大危机是美国建立保险制度的最重要的一个突发性因素，但美国对存款保险的制度探索要更早。1829年，美国纽约州建立了存款保护基金——类似于今天的存款保险制度的机制。本州内的银行出钱汇集成立一个基金，如果其中的某一个银行垮了，就用基金的钱去赔偿存款人，这实际上就是现代存款保险制度的基础功能和雏形。美国在1933年大危机期间通过了《存款保险法》，正式建立起国家层面的存款保险制度。此后，针对实际运行中存在的问题，不断完善存款保险制度，如不断提高理赔限额、储蓄贷款协会危机及银行保险基金与储蓄保险基金的合并，特别是20世纪90年代开始实行的与风险挂钩的存款保险费率等，使美国的存款保险制度日趋完善。

（一）统一费率与保险费返还

1933年建立保险制度以后，各投保银行征收统一费率，费率为8.3个基点，即每100美元存款缴纳8.3美分。统一费率导致大银行不太愿意投保。针对大银行投保成本高、意愿低的问题，1950年《联邦存款保险法》规定，银行缴纳的保险费以贷记方式返还银行，用以支付下一年应缴的存款保险费。1950～1980年，返还的保险费占净收入（FDIC的年度保费收入超过其年度管理费用和保险损失成本）的 60%。银行缴纳的实际保险费率不到法定费率的一半。保险公司什么情况下会返还？或者说用什么样一种指标来衡量保险公司是否有充足的赔偿能力？经验数据显示，当基金储备率指标在 1.15% 以上时，就可以返还保险费。

1991 年前，降低大银行投保成本的办法是保险费返还。从 1991 年开始，FDIC 实施与风险挂钩的差别费率制度，风险高的缴费多，风险低的缴费少。该办法不仅有效地解决了存款保险中长期存在的道德风险问题，同时也显著降低了大银行（好银行）的投保成本。

（二）提高保险费率

1933～1990 年，存款保险费率未曾变动过，1990 年首次将 8.3 个基点的保险费率提高到 12 个基点以应对保险基金因为银行倒闭和赔付快速下滑的局面。

（三）实行与风险挂钩的存款保险费率制度

存款保险会削弱存款人对银行的监督，鼓励银行家更冒险。这是保险制度的一个内生的重大缺陷，围绕这个问题进行了许多改革，其中的重点就是建立新的费率制度。

长期以来，存款保险费率是单一费率制度，即不同风险的银行缴纳相同的保险费率。1991 年，美国颁布《存款保险公司改进法》（FDICIA），对存款保险制度进行重大改革，引入风险差别费率和早期纠正机制，并明确存款保险具有适度监管功能。按银行风险等级确定存款保险适用费率，对有问题的投保机构视风险程度，分档次加以约束和强制性改进。根据金融机构资本充足水平的不同，对其提出限期整改措施，对金融机构风险进行必要的干预和限制，包括限制关联交易和资产增长、要求补充资本等。在银行资本耗尽前，及时接管处置，避免危及存款安全，在减小存款保险基金可能发生损失的同时，降低金融风险发生的概率。

此后，对费率水平、费率结构、费率计算方式等做了进一步优化和改革。

四、近 30 年来美国存款保险制度主要改革

（一）1989 年联邦储蓄贷款协会保险公司破产与保险基金分设

1989 年，面对大量储蓄机构和商业银行倒闭，美国颁布《金融机构改革、复兴与实施法》，一是成立清算信托公司（RTC）处理倒闭机构的不良资产；二是妥善处置因储蓄危机而倒闭的联邦储蓄贷款协会保险公司（FSLIC），将其业务合并到联邦存款保险公司（FDIC）；三是成立银行保险基金（BIF）和储蓄协会保险基金（SAIF）分别承担商业银行和储蓄贷款协会的存款保险业务；四是储蓄监督署（OTS）负责对储蓄机构的监管；五是强化资本在监管中的作用，提高资本充足率要求，降低资本监管容忍度。

（二）1991 年《存款保险公司改进法》和与风险挂钩的差别费率制度

1991 年《存款保险公司改进法》规定，从 1993 年 1 月 1 日起开始实施差别费率制度或与风险挂钩的费率制度，即风险越高的投保银行缴纳的保险费越多，反之则越低。美国有几千家银行，如何判断投保银行的风险高低，并以此核定投保机构的存款保险费率？主要参考两个维度，一是基于骆驼评级制度（CAMELS）的银行监管评级，二是资本充足率。

1993 年开始实行的新的差别费率实际上是一个 3×3 的费率矩阵架构，表 17-13 的横行叫监管评级，纵列叫资本分组。值得注意的是，骆驼评级是一个综合评级，CAMELS 中的

"C"代表资本,而纵列则是按资本分组。这充分表明资本在监管当中的核心地位。

首先,将资本充足情况分成三类,一类是很充足(Well Capitalized),第二类是资本充足(Adequately Capitalized),第三类是资本不足(Undercapitalized)。然后监管评级分成A、B、C三组。监管评级A组包括CAMELS综合评级为1或2的机构,监管评级B组通常包括CAMELS综合评级为3的机构,监管评级C组包括CAMELS综合评级为4或5的机构。这个3×3矩阵共有9种组合方式,即1A、1B、1C、2A、2B、2C、3A、3B、3C。因此,3×3矩阵将美国几千家投保银行分成9类,任何一家银行总会落在3×3矩阵里面的某一个方格中,并按这个方格相对应的费率来算保险费。1993年费率矩阵(基点)如表17-13所示。

表17-13 与风险挂钩的差别费率

资本分组(Capital Group)	1993年费率矩阵(基点)		
	监管评级分组		
	A	B	C
1.资本很充足(Well capitalized)	23	26	29
2.资本充足(Adequately capitalized)	26	29	30
3.资本不足(Undercapitalized)	29	29	31

资料来源:FDIC。

在3×3的矩阵中包含9中情形,但费率其实只有5种,因为2A跟1B的费率是一样的,2B、1C、3A、3B是一样的。最低的费率是23个基点,最高的是31个基点。

(三)1996年《存款保险基金法》与存款保险改革

在1989年联邦储蓄和贷款保险公司(FSLIC)破产后,FDIC管理两个存款保险基金——银行保险基金(Bank Insurance Fund,BIF)和储蓄协会保险基金(Savings Association Insurance Fund,SAIF)。实际上,FDIC还管理着第三个基金,即FSLIC清算基金(FSLIC Resolution Fund,FRF),该基金主要履行前联邦储蓄和贷款保险公司(FSLIC)的义务。FRF于1996年1月1日承接了清算信托公司(the Resolution Trust Corporation,RTC)的资产和债务。1992~1996年BIF和SAIF余额如图17-8所示。

1995年5月,联邦存款保险公司董事会降低了BIF可缴费存款的保险费率,造成支付给BIF和SAIF的保费出现巨大差异。这种差异鼓励投保机构将存款从SAIF转移到BIF,这反过来又提出了一个问题,即不断缩小的SAIF可缴费存款基数是否可以保证继续支付

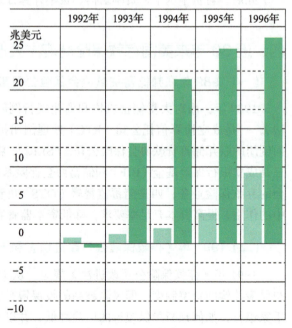

图17-8 1992~1996年BIF和SAIF余额
注:深色代表BIF,浅色代表SAIF。
资料来源:FDIC年报,1996年。

融资公司（Financing Corporation，FICO）债务的利息。1997年FICO的费率根据机构类型分为两种，BIF投保机构费率为每100美元存款1.30美分，SAIF为每100美元存款6.48美分。[①]

（四）2005年《联邦存款保险改革法》与存款保险改革

2005年《联邦存款保险改革法》确定2006年3月31日合并1989年设立的银行保险基金（BIF）和储蓄协会保险基金（SAIF），成立存款保险基金（DIF）。DIF负责保护投保的商业银行和储蓄机构存款人免受机构倒闭造成的损失。

2005年，FDIC对费率水平进行进一步完善。一是丰富费率档次，二是大幅度下调费率，三是拉开费率水平差距。1993年，最好的银行缴纳的保险费是23个基点，最差的银行的费率为31个基点。到了2005年，最好的银行，即监管评级是A、资本非常充足的1A类银行保险费为0，共有0、3、10、17、24、27六个费率档，而1993年是五个档，并且大幅度拉开费率差距。2005年投保机构费率矩阵（基点）如表17-14所示。

表17-14 投保机构费率

资本分组（Capital Group）	2005年费率矩阵（基点）		
	监管评估分组		
	A	B	C
1. 资本很充足（Well capitalized）	0	3	17
2. 资本充足（Adequately capitalized）	3	10	24
3. 资本不足（Undercapitalized）	10	24	27

资料来源：FDIC。

2005年，在美国8 000多家投保机构中，不交保险费的银行占95.1%。真正要付较高保险费率的银行很少了！主要是因为保险基金规模足够大。而保险基金规模大的原因不是保险费交得很多，而是因为保险投资收益很多。2005年存款保险费率及市场结构如表17-15所示。

表17-15 2005年存款保险费率及市场结构

资本分组	风险挂钩费率		
	监管分组		
	A	B	C
1. 资本很充足（Well Capitalized）：			
费率（Assessment Rate）	0	3	17
机构数（Number of Institutions）	8 324(95.1%)	345(4.0%)	38(0.4%)
2. 资本充足（Adequately Capitalized）：			
费率（Assessment Rate）	3	10	24
机构数（Number of Institutions）	39(0.5%)	3(0.0%)	1(0.0%)
3. 资本不足（Undercapitalized）：			
费率（Assessment Rate）	10	24	27
机构数（Number of Institutions）	2(0.0%)	0(0.0%)	3(0.0%)

资料来源：FDIC。

（五）2006年存款保险改革与保险基金合并

1. 银行保险基金（BIF）和储蓄协会保险基金（SAIF）合并

将银行保险基金（BIF）和储蓄协会保险基金（SAIF）合并为新的存款保险基金（DIF），其主要目的：一是为存款提供保险，保护DIF投保机构的储户。二是FDIC作为接管人负责

[①] 进一步了解1997年之后的FICO费率参见 https://www.fdic.gov/deposit/insurance/risk/assesrte.html。

解决 DIF 投保的倒闭的机构。处理问题银行以给 DIF 带来尽可能少的成本为原则。

2. 扩大 FDIC 资金来源

DIF 的资金主要来自：保险基金投资美国国债的利息，以及收取的存款保险费。如有必要，其他资金来源还包括向美国财政部、联邦融资银行、联邦住房贷款银行和投保的机构借款。FDIC 向美国财政部的紧急借款高达 300 亿美元。2006 年 12 月 15 日，FDIC 与联邦融资银行（the Federal Financing Bank）签订了不超过 400 亿美元的票据购买协议（Note Purchase Agreement）。

允许 FDIC 董事会根据所有保险机构的风险对存款保险定价，而不论储备率水平如何。同意一次性收取约 47 亿美元的初始保险费进入合并后的存款保险基金。目标储备率（DRR）定在 1.15%～1.50% 的范围，并允许 FDIC 自主决定和调整目标储备率区间。如果保险基金储备率低于 1.15%，或预计在未来 6 个月内将降至 1.15% 以下，FDIC 必须通过恢复计划，在 5 年内将储备率恢复到 1.15%。

3. 提高保护上限

2006 年 4 月 1 日起，退休金账户的保险限额提高至 25 万美元，但其他存款的基本保险限额仍为 10 万美元。允许 FDIC（以及国家信用社管理局）从 2011 年 1 月 1 日起根据通货膨胀情况每五年增加一次限额（如果有必要的话）。

4. 调整保险费定价方式

2006 年 11 月份以后，尽管 FDIC 仍然实行与风险挂钩的费率，但计算方式和考虑的因素有较大变化。银行的保费是通过将费率乘以其缴费基数来计算的，用日平均存款余额作为计算保险费的基数，FDIC 每季度调整银行的缴费基础和费率，但每次调整不得超过 3 个基点。与风险挂钩的费率由基础费率和调整因素决定，即

$$\text{Assessment rates} = \text{Base assessment} + \text{Adjustment}$$

5. 简化费率结构

2006 年 10 月份以前，存款保险费率是 3×3 矩阵模式。此后，FDIC 根据资本充足和综合监管评级两个维度，把银行按风险高低分成了四组（五类），相应的费率为 3、5、8、26、41 个基点，共五档。其中，基础费率分别为 2、4、7、25、40 个基点，费率结构大大地简化，但费率的级差进一步拉大！其中，银行风险分组仍然是基于 CAMELS 评级和资本充足情况，但相对更加简化（见表 17-16）。

表 17-16　风险分组、基础费率与保险费率　　　　　　　　　　　　（单位：基点）

	风险分组				
	I		II	III	IV
	基数（Base）	上限（Ceiling）			
保费费率	3	5	8	26	41
基础费率	2	4	7	25	40
调整因子	1	1	1	1	1

资料来源：FDIC。

银行风险分组如表 17-17 所示。

表 17-17　银行风险分组

风险组 Ⅰ	资本很充足且 CAMELS 评级 1 或 2
风险组 Ⅱ	资本很充足且 CAMELS 评级 3；或者资本充足且 CAMELS 评级 1、2 或 3
风险组 Ⅲ	资本很充足或充足且 CAMELS 评级 4 或 5；或者资本不足且 CAMELS 评级 1、2 或 3
风险组 Ⅳ	资本不足且 CAMELS 评级 4 或 5

资料来源：FDIC。

2007 年，FDIC 不断评估经济、金融市场和银行体系的变化及其对存款保险基金的充足性的影响，并自主调整费率（见表 17-18）。

表 17-18　2007 年存款保险费率结构

资本分组	风险分组		
	A	B	C
资本很充足（Well Capitalized）	Ⅰ 5～7bps	Ⅱ 10bps	Ⅲ 28bps
资本充足（Adequately Capitalized）			
资本不足（Undercapitalized）	Ⅲ 28bps		Ⅳ 43bps

资料来源：FDIC。

根据四个新的风险类别建立了新的保险费率。自 2007 年 1 月 1 日起至 2008 年 12 月 31 日，风险类别 Ⅰ 的机构的保险费率为 5～7 个基点，风险类别 Ⅱ 的机构为 10 个基点，风险类别 Ⅲ 的机构为 28 个基点，风险类别 Ⅳ 的机构为 43 个基点，其中 Ⅰ 类机构占比 94%。从表中可以看出，各类机构的基本费率分别为 2～4 个基点、7 个基点、25 个基点、40 个基点。费率平均比 2006 年 11 月采用的基础费率高出 3 个基点。

2007 年 9 月 30 日风险分组、基础费率与机构分布如表 17-19 所示。

表 17-19　2007 年 9 月 30 日风险分组、基础费率与机构分布

风险分组	费率（基点）	机构数	机构占比	计费基数（10 亿美元）	计费存款占比
Ⅰ-最低（Ⅰ-Minimum）	5	2 709	32%	3 872	56%
Ⅰ-中等（Ⅰ-Middle）	5.01-6.00	3 088	36%	2 078	30%
Ⅰ-中等（Ⅰ-Middle）	6.01-6.99	1 422	17%	456	7%
Ⅰ-最大（Ⅰ-Maximum）	7	859	10%	296	4%
Ⅱ	10	422	5%	163	2%
Ⅲ	28	64	1%	14	0%
Ⅳ	43	7	0%	1	0%
合计		8 571	100%	6 880	100%

注：机构是根据截至 2007 年 9 月 30 日的监管评级、债务评级和财务数据进行分类。
资料来源：FDIC。

（六）2008 年《经济稳定紧急法》与存款保险改革

2008 年 10 月 3 日，美国颁布《经济稳定紧急法》，临时性将联邦存款保险基本限额从每位储户 10 万美元提高到 25 万美元。当时规定存款保险基本限额将于 2009 年 12 月 31 日恢复至 10 美元，但实际上 25 万美元的赔偿限额保持至今。

2008 年金融危机后，金融稳定理事会在总结此次危机时认为，存款保险不仅仅是银行倒闭时的处置平台，也是维护金融稳定的一项基础性制度安排，并在危机后将《有效存款保险制度核心原则》列入国际金融核心标准。

（七）2010 年《多德－弗兰克法案》与存款保险改革

典型案例
《有效存款保险制度核心原则》的主要内容

根据《多德–弗兰克法案》的要求，FDIC 自 2011 年 4 月起将银行的缴费基础定义为其平均合并总资产减去其平均有形资本（净资产）。保险费率必须与风险挂钩，但是对于小型银行和大型银行来说，确定银行基于风险的保险费率的方法有所不同。小型银行（一般是资产低于 100 亿美元的银行）根据使用财务数据和 CAMELS 评级的公式计算其费率。大型银行（一般是资产在 100 亿美元或以上的银行）根据记分卡（scorecard）确定其适用的费率。记分卡结合以下指标生成并转换为保险费率的分数，即 CAMELS 评级、用于衡量银行承受资产相关和融资相关压力能力的财务措施，以及估计银行破产时 FDIC 潜在损失的相对严重程度。

大型银行和小型银行的保险费率都需要考虑调整因素：① 减计因素。发行长期无担保债务，包括高级无担保债务和次级债务。② 增计因素。持有其他投保银行（存款式金融机构债务调整，DIDA）发行的长期无担保或次级债务。③ 增计因素：对评级不好或资本不太充足的大型银行持有的经纪存款。

（八）2011 年存款保险改革

2011 年后依然采取基于风险分组并与风险挂钩的保险费率基本框架。FDIC 不仅依据机构规模、复杂程度、在行业中的地位决定其保险费率的基础费率，还要考虑机构投保时间的长短。投保机构保险费率由初始基础费率和调整因素（包括不受保护债务调整和经济存款调整因素）构成。因此，保险费率定价公式为：

$$总费率 = 初始基础费率 + 调整因素$$

2011 年的存款保险改革中，一个创新做法是存款保险费率根据机构投保时间的长短分为两种类型。初始基础费率、调整因素及总费率如表 17-20 和表 17-21 所示。

表 17-20　类型 1（投保年限 5 年及以上）的费率结构及其影响因素

（单位：基点）

	风险分组 I	风险分组 II	风险分组 III	风险分组 IV	大型和高度复杂性机构
初始基础费率（Initial Base Assessment Rate）	5～9	14	23	35	5～35
不受保护债务（Unsecured Debt）调整因素	(4.5)～0	(5)～0	(5)～0	(5)～0	(5)～0
经纪存款（Brokered Deposit）调整因素	……	0～10	0～10	0～10	0～10
总费率（Base Assessment Rate）	2.5～9	9～24	18～33	30～45	2.5～45

注：自 2011 年 4 月 1 日起生效。
资料来源：FDIC。

表 17-21　类型 2（投保年限 5 年以下或新投保小型机构）的费率结构及其影响因素

（单位：基点）

	风险分组 I	风险分组 II	风险分组 III	风险分组 IV
初始基础费率（Initial Base Assessment Rate）	9	14	23	35
经纪存款（Brokered Deposit）调整因子	N/A	0～10	0～10	0～10
总费率（Base Assessment Rate）	9	14～24	23～33	35～45

注：自 2011 年 4 月 1 日起生效。

资料来源：FDIC。

（九）当前最新费率

2016 年 3 季度后，FDIC 的保险费率未发生变动，并且仍然实行风险分组为基础的与风险挂钩的差别费率制度。风险分组办法见表 17-22。

表 17-22　存款保险风险分组 I - IV

	监管评级 A	监管评级 B	监管评级 C
资本组 1：很充足（Well Capitalized）	风险分组 I	风险分组 II	风险分组 III
资本组 2：充足（Adequately Capitalized）	风险分组 II	风险分组 II	风险分组 III
资本组 3：不足（Under Capitalized）	风险分组 III	风险分组 III	风险分组 IV

资料来源：FDIC。

但是，与 2011 年的费率结构相比，投保年限 5 年及以上机构分类进一步简化，分为小型银行与大型和高度复杂性机构两类，取代之前按风险和复杂性划分的五种机构类型，表 17-23 和表 17-24 分别列出了两种类型的费率结构及其影响因子。简化大型银行费率的特征更加明显。

表 17-23　类型 1（投保年限 5 年及以上）的费率结构及其影响因子

（单位：基点）

	小型银行	大型和高度复杂性机构
初始基础费率（Initial Base Assessment Rate）	3～30	3～30
不受保护债务（Unsecured Debt）调整因素	−5～0	−5～0
经纪存款（Brokered Deposit）调整因素	N/A	0～10
总费率（Base Assessment Rate）	1.5～30	1.5～40

资料来源：FDIC。

表 17-24　类型 2（投保年限 5 年以下或新投保小型机构）的费率结构及其影响因子

（单位：基点）

	风险分组 I	风险分组 II	风险分组 III	风险分组 IV
初始基础费率（Initial Base Assessment Rate）	7	12	19	30
经纪存款（Brokered Deposit）调整因素	N/A	0～10	0～10	0～10
总费率（Base Assessment Rate）	7	12～22	19～29	30～40

资料来源：FDIC。

第二节　中国存款保险制度

2015 年 3 月 31 日，我国颁布《存款保险条例》，标志着正式建立存款保险制度。但存款保险在我国的发展过程，最早可追溯到 1993 年。

一、中国存款保险制度发展历程

（一）2015 年之前

1993 年《国务院关于金融体制改革的决定》（国发〔1993〕91 号）正式提出要在我国建立存款保险制度的设想，中国人民银行会同有关部门历经 21 年的研究论证，最终于 2014 年 11 月 30 日发布《存款保险条例（草案）》征求意见稿。2015 年 3 月 31 日，国务院正式公布中国《存款保险条例》，并明确从 2015 年 5 月 1 日起正式实施。

（二）2015 年之后

2015 年 5 月 1 日起我国正式实施《存款保险条例》。2019 年 5 月 24 日成立"存款保险基金管理有限责任公司"。至此，我国基本形成包括金融稳定委员会、中央银行、银行监管部门、存款保险四位一体的中央金融监管框架。我国存款保险制度建立大事记如表 17-25 所示。

表 17-25　我国存款保险制度建立大事记

时间	重要进展
1993 年 12 月	《国务院关于金融体制改革的决定》提出"建立存款保险基金，保障社会公众利益"
1997 年 12 月	《中共中央　国务院关于深化金融改革，整顿金融秩序，防范金融风险的通知》提出"逐步建立城乡信用社存款保险制度"
2004 年 10 月	中国人民银行向国务院上报《关于建立我国存款保险制度的请示》
2007 年 1 月	第三次全国金融工作会议提出，"设立功能完善、权责统一、运作有效的存款保险机构，增强金融企业、存款人的风险意识，防范道德风险，保护存款人合法权益。存款保险制度要覆盖所有存款类金融企业。加快建立金融机构风险救助和市场退出机制，及时处置风险"
2012 年 1 月	第四次全国金融工作会议提出，"要抓紧研究完善存款保险制度方案，择机出台并组织实施"
2013 年 11 月	《中共中央关于全面深化改革若干重大问题的决定》提出"建立存款保险制度，完善金融机构市场退出机制"
2013 年 12 月	中央经济工作会议将建立存款保险制度等作为方向明、见效快的改革，要求加快推进
2014 年 3 月	《政府工作报告》提出，"建立存款保险制度，健全金融机构风险处置机制"
2014 年 10 月	国务院常务会议审议通过存款保险制度实施方案
2014 年 11 月	《存款保险条例》全文公布，向社会公开征求意见
2015 年 3 月	李克强总理签署国务院令，正式公布《存款保险条例》
2015 年 4 月	《国务院关于同意存款保险制度实施方案的批复》明确由中国人民银行履行存款保险职能，负责存款保险制度的实施和存款保险基金有关管理工作
2015 年 5 月 1 日	《存款保险条例》实行，存款保险制度正式建立
2019 年 5 月	成立"存款保险基金管理有限责任公司"
2020 年 11 月 28 日	从 11 月 28 日起，中国人民银行授权参加存款保险的金融机构启用存款保险标识

资料来源：根据有关资料整理。

二、中国建立存款保险制度的意义

所谓存款保险，是指投保机构向存款保险基金管理机构交纳保费，形成存款保险基金，存款保险基金管理机构依照存款保险条例向存款人偿付被保险存款，并采取必要措施维护存款以及存款保险基金安全的制度。其中，保险费成本由投保机构承担，而受益人是存款人。

实践表明，许多国家和地区的存款保险制度在保护存款人资金安全、提高存款人对金融机构信心、防止存款挤兑、完善金融监管、维护金融稳定等方面发挥了重要作用，是金融业基础性的制度安排，并最终形成以中央银行最后贷款人、审慎监管、存款保险制度"三位一体"为核心内容的金融安全网和建立金融稳定长效机制。

实际上，存款保险的基本原理与财产保险有很大相似性。市场经济条件下，企业可能破产，银行也可能破产或陷入困境，如20世纪90年代关闭的海南发展银行、成都汇通城市商业银行，以及2019年被接管的包商银行等。这些倒闭或被接管的银行，部分原因与当时的房地产畸形发展、同业拆借市场混乱有关，但实际上，根本问题还是银行自身的管理，特别是内控制度缺失有直接关系。

当商业银行出现问题后，中央银行、银行监管部门或财政部门等会去救助这些有问题银行吗？一般来讲，这取决于当时的金融环境、银行问题的严重程度以及问题银行的行业地位。2008年美国次贷危机期间，像花旗银行、美洲银行，以及美国国际集团（AIG）等都曾得到美国财政部援助或监管部门降低监管标准或政策支持才渡过难关的。⊖

银行破产时主要有两种处理方式：第一种是清算，如海南发展银行，第二种处理方式是兼并，如成都汇通城市商业银行。通常来讲，清算银行不是最好的方案，因为清算导致的存款损失容易引发挤兑，并购才是主要的选择。

要不要去并购成都城市汇通银行，谁说了算？曾经是政府说了算。而在市场经济条件下，应该是股东说了算。那么，股东大会同不同意去并购一个坏的银行，主要考虑两个因素：一是看通过并购后银行扩张市场份额带来的收益，二是考虑并购成本。如果董事会或者股东大会认为成本偏高——主要是承担的债务（如存款）与承接的资产缺口太大，就可能否决并购议案。因此，如果没有对并购成本的补偿机制，并购交易就无法进行，唯一的结果就只能是清算银行。

建立存款保险制度是我国金融体制改革取得的又一重要成果，既关系到广大存款人的切身利益，也关系到整个金融体系的公平竞争和稳定发展，对进一步深化我国经济、金融体制改革具有十分重大的意义。

（一）为什么建立存款保险制度能更好地保护存款人利益

第一，《存款保险条例》是经过正式立法程序形成的一种制度安排，一旦颁布实施，赔付破产金融机构存款人本金和利息，构成存款保险基金管理机构的法定责任。在此之前，我国实际上实行的是隐性存款保险。实践表明，显性存款保险制度对于提高存款人对金融机构信心、保障存款人利益、维护金融稳定等方面具有更好的效果。

第二，建立存款保险制度有助于提升存款人对金融机构信心，减少连锁挤兑存款的可能性，大幅度消除银行倒闭"多米诺骨牌"效应。按照我国《存款保险条例》规定，一旦投保金融机构发生破产需要赔付存款损失时，存款保险基金管理机构将及时赔付。因此，存款人，特别是众多的中小存款人不用担心其存款本息的安全，从而避免其他原本经营状况良好的金融机构的存款人连锁挤兑存款现象的发生。

存款保险基金是赔付存款本息损失的物质保障，我国即将建立的存款保险基金有充足的

⊖ 比如允许银行对大量的违约住房按揭贷款进行重组。

赔付能力。一是按照《存款保险条例》要求，在我国境内依法设立的具有法人资格的商业银行（含外资法人银行）、农村合作银行、农村信用社等存款类金融机构都必须参加存款保险，并依法缴纳存款保险费，同时我国金融机构存款规模巨大，从而一旦建立能在较短时间筹集大量基金。二是在已经建立存款保险制度的国家（或地区），赔付存款损失的资金除来自保险费外，还来自存款保险基金投资收入，在紧急情况下还允许存款保险基金管理机构从中央银行或财政借款用于赔付存款本息。

第三，建立存款保险制度有助于提高监管质量，最大限度降低银行破产和保险基金损失的可能性。我国存款保险制度不采取"付款箱"模式，意味着存款保险基金管理机构不仅仅只是事后履行赔付存款损失的职能，还具备一定的监管和早期纠错职能，将投保金融机构可能发生的道德风险和存款保险基金损失降到最低，做到风险"早识别、早发现、早干预、早处置"。

第四，我国存款保险基金赔付额度很高。考虑到我国储蓄率较高和居民储蓄很大程度上承担着社会保障功能，《存款保险条例》将赔付限额设为 50 万元，约为 2013 年我国人均 GDP 的 12 倍，远高于美国的 5.3 倍、英国的 3 倍、印度的 1.3 倍的水平。据测算，能够为 99.6% 以上的存款人（包括各类企业）提供 100% 的赔付。

第五，存款保险基金管理机构不仅具有现金赔付职能，还可以通过接管、组织并购等方式处理有问题金融机构，从而使得存款人的本息得到全额赔付。

（二）为什么不实行全额赔付

限额赔付是否意味着超限额的大额存款人可能会发生损失？如果仅仅从完全避免存款人挤兑存款角度来看，全额赔付似乎是最好的，但这会导致存款人对其存款的银行的经营状况漠不关心，不利于发挥市场约束机制的作用。从理论上讲，实施部分保险是希望通过存款人可能要承担部分损失促使其关心和监督银行并采取行动，比如把存款转移到更加安全的银行，或要求支付更高的存款利率等，这些行为将迫使银行更安全、更稳健经营。这也是《新巴塞尔协议》三大支柱体系的核心理念在存款保险制度设计中的体现。因此，已经建立存款保险制度的国家（或地区）基本不采取全额赔付的方式。

尽管实行限额赔偿，其实并不意味着限额以上的存款就没有安全保障。一是超限额存款人可以选择在多家银行分散存款。我国经济形势较好、金融机构经营稳健、银行资本充足、金融监管严格，银行同时发生大范围风险、需要大量赔付存款的可能性基本不存在。二是即便是存款人选择的金融机构出现严重问题，世界各国（或地区）现在的通行做法和主流做法也不是采取清算加现金赔付方式来处理，而更多是采用接管、并购、收购与承担等方式来解决问题。在这种情况下，超限额存款人的存款账户只需要从问题银行转移到并购他的好银行去即可。从实际情况来看，即便是实施部分保险的存款保险制度的国家（或地区），基本没出现过存款人发生较大损失的案例。

（三）为什么要实行与金融机构风险挂钩的差别费率制度

存款保险基金主要来自投保金融机构按规定缴纳的保费。1991 年之前，美国实行的是无差别的统一费率存款保险制度，也就是所有投保机构按相同费率计算保费。因此，规模越大保费缴得越多，这导致规模较大且风险较低的银行产生不满情绪，因为这些银行缴纳的保险费多，而需要美国联邦存款保险公司赔付存款的可能性又很低，白交了大量的保费。1991 年，美国颁布《联邦存款保险公司改进法》，把原来的统一费率改成与投保金融机构风险等级挂钩的差别费率制,谁的风险高,需要支付保险赔偿的可能性大,谁就应该多缴纳保险费,体现了风险和"收益"对称的理念。

我国颁布的《存款保险条例》表明,通过实行基准费率和风险差别费率相结合的制度,有利于促进公平竞争,形成正向激励,促使银行审慎经营和健康发展。

(四)为什么说建立存款保险制度有助于解决中小企业融资难问题

经济发展不仅需要大银行,也需要中小银行。客观上讲,中小银行受区域、规模、人才、技术等制约,其安全性、流动性管理的压力通常要比大型银行更大。随着我国存款利率市场化步伐不断加快,这种压力越来越明显和直接,主要表现为存款从中小银行搬家到大银行。

我国存款保险制度的建立,一方面为大、中、小银行开展业务创造了一个公平竞争的环境,为中小银行提供了生存空间。存款保险极大地提升了中小银行的信用,使其在获得50万元以下小额存款的机会方面与大型银行相比并不存在劣势。同时,由于存款保险的"增信"作用,这些中小银行吸收存款的成本得以显著降低。否则很容易出现强者愈强、弱者愈弱或"大者"生存、"小者"出局的现象。另一方面,也为中小银行创造了良好的经营环境,为其发展壮大提供了制度保障。事实上,如果没有存款保险制度,那些缺乏国家信用做后盾的中小银行,特别是新兴民营银行根本不可能与"五大银行"和上市银行同台竞争,生存都很难,更谈不上发展壮大和服务"中小"。

存款保险制度有利于我国金融体系的多样性,有利于金融结构的优化,有利于形成与经济发展相匹配的金融生态圈。

此外,特别值得注意的是,第一,尽管存款保险制度是由投保金融机构缴纳保费形成基金并依法支付保险赔偿的一种正式制度安排,具有行业"互帮互助"的特点。但它的运营机制完全不同于一般保险,包括投保主体、保险受益人、投保标的、运营机构、运营目的等。第二,在建立存款保险制度的国家(或地区),存款保险基金也只是日常性的保险赔付资金,当发生系统性风险,需要大量赔付和处理有问题金融机构时,存款保险基金管理机构的运行依然是以政府信用做后盾的。这也是为什么所有建立存款保险制度的国家(或地区)不将存款保险业务交给商业保险公司经营的重要原因。第三,完善市场退出机制是深化我国金融体制改革的重要内容之一,而维护金融稳定是推进金融体制改革应该首要考虑的问题。存款保险制度的作用不仅表现在通过赔付提升存款人对存款类金融机构的信心,从而维护金融体系的稳定,还表现在其用接管、并购重组等方式处理有问题金融机构,确保有问题金融机构有序退出市场的无可替代的独特作用方面。

三、中国存款保险条例的主要内容

中国的《存款保险条例》(以下简称《条例》)共23条,核心有三点:强制投保、理赔上限50万元、实行差别费率。

(一)强制投保

《条例》第二条规定"在中华人民共和国境内设立的商业银行、农村合作银行、农村信用合作社等吸收存款的银行业金融机构(以下统称投保机构),应当依照本条例的规定投保存款保险"。

(二)保护范围

《条例》第四条规定"被保险存款包括投保机构吸收的人民币存款和外币存款。但是,金融机构同业存款、投保机构的高级管理人员在本投保机构的存款以及存款保险基金管理机构规定不予保险的其他存款除外"。

(三)理赔限额及计算方式

《条例》第五条规定"存款保险实行限额偿付,最高偿付限额为人民币 50 万元"。中国人民银行会同国务院有关部门可以根据经济发展、存款结构变化、金融风险状况等因素调整最高偿付限额,报国务院批准后公布执行。同一存款人在同一家投保机构所有被保险存款账户的存款本金和利息合并计算的资金数额在最高偿付限额以内的,实行全额偿付;超出最高偿付限额的部分,依法从投保机构清算财产中受偿。存款保险基金管理机构偿付存款人的被保险存款后,即在偿付金额范围内取得该存款人对投保机构相同清偿顺序的债权。社会保险基金、住房公积金存款的偿付办法由中国人民银行会同国务院有关部门另行制定,报国务院批准。

《条例》第九条规定"存款保险费率由基准费率和风险差别费率构成。费率标准由存款保险基金管理机构根据经济金融发展状况、存款结构情况以及存款保险基金的累积水平等因素制定和调整,报国务院批准后执行"。各投保机构的适用费率,由存款保险基金管理机构根据投保机构的经营管理状况和风险状况等因素确定。

(四)存款保险基金的使用

《条例》第十八条规定,存款保险基金管理机构可以选择下列方式使用存款保险基金,保护存款人利益:

(1)在本条例规定的限额内直接偿付被保险存款。

(2)委托其他合格投保机构在本条例规定的限额内代为偿付被保险存款。

(3)为其他合格投保机构提供担保、损失分摊或者资金支持,以促成其收购或者承担被接管、被撤销或者申请破产的投保机构的全部或者部分业务、资产、负债。

存款保险基金管理机构在拟订存款保险基金使用方案选择前款规定方式时,应当遵循基金使用成本最小的原则。

(五)存款保险基金管理机构对投保机构的监管

"存款保险基金管理有限责任公司"类似美国的存款保险公司(FDIC),负责我国存款保险业务,它具有监管权力吗?

我国《条例》规定,存款保险基金管理机构依法承担接管、促进并购、实施清算等职责。《条例》第七条明确了存款保险"依照本条例的规定采取早期纠正措施和风险处置措施"。第十四条规定"存款保险基金管理机构参加金融监督管理协调机制,并与中国人民银行、银行业监督管理机构等金融管理部门、机构建立信息共享机制"。存款保险基金管理机构应当通过信息共享机制获取有关投保机构的风险状况、检查报告和评级情况等监督管理信息。第十五条规定"存款保险基金管理机构发现投保机构存在资本不足等影响存款安全以及存款保险基金安全的情形的,可以对其提出风险警示"。第十六条规定"投保机构因重大资产损失等原因导致资本充足率大幅度下降,严重危及存款安全以及存款保险基金安全的,投保机构应当按照存款保险基金管理机构、中国人民银行、银行业监督管理机构的要求及时采取补充资本、控制资产增长、控制重大交易授信、降低杠杆率等措施"。投保机构有前款规定情形,且在存款保险基金管理机构规定的期限内未改进的,存款保险基金管理机构可以提高其适用费率。

四、中国存款保险费率与存款保险基金

2015年5月1日《存款保险条例》施行标志着我国正式建立存款保险制度。按照国务院工作部署和要求,中国人民银行认真履行存款保险制度实施各项工作。2015年,全国3 959家吸收存款的银行业金融机构已全部办理了投保手续。根据《存款保险条例》规定,投保机构向存款保险基金管理机构交纳保费形成存款保险基金,由中国人民银行开立专门账户,分账管理、单独核算。2015～2017年我国存款保险基金财务收支情况如表17-26所示。

表17-26 2015～2017年我国存款保险基金收支情况统计表

项目	2015年	2016年	2017年
一、期初基金专户余额		3 099 980 654.42	23 810 479 076.13
二、本年归集	3 099 980 654.42		24 217 817 775.29
1. 保费	3 077 833 027.46		23 606 898 563.06
2. 滞纳金		134 437.49	395 698.41
3. 利息收入	21 719 060.96		610 523 487.43
4. 暂收款项	428 566.00		26.39
三、本年支出		—	—
四、期末基金专户余额	3 099 980 654.42		48 028 296 851.42

资料来源:中国人民银行。

2017年,存款保险基金专户共归集保费236.07亿元,利息收入6.11亿元。截至2017年12月31日,基金专户余额为480.28亿元,当年尚未发生支出和使用情况。

按照《存款保险条例》规定,投保机构每6个月交纳一次保费。

(一)平均费率估算

2017年,存款保险基金专户共归集保费236.07亿元。金融机构人民币存款余额(境内)163.05万亿元。平均费率:1.45BP(=236.07亿元/163.05万亿元)。截至2018年12月31日,全国有4 017家银行业金融机构办理了投保手续,而且存款保险基金专户余额高达821.2亿元,当年未发生支出和使用。2018年,存款保险基金专户归集保费329.9亿元,利息收入达11亿元,收益率3%左右。金融机构人民币存款余额(境内)176.4万亿元。平均费率:1.87BP。

我国存款保险按照差别费率计缴,评级较低的银行费率为5BP(万分之五)。

(二)保险费与投保银行负担

投保银行数量由2017年的3 959家增长到2018年的4 017家,平均每家银行所交保费

金额由 2017 年的 596 万元增长到 2018 年的 821 万元。

2018 年存款保险基金归集保费 329.9 亿元，仅占商业银行 2018 年全年净利润 1.83 万亿元的 1.8%，完全在商业银行的可承受范围之内，对盈利的影响可以忽略不计，存款保险费对金融机构的财务影响很小。同比来看，我国费率水平远低于绝大多数国家存款保险制度起步时的水平和现行水平（如美国存款保险费率在 20 世纪 80 年代之前长期维持在 8.3BP）。

五、对中国存款保险机构职能的讨论

（一）国际经验

2009 年，巴塞尔银行监管委员会（BCBS）和国际存款保险协会（IADI）联合提出《有效存款保险制度核心原则》，将国际上的存款保险制度大致分为三种类型。

一是"付款箱"模式（Paybox），即仅对被保险存款提供赔付责任的狭义授权体系。"付款箱"模式只负责投保银行被关闭后赔付存款人，缺乏风险控制和处置手段，但享有筹措理赔资金、订立保险契约、制定内部预算和程序、获取履职必需的信息等基本权力。以澳大利亚、中国香港为代表。英国、巴西等国的存款保险制度还具有救助融资的功能。

二是"风险最小化"模式（Risk Minimize）。除"付款箱"功能外，还具备对投保银行进行风险监管、全面处置等广泛的职能，目的是将可能产生的道德风险和存款保险基金损失降到最低。"风险最小化"模式既有完善的风险处置职能，又有较强的风险控制授权，可以对投保银行的风险进行监测和评估，必要时采取补充监管措施，降低问题机构进入风险处置阶段的概率和成本。以美国、韩国为代表。

三是"成本最小化"模式（Loss Minimize）。其功能介于前两者之间，参与问题机构处置决策，承担风险救助和处置职能，以实现处置成本最小化为目标。"成本最小化"模式在风险处置方面具有广泛的授权，可综合运用经营中救助（OBA）、收购与承接（P&A）、过桥银行等多种风险处置手段，但由于不具备辅助监管权，事前风险防范作用较弱。以日本、俄罗斯为代表。

（二）英国对北岩银行挤兑事件的反思

2001 年，在金融业综合经营的背景下，英国存款保险制度并入金融服务补偿计划（FSCS），由金融服务管理局（FSA）统一管理，功能定位于"付款箱"模式。2007 年 9 月，北岩银行爆发挤兑危机，这是英国自 1866 年以来首次发生挤兑事件。事件平息后，英国政府对北岩银行事件进行了深刻反思，认为金融监管失职和存款保险制度缺陷是导致挤兑事件发生和处置失败的重要原因。

首先，监管宽容导致北岩银行风险未得到及时纠正，表现为 FSA 对北岩银行包括流动性压力测试在内的风险管理措施监督不力，发现问题后未及时按照新资本监管要求对北岩银行采取干预措施，导致损失不断加大。

其次，存款保险制度的设计缺陷未能稳定存款人信心，保险限额过低、共同保险机制降低了存款人的安全感，加上事后征收保费、决策被动等对赔付效率的影响，使 FSCS 难以抑制存款人的挤兑行为，风险持续升级。

最后，"付款箱"模式弱化了存款保险制度在金融安全网中的作用，FSCS 既无法借助风险监测和干预措施提前识别和及时纠正投保银行的风险行为，也无法运用多种处置手段降低风险处置成本和防止风险外溢，在维护金融稳定方面作用有限。

实际上，在北岩银行被挤兑时，其资本充足率超过监管要求，且贷款质量良好，但它却成为英国银行业近150年历史中第一家由于挤提而被政府接管的银行，最直接的原因就是受到流动性的冲击。而英国"付款箱"式的存保制度，只负责事后埋单，无法起到维护公众信心的作用。

2008年以来，英国对存款保险制度在内的金融安全网进行了全面改革，包括扩大英格兰银行的审慎监管权、FSCS重新纳入英格兰银行管理、增加事前应急融资、提高保险限额、取消共同保险机制、加强金融安全网成员的信息共享和合作等。

（三）中国的选择

根据相关规定，我国存款保险基金管理机构参加金融监管协调机制，并与中国人民银行、银行业监督管理机构等金融管理部门、机构建立信息共享机制。显然，存款保险仅仅只是"参加金融监管协调机制和建立信息共享机制"对于应对银行挤兑或破产事件来讲是不够的。因此，赋予存款保险公司更多监管和处置职能对维护我国银行体系稳定是必要的!

■ 拓展阅读

包商银行破产案
美国联邦存款保险公司概况

■ 思考题

1. 存款保险制度的作用有哪些？
2. 美国20世纪80年代储蓄贷款危机的背景与主要原因是什么？与2007年次级贷款危机有何异同点？
3. 在美国存款保险制度中，差别费率是如何与风险挂钩的？
4. 存款保险公司（基金）对有问题银行的处理方式主要有哪些？为何存款保险公司更愿意采取收购与承担方式？
5. 中国存款保险制度的主要内容有哪些？

■ 核心文献

[1] The History of the FDIC．https://www.investopedia.com/articles/economics/09/fdic-history.asp．
[2] 陈建华，张显球．存款保险制度：道德风险及定价策略——国外文献综合述评［J］．金融研究，2000（5）：113-17．

[3] 彭欢,张桥云,廖晓燕.美国存款保险公司选择处理有问题银行方式的理论依据——基于多元 Logit 模型的实证分析[J]统计与决策,2010(3):138-140.

[4] 项卫星.欧盟的存款保险计划与欧盟各国的存款保险制度[J].现代商业银行,2000(01).

[5] 项卫星.美国《1991年联邦存款保险公司改进法》的产生及其初步影响[J].世界经济,1993(12).

[6] 谢平,王素珍,闫伟.存款保险的理论研究与国际比较[J].金融研究,2001(5):1-12.

二维码一览表

页码	名称
12	美国信用社和银行的存贷款利率比较
15	世界上最早使用的纸币"交子",为什么会最早出现在四川
22	支付宝服务
32	当前花旗公司的三大业务板块
36	《中国建设银行股份有限公司章程》:第九章 党的组织
42	民生银行的事业部制改革
46	城乡居民储蓄存款分类介绍
47	同业存单套利模式分析
63	美洲银行负债结构
69	贷款损失准备
83	花旗银行贷款按客户对象及产品分类
102	贷后管理职责——以流动资金贷款为例
102	我国主要的信贷调查工作方法
113	美洲银行消费者贷款形式
114	个人客户信贷审查重点——以住房抵押贷款为例
115	美国三大消费者信用评级机构简述
134	世界银行排名(1970~2018年)
139	银行承兑汇票的形式
140	备用信用证种类、特点及办理流程
140	某公司的工程建设贷款承诺
141	银行保函的分类
166	我国商业银行资管业务发展趋势
166	中国的理财业务主要法律法规一览
180	建设银行开创国内住房抵押贷款证券化先河
183	花旗银行的存款类别
196	储蓄账户利率不同套餐和额度的比较
218	部分银行存款利率差异表比较
226	代表性银行服务价目表
226	存款利率与存款服务关系定价案例——美洲银行的"优选奖励"
244	非标准贷款类型
245	住房净值贷款与住房净值信贷额度
252	美洲银行30年期固定利率抵押贷款闭合成本
259	富豪自制金缕玉衣骗贷10亿 请专家评估出24个亿
259	利率市场化、利率风险与美国储贷危机
260	锦州银行预警2018年亏损40~50亿元
261	巴林银行倒闭事件分析
261	汇丰银行洗钱案
261	富国银行账户造假案
261	银行员工倒卖用户信息

(续)

页码	名称
261	1984年美国伊利诺伊大陆银行危机
262	中行"原油宝"事件
263	雷曼兄弟公司破产案
263	银行业要严密防控四类风险
267	代表性商业银行全面风险管理案例
267	中国与全面风险管理相关的法律一览（按时间顺序排列）
273	标准普尔评级
277	利用衍生金融工具管理信用风险
277	商业银行信用风险管理相关主要法律法规一览
282	美国货币市场共同基金概况
287	中国利率市场化改革时间表
292	中国工商银行利率敏感性缺口详细情况表
309	美国投保银行流动性指示器指标
319	锦州银行流动性问题处置
329	我国银行业手续费与佣金收入发展过程
330	什么是交换费
331	2017～2019年美洲银行集团及分部门非利息收入变化
342	2018～2019花旗银行重组贷款分布情况
348	商业银行绩效评价指标体系
349	银行规模对绩效的影响
355	OCC结构框架及主要监管职能
356	CFPB的任务、愿景、目标和职能
363	美洲银行对开展业务社区的支持
367	《存款保险公司改进法》主要内容
368	《金融服务现代化法》主要内容
369	《紧急经济稳定法》主要内容
375	京东金融广告：存在严重价值观问题
376	金融控股公司监督管理试行办法
387	转换系数计量的规定
391	资本充足率信息披露
395	地方政府专项债补充地方银行资本——广西柳州银行样本
409	信用风险权重法表内资产风险权重
409	风险权重的规定说明
436	《有效存款保险制度核心原则》的主要内容
445	包商银行破产案
445	美国联邦存款保险公司概况